高等学校省级规划教材

——土木工程专业系列教材

路基路面工程

朱　林　主　编

梁昌望
赵　青　副主编

王建国　主　审

合肥工业大学出版社

内容提要

《路基路面工程》是高等学校省级规划教材——土木工程专业系列教材中的一册。全书共分14章，其主要内容有：影响路基路面结构稳定性的因素、道路建材的力学特性、路基设计、路基稳定性分析、路基防护与加固、挡土墙设计、路基路面排水设计、路基施工、基层类型及施工工艺、面层类型及施工工艺、沥青路面设计、水泥混凝土路面设计以及路面状况评定等。

本书强调理论联系实际，在突出基本概念、基本理论论述的同时也强调设计原理、设计过程以及施工环节的介绍。以期通过全面而系统的论述，使读者对“路基路面工程”建立起全面而准确的概念及正确的设计理念。

图书在版编目(CIP)数据

路基路面工程/朱林主编．—合肥：合肥工业大学出版社，2008.9
ISBN 978-7-81093-816-7

Ⅰ.路… Ⅱ.朱… Ⅲ.①路基—道路工程—高等学校—教材②路面—道路工程—高等—教材 Ⅳ.U416

中国版本图书馆CIP数据核字(2008)第144131号

路基路面工程

主编：朱　林　　　　责任编辑：陈淮民

出　版　合肥工业大学出版社
地　址　合肥市屯溪路193号
邮　编　230009
电　话　总编室：0551-2903038
　　　　发行部：0551-2903198
网　址　www.hfutpress.com.cn
E-mail　hfutpress@163.com
版　次　2008年9月第1版
印　次　2012年2月第2次印刷
开　本　787毫米×1092毫米　1/16
印　张　22
字　数　574千字
发　行　全国新华书店
印　刷　合肥星光印务有限责任公司

ISBN 978-7-81093-816-7　　定价：37.00元

前　言

《路基路面工程》是土木工程领域中道路桥梁等专业的一门非常重要的主干课程。具有很强的理论性和实践性。本书立足于最新规范及技术标准，借鉴和吸收国内外成功的经验、成熟的理论及先进技术，依照本科教学大纲的要求并根据编者多年的教学实践编写而成。

作为一门重要的专业课，本书强调理论联系实际，注重学以致用。既突出基本概念、基本理论的论述亦强调设计原理、设计过程以及施工环节的诠释，以期通过全面而系统的论述，使读者对“路基路面工程”建立起全面而准确的概念及正确的设计理念。

本书是高等学校省级规划教材——土木工程专业系列教材之一。其主要内容有：影响路基路面结构稳定性因素、一般路基设计、路基稳定性分析、挡土墙设计、路基路面排水设计、基层面层材料组成及施工工艺、沥青路面及水泥混凝土路面结构分析与设计方法等。

本书由合肥工业大学朱林主编，合肥学院梁昌望及安徽建工学院赵青为副主编。全书共分十四章，其中第1～5、9章由合肥工业大学朱林编写，第6～8章由安徽建工学院赵青编写，第10、13、14章由合肥学院梁昌望编写，第11、12章由铜陵学院黎春林编写。全书由朱林统稿，合肥工业大学王建国教授主审。

本书采用国家法定计量单位，即国际单位制。为便于换算，重力加速度取 $10m/s^2$。

本书用作土木工程专业全日制本科或土建成人类教育之教材，亦可供土木工程专业其他工程技术人员作为参考用书。

限于编著者水平，难免有错误和未尽善之处，希望使用本书的单位或个人多提宝贵意见，以便再版时加以修正。

编　者

目　　录

第1章 绪 论

1.1 路基路面工程的特点与基本性能

1.1.1 工程特点

路基路面是一种设置在地表并暴露于大自然中的、由多种筑路材料构成的线型层状结构物，是道路的重要组成部分。其中，路基是在原地面按照道路路线位置和一定技术要求开挖或堆填的岩土结构物，路面是在路基顶面的行车部分用多种特定的混合料铺设而成的层状结构物。路面直接承受行车等荷载，并将荷载传递给路基，同时，也起着使路基免受各种不利因素直接影响的屏障作用；路基则是路面结构的基础，它起着支撑并保证路面结构稳定的作用，它们之间的关系是相互依存，相互作用的共同体。

路基路面具有结构形式简单、影响因素多、牵涉范围广、施工安排不易、工程数量巨大、投资额占道路总造价比重大等特点。

1. 路基路面工程设计取决于环境因素及行车荷载

作为线型结构物，道路在地域空间上跨度很大，可绵延十几公里乃至上千公里，沿线的气候、地形地貌、水文和地质等自然条件往往差异很大。即便是在较短的路段内，土质、地质条件、水温状况甚至地形地貌以及路基填挖情况等也会有较大的差异。自然环境条件的改变对土基和路面材料的物理力学性质及路基路面结构体系的性状影响很大。

另一方面，道路沿线城镇经济发展水平存在差异、交通繁忙程度也因此各不相同，这样，作用在路面上的行车荷载，无论是大小、数量和作用频率，都是具有较明显地域特征的、因时而变的随机变量。由于公路的工作环境差异很大，且影响因素众多，路基路面的损坏形态和原因，常常是多变复杂的。有鉴于此，路基路面设计，必须做好前期的调查工作，也就是必须切实调查清楚沿线的自然条件和交通情况，掌握足够的设计资料和确切的计算参数。

2. 路基路面工程设计与线路设计是相辅相成的

在选定路线时，道路的线形以及路基路面的工程情况要做通盘考虑，既要满足线形要求，又要考虑路基的稳定条件，排水条件，工程难易程度等。在工作中应加强工程地质、水文地质与不良地质等调查与勘察。尽量避开不良地貌与地质地段，当路线难以规避不良地段时，应对路基路面采取恰当的措施，以提高路基路面的稳定性，保证良好的路况得以实现。

3. 路基路面工程设计与沿途构造物等密切相关

路基路面设计不仅要做到路基与路面设计两者本身相互协调，同时，还要考虑其与道路排水、防护、加固、地下管线、桥涵等诸多沿途构造物的关联性，使其与各构造物间相互配合，和谐共生。此外，在建造道路时，还会涉及生态环境、水土保持、农田与水利建设、城市规划以及避让不可移动文物等方方面面的问题，必须按有关规定妥善处理好与它们之间的关系。

4. 路基路面工程设计应考虑施工方法与施工工艺等因素

一般而言，路基路面工程的项目和数量都特别巨大，而且沿线分布常不一致，各路段的地形地貌土质、施工场地、环境和条件等也不相同，因此，各段应根据不同的情况采用不同的施工方法、施工机械以及人员配置。特别是在土石方量集中、水文和地质条件复杂的地段，其设计方案的选择，除考虑采用先进的施工技术、施工工艺外，还需顾及现有的施工设备、施工条件和施工难度等，通盘考虑，合理抉择。

1.1.2 路基路面应具备的基本性能

在自然因素和行车荷载的作用下，路基路面会产生各种变形及破坏，但是，公路在运行期间内，必须保持良好的路况状态，这是保证公路最大限度地满足车辆运行的要求，是提高车速、增强安全性和舒适性、降低运输成本和延长道路使用年限的前提。路基路面应具有下列基本要求。

1. 承载能力

路基路面应具有足够的强度及刚度。行驶在路面上的车辆，通过车轮把荷载传给路面，再由路面传给路基，路基路面结构内由此而产生相应的应力、应变及位移。如果路基路面结构的整体或某一部分的强度或抗变形能力不足以抵抗这些应力、应变及位移等不利影响，则路面会出现诸如裂缝、断裂，路面表面会出现波浪或车辙，路基路面结构会出现沉陷等破坏形式，使路况恶化，通行能力下降。因此，要求路基路面结构整体及其各组成部分都具有与行车荷载相适应的承载能力。

路基路面具有足够的强度及刚度，方能使路面结构得以抵抗车轮荷载引起的不利影响，选择良好的筑路材料、合理的结构层组合以及路基路面结构层的充分压实，是实现路基路面具有足够承载力的保证。

2. 稳定性

路基路面应具有良好的稳定性。自然环境下，影响稳定性的因素很多。归结起来有两种不稳定情况：一种情况是，通过挖填方式建造的道路结构物改变了地表自然的平衡，在达到新的平衡状态之前，天然土层及道路结构层均可能处于一种暂时的不稳定状态。另一种情况是，新建的路基路面结构袒露在大气之中，经受着大气温度、降水与湿度变化以及车辆荷载的不利影响，结构物材料的力学性质亦将随之发生变化和调整，路基路面结构可能会处在另一种不稳定状态。

在地表上开挖或填筑路基，必然会改变原地面地层结构的受力状态。原来处于稳定状态的地层结构，有可能由于填挖筑路而引起不平衡，导致路基失稳。比如挖方路基，如果路堑边坡过于高陡，则可能会发生坡体坍塌、滑坡；在软土地层上修筑路堤，可能由于软土层承载能力不足，而出现路堤沉落或滑移；在填挖结合路基，有可能填方部位和挖方部位路基沉降不一致导致路基出现较大沉降差等。另外，路线如果通过不稳定土层而又没有采取相应的工程措施，则必然会给路基路面的稳定性留下严重隐患。

湿度变化对路基路面结构的稳定性影响十分显著。由于大气降水等原因，路基路面结构内部的湿度状态会发生变化，这一变化对土质路基的影响尤为剧烈，水分的浸入会使土体软化，抗剪强度减小，沉降可能性增大；沥青混凝土路面中水分的侵蚀，会引起沥青结构层剥落，结构松散；水泥混凝土路面，如果不能及时将水分排出结构层，会发展唧泥现象，冲刷基层，影响结构层安全；砂石路面，在雨季时，会因雨水冲刷和渗入结构层，而导致强度下降，产生沉陷、松散等等；低洼地带路基排水不良，长期积水，会使得矮路堤土质软化，失去承载能力；山坡路基，有时因排水不良，会引发滑坡或边坡滑塌。

温度变化对路基路面结构的稳定性有重要影响。高温季节沥青路面软化，强度降低，在车轮荷载作用下更容易产生永久性变形；水泥混凝土路面因高温膨胀，会导致结构内产生过大内应力，导致路面挤压破坏。北方冰冻地区，在低温冰冻季节，水泥混凝土路面、沥青路面、半刚性基层由于低温收缩产生大量裂缝，最终失去承载能力。在严重冰冻且地下水源丰富的季冻区，低温会产生冻胀现象，引起路面隆起甚至发生断裂，春天融冻季节，在交通繁重的路段，有时会产生弹簧土甚至引发翻浆，导致路基路面发生破坏。即使在没有春融冬胀的季冻区修路，有时也会产生融沉现象，且处理起来比较棘手。

路基路面结构应具有足够的稳定性，首先在选线上应尽量避开不良地形、地质路段，其次应正确地选择路基的断面形式和尺寸，采取必要的排水、防护和加固措施，这是实现路基路面结构具有足够稳定性的保证。

3. 耐久性

路基路面工程应具有耐久的性能。公路无论从其使用功能还是从投资角度来看，都应有较长的使用年限，事实上，设计规范也是这样要求的。一般的道路工程使用年限至少数十年，高等级公路，路面部分要求使用年限为 20 年以上。

路基路面在实际运行中，由于不利的环境因素及车辆荷载的反复作用，必然会产生各种变形和破坏，路面使用性能呈逐年下降趋势。路基路面材料的各项性能会随时间而老化衰变，强度与刚度亦同时逐年衰变，进而引起路面结构的损坏及路基的稳定性。路基路面出现损伤应得到及时维修，否则小的损伤会迅速恶化，进而演变成严重破坏，影响公路的使用。

因此，路基路面的耐久性，不仅取决于公路设计、施工及道路建材的类型，而且运行中的养护与维修对路基路面的耐久性也是非常重要的。

4. 表面平整度

路面表面平整度是评价路面使用性能的重要指标。平整度影响到行车安全、行车舒适性以及运输效益。不平整的路表面会增大行车阻力，造成车辆产生振动颠簸，这会影响行车的速度和安全、驾驶的平稳和乘客的舒适。同时，振动颠簸还会对路面和车辆产生冲击力，从而加剧路面破坏和汽车机件的损坏和轮胎的磨损，并增大油料的消耗。不平整的路面还会积滞雨水，加速路面的破坏。因此，为了减少振动冲击力，提高行车速度和增进行车舒适性、安全性，路面应保持一定的平整度。

要保证路面的平整度，选择合理的结构层、良好的路面材料是先决条件，而优良的施工机械、先进的施工工艺及严格的施工质量控制是关键，经常与及时的养护也是不可或缺的措施。

5. 表面抗滑性能

平整和光滑看上去是相互关联的两个概念。但在公路设计上，要求路面表面平整，但不能光滑。汽车在抗滑能力不足的路面上行驶，车轮与路面之间缺乏足够的附着力和摩擦力，容易打滑，制动不易。雨天高速行车、紧急制动、突然启动，或爬坡、转弯时，车轮也易产生空转或打滑，甚至引起严重的交通事故。为保证行车的安全性，路面必须具有足够的抗滑性能。

路面的抗滑性能通常用摩擦系数来表征，摩擦系数小，则抗滑能力低，容易引起滑溜交通事故。高速公路及城市快速路由于车速较快，要求具有较高的抗滑性能。

路面表面的抗滑能力一般可以通过材料及工艺两种途径来实现。对沥青路面，可采用坚硬、耐磨、表面粗糙的粒料以及含蜡量较低，具有良好粘结力的沥青或改性沥青修筑路面表层；对于水泥混凝土路面，可以采用刷毛或刻槽等工艺措施。此外，路表面的积雪、浮冰或污泥等，也会降低路面的抗滑性能，必须及时予以清除。

1.2 公路等级与路面结构

1.2.1 公路等级

我国将公路根据功能和适应的交通量分情况为五个等级：

(1)高速公路：具有四个或四个以上车道，设有中央带，专供汽车分向、分车道行驶，并应全部控制出入的多车道公路。

(2)一级公路：具有四个或四个以上车道，设有中央带，供汽车分向、分车道行驶，并可根据需要控制出入的多车道公路。一级公路根据我国现状存在两种功能，一为集散公路，一为干线公路。

(3)二级公路：供汽车行驶的双车道公路。同一级公路一样，也存在两种功能，集散公路或干线公路。

(4)三级公路：主要供汽车行驶的双车道公路。

(5)四级公路：供汽车行驶的双车道或单车道公路。

不同交通功能要求、不同经济发展水平及不同交通量情况的地区，应适当选择合理的公路等级，并满足与公路等级相适应的服务水平及通行能力的要求。

不同等级的公路对应的路面面层类型也不相同，稍后将予以介绍。

1.2.2 路面结构构成

路面结构一般都是由若干结构层组成。由于行车荷载和自然因素对路面的影响，是随着路面结构深度的增加而逐渐减弱的。因此，对路面材料的强度、抗变形能力和稳定性的要求也随深度的增加而逐渐降低。为合理使用不同性质的建材，做到物尽其用，根据层位情况、使用要求、受力状况、路基支承条件和自然因素影响程度的不同，分成若干功能层。按照层位功能的不同，划分为面层、基层和垫层等三个层次，如图 1-1 所示。

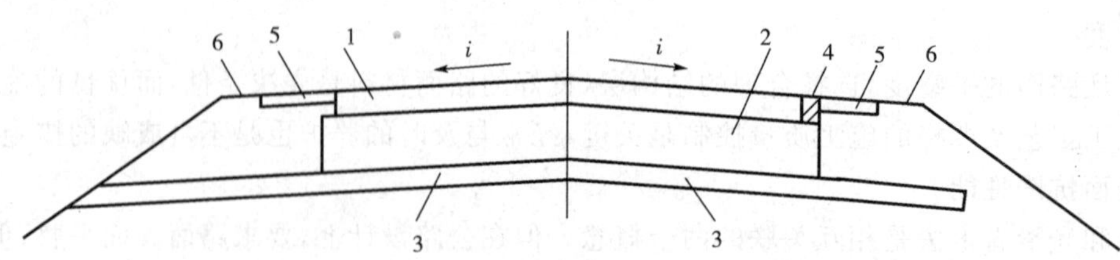

图 1-1 路面结构层次划分示意图

1—面层；2—基层；3—垫层；4—路缘石；5—硬路肩；6—土路肩 i—路拱横坡度

1. 面层

面层是直接同行车和大气接触的表面层次。它直接承受行车荷载和环境因素的不利影响，并直接影响着行车的舒适性、安全性和经济性，决定着道路的使用品质，因此，同其他层次相比，是对建筑材料要求较高的结构层。面层应具备较高的结构强度，抗变形能力，较好的水稳定性和温度稳定性，而且应当耐久、耐磨及不透水；其表面还应有良好的抗滑性和平整度，以及低噪声、低扬尘性等性能。

面层所用的材料主要有：水泥混凝土、沥青混凝土、沥青碎（砾）石混合料、砂砾或碎石掺土或不掺土的混合料以及块料等。面层材料的选择主要与公路等级有关。

面层有时分两层或三层铺筑，各地区经验取值不尽相同。但一般高速公路沥青面层总厚度18～20cm，可分为上、中、下三层铺筑，并根据各分层的要求采用不同的级配等级。水泥混凝土路面也有分上下两层铺筑，分别采用不同标号的水泥混凝土材料。水泥混凝土路面上加铺4cm沥青混凝土这样的复合式结构也是常见的。但是砂石路面上所铺的2～3cm厚的磨耗层或1cm厚的保护层，以及厚度不超过1cm的简易沥青表面处治，不能作为一个独立的层次，应看作为是面层的一部分。

2. 基层

基层位于面层与路基之间，主要承受由面层传来的车辆荷载的垂直力，并将其扩散到下面的垫层和土基中去。实际上，基层是路面结构中的承重层，它应具有足够的强度和刚度，并具有良好的扩散应力的能力。基层遭受大气因素的影响虽然比面层小，但是仍然有可能经受地下水和通过面层渗入雨水的浸蚀，所以基层结构还应具有足够的水稳性。基层表面虽不直接供车辆行驶，但仍然要求有较好的平整度，这是保证面层平整性的基本条件。基层由于有主要承受车辆荷载的属性，所用材料在结构层中要求也是比较高的，当基层厚度较大时，可分为两层或三层铺筑。上一层称为上基层，最下层称为底基层。比较而言，上基层材料要求较高，底基层材料质量的要求较上基层为低。

基层材料主要有各种无机类结合料（如石灰、水泥或工业矿渣等稳定土或稳定碎、砾石）、粒料类（天然砂砾、各种碎石或砾石）以及片石、块石或圆石等。

3. 垫层

当路基水温状况不良或土基湿软时，可考虑设置垫层。该层介于路基与基层之间，其主要有两方面功能：一是改善土基的湿度和温度状况，保证面层和基层的强度、刚度和稳定性不受路基水温状况变化所造成的不良影响，起到隔水、排水、防冻胀等作用；二是将基层传下的车辆荷载应力加以扩散，以减小土基产生的应力和变形。垫层应比基层每侧至少宽出25cm或与路基同宽。

修筑垫层的材料，性能指标主要侧重于水稳性和隔温性。常用的垫层材料分为两类：一类是由松散粒料，如砂、砾石、炉渣等组成；另一类是用水泥或石灰稳定土等无机稳定类材料修筑。

1.2.3 面层类型

路面材料有多种类型，可分为：沥青混凝土、水泥混凝土、沥青贯入、沥青碎石、沥青表面处治、砂石及块石等。国际上，一般将沥青混凝土和水泥混凝土称为有铺装路面；沥青表面处治、沥青碎石及沥青贯入等称为简易铺装路面；砂石路面等被视为未铺装路面。

在我国，路面面层类型的选用一般应符合以下规定：

（1）沥青混凝土：适于高速公路、一级公路、二级公路、三级公路及四级公路。

（2）水泥混凝土：适于高速公路、一级公路、二级公路、三级公路及四级公路。

（3）沥青贯入、沥青碎石、沥青表面处治：适于二级、三级公路及四级公路。

（4）砂石路面：适于四级公路。

而按面层所用材料的不同，可将路面分为沥青路面、水泥混凝土路面、粒料路面、块料路面和复合式路面五类。各类路面各结构层次可选用的组成材料如表1-1所示。结构层组合见图1-2。

表 1-1 路面结构层与材料

结构层次	路面类型				
	沥青路面	水泥混凝土路面	复合式路面	块料路面	粒料路面
面层	沥青混凝土、沥青碎石、沥青贯入式、沥青表面处治及封层	普通混凝土、钢筋混凝土、连续配筋混凝土、钢纤维混凝土、预应力混凝土、碾压混凝土	(连续配筋混凝土＋沥青混凝土)、(碾压混凝土＋沥青混凝土)	嵌锁式混凝土块料、整齐或半整齐块石、泥灰结碎石	级配碎石或砾石、泥灰结碎石、粒料改善土
基层	水泥或石灰、粉煤灰稳定碎石或砾石粒料，贫水泥混凝土；沥青碎石、沥青贯入(稳定)碎石；水结碎石、泥灰结碎石				石灰、水泥或石灰、粉煤灰稳定土、砂砾
垫层	砂砾、碎石、煤渣等粒料或水泥、石灰稳定土，碎石、砂或砂砾				

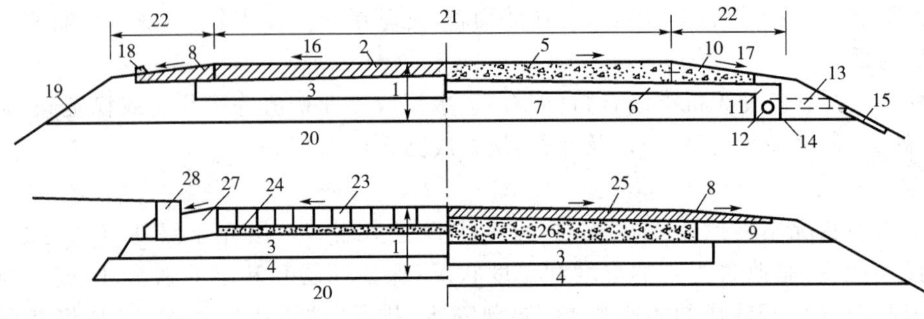

图 1-2 路面结构层组合断面图

1—路面结构；2—沥青面层；3—基层；4—垫层；5—水泥混凝土面层；6—排水基层；7—不透水垫层；8—沥青路肩面层；9—路肩基层；10—水泥混凝土路肩面层；11—纵向集水沟；12—纵向集水管；13—横向排水管；14—反滤织物；15—坡面冲刷防护；16—行车道横坡；17—路肩横坡；18—拦水带；19—路基边坡；20—路床；21—行车道宽度；22—路肩宽度；23—块料面层；24—砂垫层；25—沥青上面层；26—连续配筋混凝土下面层；27—平石；28—侧石

(1)沥青面层：沥青面层分为由沥青和集料经拌和、碾压而成的沥青混合料，沥青和集料分层撒铺、碾压而成的沥青表面处治以及沥青贯入碎石集料层的沥青贯入碎石三种类型。沥青混合料具有较好的使用品质，可用作高等级道路的面层。它们通常分为上、下两层：上面层(或表面层)起磨耗层的作用，应具有良好的表面特性(抗滑、平整、低噪声)，通常采用较细的集料、较多的沥青用量，混合料密实不透水，也可做成多孔隙排水性表面层。下面层称作联结层，起承重作用，可采用较粗的集料，在层厚超过 8cm 时，需分两层摊铺碾压，这时分别称此两层为中面层和下面层。沥青贯入(稳定)碎石含有较多空隙，用作面层时，应加铺封层，也可作为优质沥青路面的柔性基层使用。沥青表面处治主要起封层和磨耗层的作用，用以改善路面的行驶条件。

(2)水泥混凝土面层：水泥混凝土面层可分为普通水泥混凝土、钢筋混凝土、连续配筋混凝土、钢纤维混凝土、预应力混凝土和碾压混凝土六种类型。这类面层优点突出，具有强度高、刚度大、使用寿命长的特点，能承受较繁重的车辆荷载的作用。但缺点也同样分明，将在第9章中予以介绍。

(3)复合式面层：复合式面层系由水泥混凝土(连续配筋混凝土或设传力杆水泥混凝土)做下面层，沥青混合料做上面层组成。这类面层综合了水泥混凝土强度高、寿命长和沥青混合料舒适性好、便于修补的长处，是一种经久耐用的优质面层。

(4)块料面层：块料面层可由整齐或半整齐的石块、嵌锁式水泥混凝土预制块料或其他材料块料铺砌而成。面层下需铺设薄砂垫层，以调节砌块高度，形成块料间的嵌挤作用。这类面层可按不同图案和色彩铺筑，能承受较重的荷载，但表面平整度较差。一般适用城市人行道等特定场合。

(5)粒料面层：粒料面层由各种碎石或砾石混合料组成，其顶面需铺设砂粒磨耗层。其强度、测度差、路面平整性差，易扬尘，雨季有时甚至不能通车。这类面层仅限于在偏远且交通量小的局部地区采用。

路面类型可以从不同角度来划分，除上述按面层所用材料划分外，还可根据路面结构的力学特性，将路面划分为柔性路面、刚性路面和半刚性路面三类。

(1)柔性路面：柔性路面的总体结构刚度较小，在车辆荷载作用之下产生较大的竖向弯沉，路面结构本身的抗弯拉强度较低，它通过各结构层将车辆荷载传递给土基，使土基承受较大的单位压力。路基路面结构主要靠抗压强度和抗剪强度承受车辆荷载的作用。柔性路面主要包括各种未经处理的粒料基层和各类沥青面层、碎(砾)石面层或块石面层组成的路面结构。

(2)刚性路面：刚性路面主要指用水泥混凝土做面层或基层的路面结构。水泥混凝土抗压强度高，与其他筑路材料比较，它的抗弯拉强度高，具有较高的弹性模量，故呈现出较大的刚度。在车辆荷载作用下，水泥混凝土结构层处于板体工作状态，竖向弯沉较小，路面结构主要靠水泥混凝土板的抗弯拉强度承受车辆荷载，通过板体的扩散分布作用，传递给基础上的单位压力较柔性路面小得多。

(3)半刚性路面：用水泥、石灰等无机结合料处治的土或碎(砾)石及含有水硬性结合料的工业废渣修筑的基层，前期具有柔性路面的力学性质，后期的强度和刚度均有较大幅度的增长，但是最终的强度和刚度仍远小于水泥混凝土。由于这种材料的刚度处于柔性路面与刚性路面之间，因此把这种基层和铺筑在它上面的沥青面层统称为半刚性路面。这种基层称为半刚性基层。

刚性路面、柔性路面和半刚性路面，这种以力学特性为标准的分类方法主要是为了便于从功能原理和设计方法出发进行区分，并没有绝对的定量分界界限。近年来材料科学的发展正在逐步改变这种属性，如水泥混凝土的增塑研究正在使它的刚度降低而保留它的高强性质，沥青的改性研究使得沥青混凝土随气候而变化的力学性质趋向于稳定，大幅度提高其刚度。因此事物都在相互转化之中。

1.3 影响路基稳定性因素

1.3.1 影响路基稳定性的自然因素

道路是暴露在天然环境中的人工结构物，影响因素有二大方面，一方面是自然因素，另一方面是来自人类活动的影响。就大自然而言，各种不利的自然因素或直接或通过改变路基水温情况来影响路基的稳定性，归纳起来有下列几个方面：

(1)气候：气候条件如气温(温度，温变速率)、降水(包括降水数量、强度及降水形态)、湿度、冰冻深度、日照、年蒸发量、风向和风力等，都影响到路基的水温情况。

我们地域辽阔，各地气候差异很大，既有湿热多雨，也有干旱少雨；既有四季温润，又有常年冰封雪冻。即使在同一地区，在一年之中，气候也有季节性的变化，因此路基水温情况也随四季而变。不同的气候条件对路基路面的影响也大相径庭，路基路面的设计与施工也有各自不同的内在规律。

气候除有地域差异外，相同的地区，气候也会受地形的影响，例如山顶与山脚、山南与山北就有所不同，即所谓"小区地形与小区气候"，因而路基水温情况也有所差异。在山顶，一日之中，气候数变，温度与湿度变化较大，风化现象较为剧烈；山南为向阳地，日照多，温度较高；山北日照少，温度较低，湿度情况一般也较山南为大。在线路选择与路基设计中这些局部的差异也应受到关注。

(2)地形地貌：地形地貌不仅影响到路线的选定与线形设计，也影响路基的设计。平原、丘陵、山岭各区地势不同，水温情况差异显著。平原区地势平坦、开阔，容易满足线型要求，但地面易于积水，地下水水位亦较高，因而在设计时，路基需要保持一定的最小填土高度(特别是在水田地区)，甚至需要对地基本身进行加固处理；丘陵区特点是地势起伏不定，但若能利用好地形的起伏，则线型设计及排水设计都比较容易处理。山岭区地势陡峻，线型设计及路基路面设计难度较大，如排水设计不当或地质情况不良，易致降低路基的强度与稳定性，出现各种变形与破坏现象。同时由于地形限制，路基横断面设计也较复杂，挖填方都很大，填挖结合路段也很多，路基及边坡稳定都易出问题。

(3)水文与水文地质：水文条件如地面径流、河流在各种洪水频率下的洪水位、常水位以及流量等、地面有无积水和积水期的长短，以及河岸的冲刷和淤积情况等。水文地质条件，如地下水位、地下水移动情况，有无泉水、层间水、上层滞水等。所有这些，都会影响路基的稳定性，如处理不当，往往导致路基各种病害的出现。

地下水对路基的不利影响一般多反映在毛细水对路基的影响上，设计不当可能造成毛细水的上升区达到路基工作区之内，进而影响到路基的稳定。一般毛细水上升高度与毛细管直径(或土粒粒径)成正比，上升速度则与毛细管直径(或土粒粒径)成反比。土的粒径愈细(阻力愈大)，上升速度愈缓。

另外，毛细管直径愈细，毛细水的冻结温度愈低(见表1-2)，因而土在零下温度时，毛细水仍能发生迁移，促使水分朝冻结区积聚，发生冻胀现象。

表1-2 毛细水冰点与毛细管直径的关系

毛细管直径(mm)	1.57	0.24	0.15	0.06
毛细水冰点(℃)	−6.10	−13.3	−14.5	−18.5

地下排水和浸水路堤，要根据土的渗透性或渗透系数进行设计。一般粒径较粗的土其渗透系数较大，粒径较细的土其渗透系数较小。具有竖向结构的大孔土(如黄土)，则竖向渗透系数较水平向为大，具有水平层理的土，则水平向渗透系数较竖向为大。土经过充分压实，孔隙减小，透水性也因而降低甚至可不透水。故充分压实的粘土层，特别是用重粘土时，可以起隔离层的作用。

(4)土的类别：土是建筑路基的基本材料，一般道路建设的大部分工程量都是土方工程。因此，土类的选择对道路的工程造价会产生影响，更重要的是影响到路基的强度与稳定。

土的种类很多，成分和性质也非常复杂，其强度构成、物理性质、物理状态以及亲水性也差异很大，有些适宜做路基的填料，有些则就不适宜了。

以粒度来分，土分为粗粒土和细粒土。粗粒土因颗粒较粗而无粘性，其强度是由土粒表面的摩擦力以及土粒间的锁嵌力所构成；而细粒土具有粘性，其强度构成，除土粒间的摩擦阻力外还有土的粘聚力。一般而言粗粒土的强度较高。

土的亲水性对土的强度及稳定性影响很大。粗粒土与水的结合能力差，性质稳定，因此，土的湿度变化对土的工程性质影响较小；而细粒土由于颗粒极细，亲水性好，性质活泼，其力学性质受湿度变化的影响剧烈。在湿度小的时候强度较大，当湿度大时强度会显著降低，湿度越大，强度越低。

另外，土的级配也是选择填料的一个考虑方面。

(5)地质条件：沿线的地质条件，如沿线岩石种类及风化程度，岩层走向，倾向和倾角、层理、厚度、节理发育程度，以及有无断层、不良地质现象（岩溶、冰川、泥石流、地震）等，都对路基稳定性有一定影响。

(6)植被条件：植物覆盖影响地面径流和导热情况，从而在一定程度上影响路基水温情况的改变。植被茂盛的地区，地表径流较小，较少出现冲刷现象。

1.3.2 影响路基稳定性的人为因素

(1)荷载因素：主要是道路结构的自重及汽车荷载。从荷载的种类性质上分有静载、活载及其大小重复作用次数、作用频率等，在后面章节将予详细表述。

(2)设计因素：包括对交通量的正确统计及估算、选择合理的路基填土的类别与性质、路基横断面形式、确定路面结构组合形式与路面类型，设置适当的排水结构物等等。

(3)施工因素：包括施工工艺和方法是否得当，是否分层填筑、压实是否充分等等。

(4)养护措施：包括一般措施以及在设计、施工中未及时采用而在养护中加以补充的改善措施。

(5)其他因素：人类的活动会改变自然环境，进而影响路基的水温状况，比如公路附近修水库、排灌渠道、水田、鱼塘等。

由于路基水温情况的变化与自然因素和人为因素密切相关，因而路基水温情况，不仅地区之间和路段之间有差别，甚至路基与原有地面及周围地面之间也有差别。这些差别，服从于同一公路自然区划之一般温度和湿度的规律性变化。因此，设计者的重要任务，是针对这种差异和变化，作出正确的设计。

总之，路基的水温情况，与前述自然因素及人为因素密切相关。因此，路基设计时应掌握沿线的温度和湿度变化规律，因地制宜地采用相应的调节水温情况的措施，以保证路基具有足够的强度与稳定性。

1.4 路基土的分类及工程特性

1.4.1 路基土的分类

自然界中的土，其形态、性质千差万别，但就本质而言，这一切均取决于土的矿物成分。原生矿物总是以粗粒面目出现，而次生矿物以细粒示人。按《公路土工试验规程》(TTJ051－93)，我国公路用土依据土的颗粒组成特征、土的塑性指标和土中有机质存在的情况，分为巨粒土、粗粒土、细粒土和特殊土四类，并进一步细分为 11 种土。一般粗粒土按土粒粒度与级配分类；细粒土按粒度与塑性图来分类。土的颗粒组成特征可用不同粒径粒组在土中的百分含量表示。不同粒组的划分界限及范围见表 1－3 所列。土分类总体系包括四类并且细分为 11 种，见图 1－3 所示。

表 1－3 粒组划分表

200	60	20	5	2	0.5	0.25	0.074	0.002(mm)	
巨粒组		粗粒组						细粒组	
漂石（块石）	卵石（小块石）	砾（角砾）			砂			粉粒	粘粒
		粗	中	细	粗	中	细		

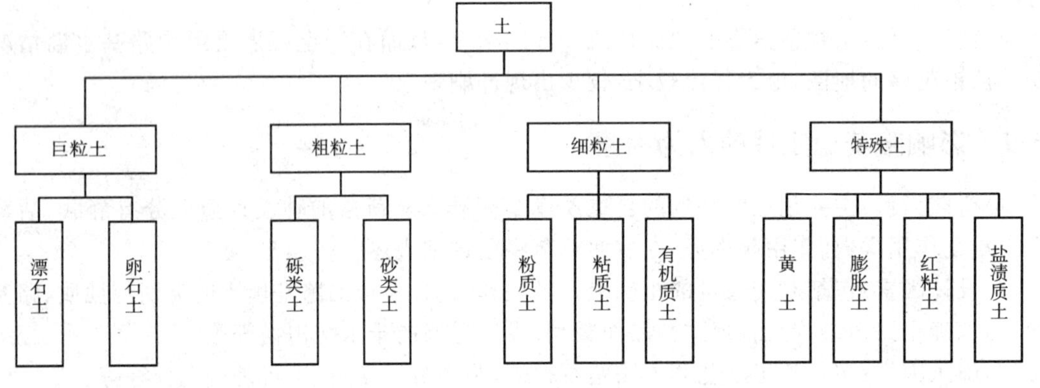

图 1－3 土分类总体系

巨粒组(大于 60mm 的颗粒)质量大于总质量 50％的土称为巨粒土。巨粒土分漂石土和卵石土。见图 1－4。

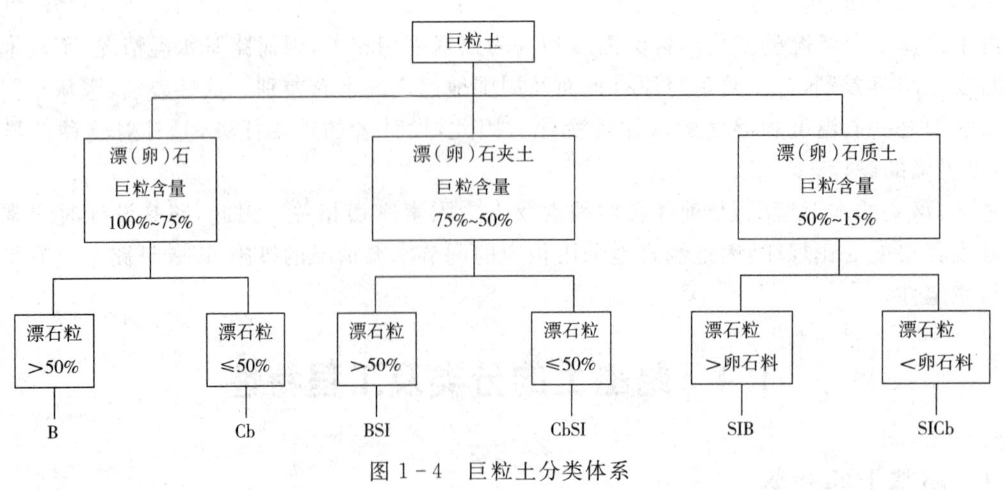

图 1－4 巨粒土分类体系

粗粒土分砾类土和砂类土两种，砾粒组(2～60mm 的颗粒)质量大于总质量 50％的土称为砾类土，砾粒组质量小于或等于 50％的土称为砂类土。见图 1－5、图 1－6。

细粒组质量大于总质量 50％的土称细粒土，见图 1－7。

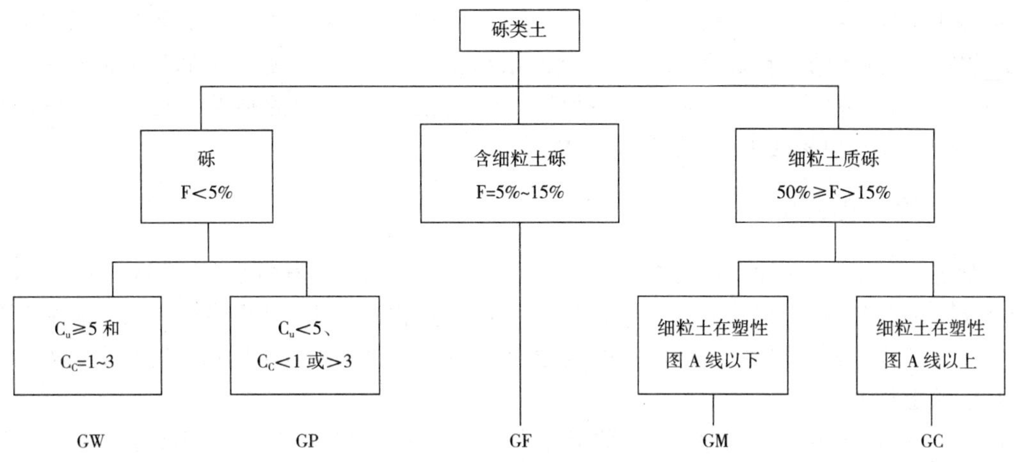

图 1-5　砾类土分类体系

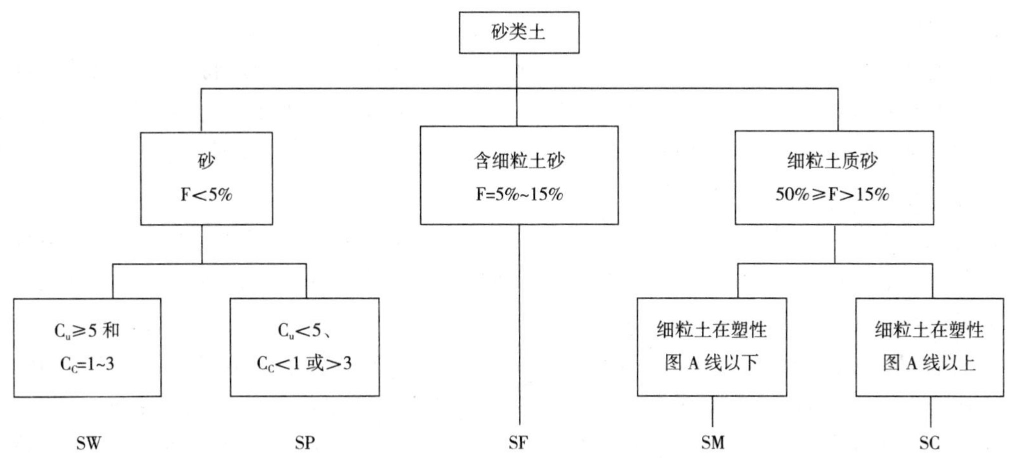

图 1-6　砂类土分类体系

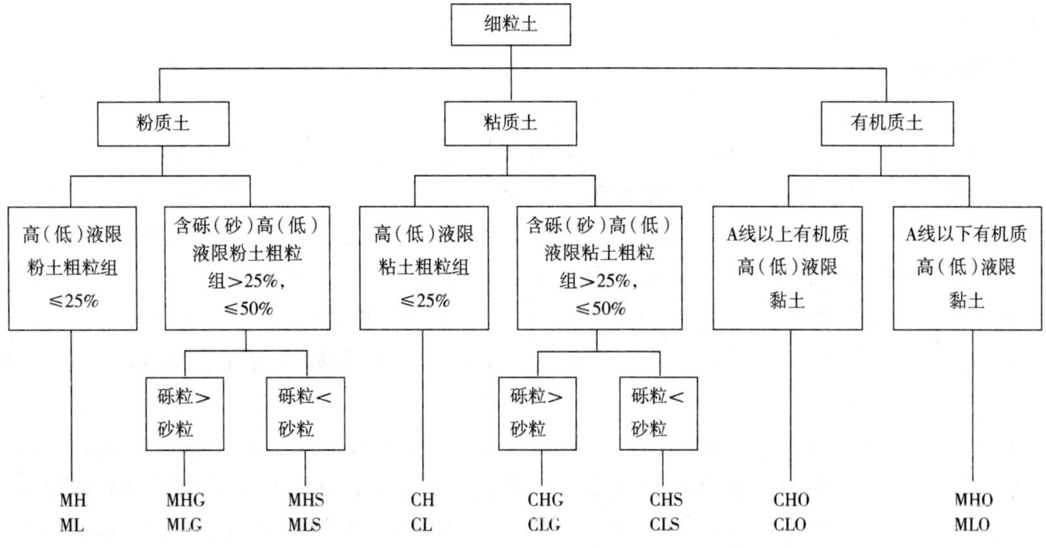

图 1-7　细粒土分类体系

特殊土主要包括黄土、膨胀土、红粘土和盐渍土。黄土、膨胀土、红粘土按塑性指数和液限划分，据特殊塑性图上的位置定名。黄土属低液限粘土，$w_L < 40\%$；膨胀土属高液限粘土，$w_L > 50\%$；红粘土属高液限粉土，$w_L > 55\%$。盐渍土按照土层中所含盐的种类和质量百分率进行分类，分为弱盐渍土、中盐渍土、强盐渍土、过盐渍土。

1.4.2 土的工程评价

自然界中的土，力学性质很复杂，不同的土类有各自不同的工程特征，即便是同一类土，在不同的状态下，其表现的工程特征也差异巨大。因此，在选择路基填筑用土时，首先应能了解及正确评价土的工程特性，并能在实际应用中，根据不同的土类分别采取不同的工程技术措施。

1. 巨粒土

巨粒土有漂(块)石和卵石两类，矿物成分为原生矿物且颗粒很大，故该土具有很高的强度及稳定性，是填筑路基很好的材料。其中漂(块)石还可以用来修砌边坡；对于卵石土，填筑后压实达到有规定的密实度即可。

2. 粗粒土

粗粒土又分为砾类土和砂类土两类，矿物成分也为原生矿物，共同的特征是水稳性良好。其中砾类土由于粒径较大，内摩擦力亦大，压实后具有良好的强度。实际应用中要注意该类土的级配，级配良好的砾类土，压实后强度高且密实度好，级配不良的砾类土不能充分压实，空隙较大，有时可能会形成较大的不均匀沉降。

砂类土又可分为砂土和砂性土二种。砂土无塑性，透水性强，毛细上升高度很小，具有较大的摩擦系数，强度和水稳定性均较好。但由于无粘性，易松散，故压实困难，需要振动法或灌水法才能压实。一旦得到充分压实，其稳定性好，抗变形能力也较强。这类土在应用中可考虑添加一些粘性土，以改善其工程性质。另外砂土由于没有粘性，雨水很容易对在建路基形成冲刷，这一点在路基施工时要特别注意，要做到路基施工与设置路基的排水设施的工作同步进行。

砂性土中既含有一定数量的粗颗粒又含有一定数量的细颗粒，足够数量的粗颗粒，使该土形成良好的强度和水稳性，一定数量的细粒土的存在，又使之具有一定的粘结性，土颗粒不易松散。因此砂性土兼具了粗粒土的强度和水稳性以及细粒土的粘性等特征，一般遇水疏散快，不膨胀，扬尘少，容易被压实。因此，砂性土是修筑路基的良好材料。

3. 细粒土

细粒土包括三类：粉质土、粘性土和有机土。

粉质土含有较多的粉质土粒，该土工程特征表现为：干时稍具粘性，但粘性和强度都较小，土粒容易散离；浸水时容易饱和，扰动后强度极低，且粉质土的毛细作用强烈，毛细水上升高度大，一般可达0.9～1.5m。在季冻区，冬天水分迁移、积聚现象严重，易造成严重的冻胀，春融期间出现翻浆，严重影响道路的使用。粉质土为很差的筑路用土。

施工中应尽量回避使用粉质土，如不能避免，则应采取一定的措施，改良其工程性质，在达到规定的要求后方可使用。并针对该类土对水十分敏感的特征，做好排水、隔水措施，以防水分的浸入。

粘性土的矿物成分属次生矿物，颗粒极细，性质活泼，亲水性好。工程特征表现为：粘聚力大，透水性差，干燥时坚硬强度较大，不易挖掘和破碎，随着湿度的增大其强度和刚度逐渐减小，水分对其性质影响巨大且水分浸入后，不易排除。它还具有较大的可塑性、粘结性和膨胀性，毛细管现象也较为显著。粘性土在适当的含水量下加以充分压实能形成较好的密实度和强度，如不受水分浸蚀的影响或排水设施良好，该类土形成的路基也同时能获得较好的稳定性。粘性土是最常见的路基填料。

粘性土路基在施工过程中要特别注意对土的含水量的控制。含水量过小不易压实，含水量过大则会形成弹簧土，以防由此造成不必要返工。

有机质土(如泥炭、腐殖土等)工程性质差，不宜做路基填料，如不能避免则应在设计和施工上采取适当技术措施。

4. 特殊土

除以上介绍的土类，还有一些较为特殊的土，它们大都具有不良工程特征，如黄土属大孔和多孔结构，具有明显的湿陷性；膨胀土具有遇水膨胀性大、失水收缩性也大的特征；红粘土失水后体积收缩量较大；盐渍土潮湿时承载力很低。因此，特殊土也不宜做路基填料，必须做路基填料时，则需采取适当的技术措施进行处理，此后方可使用。

1.5 路基路面工程的设计与施工内容

1.5.1 路基路面设计的内容与步骤

路基路面设计应根据道路使用要求、当地自然情况和经济发展水平，参照有关规范和经验，考虑技术和经济条件，选定合理的结构方案，绘出设计图纸，作为施工的依据。其具体步骤和内容如下：

1. 勘察调查

设计前，应收集沿线的地质、土质、地形地貌、水文、气象以及材料供应和交通量等方面的基本资料，调查现有道路的使用状况，进行必要的测试工作。

2. 路基设计

路基设计的主要内容：

(1)路基横断面设计：根据道路使用要求和交通量情况确定公路等级，结合路线设计及沿线的地形地貌、岩土等情况，确定路基基身的横断面形式以及路基填挖高度、顶面宽度和边坡坡度。

(2)路基排水设计：根据沿线地表径流和地下水埋藏情况，进行道路排水系统的布置以及地面和地下排水结构物的设计；

(3)支挡及防护设计：根据当地水文、地质、地形及筑路材料等情况，采取边坡坡面防护、堤岸冲刷防护、路基支挡及软弱地层加固等措施，并进行相应的设计(例如，路基支挡用的挡土墙设计)。

3. 路面设计

路面设计的主要内容：

(1)根据道路等级、使用任务、当地自然环境、路基支承条件和材料供应等情况，选择面层类型，并提出结构层组合方案；

(2)根据对所选材料的性状要求和当地自然条件，进行各结构层材料的组成设计；

(3)根据路面结构的破坏标准、力学模型和相应的计算理论，或按经验方法，进行结构计算，以确定满足交通和环境条件及使用年限要求的各结构层尺寸。对于水泥混凝土路面还要进行接缝和配筋等方面的设计。

4. 设计方案比较

对可能提供的若干设计方案，应综合考虑投资、施工、养护和使用性能等几方面因素，进行技术经济分析和比较，最后确定采用的方案。

1.5.2 路基路面施工的内容与步骤

1. 施工准备工作

施工前的准备工作如下：建立相应的组织体系及人员安排；熟悉并核对设计文件和图纸；确定施工方案和施工组织计划；弄清水准点位置、施工放样；清理场地，修建临时设施（如便道、后勤设施等）；调配施工机具，采购材料等。

2. 路基施工

路基施工的基本工作包括：

（1）路基土方作业。包括挖、填土方、运送填土或弃土、压实和整修路基表面。

（2）路基石方爆破。包括打眼、装药、引爆、清碴和整修等。

（3）路基排水施工。包括开挖边沟、截水沟、排水沟、建造跌水或急流槽等。

（4）防护与支挡工程施工。包括植树、种草、砌筑护坡、护墙和建造挡土墙以及进行地基加固等。

3. 路面施工

包括基层施工和面层施工。路面结构层的铺筑，根据设计规定、施工条件和材料性质，确定施工方案和施工工艺。各种类型结构层的施工工序，主要包括清底、摊铺、拌和、整型、压实、养生等。

4. 质量控制和检验

施工质量的控制是一个过程控制，它贯穿整个施工持续期。在路基路面施工过程中，应对各工序进行工程质量控制、检查及验收，包括诸如结构物的位置和断面尺寸、材料规格、平整度、压实或砌筑及外观质量等等。

第2章　行车荷载与环境因素

作为一种暴露于大自然中的线型构造物，公路主要承受的是汽车荷载的重复作用以及各种不利自然因素的长期影响。汽车荷载的影响具体反映在车辆的种类、轴载以及车流量等因素对路基路面结构的影响，不同轴载的车辆对路基路面结构的影响差异很大。以安徽境内206线合淮段为例，煤城淮南到合肥方向多为满载运煤车，合肥到淮南方向多为返程空车，数年运行下来，该路段上下行线两侧路面的损伤情况等显现出十分显著的差别；环境因素的影响主要体现在温度和湿度变化两方面。路基路面体系内的温度和湿度状况，随周围环境因素处于不断变化中，这些变化致使体系内的材料性质和状态也发生相应的改变，进而影响路基路面的稳定运行甚至导致道路体系的破坏。

2.1　车辆类型及行车荷载

2.1.1　车辆类型与轴型

1. 车辆的类型

公路上行驶的汽车按车辆运行特性及使用功能分为两大类六小类：

第一大类为客车，又分为小客车、中客车及大客车。其中：小型客车包括小汽车、小面包车等。它们的特点是，车速高、空车重量和满载重量都较小。最高车速一般大于100km/h，总重通常不大于12kN；中客车一般包括6～20座的各类中型客车；大客车指主要用于城市公共交通及城乡间客运、20座以上的大型客车，该类车荷载满载重量一般大于100kN。

第二大类为货车，又分为整车、牵引式挂车及牵引式半挂车。其中：整车的汽车货厢及其发动机为一整体，载货汽车一般总重为50～150kN，最高车速约为70～80km/h。自卸汽车总重在150～500kN以上；牵引式挂车由相对独立两部分组成，分别为提供动力牵引车以及被牵引的拖挂车，拖挂车可以是一辆也可能是二辆以上；牵引式半挂车的牵引车与挂车也是分离的，但是通过铰接相互连接，牵引车的后轴也担负部分货车的重量，挂车的后部有轮轴系统，而前部通过铰接悬挂在牵引车上。牵引车自重约为50kN，被牵引的拖挂车、平板车、集装箱车的最大重量大于1000kN。

不同轴载的车辆，在道路设计中处理的方式也不相同。在路面结构设计及路基稳定性验算中，由于大型客车、载货汽车重量远较小型客车为大，所以，我们主要计及大型客车和载货汽车的影响，轻型货车与中小型客车由于轴载较小，对路基路面结构的影响甚微，有时可以忽略不计。但是，当确定公路的服务水平、公路的通行能力以及评定路面的表面特性比如平整度、抗滑性能时，则需考虑之。

2. 汽车的轴型

汽车荷载在向路面传递的过程中,其传力过程是先将荷载传至车轴再由车轴传递到车轮,最后由车轮作用于路面之上。所以,轴型对荷载的传递和分布有很大影响。不同类型的汽车,车轴和车轮的组合形式也是多种多样,车轴有单轴、双轴和多轴之分,轮组有单轮组、双轮组和多轮组等几种形式。车轴的左右两边各有一个车轮叫单轮组,车轴的两边各有两个车轮叫双轮组。前轴一般为单轴单轮的组合,极少数为双轴单轮组合。后轴一般为单轴双轮、双轴双轮、三轴双轮组等组合形式。车辆的车轴数及轮组数越多,车辆对路面的压力就越分散。目前,道路上行驶汽车的轮轴组合形式可分为三大类,如图 2－1 所示。

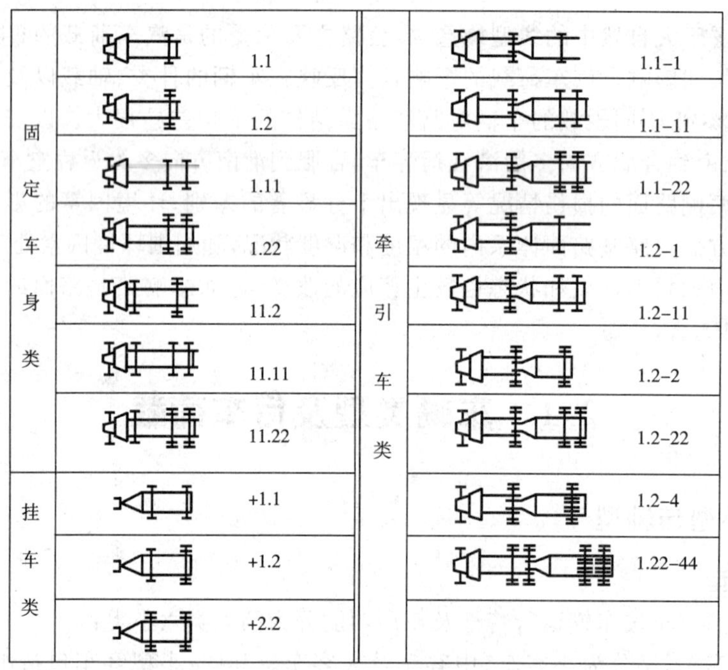

图 2－1　轴型分类图

(图中数字符号为轴型代号)

(1)整车类:车轴分为前轴和后轴。绝大部分车辆的前轴为由两侧各有一个轮组成的单轴单轮组情况,轴载约为汽车总重的 1/3。少数汽车的前轴由双轴单轮组成,双前轴的轴载约为汽车总重的一半。汽车的后轴有单轴和双轴两种。绝大部分汽车的后轴由双轮组组成,少数载重量轻的汽车由单轮组成后轴。每一根后轴的轴载大约为前轴轴载的两倍。目前,我国公路和城市道路上行驶的载重车的后轴轴载,一般变动在 30～130kN 范围内,而绝大部分为 60kN 以上。

(2)牵引类:通过铰接装置,在牵引车后附加拖车。牵引车可为单后轴或双后轴;拖车可由单轴或多轴组成,各轴则由一对单轮、一对双轮或两对双轮组成,视载重量大小需要而定。

(3)挂车类:在载重车车身后附加挂车。挂车配有前后两根单轴,各轴由一对单轮或双轮组成。

我国常用汽车路面设计参数如表 2－1 所示。

表 2－1　我国常用汽车路面设计参数

序号	汽车型号	总重 (kN)	载重 (kN)	前轴重 (kN)	后轴重 (kN)	后轴数	轮组数	轴距 (cm)	出产国
1	解放 CAl0B	80.25	40.00	19.40	60.85	1	双		中国
2	解放 CAl5	91.35	50.00	20.97	70.38	1	双		中国
3	解放 CA30A *	99.90	46.50	26.50	2×36.70	2	双		中国
4	解放 CA30A	103.00	46.50	29.50	2×36.75	2	双		中国
5	解放 CA50	92.90	50.00	28.70	68.20	1	双		中国
6	解放 CA340	78.70	36.60	22.10	56.60	1	双		中国
7	解放 CA390	105.15	60.15	35.00	70.15	1	双		中国
8	东风 EQl40	92.90	50.00	23.70	69.20	1	双		中国
9	黄河 JNl50	150.60	82.60	49.00	101.60	1	双		中国
10	黄河 JNl62	174.50	100.00	59.50	115.00	1	双		中国
11	黄河 JNl62A	178.50	100.00	62.28	116.22	1	双		中国
12	黄河 JN253	187.00	100.00	55.00	2×66.00	2	双		中国
13	黄河 JN360	270.00	150.00	50.00	2×110.0	2	双		中国
14	黄河 QD351	145.65	70.00	48.50	97.15	1	双		中国
15	延安 SXl61	237.00	135.00	54.64	2×91.25	2	双	135.0	中国
16	长征 XD160	213.00	120.00	42.60	2×85.20	2	双		中国
17	长征 XD250	189.00	100.00	37.80	2×72.60	2	双		中国
18	长征 XD980	182.40	100.00	37.10	2×72.65	2	双	122.0	中国
19	长征 CZ361	229.00	120.00	47.60	2×90.70	2	双	132.0	中国
20	交通 SHl41	80.65	43.25	25.55	55.10	1	双		中国
21	交通 SH361	280.00	150.00	60.00	2x110.0	2	双	130.0	中国
22	南阳 351	146.00	70.00	48.70	97.30	1	双		中国
23	齐齐哈尔 QQ560	177.00	100.00	56.00	121.00	1	双		中国
24	太脱拉 111	186.70	102.40	38.70	2×74.00	2	双	120.0	捷克
25	太脱拉 111R	188.40	102.40	37.40	2×75.50	2	双	122.0	捷克
26	太脱拉 111S	194.40	102.40	38.50	2×78.20	2	双	122.0	捷克
27	太脱拉 138	211.40	120.00	51.40	2×80.00	2	双	132.0	捷克
28	太脱拉 130S	218.40	120.00	50.60	2×88.90	2	双	132.0	捷克
29	太脱拉 138S	225.40	120.00	45.40	2×90.00	2	双	132.0	捷克

（续表）

序号	汽车型号	总重 (kN)	载重 (kN)	前轴重 (kN)	后轴重 (kN)	后轴数	轮组数	轴距 (cm)	出产国
30	吉尔 130	85.25	40.00	25.75	59.50	1	双		俄罗斯
31	斯柯达 706R	140.00	73.00	50.00	90.00	1	双		捷克
32	斯柯达 706RTS	138.00	65.50	45.00	93.00	1	双		捷克
33	日野 KB222	154.50	80.00	50.20	104.30	1	双		日本
34	日野 KF300D	198.75	106.65	40.75	2×79.00	2	双	117.0	日本
35	日野 ZM440	260.00	152.00	60.00	2×100.00	2	双	127.0	日本
36	尼桑 CKl0G	115.25	66.65	39.25	76.00	1	双		日本
37	尼桑 CK20L	149.85	85.25	49.85	100.00	1	双		日本
38	尼桑 6TW(I)13SD	219.85	121.95	44.35	2×87.75	2	双		日本
39	尼桑 CW(L)40HD	237.60	141.75	50.00	2×93.80	2	双		日本
40	扶桑 FPl01	154.00	94.10	54.00	100.00	1	双		日本
41	扶桑 FUl02N	214.00	133.80	44.00	2×85.00	2	双		日本
42	扶桑 FVl02N	254.00	164.95	54.00	2×100.0	2	双		日本
43	菲亚特 682N3	140.00	75.00	10.00	100.00	1	双		意大利
44	菲亚特 650E	105.00	67.00	33.00	72.00	1	双		意大利
45	依土兹 TD50D	142.95	76.65	46.55	96.40	1	双		日本
46	依土兹 TD50	132.20	76.65	42.20	80.00	1	双		日本
47	依发 H6	132.00	65.50	45.50	86.50	1	双		德国
48	布切奇 5BR2N	92.50	50.00	24.55	67.95	1	双		罗马尼亚
49	喀什布阡 131	68.25	35.00	18.00	50.25	1	双		罗马尼亚
50	切贝尔 D350	72.00	35.00	24.00	48.00	1	双		匈牙利
51	切贝尔 D420	83.00	45.00	28.20	54.80	1	双		匈牙利
52	切贝尔 D45.01	101.00	55.00	32.00	69.00	1	双		匈牙利
53	切贝尔 D750.0	160.0	93.60	60.00	180.00	1	双		匈牙利
54	沃尔沃 N8648	175.00	100.00	55.00	120.00	1	双		瑞典
55	斯堪尼亚 L760	180.00	100.00	70.00	120.00	1	双		瑞典
56	玛斯 200	137.00	72.00	36.00	101.00	1	双		俄罗斯

2.1.2 行车荷载

车辆荷载分为静态荷载与动态荷载两种类型。静态荷载是处于停驻状态的汽车对路基路面的重力作用，动态荷载是指车辆在行驶过程中对路基路面产生的动态影响，公路上的车辆荷载主要是动态荷载，它是导致路基路面破坏的主要因素。

1. 静态压力

车辆作用于路基路面的静态荷载，包括自重和载重。车辆通过轮胎与路面的接触面，将其重力传递给路面。轮胎与路面之间的压力强度为轮胎接触压力，轮胎与路面之间相接触部分的面积称为接触面积。接触压力大小决定了对路基路面的伤害程度，值越大对道路造成的伤害越大。它的大小与轮载的大小、轮胎的充气内压力及接触面积等有关。一般汽车的轮胎气压略大于接触压力，通常在 0.4～0.7MPa 之间。由于接触压力分布不均且不宜精确测量，在路面设计时，近似采用轮胎内压力作为轮胎与路面的接触压力。

轮胎通过胎面的花纹同路面相接触。花纹面积通常只占接触面外轮廓线所包面积的一部分，如图 2－2。实用上都把投影面积当做接触面积，其形状一般近似圆形或长短轴长度比较接近的椭圆形。在路面设计中，通常采用圆形接触面积，其半径 δ(m)可按下式确定：

$$\delta=\sqrt{\frac{P}{\pi}} \tag{2-1}$$

式中：P——车轮荷载(kN)；

p——轮胎气压(kPa)。

当车轴的一侧为双轮组时，有两类计算图式。一是将双轮组的每一个轮子与路面的接触面积换算为同面积的单个圆形面积；另一个是将实际接触面积视为两个单独圆形面积，则双轮组可换算为两个圆形面积。前者称单圆图式，后者称双圆图式，如图2－2所示。

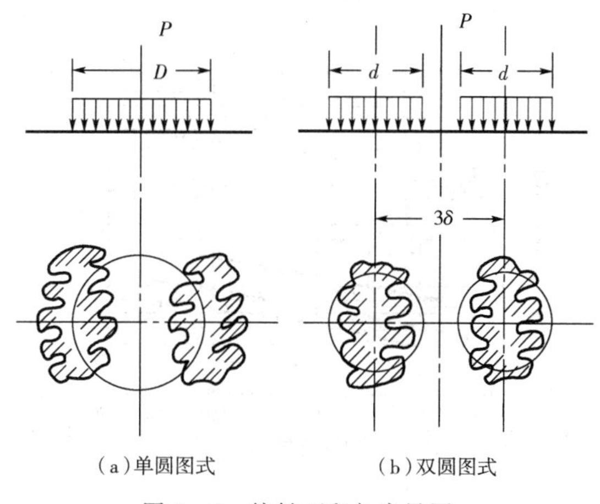

图 2－2　接触面积与当量图

由于轮胎本身刚度的差异，轮胎与路面接触面上的压力分布也是不均匀的，但在设计时，通常将接触压力视为均匀分布。

2. 行车的动态效应

行驶中的车辆对路面的影响主要是动态荷载的影响，动态荷载包括振动力、水平力，这些力具有瞬时性、重复性和随机性等。行车的动态作用主要影响路面的受力状况，对路基的影响较小，在路基设计中一般不予考虑。

(1)振动力作用

车辆在路面上行驶时，由于自身的震动和路面的不平整，车轮实际上是以一定的频率和振幅在路面上跳动着。作用在路面上的轮载实际上是在不同时刻围绕静态荷载值而上下随机波动。如图 2－3 所示。

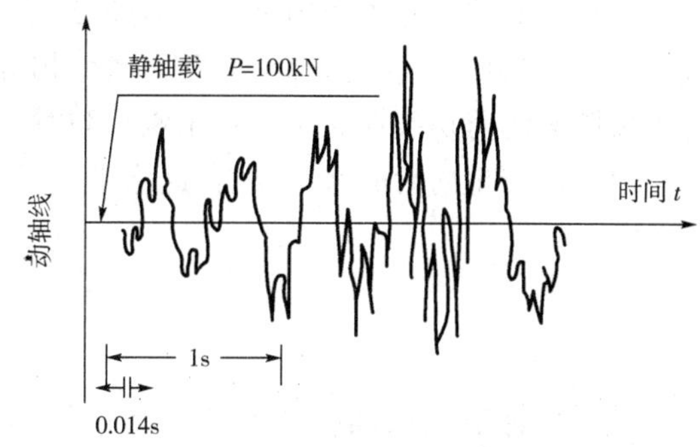

图 2－3　轴载的动态变动

轮载的这种动态变动，可近似地看做为呈正态分布，其变差系数(标准离差同静轮载的比值)主要随以下三方面因素变化：

①行车速率：车速越高，变差系数越大；

②路面的平整度：平整度越差，变差系数越大；

③车辆的震动特性：轮胎越软、减震装置的效果越好，变差系数越小。

正常情况下，变差系数一般均小于 0.3。

动轮载和静轮载的比值，称为冲击系数。在较平整的路面上，车速低于 50km/h 时的冲击系数约在 1.30 以内。在车速高、平整度差的路面上，冲击系数还要增大。路面设计时，也有以静轮载乘以冲击系数后作为设计轮载的。

运动中的车辆产生的动荷载对道路的影响有其自身的特点。由于行车以一定速度行驶在路面上的，作用于路表面上任一点(车轮经过处)荷载作用时间都很短，通常只有 0.01～0.1s。虽然路表下不同深度处应力持续作用时间稍长些，但仍很短(见图 2-4)。这样短暂的荷载(或应力)作用时间，使路面结构中的应力来不及传递，因此，荷载在结构层中影响深度小，产生的变形不及同级别静载作用时那样大。美国公路工作者协会(AASHO)曾在其试验路上对不同车速下沥青路面和水泥混凝土路面表面的变形进行实测，图 2-5 点绘的实测结果表明：当行车速度由 3.2km/h 增大到 56km/h 时，柔性路面的总弯沉量减少了 36%～38%；而当行车速度由3.2km/h增大到 96.7km/h 时，刚性路面的板角挠度和板边应变量降低了 29%左右。

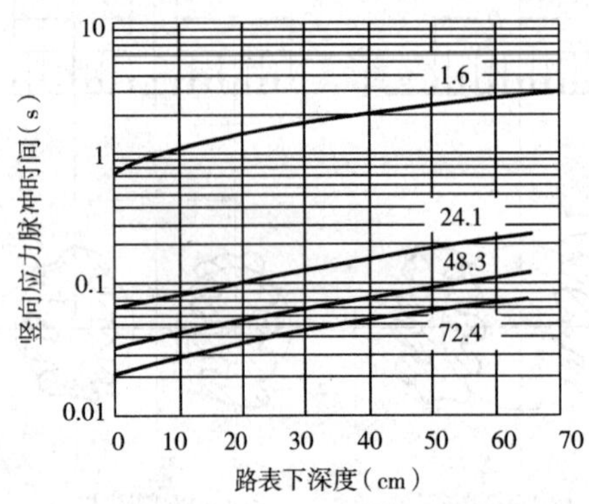

图 2-4 竖向应力脉冲时间随车速和深度的变化

(曲线上数字为车速，km/h)

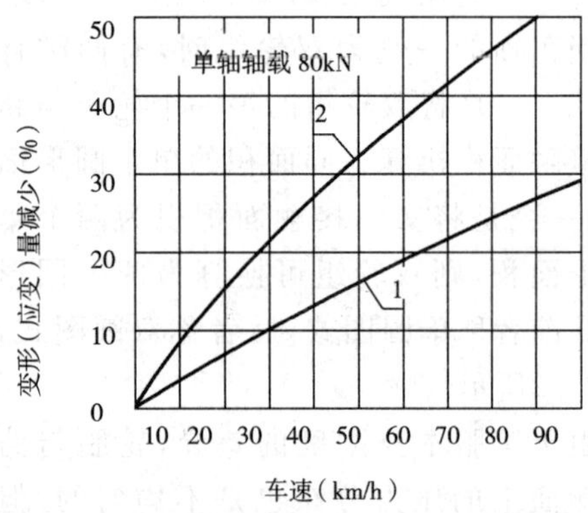

图 2-5 车速和路面变形的关系

1. 刚性路面，角隅挠度或边缘应变量随车速的变化；

2. 柔性路面，表面总弯沉量随车速的变化

(2)水平力

行车对路面体系除了作用有竖向力外，还作用有水平力。当车辆在正常行驶、加速、起步、减速、制动以及非直线行驶时，都会对路面产生相应的水平力，若路面结构的抗剪强度不足，就可能因此造成路面的剪切破坏。车辆在正常行驶时，路面对轮胎有路面和轮胎变形引起的滚动阻力，则轮胎对路面产生向后的水平反力，此水平力 Q_{max}。可按下式确定：

$$Q_{max} \leqslant \varphi P \tag{2-2}$$

式中：P——轮载。

φ——附着系数。φ 值与路面类型和状态、轮胎类型及车速等有关。一般路面在干燥状态时，φ 值为 0.5～0.7；在潮湿状态时，为 0.3～0.5；在泥泞结冰时，则为 0.1～0.2。

一般 $Q_{max} \approx (0.4 \sim 0.7)$P。

若以 q 和 p 分别表示接触面上的单位水平力和单位垂直接触压力，则最大水平力 q_{max} 应满足：

$$q_{max} \leqslant p\varphi \tag{2-3}$$

当行车制动时，路面对轮胎提供滑移摩阻力，则轮胎对路面产生向前的水平反力 T_s，其值由下式确定：

$$T_s = f_s P \tag{2-4}$$

式中：f_s 为制动时轮胎与路面间的摩阻系数。其最大值不会超过路面的纵向滑移摩阻系数 f_0。

f_0 值同轮胎和路面类型、路表特性和干湿状况以及车速有关，参见表 2－2。从表中可看出，f_0 一般可高达 0.7～0.8。

表 2－2　纵向滑移摩阻系数 f_s

路表状况	路面类型	车速(km/h)		
		16	32	64
干燥	碎石	—	0.60	—
	沥青混凝	0.70～1.00	—	0.50～0.65
	水泥混凝土	0.70～085	—	0.60～0.80
潮湿	碎石	—	0.40	—
	沥青混凝土	0.40～0.65	—	0.10～0.50
	水泥混凝土	0.60～0.70	—	0.35～0.55

当车辆在加(减)速时，路面受到向后(前)的水平力 $T \approx 0.5 \sim 0.6P$ 的作用；而当车辆在曲线上行驶时，其对路面的横向水平力约为 $0.1P$。

综上所述，车辆在紧急制动时对路面产生的水平力最大，可达竖直力的 80%，在路面设计时，不容忽视其影响。

剪力对路面结构的影响在不同类别的道路上其重要性也不尽相同，在进行道路设计时，省道、国道一般很少进行抗剪强度验算，但在市区道路设计时，就需进行相应的验算。

2.2　交通量分析

路面作用的荷载主要是车辆荷载，理论上来说，每通过一次车辆对道路都会产生相应的损伤。在公路的使用寿命内，各种车辆车轮荷载的反复作用，累计次数非常可观。在这样的重复荷载作用下，路基材料可能会出现变形累计超出允许范围，路面材料将出现疲劳破坏、变形累积等损坏现象，这使路面结构承载能力逐步降低、使用状况不断恶化。因此，正确地统计并估算交通量和交通量构成，对路面结构设计有着决定性的影响。

2.2.1 交通量与轴载谱

交通量是指一定时间间隔内通过道路某一断面的车辆总数。由所取时间间隔的不同，也就有了日交通量、年交通量等概念。设计中，我们一般最常用的是年均日交通量。年均日交通量取得，最好是通过交通流量观测站的实际观测资料经计算而来。若道路上没有观测站，也可临时设置观测点，但这种实际的观测资料一般时段都不长，或若干天或每天仅观测几个小时，所得结果的代表性较差等，这种情形下，可根据当地长期观测所得出的交通量在时间上的分布规律，选择有代表性的观测日，也可以根据间隙观测的结果乘以相应的不均匀系数（小时分布换算系数、日不均匀系数及月分布不均匀系数），以点带面，将短期的临时观测结果推算成年均日交通量，但精度稍差。

路面结构设计中，仅有交通量是不够的，还需同步统计所通过的车辆的型号及种类，即掌握交通量的构成。不同的车辆轴载也不同，对路面的损伤也因车而异。目前，我国公路交通量观测站在调查记录时，将车辆分为小型载货汽车、中型载货汽车、大型载货汽车、小型客车、大型客车、各种汽车拖挂车、拖拉机（小型、大中型）和非机动车（畜力车、人力车、自行车）等 11 类。其中，小型拖拉机、小客车、小型载货汽车及非机动车对路面结构性能影响很小，在进行路面结构设计时，按路侧干扰因素计，一般不予考虑，可在统计时加以扣除。其余各类列入统计范畴的车型按轴载大小分类统计。

交通量的构成反映了各种轴载（包括前、后轴）在整个交通量中所占的比例关系，也称为轴载谱。

轴载谱可通过在路上设观测站调查得到。可采取在路面内埋置地磅或传感器来记录通过的轴次和轴重，据记录整理成各级轴重的频率直方图，如图 2-6 所示。

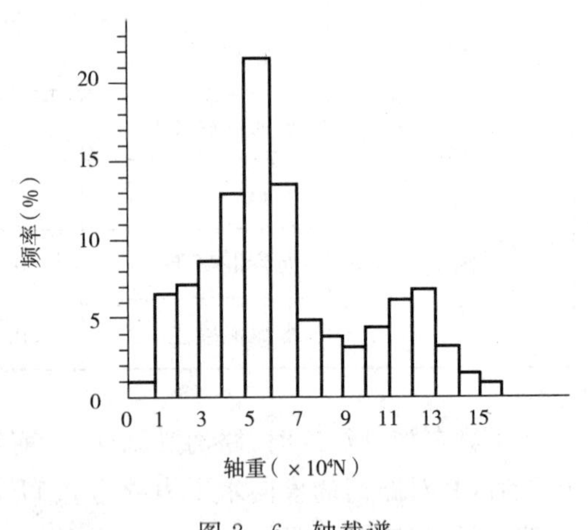

图 2-6 轴载谱

据连续式或间隙式观测资料，可整理得各级轴载的年平均日作用次数或典型的轴载谱。若求得前者，利用平均年增长率 γ 和式（2-6）可预估在使用年限内各级轴载的累计作用次数。若求得典型轴载谱，即已知各级轴载的组成比例，那么，乘以平均日轴载数:就可得到各级轴载的平均日作用次数。但是，必须在交通量调查时，同时调查统计得每辆车的平均轴数（指轴重大于 20kN 者），以此值乘以平均日交通量，才能得到平均日轴载数。

当缺乏在路上实测轴重的设备时，也可借助交通量调查的方法，把车辆按轴型和轴载多分几个级别，用目测估计通过的轴重。据此记录，也能统计出轴载谱，但精度稍差些。

2.2.2 轴载的等效换算与交通量估算

1. 轴载的等效换算

车辆轴载不同对路面结构造成的损伤是不同的，例如，通过一次重车对路面造成的损伤可能相当于通过若干次轻车造成的结果。因此，难以直接依据轴载谱来判断其对路面的影响和要求。这就需要建立一种标准轴载，然后按等效原则，将各级轴载的作用次数换算成某一标准轴载的作用次数，根据标准轴载的作用次数来判断各条道路上交通对路面作用的繁重程度。

各个国家对标准轴载的选定不尽相同，大部分国家规定标准轴载为 100kN，也有国家规定为 130kN 或 80kN。我国路面设计规范中选用双轮组单轴轴载 100kN（以 BZZ－100 表示）为标准轴载。标准轴载的有关计算参数见表 2－3。

表 2－3　标准轴载计算参数

标准轴载	BZZ－100
轴载 P(kN)	100
轮胎接地压强 p(MPa)	0.70
单轮传压面当量圆直径 d(cm)	21.30
两轮中心距(cm)	1.5d

轴载等效换算的原则是，同一种路面结构在不同轴载作用下达到相同的疲劳损坏程度时，相应的作用次数被认为是等效的。等效换算是一个很复杂的关系，不同的疲劳损坏标准将导致不同的等效换算关系。根据野外或室内不同级位荷载的重复作用试验结果所建立的疲劳方程，可推演出不同轴载作用次数等效换算成标准轴载作用次数的轴载换算系数 f_i 的一般表达式如下：

$$f_i=\frac{N_s}{N_i}=\alpha\left(\frac{P_i}{P_s}\right)^n \tag{2-5}$$

式中：f_i——i 级轴载换算为标准轴载的换算系数；

P_s 和 N_s——标准轴载重(kN)及其作用次数；

P_i 和 N_i——i 级轴载重(kN)及其作用次数；

α——反映轴型（单轴、双轴或三轴）和轮组轮胎数（单轮或双轮）影响的系数；

n——路面结构特性有关的系数。

2. 交通量估算

我们在路上观测到的交通量，仅仅反映当前的交通状况，公路设计中使用的车辆荷载，实际上是对公路未来设计寿命内（长达十几甚至二十年）通过车辆数进行预测的结果。由于在道路使用寿命内道路交通量常随年份而增长，如欲求得路面使用期内通过的累计车辆次数，还需确定交通量的年增长率 γ。γ 值的变化幅度很大，不同地区、不同经济条件、不同等级的公路的 γ 值都不相同，难以正确地预估。通常，可根据最近若干年内连续观测到的交通量增长率，并考虑该路今后可能达到的饱和交通量、附近地区经济文化的发展趋势等因素，确定适当的平均年增长率。一般而言，经济发达地区交通量增长率取值可低些，经济欲腾飞的地区取值应高些。

在路面设计使用年限内的累计交通量 N_i，一般可按几何级数求和公式确定：

$$N_i=\frac{365n_1}{\gamma}[(1+\gamma)^t-1] \tag{2-6}$$

式中：n_1——开始年的平均日交通量；

γ——平均年交通量增长率（以小数计）；

t——路面的设计使用年限。

在双向多车道的道路上，每一方向每一车道上的交通量并不均等。而路面设计依据的交通量是设计车道上的交通量，所以，应对道路(断面)交通量乘以方向不均匀系数及车道不均匀系数。方向不均匀系数为一个行车方向的交通量占道路交通量的比例，一般情况下取0.5～0.6。车道不均匀系数则为交通最繁重一个车道的交通量与该方向上交通量的比值，通常取1.0(1车道/方向)，0.8～1.0(2车道/方向)或0.6～0.8(3车道/方向)，具体数值依据交通情况和车道数通过调查确定。

2.2.3 轮迹横向分布

按上述方法调查和分析所得之各级轴载或标准轴载的作用次数，为整个车道宽度上所受到的总量。路面横断面上各点实际受到的轴载作用次数并没有那么多。图2-7所示为分车道单向行驶时宽为3.75m的车道上实测到的轮迹横向分布频率曲线(以每25cm宽条带为统计单元)。可以看到，距路面外侧边缘0.9m和3m附近的轮迹分布频率分别达到峰值，为该车道总轴载作用次数的30%左右；而车道边缘处路面受到的轴载作用次数很小。

轮迹横向分布的图形和峰值随许多因素变化，诸如：道路横断面形式、车道数和车道宽；交通组织类型(混合交通或分道行驶)、交通密度和交通组成；车速以及司机的驾驶习惯和经验等，图2-8中绘示了在不分车道混合行驶的公路上实测到的频率曲线。可以看出，频率曲线的图形由双峰变为单峰，其峰值也随之降低。

通常，轮迹覆盖带宽约为50cm(双轮组，每只轮胎宽20cm，轮隙宽10con)，为图2-7和图2-8中条带宽的2倍，图中相邻两条带频率之和即为其横向分布频率，亦称为轮迹横向分布系数。不同的路面设计方法，对轮迹横向分布的影响有不同的考虑及处理方法。

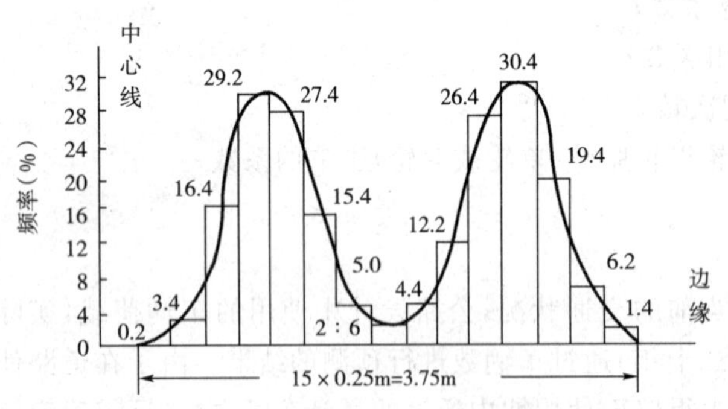

图2-7 分车道单向行驶时轮迹横向分布频率曲线

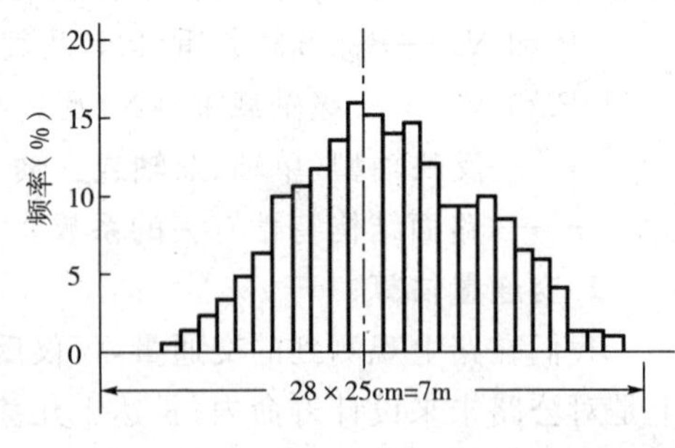

图2-8 不分车道混合行驶时轮迹横向分布频率曲线

2.3 公路自然区划

我国地域辽阔，各地地形、地质、水文、气候等自然条件复杂多变，其对路基路面结构产生的影响和危害也各不相同，与此同时，相似的自然条件下有着相似的筑路特性和规律。因此，为区分不同地理区域自然条件对公路工程影响的差异，并在设计、施工和养护中采用适当设计参数和技术措施，我国经过长期研究和实践的基础上，制定了公路自然区划。

2.3.1　区划的原则及分区

1. 道路工程特征相似的原则

在同样的自然因素下，筑路特性和规律应具有相似性。例如，南方地区湿润多雨，应多考虑由于水分的浸蚀对路基的影响，最不利季节在雨季，有冲刷、水毁等病害。北方地区雨水偏少，但冬季会产生冻胀现象，不利季节主要是春季，会产生翻浆等病害。在西北高寒多年冻土区，应注重防止地基融沉等病害出现。

2. 地表气候区划差异性的原则

一般来说，地表气候随着当地纬度而变，如北半球，北方寒冷，南方温暖，这称为地带性差异。但情况并非总是这样，有时，即使同一纬度地区，由于海拔高度不同气候等方面的差异也很大，如青藏高原，由于海拔高，与纬度相同的其他地区相比，气候更加寒冷，此称为非地带性差异。因此，地表气候往往是地带性差异与非地带性差异的综合结果。

3. 自然气候因素既有综合又有主导作用的原则

自然气候的变化是各种因素综合作用的结果，但其中又有某种因素起着主导作用。例如道路冻害是水分和温度综合作用的结果，但是在南方，只有水而没有寒冷气候的影响，不会有冻害，说明温度起主导作用；西北干旱区与东北潮湿区，同样都有负温度，但前者冻害轻于后者，说明水起主导作用。

根据上述三大划分原则，我国的公路自然区划分为三个等级，有 7 个一级区，33 个二级区和 19 个副区。见图 2－9。

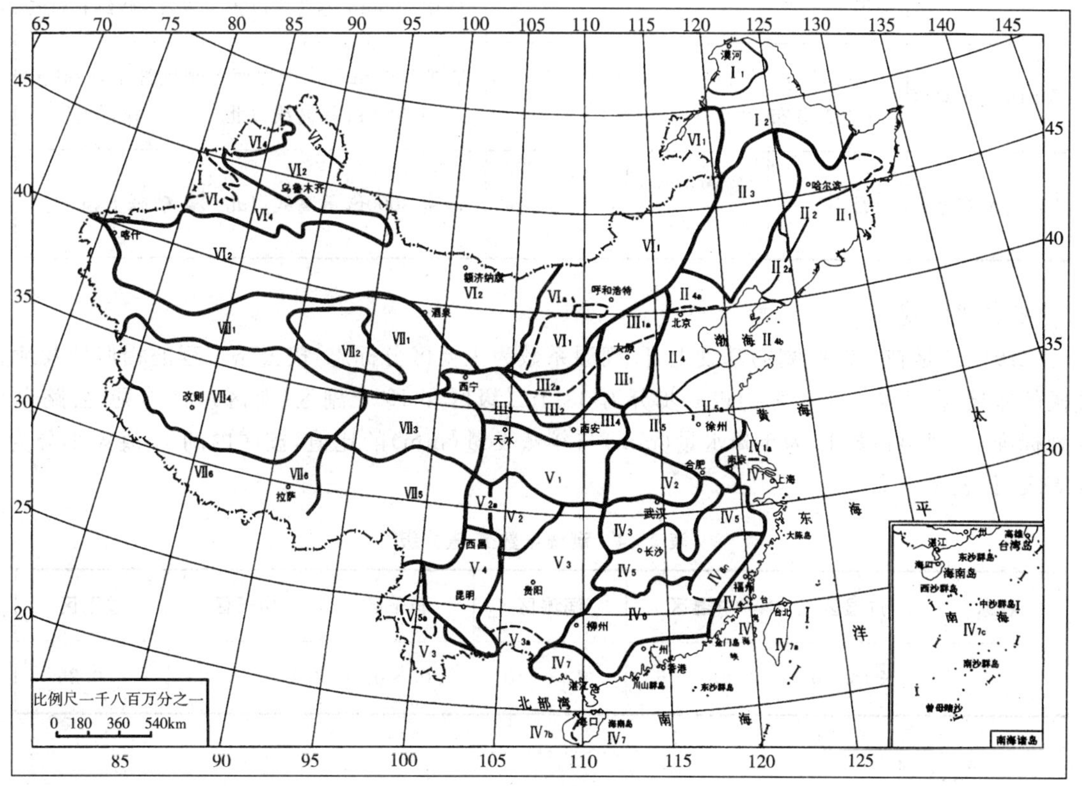

图 2－9　公路自然区划图

(1)一级区划

一级区划是依据大范围内的气候、地理及地貌等条件,以两条均温等值线:全年均温－2℃等值线和一月份均温 0℃等值线;两条等高线:1000m 和 3000m 作为一级区划的标志,将全国分为 7 个一级区,见表 2-3。

表 2-3 一级区划名称和特征

代号	一级区名	平均温度(℃)	平均最大冻深(cm)	潮湿系数 K	地形阶梯	土质带
I	北部多年冻土区	全年小于－2	>200	0.5～1.00	东部 1000m 等高线两侧	棕粘性土
II	东部湿润季冻区	1 月小于 0	10～200	0.5～1.00	东部 1000m 等高线以东	棕粘性土,黑粘性土,冲击土,软土
III	黄土高原干湿过渡区	1 月小于 0	20～140	0.25～1.00	东部 1000m 等高线以西,西南 3000m 等高线以东	黄土
IV	东南湿热区	1 月大于 0 全年 14－26	<10	1.00～2.25	东部 1000m 等高线以东	黄棕粘土,红色石灰土,砖红粘性土
V	西南潮湿区	1 月大于 0 全年 14－22	>20	1.00～2.00	东部 1000m 等高线以西,西南 3000m 等高线以东	紫粘土,红色石灰土,砖红粘性土
VI	西北干旱区	1 月小于 0 山区垂直分布	东部 100～250,西部 40～100	东部 0.25～0.5,西部小于 0.5	东部 1000m 等高线以西,西南 3000m 等高线以北	栗粘性土,砂砾土,碎石土
VII	青藏高寒区	1 月小于 0	除南端外 40～250	0.25～1.50	西南 3000m 等高线以北	砂砾土,软土

(2)二级区划

二级区划是在一级区划的基础上,以潮湿系数为主要区分标志,按公路工程的相似性及地表气候的差异,在 7 个一级区划内进一步分为 33 个二级区和 19 个副区(亚区),具体见《公路自然区划标准》。潮湿系数 K 为年降水量(mm)与年蒸发量(mm)的比值,按区内的 K 值大小分为 6 个等级,见表 2-4。

表 2-4 潮湿系数 K 值分级

名称	过湿区	中湿区	润湿区	润干区	中干区	过干区
	K>2.00	2.00～1.50	1.50～1.00	1.00～0.50	0.50～0.25	<0.25

(3)三级区划

三级区划是在二级区划的基础上,由各省、市、自治区自行根据区内的气候、地貌、水文、土质等方面的差异，结合具体情况自行进行划分。

2.3.2　自然区划与筑路要点

我国 7 个一级自然区的道路结构设计及施工注重的特点各有不同，根据各地区经验，可大致归纳如下：

1. I 区——北部多年冻土区

该区北部为连续分布多年冻土，南部为岛状分布多年冻土。对于泥沼地多年冻土层，最重要的道路设计原则是保温，不可轻易挖去覆盖层，应使路堤下保持冻结状态，若受大气热量影响融化，后患无穷。对于非多年冻土层的处理方法则不同，需将泥炭层全部或局部挖去，排干水分，然后填筑路堤。该区主要是林区道路，路面结构为中级路面。林区山地道路，因表土湿度大，地面径流大，最易翻浆，应采取换土、稳定土、砂垫层等处理方法。

2. II 区——东部湿润季冻区

季冻区突出的问题是冻胀和融沉，防止翻浆和冻胀成为该区筑路的重要课题。翻浆的轻重程度取决于路基的潮湿状态，可根据不同的路基潮湿状态采取措施，如隔温、排水和切断毛细水上升通道等。

3. III 区——黄土高原干湿过渡区

该区特点是黄土对水分的敏感性，干燥土基强度高、稳定性好，但遇水后易产生湿陷。筑路时要十分注意路基排水，路面结构需选择不透水的面层。在河谷盆地的潮湿路段以及灌区耕地，土基稳定性差，强度低，容易翻浆，必须认真处理。

4. IV 区——东南湿热区

该区雨量充沛集中，雨型季节性强，台风暴雨多，水毁、冲刷、滑坡是道路的主要病害，路面结构应结合排水系统进行设计。该区水稻田多，土基湿软，强度低，必须认真处理。由于气温高、热季长，要注意黑色面层材料的热稳定性和防透水性。

5. V 区——西南潮暖区

该区有些地区雨期较长，蒸发量少，造成路基较湿；该区山多，且大多为喀斯特地貌，要注意路基的保证稳定性。区内筑路材料丰富，应充分利用当地材料筑路。

6. VI 区——西北干旱区

该区干旱大部分地下水位很低，一般道路冻害较轻。个别地区，如河套灌区、内蒙草原洼地，地下水位高，翻浆严重。丘陵区 1.5m 以上的深路堑冬季积雪厚，雪水浸入路面造成危害，所以沥青面层材料应具有良好的防透水性，路肩也应作防水处理。沙漠地区要防止风蚀和沙埋等危害。

7. 别 VII 区——青藏高寒区

该区局部路段有多年冻土，需按保温原则设计。由于地处高原，气候寒冷，昼夜气温相差很大，日照时间长，沥青老化很快，又因为年平均气温相对偏低，路面易遭受冬季雪水渗入而破坏。

2.4　路基水温状况及路基工作区

自然环境因素是影响路基路面结构的安全运行的两大因素之一，不利自然因素有多种多样，其中以湿度和温度的影响突出和常见，它贯穿于公路的整个使用寿命内，且因时而变。

2.4.1 路基湿度及路基干湿类型

1. 路基湿度的来源及影响

路基的组成材料是土，且大部分情况为粘性土，该类土亲水性很强，水分的浸入会使土的力学性质与物理状态发生很大的变化。土中湿度的增加，引起填土的强度降低、严重的会使土体软化，与这种变化相伴的通常是路基产生较大沉降甚至导致路基失稳；路基内含水量的增减还会引起土体的膨胀与收缩，使路基产生不均匀沉降；在北方季冻区，如有水源补给，冬季还会产生冻胀，春季发生融沉甚至翻浆现象。

要防止水分带来不利影响，需做好排水设计，就要了解各类水源对路基路面的影响过程，并根据道路的实际情况找出经济合理的方案。

路基湿度的水源主要有以下几方面：

(1)大气降水：大气降水可通过路面、路肩边坡和边沟渗入路基；

(2)地面水：边沟的流水、地表径流水因排水不良，形成积水，渗入路基；

(3)地下水：路基下面一定范围内的地下水浸入路基；

(4)毛细水：路基下的地下水，通过毛细现象，上升到路基。

上述各种可能导致路基湿度变化的水源，其对路基的影响程度随当地自然条件和气候特点以及所采取的工程措施(比如加大路基高度、铺设护坡等)的不同而异。路基路面的排水设计在第五章将予详细介绍。

2. 路基干湿类型

路基的干湿状态与路基的强度及稳定性有很大关系，并在很大程度上影响路面结构设计。在路基设计时，要先确定路基的干湿类型。路基的干湿类型是以不利季节(非冰冻区为雨季，季冻区为春融期)路床表面以下 80cm 深度内土的平均稠度来划分的。分为干燥、中湿、潮湿和过湿四类，不同干湿状态的路基其强度及稳定性是不同的，基本特征见表 2-5。

稠度 w_c 定义为土的含水量 w 和土的液限 w_L 之差与土的塑限 w_p 与液限 w_L 之差的比值，即

$$w_c=\frac{(w_L-w)}{(w_L-w_p)} \tag{2-7}$$

三个分界稠度：w_{c1} 为干燥和中湿状态的分界稠度；w_{c2} 为中湿与潮湿状态的分界稠度；w_{c3} 为潮湿和过湿状态的分界稠度。干湿状况划分情况见表 2-5。

在公路勘测设计中，确定路基的干湿类型分两种情况：

(1)对于已建公路

按不利季节路槽底面以下 80cm 深度内土的平均稠度确定。于路槽底面以下 80cm 内，每 10cm 取土样并测定其天然含水量、塑限含水量和液限含水量，以式(2-8)、式(2-9)求算：

$$w_{ci}=\frac{w_{Li}-w_i}{w_{Li}-w_{pi}} \tag{2-8}$$

$$\overline{w}_c=\frac{\sum_{i=1}^{8} w_{ci}}{8} \tag{2-9}$$

式中：w_i——路槽底面以下 80cm 内。每 10cm 为一层，第 i 层上的天然含水量；

w_{Li}——同一层土的液限含水量(76g 平衡锥)；

w_{pi}——同一层土的塑限含水量；

w_{ci}——第 i 层的稠度；

$\overline{w}_c$——路槽以下 80cm 内土的算术平均稠度。

根据 $\overline{w}_c$ 判别路基的干湿类型，要按照道路所在的自然区划和路基土的类别，查表 2－5，与分界稠度作比较，并按表 2－5 所列区划界限确定道路所属的路基干湿类型。

表 2－5　路基干湿类型

类型	路基平均稠度 $\overline{w}_c$ 与分界相对稠度的关系	基本特性
干燥	$\overline{w}_c > w_{c1}$	路基干燥稳定，路面强度和稳定性不受地下水和地表水的影响，路基高度 $H > H_1$
中湿	$w_{c1} \geqslant \overline{w}_c > w_{c2}$	路基上部土层处于地下水或地表水影响的过渡带区内，路基高度 $H_2 < H \leqslant H_1$
潮湿	$w_{c2} \geqslant \overline{w}_c > w_{c3}$	路基上部土层处于地下水或地表水毛细影响区内，路基高度 $H_3 < H \leqslant H_2$
过湿	$\overline{w}_c \leqslant w_{c3}$	路基不稳定、冰冻区春融翻浆，非冰冻区雨季软弹，路基经处理后方可铺筑路面，路基高度 $H < H_3$

(2)对于待建道路

待建道路由于路基尚未建成，无法按上述方法确定路基的干湿状况，但可以用路基临界高度作为判别标准。路基临界高度是指在不利季节使路基处于某种干湿状态时，路基顶面离地下水位或地表积水水位的最小高度。与分界稠度相对应，临界高度也有三个分界值，即：

① H_1 相对应于 w_{c1}，为干燥和中湿状态的分界标准；

② H_2 相对应于 w_{c2}，为中湿与潮湿状态的分界标准；

③ H_3 相对应于 w_{c3}，为潮湿和过湿状态的分界标准。

当路基的地下水位或地表积水水位一定的情况下，由于毛细现象的关系，路基的湿度自下而上逐渐减小，如图 2－10 所示。路基高度越低，离水源的竖向距离越近，土中含水量就越大，土的稠度就越小，承载力越低，反之亦然。

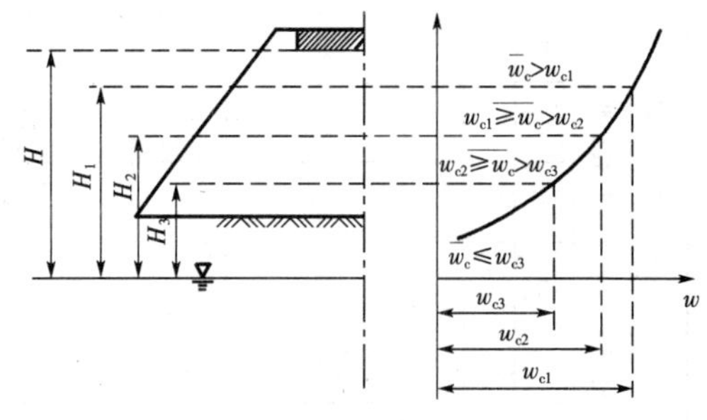

图 2－10　路基临界高度与路基干湿类型

在设计路基时，为了保证路基的强度和稳定性不受地下水及地表积水的影响，要求路基保持干燥或中湿状态，路基顶面或路槽底距地下水或地表积水的距离，要大于或等于干燥、中湿状态所对应的临界高度。

表 2－6 中给出了不同土质和自然区划地域内的路基临界高度。

表 2-6 路基临界高度参考值

自然区划	砂性土									粘性土									粉性土								
	地下水			地表长期积小			地表临时积水			地下水			地表长期积水			地表临时积水			地下水			地表长期积水			地表临时积水		
	H_1	H_2	H_3	H_1	H_2	H_3	H_1	H_2	H_3	H_1	H_2	H_3	H_1	H_2	H_3	H_1	H_2	H_3	H_1	H_2	H_3	H_1	H_2	H_3	H_1	H_2	H_3
II1										2.9	2.2								3.8	3.0	2.2						
II2										2.7	2.0								3.4	2.6	1.9						
II3	1.9～1.5	1.3～1.6								2.5	1.8								3.0	2.2	1.6						
II4										2.4～2.6	1.9～2.1	1.2～1.4							2.6～2.8	2.1～2.3	1.4～1.6						
II5	1.1～1.5	0.7～1.1								2.1～2.5	1.6～2.0								2.4～2.9	1.8～2.3							
III1																			2.4～3.0	1.7～2.4							
II2	1.3～1.6	1.1～1.3	0.9～1.1	1.1～1.3	0.9～1.1	0.6～0.9	0.9～1.1	0.6～0.9	0.4～0.6	2.2～2.75	1.7～2.2	1.3～1.7	1.75～2.2	1.3～1.7	0.9～1.3	1.3～1.75	0.9～1.3	0.45～0.9	2.4～2.85	1.9～2.4	1.4～1.9	1.9～2.4	1.0～1.9	1.0～1.4	1.4～1.9	1.0～1.4	0.5～1.0
III3	1.3～1.6	1.1～1.3	0.9～1.1	1.1～1.3	0.9～1.1	0.6～0.9	0.9～1.1	0.6～0.9	0.4～0.6	2.1～2.5	1.6～2.1	1.2～1.6	1.6～2.1	1.2～1.6	0.9～1.2	1.2～1.6	0.9～1.2	0.55～0.9	2.3～2.75	1.8～2.3	1.4～1.8	1.8～2.3	1.4～1.8	1.0～1.4	1.4～1.8	1.0～1.4	0.55～1.0
III4																			2.4～3.0	1.7～2.4							
III1a																			2.4～3.0	1.7～2.4							
III2a	1.4～1.7	1.0～1.3																	2.4～3.0	1.7～2.4							
IV1、IV1a										1.7～1.9	1.2～1.3	0.8～0.9							1.9～2.1	1.3～1.4	0.9～1.0						
IV2										1.6～1.7	1.1～1.2	0.8～0.9							1.7～1.9	1.2～1.3	0.8～0.9						
IV3										1.5～1.7	1.0～1.2	0.8～0.9	0.8～0.9	0.5～0.6	0.3～0.4				1.7～1.9	1.2～1.3	0.8～0.9	0.9～1.0	0.6～0.7	0.3～0.4			
IV4	1.0～1.4	0.7～0.8								1.7～1.8	1.0～1.2	0.8～1.0															

（续表）

自然区划	砂性土									粘性土									粉性土								
	地下水			地表长期积小			地表临时积水			地下水			地表长期积水			地表临时积水			地下水			地表长期积水			地表临时积水		
	H_1	H_2	H_3	H_1	H_2	H_3	H_1	H_2	H_3	H_1	H_2	H_3	H_1	H_2	H_3	H_1	H_2	H_3	H_1	H_2	H_3	H_1	H_2	H_3	H_1	H_2	H_3
IV5										1.7～1.9	1.3～1.4	0.9～1.0	1.0～1.1	0.6～0.7	0.3～0.4				1.9～2.1	1.3～1.5	0.9～1.1						
IV6										1.8～2.0	1.3～1.5	1.0～1.2	0.9～1.0	0.5～0.6	0.3～0.4				2.0～2.2	1.5～1.6	1.0～1.1						
IV6a										1.6～1.7	1.1～1.2	0.7～0.8							1.8～2.0	1.3～1.4	0.9～1.1						
IV7				0.9～1.0	0.7～0.8	0.6～0.7				1.7～1.8	1.4～1.5	1.1～1.2	1.0～1.1	0.7～0.8	0.4～0.5												
V1	1.3～1.6	1.1～1.3	0.9～1.1	1.1～1.3	0.9～1.1	0.6～0.9	0.9～1.1	0.6～0.9	0.4～0.6	2.0～2.4	1.6～2.0	1.2～1.6	1.6～2.0	1.2～1.6	0.8～1.2	1.2～1.6	0.8～1.2	0.45～0.8	2.2～2.65	1.7～2.2	1.3～1.7	1.7～2.2	1.3～1.7	0.9～1.3	1.3～1.7	0.9～1.3	0.55～0.9
V2 、V2a（紫色土）										2.0～2.2	0.9～1.1	0.4～0.6							2.3～2.5	1.4～1.6	0.5～0.7						
V3										1.7～1.9	0.7～0.9	0.3～0.5							1.9～2.1	1.3～1.5	0.5～0.7						
V2、V2a（黄壤土）										1.7～1.9	0.9～1.1	0.4～0.6							2.3～2.5	1.4～1.6	0.5～0.7						
V2，V5，V3a										1.7～1.9	0.9～1.1	0.4～0.6							2.2～2.5	1.4～1.6	0.5～0.7						
VI1	(2.1)	(1.7)	(1.3)	(1.8)	(1.4)	(1.0)	0.7	0.3		(2.3)	(1.9)	(1.6)	(2.1)	(1.7)	(1.3)	0.9	0.5		(2.5)	(2.0)	(1.6)	(2.3)	(1.8)	(1.3)	(1.2)	0.7	0.1
VI1a	(2.0)	(1.6)	(1.2)	(1.7)	(1.3)	(1.0)	(1.0)	(0.5)		(2.2)	(1.9)	(1.5)	(2.0)	(1.6)	(1.2)	(0.9)	(0.5)		(2.5)	(2.0)	(1.5)	(2.2)	(1.7)	(1.2)	0.6		
VI2	1.4～1.7	1.1～1.4	0.9～1.1	1.1～1.4	0.9～1.1	0.6～0.9	0.9～1.1	0.7～0.9	0.4～0.6	2.2～2.75	1.65～2.2	1.2～1.65	1.65～2.2	1.2～0.65	0.75～1.2	1.2～1.65	0.75～1.2	0.45～0.75	2.3～2.75	1.85～2.3	1.4～1.85	1.85～2.3	1.4～1.85	0.9～1.4	1.4～1.85	0.9～1.4	0.5～0.9

（续表）

自然区划	砂性土									粘性土									粉性土								
	地下水			地表长期积小			地表临时积水			地下水			地表长期积水			地表临时积水			地下水			地表长期积水			地表临时积水		
	H_1	H_2	H_3	H_1	H_2	H_3	H_1	H_2	H_3	H_1	H_2	H_3	H_1	H_2	H_3	H_1	H_2	H_3	H_1	H_2	H_3	H_1	H_2	H_3	H_1	H_2	H_3
IV3	(2.1)	(1.7)	(1.3)	(1.9)	(1.5)	(1.1)				(2.4)	(2.0)	(1.6)	(2.1)	(1.7)	(1.4)	(0.8)	(0.6)		(2.6)	(2.1)	(0.6)	(2.4)	(1.8)	(1.4)	(1.3)	(0.7)	
VI4	(2.2)	(1.8)	(1.4)	(1.9)	(1.5)	(1.2)	0.8			2.4	2.0	1.6	(2.2)	(1.7)	(1.3)	1.0		0.6		(2.6)	(2.2)	1.7	2.4	1.9	1.4	1.3	0.8
VI4a	(1.9)	(1.5)	(1.1)	(1.6)	(1.2)	(0.9)	(0.5)			(2.2)	(1.7)	(1.4)	(1.9)	(1.4)	(1.1)	0.7			(2.4)	(1.9)	1.4	2.1	1.6	1.1	1.0	0.5	
VI4b	(2.0)	(1.6)	(1.2)	(1.7)	(1.3)	(1.0)				(2.3)	(1.8)		(2.0)	(1.6)	(1.2)	(0.8)			(2.5)	1.9	1.4	(2.2)	(1.7)	(1.2)	1.0	0.5	
VII1	(2.2)	(1.9)	(1.6)	(2.0)	(1.6)	(1.3)	(0.8)	(0.4)		2.2	(1.9)	(1.5)	(2.1)	(1.6)	(1.2)	(0.9)	(0.5)		(2.5)	(2.0)	(1.5)	(2.4)	1.8	1.3	1.1	0.6	
VII2										(2.3)	(1.9)	(1.6)	1.8	1.4	1.1	0.8	0.4		(2.5)	(2.1)	(1.6)	(2.2)	(1.6)	(1.1)	0.9	0.4	
VII3	1.5～1.8	1.2～1.5	0.9～1.2	1.2～1.5	0.9～1.2	0.6～0.9	0.9～1.2	0.7～0.9	0.4～0.6	2.3～2.85	1.75～2.32	1.3～1.75	1.75～2.3	1.3～1.75	0.75～1.3	1.3～1.75	0.75～1.3	0.45～0.75	2.4～3.1	2.0～2.4	1.6～2.0	(2.0～2.4)	(1.6～2.0)	(1.0～1.6)	(1.6～2.0)	1.0～1.6	0.55～1.0
VII4	(2.1)	(1.6)	1.3	(1.8)	(1.4)	1.0	(0.9)			(2.1)	(1.6)	(1.3)	(1.8)	(1.4)	(1.1)	(0.7)			(2.3)	(1.8)	(1.3)	(2.1)	(1.6)	(1.1)			
VII5	(3.0)	(2.4)	1.9	(2.4)	(2.0)	1.6	(1.5)	(1.1)	(0.5)	(3.3)	(2.6)	(2.1)	(2.4)	(2.0)	(1.6)	(1.5)	(1.1)	(0.5)	(3.8)	(2.2)	(1.6)	(2.9)	(2.2)	(1.5)		(1.3)	(0.5)
VII6a										(2.8)	2.4	1.9	2.5	2.0	1.6	1.4	(0.8)		(2.9)	1.8	(2.7)	2.1	1.5	1.6	1.1		

［注］ (1)表中 H_1—路基干燥状态临界高度；H_2—路基中湿状态临界高度；H_3—路基潮湿状态临界高度；路槽底至水位高度小于 H_3 时为过湿路基，须经过处治后方能铺筑路面。(2)IV、VII 区有横线者，表示实测资料较少，有括号者表示没有实测资料，根据规律推算的。(3)新增 III_2、III_3、VI_1、VI_2、VII_3 资料系甘肃省 1984 年所提建议值，其他地区供参考。(4)缺少资料的二级区可暂先论证地参考相邻二级区数值，并应积极调研积累本地区的资料。

2.4.2　温度变化对路基路面的影响

1. 温度变化

大气的温度在年内和日内发生着周期性的变化，与大气直接接触的路面温度也相应地在年和日内发生着周期性变化。图 2-11 和图 2-12 分别显示了夏季晴天的情况下沥青类面层和水泥混凝土面层温度的日变化观测结果。路表温度的周期性起伏，同气温的变化几乎完全同步。由于部分太阳辐射热被路面所吸收，路面的温度较气温高，在图 2-11 和图 2-12 所示的实例中沥青面层的最高温度要高出气温 23℃，水泥混凝土面层则高出 14℃。面层结构内不同深度处的温度同样随气温的变化而呈现周期性变化，但起伏的幅度则随深度的增加而减小，其峰值也随深度的增加而越来越滞后出现。

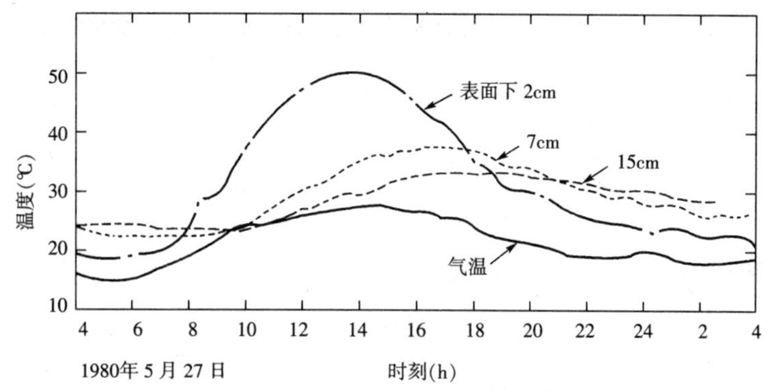

图 2-11　沥青面层温度日变化曲线

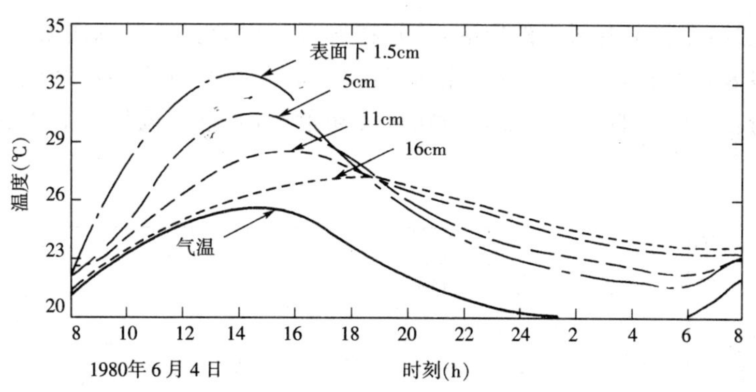

图 2-12　水泥混凝土面层温度日变化曲线

路面结构内温度状况随深度而变化的情况，可以更明显地从一天内不同时刻的路面温度随深度分布的曲线图中看出，图 2-13 即为水泥混凝土面层的一个实例。

温度沿深度一般呈曲线分布，顶面和底面之间的温度坡差（或称梯度），在一天内经历了由负（顶温低于底温）到正（顶温高于底温）再到负的循环变化，具有同气温变化近乎同步的周期性特点（如图 2-14）。通常在早晨某一时刻（例如 8:00）梯度接近于零，午后某时刻（例如 13:00～14:00）正温差达到最大值，而在凌晨某时刻（例如 3:00～5:00）负温差达到最大值。

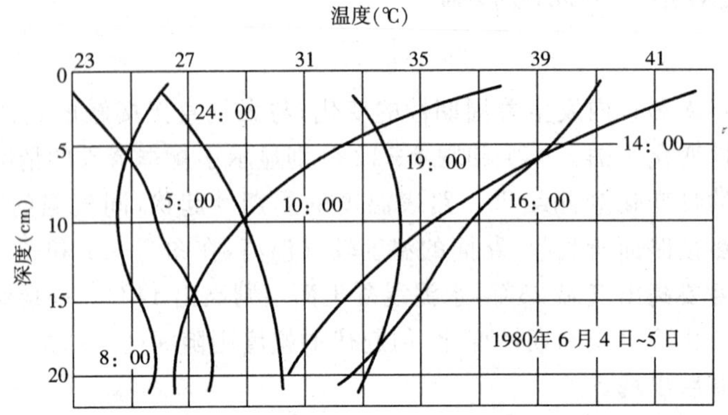

图 2-13　一天内不同时刻沿水泥混凝土面层深度的温度变化曲线

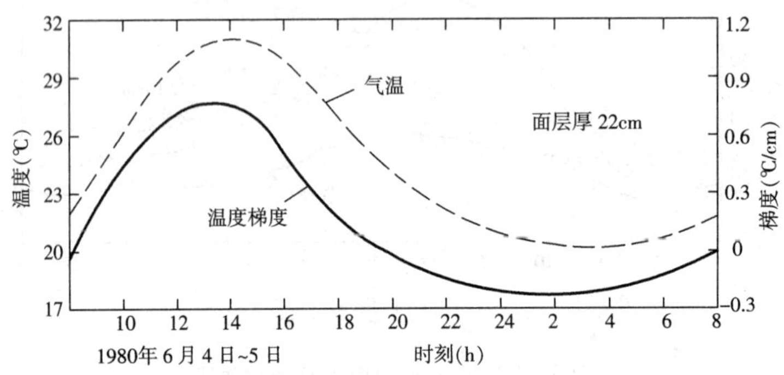

图 2-14　水泥混凝土面层温度梯度日变化曲线

云和雨对面层温度状况有很大的影响，特别在接近表面处。云层遮住太阳时路面受到的辐射热降低，因而多云天气的面层温度日变化曲线出现局部波动，有许多小峰值。雨天时，日气温变动很小，面层内各深度处的温度日变化曲线也波动很小，并且气温始终低于面层内温度，见图 2-15。

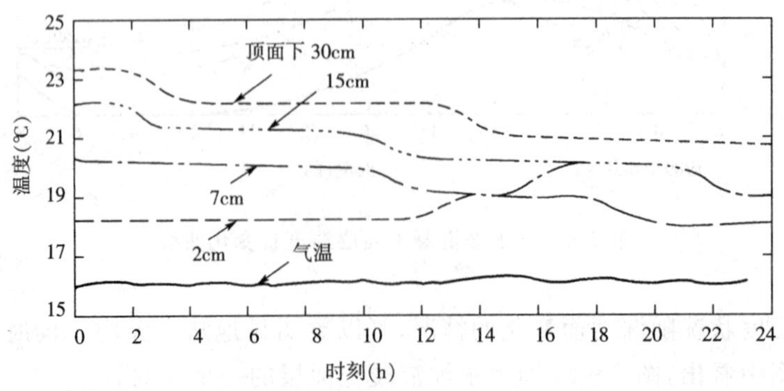

图 2-15　雨天时沥青路面温度变化曲线

除了日变化之外，面层不同深度处的温度还随气温而经历着年变化，图 2-16 所示为沥青面层不同深度处的月平均气温变化的情况。可看出，平均气温为最高和最低的 7 月份和 1 月份，面层的平均温度也相应为最高和最低值。

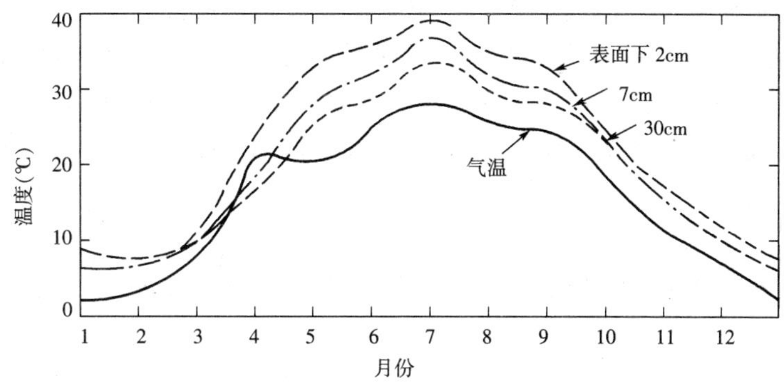

图 2－16　沥青面层月平均温度的年变化曲线

2. 路面的温度状况

沥青混合料的强度随温度而变化，温度降低时强度提高，温度升高时强度降低。可见温度是影响沥青路面力学特性的一个重要因素。

自然气温每年和每月都发生周期性变化，与大气直接接触的路面表面温度也相应地发生周期性变化。路面表面温度周期性起伏与气温的变化基本上是一致的。但是，在太阳直接辐射下，由于有一部分辐射热被路面所吸收，因而路面的热量增大，使路面表面的温度较气温高。图 2－17是沥青路面中一天中的温度变化。可以看出，太阳辐射和气温对沥青路面有极大的影响。此外沥青路面结构内不同深度处的温度，同样随气温变化也呈现出周期性的变化，但变化的幅度随距路表深度增大而减小。图 2－18 是一个典型的温度随深度变化的情况，在上午 4 时，地球的长波辐射热保持路面结构内温度比气温高；而在下午 2 时，太阳辐射被路面吸收，使路面表面温度升高。

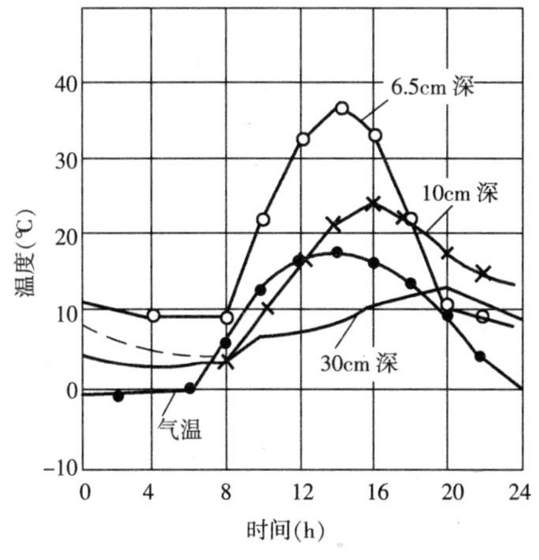

图 2－17　沥青路面一天中的温度变化

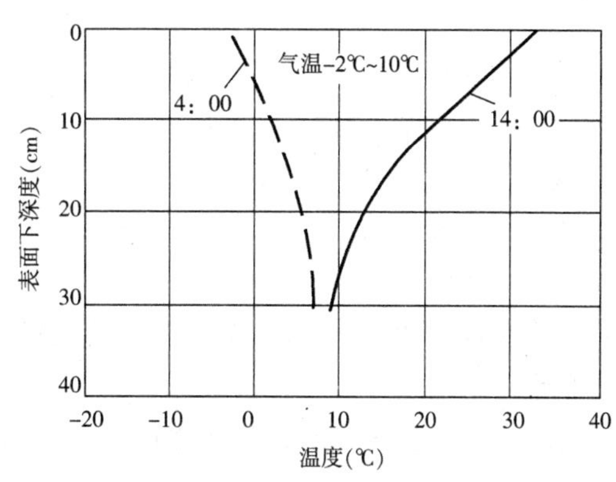

图 2－18　沥青路面中温度随深度变化

影响路面结构内温度状况有外部的和内在的两种因素。外部因素是气候条件，例如气温、太阳辐射、风力、降水量、蒸发量和冷凝作用等。显然，地理位置对一个地区的气候也有极大的影响。在外部诸因素中，气温和太阳辐射是决定路面结构内温度的关键。太阳辐射一部分被路面反射掉，一部分被再辐射，余下的部分被路面吸收而提高其温度。风力加强了空气的对流。使路面丧失部分热量。降水和蒸发也降低由日照所提高的路面温度。内在因素一般是指从地球长波辐射热的散发和热的特性，它包括路面材料和地基的热传导率、热容量、对辐射热的吸收能力等。

路面材料和地区的地质特征对内在因素的作用有重大影响。热传导率是在单位温度梯度条件下，在单位时间内垂直通过一个单位面积表面的热量。材料的热传导性越高，温度梯度越小，在材料中产生的温度应力越小。热传导率的大小同路面的结构、空隙度和温度有关。热容量是指单位物质质量中引起单位温度变化所必需的热能量。材料的热容量越大，温度梯度将越低。

2.4.3 路基工作区

路基中的应力有两类，一是土体自重本身产生的应力称为自重应力 σ_{cz}，其随深度而线性增加。

$$\sigma_{cz}=\gamma Z \tag{2-10}$$

还有一类就是由车辆等外部荷载产生的应力称为附加应力 σ_z，附加应力随深度而迅速减小，可近似表达为

$$\sigma_z=KP/Z^2 \tag{2-11}$$

一般情况下，路基的沉降变形和其他形式的破坏都是由附加应力引起的。由于附加应力有随深度的增加而迅速减少的特征，因此附加应力的影响往往会局限在路基内某一深度有限的范围内，当达到一定的深度后，附加应力在土层总的应力中所占比例很小(通常是用附加应力和自重应力比值反映这种关系)，则附加应力对土体产生的影响亦就很小乃至可以忽略不计。反之，则是附加应力影响较大的区域。我们把附加应力影响较大的区域称为路基工作区，有：

$$\sigma_z/\sigma_{cz}=\left(\frac{1}{n}\right)$$

代入(2-10)、(2-11)则有

$$K\frac{P}{Z_0^2}=\frac{\gamma Z_a}{n} \tag{2-12}$$

式中：γ——土的容重；

Z——为路基内计算点深度；

K——为附加应力系数

P——车轮荷载；

n——系数。

经验表明，当附加应力与自重应力的比值小于0.2～0.1，即n为5～10时，附加应力的影响就可不计。

从而得出车轮荷载所在土基中产生的应力分布深度，即工作区深度。Z_a的近似值为：

$$Z_a=\sqrt[3]{\frac{KnP}{\gamma}} \tag{2-13}$$

对应各车型轴载，一般工作区深度 Z_a是根据有关车型的每侧后轮重(等于后轴重之半)、土的平均单位重 $\gamma=18\text{kN/m}^3$ 及 $\frac{1}{n}=\frac{1}{5}$ 及 $\frac{1}{10}$ 按式(2-13)计算而得。

由于路基、路面不是均质体，路面的刚度和材料的单位重均较路基土为大，路基工作区的实际深度随路面的强度的增加而减小。因此，要精确计算 Z_a，须将路面折算为与路基同一性质的整体后，再进行计算，柔性路面的当量厚度换算公式为：

$$Z_a = h_1 \sqrt[m]{\frac{E_1}{E_0}} \tag{2-14}$$

式中：Z_a——换算为路基土层的当量厚度，m；

h_1——路面厚度，m；

E_1——路面材料的形变模量，kPa；

E_0——路基土的形变模量，kPa，；

m——开方的指数，对多层柔性路面为 2.5（介于塑性体，m＝2 与弹性—刚性体 m＝3 之间）。

对于路基高度较矮，可能会出现工作区深度大于路基填土高度的情况，见图2－19。这时行车荷载不止作用于路堤，而且作用于天然地基上部土层，为此，天然地基上部土层和路堤应同时满足路基工作区的设计要求，并须充分压实。

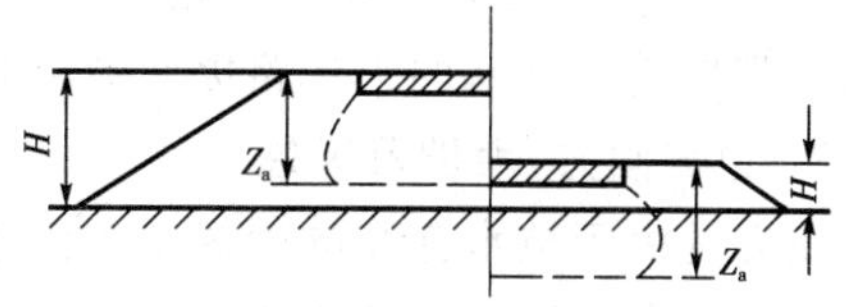

(a) 路堤高度大于 Za　　(b)路堤高度小于 Za

图 2－19　工作区深度

Za—工作区深度

2.5　路基的破坏形态及其防治措施

路基土体在自重、行车荷载及多种不利自然因素的作用之下，经年累月后，会产生变形沉降，力学性质也会发生较大的变化，当这种变形和变化超出一定范围时，路基就会产生各种各样的病害。

路基土体的沉降和土体性质与状态的改变是一种正常必然的现象，但设计合理、施工正确和养护得当的路基，变形不应达到危及路基及其各部分的完整性和稳定性的程度。路基的病害或破坏形态，可能有下列几种：

（1）路基沉陷；

（2）边坡溜方、滑坡与风蚀；

（3）路基沿地基滑动；

（4）路基冻胀与翻浆；

（5）路堤坍散；

（6）边坡崩塌和碎落；

（7）不良地质和水文条件造成路基破坏。

2.5.1　路基破坏形态及其原因

1. 路基沉陷

路基沉陷的特征是路基表面生产较大地竖向位移，但应将路基的沉陷和沉缩（图 2－20）区别开来。路基表面下沉量过大，导致断面尺寸改变，影响使用甚至完全丧失使用功能为沉陷。由于自重、行车荷载反复作用等因素造成路基沉缩（路基塑性变形的积累），沉降小，不影响路基的使用功能，还可能因此使路基逐渐趋于密实，强度有所提高。

路基发生沉陷既可能是路基本身的原因，也可能是地基的问题。

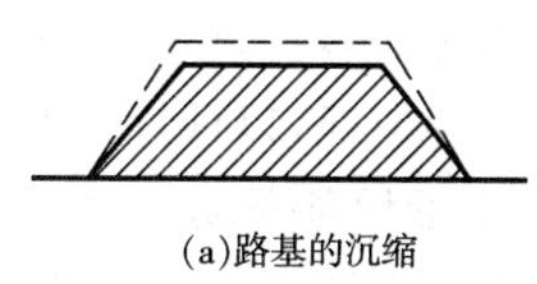

(a)路基的沉缩

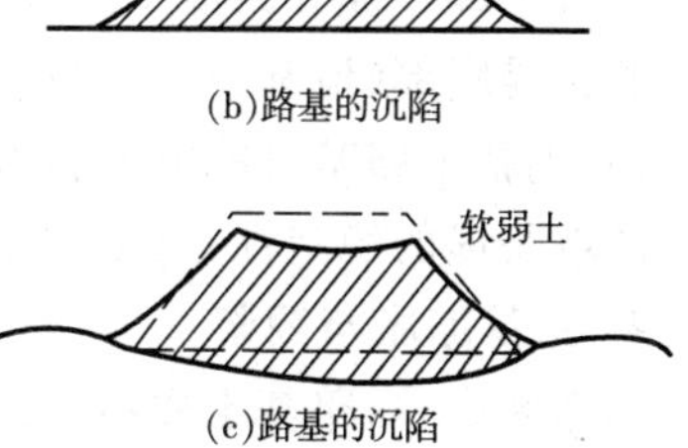

(b)路基的沉陷

(c)路基的沉陷

图 2－20

路基本身原因引起沉陷有以下几种可能：路基由于水分的浸入，在内部形成饱和区；当路基使用不同土质的土、填筑方法不合理；冬季填筑路堤大量混入冻结土或混有冰雪的土，春融时产生饱和区；易被水所饱和的砂土能在堤身中积蓄水分，从而使路堤中的亚粘土和粘土过度潮湿；高而松软的路堤未经压实等等，上述各种因素均能引起路基沉降并可能达到危险的程度——沉陷。不过路基表面的大量沉陷多数是由于软弱地基的变形引起，软弱地基的变形可能是基土的竖向压缩，也可能地基承载力不足或横向剪应变过大引起的，若是后一种情况，则路基在沉陷的同时大都伴随着地基的土从路堤两旁隆起。

2. 边坡溜方、滑坡及风蚀

溜方是由于被水饱和的少量土体沿边坡向下移动所形成。其特征是少量边坡上表层土的下溜。它可能由于流动水冲刷边坡引起的。如图 2-21 所示。

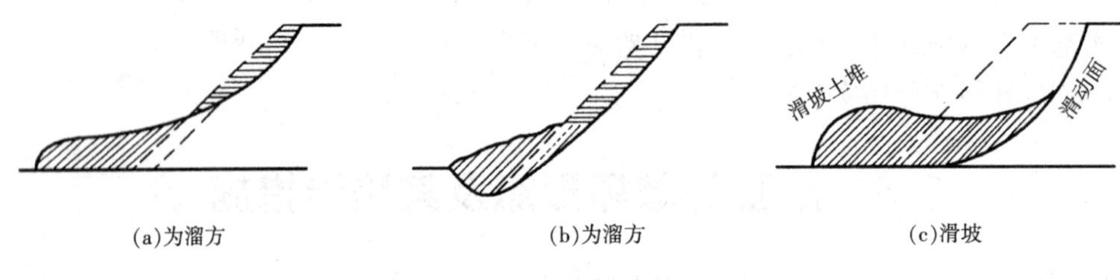

(a)为溜方　(b)为溜方　(c)滑坡

图 2-21　路基边坡的破坏

土坡大范围土体沿滑动面整体滑移的现象叫滑坡，或坡体失稳。滑坡的影响是灾难性的，会使路基丧失使用功能。

滑坡是由于下列几种原因破坏了土体的稳定性而引起的：

(1)边坡过陡；

(2)不正确地用倾斜层次的方法填筑路堤，如图 2-22(b)所示；

(3)土过于潮湿，减低了粘聚力和内摩擦力；

(4)坡脚被水冲刷。

路堤边坡的容许坡率，应根据土的性质、路堤高度和潮湿情况，以计算方法来确定。

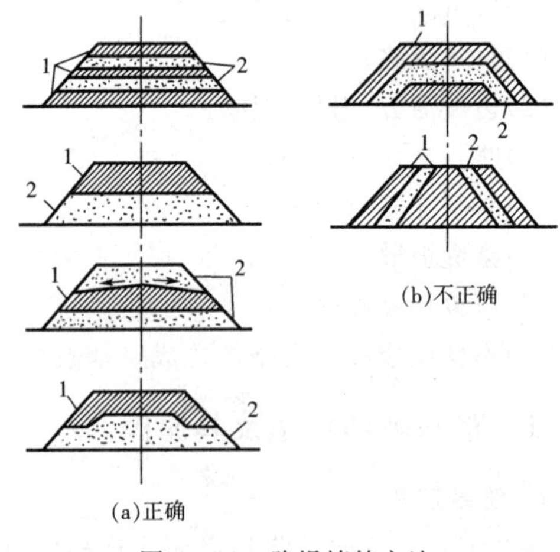

(a)正确　(b)不正确

图 2-22　路堤填筑方法

1—不渗水土；2—渗水土

3. 路堤沿地基滑动

在陡峭的山坡上，路堤整体或其一部分可能沿地基滑动。如图 2-23 所示。滑动亦可能仅限于边坡下部一部分路堤土的位移。

若路堤底部(地基表面)为水所浸湿，并形成滑动面，则整个路基可能沿该斜坡面向下滑动。

陡坡路堤的稳定性，也必须通过计算以资核验，并须设计防止路堤基底浸湿的措施。

4. 路基冻胀与翻浆

季冻区冬季，路基土质不良并有水分补给时，会发生水分向冻结区迁移、聚集，导致路基体积膨胀、路面隆起开裂即为冻胀。春融期间，原冻结区土体因含水量过多而稀软，强度大减，形成翻浆。

5. 路堤坍散

路堤坍散，如图 2-23(b)所示，特征是边坡失去其正确的形状，以及边坡表面下沉。路堤坍散的主要原因是土方施工不正确——用斜层法堆填含水量大的土和用各类不同性质的土杂乱堆填。发生这种情况很少见。

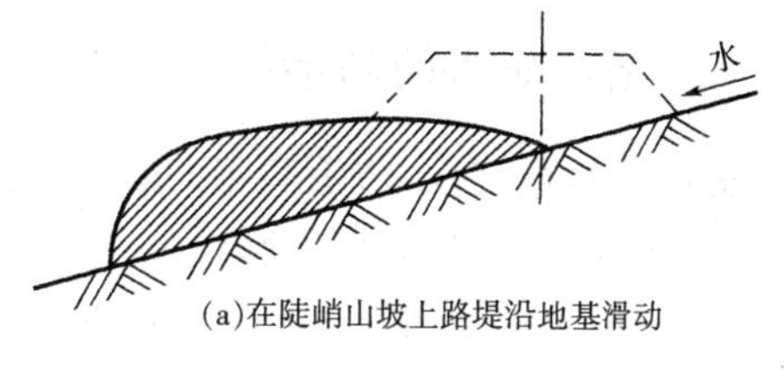

(a)在陡峭山坡上路堤沿地基滑动

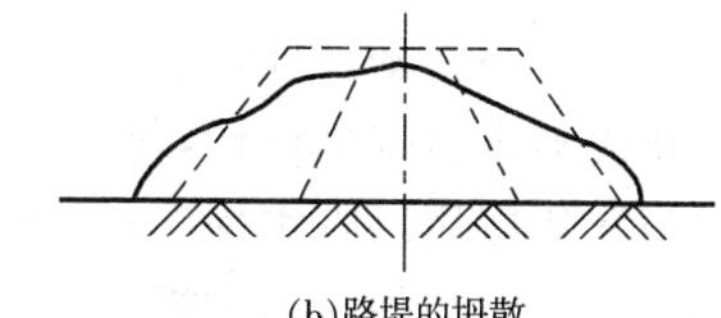

(b)路堤的坍散

图 2-23　路堤的变形

6. 边坡崩塌和碎落

碎落和崩塌，亦属于路堑和半路堑的变形。碎落是软弱石质土经风化而成的碎块，大量沿边坡向下移动。碎落的堆积可能堵塞边沟和侵占部分路基。

崩塌是大的石块或土块脱离原有岩石或土体而沿边坡倾落下来。崩塌是由于修筑路堑之后，使岩石个别地段的稳定性遭到破坏，特别是当各岩层向着路堑的方向倾斜，并随后有水或地震的破坏作用时所引起的。如图 2-24 所示。

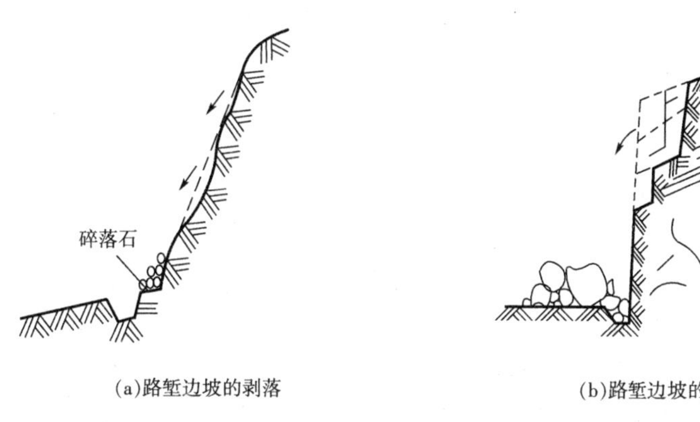

(a)路堑边坡的剥落　　(b)路堑边坡的崩塌

图 2-24

7. 不良地质和水文条件造成路基破坏

巨型滑坡、泥石流、溶洞、地震及特大暴雨等，都可以导致路基的大规模毁坏。

综上所述路基病害形式多种多样，对路基的危害程度也各不相同。路基发生变形、破坏的主要原因归纳起来有如下几种：

(1)不良地质地貌条件：路基病害多出现在土质较差、岩性松软、风化严重以及地质构造复杂等不利的路段。

(2)不良水文及水文地质条件：路基病害的发生与水的关系十分密切，水分的浸入土体会增加自重，强度下降；水分渗入岩石节理会带走或软化其中的填充的次生矿物，削弱岩块间连接；水流冲刷坡脚，使坡体失去支撑。地下水的活动会降低坡体的稳定性，土的湿度增加还会降低路基土的强度。

(3)气候地震等因素：气温、风雪、暴雨、地震等都可能引起路基病害的发生。低温会使路基产生冻害，雨雪亦会引发滑坡、泥石流，地震会使岩体结构松散破碎，土层液化等。

(4)设计、施工及养护等原因：路基横断面尺寸不合理，施工方法不当、路基压实欠佳、排水不畅、防护及加固措施不妥，养护不到位不及时等都会产生或加剧病害。

2.5.2 路基病害的防治措施

提高路基稳定性,防治病害的产生主要有下列措施：

(1)正确设计路基横断面；

(2)正确选择适当而良好的土填筑路基,并采取正确的填筑方法；

(3)充分压实土基,保证达到规定的压实度,提高土基的水稳性；

(4)适当提高路基,以防止水分从旁侧渗入或地下水位上升；

(5)正确地进行排水设计,包括地面排水与地下排水,以及小区域内的特殊排水；

(6)设置垫层用以隔水保温；

(7)采取边坡加固与防护措施,以及修筑挡土结构物；

(8)对不良地基进行技术处理。

(9)尽量避开不良地质、地形等地段。

第3章　道路建材的力学性质

3.1　路基土的基本力学特征

3.1.1　土的应力应变关系

路基是道路结构的承载主体，应该具有足够强度、刚度及水稳性。土作为路基填料，其工程性质十分复杂，这源于其自身具有的三性——散粒性、多样性和变异性。散粒意味着多孔、易变形、易沉降，孔中也会充满水和气，这会对土的物理性质、物理状态产生很大的影响；多样性意味着土粒的矿物成分复杂、空间分布复杂，不同的矿物成分都有各自的工程性质。一般而言，原生矿物构成的粗粒土性质稳定，亲水性差，而主要由次生矿物构成的细粒土其性质活跃，水分对其力学性质影响很大。此外，土还是种结构性较强的建筑材料，这些都使得土的应力应变关系非常复杂，呈非线性特征。它的变形既包括可以恢复弹性变形又包括不能恢复的塑性变形。一定条件下，塑性变形的累计就可能导致路基沉降过大，进而引发路面结构的破坏。经验表明，路基稳定性的优劣严重地影响着路面结构的稳定性，路面结构由自身因素造成的破坏，不是路面破坏的唯一原因，路基变形量过大及路基稳定性不佳所造成破坏是常见的破坏形式。一个有着足够强度及稳定性的路基对路面结构安全是非常重要的。

研究土的应力应变关系有多种方法，其中，现场承载板试验是常用的方法之一。这种方法是以一定尺寸的刚性承载板置于土基顶面，逐级加荷卸荷，记录施加于承载板上的荷载及由该荷载所引起的沉降变形，根据试验结果，可点绘出荷载与回弹变形的关系曲线，如图 3-1(a)所示。可以看出，在荷载级别小的时候应力应变关系近似呈线形关系，当荷载加大则表现出非线形特征，这一特征随着荷载的加大越发显著。这种应力应变关系从土的强度理论来分析就是，当荷载小的时候，荷载在土中产生的剪应力没有超出土的抗剪强度，土体中并未出现破坏点，随着荷载的增加土体中破坏点出现，应力应变关系开始呈非线形特征，破坏点随着荷载强度的增加而逐渐增多，非线形特征更加显著。

根据弹性力学理论，通过试验测得的回弹变形可以用式(3-1)计算土基的回弹模量：

$$E=\frac{pD(1-\mu^2)}{l} \tag{3-1}$$

式中：l——承载板的回弹变形，m；

D——承载板的直径，m；

E——土体的回弹模量，kPa；

μ——土体的泊松比；

p——承载板压强，kPa。

土的应力—应变的非线性特性由三轴压缩试验的结果也可以证明。图 3-1(b)为三轴压缩试验应力—应变关系曲线。土的竖向压应变 ε_1 可以按照式(3-2)计算。

$$\varepsilon_1=\frac{\sigma_1}{E}-2\mu\frac{\sigma_3}{E} \tag{3-2}$$

式中：ε_1——竖向应变；

σ_1——竖向应力，kPa；

σ_3——侧向应力，kPa；

E——土的弹性模量，kPa；

μ——土的泊松比，约为 0.3～0.5，随土质而异。

当侧向应力 σ_3 保持一个常数不变，及 E 值为常数时，竖向应力 σ_1 与竖向应变 ε_1 之间应保持直线关系。但是实际试验结果表明，σ_1 与 ε_1 之间普遍存在着非线性关系，所以 E 值不能视为不变的常量。

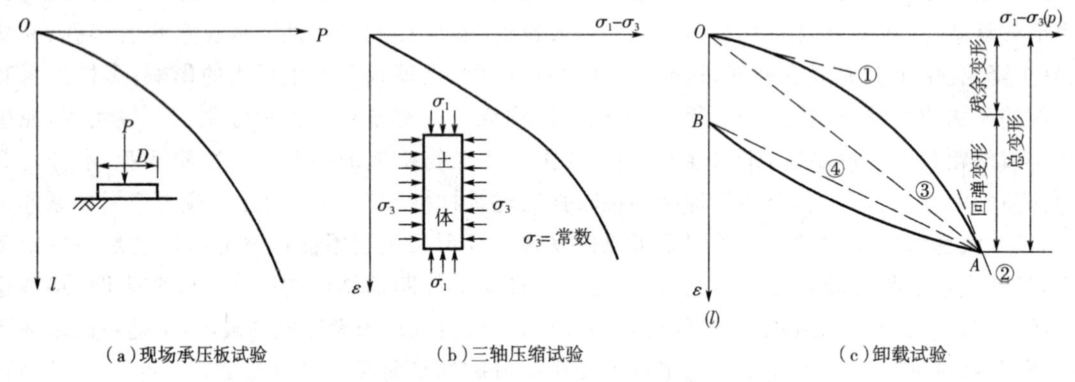

图 3-1 土的应力—应变关系曲线

非线形材料的变形，是由弹性变形及塑性变形两部分组成。弹性变形在荷载移出后能完全恢复，塑性变形则在荷载移出后不能恢复，如图 3-1(c)所示。这种不能恢复的塑性变形若累计过大则对路基路面结构影响是不利的。土体表现出这种特征，从微观的角度看，是在外力作用下，土粒之间会调整相互间的位置、产生相对位移，以达到与力外相适应的新的平衡，当这种相对位移超出一定限度时，即使将应力完全撤销，土颗粒的位移也只能恢复一部分但却无法完全复原。图 3-1(c)是与加压—卸载所对应的压缩—回弹曲线，从中可以看出，当荷载完全卸除，曲线由 A 回到 B，OB 即为塑性变形。

土的应力应变非线形特征，使得不同应力级别的土的模量是不同的。按照应力—应变曲线上应力取值方法的不同，模量有以下几种：

(1)初始切线模量：应力值为零时的应力—应变曲线的斜率，如图 3-1(c)中的①所示；

(2)切线模量：任一应力级别处应力—应变曲线的斜率，如图 3-1(c)中的②所示，反映该级应力处应力—应变变化的精确关系；

(3)割线模量：以某一应力值对应的曲线上的点，同起始点相连的割线的斜率，如图 3-1(c)中③所示，来反映土基在工作应力范围内的应力—应变的平均状态；

(4)回弹模量：应力卸除阶段，回弹曲线的割线模量，如图 3-1(c)中④所示。回弹模量仅包含回弹变形，它部分地反映了土的弹性性质。

在各种模量的使用上，初始模量与实际情况出入太大，一般不予采用；切线模量最精确，但由于路基路面结构层内应力分布是不均匀的，使用起来会使分析计算复杂化，一般多使用割线模量。但在路面结构计算中，采用弹性理论来分析路面结构的应力及应变，而回弹模量在某种程度上反映了土的弹性性质，故路面设计常用弹模量来表征材料的强度。

土基应力—应变的非线性特性还有另一种表示方法，即将回弹模量值以应力或应变的函数形式来表示。如根据试验结果

砂性土及碎(砾)石材料的路基的回弹模量可以按式(3-3)计算确定。

$$E_R = K_1 \theta^{K_2} \tag{3-3}$$

式中：E_R——土基回弹模量，kPa；

θ——全应力，kPa，即三向主应力之和，$\theta=\sigma_1+\sigma_2+\sigma_3$；

K_1、K_2——回归常数，与材料性质有关。见图 3-2(a)。

一般来说，土的密实度越高，回弹模量越大，土粒越细，回弹模量越低。

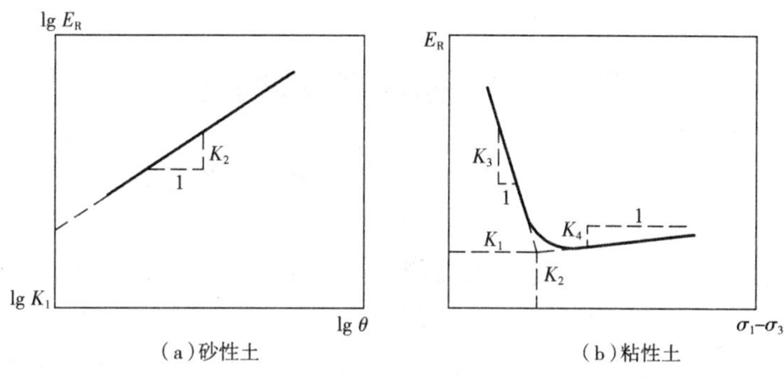

(a)砂性土　　(b)粘性土

图 3-2　回弹模量与应力的关系曲线

对于粘性土，其模量值随应力的变化又有另外的形式。如图 3-2(b)所示，在一定的应力范围内，随着应力的增加，模量逐渐降低，超过一定范围后，模量又缓慢增大。

$$E_R = K_1 + K|K_1 - (\sigma_1 - \sigma_3)| \tag{3-4}$$

式中：σ_1、σ_3——最大、最小主应力，kPa；

K_1、K_2——回归常数，kPa；

K——系数，当$(\sigma_1-\sigma_3)<K_1$，则 $K=K_3$；当$(\sigma_1-\sigma_3)\geqslant K_1$，则 $K=K_4$；

K_3、K_4——回归常数，kPa。

3.1.2　重复荷载下路基土的变形特征

土在重复荷载作用下的变形特征与静荷载下土是有较大差异的。施加重复荷载是一个不断地加载卸载的过程，从前面的讨论中我们知道，通常，每一次加载都会在土体中产生相应的变形，包括弹性变形和塑性变形；每一次卸载，弹性变形恢复，但都会留下塑性变形，塑性变形随重复荷载的作用次数而不断累积。在重复荷载作用下，会出现两种不同的结果。如以重复加载应力水平 σ_d/σ_c(σ_d为施加重复荷载的偏应力，σ_c为土的静抗压强度)做指标，三轴试验显示，若重复荷载的应力水平不大，没有超过某一临界值，则随着作用次数的增长，塑性变形不断积累的同时，每次加载所产生的变形也会逐渐变小，土体被逐渐压密而趋于稳定，最后土表现出类似弹性变形的特征；但如果重复加载应力水平超过某一临界值，则塑性变形不断积累、发展，最终导致破坏。应力水平临界值，与材料的性质、状态等因素有关，通常，该值约为 0.45～0.55 之间，土湿度很大时其值会急剧下降。

车辆荷载作用下的路基也有着与上述试验类似的结果。每一次车辆荷载作用之后，弹性变形即时消失，而塑性变形则残留在土基之中。随着作用次数的增加，产生塑性变形逐渐的积累，根据作用的轴载情况，最终会导致两种不同的情况：一种情况是每一次加载产生的塑性变形量愈来愈小，土体颗粒之间进一步靠拢，土体逐渐压密，路基强度也随之有所提高，直至路基稳定，这种情况不会产生土基的剪切破坏；另一种情况是轴载较大，每一次加载在土体中产生塑性变形并不断累积，逐步发展的剪切变形，直至破坏。

归结起来，路基在重复荷载作用下产生的塑性变形积累，最终将导致何种状况，主要取决于：

(1)土的性质(类型)和状态(含水量、密实度、结构状态)；

(2)重复加载应力水平即重复荷载的偏应力与土的静抗压强度之比；

(3)重复荷载作用的性质，即重复荷载的施加速度、每次作用的持续时间以及重复作用的频率等。

3.2 土基承载力指标

路面结构是支撑于路基上的，路基能提供多大的支撑力、能否安全运行，对上部结构的稳定至关重要。路基过大的变形或承载能力不足必然导致路面结构的破坏。因此，就需要相应的指标来衡量、评价土基的承载能力。土基的承载能力是采用一定应力级别下的抗变形能力来表征的，它是保证土基能安全运行并且变形在容许范围内，土基所能承受的最大荷载值。因此，正确应用承载力指标，准确确定承载力，对道路设计十分重要。常用的土基承载力的参数指标有回弹模量、地基反应模量和加州承载比(CBR)等几种。

3.2.1 路基回弹模量

我国路面设计中大都以回弹模量表征土基的承载能力。回弹模量因为仅包含弹性应变，在某种程度上反映了土的弹性性质，因而可以应用弹性理论公式描述荷载与变形之间的关系。以回弹模量作为表征土基承载能力的参数，可以在以弹性理论为基本体系的各种设计方法中得到应用。回弹模量的测定常用的有压入承载板法及弯沉测定法两种，弯沉测定法操作比较简单，但压入承压板法能更好地模拟车轮印迹，通常都以圆形承载板压人土基的方法测定路基的回弹模量。

承载板法是先测出路基在荷载作用下的弯沉值，也就是在局部荷载作用下路基产生的竖向变形值或挠度，然后由弹性力学公式反算出路基的回弹模量，见式(3－5)。

承载板又分为柔性压板与刚性承压板两种。用柔性压板测定回弹模量，土基与压板之间的接触压力为常量，见图 3－3(a)。

$$p(r)=\frac{P}{\pi a^{2}} \tag{3-5}$$

承载板的挠度 $l(r)$ 与坐标 r 有关，在压板中心处($r=0$)，即：

$$l_{r=0}=\frac{2pa(1-\mu)^{2}}{E} \tag{3-6}$$

在柔性压板边缘处 $r=a$，其挠度可以按式(4－7)计算：

$$l_{r=a}=\frac{4pa(1-\mu)^2}{E} \tag{3-7}$$

因此，当测得压板中心或者压板边缘处挠度之后，假如 μ 为已知值，即可通过式(3-6)或式(3-7)反算，得到回弹模量 E 值。

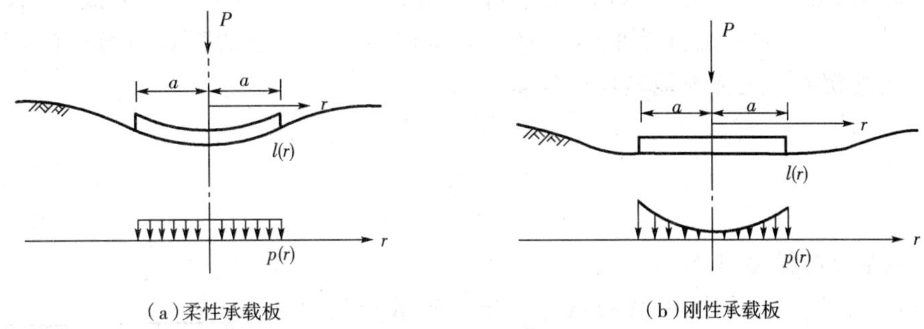

(a)柔性承载板　(b)刚性承载板

图 3-3　土基在圆形承载板下的压力与挠度分布曲线

用刚性承载板测定土基回弹模量，压板下土基顶面的挠度为等值，不随坐标 r 而变化。但是板底接触压力则随 r 值变化，呈鞍形分布，见图 3-3(b)。其挠度 l 值与接触压力 p 值可分别按式(3-8)或式(3-9)计算。

$$l=\frac{2pa(1-\mu^2)\pi}{E}\ \frac{\pi}{4} \tag{3-8}$$

$$p(r)=\frac{1}{2}\ \frac{pa}{\sqrt{a^2-r^2}} \tag{3-9}$$

测得刚性板挠度之后，即可按式(3-9)反算得到回弹模量 E 值。

式中：p——为平均单位压力；

a——承压板半径；

r——路基表面任一点到承压板中心的水平距离。

μ——泊松比，土路基取 0.35，层状地基取 0.3。

刚性承载板因为它的挠度易于测量，压力容易控制，因此在实际测定中用得比较多。试验时采用逐级加载卸载法，测得各级荷载作用下的回弹模量值，并点绘出荷载回弹弯沉曲线，如图 3-4 所示。一般荷载每级增加 0.04MPa，待卸载稳定 1min 后读取回弹弯沉值，再加下一级荷载。回弹变形值超过 1mm 时，则停止加载。

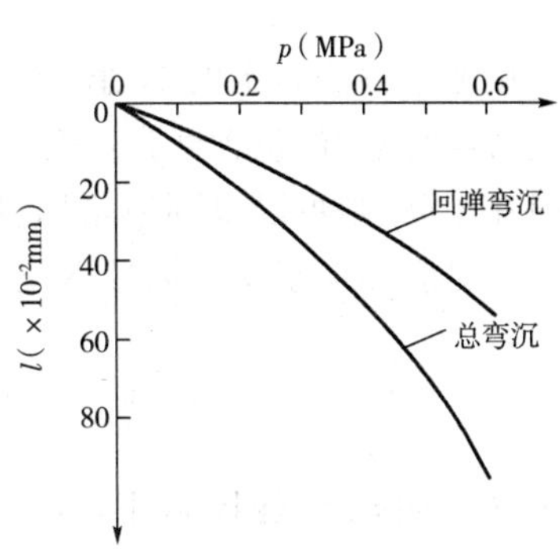

图 3-4　荷载一回弹弯沉曲线

由图 3-4 可以看出，曲线呈非线性，即路基回弹模量不是定值，它与施加的荷载水平有关，荷载越大，回弹模量则越小。在确定模量值时，应按照路基实际所受荷载强度的大小或可能产生的回弹弯沉大小来取值，用线性归纳法进行计算，计算公式如下：

$$E_0=\frac{\pi a}{2}\ \frac{\sum p_i}{\sum l_i}(1-\mu_0^2) \tag{3-10}$$

式中：p_i、l_i——分别为各级荷载的单位压力及与之对应的回弹弯沉值。

3.2.2 地基反应模量 K

地基反应模量是温克勒(E·Winkler)地基模型中用来表征地基承载力的指标。根据温克勒地基假定，地基（路基）顶面任一点的弯沉 l，仅同作用于该点的垂直压力 p 成正比，而与相邻点处的压力等无关。一假定也就是把地基看做为由许多各不相连的弹簧所组成（如图 3-5 所示）。压力 p 与弯沉 l 之比称为地基反应模量 K，即：

$$K=\frac{p}{l} \tag{3-11}$$

式中：K——地基反应模量，KN/m^3。

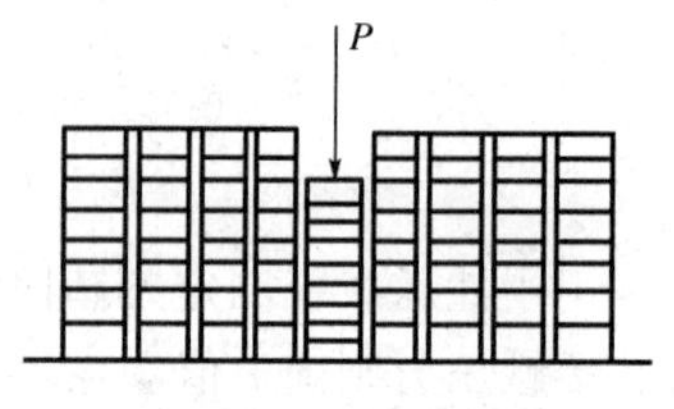

图 3-5 温克勒地基模型

地基反应模量 K 值也是用承载板试验确定。承载板的直径规定为 76cm。测定方法与回弹模量测定方法相类似，但是采取一次加载到位的方法。施加荷载的量值根据不同的工程对象，有两种方法供选用。当地基较为软弱时，用 0.127cm 的弯沉量控制承载板的荷载。因为，通常情况下混凝土路面板的弯沉不会超出这一范围。假如地基较为坚实，弯沉值难以达到 0.127cm时，则采用另一种控制方法，以单位压力 $p=70kPa$ 控制承载板的荷载。这也是考虑到混凝土路面下土基承受的压力通常不会超过这一范围。

承载板直径的大小对 K 值有一定影响，直径越小，K 值越大。但是由试验得知，当承载板直径大于 76cm 时，K 值的变化很小，如图 3-6 所示，因此规定以直径为 76cm 的承载板为标准。当采用直径为 30cm 的承载板测定时，可按式(3-12)进行修正：

$$K_{76}=0.4K_{30} \tag{3-12}$$

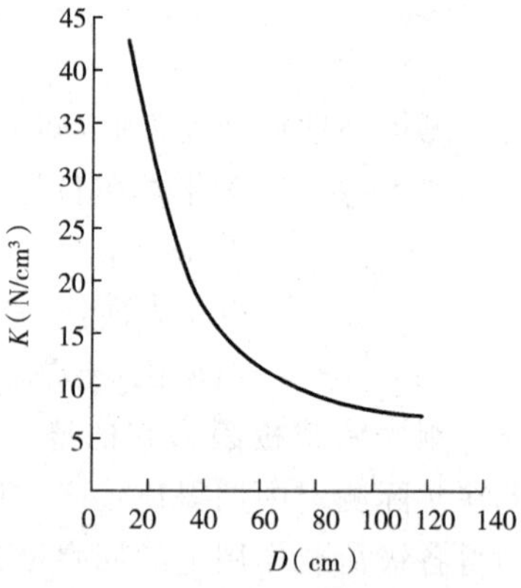

图 3-6 地基反应模量 K 同承载板直径 D 的关系

按上述方法确定的 K 值是一定荷载或沉降条件下的荷载应力与总弯沉（包含回弹弯沉和残余弯沉）之比。如果只考虑回弹弯沉，则可以得到地基回弹反应模量 K_R。通常 K_R 与总弯沉对应的地基反应模量 K 之间有如下关系：

$$K_R= 1.77K \tag{3-13}$$

3.2.3 加州承载比(CBR)

加州承载比是由美国加利福尼亚州提出的一种评定土基及路面材料承载能力的指标。它用来表征材料抵抗局部荷载压入变形的能力，并采用高质量标准碎石为标准，以它们的相对比值表示 CBR 值。

试验时，用一个端部面积为 $19.35cm^2$ 的标准压头，以 0.127cm/min 的速度压入土中，记录每贯入 0.254cm 时的单位压力，直至压入深度达到 1.27cm 时为止。标准压力值是用高质量标准碎石由试验求得，其值如表3－1所示。

表3－1　标准压力值 p_s

贯入度(cm)	0.254	0.508	0.762	1.016	1.270
标准压力(kPa)	7030	10550	13360	16170	18230

CBR值按式(3－14)计算：

$$CBR=\frac{p}{p_s}\times 100 \tag{3-14}$$

式中：p——对应于某一贯入度的土基单位压力，kPa；

p_s——相应贯入度的标准压力，kPa，见表3－1。

计算CBR值时，取贯入度为0.254cm。但是当贯入度为0.254cm时的CBR值小于贯入度为0.508cm时的CBR值时，应进行复核性试验，若复核结果不变则采用后者。

CBR试验有室内试验与室外试验两种。室内用CBR试验装置如图3－7所示。试件按路基施工时的含水量及压实度要求在试筒内制备，并在加载前在水中饱水浸泡4d。为了测定结构对土基的附加压力，在浸水过程中及压入试验时，在试件顶面施加环形砝码，其重量应根据预计的路面结构重力来确定。

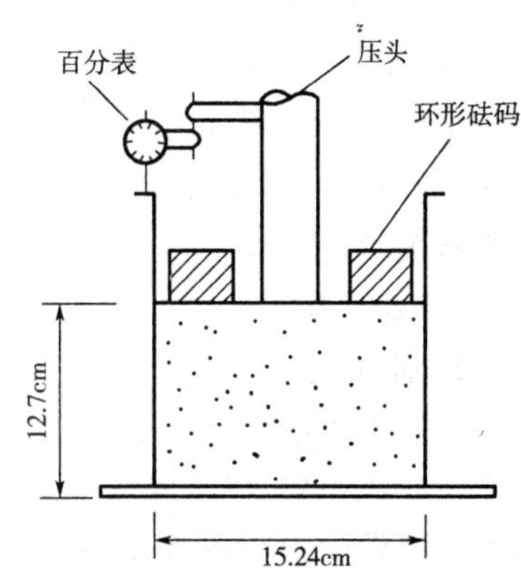

图3－7　CBR试验装置

CBR值野外试验方法基本上与室内试验相同，但其压入试验是直接在土基顶面进行。有时，野外试验结果与室内试验结果不完全相同，这主要是由于土壤含水量不一样。室内试验时，试件处于饱水状态；野外试验时，土基处于施工时的湿度状态。所以对野外试验结果必须加以修正，换算成饱水状态的CBR值。

同种材料在所处的物理状态不同时，CBR值也不一样，在做CBR试验时，应模拟路基材料在使用过程中所处的最不利情况。比如，当地路基潮湿度和一般情况下试件饱水4天的含水量有明显差异时，则应适当改变试件的饱水方法和饱水时间，使CBR试验更符合实际。

3.3　路面材料的基本力学特性

路面比路基更接近自然环境和行车荷载，对所用材料也提出较高要求。

路面所用的材料，大体上可分为三类：(1)松散的粒料及块料类；(2)无机结合料类；(3)沥青结合料类。这些材料按不同的成型方式(密实型、嵌挤型和稳定型)形成各种结构层，各种路面结构层具有不同的力学强度特性，差异较大。

路面结构的破坏形式呈多样性，其中，因材料强度问题而造成破坏是常见的破坏形式。路面材料的力学强度特性，对路面的使用品质和使用寿命有重大影响。因此，就要求工程师在了解材料强度特征的基础上，结合公路的等级、交通量、环境因素及当地材料供应等情况，合理选择适当的材料。

3.3.1 应力—应变特性

路面所用的三大类材料，由于构成成分及结合方式均不相同，它们在应力应变关系、强度等方面的表现差异很大，也比较复杂，现简述之。

1. 散粒材料

路面结构所用散粒材料一般是指碎(砾)石等粗粒土。碎(砾)石材料可用做基层材料，且一般只用做底基层。这类材料由于无粘性而无法成型，不能通过做成试件直接测试应力—应变特性，但可以由三轴压缩试验所得到的应力—应变关系曲线求得表征其应力—应变特性的回弹模量值 E_r。试验表明，散粒材料的应力—应变特性具有非线性特征，回弹模量 E_r 随偏应力 σ_d($\sigma_d=\sigma_1-\sigma_3$)的增大而减小，随侧压力 σ_3 的增大而增大。根据大量试验，碎、砾石材料的回弹模量值可以用下列形式表示：

$$E_r=K_1\theta^{K_2} \tag{3-15}$$

式中：θ——三向主应力之和，$\theta=\sigma_1+\sigma_2+\sigma_3$ (kPa)；

K_1、K_2——回归常数。

由回归分析得到，在一般情况下，碎石集料的 K_1 变动于 7.0～15.7；K_2 变动于 0.46～0.64 之间。易见，不同碎、砾石材料的回弹模量值变化范围很大，同材料的级配、颗粒形状、密实度等因素有关，取值范围为 100～700MPa 之间。通常，碎(砾)石级配越好、密实度越高、颗粒棱角越多，模量就越高。

2. 无机混合料

是指由水泥以及其他无机结合材料处治的混合料。这类材料因使用的结合料不同，其强度和模量存在差异，但都同属水硬性材料，其强度增长规律、应力应变特征具有类似性。一般而言，强度及模量随龄期而增大，无机结合料混合料早期强度低，后期强度高。通过试验发现，这一类材料的应力—应变关系曲线也呈现非线性特征，但与散粒材料不同的是，其应力应变关系在较宽的范围内(低于极限应力 50%)基本上呈线形关系，按回弹应变量确定的回弹模量值，可以近似看作为常数。

因此研究这一类材料的应力—应变特性，可以采用规则试件进行测定。常用的试验方法有三种，即单轴试验、三轴试验以及小梁试验。

水泥混凝土混合料抗压强度和抗压弹性模量测定用的单轴试验取 150mm×150mm×300mm 的直角棱柱体试件。先测定抗压强度，然后取同样的试件施加 40%的抗压强度用于测定抗压回弹模量，用传感器或千分表记录轴向压缩变形量。混凝土的抗压弹性模量按式(3-16)计算：

$$E_c=\frac{P_A-P_0}{F}\times\frac{L}{\Delta_a}(\text{kPa}) \tag{3-16}$$

式中：P_A——终荷载(kN)；

P_0——初荷载(kN)；

Δ_0——加载 P_0 及 P_A 作用下之变形差(m)；

L——试件轴向标距长度(m)；

F——试件横截面积(m^2)。

在不具备三轴压缩试验条件时,可以采用室内承载板法测定无机结合料混合料早期抗压回弹模量。用于承载板法试验的试件取直径×高=150mm×150mm,承载板直径 37.4mm,面积 $11cm^2$。试验时取承载板的单位压力为 200~700kPa,分级加载,同时记录承载板的沉降量,回弹模量值按式(3-17)计算:

$$E_r=\frac{\pi pD}{4l}(1-\mu^2) \tag{3-17}$$

式中:p——承载板单位压力(kPa);

D——承载板直径(m);

l——相应于单位压力 p 的回弹变形(m);

μ——泊松系数,可取 0.25。

水泥混凝土路面与无机结合料处治的混合料基层,在车轮荷载作用下处于弯曲受力状态,在结构分析时,采用相应的计算参数抗折弹性模量。测量抗折弹性模量所用的试件尺寸与测量抗折强度时所用的小梁试件相同,加载方法也相同。取抗折强度对应荷载的 50%作为最大荷载,加载时同时记录小梁跨中的挠度。

抗折弹性模量按式(3-18)计算:

$$E_b=\frac{23L^3(P_{0.5}-P_0)}{1296J|\Delta_{0.5}-\Delta_0|} \tag{3-18}$$

式中:$P_{0.5}$,P_0——终荷载及初荷载(kN);

$\Delta_{0.5}$,Δ_0——对应于 $P_{0.5}$ 及 P_0 的跨中挠度(m);

L——试件支座间距(m);

J——试件断面转动惯量,$J=\frac{1}{12}bh^3$(m^4);

b,h——梁的宽与高(m)。

3. 沥青混合料

沥青混合料一般用做道路的面层材料。沥青混合料的应力应变关系及强度特征在路面材料中是比较复杂的一种,影响因素较多,这主要源自于它的结合料——沥青。由于沥青材料具有依赖于温度和加荷时间的粘—弹性性状,因此,沥青混合料在荷载作用之下的应力—应变也具有随温度和荷载作用时间而变化的特性,表现更为复杂。

应力—应变特性的测试方法与以上各种材料所用的方法相类似,在低温条件下可以用单轴试验或小梁试验,在高温条件下,由于沥青材料的温度敏感性强,用三轴压缩试验更能符合实际受力状态。图 3-8 是两种不同应力水平下的三轴压缩试验结果(试验过程中施加应力强度维持不变)。其中,图 3-8(a)为施加应力比较小的情况,一部分应变(ε_0)在施荷的同时立即产生,而卸荷后这部分应变又立即消失,这是沥青混合料的弹性应变,应力同应变成正比关系。另一部分应变(ε_v)随加荷时间延长而增加,卸荷后随时间而逐渐消失,这是沥青混合料的粘弹性应变。这种现象说明,当沥青混合料受力较小,且力的作用时间十分短暂时,基本上处于弹性状态并兼有弹粘性性质。

图 3－8(b)为施加应力较大的情况，这时，除了瞬时弹性应变及滞后弹性应变之外，还存在着随时间而发展的近似直线变化的粘性和塑性流动，卸荷后这部分应变不再能恢复而成为塑性应变。这说明，当沥青混合料受力较大，且力的作用时间较长时，应力—应变关系呈现出弹性，弹—粘性和弹—粘—塑性等不同性状。

由于沥青混合料的力学特性受温度与加荷时间的影响较大，因此不能像其他材料那样用一个常量弹性模量来表征沥青混合料的应力—应变特性关系。

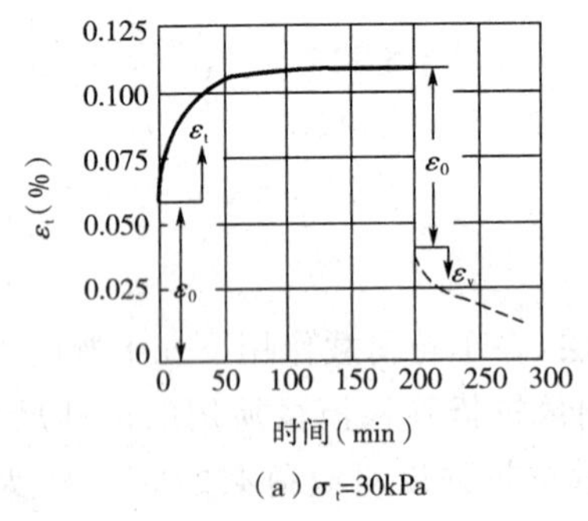

(a) σ_t=30kPa

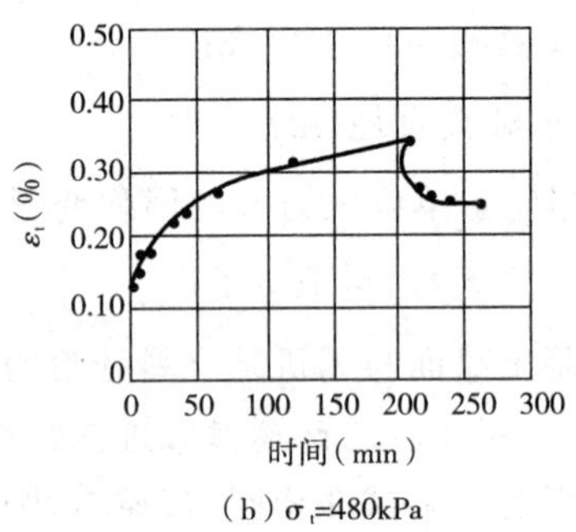

(b) σ_t=480kPa

图 3－8 沥青混合料压缩蠕变试验

(温度 60℃；侧限应力 $\sigma_3=0$)

由于沥青混合料的模量不仅与所受荷载大小有关，而且还与加荷持续时间及混合料温度有关，用劲度模量 $S_{t,T}$表征其应力—应变关系。沥青混合料的劲度模量是在给定温度和加荷时间条件下的应力—应变关系参数，用式(3－19)表示：

$$S_{t,T}=\left(\frac{\sigma}{\varepsilon}\right)_{t,T} \tag{3-19}$$

式中：$S_{t,T}$——劲度模量(kPa)；

σ——施加的应力(kPa)；

ε——总应变；

t——荷载作用时间(s)；

T——混合料试验温度(℃)。

由于沥青材料的独性性质，沥青混合料即使是在同级别荷载下，由于不同的荷载持续时间、不同的温度，模量都是不一样的。由图 3－9 的沥青劲度试验曲线可以看出，当加荷时间短或温度较低时，曲线接近水平，表明材料处于弹性状态；而加荷时间很长或温度较高时，则表现为粘滞性状态；中间过渡段兼有弹—粘性状态。各种温度条件下的曲线形状有相似性，只是在水平方向有一个时间间隔。这表明温度对劲度的影响与加荷时间对劲度的影响具有等效互换性。利用这一个重要性质可以广泛研究它的各项性能以及相互之间的关系。

除上述影响沥青混合料的劲度的因素外，混合的集料的组成、压实程度以及侧限条件等也对劲度模量构成影响。

沥青的劲度可以通过试验，运用范德普(Van der Poel)诺谟图确定。

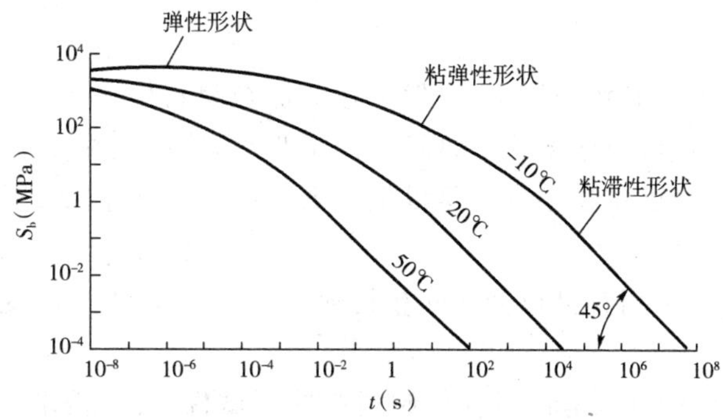

图 3－9　沥青劲度随时间和温度的变化曲线

3.3.2　抗剪强度

因抗剪强度不足而导致破坏的情况，较少发生在无机结合料类及沥青结合料类结构层中。但如果面层结构的材料抗剪强度较低，如高气温条件下的沥青面层，经受较大的水平推力时，面层材料也会产生纵向或横向推移等剪切破坏。

按摩尔—库伦(Mohr-Coulumb)强度理论，材料的抗剪强度由摩擦阻力和粘结力两部分组成，库伦公式表述为：

$$\tau = c + \sigma\tan\varphi \tag{3-20}$$

式中：τ——抗剪强度(kPa)；

c——材料的粘聚力(kPa)：

σ——剪切面法向正应力(kPa)；

φ——材料的内摩擦角(度)。

c 和 φ 是表征材料抗剪强度的两项参数，称为抗剪强度指标。可以通过直接剪切试验，点绘 τ—σ 曲线后，在图面上测定之；也可以由三轴压缩试验，绘制摩尔圆和相应的包络线后，按上述过程确定，见图 3－10。由于三轴试验较接近实际受力状态，因此得到广泛应用。三轴试验试件的直径应大于集料中最大粒径的 4 倍，试件的高度和直径之比不小于 2。目前普遍使用试件直径为 10cm，高为 20cm，粒料最大粒径不应大于 2.5cm。

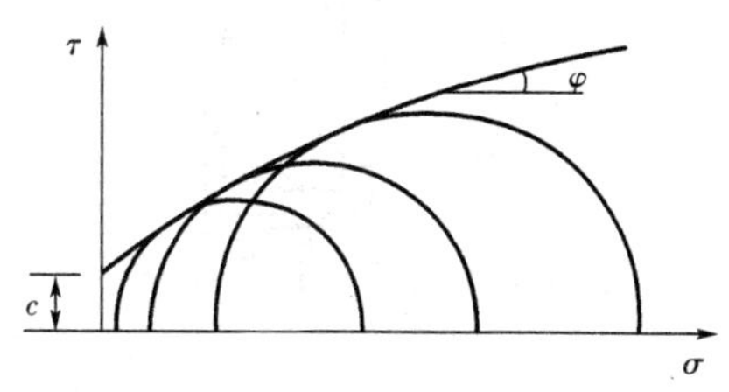

图 3－10　三轴试验确定 c、φ

对土而言，粘聚力反映了土粒间静电引力以及土中微量胶结物质的影响，这一影响与土粒的大小关系很大，土粒越细粘聚力越大，颗粒越粗粘聚力越小，粗粒土因颗粒过粗而没有粘聚力。内摩擦角反映了土颗粒表面间的摩擦特性以及土粒间的锁嵌作用，一般来说土粒越大，内摩擦角也越大。

对沥青混合料而言，材料的粘聚力反映的是粒料与沥青的粘结力以及沥青膜之间的粘滞阻力，因此沥青混合料的抗剪强度与沥青的粘度、用量、试验温度、荷载性质等因素有关。内摩擦角所包含的内容与土大致相同，但混合料中的矿质粒料因有沥青包裹。其摩阻力比纯粒料有所下降。沥青含量越多，摩擦力下降越多。按摩尔一库伦强度理论，材料的剪破面上剪应力不应超过该材料的抗剪强度，否则会造成剪切破坏。

3.3.3 抗拉强度

因抗拉强度不足而产生破坏的情况，只发生在非散粒材料中。无机结合类材料及沥青结合类材料构成的结构层，在气温急剧下降时体积会产生收缩，这些收缩变形受到约束阻力时，便在结构层内产生拉力，当材料的抗拉强度不足以抵抗上述拉应力时，路面结构会产生拉伸裂缝而导致破坏。

材料的抗拉强度可以采用直接拉伸或间接拉伸试验，点绘应力—应变曲线，取曲线的最大应力值为抗拉强度。

直接拉伸试验，见图 3－11，是将混合料制成圆柱形试件，试件两端粘结在有球形铰接的金属盖帽上，通过安装在试件上的变形传感器，测定试件在各级拉应力下的应变值。间接拉伸试验，即劈裂试验，是将混合料制成圆柱形试件，直径为 D，高度为 h，见图 3－12，试验时通过压条，沿直径方向按一定的速率施加荷载，直至试件开裂破坏。抗拉强度由下式计算确定：

$$\sigma_t=\frac{2P}{\pi hD} \tag{3-21}$$

式中：σ_t——混合料的抗拉强度（kPa）；

P——试验最大荷载（kN）；

h,D——试件的高度和直径（m）。

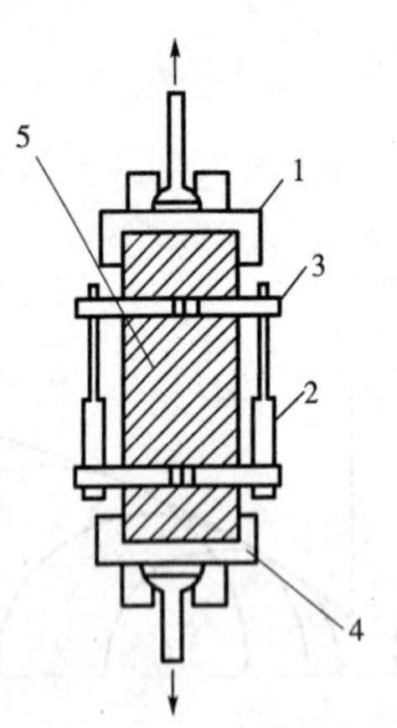

图 3－11 直接拉伸试验

1—上盖帽；2—变形传感器；3—金属箍；4—下盖帽；5—试件

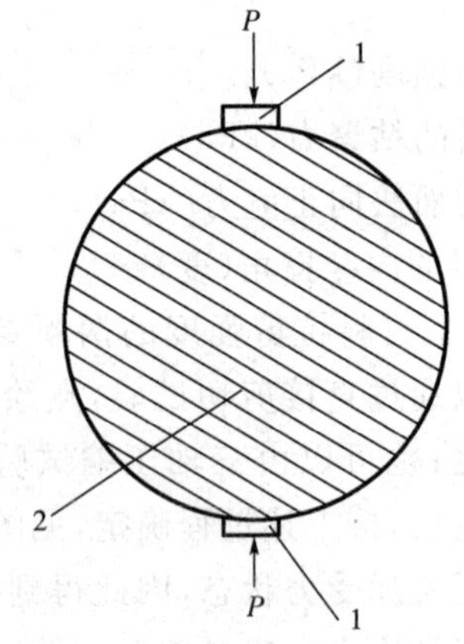

图 3－12 间接拉伸试验

1—压条；2—试件

劈裂试验试件尺寸（h,D）的大小与混合料集料的最大粒径有关。用于沥青混合料的试件尺寸与用于半刚性材料的试件尺寸不一样，可在有关试验规程中查阅。

水泥混凝土劈裂抗拉强度测试采用边长为 150mm 的立方块试件，抗拉强度按式（3－22）计算：

$$\sigma_t=\frac{2P}{\pi A} \tag{3-22}$$

式中：A——试件劈裂面面积（m^2）。

路面材料的抗拉强度主要由混合料中结合料的粘结力所提供，其强度影响因素也比较多。沥青混合料是温度敏感性材料，其抗拉强度与温度有关。通常，随着试验温度增高，抗拉强度减小；随着试验温度降低，抗拉强度增大。无机结合料的强度与粒料成分、结合料含量、水灰比、龄期等有关。

3.3.4　抗弯拉强度

弯拉破坏也只发生在非散粒材料中。路面结构是层状体系，用水泥混凝土、沥青混合料以及半刚性路面材料修筑的结构层，在车轮荷载作用下，处于受弯曲工作状态。当车轮荷载引起的弯拉应力超过材料的抗弯拉强度时。材料会产生断裂破坏。

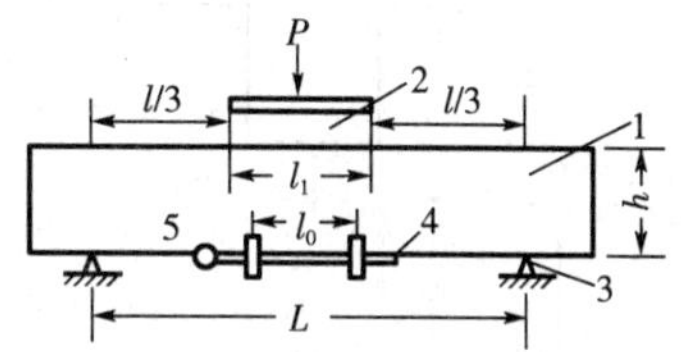

图 3－13　小梁试验加载图式

1—试验梁；2—承压板；3—支点；4—顶杆；5—千分表

路面材料的抗弯拉强度，大多通过简支小梁试验进行评定。小梁截面边长的尺寸应不小于混合料中集料最大粒径的 4 倍。通常采用三分点加载，见图 3－13。材料的抗弯拉强度 σ_t，按下式计算：

$$\sigma_t=\frac{Pl}{bh^2} \tag{3-23}$$

式中：P——破坏荷载(kN)；

l——支点间距(m)；

b,h——试件截面的宽度和高度(m)。

根据材料的组成，可采用下列三种试样尺寸：5 cm×5 cm×24 cm，10 cm×10 cm×40 cm，15×15×55cm。

3.4　材料的疲劳特性

材料在承受重复应力作用时，可能会在低于静载极限应力值时出现破坏，这种材料强度的降低现象称为疲劳。疲劳的出现，是由于材料微结构的局部不均匀或存在缺陷，在重复荷载作用下，诱发应力集中而出现微损伤，微量损伤随着应力不断重复逐步发展扩大，终于导致结构破坏，称为疲劳破坏。

材料达到疲劳破坏时所能经受重复荷载的作用次数称疲劳寿命，出现疲劳破坏的重复应力值称为疲劳强度，疲劳强度随重复作用次数的增加而降低。有些材料在应力重复作用一定次数后，疲劳强度不再下降，趋于稳定值，此稳定值称为疲劳极限。当重复应力低于此值时，材料可经受无限多次的作用而不出现破坏。疲劳试验结果显示：材料的疲劳寿命受到材料的性质、所处物理状态、重复加载应力水平以及重复荷载作用的性质等多种因素影响。研究疲劳特性的主要目的是探索提高疲劳强度，延长路面使用年限，为路面设计提供参数。

3.4.1　沥青混合料的疲劳特性

1. 试验方法和疲劳方程

沥青混合料疲劳特性的室内研究，是在简支小梁或梯形悬臂式试件(弯曲疲劳)或者圆柱体试件(间接拉伸疲劳)上施加正弦或脉冲式变化的反复应力,见图 3-14。由于沥青混合料的劲度模量较低,应力反复施加过程中,试件的实际应力状态和应变量不断发生变化。为此,常采用两种试验方法:控制应力试验或控制应变试验。

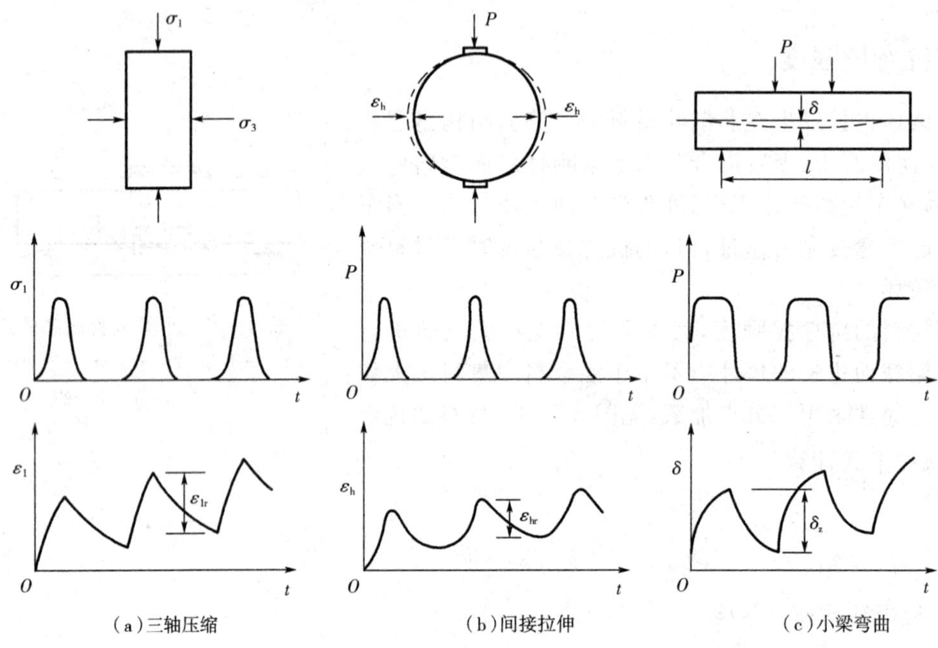

图 3-14 沥青混合料疲劳特性试验

控制应力试验,是在试验过程中保持荷载或应力值始终不变。这时,由于试件内的微裂隙逐步扩展,材料的劲度不断下降,因而荷载或应力量虽然未变,而应变量的增长速率却不断增大,见图 3-15(a);而控制应变试验是在试验过程中不断调节所施加的荷载或应力,使应变量始终保持不变。在试验中材料的劲度仍不断下降,维持相同应变量所需要的应力值也不断减小,见图 3-15(b)。因而,在前一种试验中材料的疲劳破坏往往以试件出现断裂为标志,而后一种试验并不出现明显的疲劳破坏现象,只能主观地以劲度下降到初始劲度的某一百分率(例如 50%或 40%)作为疲劳破坏的统一标准,同时,在采用同一初始应力和应变条件下,控制应变法所得到的材料疲劳寿命要比控制应力法大得多。

采用控制应力试验方法得到的一组应力 σ_r(或者按初始劲度值 S_m 转变成应变 ε_r)和疲劳破坏时作用次数 N_f 的数据,在双对数坐标上可以相当满意地回归成直线方程,见图 3-16。也即,可以用下述方程来估计材料的疲劳寿命:

$$N_f = A\left(\frac{1}{\sigma_r}\right)^b \tag{3-24}$$

或

$$N_f = C\left(\frac{1}{\varepsilon_r}\right)^d \tag{3-25}$$

式中:A、b、C、d——由试验得到的回归常数。

A 和 b 或 C 和 d 取决于混合料的性质、温度和其他试验条件。许多试验结果表明,至少在应力重复作用 10^8 次之前,没有出现疲劳极限的迹象。

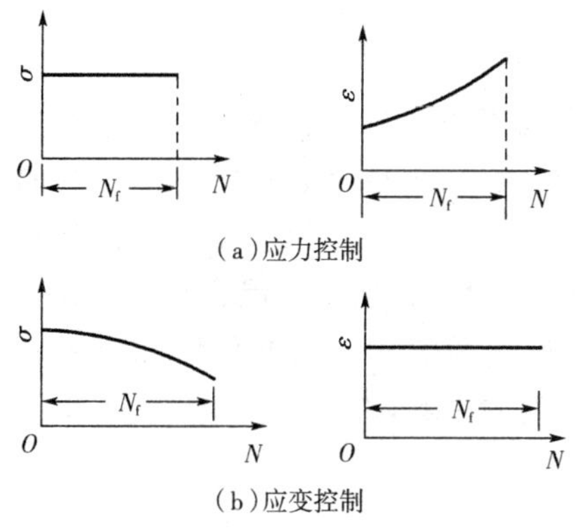

图 3-15　控制应力和控制应变疲劳试验

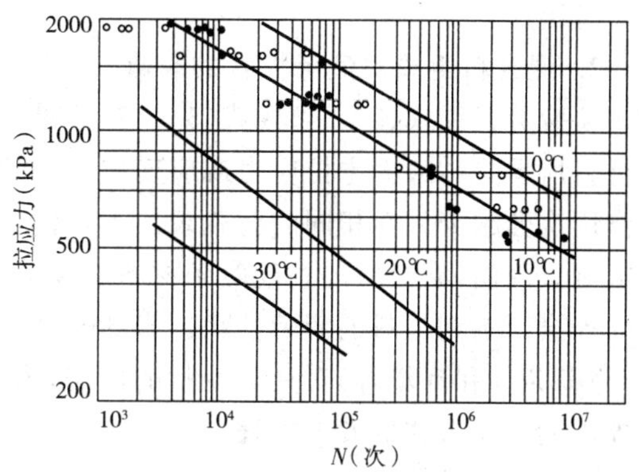

图 3-16　控制应力条件下热碾压沥青混凝土的疲劳试验结果

采用控制应变试验方法，也可以得到同式(3-25)相似的疲劳方程，见图(3-17)。但从图(3-17)中几条不同试验温度下的疲劳曲线可以看出，它们具有同控制应力试验法相反的规律，即随着温度的升高(劲度降低)，材料的疲劳寿命反而增加。

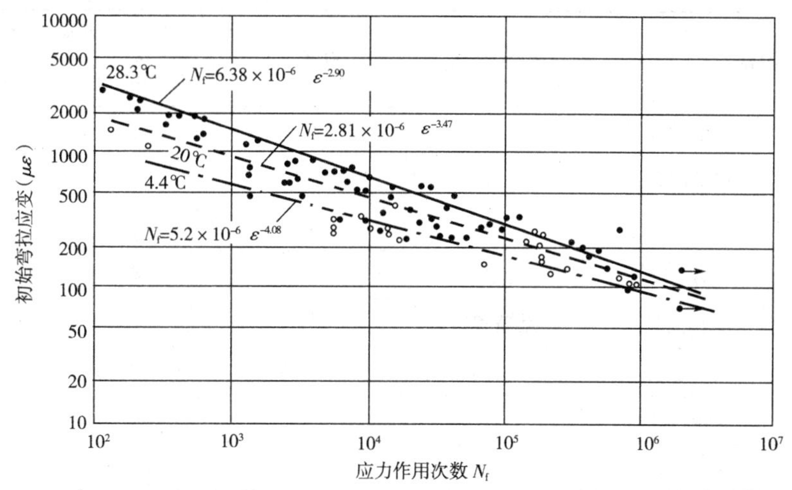

图 3-17　控制应变条件下密级配沥青混凝土的疲劳试验结果

两种试验方法得到不同的疲劳性状，其原因可以用破坏机理的差异来说明。应力集中点产生微裂隙后，在应力控制试验中，随材料劲度的降低，裂隙迅速扩展；而在应变控制试验过程中，应力不断减小，裂隙的扩展便延续很长时间，材料的劲度越低，延续的时间越长，于是劲度低的材料，其疲劳寿命长。

作用在路面上的车辆，施加的是轴载和接触压力，而不是变形。从这个意义上说，整个路面结构是受到应力控制的加荷体系。因而，对于厚的面层，其结构强度在整个路面体系中起主要作用，应采用控制应力的试验方法；而对于薄面层，本身结构强度不大，基本上是跟着下面各结构层一起位移的，宜采用控制应变的试验方法。莫尼史密斯(Monismith)等人提出厚面层的下限约为 15cm，薄面层的上限约为 5cm，处于两者之间的厚度，可取用两种试验方法之间的某一加荷形式。

室内试验的条件同路面在野外的工作状况有很大差别，因而所得的疲劳方程在定量上会同实际有出入。

2. 混合料组成对疲劳性状的影响

从疲劳方程式(3-24)或式(3-25)可明显地看出,决定沥青路面寿命长短的关键因素是路面材料所承受的最大主拉应力或应变值。主拉应力或应变越大,出现疲劳破坏时所能经受的反复作用次数越少。在相同的荷载级位下,材料的劲度大小对于所产生的主拉应变值往往有决定性影响。因而,混合料的劲度对于材料的疲劳性状也有关键性作用,任何影响混合料劲度的因素也同样会影响到材料的疲劳性状。表3-2汇总列示影响混合料劲度的各方面因素(如混合料组成、施荷条件和环境等)对疲劳性状的影响,为反映混合料劲度的影响,许多单位采用莫尼史密斯等提出的下述形式的疲劳方程:

$$N_f = k\left(\frac{1}{\sigma_r}\right)^a\left(\frac{1}{S_m}\right)^b \tag{3-26}$$

式中:k、a、b——由试验确定的系数。

一般说来,沥青含量多、针入度低和孔隙含量少的密实型沥青混合料,其劲度高,对疲劳开裂的抵抗能力强,使用寿命长;而空隙含量多、沥青含量少的沥青碎石混合料,疲劳寿命低。

表3-2 影响沥青混合料疲劳寿命的因素

因素		因素变化	劲度	疲劳寿命	
				应力控制	应变控制
荷载	加荷速率	增	增	增	减
	加荷时间	增	减	减	增
材料组成	沥青含量	增	增	增	—
	沥青针入度	增	减	减	增
	集料类型	增粗糙和棱角	增	增	减
	集料级配	由开式到密式	增	增	影响可忽略
	孔隙率	增	减	减	减
环境	温度	增	减	减	增

3.4.2 水硬性材料的疲劳特性

此类材料的疲劳性能研究,可通过对小梁试件施加重复应力来进行。将重复弯拉应力 σ_r 与一次加载得出的极限弯拉应力(抗折强度)σ_f 值之比称为应力比。绘制应力比$\frac{\sigma_r}{\sigma_f}$与重复作用次数$N_f$的关系曲线,称为疲劳曲线,如图3-18所示。

由图3-18所示的疲劳曲线,可发现如下规律:

(1)随着应力比的增大,出现疲劳破坏的重复作用次数 N_f降低。

(2)相同反复应力级位时,出现疲劳破坏的作用次数 N_f变动幅度较大,也即试验结果的离散性较大,但其概率分布近似服从对数正态分布。这说明要得到一可靠的均值必须进行大量的试验。

(3)通过回归分析,可得到描述应力比和作用次数关系的疲劳方程。它在半对数坐标纸上

$N_f=10^2-10^7$ 次之间一般呈线性关系，也即可用式(3-27)表征：

$$\frac{\sigma_r}{\sigma_f}=\alpha-\beta\lg N_f \tag{3-27}$$

式中：α、β——由试验确定的系数。

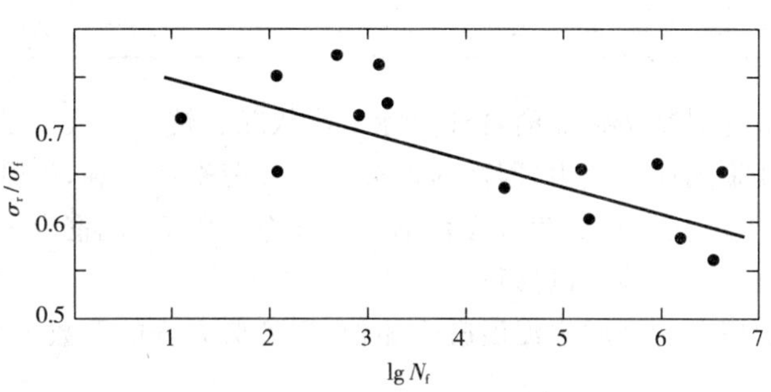

图 3-18　水泥混凝土疲劳试验曲线

(4)当作用次数 $N_f=10^7$ 次时，一般约为 $55\%\sigma_f$，此时，尚未发现有疲劳极限。

(5)在 $\sigma_r<0.75\sigma_f$ 的范围内，反复应力施加的频率对试验结果(所得到的疲劳方程)的影响很微小。

上述试验是在反复应力由 σ_{max}(最大)变动到零(或接近于零)的循环内进行的。如果反复应力的低值不是零，则随着低应力 σ_{min}(最小)的增大，达到疲劳破坏时的作用次数也相应增长。通过大量不同低应力水平下的疲劳试验证实了考虑反复应力变化幅度的疲劳方程可用下述半对数或对数形式表示，见图 3-19。

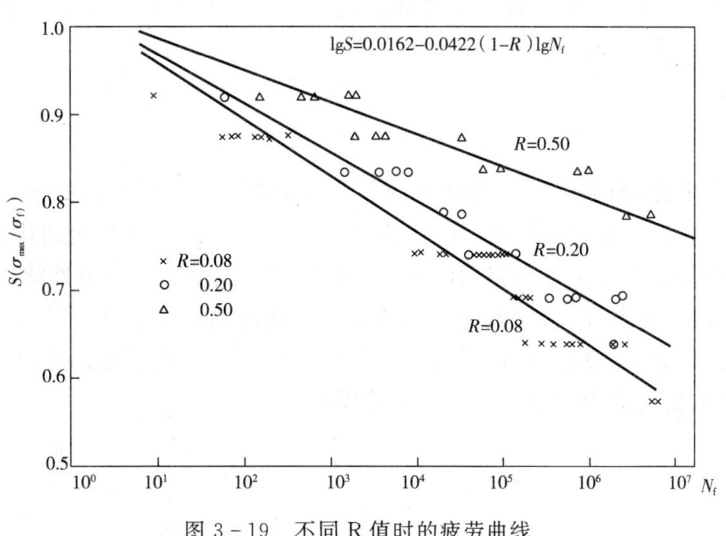

图 3-19　不同 R 值时的疲劳曲线

$$\frac{\sigma_{max}}{\sigma_f}=\alpha-0.0724(1-R)\lg N_f \tag{3-28}$$

或

$$\lg\frac{\sigma_{max}}{\sigma_f}=\lg A-0.0422(1-R)\lg N_f$$

式中：R——高低应力比，即 $R=\frac{\sigma_{max}}{\sigma_{min}}$；

α、A——由试验确定的不同失效概率时的系数值，列于表 3-3。

表 3-3 水泥混凝土疲劳方程系数 α 和 A 值

失效概率	0.05	0.10	0.15	0.20	0.25	0.30	0.35	0.40	0.45	0.50
α	0.9425	0.9601	0.9686	0.9767	0.9814	0.9857	0.9895	0.9928	0.9958	0.9993
A	0.961	0.984	0.993	1.007	1.013	1.019	1.024	1.029	1.033	1.038

室内试验条件同水泥混凝土路面的野外实际工作状况有较大出入。虽然车辆荷载不像室内试验那样不停顿地连续施加反复应力，因而对混凝土的疲劳寿命有利，但野外自然环境对混凝土的不利影响，往往使室内试验得出的疲劳方程偏于不安全。因而，此室内试验得到的疲劳方程还应通过路面实际使用情况的检验予以修正。

水泥稳定类材料的疲劳特性同水泥混凝土相似，但疲劳方程的系数 α 和 A 则有所不同。

3.4.3 曼宁(Miner)定律

重复荷载的应力水平对材料的疲劳影响很大，在公路实际运行中，路面上受到的车辆荷载轻重不一，而在室内的疲劳试验中，为简化试验条件和便于分析试验结果，都采用单一不变的荷载(应力)或应变作为反复施荷的模式，因此，要把室内单一施荷方式得到的疲劳方程应用于路面结构分析，还需解决如何考虑不同荷载的综合疲劳作用问题。

曼宁在研究金属疲劳时，曾提出了一个解决不同荷载组合下金属疲劳的判断准则。其思路如下：假设某一荷载 P_i 作用下，材料的疲劳寿命为 N_i 次，则此荷载作用一次就相当于耗去了材料疲劳寿命的 $1/N_i$，若该荷载作用了 n_i 次则耗去材料疲劳寿命 n_i/N_i，作用 N_i 次，则材料疲劳破坏 $n_i/N_i=1$。不同荷载作用下，材料疲劳寿命的消耗采用线形叠加的方法予以累计，这样，材料达到的疲劳破坏程度可表达为：

$$D=\sum_{i=1}^{j}\frac{n_i}{N_i} \tag{3-29}$$

上式称为曼宁定律，当 $D=1$ 时，即表示材料已疲劳破坏。路面材料的疲劳问题借鉴了曼宁定律来进行处理，这里 N_i 为车辆轴载对应的疲劳寿命。疲劳破坏是路面结构损伤的主要现象，路面材料的抗疲劳性能直接关系到路面的使用寿命。提高路面的抗疲劳性能应该注意从两方面加强配合，一是合理的材料设计，使混合料达到最佳配合比和最大密度，使混合料具有较高的强度；另一方面是合理的结构设计，使得各结构层的层位与厚度达到理想的程度，在车辆荷载作用之下，确保结构层的最大应力和应力比在控制范围内。

第4章　一般路基设计

4.1　路基设计的一般要求

路基是公路最基本的组成部分之一，是路面的基础，它承受着本身岩土自重、路面重量，以及由路面传递而来的行车荷载，它是公路的承重主体。可以说，路基具有足够的强度与稳定性，是保证路面强度和稳定性的先决条件。

路基是线型结构物，由于自然地面起伏不匀，标高不同，路基的布置和标高，必需根据路线平、纵、横的设计而定，从而为路面提供具有足够宽度的平整基面。

路面承受行车，路基内会产生相应附加应力，并伴随着相应的变形，特别是在路基工作区范围内(其深度一般在路基顶面以下 80cm 范围以内)，应力值较大，对路基土的变形与稳定影响也较大，路基强度与稳定性的要求也更高。坚固的路基，不仅是路面强度与稳定性的保证，而且也是延长路面的使用寿命的坚实基础，在进行设计时，应根据公路的功能、公路的等级、交通量，结合沿线地形、地质等自然条件进行综合设计，保证其具有足够的强度及稳定性。

路基的稳定性包括两方面，一是指路基在荷载作用下具有足够的力学稳定性，二是指路基应具有较好的水稳性。应尽量减少水分对路基的影响，避免因水分的浸入造成路基土性质发生大的变化，使路基强度降低、变形超过允许值或发生其他形式的病害。因而，在路基设计中应十分重视排水设施与防护、加固设施的设计，对取土、弃土也应做专门设计，防止水土流失、塞堵河道及诱发路基病害。

由于路基标高与原地面标高不一、且各段路基地形地貌及岩土性质的变化不定，各处附属设施的布置不同，使得路基在不同地段的横断面形状相差很大。路基断面形式应与沿线自然环境相协调，避免因深挖、高填对路基造成不良影响。高速公路、一级公路宜采用浅挖、低填、缓边坡的路基断面形式。

路基设计应兼顾当地农田与水利建设及环境保护等方面的因素。尽可能与农田水利建设相配合，不得任意减、并农田灌溉沟渠。

路基设计应与线路设计相配合，尽量避免通过特殊地质和水文条件的路段，如难以避免，则必须查明其规模及其对公路的危害程度，采取综合治理措施，增强公路防灾、抗灾的能力。

高速公路、一级公路路面不宜分期修建，但位于软土、高填方等工后沉降较大的局部路段，可采用“一次设计，分期实施”的原则。

一般路基，通常是指正常的地质与水文等条件下，填挖不超过设计规范或技术手册所允许范围的路基。其断面形式可直接选用典型断面图，不必进行个别论证和验算。超过规定范围的高填或深挖路基，以及地质和水文等条件特殊，例如泥石流、岩溶，冻土、雪害、滑坡、岩堆、软土、涎流冰及地震等地区的路基，为确保路基具有足够的强度与稳定性，并具有经济合理的横断面形式，需要进行个别特殊设计。

4.2　路基典型横断面形式及其设计要点

路基标高与天然地面标高一般是不一致的，路基是通过挖填的方式而形成的。路基横断面的典型形式，可归纳为路堤、路堑和填挖结合等三种类型。路堤是指全部用岩土填筑而成的路基，路堑是指全部在原地面开挖而成的路基，此两者是路基的基本类型。当由于原地面横坡大，且路基较宽，需一侧开挖而另一侧填筑时，即为挖填结合路基，也称半填半挖路基。在丘陵或山岭地区的路线上，填挖结合是路基横断面的主要形式。

4.2.1　路堤

图 4－1 所示是路堤的几种常见横断面形式。按高度可将路堤分为矮路堤、一般路堤及高路堤三种。其中，矮路堤及高路堤在设计过程中要受到格外关注。

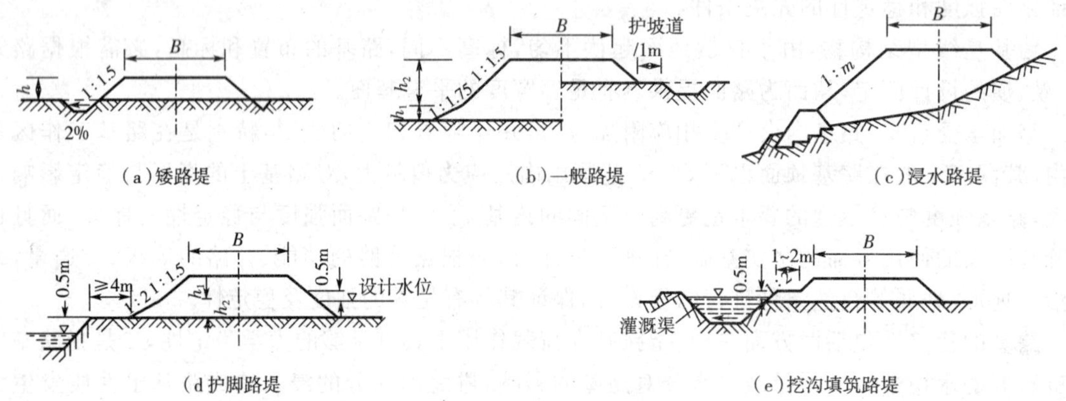

图 4－1　几种常用填方路基的横断面形式

矮路堤，一般是指填方高度小于 1.0～1.5m 路基，这种路堤常在平坦地区取土困难时选用。平坦地区往往是耕地，地势低、水文条件较差，用地紧张，设计时首先要特别注意控制最小填土高度，力求不低于按自然区划和土质等所规定的临界高度，使路基处于干燥或中湿状态。路基临界高度可根据国家颁布的公路自然区划来确定。以我国长江下游为例，该地区属于公路自然区划的Ⅳ，(长江下游平原润湿区)，对于粘性土而言，保证路基处于干燥状态的粘性土和粉性土路基的临界高度，分别为 1.7～1.9m 和 1.9～2.1m；该地区中湿状态的临界高度，粘土路基为 1.2～1.3m，粉性土路基则为 1.3～1.4m。

要做好矮路堤的排水设计，由于路堤低矮易受到地表水和地下水的不利影响，要设置边沟和排水渠，有地下水影响的路段要采取措施，排除、降低或隔断地下水。

注意地表的处理与加固。矮路堤的高度，往往接近或小于路基工作区深度，除填方本身要求高质量而外，地基往往需加特殊处治和加固，为此而需要清除基底、并按规定的标准进行压实，如有必要，应考虑进行换土、设置隔离层、或用砂桩或石灰桩加固、加铺砂砾石垫层等措施，以保证路基、路面的强度与稳定。

一般路堤，通常是指填方高度在 1.5～18.0(20.0)m 范围内的路基形式，可以按常规设计，采用规定的横断面尺寸，不作特殊处治。填方高度不大，在 2.0～3.0m 范围内时，填方数量较少，全部填方或部分填方，可以在路基两侧设置取土坑，使之与排水沟渠结合。路堤近旁的沟渠较宽，或沿河浸水路堤，为保护填方坡脚不受流水侵害，使填方边坡稳定，可在坡脚与沟渠之间，预留 1～2m 甚至 4m 以上宽度的护坡道。

高路堤是指填方高度超过 18.0m（土质）或超过 20.0m（石质）的路基，高路堤的填方数量大、占地宽、施工条件较差，为使路基边坡稳定且横断面经济合理、需要个别设计。一般宜进行边坡稳定性分析，保证路基有足够的稳定性；断面形式通常采用折线形或阶梯形边坡，折线形为自上而下逐渐放缓边坡斜度，阶梯形是在中间设置护坡平台，平台上下段的边坡斜度可以相同或不同，路肩边缘设置土埂与护栏，路基宽度相应增加；边坡要进行适当防护，必要时采取加固措施。

对于填方路基，当地面横坡较陡，倾斜度超过 1 : 5 时，为维护路堤的稳定，应将天然坡面挖成规定台阶后再行填土，台阶宽度等于或大于 1.0m，向内倾斜 1%～2%，或将原地面凿毛（石质地面）。如果原地面倾斜度陡于 1 : 2；则宜设置砌石护脚等横断面形式。倾斜地面的填方上方坡脚，需采取措施阻止地面水渗入路堤内。所有这些技术措施，都是为了保证路堤不致沿原地面向下滑动，石砌护脚等还同时起着减少填方数量和压缩路基占地宽度的作用。

图 4-2 是几种常见的特殊条件下的路堤横断面形式。图 4-2(a)是软土地基采用反压护道的路堤，反压护道的高度约为路堤高度的一半，每侧宽度根据边坡稳定性验算结果确定，一般不小于路堤高度的 2～3 倍。反压护道主要是利用其质量，抵抗路堤边坡连同部分软土地基的侧向滑动，保持路堤边坡的稳定。图 4-2(b)为软土地基，路堤填筑前在原地面设置全宽式砂垫层，垫层厚度视软土层的厚度及土的压缩性而定，一般约 0.6～1.0m，宽度应扩大至路堤坡脚之外 0.5～1.0m。砂垫层或砂石垫层，对于多年冻土、盐渍土、季节性冰冻地区，以及水稻田等过程地基地带上的路堤，亦是一种简易的排水有效措施。

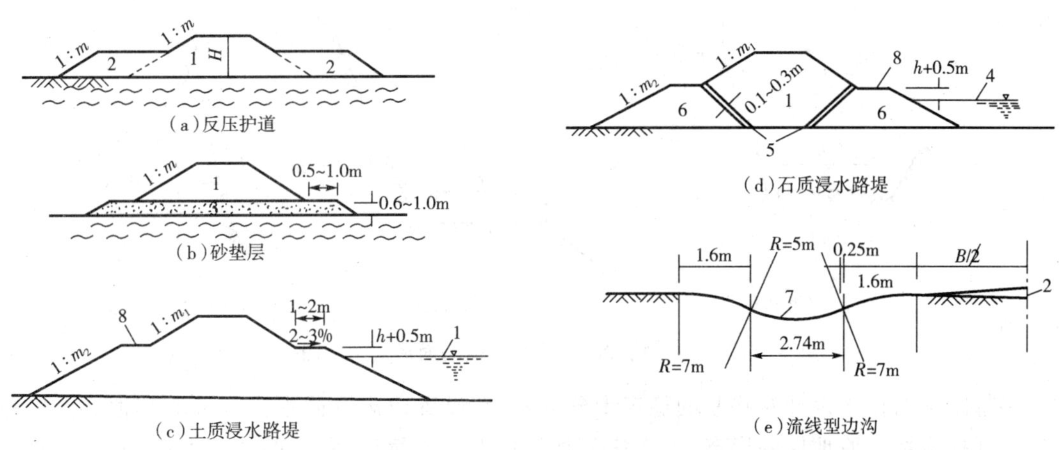

图 4-2　几种特殊路堤横断面示意图

1—填土路堤；2—反压护道；3—砂垫层；4—设计水位；

5—反滤层；6—填石路基；7—边沟；8—护坡道

图 4-2(c)为沿河路堤受水浸湿和淘刷，边坡需相应采用变坡形式。设计洪水位加浪高和波高以及＋0.5m 以上的边坡，按常规横断面，其下采用平缓边坡坡率，并予以砌石防护，两者之间设置宽度不小于 1～2m 的护坡道，整个边坡尺寸，根据边坡稳定性验算结果而定，图 4-2(d)是用不同填料修筑的浸水路堤，中间部分填土，两侧用片石或中（粗）砂填筑，两者之间设反滤层，以防浸水对填土的侵害，避免填土随水流失。

沙漠地区和积雪地区的路堤，主要病害之一是积沙或积雪，其危害程度与当地自然条件有关，其中风力作用的影响极大。此类地区设置路堤，一般不宜过高，路基两侧或迎风的一侧需设置防护林带或防沙防雪栅栏，就路堤横断面而言，宜采用流线型边坡和边沟，如图 4－2(e)，以减轻积沙或积雪的危害。平均边坡斜度缓于 1∶3～1∶4 时，一般情况积沙或积雪程度，不致影响路基的正常使用。黄土地区当公路路线跨越崾岘或冲沟时，可以采用折线形陡峭边坡的高路堤。

4.2.2 路堑

图 4－3 是全挖路基的几种常见横断面形式，根据地形地貌及地质等情况，分为全挖路基、台口式路基以及半山洞路基等三种形式。

路堑路基在设计时，侧重点与路堤路基有所不同，首先，要确定适当开挖深度及边坡坡度。这是由于路堑路基开挖时，破坏了原地层的天然平衡状态，因此，其稳定性主要取决于地质与水文条件，以及边坡开挖深度及边坡坡度。一般情况下，(1)地质条件较差，如岩层倾向边坡、岩性软弱极易风化、岩石破碎或为土夹石等；(2)水文状况不利，如地层含有地下水，当地暴雨量集中或地面排水不易；(3)地形地貌不良，如地面起伏剧烈、陡坡等时，如果开挖较深陡的路堑，则路基的潜在病害较多，边坡稳定性差。所以对路堑的设计，需要根据当地的地质地貌及水文条件，确定适当的开挖深度及边坡坡率，边坡形式可视开挖深度及地质情况采用直线或自下而上逐层放缓而成的折线形边坡，如图 4－3(a)所示。陡峻山坡上的开挖路堑、路中线易向内移动，尽量采用台口式路基，如图 4－3(b)所示，避免路基外侧面少量填方。遇有整体性的坚硬岩层，为节省石方工程，有时可采用半山洞路基如图 4－3(c)所示，这种类型的路基使用起来要慎重，要确保安全可靠。

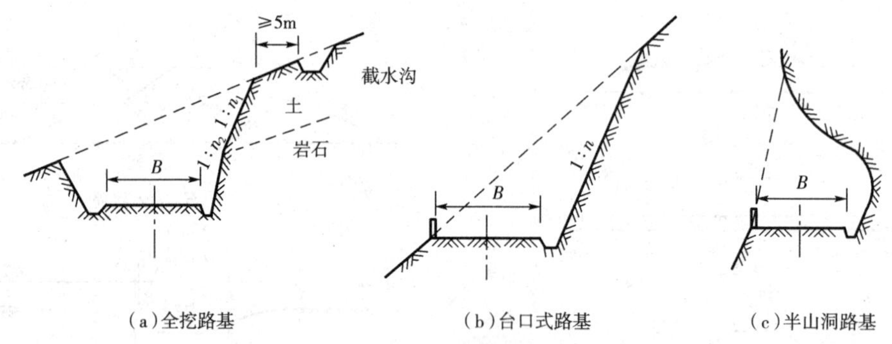

图 4－3 挖方路基的几种横断面形式示意图

路堑路基的排水设计对路基的稳定十分重要，需设置边沟及截水沟或采取其他必要的排水措施。开挖破坏了原地层的形态，水文状况对路基边坡的稳定、路基的冲刷等影响较大，地质条件愈差，水的破坏作用愈明显。路堑的上方要设置截水沟以拦截流向路基的地表径流，防止造成坡面冲刷或边沟溢流，截水沟应设置在路堑边坡坡顶上方，且按规定距坡顶不小于 5m。路堑必须设置边沟，以排除边坡和路基表面的降水。边沟排水要求具有合适的纵坡，为此对于较长的路堑地段，不宜设置纵向水平纵坡，或超过边沟允许水流冲刷的较大纵坡，必须设置平坡或陡坡，同时边沟要进行特别处治，如加深、加固或改用跌水与急流槽等其他排水设施。

挖方路基位于土层时，除设置必要的边沟及截水沟外，因地下水文状况不利，经常产生水分聚积现象，可能导致路面的破坏，所以路堑以下的天然土基，还需人工压实至规定的密实程度，必要时还应翻挖重新分层填筑或换土，或采取加铺隔离层，若地下水位较高，必要时还需设置地下排水设施。

路堑路基设计时，还需兼顾日照、通风、视距及环境保护等因素。路堑由天然地层开挖而成，其构造取决于当地的自然条件，如岩土类型、地质构造，水文等。此外路堑成巷道式，受排水、通风、日照影响，病害多于路堤，且行车视距较差、行车条件和景观要求亦有所降低，施工亦较困难。所以设计时，尽量少用很深的长路堑，必须采用路堑横断面时，要选用合适的边坡坡率，加强排水，处治基底，确保边坡的稳定可靠，保证基底不致产生水温情况的恶化。在确定路线走向及路线平、纵面设计时，兼顾到日照、积雪、通风等因素，尽可能选用大半径平竖曲线及缓和的纵、横坡度等技术指标。技术等级较高的公路，还必须进行平纵断面线形的组合设计，兼顾道路景观和环境协调。

4.2.3　挖填结合路基

图 4－4 所示，是几种挖填结合的常见路基横断面形式。公路线路通过山坡时，路基通常采用路中心线的设计标高接近或等于原地面标高，以减少路基土石方数量，避免高填或深挖以及保持路基土石方数量的横向挖填平衡，这时即形成挖填结合的路基横断面，这种路基形式也叫半填半挖路基。

挖填结合的路基横断面兼有路堤和路堑路基的特点，因而在设计时要同时遵循前述路堤、路堑路基的设计要点，同时，半填半挖路基由于其一部分是原状地层构成，另一部分是新填土形成，要考虑两者在沉降、稳定性上的差异，并采取相应的工程措施。

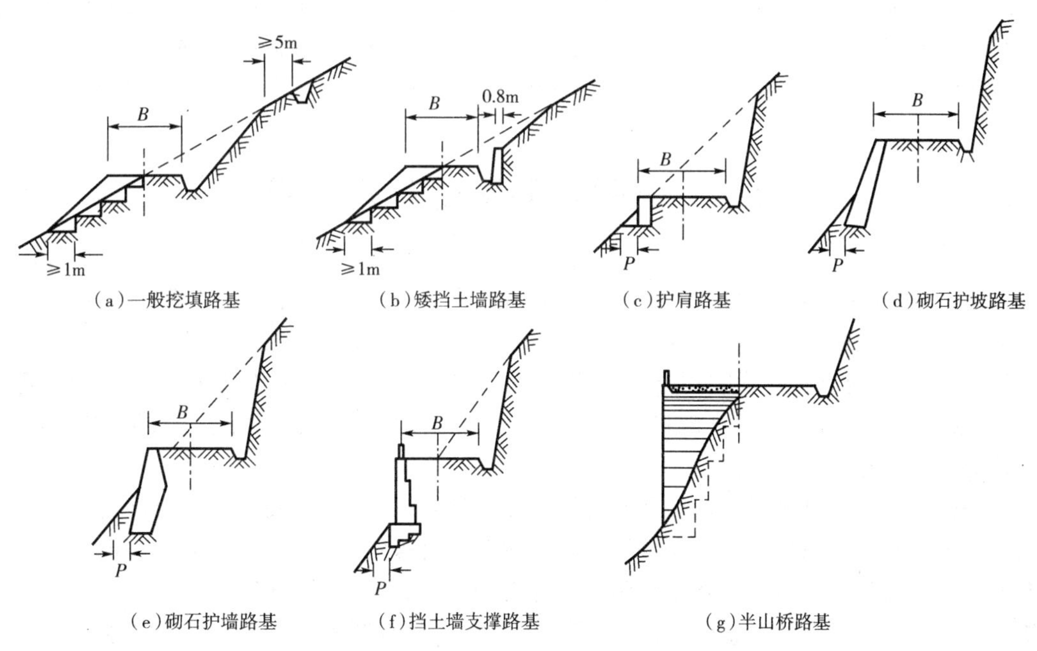

图 4－4　挖填结合的几种路基横断面示意图

在较陡坡面上，半填半挖路基从路基稳定性需要出发，路基宁挖勿填或多挖少填，横断面上尽量避免少量填方，在陡峭山坡上，尤其是沿溪路线，为减少石方的开挖数量，避免大量废方阻塞溪流，有时又需要少挖多填。如果山坡比较平缓，路中心线的挖填很小，路基全宽将形成半挖半填的横断面，事实上山坡并非平整，路中心线标高受纵坡设计制约，任一横断面的挖填比例随着山坡横坡度大小不同，变化很大。因此，挖填结合的路基，在选定路线和线形设计时，应予统一安排，进行路线的平、纵、横三者综合设计，权衡利弊，择优而定。

挖方部分如果边坡较陡、坡面岩土性质较差或有其他不良地质现象，可以考虑在坡脚处设置挡土墙，以支撑边坡不致滑动，减缓边坡坡度。如果坡面为易风化的岩土(如泥页岩、易溶盐类土或坡积性的土夹石等)，在日晒雨淋及温差干湿循环作用下，将产生坡面剥落或碎落现象，若出现零碎岩土不断落下堵塞边沟时，坡面就需要进行防护(防护形式有多种多样，在第七章予以介绍)，同时亦可在挖方坡脚处设置高度为1.0m左右的矮挡土墙。挖方部分应设边沟或同时设置截水沟。

填方部分的局部路段，如遇原地面的短缺口，可采用砌石护肩。如果填方量较大，且地面横坡陡峻，填方不易稳定或无法填筑，可就近利用废石方，砌筑护坡或挡土墙，以维护填方部分路基的稳定，挡土墙基底应具有一定埋深、足够的稳定性。如图4-4所示，在较陡山坡上砌筑填方路基，挡土墙是常见的防护形式，它既可以支挡填方路基，确保路基稳定，又可以进一步压缩用地范围。设置时，应因地制宜，采用灵活多样的建筑形式，既可采用路肩墙也可用路堤墙，如填方部分悬空，而纵向又有适宜的基岩时，则可以沿路基纵向设置单跨或连跨的石拱，以支挡上部的填方，构成半山桥路基，如图4-4(e)所示，此时要注意基座可靠和横向稳定。此外，石砌护脚在路基的填方部分，亦是常用的支挡形式之一。

若填方部分的地面横坡陡于1∶5，土质地基应挖台阶而石质地基应凿毛，顶宽适当放大，兼起碎落台作用，定期予以清理，如图4-4(b)所示。

以上三种典型的路基横断面形式，其使用在很大程度上受到地形地貌、水文、地质等自然因素以及线路走向及线型等其他人为因素的影响，在设计时应根据具体情况，在不同的地段采用适当的横断面形式及相应的工程措施，围绕路基的稳定来进行。

4.3 路基横断面的基本构造

无论是路堤、路堑或是填挖结合路基，其横断面形式的基本构造是由路基宽度、高度和边坡坡度等三个要素组成。其中，路基宽度取决于公路技术等级；路基高度取决于纵坡设计及地形地貌，同时公路等级也有较大影响；基边坡坡度取决于当地的地质条件、水文条件、土质条件等诸多因素，路基边坡的形状及坡度对路基稳定性和横断面经济性影响很大，路基的边坡坡度确定是路基设计的基本内容之一。

路基横断面设计应保证路基有足够的稳定性，路基的稳定性取决于正确地确定断面形式与断面尺寸的三要素，影响三个要素的因素很多，除上述因素外，还与路基的填土性质、填筑方法及压实度等有很大关系。路基是岩土性质的结构物，通常路堤主要是选用土质，由人工填筑而成，路堑则在天然岩土层中开挖而成，为使路基主体具有足够的强度与稳定性，需要掌握和运用工程地质学、土质学、土力学的基本规律与方法。土质路基的强度主要表现在抵抗剪切变形的能力上，而土的抗剪强度是来自土粒之间的粘聚力和摩擦力，并因土体的湿度和密实度及杂质含量等条件而变。设计与施工时，要求在选择填料、控制含水量、土层组合及人工压实等方面，力求合理，并符合有关规定。填石路基的强度通常较高，但抛石乱填，往往空隙较大，在外力作用下易局部沉陷，需较长时间才能稳定，对于亟待修筑较高级路面的道路，使用极为不利，路堑开挖，其稳定性取决于原地层的地质、水文条件，比较难以控制，因而必须事先探明地下情况，根据具体条件与要求，合理确定开挖深度与边坡坡率，对路基顶面下一定深度的原地层应进行必要的处治，并相应设置排水，防护与加固等设施。

4.3.1　路基宽度

为满足汽车、行人及其他车辆在公路上正常行使的要求，路基必须具有一定的宽度，路基宽度为路面及其两侧路肩宽度之和，当设有中间带、加(减)速车道、爬坡车道、紧急停车带、错车道时，应计入这部分宽度，见图 4-5。

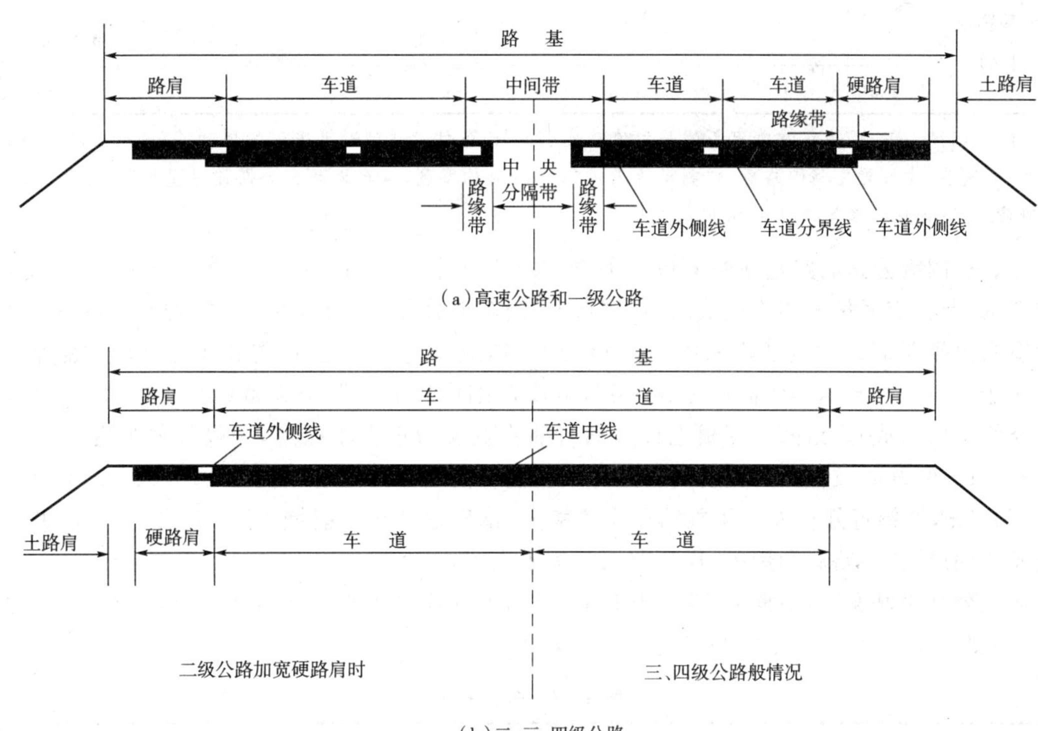

图 4-5　公路路基宽度图

路面供机动车行驶之用，路肩主要是为保护路面稳定并兼供错车、临时停车及行人和非机动车通行等。公路等级不同路基宽度也因此而有差异，见表 4-1。一般高速公路、一级公路的路基横断面为整体式和分离式两类。整体式断面包括车道、中间带(中央分隔带及左侧路缘带，见表 4-3)、路肩(应在右侧硬路肩宽度内设置右路肩路缘带，宽度为.05m，见表 4-4)以及紧急停车带、爬坡车道、加(减)速车道等。八车道高速公路宜设置左路肩，其宽度应为 2.50m；分离式断面包括车道、路肩(除右路肩外还应设置左侧硬路肩)以及紧急停车带、爬坡车道、加(减)速车道等。

表 4-1　各级公路路基宽度

公路等级		高速公路、一级公路								
设计速度(km/h)		120			100			80		60
车道数		8	6	4	8	6	4	6	4	4
路基宽度(m)	一般值	45.00	34.50	28.00	44.00	33.50	26.00	32.00	24.50	23.00
	最小值	42.00	—	26.00	41.00	—	24.50	—	21.50	20.00

（续表）

公路等级		二级公路、三级公路、四级公路					
设计速度(km/h)		80	60	40	30	20	
车道数		2	2	2	2	2 或 1	
路基宽度(m)	一般值	12.00	10.00	8.50	7.50	6.50（双车道）	4.50（单车道）
	最小值	10.00	8.50	—	—	—	

［注］ (1)“一般值”为正常情况下的采用值;“最小值”为条件受限制时可采用的值。(2)八车道高速公路路基宽度“一般值”为设置左侧硬路肩、内侧车道采用 3.50m 时的宽度;八车道高速公路路基宽度“最小值”为不设置左侧硬路肩、内侧车道采用 3.75m 时的宽度。

二、三、四级公路的路基横断面包括车道、路肩以及错车道等。二级公路在位于中、小城市城乡结合部、混合交通量大的连接线路段,实行快、慢车道分开行驶时,可根据当地经验设置慢车道或加宽右侧硬路肩。四级公路采用 4.50m 路基时,应设置错车道,设置错车道路段的路基宽度应不小于 6.50m。技术等级高的公路,路基宽度范围内还需设置中央带(由中央分隔带加相邻两侧路缘带所组成)。路面宽度根据设计通行能力及交通量大小而定,一般每个车道宽度为 3.50—3.75m,见表 4-2。路肩宽度由公路等级和混合交通情况而定,最小每边为 0.5m,有条件时力争≥1.0m,城镇近郊行人与非机动车比较集中,路肩宽度尽可能增大,一般取 1—3m,并予以铺筑硬质面层;提高路肩利用率,保证路面行车不受干扰。

各级公路路基宽度,根据 2003 年颁布的《公路工程技术标准》JTG B01—2003(简称《标准》)规定,如图 4-5 及表 4-1、表 4-2、表 4-3、表 4-4 所示。

表 4-2　车道宽度

设计速度(km/h)	120	100	80	60	40	30	20
车道宽度(m)	3.75	3.75	3.75	3.50	3.50	3.25	3.00(单车道时为 3.50)

表 4-3　中间带宽度

设计速度(km/h)		120	100	80	60
中央分隔带宽度(m)	一般值	3.00	2.00	2.00	2.00
	最小值	2.00	2.00	1.00	1.00
左侧路缘带宽度(m)	一般值	0.75	0.75	0.50	0.50
	最小值	0.75	0.50	0.50	0.50
中间带宽度(m)	一般值	4.50	3.50	3.00	3.00
	最小值	3.50	3.00	2.00	2.00

［注］ “一般值”为正常情况下的采用值;“最小值”为条件受限制时可用的值。

表 4－4　路肩宽度

<table>
<tr><td colspan="2" rowspan="2">设计速度(km/h)</td><td colspan="4">高速公路、一级公路</td><td colspan="5">二级公路、三级公路、四级公路</td></tr>
<tr><td>120</td><td>100</td><td>80</td><td>60</td><td>80</td><td>60</td><td>40</td><td>30</td><td>20</td></tr>
<tr><td rowspan="2">右侧硬路肩宽度(m)</td><td>一般值</td><td>3.00
或
3.50</td><td>3.00</td><td>2.50</td><td>2.50</td><td>1.50</td><td>0.75</td><td rowspan="2">—</td><td rowspan="2">—</td><td rowspan="2">—</td></tr>
<tr><td>最小值</td><td>3.00</td><td>2.50</td><td>1.50</td><td>1.50</td><td>0.75</td><td>0.25</td></tr>
<tr><td rowspan="2">土路肩宽度(m)</td><td>一般值</td><td>0.75</td><td>0.75</td><td>0.75</td><td>0.50</td><td>0.75</td><td>0.75</td><td rowspan="2">0.75</td><td rowspan="2">0.50</td><td>0.25(双车道)</td></tr>
<tr><td>最小值</td><td>0.75</td><td>0.75</td><td>0.75</td><td>0.50</td><td>0.50</td><td>0.50</td><td>0.50(单车道)</td></tr>
</table>

通过城市附近道路的路基宽度，应与城市道路宽度相协调，具体规定应与当地城市建设部门协商确定。公路路基宽度因技术等级及具体要求而不同，除路面与路肩外，必要时还应包括分隔路缘带、变速车道、爬坡车道、停车带、慢行道或路上路用设施（如护栏、照明、绿化）可能占用的宽度，对于不同公路等级及至不同路段，设置方式也不尽相同。

路基宽度、因自然条件或使用要求而有所改变。路堑位于弯道上，为保证行车所需的视距，需要开挖视距台。高路堤因安全行车的需要，可适当放宽路肩和设置护栏，为使路面雨水不致冲刷边坡，在路基边缘可设置挡水埂。在需要加宽路面的平曲线路段，路基可能同时加宽。城市近郊道路的混合交通量大，高峰小时的车流比较集中，路基设计应结合城市要求进行。某些特殊地质条件下，需要采用特殊横断面形式的路基，如软土地区路基设置反压护道；沙漠或雪害地区设流线型路基横断面；地形起伏或用地受限制地段，采用单向分离式路基；滑坡地带或沿河路段，以及其他需要特殊排水和防护加固设施的路段，路基横断面相应有所变化。此外，取土坑、弃土堆、护坡道、碎落台等，也均应在决定路基宽度时，加以考虑。

路基占用土地，是公路通过农田或用地受限制地区时的突出问题。建路占地势在必行，但要综合规划，统筹兼顾，讲究经济效益，农业与交通相互促进。就路基占用土地而言，首先根据可行性研究，选择路基位置（公路走向）和必要的宽度，尽可能占用非农业用地，少占优质良田，考虑分期拓宽，或采用单向分离式路基，有条件的地方可用石涧陡峭边坡，高速公路局部地段可选用架空路基，填方较大处纵坡设计应控制填方高度，以压缩用地宽度，山坡路基尽量挖填平衡，减少借方或弃方的附属用地；结合当地农田水利规划，尽力筑路造田，扩大与改善林业用地，保护林区牧地，防止水土流失，维护生态平衡；减少高填深挖，利用植物防护，绿化与美化路基；有条件地控制石方大爆破方法的采用，严防路基及附近地段受损害。所有这些，在路基设计与施工的过程中，亦应予以综合考虑。

路基的宽度一般总是和公路等级相对应。路基愈宽，对实现公路功能、提高公路的通行能力及服务水平等愈加有利，但工程数量和造价亦会随之提高。设计时要讲究经济效益，因此应考虑当地的交通量并对未来交通量进行正确估算，合理确定公路等级及路基宽度，以期获得最佳社会效益与经济效益。

大量数字统计分析表明，一般公路双车道范围内的路基宽度 B 与土石方数量 N，大致关系如下：

对于平原、微丘陵地区

$$N=1.31B\pm3.90 \qquad (1000\text{m}^3/\text{km}) \tag{4-1}$$

对于重丘陵、山岭地区

$$N=10^{a}=10^{(0.7313+0.0839B\pm 0.2522)} \qquad (1000m^3/km) \qquad (4-2)$$

按上述经验公式估算的数字，土方与石方的比例，对于平原丘陵区约为 85：15，土方的变化幅度为 80%～100%，石方为 20～0%；对于山岭区约为 52：48，土方变化为 70%～30%，而石方为 30%～70%。参照上述公式时，可根据具体地形与路基挖填高度等情况，结合当地实践经验，酌情调整。一般情况下，式(4－1)对起伏地形和挖填高度较大时，取正号，反之取负号，式(4－2)对山岭区用正号，丘陵区用负号。

4.3.2 路基高度

路基高度是指路堤的填筑厚度或路堑的开挖深度，是原地面标高与路基设计标高之差值，见图 4－6。路基高度有路基中心高度与路基边坡高度两种，路基中心高度是指路基中心线处设计标高与原地面标高差值；路基边坡高度是指填方坡脚或挖方坡顶标高与路基边缘设计标高之间的相对高差。事实上，由于原地面常常呈横向倾斜状，在路基的整个宽度范围内，路基的高度相对于两侧地面来说一般是不同的，即路基两侧的坡高一般是不相等的。

路基的高度对公路占地、工程量及路基稳定性影响较大，在设计时，应综合考虑各种因素合理确定之。路堤填土的高低与路堑挖方的深浅，通常可按《公路路基设计规范》(JTJ013－95)的规定，作为划分高矮或深浅的依据。一般路基，使用常规的边坡高度值及坡率。高路堤(总高度为 18.0m 的填土路堤，或总高度为 20.0m 的填石路堤)，规定的边坡坡度，上部为1：1.5，下部为 1：1.75。开挖深度达 20.0m 以上的土质和风化岩石路基，视为深路堑。对于高路堤或深路基应充分考虑其稳定性。

路基高度的确定应十分重视地表水及地下水的影响。水分对路基的浸蚀会促使路基的干湿状态发生变化，这种变化会严重影响路基的强度及稳定性，尤其是对路基的上部土层。因此，路基土要保持稳定的干湿状态，就需路基有一定的高度。矮路堤要特别注意防水，矮路堤不仅会受到地面和地下不利水温因素的作用，而且，矮路堤通常处于行车荷载应力作用的范围，对路面的结构与使用品质影响极大。矮路堤通常是位于平原区和高产农作物区，取土不易，提高路堤填筑高度往往导致占田较多和投资增加，尤其是路基较宽的高等级公路，占地和投资的增加额更高，因此，合理的路堤填筑高度，应为不小于路基临界高度，并结合沿线具体条件做好排水及防护措施，按照路基处于干燥或中湿状态进行设计。

若地下水位较高而又不能抬高路基，则应考虑降低地下水位的措施(详见第五章)；对于有地表水影响的路基，一般应根据《公路工程技术标准标准》(JTG B01－2003)所规定的设计洪水频率(表 4－5)，求得设计水位，再增加 0.5m 的安全高度，如果河道因修筑路堤而压缩过水面积，致使上游发生壅水，或河面宽阔而有风浪，就应增加壅水高度和波浪冲上路堤的高度(即波浪侵袭高度)。所以沿河浸水路堤的高度，应不低于上述各值之和，以保证路基不致被淹没。

表 4－5 路基设计洪水频率

公路等级	高速公路	一	二	三	四
洪水频率	1/100	1/100	1/50	1/25	视具体情况而定

路基高度还应贯彻切实保护耕地、节约用地的原则，特别是通过耕地匮乏、人烟稠密的地区，路基高度更要通盘考虑慎重抉择。

4.3.3　路基边坡坡度

为保证路基稳定，路基顶面到原地面之间应做成具有一定坡度的坡面。公路路基边坡的坡度，被定义为边坡高度 H 与边坡宽度 b 的比值（$H:b$），并取 $H=1$，如图 4-6 所示。图 4-6(a)，为路堑边坡 $H:b=1:0.5$，图 4-6(b)，为路堤边坡 $H:b=1:1.5$，通常也将其表示成 $1:m$ 或 $1:n$。其中，m，n 称为边坡坡率（其与边坡坡度互为倒数），图 4-6(a)中，$m=0.5$，图 4-6(b)中，$n=1.5$。

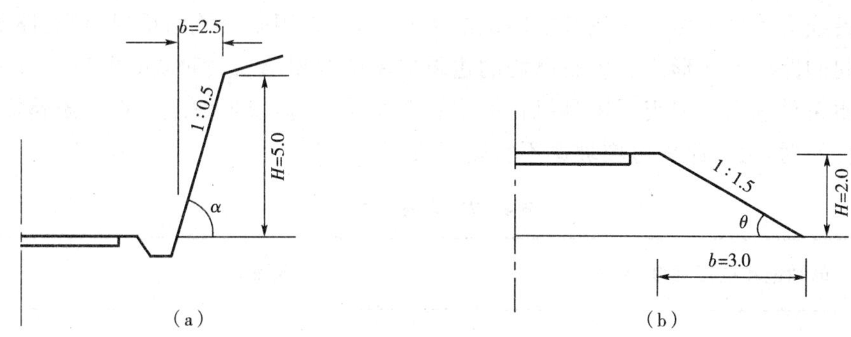

图 4-6　路基边坡度示意图

正确地确定路基边坡形式与边坡坡度是一项很重要的内容，它对路基的稳定、农田的占用量及工程量都有很大的影响。路基的边坡形式一般可分为直线、折线和台阶形三种。直线形边坡是单一边坡，是最常见的形式，它施工简单，但边坡高大时，显得不太经济；折线边坡按岩土性质和工作条件采用上下不同的边坡坡度，变坡点宜设在上部边坡坡度用足的高度处，或者岩土分界处或外部条件变化处。但变坡点不宜多，以利施工，并减少坡面冲刷；台阶形边坡，即在边坡上每隔一定的高度或变坡点处设置一平台（也称护坡道），可以提高边坡的稳定，减少坡面冲刷。

填方边坡一般都采用直线边坡，但边坡较高或浸水时，常采用上陡下缓的折线或台阶形边坡形式。挖方边坡，对于单一岩土层而风化或密实程度相差不大的坡体，可以采用直线边坡，若在坡高范围内上下风化或密实程度差别显著，则宜采用适应各自稳定性要求的折线性边坡，当边坡较高易受雨水冲刷时，宜采用台阶形边坡形式。

路基边坡坡度的大小，取决于边坡的土质、岩石的性质及水文地质条件等自然因素和边坡的高度。如何恰当地设计边坡坡度，既能使路基稳定，又节省造价，在路基横断面设计中至关重要。一般路基的边坡坡度可根据多年工程实践经验和设计规范推荐的数值采用。

1. 路堤边坡

按填料来分，路堤路基分为土质路基与石质路基两种，其边坡取值也有较大差异。

(1)土质路堤边坡

土质路堤的边坡坡度，应根据填料的物理力学性质、气候条件、边坡高度以及工程地质和水文地质条件等进行合理选定。一般土质路堤边坡坡度按表 4-6 所列坡度选用。

对于浸水路堤，设计水位以下部分视填料情况，边坡坡率采用 1∶1.75～1∶2，在常水位以下部分可采用 1∶2～1∶3，并视水流情况采取加固措施。

表 4-6 路堤边坡坡率表

填料类别	边坡坡率	
	上部高度(H≤8m)	下部高度(H≤12m)
细粒土	1∶1.5	1∶1.75
粗粒土	1∶1.5	1∶1.75
巨粒土	1∶1.3	1∶1.5

(2)石质路堤边坡

当公路沿线有大量天然石料或开挖路堑的废石方,可以用来填筑路堤时,填石路堤可采用与土质路堤相同的路堤断面形式。填石路堤的边坡坡率应根据填石料种类(见表 4-7)、边坡高度和地基的地质条件确定。但当采用易风化的岩石填筑路堤时,边坡坡度应按土质路堤边坡设计。在路堤地基良好时,填石路堤边坡坡率不宜陡于表 4-8 规定。

表 4-7 岩石分类表

岩石类型	单轴饱和抗压强度(MPa)	代表性岩石
硬质岩石	≥60	1. 花岗岩、闪长岩、玄武岩等岩浆岩类; 2. 硅质、铁质胶结的砾岩及砂岩、石灰岩、白云岩等沉积岩类
中硬岩石	30~60	
软质岩石	5~30	1. 凝灰岩等喷出岩类; 2. 泥砾岩、泥质砂岩、泥质页岩、泥岩等沉积岩类; 3. 云母片岩或千枚岩等变质岩类

当路基全部用 25cm 左右的石块砌筑时,其边坡坡度应根据具体情况决定,亦可参考表 4-8 采用。

表 4-8 填石路堤边坡坡率表

填石料种类	边坡高度(m)			边坡坡率	
	全部高度	上部高度	下部高度	上部	下部
硬质岩石	20	8	12	1∶1.1	1∶1.3
中硬岩石	20	8	12	1∶1.3	1∶1.5
软质岩石	20	8	12	1∶1.5	1∶1.75

陡坡上的路基填方可采用砌石。砌石应用当地不易风化的开山片石砌筑。砌石顶宽不小于 0.8m,基底以 1∶5 的坡率向路基内侧倾斜,砌石高度 H 一般为 2~15m,墙的内外坡度可依砌石高度,按表 4-9 选定。

表4-9　砌石边坡坡率表

序号	砌石高度(m)	内坡坡率	外坡坡率
1	≤5	1∶0.3	1∶0.5
2	≤10	1∶0.5	1∶0.67
3	≤15	1∶0.6	1∶0.75

2. 路堑边坡

路堑路基是在天然地面上开挖后形成的路基结构。从某种意义上说，开挖使岩土的稳定性遭受破坏，因而，影响路堑边坡稳定的因素就更多，诸如路堑开挖深度、坡体岩土性质、地质构造特征、岩石的风化和破碎程度、地面水和地下水以至地形地貌、当地气候条件等因素都会对其产生影响。在确定路堑路基的边坡坡度时，要综合考虑以各上因素，慎重抉择。路堑路基也分为土质及石质两种。

(1)土质路堑边坡

土质(包括粗粒土)路堑边坡形式及坡率，应根据边坡高度、工程地质与水文地质条件、排水措施、施工方法，结合稳定的自然山坡和人工边坡的经验数据及力学分析综合确定。土质路堑边坡形状可分为上述的直线形、折线形和台阶形等三种形式。根据土的组织结构，均匀、密实程度和可塑状态及边坡高度，合理选择。一般情况下，具有一定粘性土质的挖方边坡坡度，取值为1∶0.5～1∶1.5，个别情况下，可放缓垒1∶1.75，当边坡高度不大于20m时，不同高度、不同密实程度的土质挖方边坡坡度可参照表4-10和表4-11确定。

表4-10　土质挖方边坡坡率表

土的类别		边坡坡率
粘土、粉质粘土、塑性指数大于3的粉土		1∶1
中密以上的中砂、粗砂、砾砂		1∶1.5
孵石土、碎石土、圆砾土、角砾土	胶结和密实	1∶0.75
	中密	1∶1

［注］　黄土、红粘土、高液限土、膨胀土等特殊土质挖方边坡形式及坡度按特殊路基规定确定。

表4-11　土的密实程度划分表

分级	试坑开挖情况
较松	铁锹很容易铲入土中，试坑坑壁容易坍塌
中密	天然坡面不易陡立，试坑坑壁有掉块现象，部分需用镐开挖
密实	试坑坑壁稳定，开挖困难，土块用手使力才能破碎，从坑壁取出大颗粒处能保持凹面形状
胶结	细粒土密实度很高，粗颗粒之间呈弱胶结，试坑用镐开挖很困难，天然坡面可以陡立

(2)岩石路堑边坡

岩石路堑是在山岩中开凿而成的路基形式，其边坡形式及坡率，一般根据地质构造与岩石特性、边坡高度、施工方法，对照相似工程的成功经验选定边坡坡率。岩石的种类、风化和破碎程度及边坡的高度是决定坡率的主要因素，当岩质路堑边坡高度不大于 30m 时，无外倾软弱结构面的边坡可根据这些因素按表 4－12 及表 4－13 确定岩体类型，按表 4－14 确定边坡坡率。

表 4－12 岩石边坡岩体分类表

<table>
<tr><th>判定条件
边坡岩体类型</th><th>岩体完整程度</th><th>结构面结合程度</th><th>结构面形状</th><th>直立边坡自稳能力</th></tr>
<tr><td>Ⅰ</td><td>完整</td><td>结构面结合良好或一般</td><td>外倾结构面或外倾不同结构面的组合线倾角大于 75°或小于 35°</td><td>30m 高边坡长期稳定，偶有掉块</td></tr>
<tr><td rowspan="3">Ⅱ</td><td>完整</td><td>结构面结合良好或一般</td><td>外倾结构面或外倾不同结构面的组合线倾角 75°～35°</td><td rowspan="2">15m 高的边坡稳定，15～30m 高的边坡欠稳定</td></tr>
<tr><td>完整</td><td>结构面结合</td><td>外倾结构面或外倾不同结构面的组合线倾角大于 75°或小于 35°</td></tr>
<tr><td>较完整</td><td>结构面结合良好或一般或差</td><td>外倾结构面或外倾不同结构面的组合线倾角小于 35°，有内倾结构面</td><td>边坡出现局部塌落</td></tr>
<tr><td rowspan="4">Ⅲ</td><td>完整</td><td>结构面结合差</td><td>外倾结构面或外倾不同结构面的组合线倾角 35°～75°</td><td rowspan="4">8m 高的边坡稳定，15m 高的边坡欠稳定</td></tr>
<tr><td>较完整</td><td>结构面结合良好或一般</td><td>外倾结构面或外倾不同结构面的组合线倾角 75°～35°</td></tr>
<tr><td>较完整</td><td>结构面结合差</td><td>外倾结构面或外倾不同结构面的组合线倾角大于 75° 或小于 35°</td></tr>
<tr><td>较完整（碎裂镶嵌）</td><td>结构面结合差良好或一般</td><td>结构面无明显规律</td></tr>
<tr><td rowspan="2">Ⅳ</td><td>较完整</td><td>结构面结合差或很差</td><td>外倾结构面以层面为主，倾角多为 35°～75°</td><td rowspan="2">8m 高的边坡不稳定</td></tr>
<tr><td>不完整（散体、碎裂）</td><td>碎块间结合很差</td><td></td></tr>
</table>

［注］ (1)边坡岩体分类中未含由软弱结构面控制的边坡和倾倒崩塌型破坏的边坡；(2)类岩体为软岩、较软岩时，应降为Ⅱ类岩体；(3)当地下水发育时，II、III 类岩体可视具体情况降低一挡；(4)强风化岩和极软岩可划为 IV 类岩体；(5)表中外倾结构面系指倾向与坡向的夹角小于 30o 的结构面；(6)岩体完整程度按表 4－13 确定。

表 4－13　岩体完整程度划分表

岩体完整程度	结构面发育程度	结构类型	完整性系数 K_V
完整	结构面 1～2 组，以构造节理和层面为主，密闭型	巨块状整体结构	＞0.75
较完整	结构面 2～3 组，以构造节理和层面为主，裂隙多呈密闭型，部分为微张型，少有充填物	块状结构、层状结构、镶嵌碎裂结构	0.35～0.75
不完整	结构面大于 3 组，在断层附近受构造作用影响较大，裂隙以张开型为主，多有填充物，厚度较大	碎裂状结构、散体结构	＜0.35

表 4－14　岩石挖方边坡坡率表

边坡岩体类型	风化破碎程度	边坡坡率	
		$H<15$m	15m$\leqslant H<$30m
I 类	未风化、微风化	1∶0.1～1∶0.3	1∶0.1～1∶0.3
	弱风化	1∶0.1～1∶0.3	1∶0.3～1∶0.5
II 类	未风化、微风化	1∶0.1～1∶0.3	1∶0.3～1∶0.5
	弱风化	1∶0.3～1∶0.5	1∶0.5～1∶0.75
III 类	未风化、微风化	1∶0.3～1∶0.5	
	弱风化	1∶0.5～1∶0.75	
IV 类	弱风化	1∶0.5～1∶1	
	强风化	1∶0.75～1∶1	

［注］（1）有可靠的资料和经验时，可不受本表限制；（2）IV 类强风化包括各类风化程度的极软岩。

自然界，地表岩层性质、状况，水文条件等变化很大，同时，路基的构造要求与形式也不尽相同，岩石路堑边坡率难有统一标准，表列数值为一般条件下的经验值，运用时应结合当地的工程地质条件和水文条件，参考各地现有自然稳定山坡和人工成型稳定的山坡，加以对比选用。对于土质挖方边坡高度超过 20m、岩石挖方边坡高度超过 30m 和不良地质地段的路堑边坡，应进行单独勘察设计和稳定性验算，以及采取排水、护坡与加固等技术措施，同时应考虑隧道等其他通行方案，在进行经济技术比较的基础上合理选择。

4.4　路基附属设施

路基工程除其主体工程外，为保证路基路面的施工以及公路的正常运行，还包括相关的附属设施，如取土坑、弃土堆、护坡道、碎落台、堆料坪及错车道等，这些设施均需在公路设计时，根据具体的情况予以妥善的考虑。

4.4.1 取土坑与弃土堆

道路施工不可避免地存在借方和弃方，在借方路段，为满足填筑路基用土的需要，应在公路沿线或以外设定专门的取土点，取土后所留下的土坑称为取土坑。在弃方路段，开挖路基所形成余土或不宜筑路而废弃的土，应选择合适的地点堆放，由此形成的土堆称弃土堆。

路基土石方的填挖平衡，是公路路线设计的基本原则，但往往难以做到完全平衡。土石方数量经过合理调配后，仍会存在部分借方和弃方，对修筑路基形成的借弃方，必须选择合适的地点，即确定合理的取土坑或弃土堆位置。土坑或弃土堆的位置的选择，一般应从土质、数量、用地及运输等方面考虑选点；其次要结合沿线农田水利，改地造田，尽量做到不毁农田，不占或少占良田，维护自然生态平衡，防止水土流失，做到“借之有利、弃之无害”。借弃所形成的坑或堆，要求尽量结合当地地形，充分加以利用，并注意外形规整，弃堆稳固。对高等级公路及城郊附近干线更应注意。

取土坑一般设置道路的两侧，应与排水及农田灌溉结合起来，若道路两边地势有一定高差，一般应设置在地势较高一侧。其深度或宽度，应视填土数量、施工方法及用地许可条件而定。平原区一般深度为 1.0m。为防止坑内积水对路基的影响，当堤顶与坑底高差超过 2m 时，路基坡脚与坑之间，需设宽度 1.0～2.0m 的护坡道，坑底设纵横排水坡及相应设施，如图 4－7 所示。

河流淹没地段及桥头引道两侧一般不设取土坑。河滩上的取土坑，应与调治构造物的位置相适应，一般距离河流水位界 10m 以外。此类取土坑不得长期积水及危害路基或构造物的稳定。

开挖路基的弃方，应妥善处理，充分利用，如用于加宽路基或加固路堤，用于农田水利建设或其他基建工程等；对无法加以利用的弃土，做到弃而不乱，并应防止乱弃而造成水土流失，以免危害路基及农田水利，淤塞河道，特别要注意不堵塞天然排水通道。弃方一般可在尽量不占用农田的基础上，选择路旁低洼荒地处就近堆放或路堑的下坡一侧堆放，当地面横坡小于 1∶5 时，可设在路堑两侧，当地面较陡时，宜设在路基下方。沿河路基废石方，当条件允许时，可以部分占用河道，但不能造成河道上游壅水，危及路基及附近农田等。如需在路堑上侧弃土，要求堆弃整平，顶面具有适当横坡，并设置平台三角土埂及排水沟渠，如图 4－8 所示，宽度 d 与地面土质有关，一般不小于 5.0m，当路堑边坡较高，土质较差时，可按路堑深度加 5.0m 计算。积沙或积雪地段的弃土堆，为有利于防沙防雪，一般设在迎风一侧，并具有足够距离。此外，浅而开阔的路堑两旁不得设弃土堆。

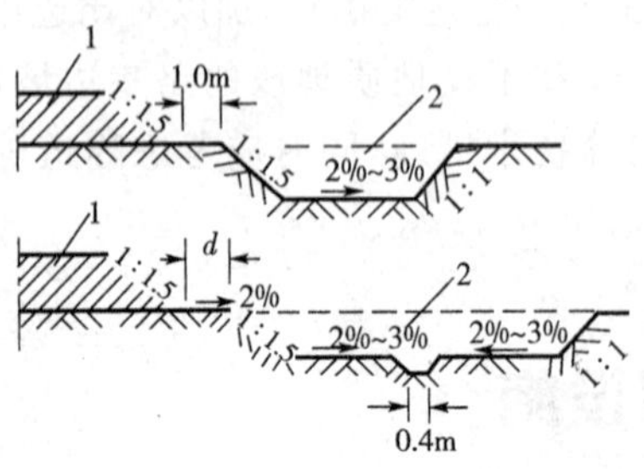

图 4－7 路旁取土坑示意图

1—路堤；2—取土坑

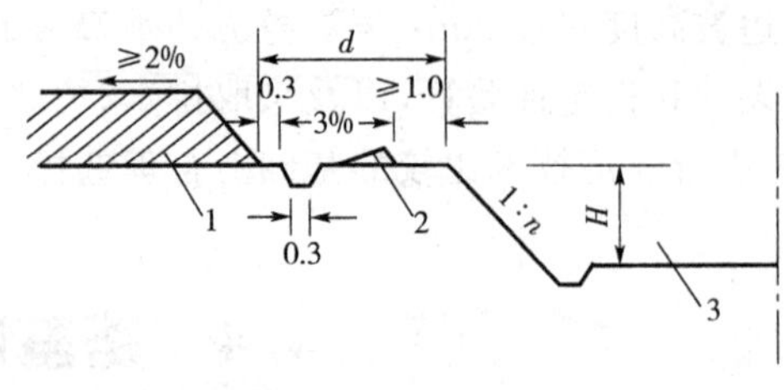

图 4－8 路旁弃土堆示意图

1—弃土堆；2—平台与三角土块；3—路堑

4.4.2　护坡道与碎落台

护坡道是指当路堤较高时，为保证边坡稳定，在取土坑与坡脚之间，或在边坡某一高度处设置的有一定宽度的平台，见图 4－7、图 4－8，它是保护路基边坡稳定性的措施之一。护坡道的设置，加宽边坡横距，减缓边坡平均坡度。护坡道越宽，越有利于边坡稳定，但工程量会随之增加。根据实践经验，护坡道宽度至少为 1.0m，并随填土高度而增加。一般情况下，护坡道宽度 d 宜选择：$h\leqslant 3.0$m，$d=1.$ m；$h=3\sim 6$m，$d=2$m；$h=6\sim 12$m，$d=2\sim 4$m。护坡道一般设置在挖方坡脚处，边坡较高也可边坡上方或挖方边坡的变坡处。浸水路堤，护坡道应设置在水位线以上边坡处。

碎落台是指在路堑边坡坡脚与边沟外侧边缘之间或边坡上为防止碎落物落入边沟而设置的一定宽度的平台。其作用是供零星土石碎块下落时临时堆积之用，以保护边沟不致阻塞，亦有护坡道的作用。碎落台宽度一般为 1.0～1.5m，若兼有护坡道作用，可适当放宽。对风化严重的岩石边坡或不良土质边坡，为防止塌方，碎落台可修成矮墙，其顶部宽度大于 0.5m，墙高 1～2m。碎落台上的堆积物应定期清理。碎落台和护坡道虽同为平台状，但其设置位置和设置目的是不同的，边坡平台（护坡道）是为保证边坡稳定，在边坡某高度上沿纵向做成的有一定宽度的平台。

4.4.3　堆料坪与错车道

堆料坪是指为堆放用于路面养护所需要的矿质材料，而在路旁合适地点或在路肩外缘指定的平面空间。其面积可结合地形与材料数量而定，一般每隔 50～100m 设一个堆料坪，长约 5～8m，宽 2m。高级路面或采用机械化养路的路段，可以不设堆料坪，或另设集中备用料场，以维护公路外形的视觉平顺和景观优美。

错车道是指单车道公路为提供车辆交会和避让，在公路上每隔一定的距离设置的加宽车道。通常应每隔 200～500m 设置一处错车道。按规定错车道的长度不得短于 30m，两端各有长度为 10m 的出入过渡段，中间 10m 供停车用。单车道的路基宽度为 4.5m，而错车道地段的路基宽度为 6.5m。错车道是单车道路基的一个组成部分，应与路基同时设计与施工。

第5章　路基路面排水设计

5.1 概　述

路基路面是裸露在地表的人工结构物，直接经受着各种不利自然因素的影响。这些不利自然因素中，主要是温度和湿度变化的影响，而湿度与道路排水能力密切相关。路基路面的各种病害和变形的产生，大都与地面水和地下水的浸湿和冲刷等破坏作用有关。要保证路基路面的稳定性，提高路基的强度和抗变形能力，防止地面水浸入路面，从而提高路面结构的强度和耐久性，延长路面使用寿命，就必须作好道路的排水设计。在进行排水设计时，除应考虑道路等级、地形、地质、气候、年降雨量、地下水等条件外，还必须将路面排水和路基排水结合起来综合考虑，使路基、路面形成良好的排水系统。

水分对路基的影响主要表现在：地表水对路基产生冲刷和渗透，冲刷可能导致路基整体稳定性受损害，形成水毁现象，渗透使路基土体过湿进而降低路基的强度及稳定。地下水对路基的危害主要是毛细现象及渗透作用等，这种影响因具体条件不同而存在差异，轻者能使路基湿软，降低路基强度，重者会引起边坡滑塌，甚至整个路基沿倾斜基底滑动。在季冻区还可能产生冻胀、翻浆等病害。

水分对路面的影响主要表现在：雨水等地表水的浸入会使路面材料强度降低，对基层承载力及稳定性产生不利影响，或在水泥混凝土路面的接缝和路肩处造成唧泥现象。

路基路面排水包括路面排水与路基排水两方面。路面排水的主要任务是迅速地把降落在路面和路基表面的降水排走，以免造成路面积水而影响行车安全。路基排水包括地面排水和地下排水两个方面。路基排水的任务就是通过采取各种工程措施，把路基工作区内的土基含水量降低到一定范围内，使之常年保持某种稳定的干湿状态(一般为中湿以上)，确保路基路面具有足够的强度及稳定性。不难看出，使地表水或地下水不至影响路基工作区是问题关键之所在，排水设计皆围绕这一关键点进行。因此，在排水设计中或考虑将影响路基稳定的地面水加以拦截，排除于路基范围以外，并防止漫流、滞积或下渗；或对影响路基稳定性的地下水，予以隔断、疏干或降低，并将其引导至路基范围以外。

路基排水设计的一般原则：

(1)路基路面排水设计应综合规划、因地制宜，要充分利用有利地形和自然水系并与沿线排灌系统相协调，注意保护生态环境，防止水土流失和水源污染。设计中要注意尽量不破坏天然水系，不轻易合并自然沟溪和改变水流性质。

(2)根据公路等级，结合沿线气象、地形、地质、水文等自然条件，设置必要的地表排水、路面内部排水和地下排水等设施，并与沿线排水系统相结合，形成完整的排水体系。一般情况下地面和地下排水沟渠的设置，宜短不宜长，做到及时疏散，就近分流。

(3)排水困难和地质不良的特殊路段，应与路基防护加固设计相结合，通盘考虑、合理布局，进行特殊设计。

5.2　路基排水设计

5.2.1　地面排水设施

地面排水设施是用来排除路基范围内的地表径流，常用的路基地面排水设施有，边沟、截水沟、排水沟、涵洞、跌水与急流槽等，必要时亦有渡槽、倒虹吸及积水池等。这些排水设施，分别设在路基的不同部位，各自的功能、布置要求或构造形式，均有所不同。

1. 边沟

边沟设置在挖方路基的路肩外侧或低路堤的坡脚外侧，走向与路中线平行，用以汇集和排除路基范围内和流向路基的少量地面水。平坦地面填方路段的路旁取土坑，常与路基排水设计综合考虑，使之起到边沟的排水作用。

边沟的排水量不大，一般不需要进行水文、水力计算，依沿线具体条件，选用标准横断面形式。边沟紧靠路基，通常不允许其他排水沟渠的水流引入，亦不能与其他人工沟渠合并使用。

边沟不宜过长，应尽量使沟内水流就近排至路旁自然水沟或低洼地带，必要时可设置涵洞，将边沟水引入路基另一侧排出。

边沟的纵坡(出水口附近除外)一般与路线纵坡一致。平坡路段，边沟仍应保持 0.3%～0.5% 的最小纵坡。边沟出水口附近，以及排水困难路段，如回头曲线和路基超高较大的平曲线等处，边沟应进行特殊设计。

边沟的横断面形式，有梯形，矩形、三角形及流线型，如图 5－1 所示。

土质或软弱石质边沟，一般均用梯形，其底宽与深度约 0.4～0.6m，水流少的地区或路段，取低限或更小，但不宜小于 0.3m，降水量集中或地势偏低的路段，取高限或更大一些。梯形边坡内侧边坡一般 1∶1，石质或铺砌加固可直坡，外侧边坡通常与挖方边坡一致。

石质或铺砌式边沟，常取矩形或近似梯形，以减少沟顶宽度。当采用机械化施工时，如果用地许可，土质边沟可取三角形，其边坡为 1∶2～1∶3。三角形边坡的水流条件较差，流量较大时，沟深宜适当大些。

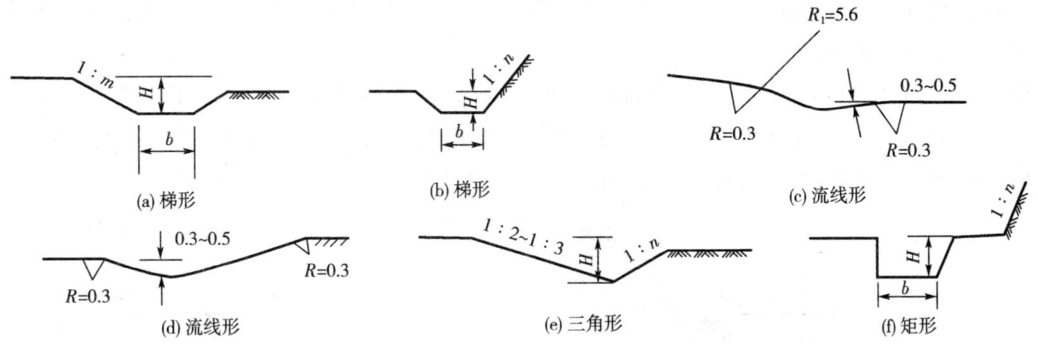

图 5－1　边沟的横断面形式(单位：m)

流线型边沟，是将路堤横断面的边角整修圆滑，可以防止路基旁侧积沙或堆雪，适用于沙漠或积雪地区的路基。国外有人主张采用流线型路基横断面，以改善道路的景观和增进美观。

边沟出水口附近，水流冲刷比较严重，必须慎重布置和采取相应措施。

图 5－2 是路堑与高路堤衔接处的边沟排水布置图，由于边沟泄出水流流向路堤坡脚处，两

者高差大，必须因地制宜，根据地形与地质等具体条件，将出水口延伸至坡脚以外，以免边沟水冲刷填方坡脚。

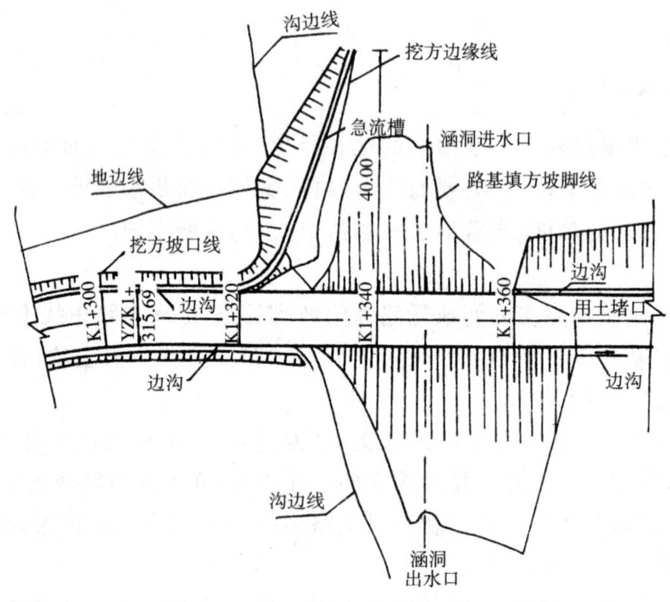

图 5-2　路堑与高路堤的边沟出口布置

边沟水流流向桥涵进水口时，为避免边沟水产生冲刷，应作适当处治，图 5-3 是涵洞进口设置为窨井的一例。此外还应根据地形等条件，在桥涵进口前或在其他水流落差较大处，设置急流槽与跌水等结构物，将水流引入桥涵或其他指定地点。

当边沟水流流至回头曲线处，一般边沟水较满，且流速较大，此时宜顺着边沟方向沿山坡设置引水沟，将水引至路基范围以外的自然沟中，或急流槽或涵洞等结构物，将水引下山坡或路基另一侧．以免对回头曲线路段冲刷。

2. 截水沟

截水沟一般设置在挖方路基边坡坡顶以上，或山坡路堤上方的适当地点，因设置位置较高，亦称天沟。其作用是拦截路基上方流向路基的地面径流，减轻边沟的水流负担，保护挖方边坡和填方坡脚不受流水冲刷。

图 5-4 是路堑段挖方边坡上方设置的截水沟图例之一，图中距离 d 一般不小于 5.0m，土质不良地段可取 10.0m 或更大。截水沟下方一侧，可堆置挖沟的土方，要求做成顶部向沟倾斜 2% 的土台。路堑上方设置弃土堆时，截水沟的位置及断面尺寸，如图 5-5 所示。

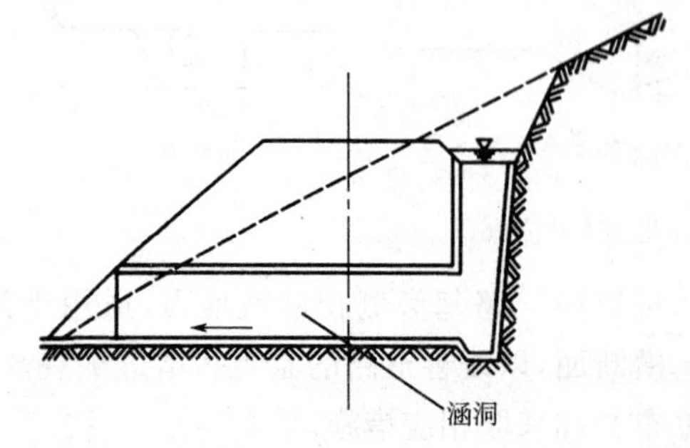

图 5-3　进水窨井与涵洞组合剖面图(单级跌水)

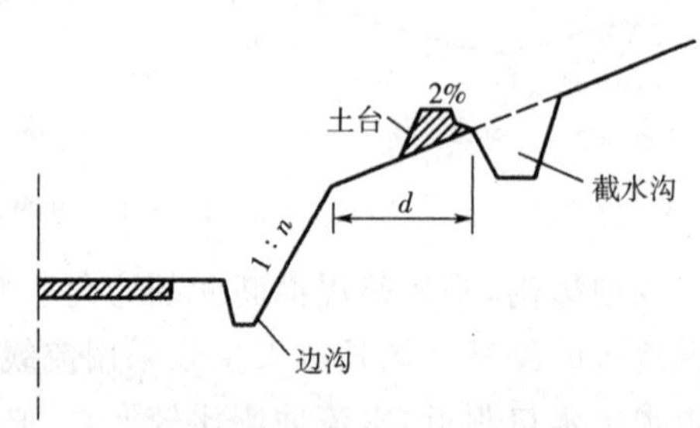

图 5-4　挖方路段截水沟

边坡较低及降水量较少以致冲刷影响不大的地段，可以不设截水沟；反之，如果降水量较多，且暴雨频率较高，山坡覆盖层比较松软，坡面较高，水土流失比较严重的地段，山坡填方路段可能遭到上方水流的破坏，此时必须设截水沟，必要时可设置两道或多道截水沟。如图5－6所示，截水沟应与坡脚之间，要有不小于2.0m的间距，并做成2％的向沟倾斜横坡。

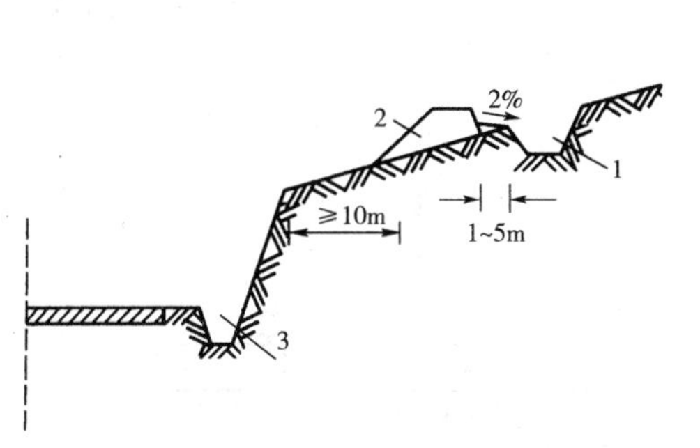

图5－5　挖方路段弃土堆与截水沟关系

1—截水沟；　2—弃土堆；　3—边沟

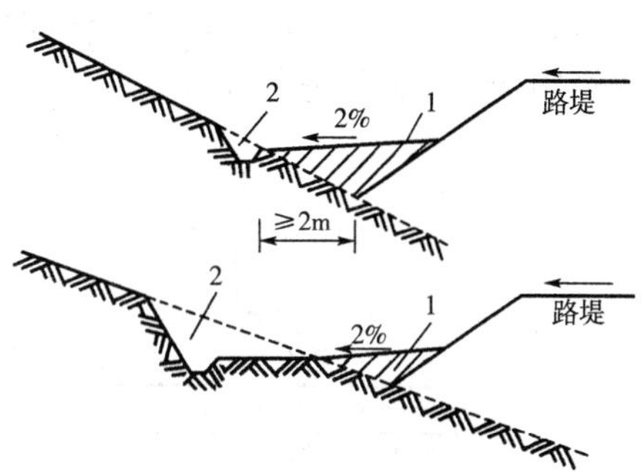

图5－6　填方路段上的截水沟

1—土台；　2—截水沟

截水沟的横断面形式一般为梯形，沟的边坡坡度因岩土条件而定，如图5－7所示。沟底宽度b不小于0.5m，沟深按设计流量而定，亦不应小于0.5m。

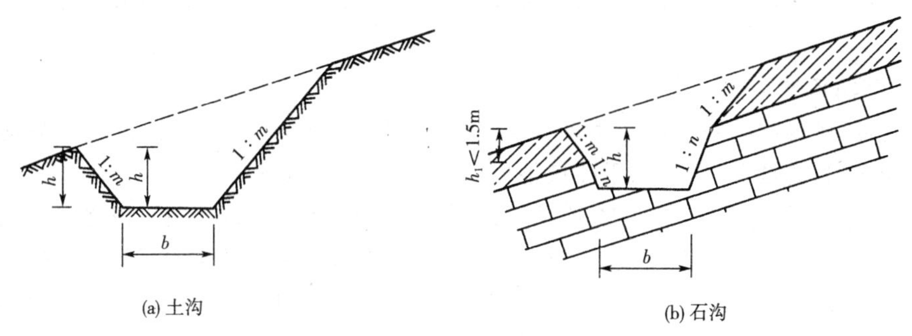

图5－7　截水沟的横断面图例

截水沟的位置，应尽量与绝大多数地面水流方向垂直以提高截水效能和缩短沟的长度。截水沟应保证水流通畅，就近引入自然沟内排出，必要时配以急流槽或涵洞等泄水结构物将水流引入指定地点。沟底应具有0.5％以上的纵坡，沟底和沟壁要求平整密实，不滞流，不渗水，必要时予以加固和铺砌。

3. 排水沟

排水沟主要用于排除来自边沟、截水沟或路基范围内其他途径的水源，并将其引至路基范围以外的适当地点。排水沟的布置，必须结合地形地貌等条件，因势利导，离路基尽可能远些。距路基坡脚不宜小于3～4m，平面上应力求直接，需要转弯时亦应尽量圆顺，做成弧形，其半径不宜小于10～20m，连续长度宜短，一般不超过300m。

排水沟的横断面形式一般采用梯形，尺寸大小应经过水力水文计算选定。沟底宽度不小于50cm，沟深按设计流量经计算确定，并不小于构造要求(50cm)。排水沟应具有合适的纵坡，以保证水流畅通，不致流速太大而产生冲刷，亦不可流速太小而形成淤积。一般情况下，纵坡可取 0.5%～1.0%，不小于 0.3%，亦不宜大于 3%。用于边沟、截水沟及取土坑出水口的排水沟，由于流量较小，不需特殊计算，底宽与深度均可取 0.5m，土沟的边坡坡度约为 1∶1～1∶1.5。

排水沟水流泄入其他沟渠或水道时，应使原水道不产生冲刷或淤积。通常应使排水沟与原水道两者成锐角相交，交角不大于 45°，有条件可用半径 $R=10b$（b 为沟顶宽）的圆曲线朝向下游与其他水道相接，如图 5-8 所示。

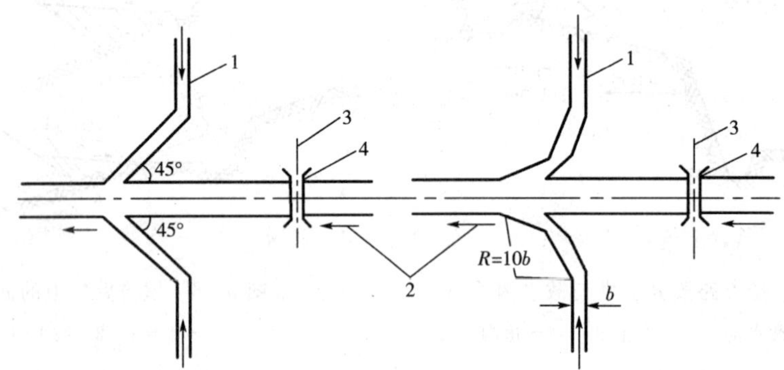

图 5-8 排水沟与水道衔接

1—排水沟；2—其他渠道；3—路基中心线；4—桥涵

防止水流对沟渠的冲刷与渗漏，排水沟及边沟与截水沟在必要时应予以加固。路基排水沟渠的加固类型有多种，设计时可结合当地条件，根据沟渠土质、水流速度、沟底纵坡和使用要求等而定。

4. 跌水与急流槽

跌水与急流槽是两种特殊的人工排水沟渠，通常用于存在较大水头差、且需在较短水平距离内完成上下游过渡的情况，亦即用于陡坡地段，沟底纵坡可以很大。

跌水的构造，如图 5-9、图 5-10 所示，有单级跌水和多级跌水，沟底可以是等宽也可以是变宽。单级跌水适用于排水沟渠连接处，由于水位落差较大，需要消能或改变水流方向，路基边沟水流通过涵洞排泄时，采用单级跌水（相当于窨井）。较长陡坡地段的沟渠，为减缓水流速度，并予以消能，可采用多级跌水。多级跌水底宽和每级长度，可以采用各自相等的对称形，亦可根据实地需要，做成变宽或不等长度与高度。

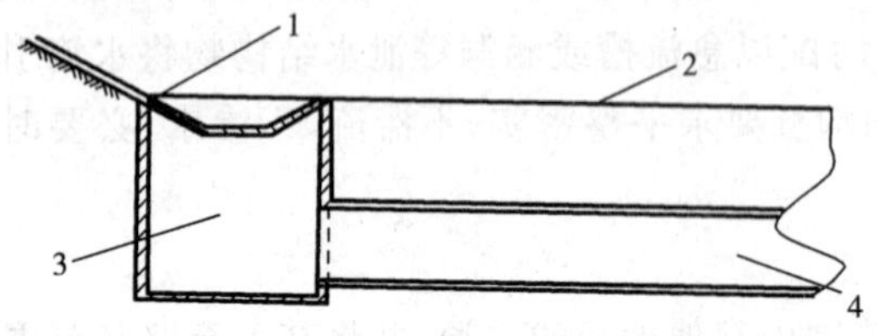

图 5-9 边沟与涵洞单级跌水连接

1—边沟；2—路基；3—跌水井；4—涵洞

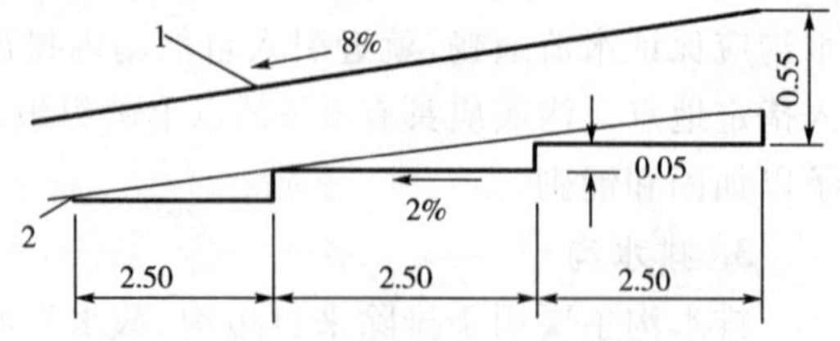

图 5-10 多级跌水纵剖面（单位：m）

1—沟顶线；2—沟底线

跌水的基本构造有三个部分组成：分为进水口、消力池和出水口，如图 5-11 所示。各个组成部分的尺寸，由水力计算而定。一般情况下，如果地质条件良好，地下水位较低，设计流量小于 1.0～2.0m^3/s，跌水台阶（护墙）高度，最大不超过 2.0m。常用的简易多级跌水，台高约 0.4～

0.5m，护墙用石砌或混凝土结构，墙基埋置深度为水深的 1.0～1.2 倍，并不小于 1.0m，且应深入冰冻线以下，石砌墙厚约 0.25～0.36m。消力池起消能作用，要求坚固稳定，底部具有 1%～2%的纵坡，底厚约 0.35～0.4m，壁高应比计算水深至少大 0.20m，壁厚与护墙厚度相仿。消力池末端设有消力槛，槛高 c 依计算而定，要求低于池内水深；约为护墙高度的 1/4～1/5，即 $c=(0.2\sim 0.25)P$，一般取 $c=15\sim2.0$cm。消力槛顶部厚度约为 0.2～0.4m，底部预留孔径为 5～10cm 的泄水孔，以利水流中断时排泄池内的积水。

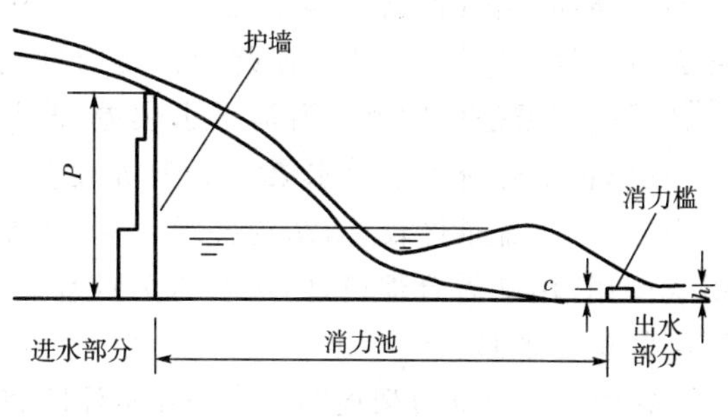

图 5－11　跌水构造

跌水两端的土质沟渠，应注意加固，保持水流畅通，不致产生水流冲刷和淤积，以充分发挥跌水的排水效能。

急流槽的纵坡，比跌水的平均纵坡更陡，结构的坚固稳定性要求更高，是山区公路回头展线，勾通上下线路基排水及沟渠出水口的一种常见排水设施。急流槽主体部分的纵坡，依地形而定，一般可达 67%(1∶1.5)，如果地质条件良好，需要时还可更陡，但结构要求更严，造价亦相应提高，设计时应通过比较而定。急流槽多用砌石(抹面)和混凝土结构，亦可利用岩石坡面挖槽。

急流槽的构造，如图 5－12 所示。按水力计算特点，亦由进口、主槽(槽身)和出口三部分组成。

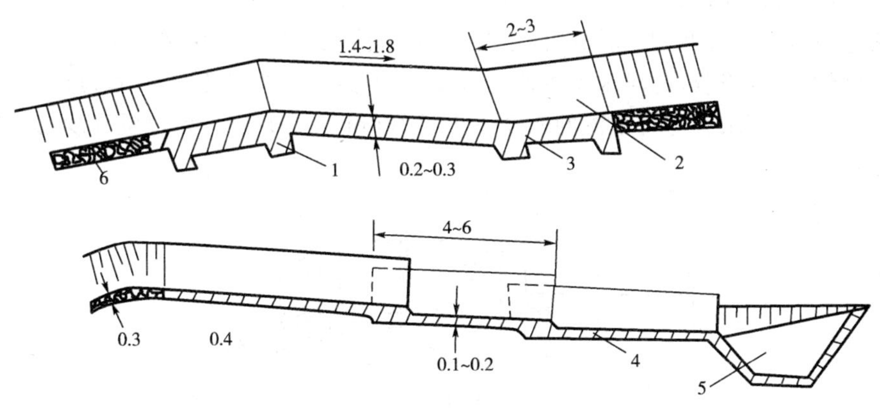

图 5－12　急流槽构造

1－耳墙；2－消力池；3－混凝土槽底；4－钢筋混凝土槽底；5－横向沟渠；6－砌石护底

急流槽的进出口与主槽连接处，因沟槽横断面不同，为了能平顺衔接，可设过渡段，出口部分设有消力池。各个部位的尺寸，依水力计算而定。对于设计流量不超过 1.0m^3/s，槽底倾斜为 1∶1～1∶1.5的小型结构，可参照图 5－12。急流槽的基础必须稳固，端部及槽身每隔 2～5m，在槽底设耳墙埋入地面以下。槽身较长时，宜分段砌筑，每段长约 5～10m，预留伸缩缝，并用防水材料填缝。

5. 涵洞、倒虹吸及渡水槽

当有水流需要横跨路基时，过流构造物形式取决于过流水位与路基高程的相对高差关系。若过流水位低于路基，通常采用涵洞形式让水流通过，有管涵和板涵两种形式；若过流水位高于路面，则可根据具体情况，采用另两种特殊排水构造物——倒虹吸与渡槽。从路基下方通过敷设有压管道，让水流跨越公路的过流结构物，称为倒虹吸，图 5－13 是其布置图式的一种。倒虹吸是借助上下游沟渠水位差，利用势能迫使水流降落，经路基下部管道流向路基另一侧，再复升流入下游水渠。由于所设管道为有压管道，竖井式倒虹吸的水流成多次垂直改变方向，水流条件较差，结构要求较高，容易漏水，经常淤塞，且难以清理和修复，应尽量不用或少用，用则需合理设计，进行水力计算，选择最佳设计方案，并要求施工保证质量，使用时要经常检查维修。

在道路上方通过架设明渠沟槽让水流跨越公路的过流结构物，称为渡水槽，图 5－15。

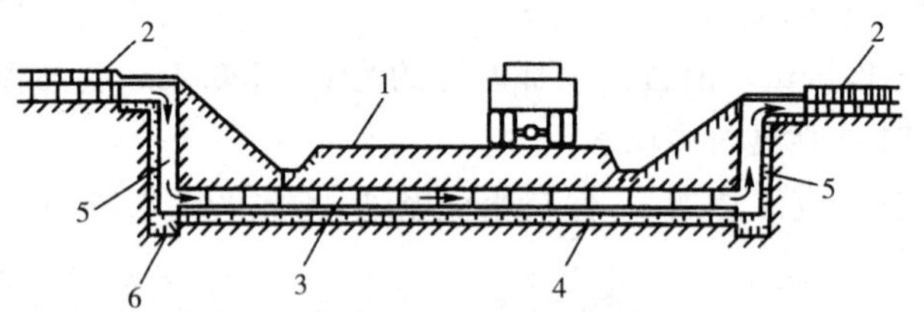

图 5－13　竖井式倒虹吸布置

1—路基；2—原沟渠道；3—洞身；4—垫层；5—竖井；6—沉淀池

当跨越路基的水流水位高于路面设计高程，且高差不大，可考虑采用倒虹吸形式。倒虹吸管道有箱形和圆形两种，以混凝土和钢筋混凝土结构为主，临时性简易管道可用砖石结构，永久性或急需时亦可改用钢铁管道。管道的孔径约 0.5～1.5m，管道附近的路基填土厚度．一般不小于 1.0m，以免行车荷载压力过于集中。考虑到倒虹吸的泄水能力有限，以及为了施工和养护方便，管道亦不宜埋置过深，以填土高度不超过 3.0m 为宜。

倒虹吸管道两端设竖井，井底标高低于管道，起沉淀泥沙与杂物作用。亦可改用斜管式或缓坡式，以代替竖井式升降管，此时水流条件有所改善，但路基用地宽度增大，管道长度增加。为减少堵塞现象，设计时要求管道内水流的速度不小于 1.5m/s，并在进口处设置沉沙池和拦泥栅，如图 5－14 所示。

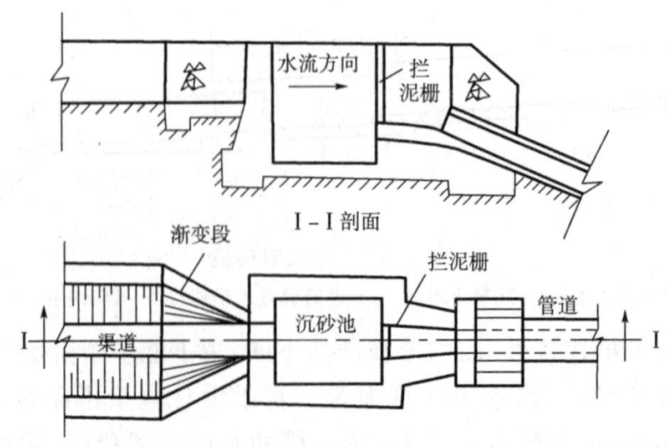

图 5－14　倒虹吸管上游进口构造

倒虹吸管进口处所设的沉沙池，位于原沟渠与管道之间的过渡段，池底和池壁采用砌石抹面或混凝土，厚度约 0.3～0.4m(砌石)或 0.25～0.30m(混凝土)，池的容量以不溢水为度，水流经过沉沙池后，水中仍含有细粒泥沙或轻质漂浮物，可设网状拦泥栅予以清除，确保虹吸管道不致堵塞，但拦泥栅本身容易被堵塞，需要经常清理，以保证水流畅通，避免沉沙池和沟渠溢水而危害路基。倒虹吸的出口,亦应设过渡段与下游沟渠平顺衔接,但不需要消能而应对原有土质沟渠进行适当加固。

当跨越路基的水流水位高于路面设计高程,且高差较大时,可考虑采用渡槽形式。如图5-15所示。渡槽相当于渡水桥,通过设置简易桥梁,架设水槽或管道,从路基上部跨越,以完成路基两侧的水流过渡。

渡水槽的架设应满足道路对净空与美化的要求,其构造与桥梁相似,但其主要作用是沟通水流,故除应在结构上具有足够强度而外,在效能上应适合排水的要求,其中包括进出口的衔接,以及防止冲刷和渗漏等,亦即要有适当的断面形式与尺寸、合理的纵坡。

渡水槽由进出水口、槽身和下部支承三部分组成,其中进(出)口段的构造,参见图5-16。

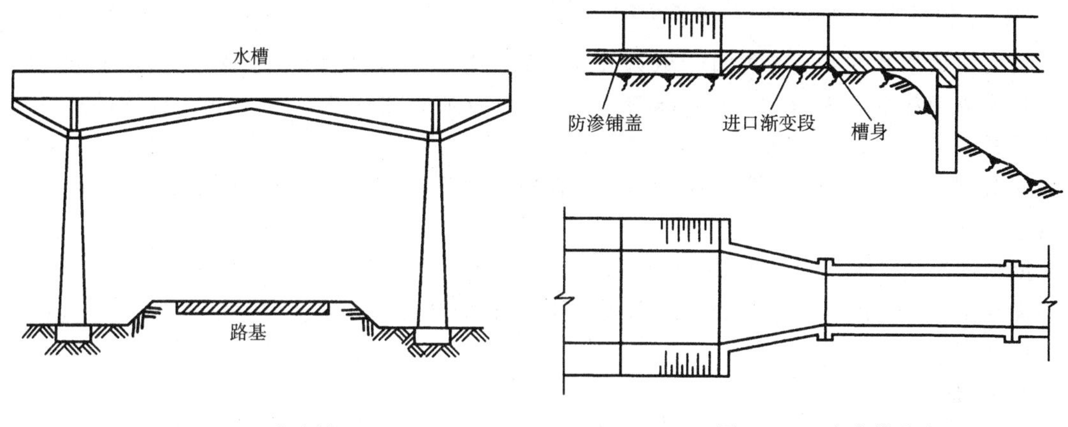

图5-15　渡水槽　　　　图5-16　渡水槽进出口

为节省工程造价,槽身过水横断面一般均较两端的沟渠横断面为小,槽中水流速度相应有所提高,因此进出口段应注意防止冲刷和渗漏。进出水口处设置过渡段,根据土质情况,分别将槽身两端伸入路基两侧地面2～5m,而且出水口过渡段宜长一些,以防淤积。如果主槽较短,可取槽身与沟渠的横断面相同,沟槽直接衔接,可不设过渡段。水槽横断面不同时,过渡段的平面收缩角约为10°～15°,据此可确定过渡段的有关尺寸。与槽身连接的土质沟渠,应予防护加固,其长度至少是沟渠水深的四倍。渡槽设计,具体可参见《水工结构物》等相关文献。

5.2.2　地下排水设施

地下水位较高的地区,如果路基高度受到限制,会出现地下水影响到路基工作区的情况,为保证路基的安全运行,就需采取工程措施,降低地下水位或完全排除地下水,以保证路基的干燥。与排除地面排水设施不同的是,地下排水设施是完全置于地表之下的。常用的路基地下排水设施有:盲沟、渗沟和渗井等,其共同的特点是排水量不大,主要是以渗流方式汇集水流,并就近排出路基范围以外。由于地下排水设施埋置于地面以下,具有隐蔽工程的含义,在路基建成后又难以直接观察运行情况,且不易维修,因此要求地下设施设备能牢固有效。

1. 盲沟

盲沟如图5-17及图5-18所示。盲沟设置在边沟以下,沟内一般分层填充以大小不同粒径的颗粒材料,利用渗水材料透水性将地下水汇集于沟内,并沿沟排泄至指定地点,这种构造相对于管道排水而言,习惯上称之为盲沟。

其中,图5-17为一侧边沟下面所设的盲沟,用以拦截流向路基的层间水,防止路基边坡滑坍和毛细水上升危及路基的强度与稳定性。

图 5－18 是路基两侧边沟下面均设盲沟，用以降低地下水位，防止毛细水上升至路基工作区范围内，形成水分积聚而造成冻胀和翻浆，或土基过湿而降低强度等。

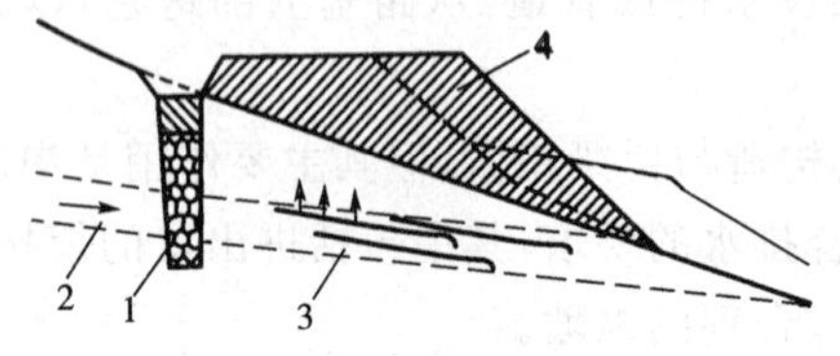

图 5－17 一侧边沟下设盲沟

1—盲沟；2—层间水；3—毛细水；4—可能滑坡线

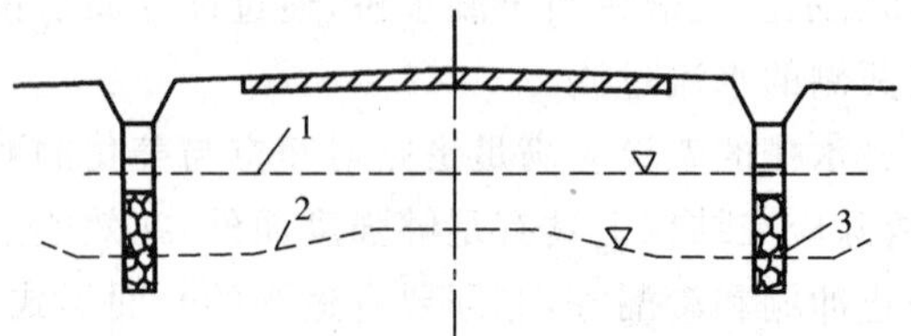

图 5－18 两侧边沟下设盲沟

1—原地下水位；2—降低后地下水位；3—盲沟

盲沟构造比较简单，横断面一般为矩形，亦可做成上宽下窄的梯形，沟壁倾斜度约 1∶0.2，底宽 b 与深度 h 大致为 1∶3，深约 1.0～1.5m，则底宽约 0.3～0.5m。盲沟的底部中间填以粒径较大(3～5cm)的碎石，其缝隙较大，水可在缝隙中流动。粗粒碎石两侧和上部，按一定比例分层(层厚约 100m)填以较细粒径的粒料。盲沟顶部和底面，一般设有厚 30cm 以上的不透水层。

简易盲沟的排水能力较小，不宜过长，沟底具有 1%～2%的纵坡，出水口底面标高应高出沟外最高水位 20cm，以防水流倒渗。寒冷地区的盲沟，应考虑采取防冻保温措施，或将盲沟设在冻结深度线以下。

2. 渗沟

渗沟如图 5－19 所示，其构造较盲沟为复杂，排水能力也更强。它通过渗透方式将地下水汇集于沟内，并通过沟底通道将水排至指定地点。它的水力特性属于紊流。渗沟有三种结构形式，分别为盲沟式、洞式及管式。如图 5－19 所示。

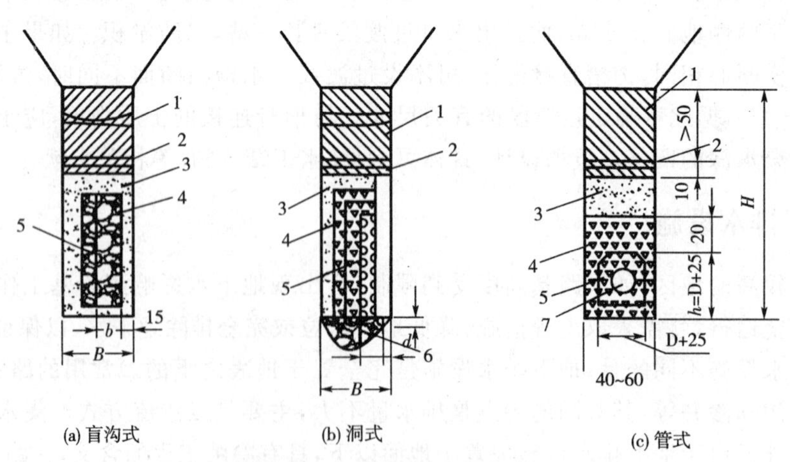

图 5－19 渗沟结构示意图

1—粘土夯实；2—双层反铺草皮；3—粗砂；4—石屑；5—碎石；6—浆砌片石沟洞；7—预制混凝土管

盲沟式渗沟与简易盲沟相似，但构造更为完善，一般适用于地下水流量不大，渗沟不长的地段。如何防止淤塞是其工作难点。洞式和管式渗沟一般适用地下水流量较大、排水距离较长的路段，如图 5－19(b)、(c)所示。

渗沟底部设洞或管，底部结构相当于顶部可以渗水的涵洞。图 5－20(b)是洞式渗沟结构图例之一，其洞宽 b 约 20cm，高约 20～30cm 盖板用条石或混凝土预制板，板长约为 2b，板厚 $P \nless 15$cm，并预留渗水孔，以便渗入沟内的水汇集于洞内排出。洞身要求埋入不透水层内，如果地基软弱还应铺设砂石基础，洞身埋在透水层中时，必要时在两侧和底部加设隔水层，以达到排水的目的。洞底设成 $\nless 0.5\%$ 的纵坡，使集水通畅排出，不对形成淤积，但亦不应大于 1.0m/s，以免冲毁管下垫枕材料。

当排除地下水的流量更大，或排水距离较长，可考虑采用管式渗沟。渗沟底部埋设的管道，一般为陶土或混凝土的预制管，管壁上半部留有渗水孔，渗水孔交错排列，如图 5-21 所示。管的内径 D 由水力计算而定，一般约 0.4～0.6m，管底设基座。对于冰冻地区，为防止冻结阻塞，除管道埋在冰冻线以下外，必要时采取保温措施，管径亦宜较大一些。管底纵坡同洞式渗沟，条件允许应采用较大纵坡，一般不应小于 0.5%。

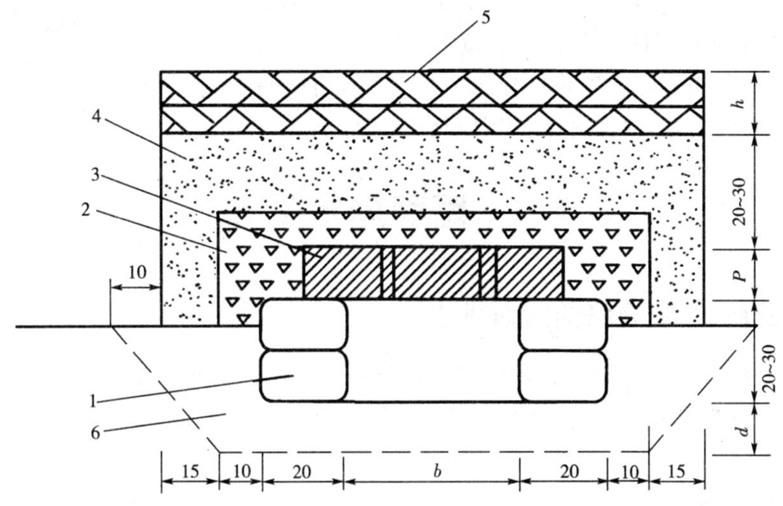

图 5-20 洞式渗沟结构示意图(单位:cm)

1—浆砌块石；2—碎砾石；3—盖板；4—砂；5—双层反铺草皮；6—基础

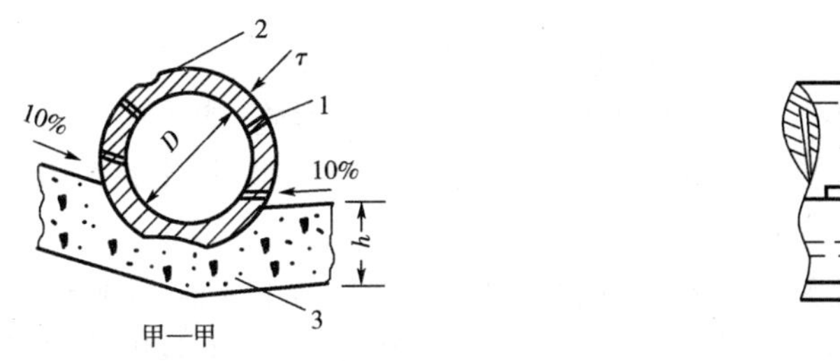

图 5-21 渗水管道结构示意图(单位:cm)

1—渗水孔；2—渗水管；3—基座

3. 渗井

渗井按渗水方向不同，分为排水渗井与积水渗井，在本章只讨论排水渗井。在工程实践中，常有地下土层中存在多层含水层的情况，如果影响路基的上部含水层较薄，排水量不大，则平式渗沟难以布置，采用立式(竖向)排水而设置渗井，穿过不透水层，将路基范围内的上层地下水引入更深的含水层中去,以降低上层的地下水位或全部予以排除。图 5 - 22 为圆形渗井的结构与布置图式之一。

渗井的平面布置以及孔径与渗水量,按水力计算而定,一般为直径 1.0～1.5m 的圆柱形,亦可是边长为 1.0～1.5m 的方形。井深视地层构造情况而定,井内由中心向四周按层次分别填入由粗而细的砂石材料,粗料渗水,细料反滤。填充料要求筛分冲洗,施工时需用铁皮套筒分隔填入不同粒径的材料,要求层次分明,不得粗细材料混杂,以保证渗井达到预期排水效果。

渗井易于淤塞,且施工不易、单位渗水面积的造价高于渗沟,一般尽量不用。有时,因土基含水量较大,严重影响路基、路面的强度,其他地下排水设备不易布置,其他技术措施如隔离层等的造价较高,此时渗井可作为方式之一,有条件地选用。对于高等级公路,对渗井的使用应格外慎重。

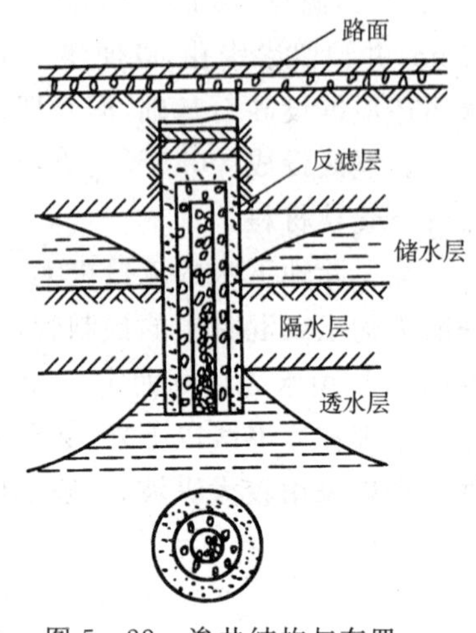

图 5 - 22　渗井结构与布置

5.3　路面排水设计

5.3.1　高速公路、一级公路的路面排水

路面排水的目的,是将降落于路面的雨水迅速排走,防止路面积水,以保证行车安全。高速公路、一级公路的路面排水,一般由路肩排水和中央分隔带排水组成。

1. 路肩排水

路肩排水由路面横坡、路缘带与硬路肩、路缘石形成的集水槽以及将地表水排除路基的泄水口(俗称水簸箕)和急流槽等组成。其过水断面原则上限制在路缘带、硬路肩、拦水路缘石之内(即集水槽之内)。

路肩排水形式如图 5 - 23 所示。一般多用图 5 - 23(a)的形式,即硬路肩比路缘带少铺上面层而

形成 4～5cm 的凹形过水断面,其纵坡与行车道纵坡相同,一般不宜小于 0.2%。

当硬路肩较宽和暴雨强度较小时,可采用图 5 - 23(b)所示的形式,或采用图 5 - 23(c)所示的形式,此时集水槽的泄水口间距应小于 30m。若采用分散漫流排水时,土路肩及边坡均易被浸蚀、冲刷,必须进行加固处理。

拦水路缘石的设置是为了防止路面汇水漫流、冲刷路基边坡,以拦截路面水流入集水槽,再经泄水口排除。拦水路缘石可用沥青混凝土或水泥混凝土制成,其截面形状为梯形、斜面 450(两侧),高度为 12cm。沥青混凝土路缘石可用路缘石铺筑机械现场铺筑,水泥混凝土路缘石宜预制安装。

泄水口的设置间距(纵向)以集水深度不超过路缘带并根据流量计算确定,一般约为 30～100m。如仅排除硬路肩的雨水,最大间距可延长为 200m。泄水口长度一般用 2～4m,其位置可根据流量计算确定的间距,或设于纵向低洼凹部(如凹形竖曲线中点)桥头、高填方路段有可能出现下沉处,或结合地形、边坡,考虑联结其他排水设施(如中央分隔带的雨水井、横向排水管)等条件确定。

急流槽的上端与泄水口(水簸箕)相接,下端与路基下边坡的排水边沟相接,以保证地表水排除顺畅。

2. 中央分隔带排水

直线段的路基,其中央分隔带用现浇薄层水泥混凝土或预制混凝土小块封面时,可不设中央分隔带的地下排水系统;若中央分隔带采用种草皮或灌木时,视降雨量的大小设置盲沟、带孔排水管、横向排水管等地下排水设施。图 5－24(a)为凸式绿化型中央分隔带采用盲沟排水一例。

在有超高的曲线段上,一般应在靠近超高内侧的中央分隔带设置浅碟式或凸形排水沟,在适当的位置设置雨水口(集水井)和地下横向排水管,将雨水排出路基。此时,雨水口构造型式可参照城市道路路面排水,间距应根据碟式排水沟容许通过流量计算确定,其位置选定时应考虑排水沟的纵坡,以及与其他地下排水、横向排水沟便于联结等情况。所采用的地下横向排水管的内径通常为 20～40cm。

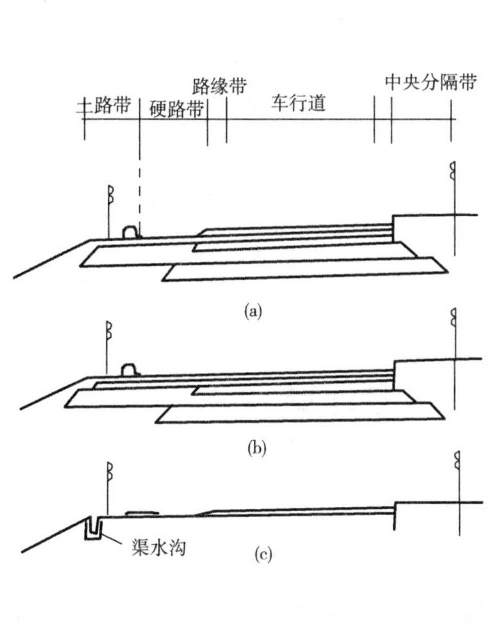

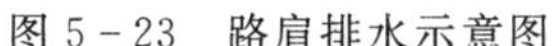
图 5－23　路肩排水示意图

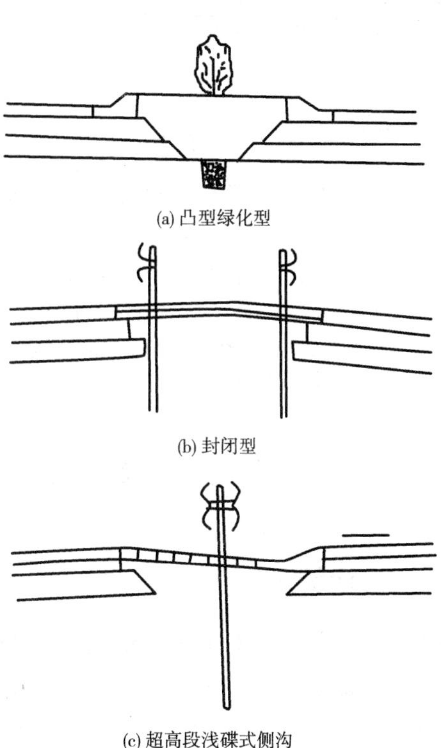

图 5－24　中央分隔带排水示意图

5.3.2　一般道路路面排水

一般道路的路面排水,由路拱坡度、路肩横坡和边沟排出。路拱横坡应符合《技术标准》的规定,多雨或降雨强度较大的地区取高值,干旱地区或纵坡较大的路段取低值。路肩横坡与路拱横坡应平滑相接,路肩横坡一般比路拱横坡大 1%,干旱地区可与路拱坡度相同。

边沟的设置、路基边坡排水、沟渠排水以及路基地下排水设计应符合规范规定,可参照路基排水设计。但对易流失的砂土、粉砂土路肩,也可设路缘石拦水,经泄水口(水簸箕)、边坡排水沟(或急流槽)排出。

5.3.3 路面表面渗水的排除

由于水泥混凝土路面接缝多，尽管作出最大努力进行封缝，仍难免有少量的水渗入路面。沥青贯入式类沥青路面及其他出现裂纹的沥青路面，也不可避免有表面渗水现象。迅速排出渗入路面的水，可采用开级配粒料作基(垫)层，以汇集由面层[或面板接(裂)缝]和路面外侧边缘渗下的水并通过空隙和横坡排向基(垫)层的外侧，再由纵向排水管汇集后横向排出路基。为防止路基土的细颗粒浸入透水基(垫)层堵塞空隙而使排水作用失效，应在透水基(垫)层下设置过滤层(参见图5-25)。当采用密级配粒料或其他材料做成不透水基(垫)层时，可在路肩下设置排水层(开级配粒料或多孔贫混凝土等)，将通过接缝或裂缝下渗的水沿面板和不透水基(垫)层界面流向路肩，排出路基之外。水量较大时，可增设纵向排水管，如图5-26所示。

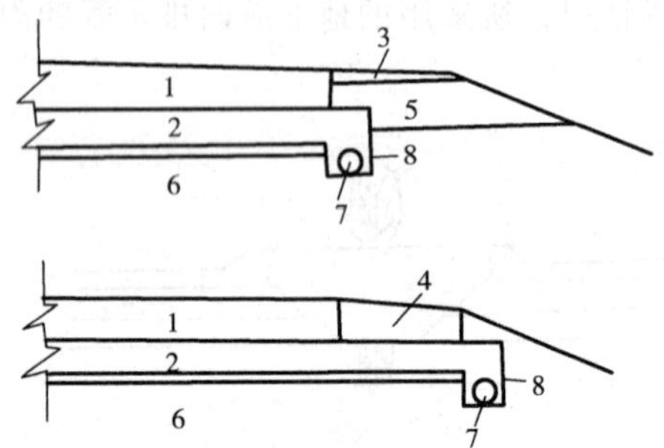

图5-25 排水基层排水系统

1—混凝土面板；2—透水基(垫)层；3—沥青路面；4—混凝土路肩；5—路肩基层；6—过滤层；7—集水管；8—过滤织物

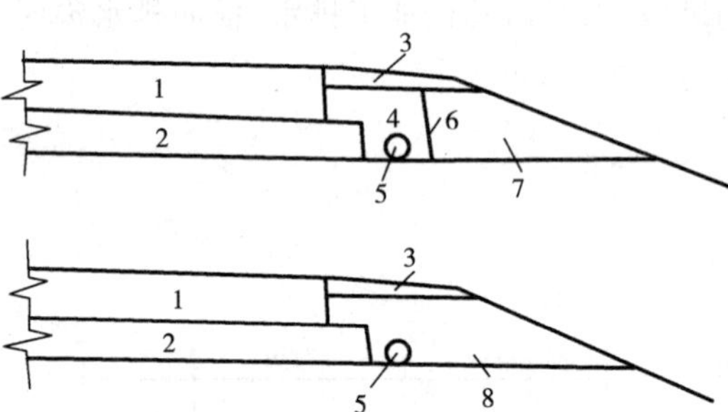

图5-26 边缘排水系统

1—混凝土面板；2—基(垫)层；3—路肩；4—多孔混凝土；5—集水管；6—过滤织物；7—未处治粒料；8—透水材料

5.4 明渠的水文水力计算

5.4.1 设计流量

设计流量是由水文计算得出，它是路基排水设计的基本依据，正确地确定设计流量对路基的安全运行及资金的投入等影响很大。不同的公路等级对应不同的设计洪水频率，高速公路及一级公路为百年一遇，二级公路为50年一遇，三级公路为25年一遇，四级公路按具体情况确定。流量的大小与汇水面积以及汇水区域内的地形、地貌及地表植被等因素有关。设计流量的计算方法有多种，下面将介绍一些常用的计算公式。如果汇水面积不大($F<10\text{km}^2$)，可按下列经验公式估算

$$Q_s=AF^n \tag{5-1}$$

式中：Q_s——设计流量，m^3/s；

F——汇水面积，km^2；

A——径流模量，其值与设计洪水频率及地区有关，约为5～20之间；

n——地区指数，当$F<1.0\text{km}^2$时，n=1；当$1<F<10\text{km}^2$时，其值因地区而异，$n=0.75\sim0.85$

式(5-1)使用简便，但因纯属经验性质，地表径流受各地气候、地形地貌、植被等因素影响较大，地区差别亦大。在使用中，应结合当地的自然情况合理选择计算参数。

如果当地降雨资料比较完备，设计流量亦可按下列经验公式估算

$$Q_s = CSF^{2/3} \tag{5-2}$$

式中：S——相应于设计洪水频率的小时降雨量，mm；

C——地貌有关系数，山岭区为 0.55，一般丘陵区为 0.4～1.5，黄土丘陵区为 0.37～0.47，平原区为 0.30～0.40。

如果汇水面积 $F<1.0\text{km}^2$，式(5-2)可简化为

$$Q_s = CSF \tag{5-3}$$

如果沟渠甚长，沿线地形地貌及植被等情况有较大变化时，流量的计算应分段计算后将流量叠加，如图 3-27 所示。分段的长度约 200～300m，$Q_s = \sum Q_i$。

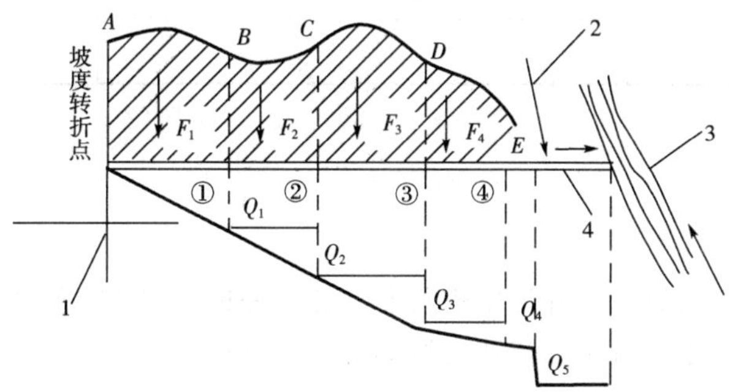

图 5-27　沟渠流量计算图

1—转坡点；2—小沟；3—沟渠；4—路线

如当地无降雨与地表径流资料，设计流量亦可采用下列简化公式

$$Q_s = \varphi(h-E)^{3/2} \cdot F^{4/5} \cdot \alpha \tag{5-4}$$

式中：Q_s——设计流量，m^3/s；

φ——地貌系数，其值按地形、主河沟的平均坡度、汇水面积查表 5-1；

h——径流厚度 mm，其值按当地土质、暴雨分区、设计洪水频率及汇流时间查表 5-2；

E——植物截流或洼地滞流的拦蓄厚度，mm；

α——综合系数，由洪峰传播的流量折减系数 β，汇水区内降雨不均匀的折减系数 γ 及小水库或湖泊影响的折减系数 δ 三者所组成，即 $\alpha=\beta \cdot \gamma \cdot \delta$ 详细计算时可查手册，对路基排水，因汇水面积较小($F<10.0\text{km}^2$)，可近似取 $\alpha=1.0$。

表 5-1　地貌系数 φ 值表

地形	按主河沟平均坡度 I(%)	系数
平地	1～2	0.05
平原	3～6	0.07
丘陵	10～20	0.09
山地	27～45	0.10
山岭	60～100	0.13
	100～200	0.14
	200～400	0.15
	400～800	0.16

［注］　当汇水面积小于 10km^2，汇流时间等于 30s 时。

表 5-2 径流厚度 h 值表

地 面 特 征	h(mm)
密草高>1.5m,稀灌木丛,幼林高<1.5m,根浅茎细的旱田农作物	5
幼林高>1.5m,灌木丛	10
稀林(郁闭度 40%)	15
中等稠密林(郁闭度 60%左右)	25
密林(郁密度 80%以上)	35
山地水稻田(梯田)、根深茎粗旱田作物(如高粱等)	10
平地水稻田	20

5.4.2 水力计算

1. 基本计算公式

根据沟渠的几何特性,分为棱柱形渠道与非棱柱形渠道。讨论局限于断面形状、尺寸沿程不变的棱形渠道。由《水力学》,流量和流速可按如下公式计算:

$$V=C\sqrt{Ri} \tag{5-5}$$

$$Q=\omega\cdot V=\omega\cdot C\sqrt{Ri} \tag{5-6}$$

式中:V——水流通过横断面的流速,m/s;

Q——水流通过横断面的流量,m/s^3;

ω——水流横断面的面积,m^2;

R——水力半径,m,

i——水力坡降,在等速流的情况下,可以认为水力坡降(水力坡度)与沟底纵坡相等;

C——谢才系数。

2. 谢才系数

谢才系数 C 主要是取决于水流条件(沟渠、管道或地表等以及其粗糙程度),按曼宁公式计算

$$C=\frac{1}{n}R^{y} \tag{5-7}$$

式中:n——沟渠表面的粗糙系数,与沟渠表层材料有关,常用数值如表 5-3 所列;

y——与 R 及 n 有关的指数,可按下式计算:

$$y=2.5\sqrt{n}-0.13-0.75(\sqrt{n}-0.10)\sqrt{R} \tag{5-8}$$

有关 y 的计算可采用近似方法:当 $R\leqslant 1.0$ 时,用 $1.5\sqrt{n}$;当 $R>1.0$ 时,用 $1.3\sqrt{n}$,为计算方便起见,对于加固的沟渠,可取 $y=1/6=0.167$;无加固的沟渠,可取 $y=1/4=0.25$。

表 5－3　粗糙系数表

沟渠表面铺砌种类	n	$1/n$
不整齐土方边沟、整齐石方边沟	0.0275	36.5
整齐土方边沟、草皮铺砌	0.0225	44.4
不整齐石方边沟	0.030	33.3
干砌块石铺砌	0.025	40
浆砌块石铺砌、粗糙混凝土铺砌	0.017	59
整齐混凝土铺砌	0.014	71.4

3. 容许的最小与最大流速

为了使沟渠不致产生泥沙淤积，设计时应保证沟渠内的水流具有一定流速。沟渠的容许最小流速 V_{min}(m/s)，同水中所含土质沉淀所容许的允许淤积有关，一般可按如下经验公式计算：

$$V_{min}=aR^{1/2} \tag{5-9}$$

式中：a——与水中含土粒径有关的系数，参见表 3－4 所列，

R——同上。

表 3－4　淤积系数表

土的类别	a
粗砂	0.65～0.77
中砂	0.58～0.64
细砂	0.41～0.45
极细砂	0.37～0.41

表 5－5　明渠容许最大流速表

明渠类别	V_{max}(m/s)
粗砂及亚砂土	0.70
亚粘土	0.75
粘土	0.80
草皮护面	1.6
干砌片石	2.0
浆砌片石及浆砌砖	3.5
石灰岩、砂岩及混凝土	5.0

为使沟渠不致冲刷，应限制设计流速。各种明渠的允许最大设计流速，由试验结果而定，一般可参见表 5－5 所列。表列数值(以 m/s 计)适用于水流深度 $h=0.4\sim1.0$m，超过此值时应乘以下列修正系数：

$h<0.4$m，0.85

$h>1.0$m, 1.25;

$h\geqslant 2.0$m, 1.40;

4. 过水断面的水力要素计算

沟渠的过水能力与过水断面的水力要素有关，常用沟渠横断面有矩形和梯形（区分为对称与不对称两种）。梯形沟渠如图 5-28 所示，其要素包括：沟底宽 b、水深 h 及平均边坡率 m，（不对称时为 m_1 与 m_2）、过水断面积、湿周（χ 是指水流与沟底及两侧在横断面上的接触长度）、水力半径（R 为水流横断面积与湿周之比）。据此不难得到以下各水力要素的关系式：

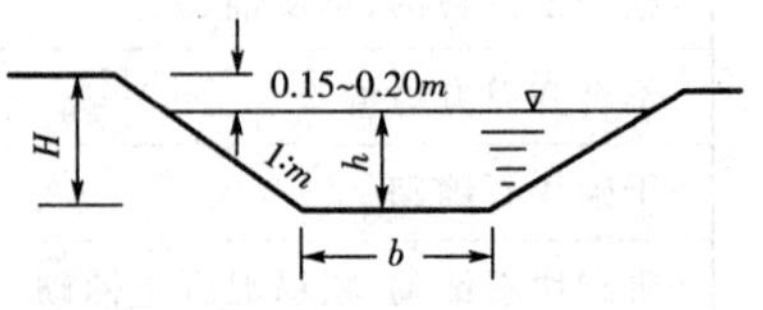

图 5-28 梯形横断面示意图

(1)水流横断面面积(ω)

$$\omega = bh + mh^2 \tag{5-10}$$

其中 m 值：矩形 $m=0$，对称梯形 $m=m_1=m_2$，不对称梯形 $m=\frac{1}{2}(m_1+m_2)$。

(2)湿周(χ)

$$\chi = b + Kh \tag{5-11}$$

其中横断面系数 K 值（因边坡率而变）；

对于矩形($m=0$)，$K=2$，

对对称梯形：$K=2\sqrt{1+m^2}$

对不对称梯形：
$$K=\sqrt{1+m_1^2}+\sqrt{1+m_2^2} \tag{5-12}$$

(3)水力半径(R)

$$R=\frac{\omega}{\chi} \tag{5-13}$$

5. 最佳水力横断面的水力要素计算式

不同的水力要素组合，其过流能力亦不相同，它们之间存在着一种最优组合，可使在过流面积一定时，过流能力最强，亦即存在一最佳水力横断面，又称经济横断面。分析上述计算公式不难得知，在固定条件下（即 Q_s、V、C 与 m 等参数不变），如果使设计的沟渠横断面具有最小湿周，则可达到最佳过流能力之目的，现以对称梯形沟渠为例，将最佳横断面之水力要素的计算式推证如下：

(1)水流深度 h 与水流横断面面积 ω 的关系

将式(5-10)移项代入(5-11)，则得

$$\chi=\frac{\omega}{h}+Ah \tag{5-14}$$

对于对称梯形，$A=(2\sqrt{1+m^2}-m)$，当 m 值已定时，A 为常数。由此可知，χ 随 h 而变，欲使 χ 最小，取 $d\chi/dh=0$

则
$$d\chi/dh=-\frac{\omega}{h^2}+A=0$$

所以，最优宽深比为：

$$\left(\frac{b}{h}\right)_0=2(\sqrt{1+m^2}-m) \tag{5-15}$$

易见：

$$b=2(\sqrt{1+m^2}-m)h \tag{5-16}$$

利用式(5-16)，得到不向坡率 m 对称梯形沟渠的最佳宽深比，如表(5-6)所列，以供设计时选用。

表 5-6　对称梯形沟渠的最佳宽深比

m	0	1/4	1/2	3/4	1	1.25	1.50	1.75	2	3
b/h	2.00	1.56	1.24	1.00	0.83	0.70	0.61	0.53	0.47	0.32

(2)最佳横断面时，湿周 χ_0 与面积 ω 的关系

将式(5-15)代入式(5-14)，则得

$$\chi_0=2\sqrt{\omega A}=2\sqrt{\omega(K-m)}=2\sqrt{\omega}(2\sqrt{1+m^2}-m)^{1/2} \tag{5-17}$$

(3)最佳横断面时水力半径 R_0

将式(5-17)代入式(5-13)并参照式(5-15)，则得

$$R_0=\frac{1}{2}\sqrt{\frac{\omega}{A}}=\frac{1}{2}h \tag{5-18}$$

(4)最佳横断面时的流速 v_o

将上述最佳横断面中的水力要素及 $A=K-m$ 的关系式代入式(5-5)则可得到下列表达式

$$v_0=\frac{i^{0.5}}{n}\left(\frac{1}{2\sqrt{K-m}}\right)^{y+0.5}\omega^{0.5y+0.25}=B\omega^{0.5y+0.25} \tag{5-19}$$

其中：$B=\frac{i^{0.5}}{n}\left(\frac{1}{2\sqrt{K-m}}\right)^{y+0.5}$

(5)最佳水流横断面面积 ω_0

已知设计量 Q_s，若使之按最佳流速 V_0 通过，则依式(5-6)所表达的水力计算基本关系，即流量为横断面面积与流速的乘积，利用式(5-19)所得之结果，可得相应的最佳横断面面积 ω_0 表达式如下

因为　$Q_s=\omega_0 V_0=\omega_0[B(\omega_0)^{0.5y+0.25}]=B(\omega_0)^{0.5y+1.25}$

所以

$$\omega_0=\left(\frac{Q_s}{B}\right)^{\frac{1}{0.5y+1.25}} \tag{5-20}$$

综上，公式可归结为三种类型，其中式(5-5)至式(5-9)属明渠水力计算的基本公式，式(5-10)至式(5-13)是常用沟渠横断面设计时水力要素的计算式，一般是在按选择法(试算法)设计时运用；式(5-14)至式(5-20)的最佳水力横断面之水力要素计算式，仍以对称梯形横断面沟渠为准而得，对于其他形式横断面，可按相同步骤推证，此类计算式是在按分析法设计沟渠横断面时采用。各计算式的形式，在不同手册或资料中，虽有差异，但基本原理和相互关系相同。需要说明的是，上述的最优断面，并不等同于“技术经济最优”断面，实际采用的断面尺寸，应综合各方面因素反复比较方能定出经济合理的断面。

5.4.3 明渠断面设计方法与示例

沟渠设计的条件各有不同，涉及的因素也比较多，需要反复试算和调整，才能获得比较理想的设计结果。

按照水力计算的特点，断面设计方法可分为选择法和分析法两种，可以分别采用，必要时亦可综合运用。由于设计条件和目的不同，沟渠断面设计有多种情况，现以对称梯形沟渠为例，分三种情况阐明两种方法的设计要点与计算步骤。

【例 1】 某新沟渠设计，已知 $i=0.005$，对称梯形断面 $m=1.5$，坡面为干砌块石 $n=0.020$，$Q_s=1.40\text{m}^3/\text{s}$，试定沟渠尺寸。

解一　用选择法（又称试算法）

（1）假定 $b=0.4\text{m}$，参照表 5-6，$b/h=0.61$，取 $h=0.70\text{m}$。

（2）由式（5-10），$\omega=1.05\text{m}^2$；

由式（5-11），$\chi=2.924\text{m}$；

由式（5-13），$R=0.347\text{m}$。

（3）按式（5-8），取 $y=0.212$；

由式（5-7），$C=40$；

由式（5-5），$V=1.49\text{m/s}$；

由式（5-6），$Q=1.50\text{m}^3/\text{s}$。

（4）验算

按表 5-5，$v_{max}=2.0\text{m/s}$；

由式（5-9），当 $a=0.5$ 时，$v_{\min}=0.26\text{m/s}$；

因为设计结果 $v=1.49\text{m/s}$，介于 $v_{\max}$ 与 $v_{\min}$ 值之间，所以流速符合要求。

又因为计算流量 $Q=1.40\text{m}^3/\text{s}$，与 $Q_s=1.50\text{m}^3/\text{s}$ 相差未超过 10%，一般可认为符合设计要求，否则应重新假定尺寸，重复计算，直到符合要求为止。重要工程允许相差宜限制在 5% 之内。

结论　因为流速与流量均符合要求，本沟渠可采用底宽为 0.4m；而沟深 H，应为水深 h 加安全高度 $\triangle h=0.10\sim0.20\text{m}$，本例取 $\triangle h=0.14\text{m}$，所以 $H=h+\triangle h=0.66+0.14=0.8\text{m}$。

解二　用分析法（即最佳断面法）

（1）已知值和常数值

$m=1.5$，$K=\sqrt{1+m^2}=3.6$，$y=0.20$，$n=0.020$，$i=0.004$，$B=1.48$，$A=2.11$

（2）由式（5-20），$\omega_0=0.96\text{m}^2$；

由式（5-15），$h=0.67\text{m}$；

由式（5-16），$b=0.40\text{m}$；

由式（5-19），$v_0=1.46\text{m/s}$；

由式（5-5），$Q=\omega_0\cdot v_0=1.40\text{m}^3/\text{s}$。

（3）验算

计算结果，$v_0=1.46\text{m/s}$，介于 $v_{\max}$ 和 $v_{\min}$ 两者之间，流速符合要求。

计算值 Q 与 Q_s 两者相差约 3%，流量亦符合要求。

结论　通过验算，本沟渠采用 $b=0.40\text{m}$（取整数），$H=h+\triangle h=0.80\text{m}$。

【例 2】 某新沟渠设计，要求纵坡固定，以最大容许流速为准。已知 $i=0.7\%$，采用草皮铺砌对称梯形断面，$m=1.25$，$Q_s=1.50\text{m}^3/\text{s}$。试用最佳断面法确定断面尺寸。

解　(1)有关计算参数

当 $m=1.25$ 时，$K=\sqrt{1+m^2}=3.20$，$A=K-m=1.95$，根据表5-3和表5-5，取$n=0.025$，$v_{max}=1.60m/s$。

(2)水力要素

由式(5-6)，$w=Q_s/v_{max}=0.94m^2$；

由式(5-17)，$\chi_0=2\sqrt{\omega(K-m)}=2.71m$；

由式(5-18)，$R_0=\frac{1}{2}\sqrt{\frac{\omega}{A}}=0.35m$

$h=2R_0=0.70m$；

由式(5-16)，$b=2(\sqrt{1+m^2}-m)h=0.49m$。

(3)实际流速与流量

由式(5-8)，$y=0.34$；

由式(5-7)，$C=31.20$；

由式(5-5)，$v=1.54m/s$；

由式(5-6)，$Q=1.45m^3/s$。

(4)验算

流速 $v=1.54m/s$，小于 $v_{max}=1.60m/s$。

流量 $Q=1.45m^3/s$，接近 $Q_s=1.50m^3/s$。

结论　因为流速流量符合要求，决定取 $b=0.50m$，$H=0.90m$。

【例3】　沟渠改建设计，已知某对称梯形引水沟，$m=1.5$，$n=0.020$，$i=0.5\%$，$b=0.6m$，$H=0.6m$，现因设计流量 $Q_s=1.0m^3/s$，试验证该沟是否需要改建以及如何改建。

解　(1)验证原沟是否需要改建，有关水力要素如下

$\omega=bh+mh^2=0.57m$(其中 $h=H-0.15=0.45m$)

$x=b+Kh=2.22(K=2\sqrt{1+m^2}=3.61)$

$R=w/x=0.26m$

取 $y=0.212$，则 $C=\frac{1}{n}R^y=37.58$

$v=C\sqrt{Ri}=1.35m/s$

$Q=w\cdot v=0.77m^3/s$

因为 Q 与 Q_s 相关30%以上，原沟需要改建。

(2)改建方案有两种，即增大纵坡和扩大断面。

①改变纵坡的方案，可以容许的最大流速 v_{max} 为准。本例 $v_{max}=2.0m/s$，$R=0.26m$，$C=37.58$，根据式(5-5)有

$$i=\left(\frac{v_{max}}{C\sqrt{R}}\right)^2=0.0109$$

②改变断面尺寸，应结合现场条件考虑，例如采用加宽方法，本例经水力计算，需要取 $b=1.0m$(其他条件不变)。

③如果 $b=0.6m$，取 $h=0.55m$，能满足要求，此时取 $H=0.70m$，即原沟加深0.10。

结论　上述三种方案中，增大纵坡势必原沟逐渐加深且底宽逐渐减小，不符水力计算条件，

此方案应予排除。

拓宽方案的 $b=1.0$m，原沟 $h=0.45$m，宽深比达 2.0 以上，对梯形沟渠而言，不符合最佳断面的原则，且占地面积和挖土数量偏大，此方案不理想，予以放弃。

保留原沟 $b=0.6$m，取 $h=0.55$mm 计算结果：$v=1.46$m/s，$Q=1.15\text{m}^3/\text{s}$，符合设计所规定的条件。此方案实际上是加深和加宽（分别为 0.10m 和 0.30m）相结合的方案，改建后，$b=0.6$m，$H=0.55+0.15=0.7$m，纵坡不变（$i=0.5\%$）。

5.4.4 倒虹吸管

倒虹吸中的水流属于有压管流，由于流动过程中存在水头损失，管面端必然要有一定的水头差。设倒虹吸管两端的水位差为 h_z，水重为 W，若不考虑水头损失由能量守恒法则得

$$\frac{1}{2}\cdot\frac{W}{g}\cdot v^2=W\cdot h_z$$

则

$$v=\sqrt{2gh_z} \tag{5-21}$$

考虑到水头损失，倒虹吸管的过流能力为

$$Q=w\cdot v=\mu\omega\sqrt{2gh_z} \tag{5-22}$$

式中：g——重力加速度；

μ——水头损失系数，表示如下

$$\mu=\frac{1}{\sqrt{\sum\varepsilon_i}} \tag{5-23}$$

$\sum\varepsilon_i$ 为各阻力系数之和，包括沿程水头损失和局部水头损失两类，其与管壁的材料、长短、进出口的形式等有关。这些水头损失的存在，削弱了管道的过流能力。具体参数可查阅有关手册。

5.5 暗沟水文水力计算

地下水的流量计算较为复杂，与明渠流动不同，其汇流方式为渗流，即水透过土中孔隙而流动，从水力性质上来说有无压和有压之分。按渗沟埋置情况又有完整式渗沟（沟底位于不含水地层）和不完整式渗沟（沟底位于含水层中）之分。而水流流态则有层流和紊流之分。虽然复杂的汇流方式、汇流条件给暗沟的水文水力计算带来了一些困扰，但建立在达西定律基础上的现行计算方法，还是较好地解决了这一问题。

5.5.1 地下水流量及降落曲线方程

1. 渗流方程与渗流流量

按达西(Darcy)定律，流过土中的水量 W，同水力坡降 I、水流横面面积 ω 及时间 t 三者成正比，即：

$$V_\phi=KI \tag{5-24}$$

或

$$W=V_\phi\omega t=KI\omega t \tag{5-25}$$

式中：V_ϕ——渗流速度，m/s；

K——渗透系数，m/s 或 m/y，表示单位时间内在一定土质中通过一定断面的水流距离，其值与土质有关，可视为常数。

显然，按照层流渗透定律所述，水在土中的渗流速 V_ϕ 与水力坡降 I 成正比，而地下水流量为流速与面积的乘积，即

$$Q'=\omega\cdot V_\phi=\omega KI \tag{5-26}$$

2. 完整式渗沟汇流计算

如图 5-29 所示，为完整式渗沟渗流模式，图中曲线为地下水降落曲线，曲线上任意点的渗水面积 $\omega=y\times1$，$I=\mathrm{d}y/\mathrm{d}x$，代入式(5-26)得

$$Q'=yK\mathrm{d}y/\mathrm{d}x \qquad y\mathrm{d}y=\frac{Q'}{K}\mathrm{d}x$$

积分可得

$$y^2=\frac{2Q'}{K}\cdot x+c \tag{5-27}$$

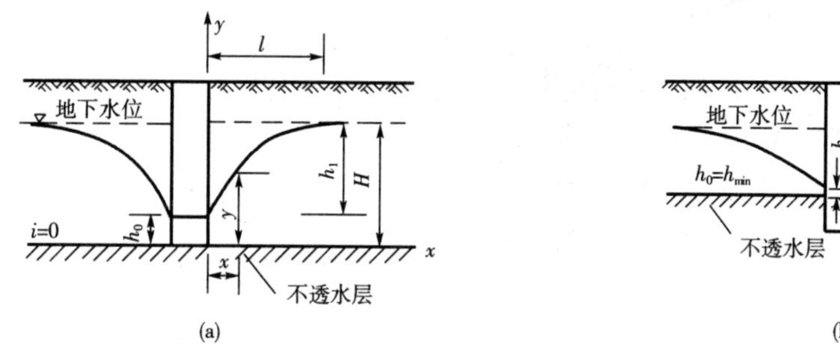

图 5-29　完整式渗沟流量计算

其中积分常数，由图 5-30 可知：当 $x=0$ 时 $y=h_0$，代入式(5-27)得 $c=h_0^2$，因此可得水流降落曲线方程为

$$y^2=h_0^2+\frac{2Qx}{K} \tag{5-28}$$

欲求单位长度一侧渗沟的流量 Q' 可取，可取 $x=l$，$y=H$，代入式(3-28)，得

$$Q'=\frac{K(H^2-h_0^2)}{2l}=\frac{K(H+h_0)}{2}\cdot I_0 \tag{5-29}$$

式中：l——水力影响半径，m；

I_0——平均水力坡降，近似取 $I_0=\dfrac{H-h_0}{l}$；

H——地下水位与不透水层的高差，m；

h_0——地下水降落曲线与沟壁接触处的有效高度，m。

由于 h_0 较小(计算式见式(5-28))，其平方值与 H^2 相比可以略去不计，则可简化为

$$Q'=\frac{KH^2}{2l} \tag{5-30}$$

设渗沟长为 L，双壁渗水时的总流量为

$$Q=2LQ'=KL(H+h_0)I_0 \tag{5-31}$$

3. 不完整式渗沟汇流计算

(1)含水层无限(如图 5－30 所示)。设渗沟的等压面为圆柱面，其单侧的渗沟断面之张角 $\theta=90°+\alpha=\frac{\pi}{2}+\alpha$，则单侧每 m 长的流量 Q' 的关系式为

$$Q'=\omega V_{\phi}=\omega KI=K\cdot x\cdot\theta\cdot \mathrm{d}y/\mathrm{d}x$$

移项积分

$$\int_0^y \mathrm{d}y=\frac{Q'}{K\cdot\theta}\int_{r_0}^x \mathrm{d}x/x$$

得

$$y=\frac{Q'}{K\theta}\ln\frac{x}{r_0} \tag{5-32}$$

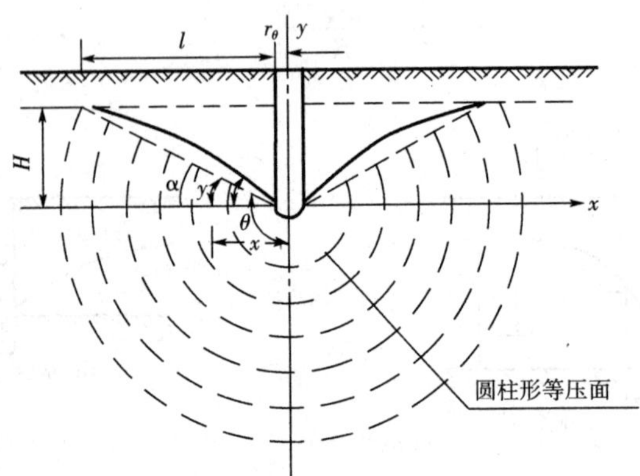

图 5－30　不完整式渗沟(含水层无限)流量计算

求算流量可取 $x=l+r_0$，$y=H$ 代入式(5－32)，则

$$H=\frac{Q'}{K\theta}\cdot I\left(\frac{l}{r_0}+1\right)$$

由于 1 与 $\frac{l}{r_0}$ 相比较，数值很小可以略去不计，而且当 α 值很小时，以弧度表示的 $\alpha\approx\sin\alpha\approx\mathrm{tg}\alpha=\frac{H}{l}=I_0$，再引入一个修正系数 ε，则得

$$Q'=\frac{K\theta H\varepsilon}{\ln\left(\frac{H}{I_0 r_0}\right)} \tag{5-33}$$

对于沟长 L 双侧渗流的总流量计算式为

$$Q=2LQ'=\frac{2HK\theta L\varepsilon}{\ln\left(\frac{H}{I_0 r_0}\right)} \tag{5-34}$$

式中：θ——水力坡降曲线的张角，以弧度计；

I_0——平均水力坡降 $\left(I_0=\frac{H}{l}\right)$；

ε——改正系数(约为 0.7～0.8)；

r_0——圆形渗沟半径，m；

H、K——意义同前。

(2)含水层有限——如图 5-31 所示。设单向渗流张角成两个扇形($\theta=\alpha+\beta$)，图中阴影部分的水，不进入渗沟。当 α 与 β 很小时，则以弧度表示的 α 及 β 近似地与其正弦及正切相等，即

$$\alpha\approx\sin\alpha\approx\mathrm{tg}\alpha=\frac{H}{l}=I_0$$

$$\beta\approx\sin\beta\approx\mathrm{tg}\beta=\frac{T}{l+r_0}\text{(与 } l \text{ 相比 } r_0 \text{ 值较小而略去)}$$

$$\beta\approx\frac{T}{l}=\frac{T}{H}\cdot I_0$$

$$\theta=\alpha+\beta=I_0+\frac{T}{H}\cdot I_0=I_0\left(\frac{H+T}{H}\right)$$

代入式(5-34)，则得有限含水层时的渗沟总流量计算式为

$$Q=\frac{2LI_0K(H+T)\varepsilon}{\ln\left(\frac{H}{I_0r_0}\right)} \tag{5-35}$$

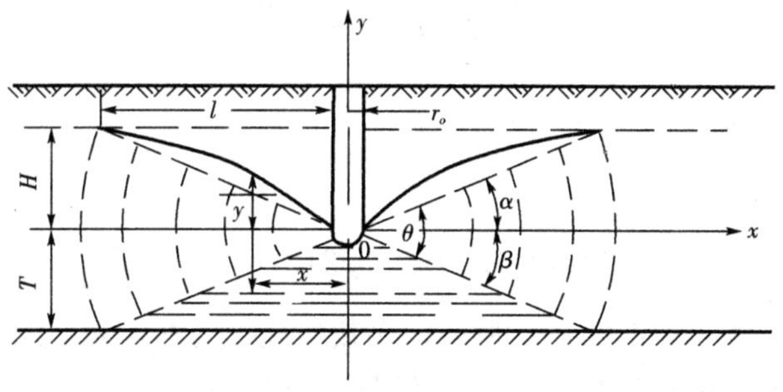

图 5-31　不完整式渗沟(含水层有限)流量计算

5.5.2　渗沟的水力计算

1. 盲沟

与前述汇流方式一样，盲沟的水流方式亦为渗流，但由于渗沟(盲沟)内部分层填入较大粒径的矿料，填料间的孔隙大，无规则，水流是处于紊流状态，渗流速度和流量可用下式表达：

$$V_\phi=K_m\sqrt{i} \tag{5-36}$$

$$Q=\omega V_\phi=\omega K_m\sqrt{i} \tag{5-37}$$

式中：i——沟底纵坡；

K_m——紊流状态时的渗透系数，m/s，当已知填料粒径 d(cm)和孔隙率 ε(%)时，按下列经验公式计算：

$$K_m=\left(20-\frac{14}{d}\right)\varepsilon\sqrt{d} \tag{5-38}$$

设每颗填料为球体(体积$=\frac{1}{6}\pi d^3$)，则 N 颗填料的平均粒径 d(cm)可表示为

$$d=\sqrt[3]{\frac{6G}{\pi N\gamma_s}} \tag{5-39}$$

式中：γ_s——填料固体颗粒的容重，kN/m^3；

G——N 颗填料的重量，kN。

利用式(5-37)可求得渗沟的横断面尺寸或沟底纵坡。例如，已知设计流量 $Q=0.015m^3/s$。当渗透系数 $K_m=0.33m/s$，纵坡 $i=3.0\%$时，试确定渗沟尺寸。

由式(5-37)得

$$\omega=\frac{Q_s}{K_m\sqrt{i}}=\frac{0.015}{0.32\sqrt{0.03}}=0.27m^2$$

取矩形沟底宽 $b=0.5m$，则沟的渗水高度 $h=\frac{w}{b}=0.55m$。

2. 洞式渗沟

渗沟底部所设的排水洞，相当于顶面可以渗水的简易涵洞。洞内水流形态为无压非满流，水力计算基本公式与明渠所述相同。洞的构造一般采用正方形或圆形横断面。为了减少设计中的反复试算工作量，可以采用表解法予以简化，制表的步骤如下：

将式(5-5)与式(5-6)改写得

$$V=C\sqrt{Ri}=S\sqrt{i} \tag{5-40}$$

$$Q=\omega V=K\sqrt{i} \tag{5-41}$$

式中：S——流速特性系数($S=C\sqrt{R}=\frac{1}{n}R^{y+0.5}$)；

K——流量特性系数。

以石砌方洞为例，取：$n=0.020$，$y=1.5\sqrt{n}=0.212$，$R=\frac{\omega}{\chi}=\frac{bh}{2(b+h)}$，按满流时取不同边长($b_0\times h_0$)列表计算 S 和 K 值，如表 5-7 所列。多数情况下为非满流，因此需要编制一定宽度的各种水深 h(非满流)与满流水深 h_0 的流速及流量的特性系数比值表，如表 5-8 所列，配合表 5-7使用。

表 5-7　石砌方涵满流时水力单元计算表

$b_0\times h_0$ (m)	ω_0 (m^2)	$R_0=\frac{b_0h_0}{2(b_0+h_0)}$	$R_0^{0.5}$	$R_0^{0.212}$	$C_0=\frac{1}{n}R_0^{0.212}$	$S_0=C_0\sqrt{R_0}$	$K_0=w_0C_0\sqrt{R_0}$
0.2×0.2	0.04	0.050	0.2236	0.5299	26.495	5.9243	0.2370
0.3×0.3	0.09	0.075	0.2739	0.5774	28.870	7.9075	0.7117
0.4×0.4	0.16	0.100	0.3162	0.6138	30.690	9.7042	1.5527

表 5-8　各种水深的流速和流量特性系数与满流时的比值

h/h_0	0.10	0.20	0.30	0.40	0.50	0.60	0.70	0.80	0.90	0.95	0.99	1.00
S/S_0	0.458	0.672	0.815	0.919	1.000	1.064	1.116	1.159	1.196	1.212	1.224	1.000
K/K_0	0.046	0.134	0.244	0.368	0.500	0.638	0.781	0.927	1.076	1.151	1.212	1.000

【例4】 已知设计流量为 $0.019m^3/s$，流速不小于最小流速 $0.6m/s$，试求砌方形沟洞断面尺寸及沟底纵坡。

(1)首先假定 $i=0.8\%$，由式(5-41)得：$K=Q_s/\sqrt{i}=0.213m^3/s$；

(2)由表5-8，取接近而稍大于计算值0.213的 $K_0=0.2370$，其横断面尺寸 $b_0=h_0=0.2\text{m}$。

(3)验算实际流速及计算水深，因此值 $K/K_0=\dfrac{0.213}{0.237}=0.899$，由表5-8知，$h/h_0$ 介于0.7～0.8之间，而 S/S_0 介于1.116～1.159之间，用插入法得到 $h/h_0=0.781$ 和 $S/S_0=1.151$，所以

实际流速 $V=S\sqrt{i}=1.151\times5.9\sqrt{0.008}=0.61\text{m/s}>V_{\min}$；

实际水深 $h=0.78\times0.2=0.16\text{m}$。

本例按 Q_s 确定横断面，故实际流量 Q 不必验算，而流速符合要求，故确定采用边长为0.2m的石砌方洞，洞底纵坡为0.8%。如果不合适，可重新假定纵坡再计算，直到满意为止。

按上述原理，可以编制适用范围更广、划分更细的相应表格(或图解)，以利简化计算。

3. 管式渗沟

圆管中的水流形态为非满流。圆管的水力特性系数，与式(5-40)及(5-41)相同，但水力要素相应有所改变。

以水泥混凝土管为例，可制表如下，取粗糙系数 $n=0.013$，$y=1.5\sqrt{n}=0.171$，令管内水深 h 与管径 D 之比为充满度(h/D)，则可按不同的充满度，编制各种孔径的圆管水力特性系数表，如表5-9所列。表中当 $h/D=1.0$(满流时)，$R=\dfrac{\omega}{\chi}=\dfrac{1}{4}D$，则 $S=\dfrac{1}{n}R^{y+0.5}\approx30.34D^{0.671}$，$K=\omega S$。例如 $D=0.2\text{m}$ 时，$S=10.3\text{m/s}$，$K=0.324\text{m}^3/\text{s}=324\text{L/s}$。必须指出，当 $h/D=0.5$ 时，ω 与 χ 均为满流时的一半，R 值不变，故 S 值与满流时相同，而 K 值折半，当充水度为0.1～0.5时，水深 $h<\dfrac{D}{2}$，其 ω 与 χ 直接按弓形数学公式计算；据以求得 R；当充水度 $h/D>0.5$ 时，$h>\dfrac{D}{2}$，ω 与 χ 值是按全圆(相当于 $h/D=1.0$)数值减去弓形数值而得，由此可见，水力半径 R 是随充水度的改变作不固定变化。

表5-9　圆形沟管水力计算表

h/D \ S和J \ D	125mm		250mm		300mm	
	S m/s	**K** L/s	**S** m/s	**K** L/s	**S** m/s	**K** L/s
0.10	3.015	1.92	4.80	12.2	5.42	19.9
0.20	4.626	8.04	7.36	51.2	8.32	83.3
0.30	5.854	18.13	9.32	115.4	10.53	187.8
0.40	6.807	31.09	10.83	197.9	12.24	322.1
0.50	7.551	46.33	12.01	294.8	13.58	479.9
0.60	8.100	62.40	12.95	399.1	14.56	646.1
0.70	8.462	77.64	13.46	454.0	15.22	804.4
0.80	8.009	90.68	13.70	577.2	15.48	939.2
0.90	8.493	98.80	13.51	628.7	15.28	1024.0
1.00	8.351	99.66	13.01	589.5	13.58	959.9

[注]　本表适用于粗糙系数 $n=0.013$

【例 5】 已知 $Q_s=0.019\text{m}^3/\text{s}$，沟底纵坡 $i=0.8\%$，要求 $V>V_{\min}=0.6\text{m/s}$，试用表解法求管径 D。

(1)由式(5-41)，$K=Q_s/\sqrt{i}=0.019/\sqrt{0.008}=0.2125\text{m}^3/\text{s}=212.5\text{L/s}$

(2)由表 5-9，取接近而稍大于计算值时，$K=218.9\text{L/s}$，相应的值为：$D=0.2\text{m}$，$S=11.1\text{m/s}$，$h/D=0.6$；

(3)验算实际流速：$V=S\sqrt{i}=11.1\sqrt{0.008}=0.99\text{m/s}>V_{\min}$；实际水深 $h=0.6D=0.12\text{m}$。

(4)管径选择：由于 Q 及 V 均符合要求，拟取 $D=20\text{cm}$。

5.5.3 渗井计算

1. 流量及降落曲线

如图 5-32 所示，水在渗井的下部按一定曲线沿四周扩散，降落曲线上任意一点 y 随 x 成反比变化。

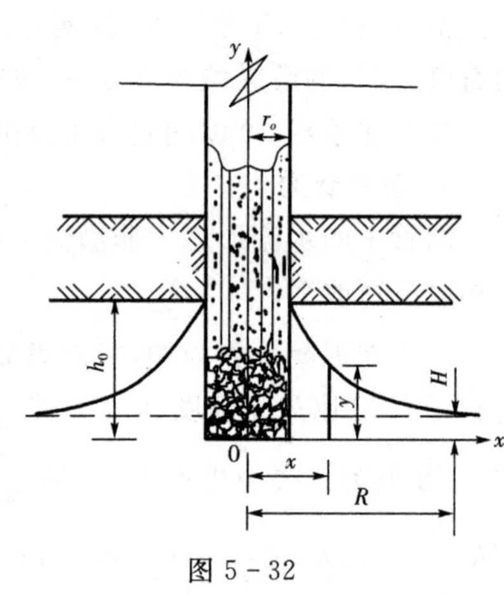

图 5-32

如前所述，曲线坡降 $I=-\text{d}y/\text{d}x$，而过水面积(喇叭口形)$\omega=2\pi xy$，由式(5-26)得

$$Q=\omega KI=-2\pi Kxy\text{d}y/\text{d}x$$

移项积分 $\int_{r_0}^{x}Q\frac{1}{x}\text{d}x=\int_{h_0}^{y}-2\pi ky\text{d}y$

进行积分可得

$$Q\ln x-Q\ln r_0=-\pi Ky^2+\pi Kh_0^2 \tag{5-42}$$

整理得：
$$y=\sqrt{h_0^2-\frac{Q}{\pi K}\ln\frac{x}{r_0}} \tag{5-43}$$

又，当 $x=R$，则 $y=H$，代入式(5-43)则得

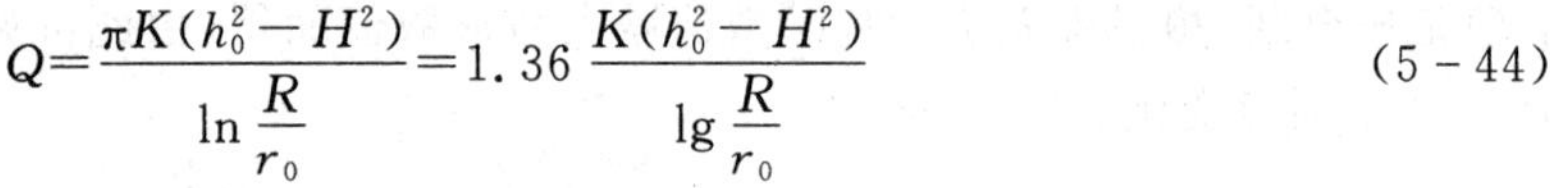

$$Q=\frac{\pi K(h_0^2-H^2)}{\ln\dfrac{R}{r_0}}=1.36\frac{K(h_0^2-H^2)}{\lg\dfrac{R}{r_0}} \tag{5-44}$$

2. 渗井孔径

根据渗井的最大排水量(设计流量 Q_s)，按下式估算渗井孔径

$$D=\frac{Q_s}{6\pi h_0\sqrt[3]{K}} \tag{5-45}$$

式中：D——渗井直径，m；

Q_s——设计流量，m^3/s；

h_0——地下水降落曲线与井壁接触处的有效高度，自管底算起，m；

K——含水层的渗透系数，m/d，见表 5-10。

3. 渗井数量

当需要排除的来水面积大、水量多时，可采用群井的方式来排除积水。一般渗井的平面间距应不大于两倍影响半径($\leqslant 2R$)，井的数量按下式估算。

$$N=\frac{1}{\beta}\cdot\frac{W}{qt} \tag{5-46}$$

式中：N——井的数量，个；

W——降低地下水位所需的总排水量，t；

t——达到预定下降水位所需的排水时间，h；

q——单井的排水能力，t/h；

β——群井的相互干扰系数，一般取 0.24～0.33。

5.5.4　几个主要计算参数

1. 渗沟埋置深度

渗沟埋深与其用途及所在位置有关，图 5－33 所示是设在边沟下面（双侧），用以降低地下水位，并考虑冻结时的渗沟，其深度为

$$h_2=Z+p+\varepsilon+d+h_0-h_1 \tag{5-47}$$

式中：h_2——渗沟埋量深度，m；

Z——沿路基中线的冻结深度，m；

p——沿路基中线冻结线至毛细水上升曲线的间距（可近似取 0.25m）；

ε——毛细水上升高度，m；

d——路基范围内水力降落曲线的最大矢距，m，与路基宽度 m_1 及 I_0 有关，可近似取 $d=m_1I_0$；

h_0——渗沟内水深，m，一般取 0.3～0.4m；

h_1——自路基中线顶高计算的边沟深度，m；

m_1——渗沟边缘至路基中线的距离，m。

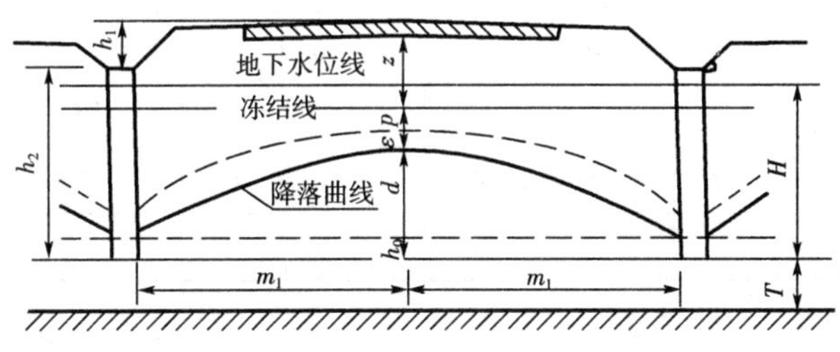

图 5－33　双面渗沟降落曲线计算图

2. 渗沟最小水深

完整式渗沟埋置在不透水层内，为了发挥渗沟的排水作用，水力降落曲线末端至透水层之间，应具有必要的有效高度（如图 5－29 中的 h_0）。

设降落曲线在沟壁处的交角为 45°，则该处的曲线坡降为 $I=\mathrm{d}y/\mathrm{d}x\approx1.0$。最小高度 $h_{\min}$ 范围内单侧的流量 $Q=\omega\nu_\phi=h_{\min}K$，代入式（5－29），基中 h_0 即为所求之 $h_{\min}$，则有：

$$h_{\min}=\left(\frac{I_0}{2-I_0}\right)H \tag{5-48}$$

式中：I_0——降落曲线的平均坡降，参见表 5－11；

H——地下水位与沟底的高差，m。

3. 渗透系数

在地下排水设计中，渗透系数是个重要参数，其大小随土的颗粒组成、粒径及形状，以及土的结构与温度等因素而变化。通常是土的颗粒愈粗、组成愈匀和、温度愈大，则渗透系数愈大，反之

则小。

土的渗透系数,可通过试验确定,一般如表 5-10 所示。

表 5-10 土的渗透系数

土类	渗透系数 **K**(m/d)	土类	渗透系数 **K**(m/d)
粘土	<0.001	细 砂	1~5
重亚粘土	0.001~0.050	中 砂	5~20
轻亚粘土	0.05~0.10	粗 砂	20~50
亚砂土	0.10~0.50	砾 石	50~150
黄土	0.25~0.50	卵 石	100~500
粉砂	0.50~1.00	漂石(砂质充填)	500~1000

4. 平均水力坡降和影响半径

各种水力计算中的地下水渗透的平均坡降 I_0 可近似取降落曲线高差 h 和影响半径 R 之比 ($I_0=h/R$)。h 和 R 数值,由钻孔资料而得。不同土质的 I_0 与 R 的大致关系值,如表 5-11 所列。

表 5-11 地下水降落曲线 I_0 与 R 值概略表

土类	I_0	**R**(m)	土类	I_0	**R**(m)
卵石、粗砂	0.0025~0.005	300~200	亚粘土	0.05~0.12	20~10
中砂	0.005~0.015	200~50	粘 土	0.12~0.15	10~6
细砂	0.015~0.020	/	重粘土	0.15~0.20	6~5
粉砂	0.015~0.05	50~20	泥 炭	0.02~0.11	/
亚砂土	0.02~0.05	/			

第 6 章　路基稳定性设计

路基边坡滑坍是公路上常见的病害，产生的原因错综复杂。在设计中应认真调查和分析，选取与实际情况相符合的滑动面的形状、位置以及有关计算参数，拟定相应的技术措施，保证路基边坡的稳定性。

本章主要介绍高路堤的稳定性分析，浸水路堤的稳定性分析，陡坡路堤的稳定性分析及深路堑的稳定性分析。

6.1　概　述

路基边坡滑坍是公路上常见的破坏现象之一。例如，在岩质或土质山坡上开挖路堑，有可能因自然平衡条件被破坏或者因边坡过陡，使坡体沿某一滑动面产生滑动。对河滩路堤、高路堤或软弱地基上的路堤，也可能因水流冲刷、边坡过陡或地基承载力过低而出现填方土体(或连同原地面土体)沿某一剪切面产生坍塌。大气降雨会使土的抗剪强度降低，往往也导致路基边坡产生滑坍。

路基出现滑坡、滑移等失稳现象，通常都表现为某一部分土体失去力学平衡而沿着某一滑动面出现剪切滑动。为了保证路基设计既满足稳定性要求，又满足经济性要求，必须对可能出现失稳的路基进行稳定性分析，并拟定相应的技术措施。

路基边坡稳定性分析的方法很多，归纳起来有力学分析法和工程地质比拟法两大类。力学分析法又称极限平衡法，假定边坡沿某一形状滑动面破坏，按力学平衡原理进行计算。根据滑动面形状的不同，又分为直线法、圆弧法和折线法三种。工程地质比拟法是根据已成不同土类或岩体边坡的大量经验数据，拟定出路基边坡稳定值参考表，供设计采用。

一般情况下，土质边坡的设计是先按力学分析法进行验算，再以工程地质比拟法来校核。岩石或碎石土类边坡则主要采用工程地质比拟法，有条件时也以力学分析法进行校核。

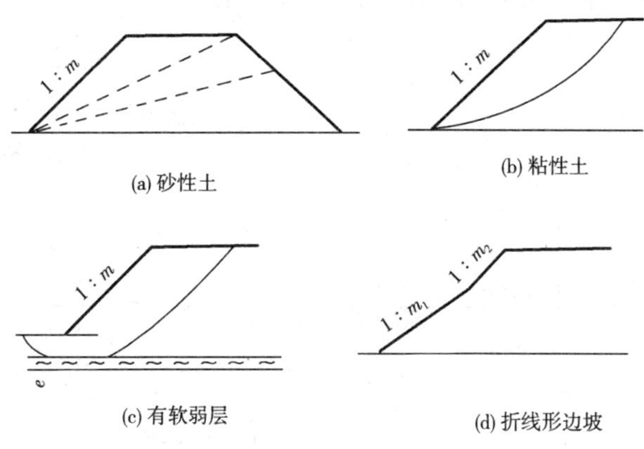

图 6-1　滑动面形状

当路基边坡滑坍破坏时，会形成一滑动面。滑动面的形状主要因土质及土的构造而异，有的近似直线平面，有的呈曲面，有的则可能是不规则的折线平面。为简化计算，近似地把滑动破裂面假设为直线、圆弧线或折线。砂性土及碎(砾)石土，因有较大的内摩擦角 φ 及较小的粘聚力 c，其破裂滑动面近似于直线平面。粘性土的粘聚力 c 较大而其内摩擦角 φ 较小，边坡滑坍时，滑动面近似于圆弧面。

滑动面形状如图 6-1 所示。一般情况下，可只考虑破裂面通过坡脚的稳定性；路基底面以下会有软弱夹层时，还应考虑滑动破裂面通过坡脚以下的可能；边坡为折线形，必要时应对通过变坡点的滑动面进行稳定性验算。验算时可根据不同的土质，区分不同情况加以选择。

在对滑动坡体进行稳定性分析时，采用极限塑性平衡原理并按静力平衡原理予以求解。其方法是分析失稳坡体沿滑动面上的下滑力与滑动面上产生的抗滑力的大小，当滑动面为直线时以两者的比值定义为安全系数 K；当滑动面为圆弧时，以两者对滑动圆心力矩的比值作为安全系数。

此时，若 $K=1$，说明下滑力与抗滑力相等，滑动坡体处于极限平衡状态；若 $K<1$，说明下滑力大于抗滑力，坡体失去稳定，将沿滑动面下滑；当 $K>1$，坡体处于稳定状态，不会产生滑动。为安全可靠起见，考虑到一些工程上无法预见的因素，工程设计中一般规定 $K\geqslant1.25$。

在用力学分析法进行稳定性分析中作了如下几点假定：

(1)破裂面以上的不稳定土体沿破裂面作整体滑动，不考虑其内部的应力分布不均和局部移动；

(2)土的极限平衡状态只在破裂面上达到；

(3)最危险的滑动面位置，通过试算确定。

为简化计算，在进行边坡稳定性分析时，通常都按平面问题来处理。

由于路基处在复杂的自然环境中，其稳定性随环境条件(特别是土的含水量)和时间的增长而变化。路堑是在天然土层中开挖而成，土石的性质、类别和分布是自然存在的，而路堤是由人工填筑而成，填料性质可由人为方法控制。在边坡稳定性分析时，对于土的物理力学数据的选用，以及可能出现的最不利情况，应力求能与路基将来实际情况相一致。

边坡稳定性分析所需土的试验资料如下所述：

对于路堑边坡或天然土坡进行边坡稳定性分析时，应当采用原状土的容重 γ、内摩擦角 φ、粘聚力 c；对填方路堤边坡进行稳定性分析时，应当采用压实后土的容重 γ、内摩擦角 φ、粘聚力 c。

如果边坡是由多层土体组成，则所采用的边坡稳定性分析参数 γ、φ、c 的数值，采用加权平均值计算，即：

$$\gamma=\frac{\gamma_{h1}+\gamma_2 h_2+\cdots+\gamma_n h_n}{h_1+h_2+\cdots+h_n}=\frac{\sum_{i=1}^{n}\gamma_i h_i}{\sum_{i=1}^{n}h_i} \tag{6-1}$$

$$\tan\varphi=\frac{h_1\tan\varphi_1+h_2\tan\varphi_2+\cdots+h_n\tan\varphi_n}{h_1+h_2+\cdots+h_n}=\frac{\sum_{i=1}^{n}h_i\tan\varphi_i}{\sum_{i=1}^{n}h_i} \tag{6-2}$$

$$c=\frac{c_1h_1+c_2h_2+\cdots+c_nh_n}{h_1+h_2+\cdots+h_n}=\frac{\sum_{i=1}^{n}c_ih_i}{\sum_{i=1}^{n}h_i} \tag{6-3}$$

式中：γ_i、φ_i、c_i——土层 i 的容重（kN/m^3）、内摩擦角（°）、粘聚力（kPa）；

h_i——土层 i 的厚度。

加权平均法适用于较为粗略的边坡稳定性分析。

验算时的边坡取值：对于折线形边坡，分析时采用各折线形边坡的平均值；而对于阶梯形边坡，则取边坡坡顶点与被脚点的连线作为平均坡率（图 6－2）。

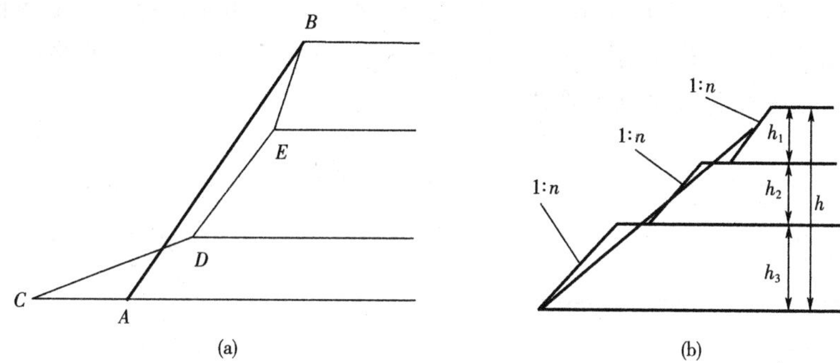

图 6－2　边坡取值示意图

路基除自重外，行车荷载也是影响边坡稳定的因素之一，计算时是采用将行车荷载换算成相当于路基岩土层厚度 h_0，计入滑动体的重力中去。换算时可按荷载的最不利布置条件，如图 6－3所示，行车荷载换算高度的计算式为

$$h_0=\frac{NQ}{\gamma BL} \tag{6-4}$$

式中：h_0——行车荷载换算高度（m）；

L——汽车前后轴（或履带）的总距（m）；

Q——每一辆车的重力（kN）；

N——并列车辆数，双车道 $N=2$，单车道 $N=1$；

γ——路基填料的容重（kN/m^3）；

B——横向分布车辆轮胎最外缘之间的总距（m），其值为：

$$B=Nb+(N-1)d$$

其中：b——每一车辆的轮胎外缘之间的距离（m）；

d——相邻两辆车轮胎（或履带）之间的距离（m）。

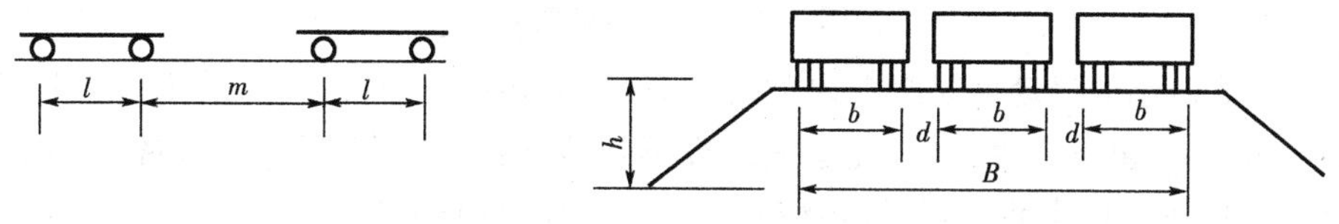

图 6－3　计算荷载换算示意图

荷载分布宽度，可以分布在车道的范围内，考虑到实际行车可能有横向偏移或车辆停放在路肩上，也可以近似认为 h_0 厚的当量土层分布于路基全宽上，以简化滑动体的重力计算。

6.2 高路堤的稳定性分析

6.2.1 直线滑动面法

直线法验算边坡稳定性适用于砂土、砂性土、砾石、卵石等填筑的路堤。验算时如图 6-4 中所示，假设一直线滑动面 AD，通过坡脚或变坡点 A，土质均匀，取单位长度路段，不计纵向滑移时土基的作用力，则可简化成平面问题求解。

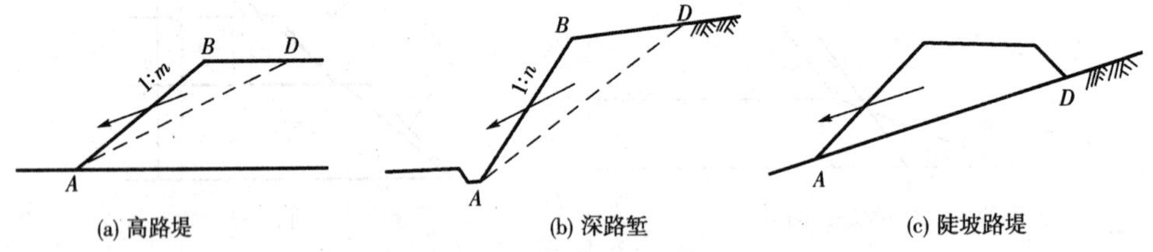

图 6-4 直线滑动面示意图

如图 6-5(a)所示，ω 为滑动角。此时，作用在滑动面上的下滑力为 T，其值为 $G\sin\omega$，而抗滑力 F 由两部分组成：一是滑动面上的摩擦力，其值为 $G\cos\omega\cdot\tan\varphi$；一是粘聚力，其值为 cL。该滑动面的安全系数 K 按下式计算（按纵向长 1m 计）

$$K=\frac{F}{T}=\frac{G\cos\omega\tan\varphi+cL}{G\sin\omega} \tag{6-5}$$

式中：G——作用在滑动面上的土体重及路基顶面上换算土柱的荷载之和(kN)；

ω——滑动面对于水平面的倾角(°)；

φ——路堤土体的内摩擦角(°)；

c——路堤填料的单位粘聚力(kPa)；

L——滑动面 AD 的长度(m)。

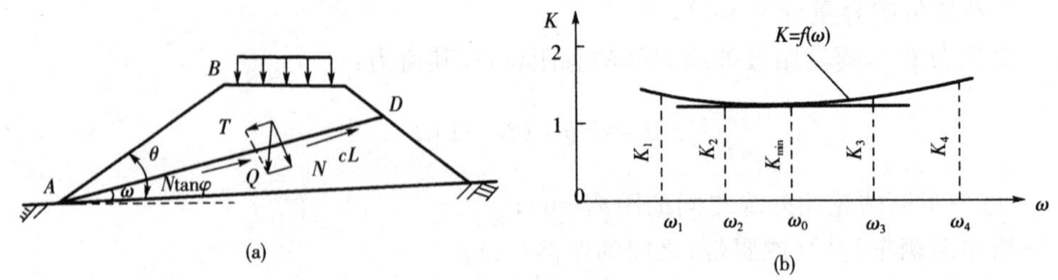

图 6-5 直线滑动面法

对应于 K 值最小的滑动面是最危险的滑动面，一般必须先求得 K_{min}，若 $K_{min}\geqslant1.25$，则该路基边坡稳定，但 K 值也不宜过大，以免造成工程不经济；若 $K_{min}\leqslant1.25$，说明路基边坡不能满足要求，需改缓边坡或设挡土墙等，保证边坡稳定。人工验算时，假定几个滑动面，分别计算出相应的稳定系数 K，并作 $K=f(\omega)$ 的关系曲线（图 6-5(b)），求出最危险滑动面的倾角 ω_0 对应的最小的稳定系数 K_{min}。在程序验算中，一般是先对 ω 确定一个大致范围，再取 ω 不同的步距求得一系列 K 值，经比较，找出 K_{min}。

如忽略砂类土的粘聚力，即认为 $c=0$，则式(6-5)成：

$$K=\frac{\tan\varphi}{\tan\omega} \tag{6-6}$$

6.2.2 圆弧滑动面法

圆弧滑动面法适用于有不同的土层边坡、均质土边坡、部分被淹没的土坝、局部发生渗漏的土坡以及边坡为折线或台阶形的粘性土的路堤与路堑。其稳定性验算方法主要有条分法、工程计算简化法、毕肖普法等。条分法最早由瑞典工程师 Fellenius 提出，假定滑动面为圆弧，将圆弧面上的滑动土体划分为若干个竖向土条，并不考虑作用在土条两侧的力，该法偏于保守；工程计算简化法主要以图解法确定 K 值，精度不大高，也不便于计算机求解；在边坡稳定性分析软件中，采用毕肖普法比较合适。当路堤采用粘性土填筑时，滑坍时的滑动面形状通常为一曲面，为简化计算，将其近似假设为圆弧滑动面。

如图 6－6 所示，毕肖普法考虑作用在土条两侧的力，按土条上各力对滑动圆心 O_1 的力矩平衡条件，以及力的竖向平衡条件，得：

$$K=\frac{1}{\gamma\sum b_i h_i \sin\alpha_i}\sum\left(\frac{\gamma b_i h_i \tan\varphi+cb_i}{m_{\alpha i}}\right) \tag{6-7}$$

式中：$m_{\alpha i}=\cos a_i\left(1+\dfrac{\tan a_i \tan\varphi}{K}\right)$；

γ——填料的湿容重(kN/m^3)；

c——填料的粘聚力(kPa)；

φ——填料的内摩擦角(°)。

其他符号的意义见图 6－6。

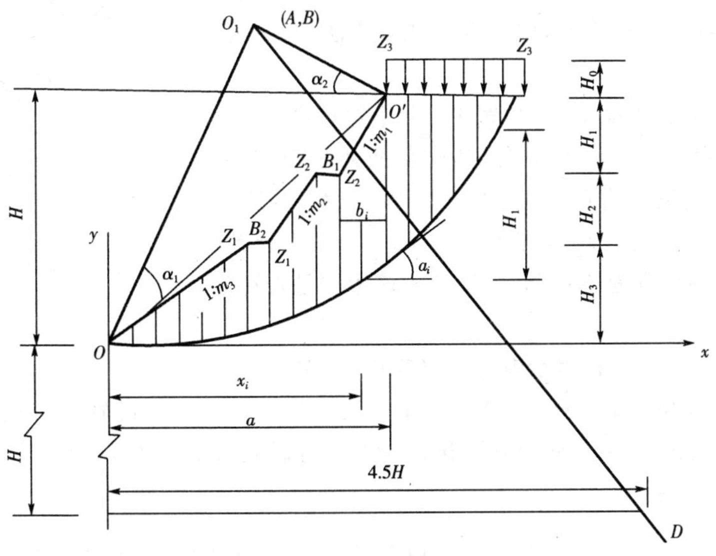

图 6－6　毕肖普法

为了求得最危险圆弧滑动面的稳定系数 $K_{\min}$，首先得寻找最危险圆弧滑动面的圆心。根据经验，该圆心是在一条辅助线上(见图 6－7 中的 O_1D 线)。辅助线 O_1D 的确定通常采用 4.5H 法或 36°法。其中 36°法计算简单，但精度不高，使用 CAD 软件时，考虑采用 4.5H 法。

1. 4.5*H* 法

如图 6－7 所示，由边坡坡脚 *A* 向下引垂线，量取路堤高 *H* 的 *C* 点；由 *C* 点引水平线并量取 4.5*H* 的 *D* 点，过 *A* 点作直线 *AO* 与边坡夹角为 α_1。过堤顶 *B* 作直线 *BO* 与堤顶水平线成夹角 α_2，直线 *BO* 与 *AO* 交于 *O* 点（α_1 、 α_2 取决于边坡坡率）。连接 *OD* 并向外延伸即为圆心辅助线。

法中另一种作法是 *H* 中包含土坡高度及荷载换算土柱的高度 h_0，边坡坡率应按边坡坡脚点到荷载换算土柱顶点高度计算，α_2 角应从荷载换算土柱顶量出。其余作法均相同。

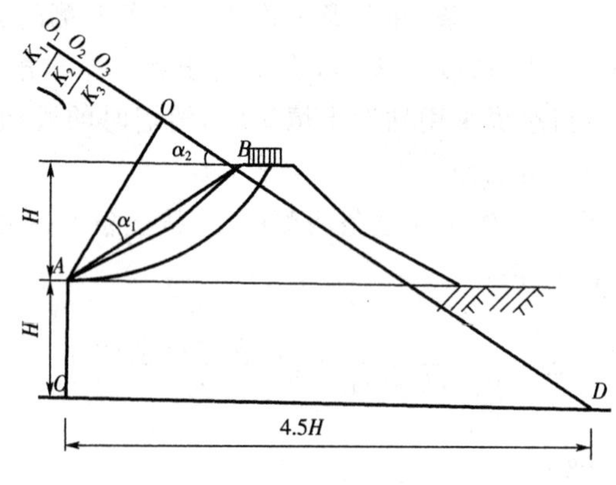

图 6－7 4.5*H* 法

2. 36°法

如图 6－8 所示，此法较为简单，在堤顶 *B* 处作与堤顶水平线成 36°夹角的直线 *BE*，此线即为圆心辅助线。36°法的另一种作法，是在荷载换算土柱顶面，作与水平线成 36°夹角的直线。该线即为圆心辅助线。36°法确定圆心辅助线方法简便，但精度较 4.5*H* 法差，重要工程应按 4.5*H* 法进行。

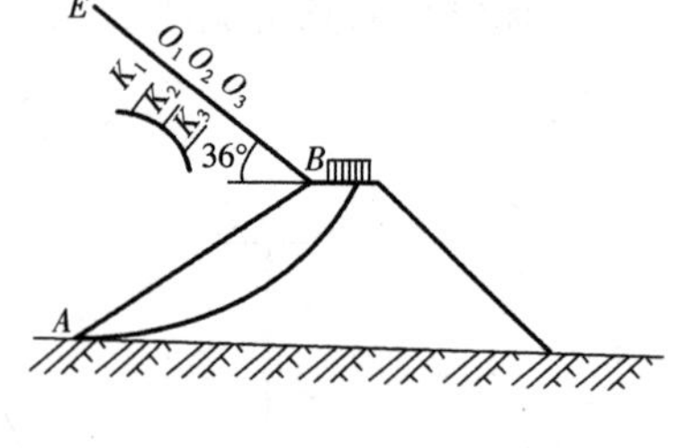

图 6－8 36°法

【例 1】 已知某路堤高 13m，顶宽 10 m，上边坡高 8 m，下边坡高 5 m，中间设置 3m 宽平台，其横截面初步拟定如图 6－9 所示。路基填土为亚粘土，土的粘聚力 $c=10\text{kPa}$，内摩擦角 $\varphi=24°(\tan\varphi=0.45)$，容重 $\gamma=17\text{kN/m}^3$，设计荷载为挂车－80（一辆车重为 800kN）。试分析该边坡是否稳定。

解：

(1)用方格纸按 1∶50 比例绘制路堤横断面图（图 6－9）。

(2)将挂车—80 换算成土柱高，此时路基上可布置二辆挂车。设其中一辆挂车停歇在路肩上，另一辆以最小间距 $d=0.4\text{m}$ 与它并排；$N=2$；b 可近似取车身宽度，等于 3.5m。横向分布车辆轮胎最外缘间的总距

$$B=N\times b+(N-1)\times d=2\times 3.5+0.4=7.4\text{m}$$

取纵向分布长度（等于汽车后轴轮胎的总距）$L=6.4\text{m}$，则

$$h_0=\frac{NQ}{\gamma BL}=\frac{2\times 800}{17\times 7.4\times 6.4}=2.0\text{m}$$

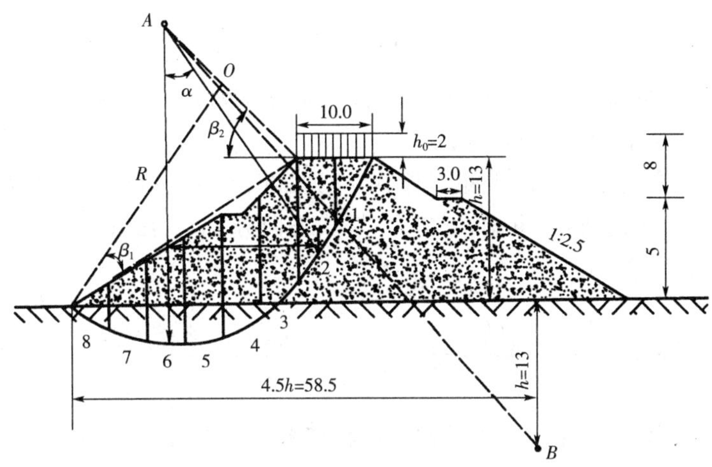

图 6－9　圆弧法边坡稳定性分析例题(单位:m)

(3)按 4.5H 法确定滑动圆心辅助线。为确定 β_1 、β_2 角度,在此取 $\theta=25°$($\theta=\arctan\frac{13}{27.5}=25°18'$),由表 6－1 得 $\beta_1=25°$、$\beta_2=35°$。根据 β_1 、β_2 分别从坡脚和左坡顶作相应直线交 O 点,BO 的延长线即为滑动圆心辅助线。

表 6－1　粘土边坡

边坡坡度 i_n	边坡倾斜角 θ	α	ω	β_1	β_2
1∶0.5	63°26′	33°15′	37°00′	29°30′	40°
1∶0.75	53°08′	40°00′	32°15′	29°	39°
1∶1	45°00′	45°00′	28°15′	28°	37°
1∶1.25	38°40′	48°30′	25°00′	27°	35°30′
1∶1.5	33°41′	51°15′	22°15′	26°	35°
1∶1.75	29°41′	53°15′	20°00′	25°	35°
1∶2.0	26°34′	55°00′	18°00′	25°	35°
1∶2.25	23°58′	56°00′	16°30′	25°	35°
1∶2.5	21°48′	57°00′	15°15′	25°	35°
1∶3	18°26′	58°45′	13°15′	25°	35°
1∶4	14°02′	60°45′	10°15′	25°	36°
1∶5	11°19′	62°00′	8°15′	25°	37°

(4)现选定三条可能的滑动曲线:一条通过右侧路基边缘;一条通过路基中心;另一条通过距右侧 1/4 路基宽度处。图 6－9 所示滑动弧为通过右侧路基边缘。确定该滑动圆弧中心位置可采用以下步骤:连接右侧路基边缘点与左侧坡脚点,作该连线的垂直平分线交圆心辅助线 BO 于 A 点,A 点即为该滑动曲线的中心。

(5)将滑动圆弧范围的土体分成 8～10 条,本例采用 8 条,先由右侧路基边缘开始,按每条 5m 宽,最后一条宽度可能略小。

(6)计算滑动曲线每一条块中心与圆心垂线的夹角 α_i

$$\sin\alpha_i = \frac{x_i}{R}$$

式中：x_i——分段中点距圆心垂线的水平距离，圆心垂线左侧为负、右侧为正，该值由作图量出；

R——滑动曲线半径，由图中量出。

(7)各土条面积，可近似按梯形或矩形计算，计算面积中应包括相应荷载换算土柱的面积。

(8)计算各土条有关的面积、重量、下滑力（切线方向分力）及法线方向分力。则该滑动圆弧土体的安全系数 K_1 为：

$$K_1 = \frac{f\sum_{i=1}^{n} N_i + cL}{\sum_{i=1}^{n} T_i} = \frac{\tan24° \times 4642.8 + 10 \times 45.2}{1651.4} = 1.54$$

按相同方法求出第二条、第三条滑动圆弧的稳定系数分别为：$K_2 = 1.47$，$K_3 = 1.76$。

(9)由于第二条滑动圆弧（通过路基中心）稳定系数为最小，而又最靠近左侧，因此需判明如果滑动圆弧再向左侧移动有否可能出现更小的稳定系数，为此在左侧边缘与路基中线之间的中点再假定一条滑动圆弧并计算稳定系数，按相同方法计算得 $K_4 = 1.49$。

比较 K_1、K_2、K_3、K_4，可知 K_2 最小，第二条曲线为极限的滑动面，所以最危险滑动面位置应在通过路基中心点处。此时 $K_2 > K_{\min} = 1.25$，则本例中所采用的路堤横断面形式及边坡坡率能满足稳定性要求。如不能满足则应调整边坡坡率，重新计算，直至满足为止。

圆弧法边坡稳定性分析见表 6-2。

表 6-2　以分段法验算边坡稳定性

分段	$\sin\alpha$	α	$\cos\alpha$	Ω (m²)	$Q=\Omega\gamma$ (kN)	$N=Q\cos\alpha$ (kN)	$T=Q\sin\alpha$ (kN)	L
1	0.85	58°00′	0.53	29.90	508.0	260.0	432.0	45.20
2	0.54	39°40′	0.77	57.50	976.0	752.0	624.0	
3	0.47	28°40′	0.88	56.00	950.0	835.0	446.0	
4	0.28	16°30′	0.96	51.00	866.0	832.0	242.2	
5	0.11	6°20′	0.99	49.75	846.0	837.0	93.0	
6	−0.07	−4°00′	0.99	38.50	653.5	647.0	−45.6	
7	−0.27	−15°40′	0.97	24.00	407.0	394.5	−110.0	
8	−0.37	−21°40′	0.93	4.80	81.5	75.8	−30.2	
						$\sum N=4642.8$	$\sum T=1651.4$	

6.3 浸水路堤的稳定性分析

6.3.1 浸水路堤

在桥头引道、河滩及河流沿岸，受到季节性或长期浸水的路堤均称为浸水路堤。浸水路堤除受自重及行车荷载的作用外，还受到水的浮力和渗透动水压力作用，同时路基填土浸水饱和后抗剪强度明显下降。

水位变化对路堤的影响如图 6－10 所示。当河中水位上升时，水从边坡的一侧或两侧渗入路堤内；当水位降落时，水又从堤身内向外渗出。由于堤内土的渗水速度比河中水位升降速度慢，特别是水位在急剧下降时，堤内外的水位发生很大的差异，产生了指向边坡的动水压力，此时对路堤稳定性最为不利。因此，当堤外水位升高时，堤内水位的比降曲线（浸润线）成凹形；当堤外水位下降时，堤内水位比降曲线成凸形（图 6－10(a)）。

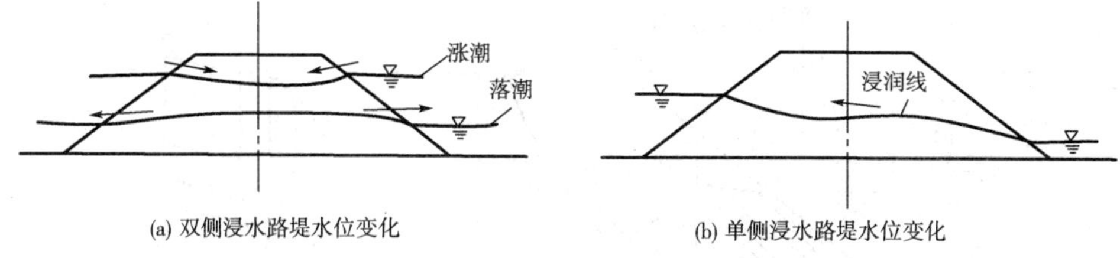

(a) 双侧浸水路堤水位变化　　(b) 单侧浸水路堤水位变化

图 6－10　水位变化对路堤的影响

当采用粘土作路堤填料，并经过压实达到最佳密实度后，几乎不透水；当用砂砾石土作路堤填料，由于空隙大，透水性强，堤外水位涨落对土体内部影响较小，可以认为不产生动水压力，因此水位涨落对这两种土的边坡稳定性影响不大。当采用中等透水性的土（如亚砂土、亚粘土等）作路堤填料，在水位降落时，渗入土体内部的水体流出坡体需要较长时间，由于坡体内外存在水头差对边坡稳定性影响较大，需考虑渗透力作用。因此，浸水路堤填料最好选用渗水性强的材料（如石质坚硬不易风化的块石、片石、碎石及砂砾等）。若附近无此类材料或从远处运来不经济时，可采用粘土，但必须夯实，严格掌握压实标准。对浸水易崩解、风化的岩石（如页岩、千枚岩等）应禁止使用。

一般浸水路堤的最低设计高程，可取设计洪水位加安全高度 0.5m。

对于大河两岸或水库路堤，因水面较宽，可能有壅水现象和波浪侵袭，路堤的最低设高程（图 6－11）应为

$$H=\text{设计洪水位}+\text{壅水高}+\text{浪高}+\text{安全高度}(0.5\text{m})$$

对于深谷半填半挖的浸水路堤以及河滩高路堤，为了路基边坡的稳定，并便于施工和修复，可在边坡适当高度处加设护坡道，宽度为 1～2m。浸水部分边坡应较平缓，并宜用片石块石防护。同时应对整个路堤边坡的稳定性进行验算。

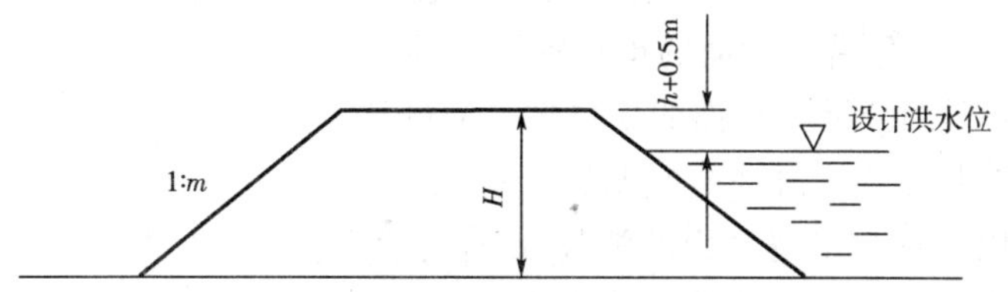

图 6－11　浸水路堤设计高程（h ＝壅水高 ＋浪高）

6.3.2　渗透动水压力的计算

渗透动水压力（图 6－12）可按下式计算

$$D=I\Omega_B\gamma_w \tag{6-8}$$

式中：D——作用于浸润线以下土体重心的渗透动水压力(kN/m)；

I——渗流水力坡降(取用浸润曲线的平均坡降)；

Ω_B——浸润曲线与滑动弧之间的面积(m^2)；

γ_w——水的单位体积的重力(kN/m^3)。

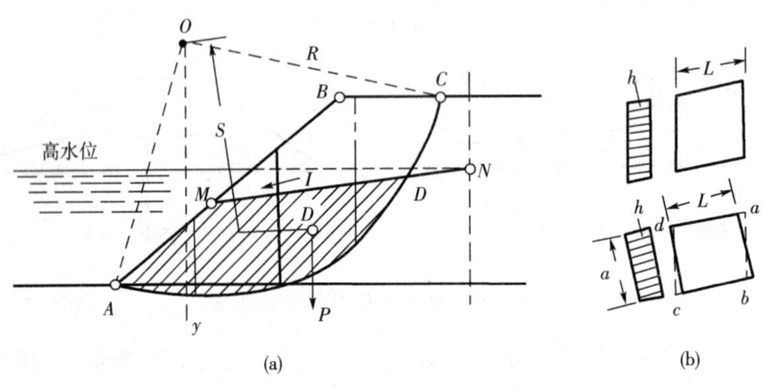

图 6-12　动水压力计算示意图

6.3.3 浸水路堤边坡的稳定性分析

浸水路堤边坡稳定性分析的原理和方法与普通路堤边坡稳定性的圆弧法基本相同。当路堤一侧浸水时，只要注意浸水土条与未浸水土条的基本参数的变化，应按路堤处于最不利的情况进行边坡稳定性分析，其破坏一般发生在最高洪水位骤然降落的时候。

采用圆弧法进行浸水路堤边坡稳定性分析，其稳定系数 K 可按下式计算

$$K=\frac{M_{抵抗}}{M_{滑}}=\frac{(f_c\sum N_c+f_B\sum N_B+c_BL_B)R}{(\sum T_c+\sum T_B)R+\sum D_nS_n}=\frac{f_c\sum N_c+f_B\sum N_B+c_cL_c+c_BL_B}{\sum T_c+\sum T_B+\sum D_nS_n/R} \tag{6-9}$$

由于渗透动水压力一般较小，为简化计算，分母第三项可用 D 代替，即

$$K=\frac{f_c\sum N_c+f_B\sum N_B+c_cL_c+c_BL_B}{\sum T_c+\sum T_B+D} \tag{6-10}$$

式中：K——安全系数，一般取 1.25～1.50；

$f_c\sum N_c$——浸润线以上部分沿滑动面的内摩擦力，$f_c=\tan\varphi_c$；

$f_B\sum N_B$——浸润线以下部分沿滑动面的内摩擦力，$f_B=\tan\varphi_B$；

c_c——浸润线以上部分沿滑动面的单位粘聚力(kPa)；

c_B——浸润线以下部分沿滑动面的单位粘聚力(kPa)；

L_c——浸润线以上部分沿滑动面的弧长(m)；

L_B——浸润线以下部分沿滑动面的弧长(m)；

$\sum T_c$——浸润线以上部分沿滑动面的下滑力；

$\sum T_B$——浸润线以下部分沿滑动面的下滑力；

D——渗透动水压力；

D_n——分段渗透动水压力；

S_n——分段渗透动水压力作用线距圆心的垂直距离。

计算水位线以下土的浸水容重 γ_B 可按下式(考虑了水的浮力)计算

$$\gamma_B=(\Delta-\Delta_0)(1-n)\gamma_w=\frac{(\Delta-\Delta_0)\gamma_w}{1+e} \tag{6-11}$$

式中:Δ——土的相对密度,即固体土粒单位体积重力与水的单位体积重力之比,$\Delta=\frac{\gamma_s}{\gamma_w}$;

Δ_0——水的相对密度,$\Delta_0=1$;

e——土的孔隙比;

n——土的孔隙率,$n=\frac{e}{1+e}$;

γ_w——水的单位体积重力,取 $10kN/m^3$。

在进行边坡稳定性分析时,如果由于浸水路堤外河水猛涨,使路堤左右两侧水位发生差异。若路堤用透水性较强的土填筑或采用不透水材料填筑,可以认为不产生动水压力,其分析方法与一般路堤边坡稳定分析方法相同。但当路堤用普通土填筑,浸水后土体内产生动水压力,则需先绘出土体内的浸润曲线,然后根据上述方法进行计算。如果是混合断面,其边坡稳定性计算方法仍同前述,可采用各土层的物理力学数据用圆弧法进行边坡稳定性分析。

6.4　陡坡路堤的稳定性分析

6.4.1　陡坡路堤

当路堤修筑在陡坡上,如果填料为碎石,基底为不易风化的岩石,且地面横坡度大于 1∶2,其他情况等于或大于 1∶2.5 或在不稳固的山坡上时,除了要保证路堤边坡稳定外,还必须分析路堤是否可能沿原地面陡坡下滑。此时下滑有三种可能性:一种是由于基底接触面较陡或强度较弱,致使路堤整体沿基底接触面产生滑动(图 6 - 13(a));一种是由于基底修筑在较厚的软弱土层上,致使路堤连同其下的软弱土层沿某一滑动面滑动(图 6 - 13(b));一种是由于基底下岩层强度不均匀,例如泥质页岩,致使路堤沿某一最弱的层面滑动(图 6 - 13(c))。

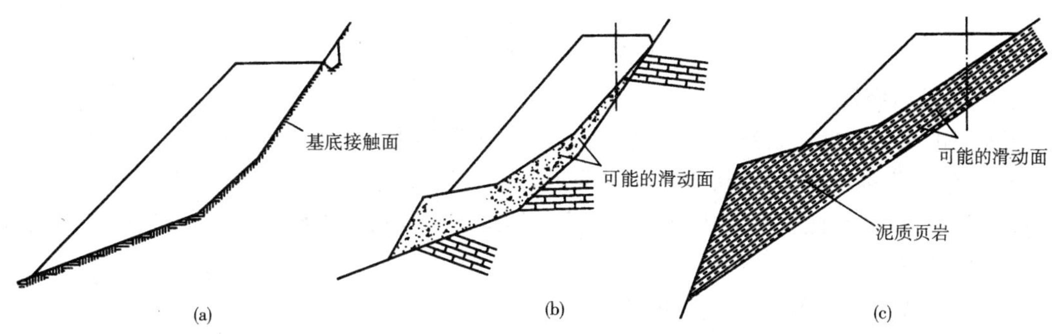

图 6 - 13　陡坡路堤可能的滑动面

6.4.2　陡坡路堤的稳定性分析方法

在陡坡路堤边坡稳定性分析中,假定路堤整体沿滑动面下滑,因此,对于这类稳定问题首先应掌握滑动面的位置和形状,其次是相关的设计参数。边坡稳定性分析方法按滑动面形状的不同分为直线滑动面法和折线滑动面法两种。

由于假定路堤整体沿滑动面下滑，在分析中应采用滑动面附近较为软弱的土的有关测试数据。同时，如果滑动面附近有水的作用(包括地表水和地下水)，致使路堤下滑力增大，接触面或软弱面抗剪强度显著降低，应采用因浸水而降低的强度数据。

但是，要准确地确定粘聚力 c 和内摩擦角 φ 较为困难。为接近实际，填料与基底的 c、φ 值，对基底开挖成台阶时，可采用填料与基底 c、φ 较低的一组，并按滑动面受水浸湿的程度再予以适当降低。对于不设台阶的斜坡上，考虑到水沿滑动面的渗流的影响，实际 c 值可不予以考虑，而填料与基底之间的摩擦系数 f 变化在 0.25～0.60 之间。

1. 直线滑动面法

当基底为单一坡面时，按直线滑动面法分析(图 6-14)。滑动面以上土体的稳定性按下式计算

$$K=\frac{(Q+P)\cos\alpha\tan\varphi+cL}{(Q+P)\sin\alpha} \tag{6-12}$$

式中：Q——对于以基底接触面为滑动面者，等于路堤自重；对于以基底以下软弱面为滑动面者，等于路堤连同其下不稳定土体的自重力(kN)；

P——路堤顶面的换算土柱荷载(kN)；

α——滑动面对水平面的倾斜角(°)；

φ——滑动面上软弱土体的内摩擦角(°)；

c——滑动面上软弱土体的单位粘聚力(kPa)；

L——滑动面的全长(m)。

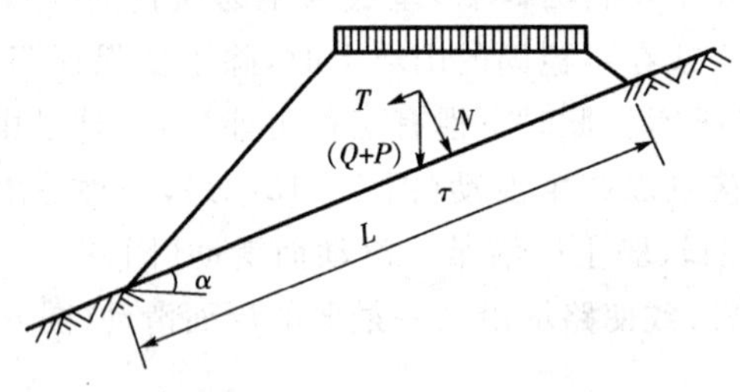

图 6-14 直线滑动面法

2. 折线滑动面法

当地面由多个坡度的折线所构成时，可采用折线滑动面法分析(图 6-15)。此时将滑动面以上土体(包括荷载换算土柱)按折线段划分为若干土块，由上而下逐块计算其沿相应直线滑动面的剩余下滑力，并将此下滑力传递到下一块土体，但若此时的剩余下滑力为负值则可不列入下一块土体的计算。

对于任一块土体的剩余下滑力可按下式计算

$$E_n=[T_n+E_{n-1}\cos(\alpha_{n-1}-\alpha_n)]-\frac{1}{K}\{[N_n+E_{n-1}\sin(\alpha_{n-1}-\alpha_n)]\tan\varphi_n+c_nL_n\} \tag{6-13}$$

式中：E_n——第 n 块土体的剩余下滑力(kN)；

T_n——第 n 块土体的自重 Q_n 与荷载 P_n 的切线下滑力(kN)；

$T_n=(Q_n+P_n)\sin\alpha_n$

N_n——第 n 块土体的自重 Q_n 与荷载 P_n 的法线分力(kN)；

$$N_n=(Q_n+P_n)\cos\alpha_n$$

α_n——第 n 块土体滑动面的倾斜角(°)；

φ_n——第 n 块土体滑动面上软弱土体的内摩擦角(°)；

c_n——第 n 块土体滑动面上软弱土体的单位粘聚力(kPa)；

L_n——第 n 块土体滑动线长度(m)；

E_{n-1}——上一个第 $n-1$ 块土体传递来的剩余下滑力(kN)；

α_{n-1}——上一个第 $n-1$ 块土体滑动面的倾斜角(°)。

根据最后一块土体剩余下滑力的正负值确定其整体稳定性。等于或小于零时，认为稳定；大于零时，则不稳定，必须采取稳定措施。

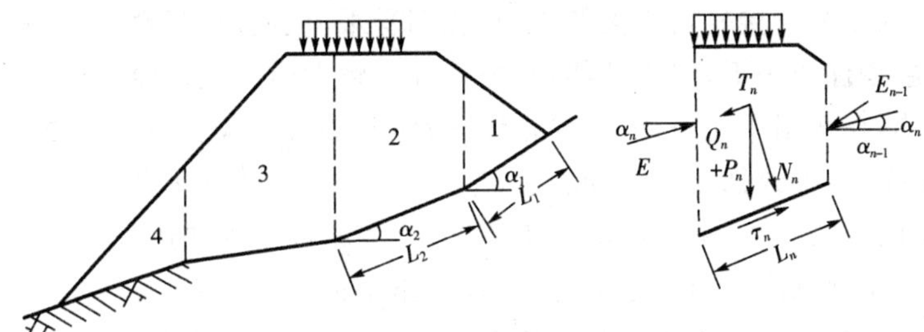

图 6－15　折线滑动面法

6.5　深路堑的稳定性分析

如图 6－16 所示，对于超过路基设计规范规定高度的碎石土路堑边坡，在有剪切试验结果或有较可靠的经验数据时，一般用圆弧或直线滑动面法验算边坡稳定性。对于较疏松的碎石土路堑边坡，宜用直线滑动面法，此时，路堑边坡的最小稳定系数可直接按以下简化式计算

$$K_{\min}=(m+\frac{b}{H})f+[2m+\frac{b}{H}+\frac{H}{b}(m^2+1)]\alpha_0 \qquad (6-14)$$

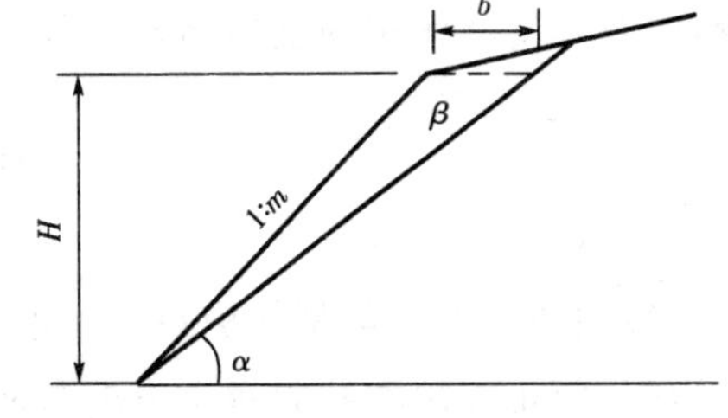

图 6－16　碎石土路堑边坡

式中：m 、H——边坡的坡率和坡高；

γ 、c 、φ——碎石土的容重(kN/m³)、粘聚力(kPa)和内摩擦角(°)；

$$\alpha_0=\frac{2c}{\gamma H},\quad \frac{b}{H}=\frac{\sqrt{m^2+1}}{\sqrt{\dfrac{m^2+1}{f/\alpha_0+1}}},\quad f=\tan\varphi。$$

对于土质深路堑边坡，可用圆弧法或直线法，原理同前。

第7章 路基防护与加固

路基的防护和加固工程不仅可以消除施工痕迹、稳定路基边坡，而且可以美化路容、协调公路景观和提高公路的使用品质，获得良好的环保效益及舒适的行车条件。

本章主要介绍坡面防护、冲刷防护和不良地基加固。

7.1 概 述

由岩土所筑成的路基直接暴露于大气之中，长期受水流、波浪、雨水、风力及冰冻等自然因素的影响，在不利水温条件作用下，岩土的物理、力学性质将发生变化。浸水后湿度增大，土的强度降低；岩性差的岩体，在水温变化条件下，加剧风化；路基表面在温差作用下经受胀缩循环，在湿差作用下经受干湿循环，导致强度衰减和剥蚀；地表水流冲刷，地下水源浸入，使岩土表层失稳，易造成和加剧路基的水毁病害；沿河路堤在水流冲击、淘刷和浸蚀作用下，易遭破坏；湿软地基承载能力不足，易导致路基沉陷。所有这些边坡坍塌、路基损坏等病害均是在不利自然因素和行车荷载等因素作用下，路基岩土的物理力学性质发生剧烈改变所引起的。为确保路基的强度和稳定性，除作好排水设施外，还必须根据当地条件，因地制宜地采用经济合理的防护、加固措施。

实践证明，在高等级公路建设中，采取路基的防护与加固工程不仅可以消除施工痕迹，减少公路病害，美化路容，保持公路与自然环境协调，而且能稳定路基边坡，提高公路使用质量，保证正常的交通运输，获得良好的环保效益、投资效益及舒适的行车条件。

路基防护与加固工程按其作用不同可分为三大类：坡面防护、冲刷防护和支挡构造物。一般把防止冲刷和风化，主要起隔离作用的措施称为防护工程；把防止路基或山体因重力作用而坍滑，主要起支承作用的支挡结构物称为加固工程。

7.2 坡面防护

坡面防护主要就是保护易于冲蚀的土质路基边坡表面免受雨水冲刷，减缓温度及湿度变化的影响，防止和延缓软弱岩土边坡表面的风化、剥落等演变过程，从而保护路基边坡的整体稳定性，并对公路与环境做适当的美化。

坡面防护设施本身不承受外力作用，必须要求坡面岩土整体牢固。应根据边坡的土质、岩性、地质条件、坡度、高度及当地材料，采取相应防护措施。

简易防护的边坡高度与坡度不宜过大，土质边坡坡度一般不陡于1∶1～1∶1.5。地面水的径流速度以不超过2.0m/s为宜，水亦不宜集中汇流。当雨水集中或汇水面积较大时，坡面防护还应与排水设施相配合，以便雨水能尽快排出路基范围。如在挖方边坡顶部设截水沟，高填方的路肩边缘设拦水埂等。

常用的坡面防护设施有植物防护（种草、铺草皮、植树等）和工程防护（抹面、喷浆、勾缝、石砌护面等）。前者可视为有“生命”防护，后者属无机物防护。有“生命”防护以土质边坡为主，无机物防护以石质路堑边坡为主。在一定程度上，有“生命”防护在边坡稳定和改善路容方面，优于无机物防护。

7.2.1　植物防护

植物防护是一种施工简单、费用不高、效果较好的坡面防护措施。植物防护能覆盖表土、美化路容、保护环境、防止雨水冲刷、防止产生裂缝、调节土的湿度、起到固结土壤、避免坡面风化剥落和稳定边坡的作用。它对于坡高不大、边坡比较平缓的土质坡面是一种简易有效的防护设施，其方法有种草、铺草皮、植树和种植灌木。土质边坡防护也可采用拉伸网草皮、固定草种布或网格固定撒种，用土工合成材料进行土质边坡防护的边坡坡度宜在 1∶1～1∶2 之间。

坡面防护选用的草本植物应具有耐旱力强、容易生长、蔓面大、根部发达、茎低矮、多年生的特性；选择花草应有观赏价值。坡面防护植树中，乔木不利边坡稳定，一般不宜采用。坡面防护树种应采用根系发达、枝叶茂盛、能迅速生长的低矮灌木类，要求的最小土层厚度见表 7－1。

表 7－1　最小土层厚度

类别	草	灌木		乔木	
		大	小	浅	根深
植物生长的最小土层厚度(cm)	15	30	45	60	90

拉伸网草皮是在土工网或土工垫等土工合成材料上铺设 30～50mm 的种植土层，经过撒种、养护后形成的人工草皮。固定草种布(也可称植生带)是在土工织物纺织时将草种固定于土工织物中，然后到现场铺筑以促使草皮生长的一种土工合成材料草皮制品。网格固定撒种是先将土工网固定于需防护的边坡上，然后撒播草种形成草皮的一种边坡防护方法。

种草，适用边坡坡度不陡于 1∶1、土质适宜种草、不浸水或短期浸水但地面径流速度不超过 0.6m/s 的边坡。草的品种应适应当地自然条件，最好是根系发达、中茎低矮、多年生长，几种草籽混种。不宜种草的坡面，可以铺 50～100mm 厚的种植土层，土层与原坡面结合稳固。

当坡面冲刷比较严重、边坡较陡、径流速度大于 0.6m/s、容许最大速度为 1.8m/s 时，应根据具体条件(坡度与流速等)，分别采用平铺(平行于坡面)水平叠铺、垂直坡面或与坡面成一半坡角的倾斜叠铺草皮，还可采用片石铺砌成方格或拱式边框，方格或框内再铺草皮，如图 7－1 所示。

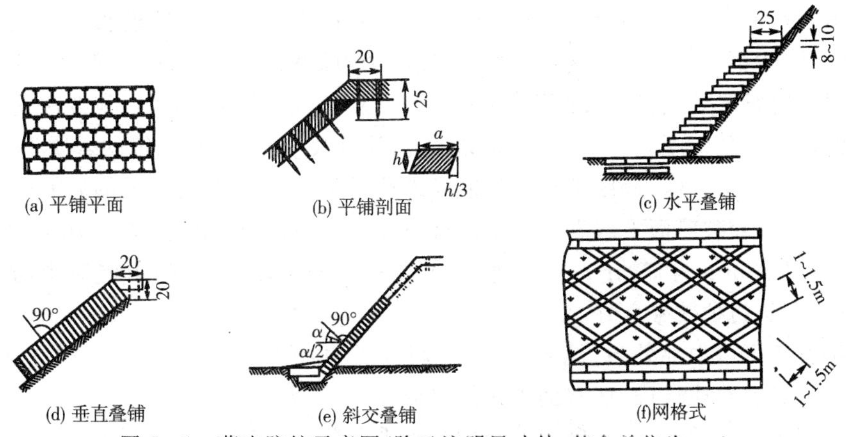

(a) 平铺平面　(b) 平铺剖面　(c) 水平叠铺

(d) 垂直叠铺　(e) 斜交叠铺　(f)网格式

图 7－1　草皮防护示意图(除已注明尺寸外，其余单位为 cm)

(h 为草皮厚度，约 5～8cm，a 为草皮边长，约 20～25cm)

铺草皮需预先备料，草皮可就近培育，切成整齐块状，然后移铺在坡面上。铺时应自下而上，并用竹木小桩将草皮钉在坡面上，使之稳固。草皮根部土应随草切割，坡面要预先整平，必要时还应加铺种植土，草皮应随挖随铺，注意相互贴紧。

植树主要用在堤岸边的河滩上，用来降低流速，促使泥沙淤积，防水直接冲刷路堤。多排林堤岸与水流方向斜交，还可起改变水流方向的作用。沙漠与雪害地区，防护林带还起阻沙防雪作用。树木的品种与种植位置及宽度，应根据防护要求、流水速度等因素，参考有关设计手册、结合当地经验而定。城市或风景区的植物防护，应与有关部门协调配合。

7.2.2 工程防护

当不宜使用植物防护或考虑就地取材时，采用砂石、水泥、石灰等矿质材料进行坡面防护是常用的防护形式。它主要有勾缝、灌浆、砂浆抹面、喷浆、嵌补、锚固、喷射混凝土以及石砌护坡或护面墙等。这些形式各适合于一定条件。

勾缝与灌浆一般适用于岩石较坚硬不易风化的路堑边坡防护，节理裂缝多而细者用勾缝，大而深者用灌浆。勾缝与灌浆一般用水泥砂浆，裂缝较宽、较深时可用混凝土灌注。勾缝及灌浆前应将松动石块、泥土、草木根等杂质予以清除。

抹面防护适于石质挖方坡面，岩石表面易风化，但比较完整，尚未剥落，如页岩、泥砂岩、泥灰岩或千枚岩等软质岩层的新坡面。对此应及时予以封面，以预防风化成害。常用的抹面材料有石灰浆等，其中石灰为胶结料，要求精选。混合料(如加纸筋或竹筋)，可提高强度，防止开裂；如掺加适量制盐副产品卤水，因含有氯化钙与氯化镁，可使抹面加速硬化和预防开裂。抹面用料的配合比与用量参见有关手册。抹面厚度视材料与坡面状况而定，一般为 20～100mm。抹面应均匀紧贴坡面，抹面面积较大时，应留伸缩缝。对被处治坡面应进行处理，清理坡面风化层、浮土与松动碎块、填坑补洞，坑洼须用小石块嵌补整平并洒水湿润坡面，使砂浆与坡面结合良好。抹面后，应拍浆、抹平，注意洒水养护。

喷浆是将砂浆均匀喷射在易风化岩层的坡面上，形成一个保护层。喷浆防护坡面效果较好，施工也比较简便，但耗用水泥量较多。适用于易风化而坡面不平整的岸石挖方边坡，厚度一般为 50～100mm。喷浆的水泥用量较大，重点工程可选用。比较经济的砂浆是用水泥、石灰、河砂及水，按重量比 1∶1∶6∶3 配合。喷浆前后的处治与抹面相同。对坡面较陡或易风化的坡面，可以在喷浆前先铺设加筋材料，加筋材料可以用铁丝网或土工格栅，喷浆坡面应设置排水孔。

嵌补适用于补平坡面岩石中较深的局部凹坑，或者边坡上有一层较松软和易风化的岩层已被风化成凹陷时，防止岩石继续破损碎落，以保证整个边坡稳定。嵌补一般可用砌石方式完成。

锚固适用于岩石层节理或构造面倾向路基有顺层滑动的可能时采用，其方法是垂直岩面钻孔至不滑动的较完整或坚硬岩层中，将钢筋穿入，灌注混凝土，阻止不稳定的岩层下滑。

喷射混凝土与喷浆一样，适用于易风化但尚未严重风化且坡面较干燥的岩石边坡。对高而陡的边坡，上部岩层较破碎而下部岩层完整的边坡和需大面积防护的边坡，采用喷射混凝土较为经济，喷射厚度以 80mm 为宜，分 2～3 次喷射。高等级公路建设中，喷射混凝土防护坡面常与锚固钢筋配合使用，防护效果良好。

上述防护方法可以局部处治、综合使用，并与放缓边坡等方法加以比较，力求实用和经济。如果在坡面防护时着色或修饰，还有助于改善路容。

护坡一般用于填方坡面，可用砌石或铺砌混凝土预制块、煤渣空心砖等材料构筑。护坡有满铺式、条式及网格式等多种铺筑形式。护坡用于冲刷防护时应符合冲刷的技术要求。

路基坡面为防止地面水流或河水冲刷，可以使用干砌片石护面，图 7-2 为浸水路堤单层或双层护面示意图。重要路段或暴雨集中地区的土质高边坡，以及桥涵附近坡面与岩坡、地面排水沟渠等，亦可干砌片石加固。片石护面要求坡面稳固，先垫以砂层，然后自下而上平整地铺砌片石，片石应逐块嵌紧且错缝，护面厚度一般不小于 200mm，干砌要勾缝，必要时改用浆砌，护面顶部封闭，以防渗水。

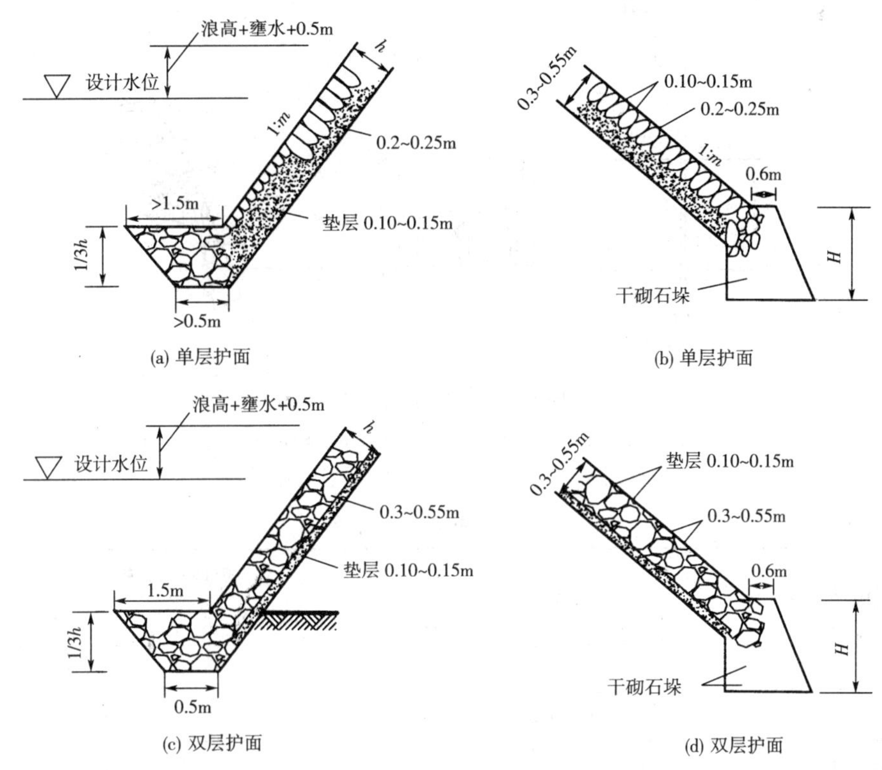

图 7-2　片石护面示意图

（图中 H 为干砌石砌石垛高度，约 20～30cm；h 为护面厚度，大于 20cm）

护面墙一般用于软质岩层或破碎岩石挖方边坡较陡的地段，护面墙除自重外，不承受其他荷重，亦不承受墙背土压力，故所防护的边坡应无滑动或滑坍情况，挖方边坡应符合稳定要求。其构造与布置如图 7-3 所示。护面墙是浆砌片石的坡面覆盖层，要求墙面紧贴坡面，表面砌平，厚度可不一。护面墙石料应符合规格。由于施工后的岩石路堑边坡不能完全平整，护面墙修筑前应适当清理，清理出新鲜面应及时砌筑，并注意护面墙厚度必须满足设计要求，墙高与厚度及路堑边坡的关系，参见表 7—2 所列。护面墙顶部应用原土夯填或砂浆抹面，防止水流冲刷及渗入护面墙后引起破坏。

护面墙高一般不超过 10m，可以分级中间设平台，墙背可设耳墙，纵向每 10m 设一条伸缩缝，墙身应预留泄水孔，基础应置于可靠地基上，顶部应封闭。为增加护面墙的稳定性，可分台设置（图 7-3(a)）。对个别软弱段落，可用拱形结构跨过软弱地基（图 7-3(d)），有时为使护面墙美化，亦可采用拱形。对于防护松散夹层的护面墙，最好在夹层底部土层中留出 1m 宽的边坡平台，并予加固。坡面常有各种不同地质现象，对于岩性极不相同的挖方边坡，如上部软质岩石开挖后形成凹陷，可用干砌或浆砌补平，以支撑其上面的岩层，称为支补墙，坡脚则设置护面墙。以上构造的具体要求与尺寸，均可参考有关设计手册。

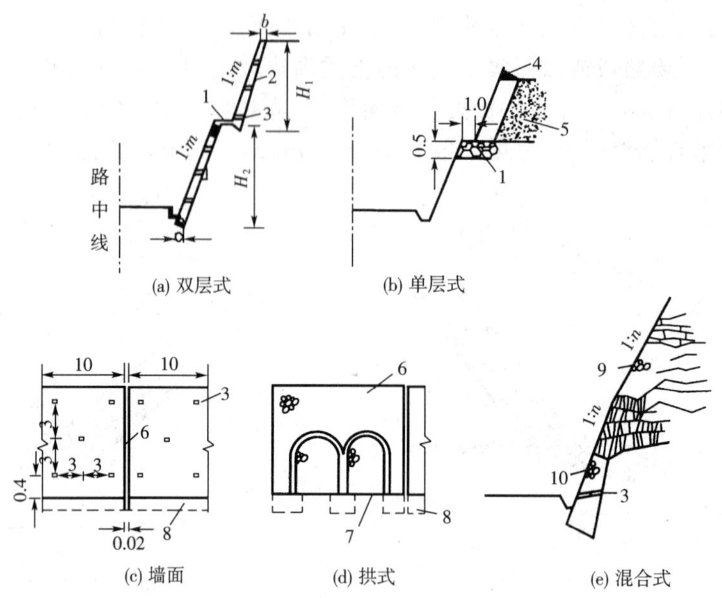

(a) 双层式　(b) 单层式

(c) 墙面　(d) 拱式　(e) 混合式

图 7-3　护面墙示意图

1—平台；2—耳墙；3—泄水孔；4—封顶；5—松散夹层；6—伸缩；
7—软地基；8—基础；9—支补墙；10—护面墙

表 7-2　护面墙的厚度

护面墙高度 ***H***/m	路堑边坡	护面墙厚度	
		顶宽 ***b***/m	底宽 ***d***/m
≤2	1∶0.5	0.40	0.40
≤6	陡于 1∶0.5	0.40	0.40+0.10H
6<H≤10	(1∶0.5)～(1∶0.75)	0.40	0.40+0.05H
10<H≤15	(1∶0.75)～(1∶1)	0.60	0.60+0.05H

7.3　冲刷防护

沿河公路路基，直接承受水流冲刷，为了保证路基稳定牢固，必须采取措施防止冲刷。冲刷防护有两种类型：一种是直接防护，以加固岸坡为主；另一种是间接防护，以改变水流方向，降低流速，减少冲刷为主。设计时应根据河流特性、河道地形、地质、水文条件，采用直接加固岸坡或导流构造物改变水流性质，也可采用综合防护措施。各种冲刷防护工程均应加强基础处理，一般应将基础埋置于冲刷深度以下或置于基岩上。

7.3.1　直接防护

为了防止流水直接危害沿河、滨海路堤，以及有关海河堤坝护岸的堤岸边坡和坡脚，必须采取一定的防治冲刷的措施。

堤岸防护直接措施包括植物防护、石砌防护或抛石与石笼防护，以及必要时设置的支挡(驳岸等)。其中植物防护与石砌防护同坡面防护基本类同，但堤岸的防冲刷主要是考虑到洪水急流，水位变迁不定，水流速度较大，相应的要求更高。盛产石料的地区，当水流速度达到 3.0m/s 或更高时，植树与石砌防护无效，可采用抛石防护。当水流速度达到或超过 5.0m/s 时，则改用石笼防护，也可就地取材，用竹笼或梢料防护，必要时可以采用土工织物软体沉排护坡。

抛石防护类似在坡脚处设置护脚，亦称抛石垛，如图 7-4 所示。抛石不受气候条件限制，路基沉实以前均可施工，季节性浸水或长期浸水亦均可用。抛石垛的边坡坡度不应陡于抛石浸水后的天然休止角，边坡率 m_1 一般为 1.5～2.0，m_2 为 1.25～2.0；石料粒径视水深与流速而定，一般为 150～500mm。

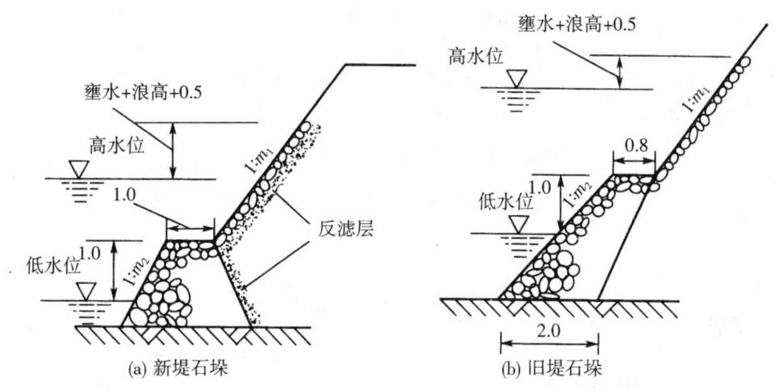

图 7-4 抛石防护示意图(单位：m)

石笼是用铁丝编织成框架，内填石料，设在坡脚处，以防急流和大风浪破坏堤岸，也可用来加固河床，防止淘刷。铁丝框架可以为箱形或圆形，如图 7-5(a)、(b)所示。笼内填石的粒径，最小不小于 40mm，一般为 50～200mm，外层应用大且棱角突出的石料，内层可用较小石块填充。石笼在坡脚处排列，用于防止冲刷淘底时，应平铺并与坡脚线垂直，而且堤岸一端固定，一端不必固定，淘刷后可以向下沉落贴于底面；用于防止堤岸边坡冲刷时，则垒码平铺成梯形，如图 7-5(c)、(d)所示。单个石笼的大小，以不被相应速度的水流冲动为宜，铺设时需用碎(砾)石垫层铺平，底层各角可用铁棒固定于基底。

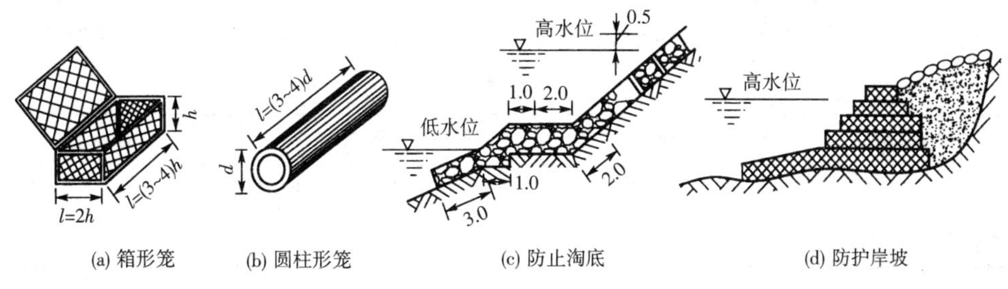

图 7-5 石笼防护示意图(单位：m)

土工织物软体沉排是在土工织物上以块石或预制混凝土块体为压重的护坡结构。土工织物软体沉排一般适用于水下工程及预计可能发生冲刷的河床和岸坡土面上。其主要有单片垫和双片垫两种结构形式。

单片垫是利用土工织物拼接成大面积的排体；双片垫是将两块单片垫重叠后按一定距离和形式将两片垫连接在一起而构成管状或格状空间，其中再填充透水性土石料(如砂卵石等)，起到防冲与反滤的作用，双片垫的结构形式如图 7-6 所示。

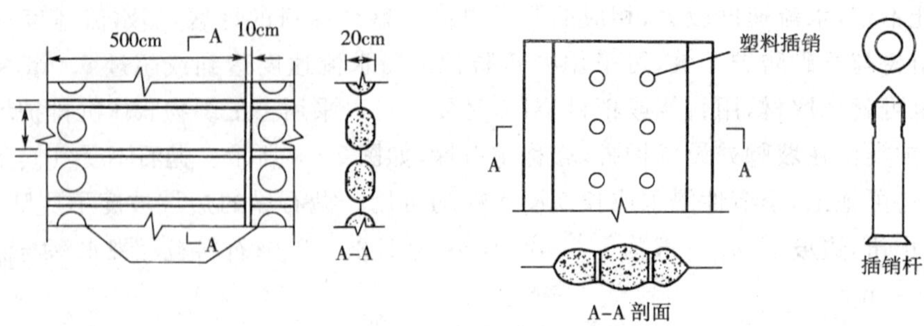

图 7－6 双片垫形式

土工模袋是一种双层织物袋，袋中充填流动性混凝土或水泥砂浆或稀石混凝土，凝固后形成高强度和高刚度的硬结板块。其主要应用场合及铺设形式如图(7－7)所示。土工模袋材料应满足表 7－3 的技术要求，袋内可充填混凝土或砂浆。充填混凝土时，粗骨料最大粒径应符合表 7－4的要求，坍落度不宜小于 20mm，其强度等级不低于 C10；充填砂浆时，其强度等级不低于 M2.5。

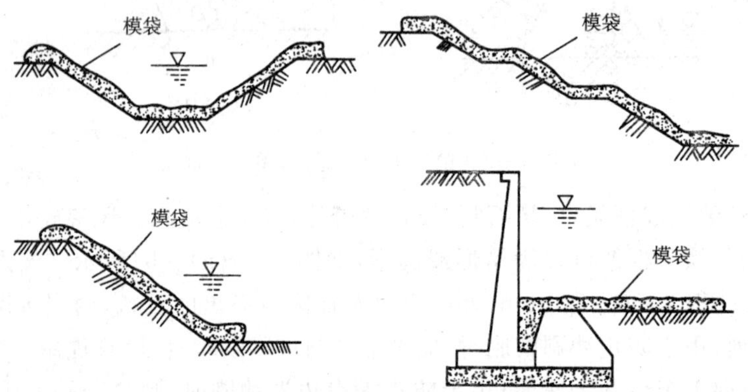

图 7－7 土工模袋的应用及铺设

采用土工模袋护坡的坡度不得陡于 1∶1。如在水下施工，水流速度不宜大于 1.5m/s。模袋选型应根据工程要求和当地土质、地形、水文、经济与施工条件等确定。应根据水流量选定模袋滤水点分布数量，当选用无滤水点模袋时，应增设渗水滤管。模袋应用尼龙绳缝制。

表 7－3 土工模袋材料要求

指标内容	指标要求	指标内容	指标要求
顶破强度/N	≥1500	等效孔径 Q_{es}/mm	0.07～0.15
渗透系数/(10^{-3}cm/s)	0.86～10	延伸率/%	≤15

表 7－4 混凝土骨料的最大粒径要求

土工模袋厚度/mm	骨料最大粒径/mm	土工模袋厚度/mm	骨料最大粒径/mm
150～250	≤20	≥250	≤40

7.3.2 间接防护

堤岸防护间接措施是设置导治结构物。导治结构物是桥涵和路基的重要附属工程，可改变水流流速及方向，消除和减缓水流对堤岸直接破坏，同时可减轻堤岸近旁淤积，彻底解除水流对局部堤岸的损害，起安全保护作用。由于涉及水流改向，影响范围较大，工程费用亦较高，务必慎重。当用于防护堤岸的改河工程时，一般限于小型工程，如裁弯取直、挖滩改道、清除孤石等，可在小河的局部段落上进行。

导流结构物主要是设坝，按其与河道的相对位置，一般可分为丁坝、顺坝或格坝等。设置时应注意坝身、坝头、坝根及坝基的冲刷。坝基应嵌入河岸足够深度，一般为3～5m，必要时与坝基连接的河岸应予加固。

图7-8是桥梁附近设置导流结构物的总体布置示例之一。导流结构物的布置，对河道地形、地质条件、水文条件、防护要求、材料来源、施工条件和工程经济等因素，要综合考虑，全面治理，要避免更多压缩河床，或因水位提高和水流改向而危害河对岸区或附近地段的农田水利、地面建筑及堤岸等。

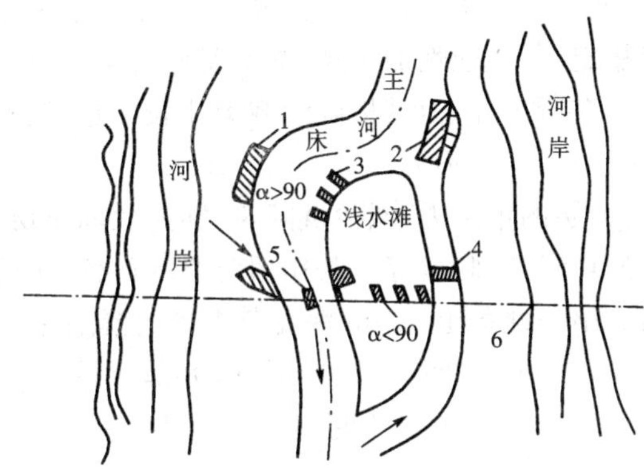

图7-8　导流结构综合布置示例

1、2—顺坝；3—丁坝；4—格坝；5—主河床；6—公路中线

顺坝常与水流平行，对通航河流比较适宜，多用于凹岸，主要起疏导水流、束水、调整流水曲度、改善流态等作用。顺坝亦称导流坝。顺坝起点（上游）应选择水流匀顺的过渡河段，终点可与河岸连在一起。当顺坝为淹没式时，可在坝后设置格坝，以防淤积及防止边坡与河岸遭受冲刷。格坝在平面上成网格状，设于顺坝与堤岸之间，防止高水位时水流溢入冲刷坝内岸坡和坡脚，并促进格间的淤积。

丁坝大致与堤岸垂直或斜交，能将水流挑离河岸，用于改变流向、减低流速及束水归槽，改变流态，保护河岸和路基。丁坝亦称挑水坝。按丁坝轴线与水流方向夹角，丁坝可分为上挑式、下挑式和正挑式。丁坝长度一般不宜大于河宽的1/4，坝间相距一般为坝长的1～1.25倍，水流较平缓地段，可增至3～4倍，淹没式丁坝的下游适当长度内应进行铺砌。

导流结构物的布置关键是合理设计导治线。导治线既要符合预定的河轴线和河岸线要求，亦取决于选择合理的导治水位，防止出现不利的冲刷情况。应依据对于水流和河岸、河床地形、地质情况、水流对上下游对岸的影响等因素，综合分析和设计计算而定。布置恰当能收到预期效果；布置不当反而恶化水流，造成水毁。

顺坝与丁坝均用石块修建成梯形横断面，坝体分为坝头、坝身和坝基三个组成部分，横断面尺寸依构造要求、施工条件和使用需要而定，并应进行稳定性计算。

公路工程中的改河，主要目的是：将直接冲刷路基的水流引向旁处；路基占用河槽后，需要拓宽河道；挖滩改河，清除孤石，改移河道，以保护路基；裁弯取直，有利布置路线或桥涵。这些措施，如经过论证可行，确有必要且效益高时，方可通过设计计算，最后实施。

导流结构物的构造与要求，以及结构物与改河工程的具体设计计算方法，在路基设计手册等文献中，已有详细规定与建议，可供查用。

7.4 不良地基加固

土木工程中，地基加固常是各种建筑物的成败关键。公路工程范围内的建筑物亦不例外。路基敷设于天然地基上，自身荷载较大，为保持地基的稳定，要求地基应具有足够的承载能力，另外在某些自然因素(如地下水、坑穴、湿陷、胀缩等)的影响下，不致对路基产生有害的变形。

7.4.1 换填土层法

换填土层法是将基础底面下一定深度范围的湿软土层挖去，换成强度较大的砂、碎(砾)石、灰土或素土，以及其他性能稳定、无侵蚀性的土类，然后分层压实作为地基的持力层。由于换填材料的不同，其应力分布虽然有所差异，但其极限承载力比较接近，而且沉降特点亦基本相似，因此大致按砂垫层的计算方法，结果相差不大。

砂垫层的作用是提高持力层的承载力，减少沉降量，加速软弱土层的排水固结，防止冻胀，消除膨胀土的胀缩作用，亦可处理暗穴、暗塘等。其作用对路基而言，主要是排水固结。而素土(或灰土)垫层的作用是可以消除湿陷性黄土 3.0m 深度范围内的湿陷性。

砂垫层厚度，一般在 0.6～1.0m 之间，太厚施工难，太薄效果差。砂料以中粗砂为宜，要求级配良好，颗粒的不匀系数不大于 5，含泥量不超过 3%～5%。

7.4.2 重锤夯实法

控制最佳含水量，对土基分层压实，提高强度和降低压缩性，是路基施工的基本要求。重锤夯实法一般适用于处理地下水位 0.8m 以下稍湿的各种粘性土、砂土、杂填土、地表的松散土以及湿陷性黄土等地基，即在土的最优含水量的条件下才能得到最有效的夯实效果。

振动压实效果，因土质和振动时间而不同，一般是振动时间越长，效果越好，但时间过长就会无效。对于主要由矿渣、碎砖、瓦块为主的建筑垃圾，时间约 1min 即可；含细炉碴等细颗粒填土，振动时间 3～5 min，有效深度为 1.2～1.5m。对于非粘性土及松散杂填土而言，振动压实法效果良好。

重锤夯实法加固地基，可提高地基表层土的强度。对湿陷性黄土，可降低地表的湿陷性。对杂填土，可减少表层上的强度不均一性。重锤夯实法，一般以钢筋混凝土制成截头圆锥体(底部垫钢板)，重量宜 1.5t 或稍重，锤底直径为 1～1.5m，起重设备的能力为 8～15t，落距高一般为 2.5～4.5m。重锤的夯击遍数，一般以最后两次的平均夯沉量不超过规定值来控制，即一般粘性土和湿陷性黄土为 10～20mm，砂土为 5～10mm。实践结果表明，一般是 8～12 遍，作用深度约为锤底直径的 1 倍左右。

在重锤夯实法的基础上，经过研究和实践，20 世纪 60 年代末期出现所谓强夯法，亦称动力固结法。它既适用于可液化的饱和砂土和粉土的加固，又是一种快速加固地基的有效经济方法。该法是以 8～12t(甚至 20t)的重锤，8～20m 落距(最高达 40m)，对土基进行强力夯击，利用冲击波和动应力，达到土基加固的目的。此项新技术出现，迅速在国际上得到广泛应用，效果十分显著。实践证明，它具有施工简单、加固效果好、使用经济、应用面较广等优点。广泛用于杂填土

(各种垃圾)、碎石土、砂土、粘性土、湿陷性黄土及泥炭和沼泽土，不但陆地上使用，亦可水下夯实。缺点是需要相应的机具设备，操作时噪声和振动较大，不宜在人口密集或附近防震要求高的地点使用。

7.4.3 排水固结法

排水固结法是运用堆载预压，挤出土中的过多水分，加速地基的固结，达到挤紧土粒、提高强度和增强地基稳定性的目的。饱和软土在荷载作用下，排水固结后，抗剪强度可得到提高，达到加固的目的。此法在建筑工程中，常用于加固软弱地基，包括天然沉积层和人工冲填的土层，如沼泽土、淤泥及淤泥质土，水力冲积土等。

排水固结法的实际效果，取决于土层固结特性、厚度、预压荷载和预压时间。厚度小于 5m 的浅软土层，或固结系数较大(大于 cm^2/s)的土层，较短时间预压即可。

为了缩短预压时间，加设砂井竖向排水通道或铺设砂垫层，效果甚好。美国加州公路局曾采用砂井处理沼泽地段的路基，获得满意结果。利用路基填土自重压密地基，不需另备预压材料，所以砂井堆载预压法，在路基工程中是一种经济有效的方法。此法适用于深厚的粉土层、粘土层、淤泥质粘土层、淤泥层等软土地基的加固处理，是一种较为有效的深层加固方法，但不适用于透水性极小的泥炭层。

砂井堆载预压，需进行地基固结计算，以确定加载以及砂井布置的有关数据。一般情况下，加载量大致与设计荷载接近，预压至固结度达到 80%。砂井直径多为 80～100mm，间距大约是井径的 6～8 倍。砂井长度应穿越地基可能的滑动面，井长如能穿越主要受压层，对沉降有利，如果软土层较浅，有透水性下卧层，则井长深入透水层，对排水固结更有利。为了加速排水，缩短固结时间，在设置竖井的同时，可加设井顶砂垫层或纵横连通砂井的排水砂沟，砂垫层厚度约 0.5～1.0m。

砂井成孔有沉管法和水冲法两类。沉管法是用锤击或振动方式将带靴的钢管沉入地基，管内灌砂，在振动作用下拨出钢管，最后在土中形成砂井。水冲法是利用高压水冲孔，孔内灌砂，此法施工速度快，但难以保证孔径匀称，质量较差。砂井的用砂以中粗粒径为宜，含泥量不宜大于 3%，灌砂量(按重量计)大于井管外径所形成体积的 95%。

排水固结法中除砂井堆载预压而外，还有降水预压和真空预压等技术。

7.4.4 挤密法

挤密法是采用一定技术措施，通过振动或挤密使土体的孔隙减少、强度提高的一种地基处理方法。在成孔过程中，利用横向挤紧作用，使地基土粒彼此靠紧，孔隙减少。而且孔也被填满和压紧，桩体具有较高的承载能力，群桩的面积约占松散土加固面积的 20%，使得柱和原土组成复合地基，达到加固的目的。其适用于挤密加固较大深度范围内的松散土、杂填土和可液化土，但对饱和软粘土作用不大。

孔中灌砂，形成砂桩，它与砂井相比，形式相仿，但作用不同。砂井的作用是排水固结，井径较小而间距较大；砂桩的作用是将地基土挤紧，井径较大，而间距宜小。砂井适用于过湿软土层，而砂桩适用于处理松砂、杂填土和粘粒含量不大的普通粘性土，亦可有效地防止砂土基底的振动液化。饱和软粘土的渗透性较小、灵敏度较大，夯击过程中土内产生的超孔隙压力不易迅速扩散，砂桩的挤密效果较差，甚至能破坏地基土的天然结构。

孔中填石灰而成灰桩，用于挤密软土地层，是近年来在国外广泛应用的一种新方法。石灰桩主要作用是挤密，而生石灰的吸水、膨胀、发热及离子交换作用使桩体硬化，改善了原地基土的性质，此外还可减小因周围土的蠕变所引起的侧向位移。利用石灰桩加固软土地基，关键在于石灰桩在地下水中能否结硬，试验表明：水中含有酸根是石灰桩结硬的基本条件。由于石灰桩在水下结硬的速度远比在空气中慢得多，所以将石灰和水就地拌和，增加石灰与外界的接触，结构条件比纯石灰桩好得多，可提高桩的早期强度。石灰桩吸水膨胀和对土体的挤压作用，是石灰桩加固地基的特殊功能。石灰桩施工的基本要求：一是生石灰必须密封贮存，最好选用新鲜块灰；二是灰块必须粉碎至一定要求。

砂桩和石灰桩的布置与尺寸需通过设计计算而定。一般桩径约 200～300mm，桩的间距约为桩径的 3.5 倍，可在平面上按梅花形布置。桩的长度、加固土层厚度及加固要求与桩孔的施工方法有关。施工方法有冲击成孔法和振动力成孔法等，在湿陷性黄土中还可用爆扩成孔法，即先钻孔，孔直径约 100mm，孔内每隔 500mm 置炸药筒，引爆扩孔挤压，再灌以黄土或灰土，分层捣实，可以消除黄土的湿陷性。

20 世纪 30 年代在国外开始采用振动水冲法加固松砂地基，50 年代开始用于加固软粘土地基。我国 70 年代后期引进此法用以提高地基承载力，减少地基沉降和差异沉降和提高抗地震液化能力，均取得满意效果。

振动水冲法是以起重机吊起振冲器或电动振冲器，振冲器产生高频振动，水泵喷射高压水流，在振动和高压水的联合作用下，振冲器沉入土中预定深度，经过清孔，用循环水带出孔中稠泥浆，再向孔中逐段添加填料，并予以振动挤密，在地基土中形成振冲桩。振冲器的起重能力为 10～15t，水压力宜大于 500kPa，供水量大于 cm^2/h，加料量的供应能力不小于 0.4～0.8m^3/min。

7.4.5 化学加固法

利用化学溶液或胶结剂，采用压力灌注或搅拌混合等措施，使土颗粒胶结起来，达到对土基加固的目的，称为化学加固法，又称胶结法。此法加固效果取决于土的性质和所用化学剂，同时与施工工艺有关。

目前化学溶液主要有：①以水玻璃溶液为主的浆液。常用的是水玻璃浆液和氯化钙浆液配合使用，但价格昂贵，使用受到限制。②以丙烯酸氨为主的浆液。我国研制的丙强是其中一种，加固效果较好，因价高亦难以广泛采用。③由高标号的硅酸盐水泥配以速凝剂而组成的水泥浆液。目前使用较多。④以纸浆溶液为主的浆液。如重铬酸盐木质素和木铵，加固效果好，但有毒性，且易污染地下水。今后发展的关键是研制高效、无毒、易渗的化学浆液。

化学加固的施工工艺有注浆法、旋喷法和深层搅拌法。

地基处理的方法很多，但每种方法都有各自的作用原理、适用土类和应用条件。所以在确定处理方案时，必须注意坚持“有的放矢”、“对症下药”，在充分了解天然土层分布及其工程性质的基础上，根据荷载的大小与分布，选用一种或多种地基处理方法，分析其作用机理，预测作用效果，最后选择一个优化方案，唯有如此，方能达到满意的结果。

第 8 章　挡土墙设计

挡土墙是公路工程中常见的构造物。在设计中，应根据挡土墙的类型、墙背形式和边界条件，选用相适应的土压力计算公式。

本章主要介绍挡土墙类型、使用条件、布置与构造及土压力计算，并着重介绍了重力式挡土墙设计、薄壁式挡土墙设计、加筋土挡土墙设计和板桩式挡土墙设计等。

8.1　概　述

8.1.1　挡土墙的类型

挡土墙是公路工程中常见的用来支撑天然边坡或人工填土边坡以保证其稳定的挡土结构物。挡土墙本身必须要有足够的强度和整体稳定性，以抵御墙后的土体压力。在公路工程中，它广泛应用于支撑路堤或路堑边坡、隧道洞口、桥梁两端及河流岸壁等，多见于地形地貌比较复杂的地段，在山区尤为常见。

挡土墙按照墙的位置、材料和结构形式，可划分为以下几种类型：

(1)按照墙的位置：路堑墙、路肩墙、路堤墙和山坡墙和桥头挡土墙等类型(图 8-1)。

(2)按照墙体材料：石砌挡土墙、砖砌挡土墙、混凝土挡土墙、钢筋混凝土挡土墙和加筋土挡土墙等。

(3)按照墙的结构形式：重力式、半重力式、衡重式、悬壁式、扶壁式、锚杆式、锚定板式、板桩式和垛式等类型。其中，重力式、衡重式多用石砌。半重力式用混凝土浇筑，视需要也可在受拉区加少量钢筋，以节省圬工。其他类型多用钢筋混凝土就地制作或预制拼装。

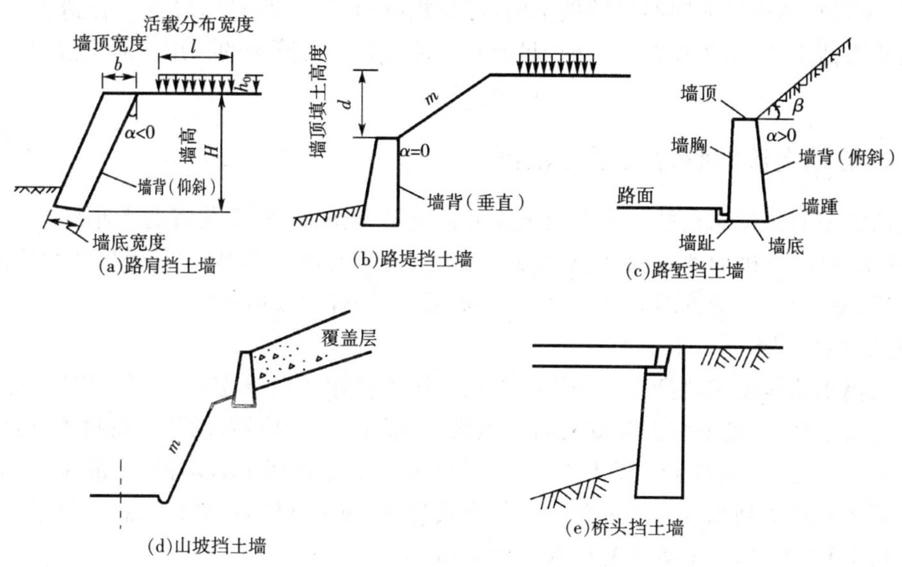

图 8-1　挡土墙的各部分名称

挡土墙各部分名称如图 8－1 所示。靠填土(或山体)一侧为墙背,外露一侧为墙面(也称墙胸),墙面与墙底的交线为墙趾,墙背与墙底的交线为墙踵,墙背与铅垂线的交角为墙背倾角 α。

墙背的倾角方向,比照面向外侧站立的人的俯仰情况,分仰斜、垂直和俯斜三种。墙背向填土一侧倾斜时,为仰斜墙背(图 8－1(a)),α 为负;墙背铅垂时,为垂直墙背(图 8－1(b)),α 为零;墙背向外侧倾斜时,为俯斜墙背(图 8－1(c)),α 为正。如果墙背具有单一坡度,称为直线形墙背;若多于一个坡度,则称为折线形墙背。

8.1.2 挡土墙的使用场合

选择挡土墙设计方案时,由于挡土墙的建筑费用较高,应与其他方案进行技术经济比较,择优选定。例如,采用路堑或山坡挡土墙,常需与隧道、明洞或刷缓边坡的方案作比较;采用路堤或路肩挡土墙,有时需与栈桥或陡坡填方等相比较,以求工程经济合理。

路基在遇到下列情况时可考虑修建挡土墙:

(1)路基位于陡坡地段或岩石风化的路堑边缘地段;

(2)为避免大量挖方及降低边坡高度的路堑地段;

(3)可能产生塌方、滑坡的不良地质路段;

(4)水流冲刷严重或长期受水浸泡的沿河路基地段;

(5)为节约用地、减少拆迁或少占农田的地段;

(6)为保护重要建筑物、生态环境或其他特殊需要的地段。

路肩挡土墙或路堤挡土墙一般设置在高填路堤或陡坡路堤的下方,可以防止路基边坡或基底滑动,保证路基稳定,同时可收缩填土坡脚,减少填方数量,减少拆迁和占地面积,以及保护邻近线路的既有重要建筑物。挡土墙设置在滨河及水库路堤的傍水一侧时,可防止水流对路基的冲刷和浸蚀,同时也是减少压缩河床或少占库容的有效措施。

路堑挡土墙设置在堑坡底部,主要用于支撑开挖后不能自行稳定的边坡,同时可减少挖方数量,降低边坡高度。

山坡挡土墙设在堑坡上部,用于支挡山坡上可能坍滑的覆盖层,有的也兼有拦石作用。

此外,设置在隧道口或明洞口的挡土墙,可缩短隧道或明洞长度,降低工程造价。设置在桥梁两端的桥头挡土墙,作为翼墙或桥台,起到看护桥台和连接路堤的作用。而抗滑挡土墙则用于防治滑坡。

8.1.3 各类挡土墙的特点与适用范围

挡土墙类型的选择应根据与所支挡土体的稳定平衡条件,考虑荷载的大小和方向、地形、地质状况、冲刷深度、基础的埋置深度、基底的承载力、可能的地震作用、与其他构造物的衔接、墙面的外观美感、施工难易、造价的高低、环境特点等因素,综合比较后确定。

1. 重力式挡土墙

重力式挡土墙是依靠墙身自重来维持其在土压力作用下的稳定,它是我国目前常用的一种挡土墙。适用于低墙、地质情况较好有石料地区,一般多用片(块)石砌筑。在缺乏石料的地区有时也用混凝土修建,在墙高 6m 以下,经济效益明显。重力式挡土墙体积、重量大,圬工量较大,在软弱地基上修建受到承载力的限制。但其形式简单,施工方便,可就地取材,适应性较强,故在铁路、公路、水利、港湾、矿山等工程中被广泛采用。

为适应不同地形、地质条件及经济要求,重力式挡土墙具有多种墙背形式。其中墙背为直线形的是普通重力式挡土墙(见图 8-2(a)、(b)),其断面形式最简单,土压力计算简便。带衡重台的挡土墙,称为衡重式挡土墙(见图 8-2(c)),这种形式的墙背,调整了挡土墙的重心,也改变了土压力的分布形式,进而增加了墙身的稳定。且因其墙面胸坡很陡,下墙墙背仰斜,所以可以减小墙的高度,减少开挖工作量,避免过分牵动山体的稳定,有时还可以利用台后净空拦截落石。衡重式挡土墙适于在山区公路建设中采用,但由于其基底面积较小,对地基承载力要求较高,因此应设置在坚实的地基上。不带衡重台的折线形墙背挡土墙(图 8-2(d)),则介乎上述两者之间。

(a)普通重力式挡土墙

(b)普通重力式挡土墙

(c)衡重式挡土墙

(d)不带衡重台的折线形墙背挡土墙

图 8-2　重力式挡土墙

2. 薄壁式挡土墙

薄壁式挡土墙是钢筋混凝土结构,其特点是结构的稳定性主要不是依靠本身的重量,而是依靠踵板上的填土重量来保证。它自重轻,圬工省,但需使用一定数量的钢材,经济效果较好。薄壁式挡土墙分为悬臂式和扶壁式两种形式。

悬臂式挡土墙(图 8-3)是由立板、趾板和踵板三个悬臂部分组成。墙身和基础均采用钢筋混凝土浇筑,断面尺寸较小。立板下部弯矩较大,特别在墙较高时,需设置的钢筋较多。一般多用于缺乏石料地区及挡土墙高度不大于 7m 的情况。

扶壁式挡土墙(图 8-4),当墙身较高时,沿墙长每隔一定距离设置一道扶壁,增强了挡土墙的整体刚度,以承受较大的弯矩。适用于缺乏石料地区及挡土墙高大于 7m 的情况。

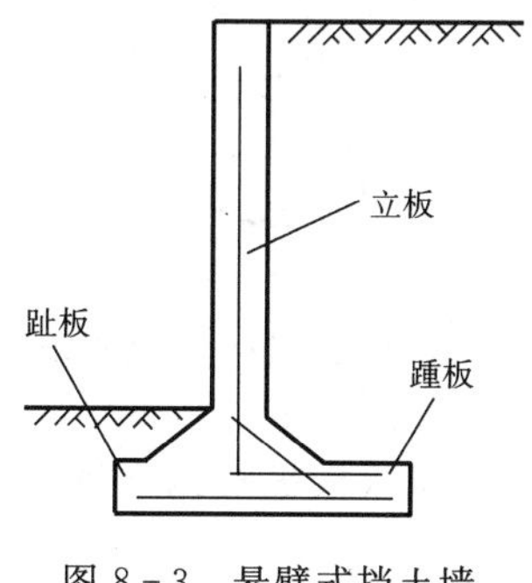

图 8-3　悬臂式挡土墙

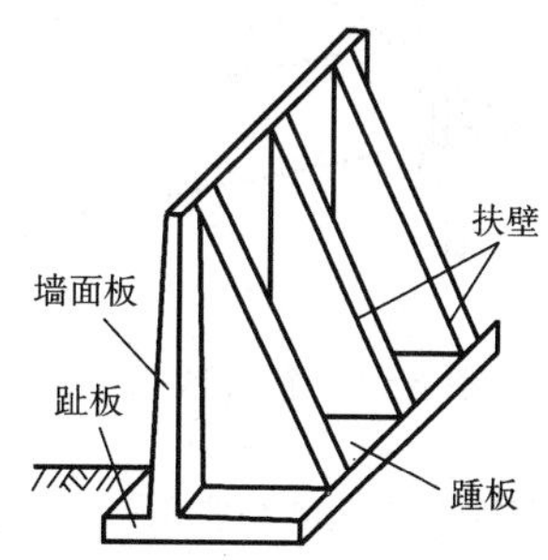

图 8-4　扶壁式挡土墙

3. 加筋土挡土墙

加筋土挡土墙是由墙面板、填土和填土中布置的拉筋三部分组成(图 8-5)。在垂直于墙面的方向,按一定间隔和高度水平地放置拉筋材料,然后填土压实,通过填土与拉筋间的摩擦作用,把土的侧压力传给拉筋,在自重作用下,土与加筋相互作用,在加筋体上形成向内方向的阻力,阻止加筋被拔出从而稳定了土体。拉筋材料通常为镀锌薄钢带、铝合金、高强度塑料及合成纤维等。墙面

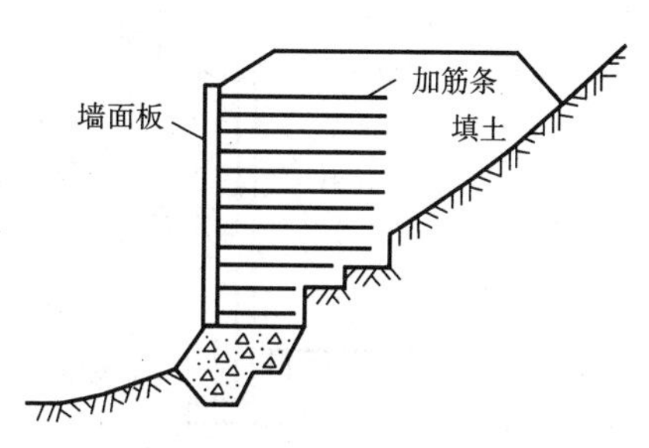

图 8-5　加筋土挡土墙

板一般用混凝土预制,也可采用半圆形铝板。加筋土挡土墙属柔性结构,对地基变形适应性大,建筑高度大,适用于缺乏石料的地区及填方路基在较软弱地基上修筑的路肩墙与路堤墙。它结构简单,圬工量少,与其他类型的挡土墙相比,可节省投资30%～70%,经济效益好。

4. 锚定式挡土墙

锚定式挡土墙的特点是构件断面小,工程量省,不受地基承载力的限制,构件可预制,有利于实现结构轻型化和施工机械化。目前,在我国已得到广泛应用。锚定式挡土墙通常包括锚杆式和锚定板式两种。

锚杆式挡土墙是一种轻型挡土墙(图8-6),主要由预制的钢筋混凝土立柱、挡土板构成墙面,与水平或倾斜的钢锚杆联合组成的支挡结构。锚杆的一端与立柱连接,另一端被锚固在山坡深处的稳定岩层或土层中。墙后侧压力由挡土板传给立柱,由锚杆与岩体之间的锚固力,即锚杆的抗拔力,以承受结构物挡土墙的土压力,使墙获得稳定。它适用于墙高大于12m、石料缺乏或挖基困难地区的具有锚固条件的路基挡土墙,一般多用于墙身较高路堑挡土墙或路肩挡土墙。

锚定板式挡土墙的结构形式与锚杆式基本相同,只是锚杆的锚固端改用锚定板埋入墙后填料内部的稳定层中,依靠锚定板产生的抗拔力抵抗侧压力,以保持墙的稳定(图8-7)。它适用于缺乏石料的地区,多用于路堤挡土墙和路堑挡土墙。

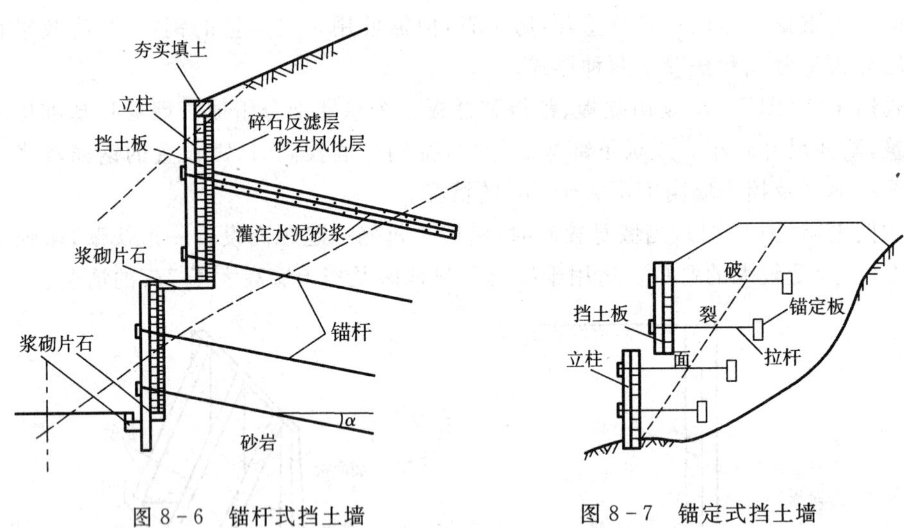

图8-6　锚杆式挡土墙

图8-7　锚定式挡土墙

此外,还有板柱式挡土墙(图8-8)、地下连续墙(图8-9)、板桩式挡土墙(图8-10)和垛式(又称框架式)挡土墙(图8-11)等。

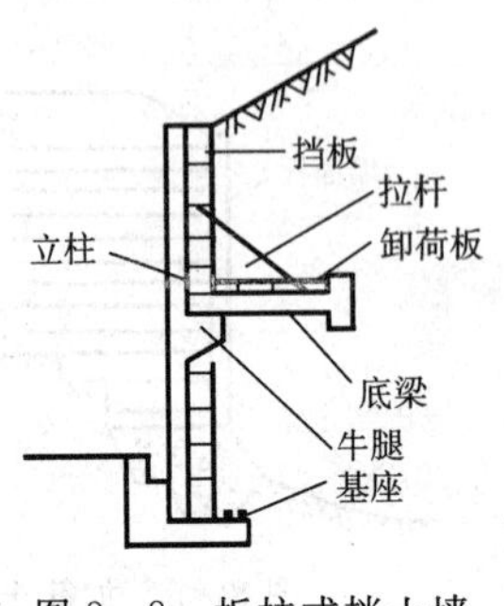

图8-8　板柱式挡土墙

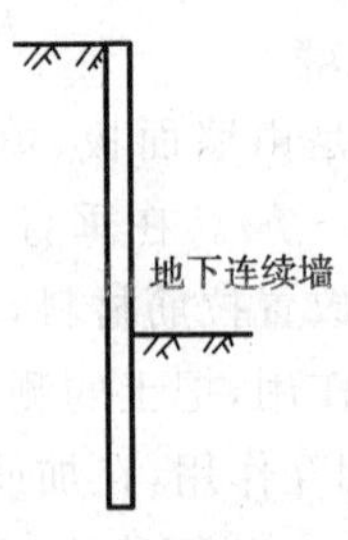

图8-9　地下连续墙

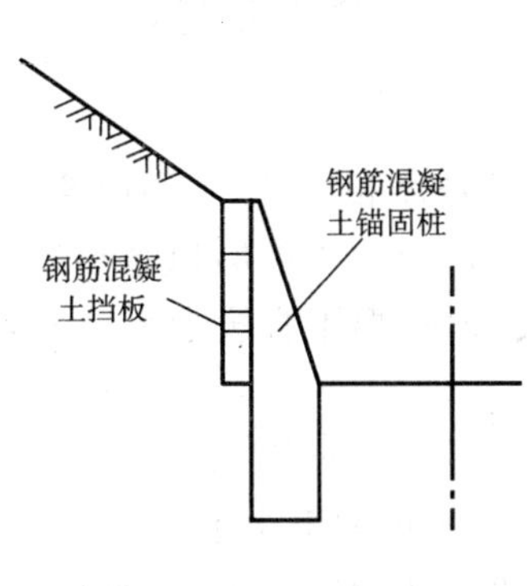

图 8-10 板桩式挡土墙

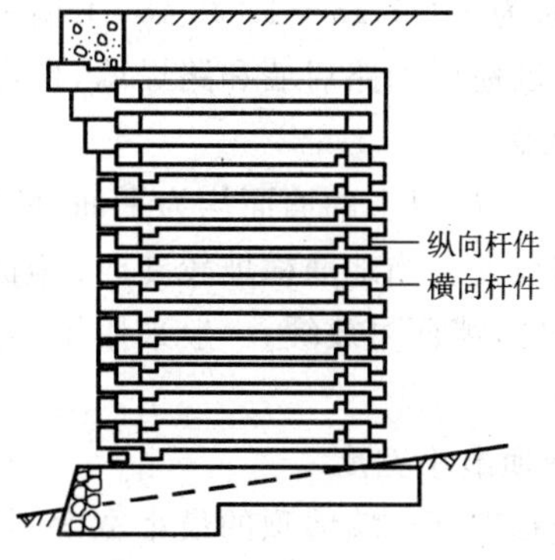

图 8-11 垛式挡土墙

8.1.4 挡土墙的构造

常用的石砌挡土墙和钢筋混凝土挡土墙，一般由墙身、基础、排水设施和伸缩缝等部分构成。

8.1.4.1 墙身

墙身设计一般可选用标准图，特殊情况下单独进行设计。

1. 墙背

根据重力式挡土墙墙背倾斜方向的不同，墙身断面可做成仰斜、垂直、俯斜、折线式和衡重式等几种形式(图 8-12)。

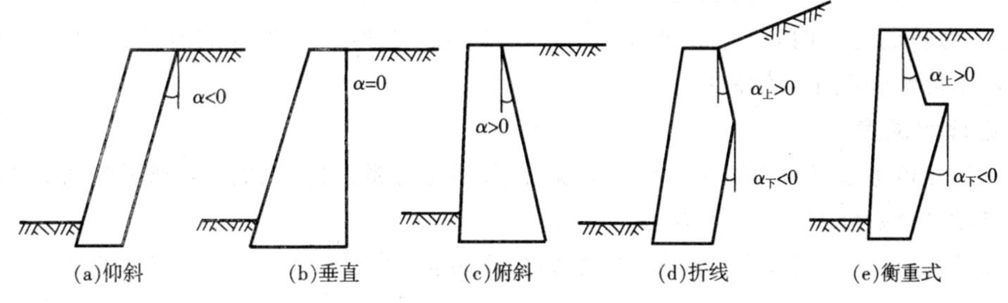

图 8-12 重力式挡土墙的断面形式

仰斜墙背所受的土压力最小，垂直墙背次之，因此仰斜式的墙身断面最经济。且当用作路堑墙时，墙背与开挖的边坡较贴合，故开挖与回填量均较小。但当墙趾处地面横坡较陡时，采用仰斜式墙背会使墙高增加，断面增大，因此仰斜式墙背不宜用于地面横坡较陡处。仰斜式挡土墙，墙背越缓，所受土压力越小，但施工越困难，故仰斜式墙背不宜过缓，一般常控制 α(即墙背的斜度为 1∶0.25)。

俯斜墙背所受的土压力较大，因此墙身断面比仰斜式要大。当地面横坡较陡时，俯斜式挡土墙可采用陡直的墙面，从而减小墙高。俯斜墙背的坡度减缓虽然对施工有利，但所受土压力亦随之增加，致使断面增大，因此墙背坡度不宜过缓通常控制 α(即 1∶0.4)，来调整挡墙上的压力。

折线式墙背，上部俯斜下部仰斜，故其断面较为经济。多用于路堑墙，也可用于路肩墙。

衡重式墙背可视为在凸形折线式的上下墙之间设一衡重台，并采用陡直墙面。上墙墙背的坡度，通常为 1∶0.25～1∶0.45，下墙一般为 1∶0.25 左右，上下墙的墙高比，通常采用 2∶3。适用于山区地形的路肩墙和路堤墙，也可用于路堑墙。

2. 墙面

通常，基础以上的墙面均为平面，墙面坡度除应与墙背的坡度相协调外，还应考虑到墙趾处地面的横坡度。当地面横坡较陡时，墙面可直立或外斜 1∶0.05～1∶0.2，以减小墙高；当地面横坡平缓时，墙面可放缓，一般采用 1∶0.20～1∶0.35 较为经济，但不宜缓于 1∶0.4，以免过多增加墙高。

3. 墙顶最小宽度

对于石砌挡土墙墙顶的最小宽度，浆砌的不小于 500mm，干砌的不小于 600mm。用作路肩墙时，一般用粗料石或低强度等级混凝土做成帽石，帽石厚度约为 400mm。对于路堑墙与路堤墙通常可不做帽石，墙顶选用大块石砌筑，并用砂浆抹平。

4. 护栏

为保证行车安全，在地形险峻地段，当挡土墙高度较大时，墙顶应设置护栏。护栏所采用的材料、护栏高度和宽度，应符合有关规范规定。护栏距路面边缘的距离，二、三级路不小于 0.75m，四级路不小于 0.5m。

8.1.4.2 基础

基础设计的主要内容包括基础形式的选择和基础埋置深度的确定。

1. 基础形式

挡土墙通常采用浅基础，直接设置在天然地基上。当地基软弱、墙身较高时，为减少基底压应力，增加稳定性，可展宽墙趾，以增大基底面积。台阶宽度不小于 200mm，高宽比可用 3∶2 或 2∶1。当地基为较弱土层时，可用砂砾、碎石、矿渣或石灰土等质量较好的材料换填，以提高地基承力。只有在特殊情况下，才使用桩基。

2. 基础埋置深度

基础埋置深度取决于地质条件、水文情况、冻结深度、邻近建筑物的基础影响等。为保证挡土墙的稳定，埋置深度应满足下列要求：

(1)当冻结深度小于或等于 1.0m 时，基底应在冻结线以下不小于 0.25m，并符合基础最小埋置深度不小于 1m 的要求。

(2)当冻结深度超过 1.0m 时，基底最小埋置深度不小于 1.25m，还应将基底至冻结线以下 0.25m 深度范围的地基土换填为弱冻胀材料。

(3)受水流冲刷时，应按路基设计洪水频率计算冲刷深度，基底应置于局部冲刷线以下不小于 1.0m。

(4)路堑式挡土墙基础顶面应低于路堑边沟底面，且不小于 0.5m。

(5)在风化层不厚的硬质岩石地基上，基底一般应置于基岩表面以下 0.15～0.6m；在软质岩石地基，基底最小埋置深度不小于 1.0m。

建筑在斜坡地面上的挡土墙基础前趾埋入地面的深度和距地表的水平距离，不应小于表 8-1的规定。当挡土墙采取倾斜基底时，其倾斜度则应符合表 8-2 的规定。

表 8 - 1　斜坡地面基础埋置条件

土层类别	最小埋入深度 h(m)	距地表水平距离 L(m)	图式
较完整的硬质岩石	0.25	0.25～0.50	
一般硬质岩石	0.06	0.60～1.50	
软质岩石	1.00	1.00～2.00	
土层	≥1.00	1.50～2.50	

表 8 - 2　基底倾斜度

地层类别		基底倾斜度
一般地基	岩石	≤0.3
	土质	≤0.2
浸水地基	μ<0.5	0.0
	0.5≤μ≤0.6	0.1
	μ>0.6	≤0.2

［注］ α_0——基底倾斜角，为基底面与水平线的夹角；μ——基底与地基间的摩擦系数。

8.1.4.3　排水设施

挡土墙应设置排水措施，以疏干墙后土体和防止地表水下渗，防止墙后积水形成静水压力及减少寒冷地区回填土的冻胀压力，消除粘性土填料浸水后的膨胀压力，保证挡土墙的安全和使用效果。挡土墙的排水措施主要包括地面排水和墙身排水。

地面排水主要是防止地表水渗入墙背土体或地基。在墙后地面设置排水沟或夯实回填土顶面和地表松土及采取封闭处理等措施可以防止地表水渗入墙后土体；加固边沟（路堑墙）或在适当位置设置排水沟可以防止地表水渗入地基。

墙身排水主要是为了迅速排除土内积水。其方法是在浆砌块（片）石挡土墙墙身的墙前地面以上设一排泄水孔（图 8 - 13）。墙高时，可在墙上部加设一排汇水孔。

泄水孔尺寸可视泄水量大小分别采用 50mm×100mm、100mm×100mm、150mm×200mm 的矩形孔，或直径为 50～100mm 的圆形孔。泄水孔间距一般为 2～3m，对于浸水挡土墙孔眼间距一般 1.0～1.5 m，干旱地区可适当加大，渗水量大时可适当加密，孔眼上下错开布置。为保证顺利泄水和避免墙外水流倒灌，泄水孔应向外侧倾斜，最下一排泄水孔的出水口应高出墙前地面或边沟、排水沟及积水地区的常水位 0.3m 以上；若为路堑墙，应高出边沟水位 0.3m；若为浸水挡土墙，应高出常水位 0.3m。为防止水分渗入地基，最下一排泄水孔进水口的底部应铺设 300mm 厚的粘土隔水层。泄水孔的进水口附近应设置粗粒料反滤层，以避免孔道阻塞。当墙背填土透水性差或可能发生冻胀时，应在最下一排泄水孔至墙顶以下 0.5m 的范围内铺设厚度不小于 300mm 的砂卵石排水层（图 8 - 13(c)）。干砌挡土墙因墙身透水，可不设泄水孔。

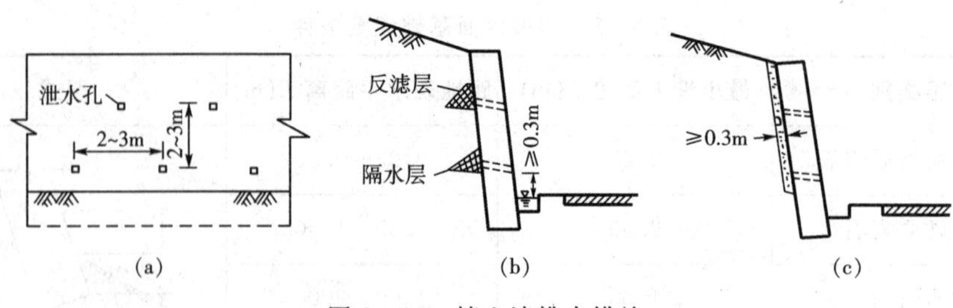

图 8－13 挡土墙排水措施

8.1.4.4 沉降缝与伸缩缝

为了避免墙身因地基不均匀沉陷而引起开裂，需根据地质条件的差异和墙高、墙身断面的变化情况设置沉降缝。为防止墙身因砌体硬化收缩或温度变化所产生的温度应力引起开裂，需设置伸缩缝。这两种缝，一般都在一起，设计时将沉降缝与伸缩缝合并设置，统称为沉降伸缩缝。缝距沿路线方向每隔 10～15m（墙身分段长度）设置一道，缝宽 20～30mm，缝内一般可用胶泥填塞，但在渗水量大，填料容易流失或冻害严重地区，则宜用沥青麻筋或涂以沥青的木板等具有弹性的材料，沿内、外、顶三方填塞，填深不宜小于 0.15m，当墙后为岩石路堑或填石路堤时，可设置空缝。

干砌挡土墙缝的两侧应选用平整石料砌筑，做成垂直通缝。

8.1.5 挡土墙的布置

挡土墙在布置前，应现场核对路基横断面图，不足时应补测；测绘墙趾处的纵断面图，收集墙趾处的地质和水文等资料。然后，在路基横断面图和墙趾纵断面图上进行布置。

1. 挡土墙位置的选定

路堑挡土墙大多数设在边沟旁。山坡挡土墙应考虑设在基础可靠处，墙的高度应保证墙后墙顶以上边坡的稳定。

当路肩墙与路堤墙的墙高或截面圬工数量相近、基础情况相似时，应优先选用路肩墙，按路基宽布置挡土墙位置，因为路肩挡土墙可充分收缩坡脚，大量减少填方和占地。若路堤墙的高度或圬工数量比路肩墙显著降低，而且基础可靠时，宜选用路堤墙，并做经济比较后确定墙的位置。

沿河路堤设置挡土墙时，应结合河流情况来布置，注意设墙后仍保持水流顺畅，不致挤压河道而引起局部冲刷。

2. 挡土墙的纵向布置

挡土墙纵向布置在墙趾纵断面图上进行，布置后绘成挡土墙正面图（图 8－14）。

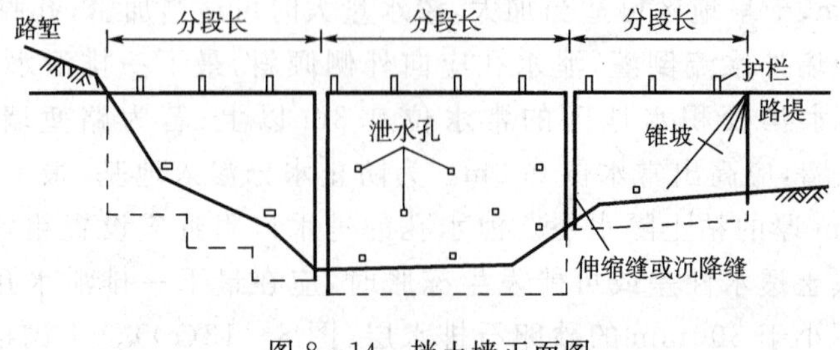

图 8－14 挡土墙正面图

布置的内容有：

(1)确定挡土墙的起讫点和墙长，选择挡土墙与路基或其他结构物的衔接方式。

路肩挡土墙端部可嵌入石质路堑中，或采用锥坡与路堤衔接。与桥台连接时，为了防止墙后回填土从桥台尾端与挡墙连接处的空隙中溜出，需在台尾与挡土墙之间设置隔墙及接头墙。

路堑挡土墙在隧道洞口应结合隧道洞门、翼墙的设置做到平顺衔接。与路堑边坡衔接时，一般将墙高逐渐降低至 2m 以下，使边坡坡脚不致伸入边沟内，有时也可与横向端墙连接。

(2)按地基及地形情况进行分段，确定伸缩缝与沉降缝的位置。

(3)布置各段挡土墙的基础。墙趾地面有纵坡时，挡土墙的基底宜做成不大于 5%的纵坡。但地基为岩石时，为减少开挖，可沿纵向做成台阶。台阶尺寸视纵坡大小而定，但其高宽比不宜大于 1∶2。

(4)布置泄水孔的位置，包括数量、间隔和尺寸等。

在布置图上注明各特征点的桩号，以及墙顶、基础顶面、基底、冲刷线、冰冻线、常水位线或设计洪水位的高程等。

3. 挡土墙的横向布置

横向布置宜选择在墙高最大处、墙身断面或基础形式有变异处，以及其他必需桩号处的横断面图上进行。根据墙型、墙高及地基与填料的物理力学指标等设计资料，进行挡土墙设计或套用标准图，确定墙身断面、基础形式和埋置深度，布置排水设施等，并绘制挡土墙横断面图。

4. 平面布置

对于个别复杂的挡土墙，如高的长的沿河曲线挡土墙，应作平面布置，绘制平面图，标明挡土墙与路线平面位置关系及与附近地貌与地物等情况，特别是与挡土墙有干扰的建筑物的情况。沿河挡土墙还应标明河道及水流方向、防护与加固工程等。

在以上设计图纸上，可标写简要说明。必要时可另编设计说明书，说明选用挡土墙方案的理由，选用挡土墙结构类型和设计参数的依据，对材料和施工的要求，注意事项以及主要工程数量等，如采用标准图，应注明其编号。

8.2　土压力计算理论

8.2.1　作用在挡土墙上的力系

挡土墙设计的关键是确定作用于挡土墙上的力系，其中主要是确定土压力。

作用在挡土墙上的力系，按力的作用性质分为主要力系、附加力和特殊力。

主要力系是经常作用于挡土墙的各种力，如图 8－15 所示，它包括：

(1)挡土墙自重 G 及位于墙上的恒载；

(2)墙后土体的主动土压力 E_a(包括作用在墙后填料破裂棱体上的荷载、简称超载)；

(3)基底的法向反力 N 及摩擦力 T；

(4)墙前土体的被动土压力 E_p。

对浸水挡土墙而言，在主要力系中尚应包括常水位时的静水压力和浮力。

附加力是季节性作用于挡土墙的各种力，例如洪水时的静水压力和浮力、动水压力、波浪冲击力、冻胀压力以及冰压力等。

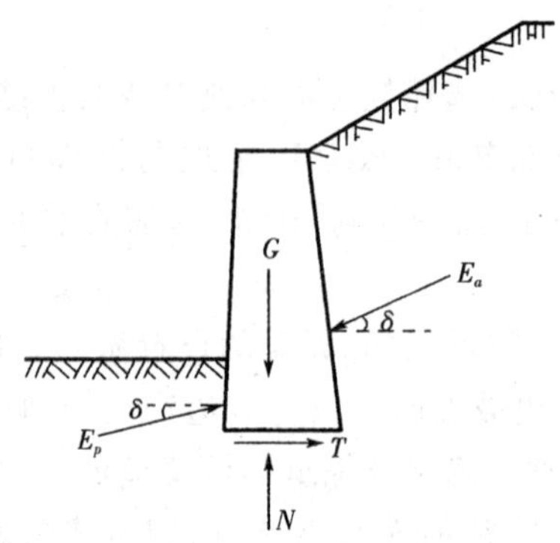

图 8-15 作用在挡土墙上的力系

特殊力是偶然出现的力，例如地震力、施工荷载、水流漂浮物的撞击力等。

在一般地区，挡土墙设计仅考虑主要力系。在浸水地区，还应考虑附加力。包括墙体及墙后填料浸水部分所承受的水浮力、静水压力和动水压力。对于经常性浸水挡土墙，这些力应作为主要荷载，而对季节性浸水挡土墙则作为附加荷载。在地震地区，由于地震对挡土墙的影响主要来自于路线走向垂直的水平地震作用，同时，考虑到地震荷载是一种几率较小的荷载，故进行挡土墙抗震强度和稳定性验算时、主要考虑横向水平地震力与自重及墙上恒载组合，而作用于破坏棱柱体上的活荷载则不予考虑。各种力的取舍，应根据挡土墙所处的具体工作条件，按最不利的组合力设计的依据。

8.2.2 一般条件下库仑主动土压力的计算

土压力是挡土墙的主要设计荷载。按挡土墙不同的位移情况，可以形成不同性质的土压力（图 8-16）。当挡土墙向外移动时（位移或倾覆），土压力随之减少，直到墙后土体沿破裂面下滑而处于极限平衡状态，作用于墙背的土压力称主动土压力；当墙向土体挤压移动，土压力随之增大，土体被推移向上滑动处于极限平衡状态，此时土体对墙的抗力称为被动土压力；墙处于原来位置不动，土压力介于两者之间，称为静止土压力。采用哪种性质的土压力作为挡土墙设计荷载，要根据挡土墙的具体条件而定。

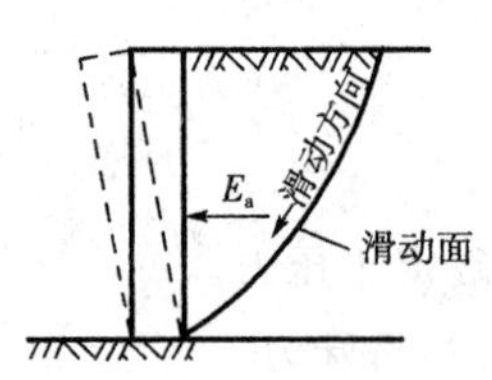

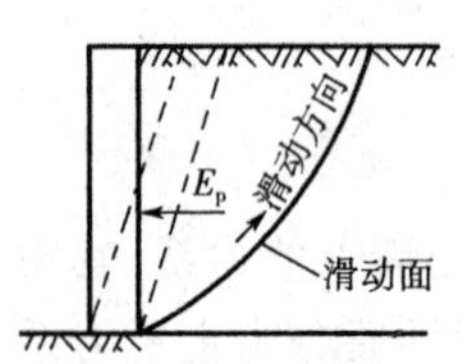

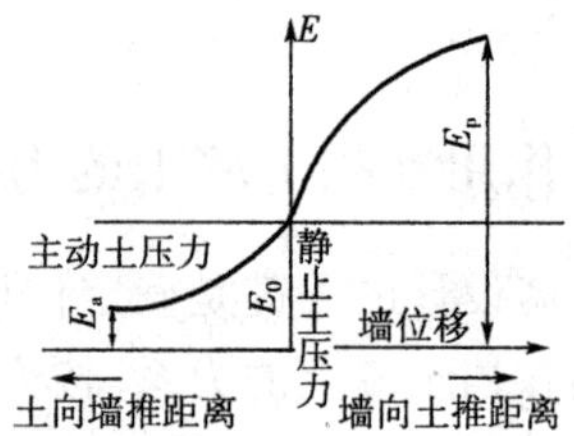

图 8-16 三种不同性质的土压力

路基挡土墙一般都有向外位移或倾覆的可能，墙背土体达到主动极限平衡状态，为保证墙背土体的稳定，在设计时取一定的安全系数。对于墙趾前土体的被动土压力 E_p，在挡土墙基础一般埋深的情况下，考虑到各种自然力和人畜活动的作用，一般均不计，以偏于安全。

路基挡土墙因路基形式和荷载分布的不同，土压力有多种计算图式。以路堤挡土墙为例，按破裂面交于路基面的位置不同，可分为五种图示：破裂面交于内边坡；破裂面交于路基面荷载中部、外侧、内侧；破裂面交于外边坡。现介绍在常见边界条件下的主动土压力的计算。

1. 破裂面交于内边坡

如图 8-17 所示，这一边界条件适用于路堤式或路堑式挡土墙。

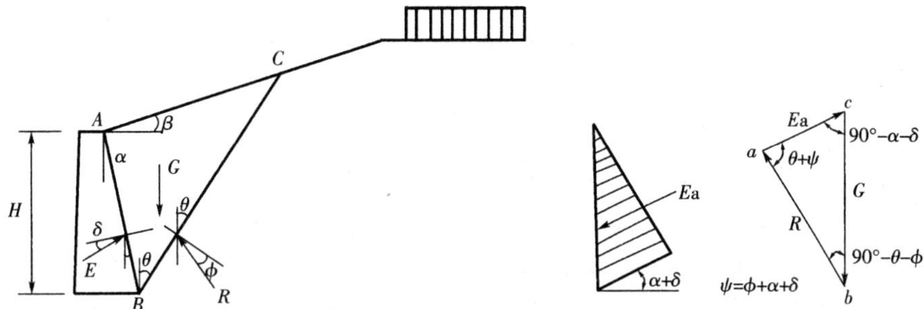

图 8-17　破裂面交于内边坡

图中 AB 为挡土墙墙背，BC 为破裂面，BC 与铅垂线的夹角 θ 为破裂角，ABC 为破裂棱体。棱体上作用着三个力，即破裂棱体自重 G、主动土压力的反力 E_a 和破裂面上的反力 R。E_a 的方向与墙背法线成 δ 角，且偏于阻止棱体下滑的方向；R 的方向与破裂面法线成 ϕ 角，且偏于阻止棱体下滑的方向。取挡土墙长度为 1m 计算，作用于棱体上的平衡力三角形 abc 可得

$$E_a = \frac{\sin(90° - \theta - \phi)}{\sin(\theta - \psi)} G = \frac{\cos(\theta + \phi)}{\sin(\theta + \psi)} G \tag{8-1}$$

式中：$\psi = \phi + \alpha + \delta$

因
$$G = \gamma AB \cdot BC\sin(\alpha + \theta)/2$$

而
$$AB = H\sec\alpha$$

$$BC = \frac{\sin(90° - \alpha + \beta)}{\sin(90° - \theta - \beta)} AB = H\sec\alpha \frac{\cos(\alpha - \beta)}{\cos(\theta + \beta)}$$

$$G = \frac{1}{2}\gamma H^2 \sec^2\alpha \frac{\cos(\alpha - \beta)\sin(\theta + \alpha)}{\cos(\theta + \beta)} \tag{8-2}$$

将式(8-2) 代入式(8-1) 得

$$E_a = \frac{1}{2}\gamma H^2 \sec^2\alpha \frac{\cos(\alpha - \beta)\sin(\theta + \alpha)}{\cos(\theta + \beta)} \cdot \frac{\cos(\theta + \phi)}{\sin(\theta + \psi)} \tag{8-3}$$

令
$$A = \frac{1}{2}H^2 \sec^2\alpha\cos(\alpha - \beta)$$

则
$$E_a = \gamma A \frac{\sin(\theta + \alpha)}{\cos(\theta + \beta)} \cdot \frac{\cos(\theta + \phi)}{\sin(\theta + \psi)} \tag{8-4}$$

当参数 γ、ψ、δ、α、β 固定时，E_a 随破裂面的位置而变化，即 E_a 是破裂角 θ 的函数。为求最大土压力 E_a，首先要求对应于最大土压力时的破裂角 θ。取 $\mathrm{d}E_a/\mathrm{d}\theta = 0$，得

$$\gamma A\Big[\frac{\cos(\theta + \phi)}{\sin(\theta + \psi)} \cdot \frac{\cos(\theta + \beta)\cos(\theta + \alpha) + \sin(\theta + \beta)\sin(\theta + \alpha)}{\cos^2(\theta + \beta)}$$

$$\frac{\sin(\theta + \alpha)}{\cos(\theta + \beta)} \cdot \frac{\sin(\theta + \psi)\sin(\theta + \phi) + \cos(\theta + \psi)\cos(\theta + \phi)}{\sin^2(\theta + \psi)}\Big] = 0$$

整理化简后得

$$P\tan^2\theta + Q\tan\theta + R = 0$$

$$\tan\theta = \frac{-Q \pm \sqrt{Q^2 - 4PR}}{2P} \tag{8-5}$$

式中：

$$P = \cos\alpha\sin\beta\cos(\psi - \phi) - \sin\phi\cos\psi\cos(\alpha - \beta)$$
$$Q = \cos(\alpha - \beta)\cos(\psi + \phi) - \cos(\psi - \phi)\cos(\alpha + \beta)$$
$$R = \cos\phi\sin\psi\cos(\alpha - \beta) - \sin\alpha\cos(\psi - \phi)\cos\beta$$

将式(8-5)求得的θ值代入式(8-4)，即可求得最大主动土压力E_a值，最大主动土压力E_a也可用式(8-6)表示

$$E_a = \frac{1}{2}\gamma H^2 K_a = \frac{1}{2}\gamma H^2 \frac{\cos^2(\phi - \alpha)}{\cos^2\alpha\cos(\alpha + \delta)\left[1 + \sqrt{\dfrac{\sin(\phi + \delta)\sin(\phi - \beta)}{\cos(\alpha + \delta)\cos(\alpha - \beta)}}\right]} \tag{8-6}$$

式中：γ—— 墙后填土的容重(kN/m^3)；

ϕ—— 填土的内摩擦角(°)；

δ—— 墙背与填土间的摩擦角(°)；

α—— 墙背倾斜角(°)，俯斜墙背α为正，仰斜墙背α为负；

β—— 墙后填土表面的倾斜角(°)；

H—— 挡土墙高度(m)；

K_a—— 主动土压力系数。

土压力的水平和垂直分力为

$$\left.\begin{aligned} E_x &= E_a\cos(\alpha + \delta) \\ E_y &= E_a\sin(\alpha + \delta) \end{aligned}\right\} \tag{8-7}$$

2. 破裂面交于路基面

(1) 破裂面交于荷载中部(图 8-18(a))，破裂棱体的断面面积S为

$$S = \frac{1}{2}(a + H)^2(\tan\theta + \tan\alpha) - \frac{1}{2}(b + a\tan\alpha)a + [(a + H)\tan\theta + H\tan\alpha - b - a]h_0$$

$$= \frac{1}{2}(a + H + 2h_0)(a + H)\tan\theta - \frac{1}{2}ab - (b + d)h_0 + \frac{1}{2}H(H + 2a + 2h_0)\tan\alpha \tag{8-8}$$

令

$$A_0 = \frac{1}{2}(a + H + 2h_0)(a + H)$$

$$B_0 = \frac{1}{2}ab + (b + d)h_0 - \frac{1}{2}H(H + 2a + 2h_0)\tan\alpha$$

则

$$S = A_0\tan\theta - B_0$$

因此，破裂棱体的重量为

$$G=\gamma(A_0\tan\theta-B_0)$$

将 G 代入式(8－1)得

$$E_a=\gamma(A_0\tan\theta-B_0)\frac{\cos(\theta+\phi)}{\sin(\theta+\psi)} \tag{8-9}$$

令 $\mathrm{d}E_a/\mathrm{d}\theta=0$，即

$$\gamma\left[(A_0\tan\theta-B_0)\frac{-\sin(\theta+\psi)\sin(\theta+\phi)-\cos(\theta+\psi)\cos(\theta+\phi)}{\sin^2(\theta+\psi)}+\frac{A_0\cos(\theta+\phi)}{\sin(\theta+\psi)\cos^2\theta}\right]=0$$

经整理化简，得

$$\tan^2\theta+2\tan\psi\tan\theta-\cot\phi\tan\psi-\frac{B_0}{A_0}(\cot\phi+\tan\psi)=0$$

故

$$\tan\theta=-\tan\psi\pm\sqrt{(\cot\phi+\tan\psi)(\frac{B_0}{A_0}+\tan\psi)} \tag{8-10}$$

将求得的 θ 值代入式(8－9)，即可求得主动土压力 E_a。

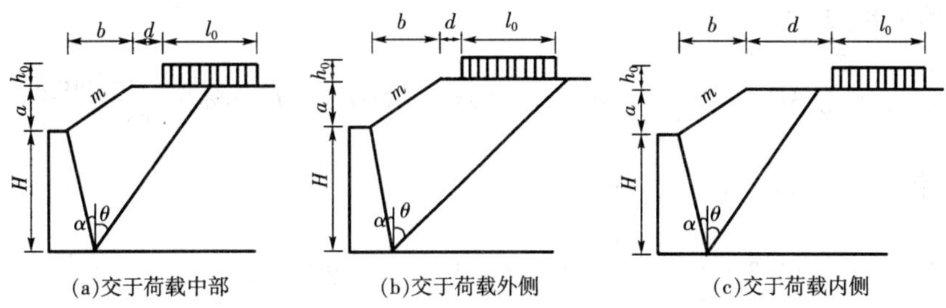

(a)交于荷载中部　(b)交于荷载外侧　(c)交于荷载内侧

图 8－18　破裂面交于路基面

必须指出，式(8－9)和式(8－10)具有普遍意义。因为无论破裂面交于路基面荷载中部、荷载外侧或内侧，破裂棱体的断面面积 S 都可以归纳为一个表达式，即

$$S=A_0\tan\theta-B_0$$

式中，A_0 和 B_0 为边界条件系数。将不同边界条件下的 A_0、B_0 值代入式中，即可求得与之相应的破裂角和最大主动土压力。

(2) 破裂面交于荷载外侧(图 8－18(b))

$$\left.\begin{aligned}
S&=\frac{1}{2}(a+H)^2(\tan\theta+\tan\alpha)\;\frac{1}{2}(b+a\tan\alpha)a+l_0h_0\\
&=\frac{1}{2}(a+H)^2\tan\theta+\frac{1}{2}H(H+2a)\tan\alpha-\frac{1}{2}ab+l_0h_0\\
&\text{写成}\\
S&=A_0\tan\theta-B_0\\
&\text{式中：}\\
A_0&=\frac{1}{2}(a+H)^2,B_0=\frac{1}{2}ab-l_0h_0-\frac{1}{2}H(H+2a)\tan\alpha
\end{aligned}\right\} \tag{8-11}$$

(3) 破裂面交于荷载内侧(图 8 - 18(c))

在式(8 - 8) 或式(8 - 11) 中,令 $h_0=0$,则

$$\left.\begin{aligned} &S=A_0\tan\theta-B_0 \\ &\text{式中:} \\ &A_0=\frac{1}{2}(a+H)^2,B_0=\frac{1}{2}ab-\frac{1}{2}H(H+2a)\tan\alpha \end{aligned}\right\} \quad (8-12)$$

3. 破裂面交于外边坡

在图 8 - 19 中,

$$AB=b+L+(a+H)\cot\beta_1-H\tan\alpha$$

$$BC=AB\frac{\sin(90^\circ-\theta)}{\sin(90^\circ+\theta-\beta_1)}=AB\frac{\cos\theta}{\cos(\theta-\beta_1)}$$

$$CD=BC\sin\beta_1=AB\frac{\cos\theta\sin\beta_1}{\cos(\theta-\beta_1)}$$

三角形 ABC 的面积为

$$S_{\Delta ABC}=\frac{1}{2}AB\cdot CD=\frac{1}{2}[b+L+(H+a)\cot\beta-H\tan\alpha]^2\frac{\cos\theta\sin\beta_1}{\cos(\theta-\beta_1)}$$

破坏棱体的面积为

$$S=(H+a)(b+L)+\frac{1}{2}(H+a)^2\cot\beta_1-\frac{1}{2}ab-\frac{1}{2}H^2\tan\alpha+l_0h_0-$$

$$\frac{1}{2}[b+L+(H+a)\cot\beta_1-H\tan\alpha]^2\frac{\cos\theta\sin\beta_1}{\cos(\theta-\beta_1)}=$$

$$-\frac{1}{2}[b+L+(H+a)\cot\beta_1-H\tan\alpha]^2\frac{\cos\theta\sin\beta_1}{\cos(\theta-\beta_1)}+$$

$$\frac{1}{2}\{(H+a)[2(b+L)+(H+a)\cot\beta_1]-ab-H^2\tan\alpha\}+l_0h_0$$

令

$$A_0=-\frac{1}{2}[a+L+(H+a)\cot\beta_1+H\tan\alpha]^2$$

$$B_0=\frac{1}{2}\{(H+a)[2(b+L)+(H+a)\cot\beta_1]-ab-H^2\tan\alpha\}+l_0h_0$$

则

$$S=A_0\frac{\cos\theta}{\cos(\theta-\beta_1)}+B_0$$

$$G=\gamma S=\gamma(A_0\frac{\cos\theta}{\cos(\theta-\beta_1)})$$

代入式(8 - 1),得

$$E_a=\gamma(A_0\frac{\cos\theta}{\cos(\theta-\beta_1)}+B_0)\frac{\cos(\theta+\phi)}{\sin(\theta+\psi)} \tag{8-13}$$

令 $dE_a/d\theta=0$，则有

$$\gamma[(A_0\frac{\cos\theta}{\cos(\theta-\beta_1)}+B_0)\frac{-\sin(\theta+\Psi)\sin(\theta+\phi)-\cos(\theta+\psi)\cos(\theta+\phi)}{\sin^2(\theta+\psi)}+$$

$$A_0\frac{\cos(\theta+\phi)}{\sin(\theta+\psi)}\cdot\frac{-\cos(\theta+\phi)\sin\theta+\sin(\theta-\beta_1)\cos\theta}{\cos^2(\theta-\beta_1)}]=0$$

整理化简后得

$$P\tan^2\theta+Q\tan\theta+R=0$$

$$\tan\theta=\frac{-Q\pm\sqrt{Q^2-4PR}}{2P} \tag{8-14}$$

式中：

$$P=-A_0\sin\beta_1\sin\phi\cos\psi+B_0\cos(\psi-\phi)\sin^2\beta_1$$

$$Q=2A_0\sin\beta_1\cos\phi\cos\psi+B_0\cos(\psi-\phi)\sin^2\beta_1$$

$$R=\cos\beta_1\cos(\psi-\phi)(A_0+B_0\cos\beta_1)+A_0\sin^2\beta_1\cos\phi\sin\psi$$

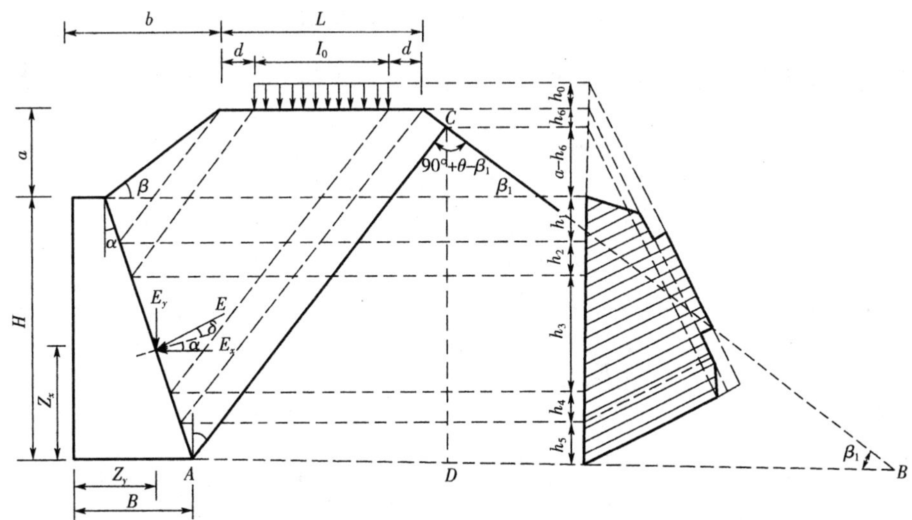

图 8－19　破裂面交于外边坡

以上是路堤挡土墙俯斜墙背的几种计算图式，荷载是在行车道上布置的。这些公式也可以应用于其他类型的挡土墙：(1) 当为路肩墙时，式中 $a=b=0$；(2) 对于俯斜墙背，a 取正值；垂直墙背，a 为零；仰斜墙背，a 取负值；(3) 当荷载沿路肩边缘布置时，取 $d=0$。

计算挡土墙压力 E_a，首先要确定产生最大土压力的破裂面，通常采用试算法求出破裂角 θ。即先假定破裂面位置通过荷载中心，按此图式及相应的计算公式算出 θ 角，与原假定的破裂面位置作比较，看是否相符。如与假定不符，应根据计算的 θ 角重新假定破裂面，重复以上计算，直至相符为止，最后根据此破裂角计算最大主动土压力。

8.2.3 大俯角墙背的主动土压力——第二破裂面法

在挡土墙设计中，往往会遇到墙背俯斜很缓，即墙背倾斜角 α 很大的情况，如折线形挡土墙的上墙墙背，衡重式挡土墙上墙的假想墙背(图 8-20)。当墙后土体达到主动极限平衡状态时，破裂棱体并不沿墙背或假想墙背 CA 滑动，而是沿着土体的另一破裂面 CD 滑动，CD 称为第二破裂面，而远离墙的破裂面 CF 称为第一破裂面，α_i 和 θ_i 为相应的破裂角。这时，挡土墙承受着第二破裂面上的压力 E_a，E_a 是 α_i 和 θ_i 的函数。因 E_x 是 E_a 的水平分力，故可以列出以下函数关系：

$$E_x = f(\alpha_i, \theta_i) \tag{8-15}$$

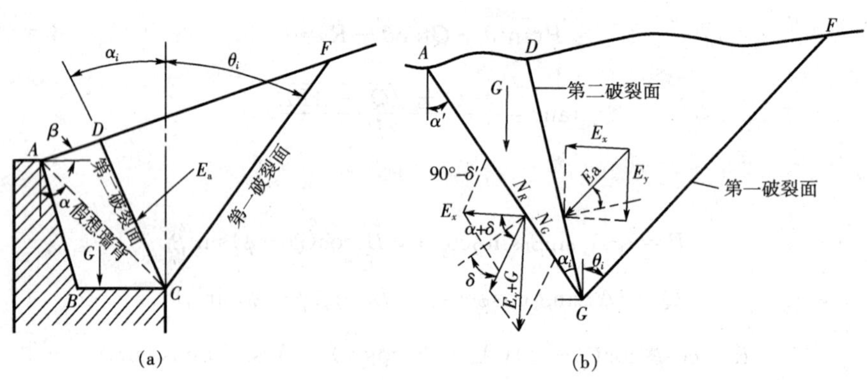

图 8-20 出现第二破裂面的条件

为了确定最不利的破裂角 α_i 和 θ_i 及相应的主动土压力值，可以求解下列偏微分方程组

$$\left.\begin{aligned}\frac{\partial E_x}{\partial \alpha_i} &= 0\\ \frac{\partial E_x}{\partial \theta_i} &= 0\end{aligned}\right\} \tag{8-16}$$

并满足下列条件

$$\left.\begin{aligned}&\frac{\partial^2 E_x}{\partial \alpha_i^2} < 0, \frac{\partial^2 E_x}{\partial \theta_i^2} < 0\\ &\frac{\partial^2 E_x}{\partial \alpha_i^2} \cdot \frac{\partial^2 E_x}{\partial \theta_i^2} - \left(\frac{\partial^2 E_x}{\partial \alpha_i \partial \theta_i}\right)^2 > 0\end{aligned}\right\} \tag{8-17}$$

出现第二破裂面的条件是：

(1) 墙背或假想墙背的倾角 α 或 α' 必须大于第二破裂面的倾角 α_i，即墙背或假想墙背不妨碍第二破裂面的出现；

(2) 在墙背或假想墙背面上产生的抗滑力必须大于其下滑力，即 $N_R > N_G$，或 $E_x \tan(\alpha' + \delta) > E_y + G$，使破裂棱体不会沿墙背或假想墙背下滑。

第二条件的又一表达方式为：作用于墙背或假想墙背上的土压力对墙背法线的倾角 δ' 应小或等于墙背摩擦角 δ。

一般俯斜式挡土墙为避免土压力过大，很少采用平缓背坡，故不易出现第二破裂面。衡重式的上墙或悬壁式墙，因是假想墙背，$\delta = \phi$，只要满足第一个条件，即出现第二破裂面。设计时先拟定两组破裂面，按相应公式算出 θ_i，以确定第一破裂面的位置；如与假定相符，再按与此边界条件相对应的公式计算 α_i；如果 $\alpha_i > \alpha'$，表明不会出现第二破裂面，应按一般库仑公式计算土压力；如果 $\alpha_i \leqslant \alpha'$，表明出现第二破裂面，应按出现第二破裂面的库仑公式计算土压力。此公式和推导可参考公路或铁路路基设计手册。

8.2.4　粘性土土压力计算

库仑理论只考虑不具有粘聚力的砂性土的土压力问题。若墙背填料为粘性土，则土粒间不仅有摩阻力存在，而且还有粘聚力。由于这与库仑理论假定不符，在实际应用中采用以库仑理论为基础的计算粘性土主动土压力的近似方法 —— 等效内摩擦角法和力多边形法。

1. 等效内摩擦角法

由于目前对粘性土 c、ϕ 值的确定还存在一些问题，尤其是土的流变性质及其对墙的影响尚不十分清楚，因此在设计粘性土的挡土墙时，通常将内摩擦角 ϕ 与单位粘聚力 c 按土的抗剪强度相等原则或土压力相等原则，换算成比实有 ϕ 值大的“等效内摩擦角”ϕ_D，按砂性土的公式来计算。通常把粘性土的内摩擦角值增大 $5^\circ \sim 10^\circ$，或采用等效内摩擦角 ϕ_D 为 $30^\circ \sim 35^\circ$。

由于影响土压力数值的因素很多，包括墙高、墙型、墙后填料表面荷载情况等，不可能用上述方法确定一个固定的换算关系或换算值。而用上述方法换算的内摩擦角，只与某一特定的墙高相适应，对于矮墙偏于安全，对于高墙则偏于危险。因此在设计高墙时，应按墙高酌情降低 ϕ_D 值。最好是按实际测定的 c、ϕ 值，采用力多边形法来计算粘性土的主动土压力。

2. 力多边形法(数解法)

当墙身向外有足够位移时，粘性土土层顶部会出现拉应力，产生竖向裂缝，裂缝从地面向下延伸至拉应力趋于零处。裂缝深度 h_c 按下式计算

$$h_c = \frac{2c}{\gamma}\tan(45^\circ + \frac{\phi}{2}) \tag{8-18}$$

式中：c—— 填料的单位粘聚力(kPa 或 kN/m^2)。

在垂直裂缝区 h_c 范围内，竖直面上的侧压力等于零，因此在此范围内不计土压力。

根据库仑理论，假设破裂面为一平面，沿破裂面的土的抗剪强度由土的内摩擦力 $\sigma\tan\phi$ 和粘聚力 c 组成。至于墙背和土之间的粘聚力 c'，由于影响因素很多，为简化计算及使用安全，可忽略不计。

现以路堤墙后破裂面交于荷载内的情况为例，介绍公式的推导方法。

图 8-21 为路堤式挡土墙，填土表面有局部荷载，其裂缝假定在荷载作用面以下产生。BD 为破裂面，破裂棱体为 $ABDEFMN$。在主动极限平衡状态下，棱体在自重 G、墙背反力 E_a、裂面反力 R 和破裂面粘聚力 $BD \cdot c$ 等四个力的作用下保持静力平衡，构成力多边形。从力多边形可知，作用于墙背的主动土压力应为

$$E_a = E' - E_c \tag{8-19}$$

式中：E'—— 为当 $c = 0$ 时的土压力，从公式(8-1)得　$E' = \dfrac{\cos(\theta + \phi)}{\sin(\theta + \phi)}$

G—— 棱体 $ABDEFMN$ 的自重，在图 8-21(a) 所示的情况下，$G = \gamma(A_0\tan\theta - B_0)$

其中：

$$A_0=\frac{1}{2}(H+a)^2-\frac{1}{2}h_c^2+h_0(H+a-h_c)$$

$$B_0=\frac{1}{2}ab+(b+d)h_0+\frac{1}{2}H(H+2a+2h_0)\tan\alpha$$

将 G 的表达式代入 E' 得

$$\begin{aligned}E'&=\gamma(A_0\tan\theta-B_0)\frac{\cos(\theta+\phi)}{\sin(\theta+\psi)}\\&=\gamma A_0(\tan\theta+\tan\psi)\frac{\cos(\theta+\phi)}{\sin(\theta+\psi)}-\gamma A_0\tan\psi\frac{\cos(\theta+\phi)}{\sin(\theta+\psi)}-\gamma B_0\frac{\text{cis}(\theta+\phi)}{\sin(\theta+\psi)}\\&=\gamma A_0\frac{\sin(\theta+\psi)}{\cos\theta\cos\psi}\cdot\frac{\cos(\theta+\phi)}{\sin(\theta+\psi)}-\gamma(A_0\tan\psi+B_0)\frac{\cos(\theta+\phi)}{\sin(\theta+\psi)}\\&=\frac{\gamma A_0}{\cos\psi}\frac{\cos(\theta+\phi)}{\cos\theta}-\gamma(A_0\tan\psi+B_0)\frac{\cos(\theta+\phi)}{\sin(\theta+\psi)}\end{aligned}\tag{8-20}$$

式(8－19)中的 E_c,是由于$\overline{BD}\cdot c$粘聚力的作用而减少的土压力,从图 8－21(b)中可得

$$E_c=\frac{c\cdot\cos\phi\cdot\overline{BD}}{\sin(\theta+\psi)}=\frac{c(H+a-h_c)\cos\phi}{\cos\theta\sin(\theta+\psi)}\tag{8-21}$$

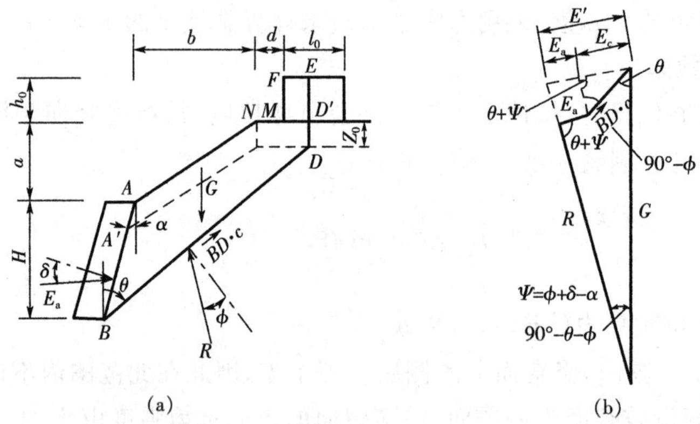

图 8－21 路堤墙粘性土主动土压力计算

令
$$\frac{dE_a}{d\theta}=\frac{dE}{d\theta}-\frac{dE_c}{d\theta}=0$$

得

$$\frac{dE_a}{d\theta}=-\frac{\gamma A_0}{\cos\psi}\cdot\frac{\sin\phi}{\cos^2\theta}+\frac{\gamma(A_0\tan\psi+B_0)\cos(\phi-\psi)}{\sin(\theta+\psi)}+$$

$$c(H+a-h_c)\cos\phi\frac{\cos\theta\cos(\theta+\phi)-\sin\theta\sin(\theta+\psi)}{\cos^2\theta\sin^2(\theta+\psi)}=0$$

将上式整理化简,即得计算破裂角 θ 的公式

$$\tan\theta=-\tan\psi\pm\sqrt{\sec^2\psi-D}\tag{8-22}$$

式中：

$$D=\frac{A_0\sin(\phi-\psi)-B_0\cos(\phi-\psi)}{\cos\psi[A_0\sin\phi+\frac{c}{\gamma}(H+a-h_c))\cos\phi]}$$

将 θ 代入 E_a 的表达式，即可求得主动土压力 E_a。

8.2.5　折线形墙背的土压力计算

凸形墙背的挡土墙和衡重式挡土墙，其墙背不是一个平面而是折面，称为折线型墙背。对这类墙背，以墙背转折点或衡重台为界，分成上墙与下墙，分别按库仑方法计算主动土压力，然后取两者的矢量和作为全墙的土压力。

计算上墙土压力时，不考虑下墙的影响，按俯斜墙背计算土压力。衡重式挡土墙的上墙，由于衡重台的存在，通常都将墙顶内缘和衡重台后缘的连线作假想墙背，假想墙背与实际墙背间的土楔假定与实际墙背一起移动。计算时先按墙背倾角 α 或假想墙背倾角 α' 是否大于第二破裂角 α_1 进行判断，如不出现第二破裂面，应以实际墙背或假想墙背为边界条件，按一般直线墙背库仑主动土压力计算；如出现第二破裂面，则按第二破裂面的主动土压力计算。

下墙土压力计算较复杂，目前采用两种常用的简化的计算方法：延长墙背法和力多边形法。

1. 延长墙背法

如图 8-22 所示，在上墙土压力算出后，延长下墙墙背交于填土表面 C，以 $B'C$ 为假想墙背，根据延长墙背的边界条件，用相应的库仑公式计算土压力，并绘出墙背应力分布图，从中截取下墙 BB' 部分的应力图作为下墙的土压力。将上下墙两部分应力图叠加，即为全墙土压力。

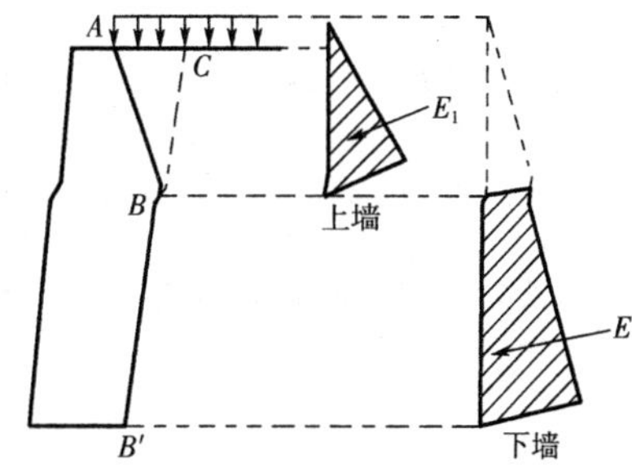

图 8-22　延长墙背法

这种方法存在着一定误差。第一，忽略了延长墙背与实际墙背之间的土楔及荷载重，但考虑了在延长墙背和实际墙背上土压力方向不同而引起的垂直分力差，虽然两者能相互补偿，但未必能相抵消。第二，绘制土压应力图形时，假定上墙破裂面与下墙破裂面平行，但大多数情况下两者是不平行的，由此存在计算下墙上压力所引起的误差。以上误差一般偏于安全，由于此法计算简便，至今仍被广泛采用。

2. 力多边形法

力多边形法是在算得上墙土压力 E_1 后，在墙背土体处于极限平衡条件下，可绘出下墙任一破裂面诸力的矢量闭合的力多边形，利用力多边形来推求下墙土压力。

现以路堤挡土墙下墙破裂面交于荷载范围内的情况（图 8-23）为例说明下墙土压力的推导过程。在极限平衡的条件下，破裂棱体 $AOBCD$ 的力平衡多边形为 $abed$，其中 abc 为上墙破裂棱体 $AOC'D$ 的力平衡三角形，$bedc$ 为下墙破裂棱体 $C'OBC$ 的力平衡多边形。图中 $eg//bc$，$cf//be$，$gf=\Delta E$。在 Δcfd 中，由正弦定律可得

$$E_2+\Delta E=G_2\frac{\sin(90^\circ-\theta_2-\phi)}{\sin(\theta_2+\psi)}$$

$$E_2=G_2\frac{\cos(\theta_2+\phi)}{\sin(\theta_2+\psi)}-\Delta E\psi=\phi+\delta_2-\alpha_2 \tag{8-23}$$

挡土墙下部破裂棱体重量 G_2 为

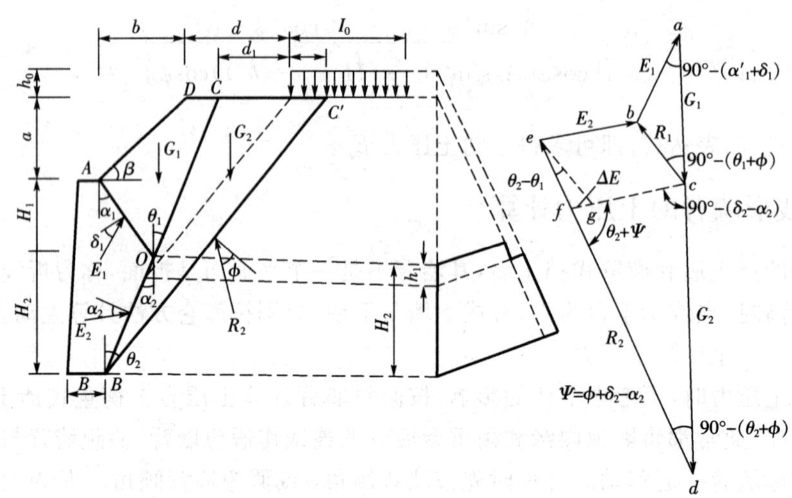

图 8-23 力多边形法

$$G_2=\gamma(A_0\tan\theta_2-B_0) \tag{8-24}$$

式中：
$$A_0=\frac{1}{2}(H_2+H_1+a+2h_0)(H_2+H_1+a)$$

$$B_0=\frac{1}{2}(H_2+2H_1+2a+2h_0)H_0\tan\alpha_2+\frac{1}{2}(a+2H_1)^2\tan\theta_1+(b+d-H_1\tan\alpha_1)h_0$$

在 Δcfd 中，有
$$\Delta E=R_1\frac{\sin(\theta_2-\theta_1)}{\sin[180°-(\theta_2+\psi)]}=R_1\frac{\sin(\theta_2-\theta_1)}{\sin(\theta_2+\psi)} \tag{8-25}$$

在 Δabc 中，上墙土压力 E_1 已求出，

$$R_1=E_1\frac{\sin[90°-(\alpha_1+\delta_1)]}{\sin[90°-(\theta_1+\phi)]}=E_1\frac{\cos(\alpha_1+\delta_1)}{\cos(\theta_1+\phi)} \tag{8-26}$$

将 G_2 及 ΔE 代入式(8-23)，得

$$E_2=\gamma(A_0\tan\theta_2-B_0)\frac{\cos(\theta_2+\phi)}{\sin(\theta_2+\psi)}-R_1\frac{\sin(\theta_2-\theta_1)}{\sin(\theta_2+\psi)} \tag{8-27}$$

由上式可知，下墙土压力 E_2 计算值是试算破裂角 θ_2 的函数。为求 E_2 的最大值，可令 $\mathrm{d}E_2/\mathrm{d}\theta_2=0$，得

$$\tan\theta_2=-\tan\psi\pm\sqrt{(\tan\psi+\cot\phi)(\tan\psi+\frac{B_0}{A_0})-\frac{R_1\sin(\psi+\theta_1)}{A_0\gamma\sin\phi\cos\psi}} \tag{8-28}$$

将求得的破裂角 θ_2 代入式(8-27)，可求得下墙土压力 E_2。

在图 8-23 中作用于下墙的土压力图形，可近似假定 $\theta_i\approx\theta_2$，即

$$\frac{h_1}{H_2}=\frac{d}{l_1+d_1}$$

则
$$h_1=\frac{H_2}{l_1+d_1}\cdot d_1=\frac{H_2[d+b-H_1\tan\alpha_1-(H_1+a)\tan\theta_1]}{(H_1+H_2+a)\tan\theta_2-H_2\tan\alpha_2-(H_1+a)\tan\theta_1}$$

土压力作用点

$$Z_{2x}=\frac{H_2^3+3H_2^2(H_1+a+h_0)-3h_0h_1(2H_1-h_1)}{3[H_2^2+2H_2(H_1+a)+2h_0(H_1-h_1)]}$$

$$Z_{2y} = B + Z_{2x}\tan\alpha_2 \tag{8-29}$$

各种边界条件下折线墙背下墙土压力的力多边形法计算公式，见有关设计手册。

8.2.6　不同土层的土压力计算

如图 8-24 所示，采用近似的计算方法。首先求得上一土层的土压力 E_{1x} 及其作用点高度 Z_{1x}。并近似地假定：上下两土层层面平行；计算下一土层时，将上一土层视为均布荷载，按地面为一平面时的库仑公式计算，然后截取下一土层的土压应力图形为其土压力。

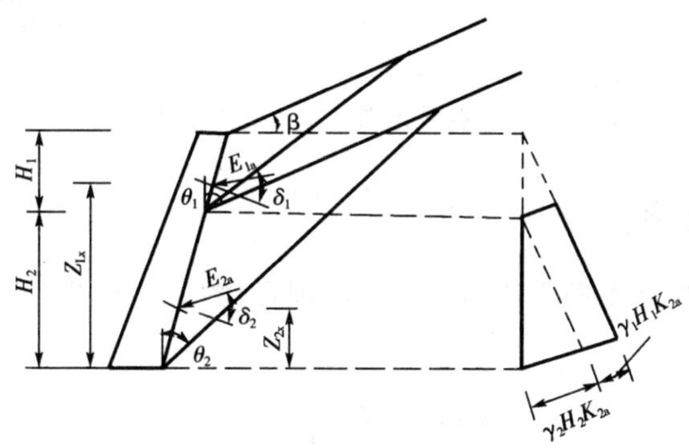

图 8-24　不同土层土压力计算

在图 8-24 中

$$E_{2a} = (\gamma_1 H_1 H_2 + \frac{1}{2}\gamma_2 H_2^2)K_{2a} \tag{8-30}$$

式中：K_{2a}—— 下一土层的土压力系数。

土压力的作用点高度为

$$E_{2x} = \frac{H_2}{3}(1 + \frac{\gamma_1 H_1}{2\gamma_1 H_1 + \gamma_2 H_2}) \tag{8-31}$$

8.2.7　有限范围填土的土压力计算

以上各种土压力计算公式，适用于墙后填料为均质体，并且破裂面能在填料范围内产生的情况。如果挡土墙修在陡坡的半路堤上，或者山坡土体有倾向路基的层面，则墙后存在着已知坡面或潜在滑动面，当其倾角陡于由计算求得的破裂面的倾角时，墙后填料将沿着陡坡面(或滑动面)下滑，而不是沿着计算破裂面下滑，如图 8-25 所示。此时作用在墙上的主动土压力为

$$E_a = G\frac{\sin(\beta - \phi')}{\cos(\psi - \beta)} \tag{8-32}$$

式中：G—— 土楔及其上荷载重；

β—— 滑动面的倾角，即原地面的横坡或层面倾角；

ϕ'—— 土体与滑动面的摩擦角；当坡面无地下水，并按规定挖台阶填筑时，可采用土的内摩擦角 ϕ；

ψ—— 参数，$\psi = \phi' + \alpha + \delta$。

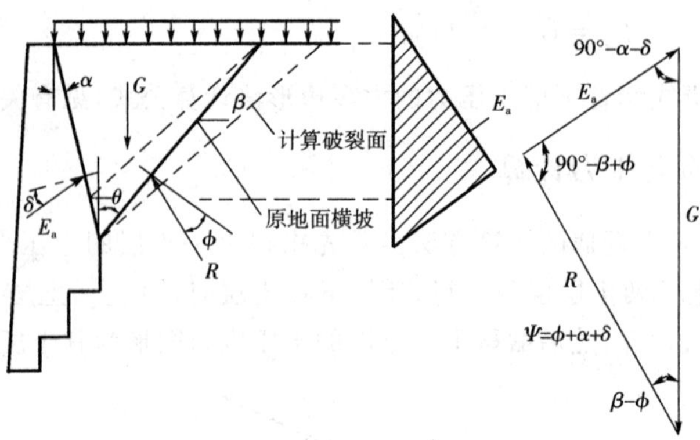

图 8-25 有限范围内填土的土压力计算

8.2.8 被动土压力计算

根据库仑理论，按照推导主动土压力公式的原理，由图 8-26 可得当地面为一平面时的被动土压力公式为

$$E_p = \frac{1}{2}\gamma H^2 K_P$$

$$K_P = \frac{\cos^2(\phi + \alpha)}{\cos^2\alpha\cos(\alpha - \delta)\left[1 - \sqrt{\dfrac{\sin(\phi + \delta)\sin(\phi + \beta)}{\cos(\alpha - \delta)\cos(\alpha - \beta)}}\right]^2} \tag{8-33}$$

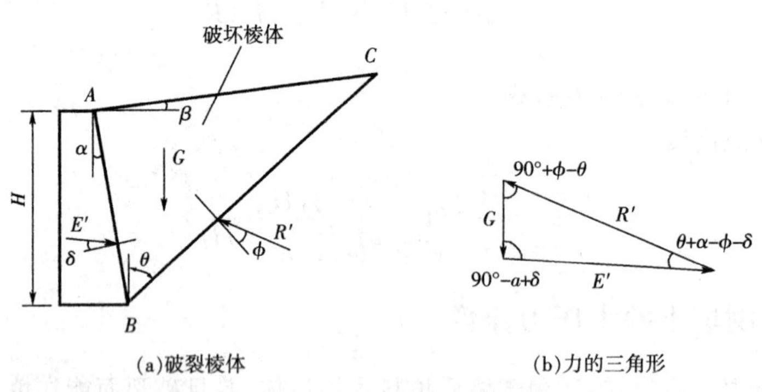

(a)破裂棱体 (b)力的三角形

图 8-26 库仑被动土压力计算

实践表明，用库仑理论计算的被动土压力，常常有很大的偏于不安全的误差，其误差还随着土的内摩擦角 ϕ 的增大而迅速增大。因此在许多情况下，式(8-33) 是不能采用的。

应当指出，被动极限状态的产生，要求土体产生较大的变形，而这对一般的建筑物来说常是不能允许的。因此，当建筑物的设计要求考虑土的被动抗力时，应对被动土压力的计算值进行大幅度的折减。

8.2.9 车辆荷载换算及计算参数

8.2.9.1 车辆荷载换算

作用于墙后破裂棱体上的车辆荷载，使土体中出现附加的竖直应力，从而产生附加的侧向压力。考虑到这种影响，可将车辆荷载近似地按均布荷载考虑，换算成单位体积的重力与墙后填料相同的均布土层。

1. 按墙高确定的附加荷载强度进行换算

挡土墙设计中，换算均布土层厚度 h_0(m) 可直接由挡土墙高度确定的附加荷载强度计算(图 8-27)，即：

$$h_0 = q/\gamma \qquad (8-34)$$

式中：γ—— 墙背填土的单位体积的重力(kN/m³)；

q—— 附加荷载强度，按表 8-3 取用(kN/m³)；

h_0—— 换算土层厚(m)。

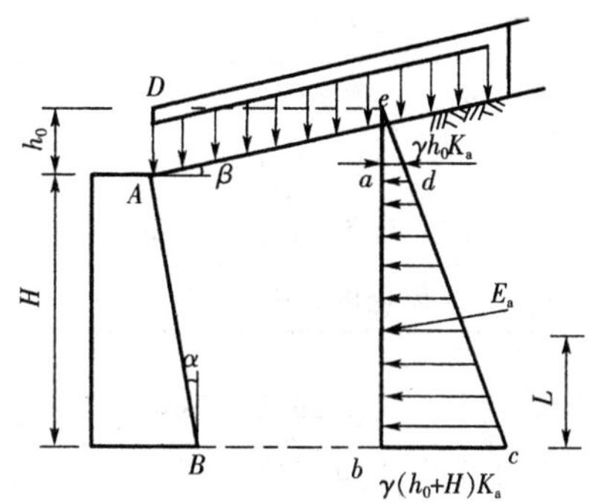

图 8-27　均布荷载换算图式

2. 根据破裂棱体范围内布置的车辆荷载换算

根据墙后破裂棱体上的车辆荷载换算为容重与墙后填土相同的均布土层(图 8-28)时，其厚度 h_0 为

$$h_0 = \frac{\sum Q}{\gamma B_0 L} \qquad (8-35)$$

式中：γ—— 墙背填土的单位体积的重力(kN/m³)；

B_0—— 不计车辆荷载作用时破裂棱体的宽度(m)，$B_0=(H+a)\tan\theta - H\tan\alpha - b$，对于路肩墙，为破裂棱体范围内的路基宽度(即不计边坡部分的宽度 b)，见(图 8-28(b))；

L—— 挡土墙的计算长度(m)(图 8-28(a))，$L=L_0+(H+2a)\tan30°$；

L_0—— 标准汽车前后轴轴距加轮胎着地长度为 14.0(m)；

$\sum Q$—— 布置在 $B_0 \cdot$ L 范围内的车轮总重(kN)；Q 为每辆标准汽车总重为 550kN。

车辆荷载总重 $\sum Q$ 按下述规定计算：

(1) 纵向：当取用挡土墙分段长度时，为分段长度内可能布置的车轮重力；当取一辆标准汽车的扩散长度时为一辆标准汽车重力。

(2) 横向：破裂棱体宽度 B_0 范围内可能布置的车轮重力，车辆外侧车轮中心距路面(或硬路肩)，全带边缘的距离为 0.5m。

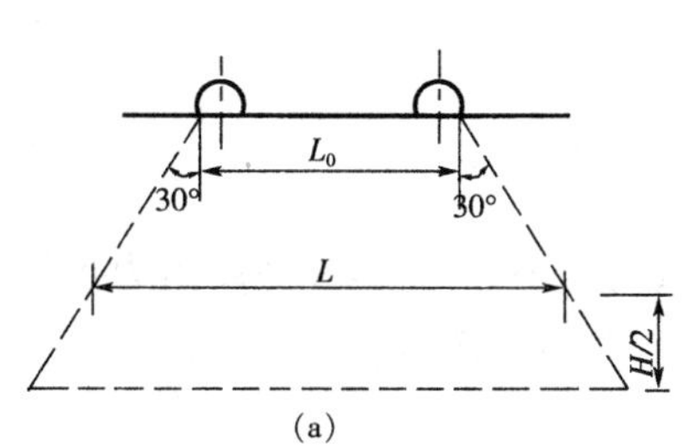

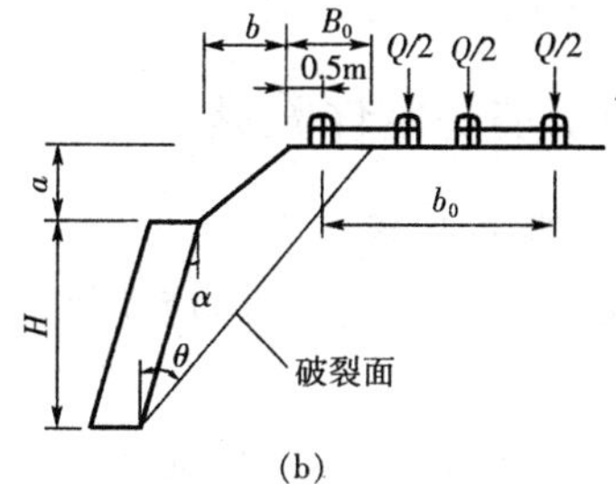

图 8-28　车辆荷载换算图式

8.2.9.2　计算参数

1. 填料的计算内摩擦角和重度

设计挡土墙时最好按填料的实际工作情况进行试验，并考虑一定的安全度后来确定填料的计算内摩擦角及重度。无条件试验时，可参考表 8-4 所列的经验数据选用。

表 8-4 填料的计算内摩擦角和重度参考值

填料种类	计算内摩擦角 ϕ	重度 $\gamma(kN/m^3)$
粘性土	15°～30°	17
砂类土	28°～40°	18
砂砾、卵石土	35°～40°	18～19
碎石土、不易风化的岩石碎块	40°～50°	19
不易风化的石块(开山石)	45°～50°	19～20

对于路堑挡土墙，墙后除利用开挖的土石回填部分外，其余均为天然土石，因此习惯上多参考自然山坡的坡角来确定设计 ϕ 角值。

2. 墙背摩擦角

影响墙背摩擦角 δ 值的因素很多，主要有墙背的粗糙度(墙背愈粗糙，δ 值愈大)、填料的性质(φ 值愈大，δ 值愈大)和墙后排水条件(排水条件愈好，δ 值愈大)等。

表 8-5 所列为墙背摩擦角 δ 的经验参考数据。

表 8-5 墙背摩擦角 δ 参考值

挡土墙墙背性质	填料排水情况	δ 值
墙背(光滑)	不良	$(0\sim1/3)\phi$
片、块石砌体(粗糙)	良好	$(1/3\sim1/2)\phi$
干砌片、块石(很粗糙)	良好	$(1/2\sim2/3)\phi$
第二破裂面体(无滑动)	良好	ϕ

8.3 重力式挡土墙设计

挡土墙在墙后填土土压力作用下，必须具有足够的整体稳定性和结构的强度。设计时应验算挡土墙在荷载作用下，沿基底的滑动稳定性，绕墙趾转动的倾覆稳定性和地基的承载力。当基底下存在软弱土层时，应当验算该土层的滑动稳定性。在地基承载力较小时，应考虑采用工程措施，以保证挡土墙的稳定性。

8.3.1 挡土墙稳定性验算

1. 抗滑稳定性验算

为保证挡土墙抗滑稳定性，应验算在土压力及其他外力作用下，基底摩阻力抵抗挡土墙滑移的能力。

如图 8-29 所示，在一般情况下

$$[1.1G+\gamma_{Q1}(E_y+E_x\tan\alpha_0)]\mu+(1.1G+\gamma_{Q1}E_y)\tan\alpha_0-\gamma_{Q1}E_x>0 \tag{8-36}$$

式中：G—— 挡土墙自重；

E_x，E_y—— 墙背主动土压力的水平与垂直分力；

α_0—— 基底倾斜角(°)；

μ—— 基底摩擦系数，可通过现场试验确定。无试验资料时，可参考表 8-6 的经验数据；

γ_{Q1}—— 主动土压力分项系数，当组合为 Ⅰ、Ⅱ 时，$\gamma_{Q1}=1.4$ 当组合为 Ⅲ 时，$\gamma_{Q1}=1.3$。

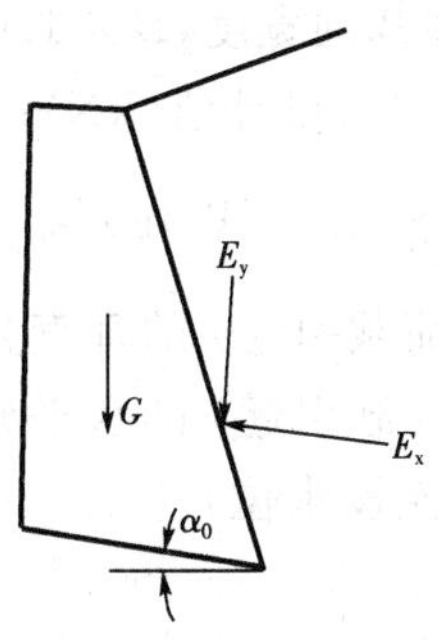

图 8－29　挡土墙的抗滑动稳定

表 8－6　基底摩擦系数 μ 参考值

地基土分类	μ	地基土分类	μ
较塑料土	0.25	碎石类土	0.5
硬塑粘土	0.3	软质岩石	0.4 ～ 0.6
砂类土、粘砂土、半干硬粘土	0.3 ～ 0.4	硬质岩石	0.6 ～ 0.7
砂类土	0.4		

2. 抗倾覆稳定性验算

为了保证挡土墙抗倾覆稳定性，须验算它抵抗墙身绕墙趾向外转动倾覆的能力，如图 8－30 所示。

$$0.8GZ_G+\gamma_{Q1}(E_yZ_x-E_xZ_y)>0 \qquad (8-37)$$

式中：Z_G—— 墙身、基础及其上的土重合力重心到墙趾的水平距离(m)；

Z_x—— 土压力的垂直分力作用点到墙趾的水平距离(m)；

Z_y—— 土压力的水平分力作用点到墙趾的水平距离(m)。

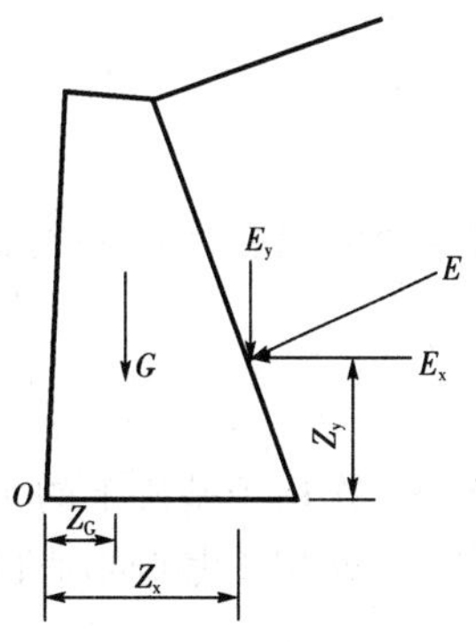

图 8－30　挡土墙的抗倾覆稳定

在验算挡土墙的稳定性时，一般均未计趾前土层对墙面所产生的被动土压力。验算结果如不满足以上要求，则表明抗滑稳定性或抗倾覆稳定性不够，应改变墙身断面尺寸重新核算。

8.3.2　基底应力及合力偏心距验算

为了保证挡土墙基底应力不超过地基承载力，应进行基底应力验算；同时，为了避免挡土墙不均匀沉陷，应控制作用于挡土墙基底的合力偏心距。

1. 挡墙基底压力

(1) 轴心荷载作用时

$$p=\frac{N}{A} \qquad (8-38)$$

式中：p—— 基底压应力(kPa)；

A—— 基础底面每延米的面积，即基础宽度，$B\times 1.0(m^2)$；

N—— 每延米作用于基底的总竖向力设计值(kN)；

$$N=(G\gamma_G+\gamma_{Q1}E_y-W)\cos\alpha_0+\gamma_{Q1}E_x\sin\alpha_0$$

其中：E_y—— 墙背主动土压力(含附加荷载引起)的垂直分力(kN)；

E_x—— 墙背主动土压力(含附加荷载引起)的水平分力(kN)；

W—— 低水位浮力(kN)(指常年淹没水位)。

(2) 偏心荷载作用时

① 当 $|e|\leqslant\frac{B}{6}$ 时

$$\left.\begin{aligned}p_{\max}&=\frac{N_1}{A}(1+\frac{6e}{B})\\p_{\min}&=\frac{N_1}{A}(1-\frac{6e}{B})\end{aligned}\right\}\tag{8-39}$$

式中：$p_{\max}$，$p_{\min}$—— 基底边缘最大、最小压应力设计值(kN)；

B—— 基础宽度(m)。

作用于基底的合力偏心距 e 为

$$e=\frac{B}{2}-Z_N\tag{8-40}$$

式中：

$$Z_N=\frac{\sum M_y-\sum M_0}{\sum N}=\frac{GZ_G+E_yZ_y-E_xZ_x}{G+E_y}$$

基底合力的偏心距 e_0 也可按下式计算：

$$e_0=\frac{M_d}{N_d}$$

式中：N_d—— 作用于基础上的垂直力组合设计值；

M_d—— 作用于基础形心的弯矩组合设计值。

表 8-7　基底弯矩值计算表

荷载组合	作用于基底形心的弯矩设计值
Ⅰ	$M=1.4M_E+1.2M_G$
Ⅱ	$M=1.4M_{EI}+1.2M_G$
Ⅲ	$M=1.3M_E+1.2M_W+M_f$

表中：M_E—— 由填土恒载土压力所引起的弯矩。

M_G—— 由墙身及基础自重和基础上的土重引起的弯矩。

M_{EI}—— 由填土及汽车活载引起的弯矩。

M_W—— 由静水压力引起的弯矩。

M_f—— 由浮力引起的弯矩。

其中：$N_1=G\gamma_G+\gamma_{Q1}E_y-W$，$\gamma_G=0.9$。

当基底有倾斜时

$$N_1 = (G\gamma_G + \gamma_{Q1} E_y - 1.1W)\cos\alpha + \gamma_{Q1} + E_x \sin\alpha_0$$

上述弯矩均为绕基底形心轴旋转，正负号自己确定。

② 对岩石地基，当 $|e| > \frac{B}{6}$ 时

此情况可以不考虑地基拉应力，而压应力重新分布如下

$$P_{max} = \frac{2N_1}{3C}, P_{min} = 0 \tag{8-41}$$

式中：$C = \frac{B}{6} - e \quad (e \leqslant \frac{B}{6})$

2. 基底合力偏心距

基底合力偏心距应满足表 8-8。

表 8-8　基底合力偏心距

地基条件	合力偏心矩	地基条件	合力偏心矩
非岩石地基	$e_0 \leqslant B/6$	软土、松砂、一般粘土	$e_0 \leqslant B/6$
较差的岩石地基	$e_0 \leqslant B/5$	紧密细砂、粘土	$e_0 \leqslant B/5$
坚密的岩石地基	$e_0 \leqslant B/4$	中密碎、砾石、中砂	$e_0 \leqslant B/4$

3. 地基承载力验算

(1) 轴心荷载作用时

$$p \leqslant f \tag{8-42}$$

式中：f—— 地基承载力抗力值(kPa)。

(2) 偏心荷载作用时

$$\bar{p} \leqslant f \tag{8-42}$$

$$p_{max} \leqslant 1.2f$$

式中：$\bar{p}$—— 基底平均压力。

(3) 地基承载力抗力值的规定

当挡土墙的基础宽度大于 3m，或埋置深度大于 0.5m 时，除岩石地基外，地基承载应力抗力值按下式计算：

$$f = f_\kappa + k_1\gamma_1(b-3) + k_2\gamma_2(h-0.5) \tag{8-44}$$

式中：f—— 地基承载应力抗力值；

f_κ—— 地基承载应力标准值；

k_1, k_2—— 承载力修正系数，见表 8-9；

γ_1—— 基底下持力层上土的天然重度(kN/m^3)，如在水面以下且不透水者，应采用浮重；

γ_2—— 基础地面以下各土层的加权平均重度，水面以下用有效浮重度(kN/m^3)；

b—— 基础底面宽度小于 3m 时取 3m，大于 6m 时取 6m；

h—— 基础底面的埋置深度(m)。从天然地面算起；有水流冲刷时，从一般冲刷线算起。

表 8-9 承载力修正系数

土的类别		k_1	k_2
淤泥和淤泥质土	$f_k < 50\text{kPa}$	0	1.0
	$f_k \geqslant 50\text{kPa}$	0	1.0
人工填土 e 或 $l_L \geqslant 0.85$、粘性土 $e \geqslant 0.85$ 或稍混的粉土		0	1.1
红粘土	含水比 > 0.8	0	1.2
	含水比 $\leqslant 0.8$	0.15	1.4
e 或 l_L 均小于 0.85 的粘质土		0.3	1.6
粉砂、细砂(不包括很湿、稍密)		2.0	3.0
中砂、粗砂、砾砂和碎石土		3.0	4.4

[注] (1) 强风化岩石,可参照相应土的承载力取值。(2)I_L 为含水比。(3)e 为空隙比。

(4) 当不满足式(8-44)的计算条件或计算出的结果 $f < 1.1f_k$ 时,可按 $f = 1.1f_k$ 直接确定地基承载应力抗力值。

(5)f 值可以根据不同荷载组合予以提高,提高系数 K 按表 8-10 取值。

表 8-10 提高系数 K

荷载组合	提高系数 K	荷载组合	提高系数 K
主要组合	1.0	偶然组合	1.5
附加组合	1.3		

(6) 当偏心距 e 小于或等于 0.333 倍基础底面宽度时,可根据土的抗剪强度指标确定地基承载应力抗力值(图 8-31)。

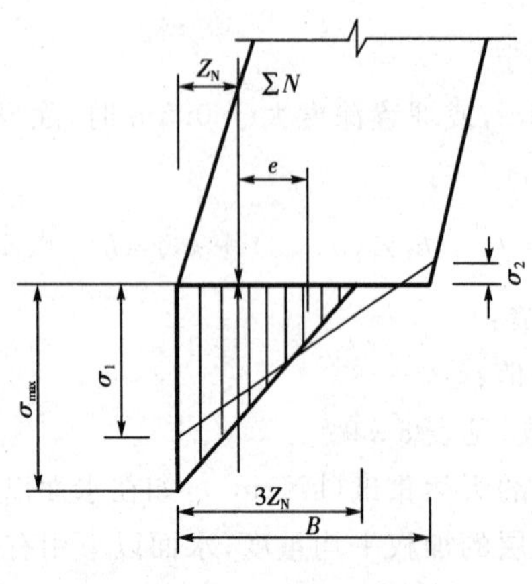

图 8-31 基底应力重分布

8.3.3　墙身截面强度验算

为了保证墙身具有足够的强度，应根据经验选择 1 ～ 2 个控制断面进行验算，如墙身底部、1/2 墙高处、上下墙（凸形及衡重式墙）交界处（图 8 - 32）。

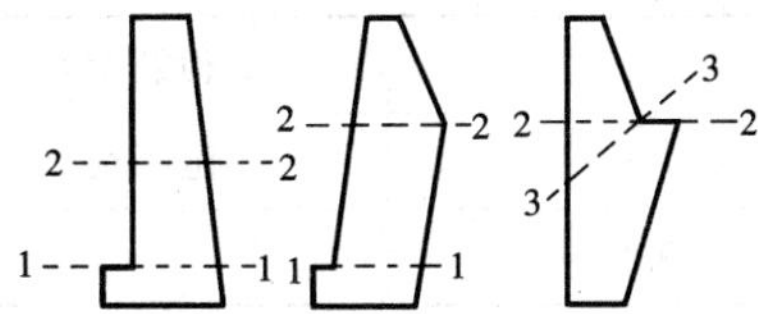

图 8 - 32　验算断面的选择

根据《公路砖石及混凝土桥涵设计规范》的规定，当构件采用分项安全系数的极限状态设计时，荷载效应不利组合的设计值，应小于或等于结构抗力效应的设计值。

1. 强度计算

如图 8 - 33 所示，计算如下：

$$N_j \leqslant \alpha_k A R_k / \gamma_k \tag{8-45}$$

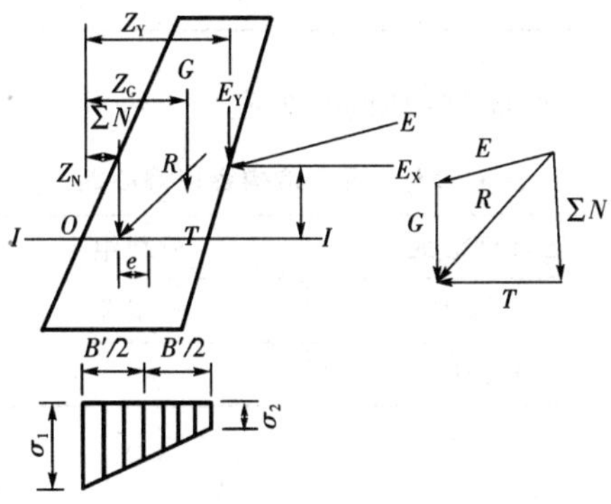

图 8 - 33　墙身截面法向应力验算

按每延米墙长计算

$$N_j = \gamma_0 (\gamma_G N_G + \gamma_{Q1} N_{Q1} + \sum \gamma_{Qi} \psi_{Ci} N_{Qi}) \tag{8-46}$$

式中：N_j—— 设计轴向力（kN）；

γ_0—— 重要性系数；

ψ_{ci}—— 荷载组合系数（见表 8 - 11）；

N_G—— 恒载（自重及襟边以上土重）引起的轴力（kN）；

N_{Q1}—— 主动土压力引起的轴向力（kN）；

$N_{Qi}(i = 2 \sim 6)$—— 被动土压力、水浮力、静水压力、动水压力、地震力引起的轴力（kN）；

γ_k—— 抗力分项系数，按表 8 - 12 选用；

R_k—— 材料极限抗压强度（kPa）；

A—— 挡土墙构件的计算截面积（m^2）；

α_k—— 轴向力偏心影响系数。

$$\alpha_k=\frac{1-256(\frac{e_0}{B})^8}{1+12(\frac{e_0}{B})^2}$$

表 8－11　荷载组合系数表

荷载组合	ϕ_a	荷载组合	ϕ_a
Ⅰ、Ⅱ	1.0	施工荷载	0.7
Ⅲ	0.8		

表 8－12　抗力分项系数

圬工种类	受力情况	
	受压	受弯、剪、拉
石料	1.85	2.31
片石砌体、片石混凝土砌体	2.31	2.31
块石砌体、粗料石砌体、混凝土预制块砌体	1.92	2.31
混凝土	1.54	2.31

挡土墙墙身或基础为纯圬工截面时，其偏心距应小于表 8－13 的要求。

表 8－13　圬工结构容许偏心距

荷载组合	容许偏心距	荷载组合	容许偏心距
Ⅰ、Ⅱ	$0.25B$	施工荷载	$0.33B$
Ⅲ	$0.30B$		

2. 稳定计算

$$N_j\leqslant\psi_k\alpha_kAR_k/\gamma_k \tag{8-47}$$

式中：N_j、α_k、A、R_k、γ_k 意义同式(8－46)；

ψ_k—— 弯曲平面内的纵向翘曲系数，按下式计算

$$\psi_k=\frac{1}{1+\alpha_s\beta_s(\beta_s-3)\left[1+16\left(\frac{e_0}{B}\right)^2\right]} \tag{8-48}$$

β_s——$2H/B$，H 为墙有效高度（视下端固定，上端自由，m）；为墙的宽度(m)；

α_s—— 系数，查表 8－14。

表 8－14　α_s 系数表

砌体砂泥强度等级	$\geqslant$ **M5**	**M2.5**	**M1**	混凝土
α_s	0.002	0.0025	0.004	0.002

一般情况下挡土墙尺寸不受稳定控制，但应判断是细高墙或是矮墙。当 H/B 小于 10 时，为矮墙，其余则为细高墙。但当墙顶为自由时，H/B 应小于 30。对于矮墙，可取 ψ_k，即不考虑纵向稳定。

3. 利用弯曲抗拉极强度进行验算

当e_0超过表 8-13 的规定时，还可以利用弯曲抗拉极限强度R_{WL}进行验算或确定截面尺寸。

$$N_j \leqslant \frac{AR_{WL}}{(\frac{Ae_0}{W}-1)\gamma_k} \tag{8-49}$$

式中：W—— 截面系数（m^3）。

当挡土墙长度取 1 延米为计算单元时：$A=1\times B$，则式（8-49）为

$$N_j \leqslant \frac{BR_{WL}}{(\frac{6e_0}{W}-1)\gamma_k} \tag{8-50}$$

4. 正截面直接受剪时验算

$$Q_j \leqslant A_jR_j/\gamma_k + f_mN_1 \tag{8-51}$$

式中：Q_j—— 正截面剪力（kN）；

A_j—— 受剪截面面积（m^2）；

R_j—— 砌体截面的抗剪极限强度（kPa）；

f_m—— 摩擦系数，$f_m=0.42$。

8.3.4　增加挡土墙稳定性的措施

8.3.4.1　增加抗滑稳定性的方法

1. 设置倾斜基底

设置向内倾斜的基底（图 8-34 所示），可以增加抗滑力和减少滑动力，从而增加了抗滑稳定性。

基底倾斜角α_0越大，越有利于抗滑稳定性，但应考虑挡土墙连同地基土体一起滑走的可能性，因此对地基倾斜度应加以控制。通常，对土质地基，不陡于 1∶5（$\alpha_0\leqslant 11°10'$）；对岩石地基，不陡于 1∶3（$\alpha_0\leqslant 16°42'$）。

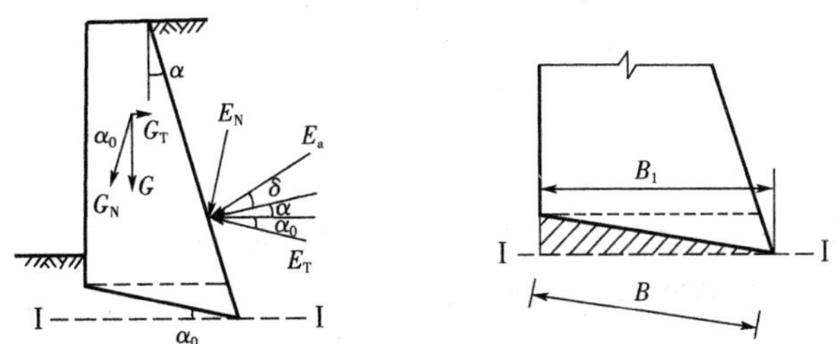

图 8-34　倾斜基底增加挡土墙抗滑稳定性

此外，在验算沿基底的抗滑稳定性的同时，还应验算通过墙踵的地基水平面（图 8-34 中Ⅰ—Ⅰ 水平面）的滑动稳定性。

2. 采用凸榫基础

在挡土墙基础底面设置混凝土凸榫（图 8-35），与基础连成整体，利用榫前土体产生的被动土压力以增加挡土墙的抗滑稳定性。

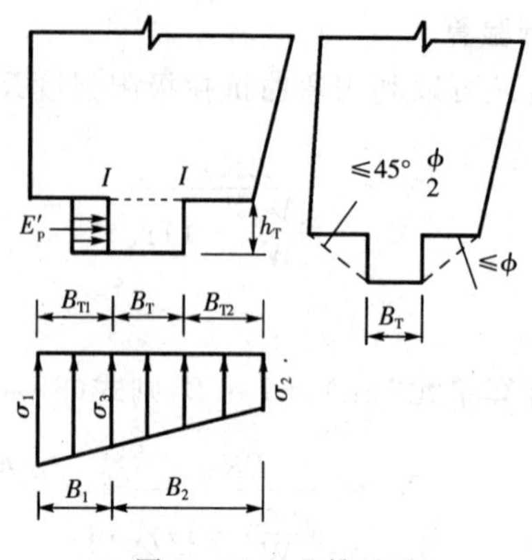

图 8-35　凸榫基础

为了增加榫前被动阻力，应使榫前被动土楔不超过墙趾。同时，为了防止因设凸榫而增加墙背的主动土压力，应使凸榫后缘与墙踵的连线同水平线的夹角不超过 ϕ 角。因此应将整个凸榫置于通过墙趾并与水平线成 $45°-\phi/2$ 角线和通过墙踵并与水平线成 ϕ 角线所形成的三角形范围内。

当 $\beta=0$（填土表面水平），$\alpha=0$（墙背垂直），$\delta=0$（墙光滑）时，榫前的单位被动土压力 σ_p，按朗金(Rankine) 理论计算。

$$\sigma_p=\gamma h\tan^2(45°+\phi/2)\approx\frac{1}{2}(\sigma_1+\sigma_3)\tan^2(45°+\phi/2)$$

考虑到产生全部被动土压力所需要的墙身位移量大于墙身设计所允许的位移量，为工程安全所不允许，因此铁路规范规定，凸榫前的被动土压力按朗金被动土压力的 1/3 采用，即

$$e_p=\frac{1}{3}\sigma_p=\frac{1}{3}\left[\frac{1}{2}(\sigma_1+\sigma_3)\tan^2(45°+\phi/2)\right]$$

$$E'_p=e_p\cdot h_T \tag{8-52}$$

在榫前 B_T 前宽度内，因已考虑了部分被动土压力，故未计其基底摩擦阻力。

按抗滑稳定性的要求，令 $K_c=[K_c]$，代入式(8-52)，即得凸榫高度 h_T 的计算式

$$h_T=\frac{[K_c]E_x-\frac{1}{2}(\sigma_2+\sigma_3)B_2 f}{e_p} \tag{8-53}$$

凸榫宽度 B_T 根据以下两方面的要求进行计算，取其大者。

(1) 根据截面 Ⅰ—Ⅰ(图中虚线) 上的弯矩

$$B_T=\sqrt{\frac{6M_t}{[\sigma_l]}}=\sqrt{\frac{6\times\frac{1}{2}e_p h_t^2}{[\sigma_l]}}=\sqrt{\frac{3e_p h_t^2}{[\sigma_l]}}$$

(2) 根据 Ⅰ—Ⅰ 截面上的剪应力

$$B_T=\frac{h_t e_p}{[\tau_c]}$$

式中：$[\sigma_l]$、$[\tau_c]$——混凝土的容许弯拉应力和容许剪应力。

8.3.4.2　增加抗倾覆稳定性的方法

为增加抗倾覆稳定性，应采取加大稳定力矩和减小倾覆力矩的办法。

1. 展宽墙趾

在墙趾处展宽基础以增加稳定力臂，是增加抗倾覆稳定性的常用方法。但在地面横坡较陡处，会由此引起墙高和圬工量的增加。

2. 改变墙面及墙背坡度

改缓墙面坡度可加大抗倾覆力矩的力臂（图 8－36(a)），改陡俯斜墙背或改为仰斜墙背可减少土压力（图 8－36(b)、(c)）。在地面纵坡较陡处，均须注意对墙高的影响。

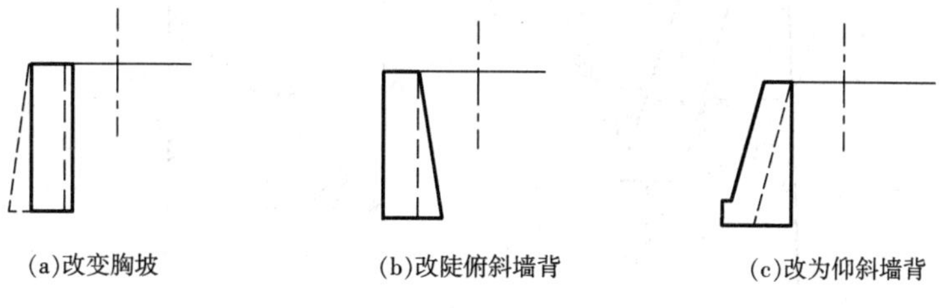

图 8－36　改变胸坡及背坡

3. 改变墙身断面形式

不同的墙身断面形式具有不同的稳定性。就抗倾覆而言，衡重式优于仰斜式，仰斜式又优于俯斜式。设计时可根据地基和地面横坡情况选择适当的墙身断面形式，以增加挡土墙的抗倾覆稳定性。当地面横坡较陡时，应使墙胸尽量陡立。这时可改变墙身断面形式，如改用衡重式墙或者墙后设卸荷平台、卸荷板（图 8－37），以减少土压力并增加稳定力矩。

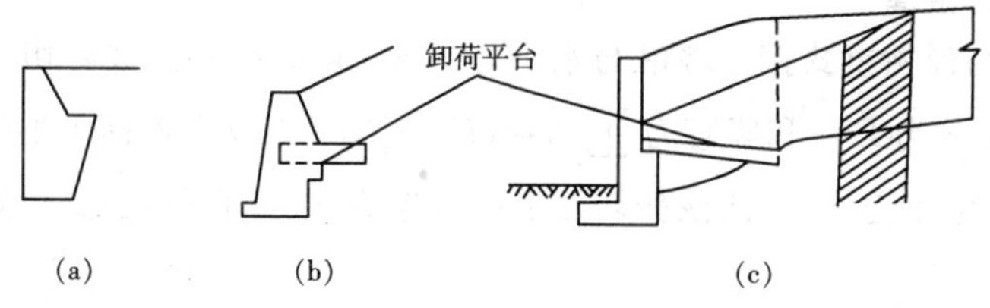

图 8－37　改变墙身形式措施

8.3.5　衡重式挡土墙设计

衡重式挡土墙设计与一般重力式挡土墙相同。但是，因为墙背为带有衡重台的折线形，所以土压力计算及墙身构造都有其特殊性。

衡重式挡土墙的构造，通常墙胸多采用 1∶0.05 的陡坡，上墙墙背坡率采用 1∶0.25～1∶0.45 之间，下墙墙背坡率采用 1∶0.25，上下墙高比采用 2∶3。其他构造要求与一般重力式挡土墙相同。

作用于衡重式挡土墙的主动土压力，按上下墙分别计算，取其矢量和作为全墙的主动土压力。

衡重式挡土墙稳定性验算的内容和要求同一般重力式挡土墙。当上墙出现第二破裂面时，第二破裂面与上墙墙背之间的填土与墙身一起移动，其重量应计入墙身自重。

验算墙身截面强度时，应按上墙实际墙背所承受的土压力计算，验算内容同重力式（图8－32）。最危险的截面是上下墙分界面2—2，以及与上墙土压力大致平行的3—3斜截面。对于斜截面验算，应将力投影到斜截面上，验算抗剪强度是否满足要求。

下面介绍上墙实际墙背上的土压力及斜截面上的剪应力的计算方法。

1. 上墙实际墙背的土压力

上墙实际墙背的土压力 E'_1 由第二破裂面上的土压力 E_1 传递而来。一般假定衡重台及墙背上均无摩擦力产生，采用力多边形来推求，如图 8－38 所示。

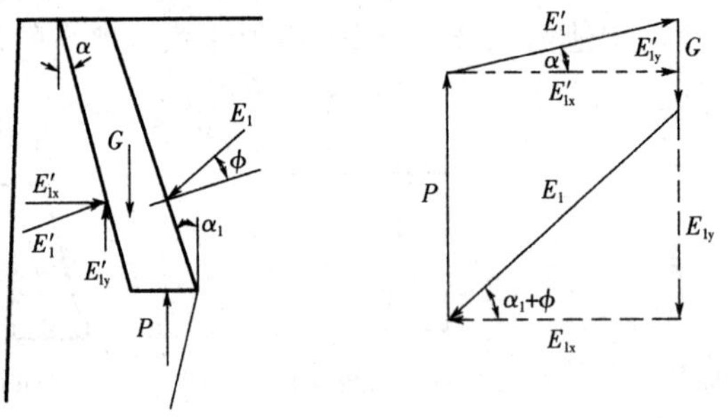

图 8－38　上墙实际墙背的土压力计算

从力多边形可知

$$E'_{1x}=E_{1x}$$

$$E'_{1y}=E'_{1x}\tan\alpha=E_{1x}\tan\alpha \tag{8-54}$$

假定此土压力沿墙背呈直线分布，作用于上墙的下三分点处。

2. 斜截面剪应力验算

如图 8－39 所示，设衡重式挡土墙沿与水平方向成 i 角的倾斜面被剪切。剪切面上的作用力是主动土压力的水平分力 E'_{1x} 和竖直力 $\sum N=(E'_1+G_1+G_2)$ 在该面上的切向分力 P_E 和 P_G。P_E 和 P_G 随 i 角的变化而变化，因此该剪切面上的剪应力 τ 是 i 角的函数。欲求最大剪应力 τ 值，可按 $\frac{\mathrm{d}\tau}{\mathrm{d}i}$ 导出。

在 ΔO_1LM 中，由正弦定律得

$$\frac{\frac{h}{\cos\alpha}}{b_2}=\frac{\sin i}{\sin(90^\circ-\alpha-i)}=\frac{\sin i}{\cos(\alpha+i)}$$

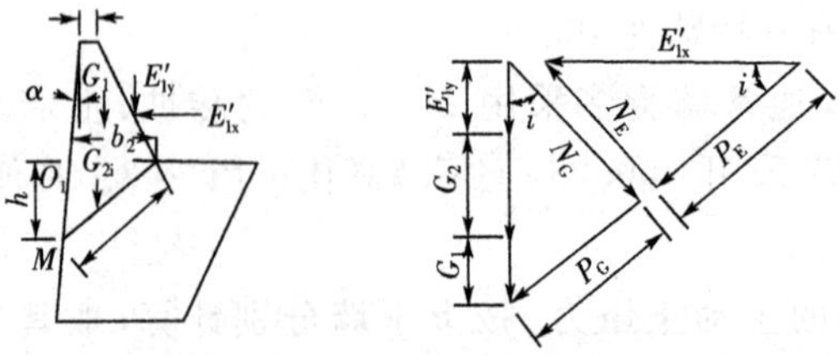

图 8－39　斜截面剪应力验算

则

$$h=\frac{b_2\sin i\cos\alpha}{\cos(\alpha+i)}=\frac{b_2\tan i}{1-\tan\alpha\tan i}$$

剪切面宽度

$$l=\frac{h}{\sin i}=\frac{b_2}{\cos i(1-\tan\alpha\tan i)}$$

$$G_2=\frac{1}{2}\gamma b_2=\frac{1}{2}\gamma_k b_2^2\ \frac{\tan i}{(1-\tan\alpha\tan i)}$$

$$P=P_E+P_G=E'_{1x}\cos i+(E'_{1y}+G_1+G_2)\sin i$$

$$=E'_{1x}\cos i+(E'_{1y}+G_1)\sin i+\frac{1}{2}\gamma_k b_2^2\ \frac{\tan i\sin i}{1-\tan\alpha\tan i}$$

$$\tau=\frac{P}{l}=\frac{P(1-\tan\alpha\tan i)\cos i}{b_2}$$

$$=(\frac{E_{1x}}{b_2})\cos^2 i(1-\tan\alpha\tan i)+\frac{E_{1y}+G_1}{b_2}\sin i\cos i(1-\tan\alpha\tan i)+\frac{1}{2}\gamma_k b_2\sin^2 i$$

$$=\cos^2 i[\tau_x(1-\tan\alpha\tan i)+\tau_0\tan i(1-\tan\alpha\tan i)+\tau_r\tan^2 i] \tag{8-55}$$

式中：$\tau_x=\dfrac{E'_{1x}}{b_2}$，$\tau_0=\dfrac{E'_{1y}+G_1}{b_2}$，$\tau_r=\dfrac{1}{2}\gamma_k b_2$，$\gamma_k$ 为墙身砌体容重。

对式(8－55) 微分，令$\dfrac{d\tau}{di}=0$，经整理化简得

$$\tan i=-A\pm\sqrt{A^2+1} \tag{8-56}$$

式中：

$$A=\frac{\tau_r-\tau_x-\tau_0\tan\alpha}{\tau_x\tan\alpha-\tau}$$

由式(8－56) 解出 i 角，代入式(8－55)，即可求得最大计算剪应力 τ_{max}。其验算方法同前。

8.3.6　浸水路堤挡土墙设计

设计长期或季节性浸水的挡土墙，除了按一般挡土墙考虑所作用的力系外，还应考虑水对墙后填料和墙身的影响。

(1) 浸水的填料受到水的浮力作用而使土压力减小；

(2) 砂性土的内摩擦角受水的影响不大，可认为浸水后不变，但粘性土浸水后抗剪强度显著降低；

(3) 墙背与墙面均受到静水压力，在墙背与墙面水平一致时，两者互相平衡；而当有一水位差时，则墙身受到静水压力差所引起的推力；

(4) 墙外水位骤然降落，或者墙后暴雨下渗在填料内出现渗流时，填料受到渗透动水压力。渗水性填料，动水压力一般很小，可略而不计；

(5) 墙身受到水的浮力作用，而使其抗倾覆及抗滑动稳定性减弱。

8.3.6.1 浸水挡土墙的土压力计算

1. 当填料为砂性土时

计算时应考虑：

(1) 浸水部分填料单位重量采用浮容重；

(2) 浸水前后的内摩擦角不变；

(3) 破裂面为一平面。由于浸水后破裂位置的变动对于计算土压力的影响不大，因而不考浸水的影响。

如图 8-40 所示，浸水挡土墙墙背土压力 E_b 可采用不浸水时的土压力 E_a 扣除计算水位以下因浮力影响而减少的土压力 ΔE_b，即

$$E_b = E_a - \Delta E_a \tag{8-57}$$

$$\Delta E_b = \frac{1}{2}(\gamma - \gamma_b) H_b^2 R_0 \tag{8-58}$$

$$\gamma_b = \gamma_d - (1-n)\gamma_w = \frac{\gamma_s - \gamma_w}{1+\varepsilon} \tag{8-59}$$

式中：γ—— 填料天然的单位体积的重力(kN/m^3)；

γ_b—— 填料的浮容重(kN/m^3)；

H_b—— 浸水部分墙高(m)；

K_a—— 土压力系数；

γ_d、γ_s—— 填料的干的单位体积的重力和固体土粒的单位体积的重力，其中 γ_s 值可采用：砂土 $26.6kN/m^3$，砾石、卵石 $26.5 \sim 28.0kN/m^3$；

γ_w—— 水的单位体积的重力，$\gamma_w \approx 10kN/m^3$；

n—— 填料的孔隙率；

ε—— 填料的孔隙比。

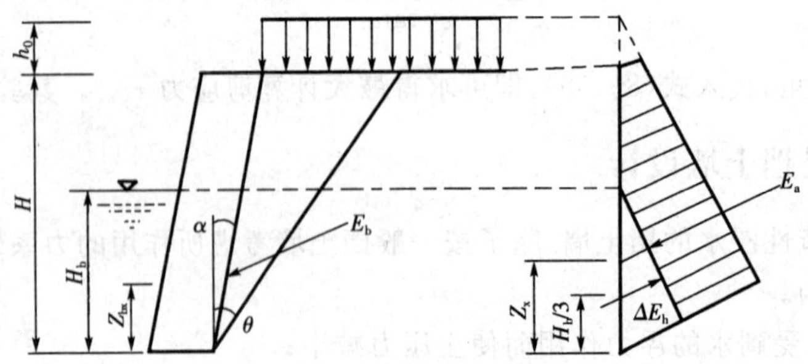

图 8-40 砂性土的浸水土压力

土压力作用点的位置

$$Z_{bx} = \frac{E_a Z_x - \Delta E_b \dfrac{H_b}{3}}{E_a - \Delta E_b} \tag{8-60}$$

式中，符号意义同前。

2. 当填料为粘性土时

如图 8-41 所示，考虑到粘性土浸水后 c 值显著降低，将填土的上下两部分视为不同性质的土层。先求出计算水位以上填土的土压力 E_1，然后再将上层填土重量作为荷载，计算浸水部分的土压力 E_2。E_1 与 E_2 的矢量和即为全墙土压力。

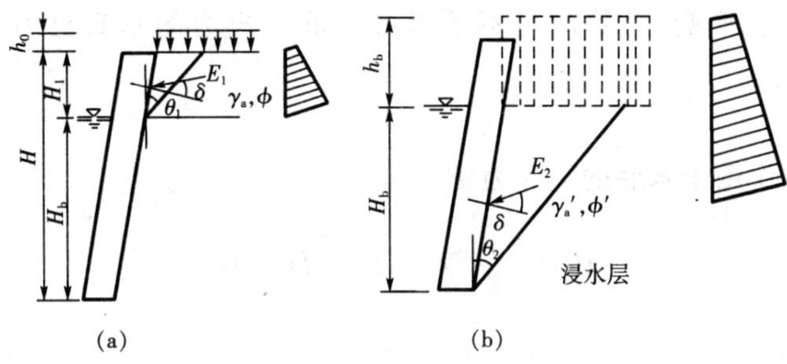

图 8-41　粘性土的浸水土压力

在计算浸水部分的土压力 E_2 时，先按浮容重 γ_b 将上部土层及超载换算为均布土层作为超载。土层厚 h_b 为

$$h_b = \frac{\gamma(h_0 + H_1)}{\gamma_b} = \frac{\gamma}{\gamma_b}(h_0 + H - H_b) \tag{8-61}$$

式中，符号意义同前。

8.3.6.2　静水压力、动水压力和上浮力的计算

1. 静水压力 P_1

如图 8-42 所示，墙胸所受的静水压力为

$$P' = \frac{1}{2}\gamma_w H'^2_b \sec\alpha'$$

其水平分力及垂直分力分别为

$$P'_{1x} = \frac{1}{2}\gamma_w H'^2_b$$

$$P'_{1x} = \frac{1}{2}\gamma_w H'^2_b \tan\alpha'$$

墙背所受的静水压力为

$$P_1 = \frac{1}{2}\gamma_w H^2_b \sec\alpha'$$

其水平分力及垂直分力分别为

$$P_{1x} = \frac{1}{2}\gamma_w H^2_b$$

$$P_{1y} = \frac{1}{2}\gamma_w H^2_b \tan\alpha'$$

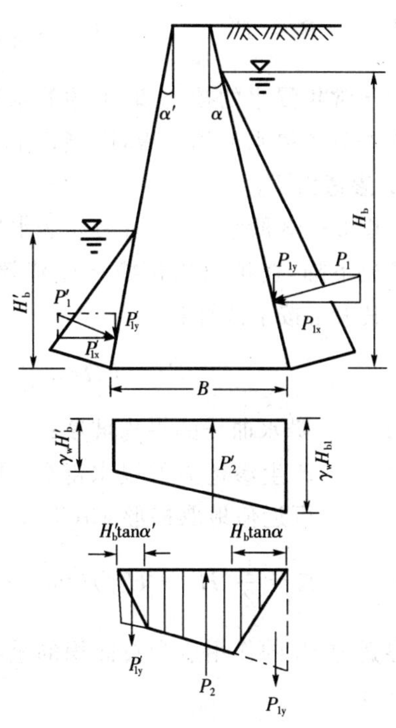

图 8-42　静水压力及上浮力

当计算动水压力 P_3 时，$H_b - H'_b$ 段的静水压力为

动水压力所代替，则墙背静水压力 P_{1x} 为

$$P'_{1x}=\frac{1}{2}\gamma_w(2H_bH'_b-H_b^2) \tag{8-62}$$

挡土墙两侧静水压力的水平分力差为 $P_{1x}-P'_{1x}$，当墙身排水良好，墙前与墙后的水位一致时，$P_{1x}=P'_{1x}$，两者相互平衡，计算时可不予考虑。静水压力的垂直分力 P_{1y} 和 P'_{1y} 计入上浮力。

2. 上浮力 P_2

如图 8－42 所示，作用于基底的上浮力 P'_2 为

$$P'_2=\frac{1}{2}C\gamma_w(H_b+H'_b)B \tag{8-63}$$

式中：B—— 基底宽(m)；

C—— 上浮力折减系数，根据墙基底面水的渗透情况而定，如表 8－15 所列。

表 8－15 上浮力折减系数 C 值

墙基底面水的渗透情况	C
透水的地基	1.0
不能肯定是否透水的地基	1.0
岩石地基，在基底与岩石间浇注混凝土，认为相对不透水时	0.5

墙身受到的总上浮力 P_2 为基底上浮力与墙胸、墙背所受的静水压力竖直分力的代数和，即

$$P_2=P'_2-P_{1y}^1-P_{1y}=\frac{1}{2}\gamma_w[CB(H_b+H'_b)-(H'^2_b\tan\alpha'+H_b^2\tan\alpha)] \tag{8-64}$$

对于常年浸水的挡土墙，上述静水压力及上浮力在计算时应视作主要荷载组合中的作用力；而对于季节性浸水的挡土墙，则当作附加组合中的作用力。

3. 渗透力 P_3

如图 8－43 所示，当墙后为弱透水性填料时，由于墙外水位急剧下降，在填料内部将产生渗流，由此而引起渗透力 P_3，其大小按下式计算

$$P_3=I_j\Omega\gamma_w \tag{8-65}$$

式中：I_j—— 降水曲线的平均坡度；

Ω—— 产生渗透力的浸水部分，即图中的阴影部分，可近似地取梯形 abed 的面积，

$$\Omega=\frac{1}{2}(H_b^2-H'^2_b)(\tan\theta+\tan\alpha) \tag{8-66}$$

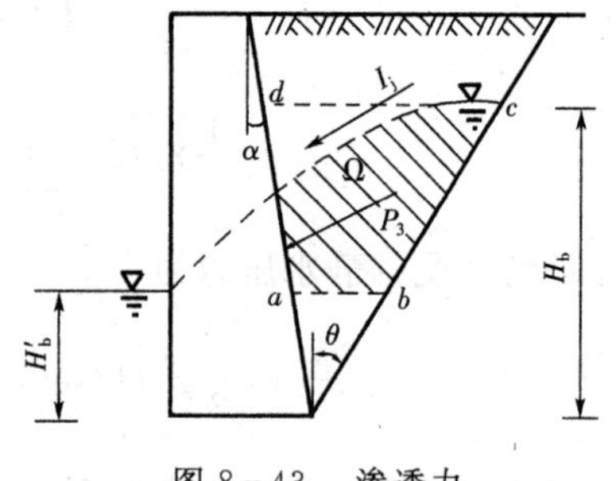

图 8－43 渗透力

渗透力 P_3 的作用点为 Ω 面积的重心，其方向平行于 I_j。透水性材料，动水压力一般很小，可略而不计。

8.3.6.3 浸水挡土墙稳定性验算

具体验算方法同前述，只是在验算时注意作用在浸水挡土墙的力系特点。如图8－44所示。

由于浸水对墙身及填料产生不同的影响，随着水位的涨落，墙的稳定性出现不同的变化。最高水位并不是在所有情况下都是最不利的水位；抗滑稳定系数和抗倾覆稳定系数的最小值，可能同时出现在某一水位，也可能分别出现。因此，在设计浸水挡土墙时，应反复试算以求算最不利水位，再进行验算。为减少计算工作量，可采用优选法。

下面说明运用优选法求最小稳定系数和最不利水位的步骤。

如图 8-45 所示，设浸水挡土墙的高度为 H，试算水位均从挡土墙基底算起：

(1) 求算 H_1 处的稳定系数 $K=1$。$H_1=0.618H$；

(2) 求算与 H_1 对称的 H_2 处的 K_2。$H_2=0+(H-H_1)=0.382H$；

(3) 比较 K_1 和 K_2。若 $K_2>K_1$，则舍去$[0,H_2]$区段，求算剩余区段$[H_2,H]$中与 H_1 对称的 $H=3$ 处的 $K=3$。$H_3=H_2+(H-H_1)=0.764H$；

(4) 比较 K_1 和 K_3。若 $K_1>K_3$，则舍去$[H_2,H_1]$区段求算新剩余段$[H_1,H]$中与 H_3 对称的 H_4 处的 H_4。$H_4=H_1+(H-H_3)=0.854H$；

(5) 比较 K_3 和 $K=4$。若 $K_4>K_3$，则舍去$[H_4,H]$区段，求算新剩余段$[H_1,H_4]$中与 H_3 对称的 H_5 处的 K_5。$H_5=H_1(H_4-H_3)=0.708H$。

如此试算 3～5 次，并将各试算水位的稳定系数 K_1、K_2……绘成 $K-H$ 曲线，从曲线上找出 $K_{\min}$（本次为 K_5），则其相应的水位（H_5）便是最不利水位。

至于基底应力，在一般情况下，它随水位的降低而增大，而在枯水位时接近或达到最大值。故在浸水挡土墙基底应力验算中，通常以枯水位作为验算水位。

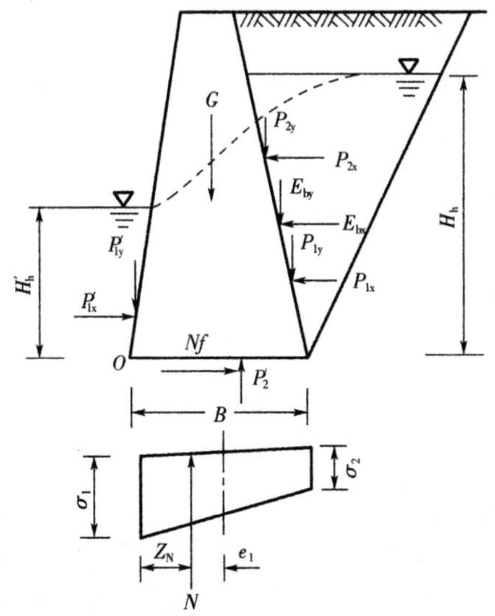

图 8-44　作用在浸水挡土墙的力系

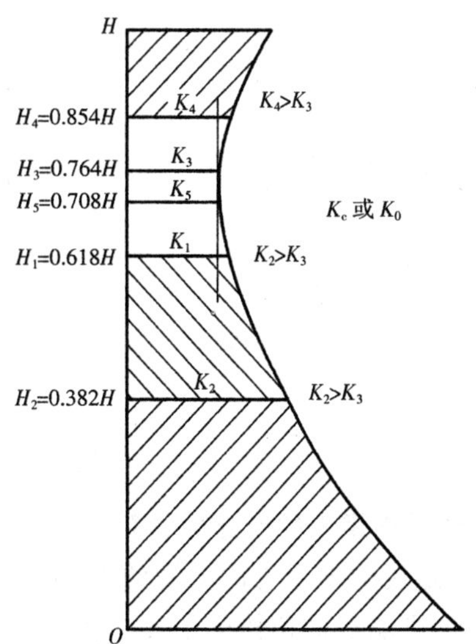

图 8-45　用优选法求算最不利水位

8.3.7　地震地区挡土墙设计

挡土墙修建在设计烈度为 8 度及 8 度以上的地震区，以及修筑在地震时可能发生大规模滑坡、崩坍的地段或软弱地基（如软弱粘性土层）处，地震强度和稳定性验算要考虑破裂棱体和挡土墙身分别承受地震力的作用，将地震荷载与恒载组合，并考虑常年水位的浮力。不考虑季节性浸水的影响，其他外力（包括车辆荷载）的作用均不考虑。

验算时一般仍采用库仑法，但在计算土压力时需考虑重力加速度的影响和水平地震力的作用。

1. 水平地震力的计算

在挡土墙设计中,一般只考虑水平地震力,竖向地震力影响小,可略去不计。作用于破裂棱体与挡土墙重心上的最大水平地震力 P_s 为

$$P_s = C_1 C_z K_H G \tag{8-67}$$

式中:C_1—— 重要性修正系数,见表 8-16;

C_z—— 综合影响系数,表示实际建筑物的地震反应与理论计算间的差异,采用 0.25;

K_H—— 水平地震系数,为地震时地面最大水平加速度的统计平均值与重力加速度的比值,设计烈度为 7、8、9 时分别取 0.1、0.2、0.4;

G—— 破裂棱体与挡土墙的重量。

表 8-16 重要性修正系数 C_1

路线等级及构造物	重要性修正系数 C_1
高速、一级公路的抗震重点工程	1.7
高速、一级公路的一般工程、二级公路的抗震重点工程	1.3
二级公路的一级工程、三级公路的抗震重点工程	1.0
三级公路的一级工程、四级公路的抗震重点工程	0.6

图 8-46 表示挡土墙重 G 与水平地震力 P_s 的合力 G_1,其与竖直线的夹角 θ_s 称为地震角。

$$\theta_s = \arctan C_z K_H \tag{8-68}$$

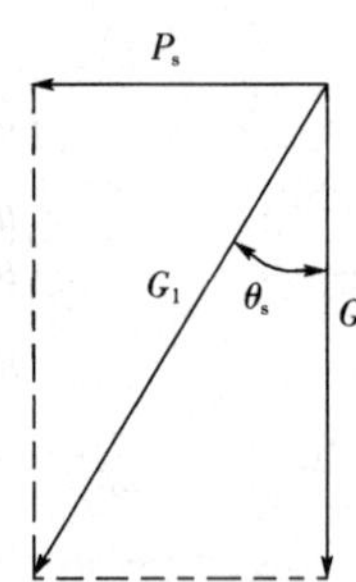

图 8-46 水平地震力与地震角

2. 地震作用下的土压力计算

已知地震力与重力的合力的大小与方向,并且假定在地震作用下土的内摩擦角与墙背摩擦角 δ 不变,则墙后破棱体的平衡力系如图 8-47(a) 所示,图 8-47(b) 为力多边形 abb_1c 或力三角形 abc。从图中可以看出,当 $\gamma_s = \gamma/\cos\theta_s$、$\delta_s = \delta + \theta_s$ 取代 γ、δ 和 ϕ 值时,地震作用下的力三角形 abc 与图 8-7 中一般情况下的力三角形 abc 完全相似,因此可直接采用一般库仑土压力公式来求算地震土压力。

例如,当填土表面为一平面倾角 β 时,由图 8-17 和式(8-6) 可知,地震土压力应为

$$E_s = \frac{1}{2}\frac{\gamma}{\cos\theta_s}H^2K_s = \frac{1}{2}\frac{\gamma}{\cos\theta_s}H^2\frac{\cos^2(\phi-\theta_s-\alpha)}{\cos^2\alpha\cos(\alpha+\delta+\theta_s)\left(1+\sqrt{\dfrac{\sin(\phi+\delta)\sin(\phi-\theta_s-\beta)}{\cos(\alpha+\delta+\theta_s)\cos(\alpha+\beta)}}\right)^2} \tag{8-69}$$

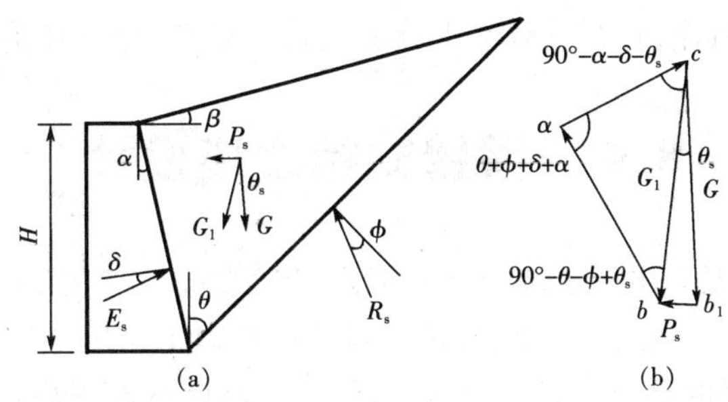

图 8-47　地震作用下的主动土压力

必须指出，各种边界条件下的地震土压力均可用 γ_s、δ_s、ϕ_s 取代 γ、δ、ϕ 而按一般公式计算，但地震土压力 E_s 的作用方向仍应按实际墙背摩擦角 δ 来决定，在计算 E_x 和 E_y 时，采用 δ 而不用 δ_s。

对于地震作用下的路肩挡土墙，也可用下面的简化公式计算(图 8-48)

$$E'_a = (1 + 3C_z K_H \tan\phi) E_a \tag{8-70}$$

式中：E_a—— 一般非地震地区的挡土墙主动土压力。

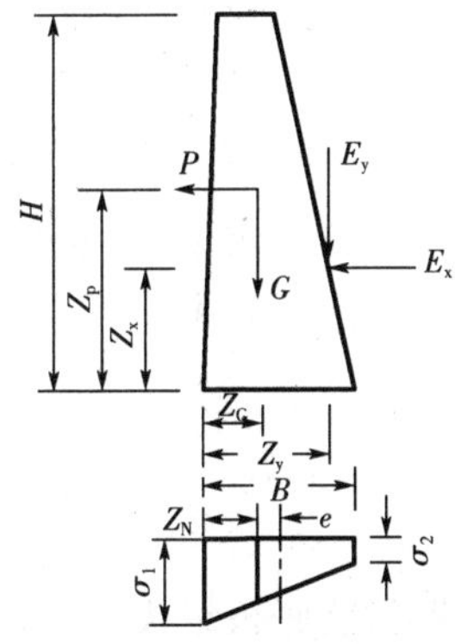

图 8-48　作用于地震地区挡土墙上的力系

3. 地震条件下挡土墙的稳定性验算

对于地震地区挡土墙，应先按一般条件下进行设计，然后再考虑地震荷载作用进行抗震验算。验算按图 8-48 进行，验算项目及方法与一般地区挡土墙相同。

4. 一般防震措施

(1) 尽可能采用重心低的墙身断面形式。

(2) 基础尽可能置于基岩或坚硬的均质土层上；遇有软粘土、饱和砂土或严重不均匀地基时，应采取适当措施进行加固处理。

(3) 挡土墙宜采用浆砌片(块)石、混凝土和钢筋混凝土修筑。当采用干砌片(块)石时，墙高须加以限制：设计烈度为 8 度时，一般不超过 5m；9 度时，一般不超过 3m。

(4) 墙体应以垂直通缝分段，每段长度不宜超过 15m。地基变化或地面标高突变处，也应设置通缝。

(5) 应严格控制砌筑质量，石料要嵌挤紧密，砂浆要饱满，砂浆强度等级按非地震区要求提高一级采用。

(6) 墙后填料应尽量用片、碎石或砂性土分层填筑并夯实,并做好排水设施。

8.4 薄壁式挡土墙设计

薄壁式挡土墙是钢筋混凝土挡土墙的主要形式,是一种轻型支挡结构物,它分为悬臂式与扶壁式挡土墙两类(图 8-49)。它是依靠墙身的重量及底板以上的填土(含表面超载)的重量来维持其平衡,其主要特点是厚度小,自重轻,施工方便,挡土高度可以很高,经济指标较好。近年来,悬臂式、扶壁式挡土墙在国内已开始大量应用。一般情况下,6m 左右用悬臂式;6m 以上多用扶壁式。它们适用于缺乏石料、地基承载力低及地震地区。

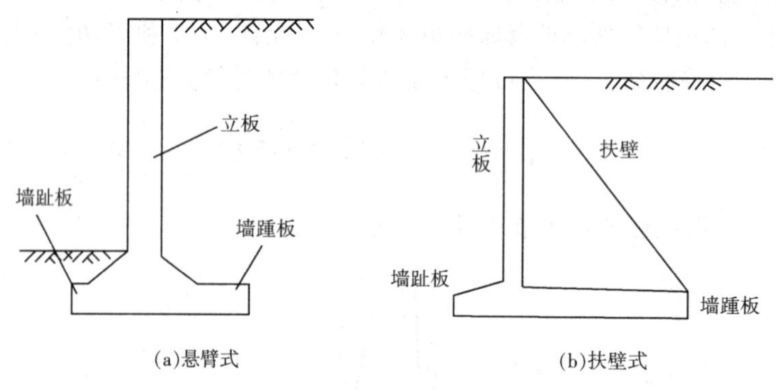

图 8-49 薄壁式挡土墙

8.4.1 悬臂式挡土墙

8.4.1.1 悬臂式挡土墙的构造

钢筋混凝土悬臂式挡土墙是由立板和墙底板组成,具有三个悬臂,即立板、墙趾板和墙踵板,同时固定在中间夹块上,如图8-50所示。墙的稳定性依靠墙身自重和墙踵板上的填土重量来保证,而墙趾板的设置又显著地增加了抗倾覆力矩的力臂,因此结构形式比较经济。

1. 立板

立板墙顶的最小厚度通常采用 200 ~ 250mm,路肩墙不宜小于 200mm。为便于施工,立板内侧(即墙背)做成竖直面,外侧(即墙面)一般做成斜坡面,以免因挡墙变形、地基不均匀沉陷及施工误差等因素的影响造成立板前倾,通常采用的坡率是 1:0.02 ~ 1:0.05。具体坡度值将根据立板的强度和刚度要求确定。当挡土墙墙高不大时,立板可做成等厚度。当墙高较高时,宜在立板下部将截面加厚。

2. 墙底板

墙底板是由墙踵板和墙趾板两部分组成。墙底板一般水平设置,底面水平。墙趾板顶面可倾斜,墙踵板顶面要水平。

墙踵板的宽度由全墙抗滑稳定验算确定,并具有一定的刚度。靠立板处厚度一般取为墙高的 1/12 ~ 1/10,且不应小于 200 ~ 300mm。

墙趾板的宽度应根据全墙的倾覆稳定、基底应力(即地基承载力)和偏心距等条件来确定,一般可取为底板宽度的 0.15 ~ 0.30 倍,其厚度在中间夹块连接处与墙踵板相同,墙趾板端部不宜小于300mm。通常墙底板的宽度B由墙的整体稳定来决定，一般可取墙高度H的0.6～0.8倍。当墙后为地下水位较高，且地基承载力很小的软弱地基时，B值可能会增大到1倍墙高或者更大，具体值将由全墙的稳定条件试算确定。

3. 凸榫

为提高挡土墙抗滑稳定的能力，底板设置凸榫，如图8-35。为使凸榫前的土体产生最大的被动土压力，墙后的主动土压力不因设凸榫而增大，凸榫应设在正确位置上。具体设置位置及强度计算参见重力式挡土墙设计。

8.4.1.2　悬臂式挡土墙的设计

悬臂式挡土墙设计，分为墙身截面尺寸拟定及钢筋混凝土结构设计两部分。

确定墙身的断面尺寸，是通过试算法进行的。其作法是先拟定截面的试算尺寸，计算作用其上的土压力，通过全部稳定验算来确定墙踵板和墙趾板的宽度。

钢筋混凝土结构设计，则是对已确定的墙身截面尺寸，进行内力计算和设计钢筋。在配筋设计时，可能会调整截面尺寸，特别是墙身的厚度。一般情况下这种墙身厚度的调整对整体稳定影响不大，可不再进行全墙的稳定验算。

1. 土压力计算

对于悬臂式挡土墙，通常采用朗金理论来计算通过墙踵板的竖直面上的土压力E_a，然后结合位于该竖直面与墙背间的土重，得到作用于墙上的总压力。

悬臂式挡土墙土压力分布，如图8-50。其总土压力为

$$E=\frac{1}{2}\gamma H^2 K$$

$$K=\cos\beta\frac{\cos\beta-\sqrt{\cos^2\beta-\cos^2\phi}}{\cos\beta+\sqrt{\cos^2\beta-\cos^2\phi}} \tag{8-71}$$

式中：K—— 朗金土压力系数，可由有关手册查得。

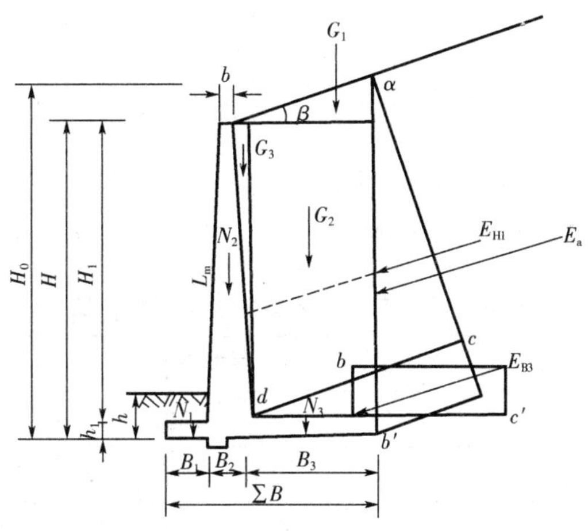

图8-50　悬臂式挡土墙的受力状态

当地面为水平时，$\beta=0$时，

$$K=\frac{1-\sin\phi}{1+\sin\phi}=\tan^2(45^\circ-\frac{\phi}{2}) \tag{8-72}$$

土压力的方向平行于地面。

在墙身结构验算中,将总土压力 E_a 分为 E_{H1} 和 E_{B3},分别作用于立板及墙踵板上。总土压的分布图为 $\Delta ab'c'$,其中 Δabc 部分作用在立板上,合力为 E_{H1} 梯形 $bb'c'c$ 部分作用于墙踵板上,合力为 E_{B3},bc 线平行于地面,通过立板与墙踵板的拐角点 a。墙踵板还承受填土 G_1+G_2 的垂直压力。

悬臂式挡土墙的土压力,也可以采用库伦方法计算,计算时应验算是否出现第二破裂面。若条件成立,计算时假定墙踵板上所受的垂直力度为第二破裂面以下墙踵板以上的土重力与主动土压力垂直分力之和,立板则承受主动土压力的全部水平分力。

2. 墙底板宽度计算

(1) 夹块宽度

同立板底部厚度 B_2,计算方法后面介绍。

(2) 墙踵板宽度

墙踵板是以立板底端为固定端的悬臂梁。墙踵板宽度受滑动稳定控制,要求

$$[K_c]E_x=f\sum N \tag{8-73}$$

式中:$[K_c]$—— 滑动稳定安全系数;对加设凸榫的挡土墙,在未设凸榫前,要求满足要 $K_c\geqslant 1.0$;

$\sum N$—— 底板上所承受的垂直荷载,等于 $\sum G+E_y$;

$\sum G$—— 底板上填土及圬工重量,在墙身尺寸未定前,暂时估算。

① 路肩墙,当胸坡垂直,顶面有均布荷载 h_0 时(图 8-51)

当用朗金方法计算土压力时,活载均按路基面全宽换算分布宽度,以简化计算。

$\sum G$ 暂按下式估算

$$\sum G=(B_2+B_3)(H+h_0)\gamma\mu \tag{8-74}$$

式中:γ—— 填料重度(kN/m^3);

μ—— 容重修正系数,由于计算 $\sum G$ 中未计入趾板及其上部土重,故须近似地将其容重加以修正,μ 值见表 8-17。

$$[K_c]E_x=f\sum N=f(B_2+B_3)(H+h_0)\gamma\mu \tag{8-75}$$

表 8-17 单位体积重力修正系数 μ 值

单位体积重力/(kN/m^3)	摩擦系数 f								
	0.30	0.35	0.40	0.45	0.50	0.60	0.70	0.84	1.00
16	1.07	1.08	1.09	1.10	1.12	1.13	1.15	1.17	1.20
18	1.05	1.06	1.07	1.08	1.09	1.11	1.12	1.14	1.16
20	1.03	1.04	1.04	1.05	1.06	1.07	1.08	1.10	1.12

② 路堑墙或路堤墙,当墙顶面坡角为 β,胸坡垂直时

$$[K_c]E_x = f\sum N = f(B_2 + B_3)(H + \frac{1}{2}B_3\tan\beta)\gamma\mu + fE_y \tag{8-76}$$

$$B_3 = \frac{[K_c]E_x - fE_y}{f(H + \frac{1}{2}B_3\tan\beta)\gamma\mu}$$

③ 当墙胸具有 1∶m 的倾斜度时，上面两个计算式应加上胸坡修正宽度 ΔB_3

$$\Delta B_3 = mH_1/2 \tag{8-77}$$

(3) 墙趾板宽度

墙趾板宽度 B_1 除高墙受倾覆稳定系数 K_0 控制外，一般都由地基应力或偏心距 e 来决定，要求墙踵板不出现拉应力，如图 8-51 所示，即

$$e \leqslant \frac{\sum B}{6}$$

当 $e = \dfrac{\sum B}{2} - Z_N = \dfrac{\sum B}{6}$，则

$$Z_N = \frac{\sum B}{3} = \frac{M_y - M_0}{\sum N}$$

将 $M_y = \sum N(\dfrac{B_2 + B_3}{2} + B_1)$ 代入上式后，得

$$\sum B = \frac{3(M_y - M_0)}{\sum N} = \frac{3(B_2 + B_3 + 2B_1)}{2} - \frac{3M_0}{\sum N} = B_1 + B_2 + B_3$$

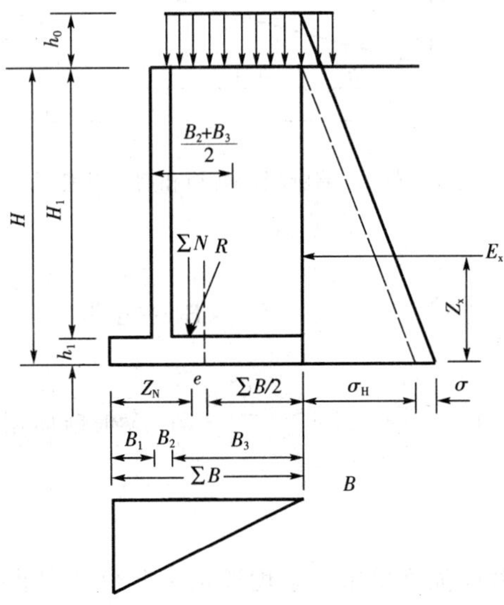

图 8-51　确定墙底板宽度简图

已知 $\sum N = [K_c]E_x/f$，代入上式后，得

$$B_1 = \frac{1.5M_0 f}{[K_c]E_x} - 0.25(B_2 + B_3) \tag{8-78}$$

对于路肩墙

$$M_0 = \frac{H^2}{6}(3\sigma_0 + \sigma_H)$$

$$B_1 = \frac{1}{4}\left[\frac{H^2(3\sigma_0 + \sigma_H)f}{[K_c]E_x} - (B_2 + B_3)\right] \tag{8-79}$$

式中：$\sigma_0 = \gamma h_0 K$，$\sigma_H = \gamma HK$，$E_x = \frac{H}{2}(2\sigma_0 + \sigma_H)$。

对于路堑墙或路堤墙(图 8-52)

$$M_0 = E_x Z_x = \frac{1}{3}(H + B_3\tan\beta)E_x$$

$$B_1 = \frac{1.5 \times \frac{1}{3}(H + B_3\tan\beta)fE_x}{K_c E_x} - 0.25(B_2 + B_3) = \frac{0.5(H + B_3\tan\beta)f}{[K_c]} - 0.25(B_2 + B_3) \tag{8-80}$$

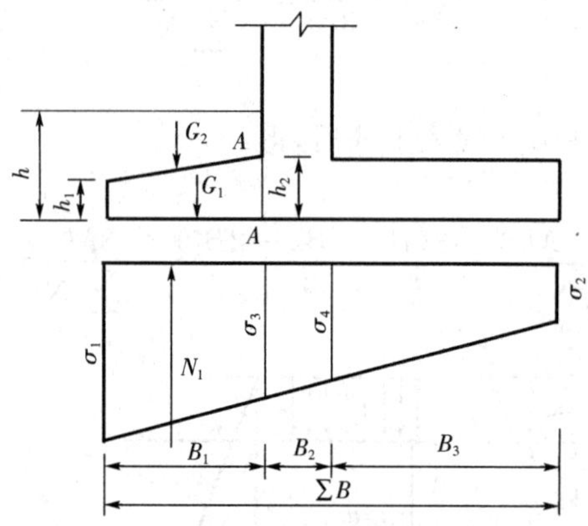

图 8-52 墙趾板的弯矩和剪力计算

(4) 墙底板宽度

$$\sum B = B_1 + B_2 + B_3 + \Delta B_3 \tag{8-81}$$

若按 $\sum B$ 计算的地基应力 $\sigma > [\sigma]$ 或 $e > \frac{\sum B}{6}$ 时，应根据加宽基础的方法加宽 B_1，以满足上述要求。

3. 墙底板厚度计算

主要取决于构造要求和截面强度要求。强度要求主要根据配筋率及构件裂缝宽度控制板的厚度。

(1) 墙趾板的弯矩和剪力(图 8-52)

墙趾板前埋深为 h，取计算截面 $A—A$。

剪力：

$$Q_1 = N_1 - G_1 - G_2$$

$$= [\sigma_1 B_1 - \frac{1}{2}(\sigma_1 - \sigma_2)\frac{B_1^2}{\sum B}] - B_1 h_{pj}\gamma_h - B_1(h - h_{pj})\gamma$$

$$= B_1[\sigma_1 - h_{pj}\gamma_h - (h - h_{pj})\gamma - \frac{1}{2}(\sigma_1 - \sigma_2)\frac{B_1}{\sum B}] \tag{8-82}$$

弯矩：

$$M_1 = \sigma_1 \frac{B_1^2}{2} - \frac{B_1^2}{6}(\sigma_1 - \sigma_2)\frac{B_1}{\sum B} - [\gamma_h h_1 \frac{B_1^2}{2} + \gamma_h(h_2 - h_1)\frac{B_1^2}{6} + \gamma(h - h_1)\frac{B_1^2}{2} - \gamma(h_2 - h)\frac{B_1^2}{6}] \tag{8-83}$$

式中：σ_1，σ_2—— 墙趾板和墙踵板处的地基应力；

h_{pj}—— 墙趾板平均厚度，$h_{pj} = (h_1 + h_2/2)$；

γ_h—— 钢筋混凝土容重；

γ—— 填土容重。

(2) 墙踵板的弯矩和剪力(图 8－53)

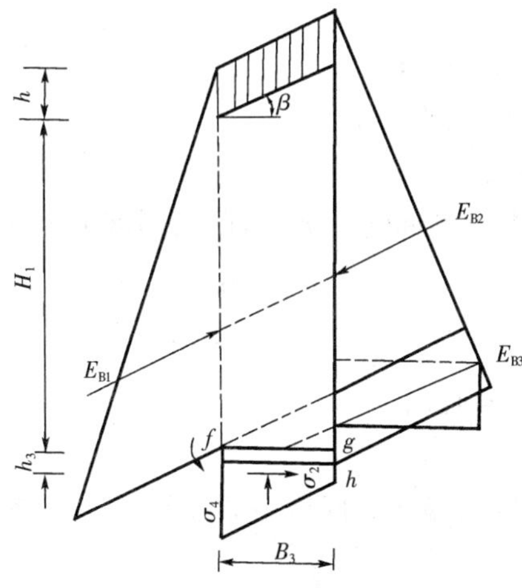

图 8－53　墙踵板的弯矩和剪力计算

剪力：

$$Q_3 = \gamma H_1 B_3 + \frac{1}{2}\gamma B_3^2 \tan\beta + \gamma h_0 B_3 + \gamma_h h_3 B_3 + E_{B3}\sin\beta - \sigma_2 B_3 - \frac{1}{2}(\sigma_1 - \sigma_2)\frac{B_3^2}{\sum B}$$

$$= B_3[\gamma(H_1 + h_0) + \gamma_h h_3 - \sigma_2 - \frac{1}{2}B_3(\frac{(\sigma_1 - \sigma_2)}{\sum B} - \gamma\tan\beta)] + E_{B3}\sin\beta \tag{8-84}$$

弯矩：

$$M_3=\gamma H_1\frac{B_3^2}{2}+\gamma H_0\frac{B_3^2}{2}+\frac{1}{3}\gamma B_3^2\tan\beta+\gamma_h h_3\frac{B_3^2}{2}+E_{B3}Z_{E_{B3}}\sin\beta-\sigma_2\frac{B_3^2}{2}-\frac{1}{6}(\sigma_1-\sigma_2)\frac{B_3^3}{\sum B}$$

$$=\frac{B_3^2}{6}[3\gamma(H_1+h_0)+3\gamma_h h_3-3\sigma_2-B_3(\frac{(\sigma_1-\sigma_2)}{\sum B}-2\gamma\tan\beta)]+E_{B3}Z_{E_{B3}}\sin\beta \quad (8-85)$$

式中：B_3—— 墙踵板的计算长度；

E_{B3}—— 作用于墙踵板上的主动土压力；

$Z_{E_{B3}}$—— 作用于墙踵板上的主动土压力的垂直分力对计算截面的力臂；

$$Z_{E_{B3}}=\frac{B_3}{3}[1+\frac{(H_1+h_0)+B_3\tan\beta}{2(H_1+h_0)+B_3\tan\beta}]$$

h_3—— 墙踵板的厚度。

(3) 墙趾板和墙踵板的厚度，用下述两式计算，取其大者。

① 根据配筋率确定截面厚度

一般常用的配筋率为 0.3% ～ 0.8%。截面厚度由下式确定

$$h_3\geqslant\sqrt{\frac{KM}{A_0bR_w}} \quad (8-86)$$

式中：K—— 设计安全系数，$K=0.5$；

A_0—— 计算系数，由选定的配筋率 μ 算出计算系数 ξ，$A_0=\xi(1-0.5\xi)$；

ξ—— 计算系数，$\xi=\mu R_0/R_w$；

b—— 计算截面宽度，取 100cm；

R_w—— 混凝土弯曲抗压设计强度；

R_0—— 钢筋抗拉设计强度。

② 为防止斜裂缝开展过大或端部斜压破坏，截面厚度可由下式确定

$$h_3\geqslant\frac{KQ}{0.3bR_a} \quad (8-87)$$

式中：K—— 设计安全系数，$K=1.5$；

R_a—— 混凝土轴心受压设计强度。

由于墙踵板显著长于墙趾板，墙底板厚度由墙踵板厚度 h_3 控制。

4. 立板厚度计算

立板厚度(即中央块的宽度)取决于构造要求和强度要求。考虑强度要求时，立板为固定在墙底板上的悬臂梁，按受弯构件计算。

(1) 立板弯矩及剪力计算(图 8-54)

土压力

$$E_{H1}=\gamma H_1(0.5H_1+h_0)K \quad (8-88)$$

$$E_{xH1}=E_{H1}\cos\beta=\gamma H_1(0.5H_1+h_0)K\cos\beta \quad (8-89)$$

剪力

$$Q_{H1}=E_{xH1} \quad (8-90)$$

弯矩

$$M_{H1}=\frac{1}{6}\gamma H_1^2\cos\beta(H_1+3h_0)K \tag{8-91}$$

式中：E_{H1}，E_{xH1}—— 墙高为 H_1 时的主动土压力及其水平分力；

Q_{H1}—— 主动土压力对计算截面的剪力；

M_{H1}—— 主动土压力对计算截面中心的弯矩。

(2) 厚度计算

厚度计算与墙底板厚度计算相同，按下列两式计算，取其大者。

① 根据配筋率确定截面厚度

$$h\geqslant\sqrt{\frac{KM}{A_0bR_w}}$$

② 以斜裂缝开展控制

$$h\geqslant\frac{KQ}{0.3bR_a}$$

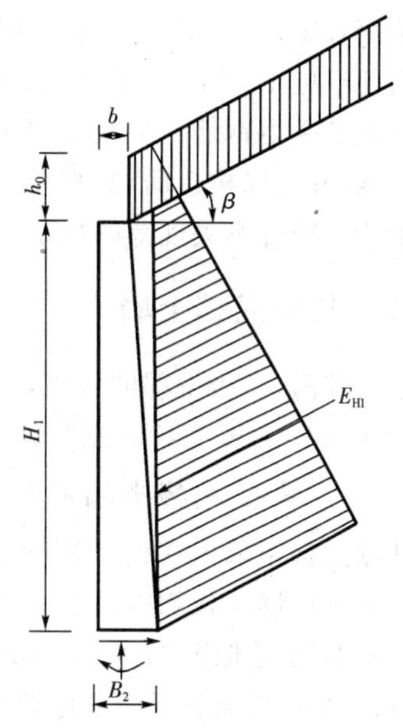

图 8-54　立板的弯矩和剪力计算

5. 墙身稳定及基底应力验算

具体验算方法同前述。

8.4.1.3　悬臂式挡土墙的配筋设计

悬臂式挡土墙的立板和墙底板，按受弯构件设计。

1. 立板钢筋设计

立板受力钢筋沿内侧竖直放置，一般钢筋直径不小于 120mm，底部钢筋间距一般采用 100 ～ 150mm。因立板承受弯矩越向上越小，可根据材料图将钢筋切断。当墙身立板较高时，可将钢筋分别在不同高度分两次切断，仅将 1/4 ～ 1/3 受力钢筋延伸到板顶。顶端受力钢筋间距不应大于 500mm。钢筋切断部位，应在理论切断点以上再加一钢筋锚固长度，而其下端插入底板一个锚固长度。锚固长度 L_m 一般取 $25d$ ～ $30d$(d 为钢筋直径)。

在水平方向也应配置不小于 $\phi6$ 的分布钢筋，其间距不大于 400 ～ 500mm，截面积不小于立板底部受力钢筋的 10%。

对于特别重要的悬臂式挡土墙，在立板的墙面一侧和墙顶，也按构造要求配置少量钢筋或钢丝网，以提高混凝土表层抵抗温度变化和混凝土收缩的能力，防止混凝土表层出现裂缝(图 8-55)。

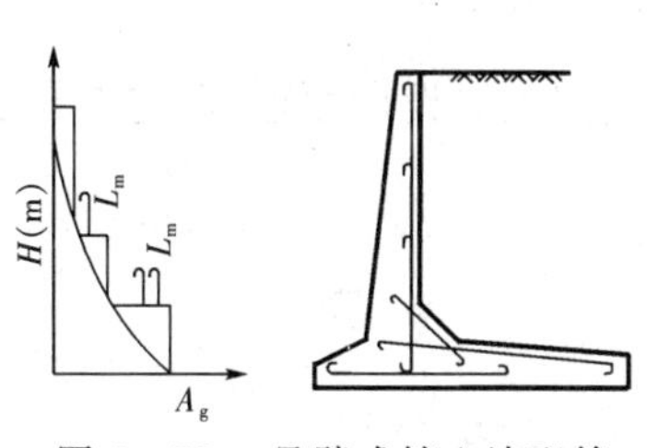

图 8-55　悬臂式挡土墙配筋

2. 墙底板钢筋设计

墙踵板受力钢筋，设置在墙踵板的顶面。受力筋一端插入立板与底板连接处以左不小于一个锚固长度；另一端按材料图切断，在理论切断点向外伸出一个锚固长度。

墙趾板的受力钢筋，应设置于墙趾板的底面，该筋一端伸入墙趾板与立板连接处以右不小于一个锚固长度；另一端一半延伸到墙趾，另一半在 $b/2$ 处再加一个锚固长度处切断。

为便于施工，底板的受力钢筋间距最好取与立臂的间距相同或整数倍。在实际设计中，常将立板的底部受力钢筋一半或全部弯曲作为墙趾板的受力钢筋。立板与墙踵板连处最好做成贴角予以加强，并配以构造筋，其直径与间距可与墙踵板钢筋一致，底板也配置构造钢筋。钢筋直径及间距均应符合有关规范的规定。

8.4.2　扶壁式挡土墙

当墙较高，立板下部的弯矩较大，钢筋与混凝土用量剧增时，可采用扶壁式挡土墙。一般扶壁式挡土墙高在 9 ～ 10m 左右。

8.4.2.1　扶壁式挡土墙构造

扶壁式挡土墙由立板、墙底板及扶壁三部分组成，如图 8－56 所示。通常墙底板设凸榫。立板和墙底板的墙踵板均以扶壁为支座而成为多跨连续板。为便于施工，扶壁间距一般为墙高的 1/3 ～ 1/2，可近似取为 3 ～ 4.5m，厚度约为两扶壁间距的 1/8 ～ 1/6，一般可取为 300 ～ 400mm。立板与墙底板所需的厚度，均与扶壁的间距成正比，故选择恰当的间距极为重要。立板顶端厚不小于 200mm，下端厚度最后将由计算决定。墙底板分为墙趾板与墙踵板，其厚度最终值将由计算决定。但最小厚度不小于 200 ～ 300mm。

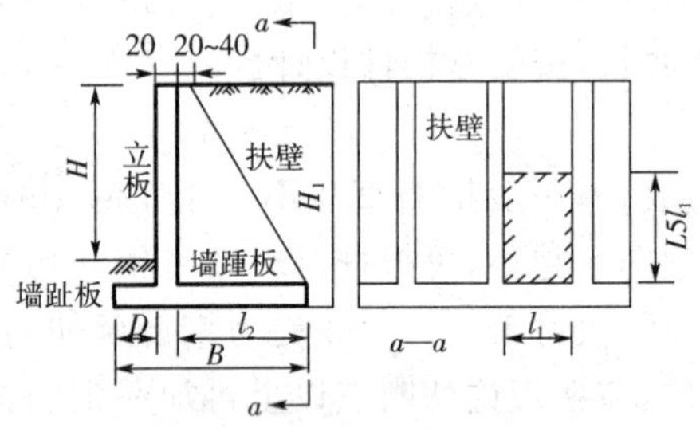

图 8－56　扶壁式挡土墙

扶壁两端立板外伸长度，根据外伸的悬臂的固端弯矩与中间跨固端弯矩相等的原则确定，通常选用两扶壁净间距的 0.4 倍。

扶壁式挡土墙的底宽 B 与墙高之比，可取 0.6 ～ 0.8 之间，有地下水或地基承载力较低时要加大。

8.4.2.2　扶壁式挡土墙设计

扶壁式挡土墙的设计与悬臂式挡土墙设计相近，但它有自己的特点。

1. 土压力计算

同悬臂式挡土墙。

2. 内力计算

(1) 立板的内力计算

立板实为三边固定，一边自由的双向板。作用于其上的荷载为水平方向上的土压力和水压力。计算时，可将立板划分为上、下两部分，在离底板顶面 $1.5l_1$（l_1 为两扶壁之间净距）高度以下的立板，可视为三边固定一边自由的双向板；而以上部分则可视为沿高度将其划分为单位高的水平板带，以扶壁为支座，按水平单向连续梁计算，作用其上的均布荷载力水平方向土压力的平均值。

立板内力计算，上部为水平单向连续梁的内力，可查《建筑结构静力计算手册》，也可按下式计算：

跨中弯矩

$$M_{中} = \frac{p_i l_1^2}{20} \tag{8-92}$$

在扶壁处的端部固端弯矩

$$M_{端} = \frac{p_i l_1^2}{12} \tag{8-93}$$

式中：$M_{中}$、$M_{端}$ —— 板带跨中，扶壁处端截面弯矩；

l_1—— 两扶壁间净距；

p_i—— 力板上部分受力最大板带的水平压力。

水平板带的最大剪力，产生于扶壁处的端部截面，其值为

$$V_{端} = \frac{p_i}{2} l_1 \tag{8-94}$$

板的下部分为三边固定，上边缘自由的矩形板，在梯形荷载作用下，内力计算可查静力计算手册，分别计算出在均布和三角形分布荷载作用下的内力进行叠加。

(2) 墙趾板内力计算

同悬臂式挡土墙。

(3) 墙踵板内力计算

墙踵板的荷载与悬臂挡土墙底板相同。墙踵板计算应考虑两种情况：

① 墙踵板净宽 l_2 与扶壁净距 l_1 之比 $l_2/l_1 \leqslant 1.5$ 时，按三边固定、一边自由的双向板计算。其荷载为梯形分布。将其分解为两个三角形或一个矩形、一个三角形，内力可查静力计算手册。

② 若 $l_2/l_1 \geqslant 1.5$，则自立板衔接处起至离立板 $1.5l_1$ 的墙踵板部分，仍可按三边固定、一边自由的双向板计算；对其以外部分，则应按单向连续板计算。为简化计算，这些板带上也可近似地取荷载平均值作为均布荷载计算。

(4) 扶壁内力计算

扶壁与立板形成共同作用的整体结构。可按“T”型截面的悬臂梁计算，以承受水平土压力和水压力的作用。“T”型截面的高度和翼缘板厚度均可沿墙高变化。墙身自重及扶壁的宽度上的土柱重量，常略去不计。因其作用产生的压力远小于水平力作用引起的弯矩。故一般不按偏心受压构件计算，而是按受弯构件计算。

8.4.2.3　扶壁式挡土墙的配筋设计

扶壁式挡土墙的立板、墙趾板、墙踵板按矩形截面受弯构件配筋，而扶壁按变截面“T”型梁设计。

1. 立板配筋

(1) 水平受拉钢筋

立板的水平受拉钢筋分为内、外两侧：

内侧水平受拉钢筋 N_2，布置在立板靠填土一侧，承受水平弯矩，以扶壁处支座弯矩设计，全墙可分为 3 ～ 4 段。

外侧水平受拉钢筋 N_3，布置在中间跨立板临空一面，承受水平正弯矩，该钢筋沿墙长方向通长布置。为方便施工，可在扶壁中心切断。沿墙高可分几带配筋，但不易分带过多。

(2) 竖向配筋

立板的竖向受力钢筋，也分内、外两侧。内侧竖向受力筋 N_4 布置在靠填土一侧，承受立板的竖向负弯矩。该筋向下伸入墙踵板不少于一个钢筋锚固长度；向上在距墙踵板顶高 $H/4$ 加上一个钢筋锚固长度处切断，如图 8－57 所示。

可采用在跨中 $2l_1/3$ 范围内按跨中的最大竖向负弯矩 $M_{底}$ 配筋，靠近扶壁两侧各 $l_1/6$ 部分按 $M_{底}/2$ 配筋。

外侧竖向受力钢筋 N_5，布置在立板外侧，承受立板的竖向正弯矩，该钢筋通长布置，兼作立板的分布钢筋之用。

(3) 立板与扶壁的 U 型拉筋

连接立板与扶壁的 U 型拉筋 N_6，其开口向扶壁的背侧。该钢筋每一肢承受高度为拉筋间距水平板条的板端剪力 $Q_{端}$，在扶壁通长布置。如图 8－57。

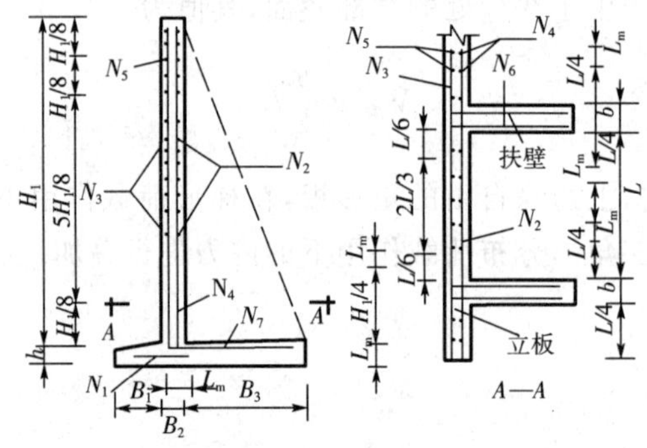

图 8－57 立板钢筋设计图

2. 墙踵板配筋

墙踵板顶面横向水平钢筋 N_7，是为了立板承受竖向负弯矩的钢筋 N_4 得以发挥作用而设置的。该筋位于墙踵板顶面，垂直于立板方向。钢筋 N_7 布置与钢筋 N_4 相同，该筋一端插入立板，加一个钢筋锚固长度；另一端伸至墙踵端，也作为墙踵板纵向钢筋 N_8 的定位钢筋。如钢筋 N_7 的间距很小，可以将一半 N_7 在距墙踵板 $B_3/2$ 减一个钢筋锚固长度处切断。

墙踵板顶面和底面纵向水平受拉筋 N_8、N_9，承受墙踵板扶壁两端的负弯矩和跨中正弯矩。该钢筋切断情况与 N_2、N_3 相同。

连接墙踵板与扶壁之间的 U 型钢筋 N_{10}，其开口向上。向上可在距墙踵面板顶面一个钢筋锚固长度处切断。也可延至扶壁的顶面，作为扶壁两侧的分布钢筋。在垂直于立板立方分布与墙踵板顶面纵向水平钢筋 N_8 相同。

3. 墙趾板配筋

同悬臂式挡土墙墙趾板的配筋设计。

4. 扶壁配筋

扶壁背侧的受拉钢筋 N_{11}，应根据扶壁的弯矩图，选择 2 ～ 3 个截面，分别计算所需的拉筋根数。为节省混凝土，将钢筋 N_{11} 多层排列，但不多于3层。其间距应满足规范要求，必要时可采用束筋。各层钢筋上端应按不需此钢筋的截面再延长一个钢筋锚固长度，必要时，可将钢筋沿横向弯入墙踵板的底面。

还需根据剪力配置箍筋，并按构造要求布置构造钢筋。

8.5　加筋土挡土墙设计

8.5.1　概述

加筋土挡土墙是利用加筋土技术修建的支挡结构物。它是由填土、填土中布置的筋带（或筋网）和墙面板三部分组成，如图8-58所示。加筋土是一种在土中加入拉筋的复合土，它利用加筋与土体的摩擦作用，改善土体的变形条件，提高土体的工程性能，从而达到稳定土体的目的。它是法国工程师亨利·维达尔（Henri Vidal）在1963年发明的，在公路、铁路、煤矿工程中应用较多。特别是在地形平坦且宽敞的填方路段得到广泛应用，在挖方路段或地形陡峭的山坡，由于不利于布置拉筋，应用得较少。对于八度以上地区和具有强烈腐蚀环境中不宜使用。浸水条件下应慎重应用。

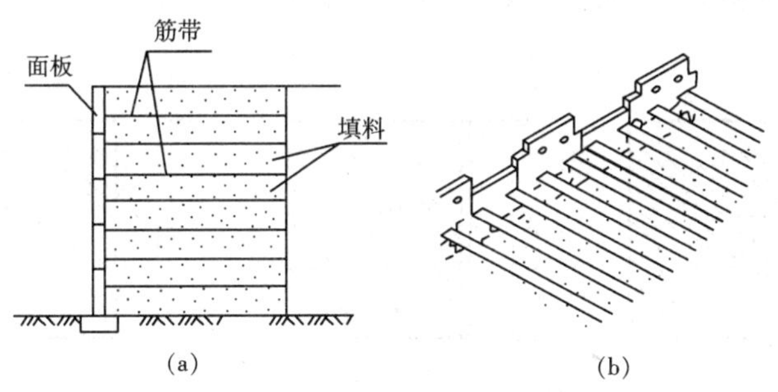

图8-58　加筋土挡土墙的基本构造

在公路工程中，常见的加筋土挡土墙形式有下列几种：

(1) 单面式加筋土挡土墙；

(2) 双面式加筋土挡土墙，双面式中又分为分离式、交错式及对拉式加筋土挡土墙；

(3) 台阶式加筋土挡土墙；

(4) 无面板加筋墙。

加筋土挡土墙具有以下特点：① 组成加筋土挡土墙的面板和筋带可以预先制作，使施工简便、快速，节省劳力；② 墙可以做得很高，且对地基承载力要求低，能够适应地基的轻微变形和具有较强的抗震能力；③ 节约占地，造型美观；④ 造价较低，与石砌重力式挡土墙相比，可以减少圬工量90%以上，节约投资20%以上。

8.5.2　加筋土的基本原理

加筋土的基本原理是借助于拉筋而提高填土的抗剪强度，从而保证土体平衡。在加筋土挡土墙结构中，加筋土墙面板由筋带拉住，墙面板承受的土压力企图将筋带拉出，而筋带又被填土压住，土与筋带之间的摩擦力企图阻止筋带拉出。因此，只要筋带具有足够的强度并与土产生足够的摩擦力，则加筋土体即可保持稳定。加筋和土之间的摩阻传递如图8-59所示。

设土的水平推力在加筋带中引起的拉力沿筋带长度呈非均匀分布，则分析长为 dl，宽为 b 的

微分段加筋带的局部平衡，可以得到加筋与土体之间的摩阻力传递为

$$d_T = T_2 - T_1 = 2bNf^* \mathrm{d}l \qquad (8-95)$$

式中：N—— 垂直作用于加筋带的法向力，包括土重和法向力；

f^*—— 筋带与土之间的摩擦系数。

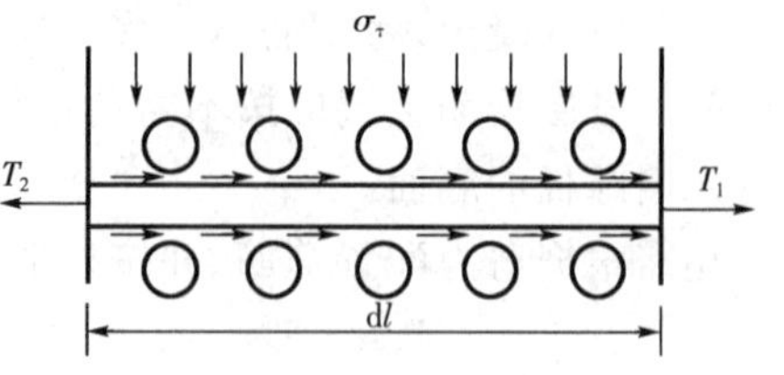

图 8-59 加筋和土粒间的摩阻作用

从式(8-95)可知，若 $d_T \leqslant 2bNf^* \mathrm{d}l$，加筋与土之间就不会产生相互滑动。这时加筋与土之间好像直接相连似地发挥着作用。因此，在只产生摩擦力而不产生滑移的条件下，加筋改良和提高了土的力学特性，通过加筋和土之间的摩阻力传递作用，使加筋土挡土墙成为能够承外力和自重的结构体。

8.5.3 加筋土挡土墙的构造

1. 加筋体横断面形式

加筋体的横断面形式如图 8-60 所示。一般情况下宜用矩形(图 8-60(a))；斜坡地段由于地形条件限制可采用倒梯形断面(图 8-60(b))；在宽敞的填方地段亦可用正梯形断面(图 8-60(c))

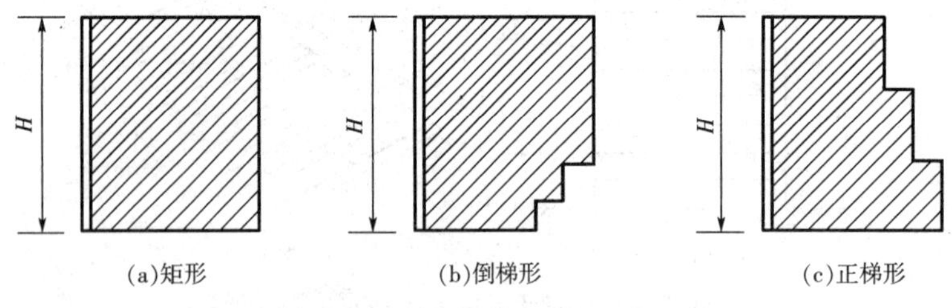

图 8-60 加筋体横断面形式

2. 填料

填料是加筋体的主体材料，由它与筋带产生摩擦力。对填料的基本要求如下：(1) 易于填筑与压实；(2) 能与加筋产生足够摩擦力；(3) 水稳性好；(4) 满足化学和电化学标准。

加筋土挡土墙填料的压实标准如表 8-18。

表 8-18 加筋土挡土墙填料压实度要求

填土范围	路槽底面以下深度(cm)	压实度(%)	
		高速、一级公路	二、三、四级公路
距面板 1.0m 以外	0 ～ 80	≥95	≥93
	80 以下	>90	>90
距面板 1.0m 以内	全部墙高	≥90	≥90

[注] 表列压实度的确定，系按《公路土工试验规程》(JTJ051—93) 重型击实试验标准。对于三、四级公路，允许采用轻型击实标准。

3. 筋带

筋带对于加筋土挡土墙非常重要。筋带的作用是承受垂直荷载和水平拉力，并与填料产生

摩擦力。因此，筋带材料必须具有以下特性：抗拉强度高，有韧性，延伸率小，蠕变小，不易产生脆性破坏；与填料之间具有足够的摩擦力；耐腐蚀和耐久性好；具有一定的柔性，加工容易，接长及与墙面板的连接简单；使用寿命长，施工简便，价格低廉。

目前国内以采用扁钢，聚丙烯土工带、钢塑复合带和钢筋混凝土带为主，国外广泛使用镀锌钢带。对于高速公路和一级公路应用钢带或钢筋混凝土带。

4. 墙面板

墙面板的作用是防止拉筋间填土侧向挤出和传递土压力，并保证拉筋、填料和墙面板构成具有一定形状的整体。墙面板不仅要有一定的强度，还要有足够的刚度，以抵抗预期的冲击和震动，保证拉筋端部土体的稳定。墙面板的设计应满足坚固、美观及运输与安装方便的要求。

国内常用有金属面板、混凝土面板和钢筋混凝土面板。类型有十字形、槽形、六角形、*L* 形、矩形等，具体尺寸可参考公路设计手册《路基》。

5. 墙面板下基础

加筋土挡土墙的基础采用现浇混凝土或片（块）石砌筑。一般情况下只在墙面板下设置矩形的条形基础（图 8－61），宽度为 300 ～ 500mm，厚度为 250 ～ 400mm，顶面可作一凹槽，以利于安装底层面板。当地基为土质时，应铺设一层 100 ～ 150mm 厚的砂砾垫层，如果地基土质较差，承载力不能满足要求，应进行地基处理，如采取换填、土质改良及补强等措施，尚应考虑加大基础尺寸。对于土质地基基础埋深不小于 0.5m，还应考虑冻结深度，冲刷深度等。

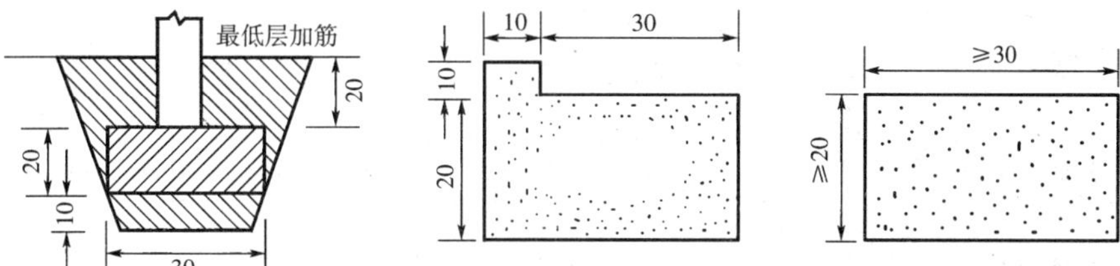

图 8－61　混凝土基础形式（单位：cm）

加筋土挡土墙的基础埋置深度可参考《公路加筋土工程设计规范》（JTJ 015 — 91）有关内容。

6. 沉降缝与伸缩缝

由于加筋土挡土墙地基的沉陷和面板的收缩膨胀引起的结构变形，如基础下沉、面板开裂，不但破坏其外观，同时，也影响工程使用年限。为此，在地基情况变化处及墙高变化处，通常每隔 10 ～ 20m 设置沉降缝。伸缩缝和沉降缝可统一考虑，面板在设缝处应设通缝，宽 2 ～ 3cm，缝内宜用沥青麻布或沥青木板，缝的两端常设置对称的半块墙面板。

7. 帽石与栏杆

加筋土挡土墙顶面一般设置混凝土或钢筋混凝土帽石，以约束墙面板和设置栏杆。帽石应突出墙面 30 ～ 50mm，栏杆柱埋于帽石中，以保证栏杆的坚固稳定。栏杆高为 1.0 ～ 1.5 m。

8.5.4　加筋土挡土墙的结构计算

8.5.4.1　加筋土挡土墙的破坏形式和稳定性要求

加筋土挡土墙的破坏形式主要有以下几种：

（1）由于筋带裂缝造成的断裂，其原因是筋带强度不足；

(2) 由于土与筋带之间结合力不足造成的加筋体断裂；

(3) 因外部不稳定造成的破坏。

为了避免发生上述破坏，保证加筋土挡土墙在使用过程中发挥应有的作用，设计时一般要进行内部稳定计算和外部稳定计算。内部稳定计算包括筋带的强度验算和抗拔验算，外部稳定计算包括挡土墙沿基底滑动验算、基底承载力验算，承载地基与墙后土体的整体滑动验算等。各项验算具体要求见表 8－19。

表 8－19　加筋土挡土墙验算项目及控制指标

验算项目		荷载组合			控制指标
内部稳定性	筋带的强度	Ⅰ Ⅱ Ⅲ	容许拉应力$[\sigma_s]$	$\sigma_s \leqslant \eta[\sigma_t]$	$\eta = 1$ $\eta = 1.25 \sim 1.3$ $\eta = 1.50 \sim 2.00$
	筋带的抗拔	Ⅰ Ⅱ Ⅲ	抗拔安全系数$[K_t]$	$K_r \geqslant [K_t]$	$[K_t] = 2.0$ $[K_t] = 1.7$ $[K_t] = 1.2$
外部稳定性	基底滑移	Ⅰ、Ⅱ、Ⅲ	抗滑稳定系数$[K_e]$	$K_e \geqslant [K_e]$	$[K_e] = 1.3$ $[K_e] = 1.1$
	倾覆	Ⅰ、Ⅱ、Ⅲ	倾覆稳定系数$[K_0]$	$K_0 \geqslant [K_0]$	$[K_0] = 1.5$ $[K_0] = 1.2$
	基底应力	Ⅰ、Ⅱ、Ⅲ	容许承载力$[\sigma]$	$\sigma_{max} \leqslant K[\sigma]$ *	$K = 1$
	整体滑动	Ⅰ、Ⅱ、Ⅲ	容许稳定系数$[K_s]$	$K_s \geqslant [K_s]$	$[K_s] = 1.25$ $[K_s] = 1.10$

[注]　地基容许承载力，按《公路桥涵地基与基础设计规范》(JTJ024—85) 规定采用。

8.5.4.2　加筋土挡土墙的内部稳定性分析

加筋土挡土墙的内部稳定性分析方法主要有应力分析法、楔体平衡法、滑裂面法、能量法等。以下介绍目前设计中用得较多的应力分析法。

1. 基本假定

应力分析法以朗金理论为基础，视加筋土为复合材料。其基本原理是根据作用在填土中最大拉应力点上的应力来计算筋带的最大拉力。并有以下基本假定。

(1) 加筋体的破坏模式类似于绕墙顶旋转的刚性墙，在极限荷载作用下，加筋体被筋带上的最大拉力点的连线分为活动区和稳定区，并采用简化的破裂面形式(图 8－62)。其中：

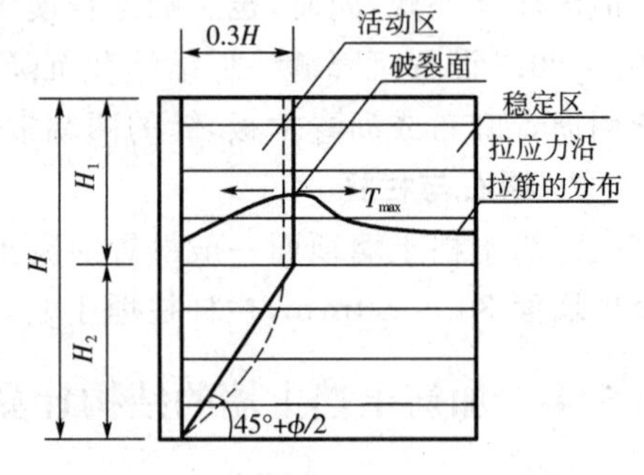

图 8－62　简化破裂面

$$H_1 = H - H_2$$

$$H_2 = 0.3H(45 + \frac{\varphi}{2})$$

(2) 加筋体中的应力状态，在结构顶部为静止状态，随深度逐步向主动应力状态变动，深度达到 6m 以下便是主动应力状态。

(3) 只有稳定区内的筋带与填土的相互作用产生抗拔阻力。

2. 筋带拉力计算

一个加筋体单元所分担的土压力范围如图 8-63 所示。

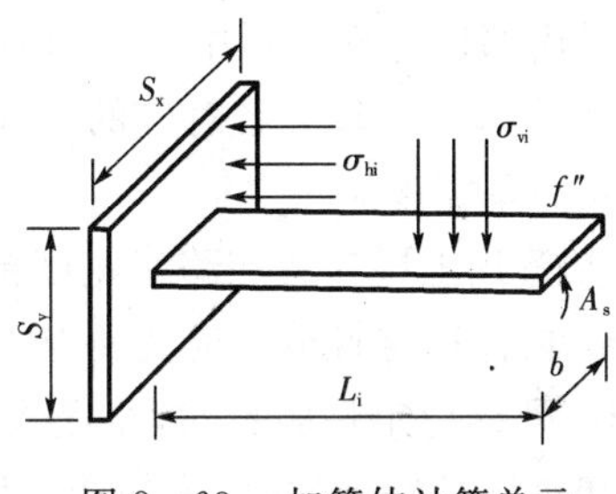

图 8-63　加筋体计算单元

(1) 加筋体自重对第 i 层筋带产生的拉力(T_{hi})

$$T_{hi}=\gamma_1 h_i K_i S_x S_y \qquad (8-96)$$

式中：γ_1—— 加筋体内填料单位体积的重力(kN/m^3)；

h_i—— 自加筋体顶面至第 i 结点的距离(m)；

S_x、S_y—— 筋带水平与垂直方向的间距(m)；

K_i—— 第 i 层筋带处的土压力系数；

$$K_i=K_0(1-\frac{h_i}{6})+K_a\frac{h_i}{6} \quad (h_i<6.0\text{m})$$

$$K_i=K_a \quad (h_i\geqslant 6.0\text{m})$$

K_0—— 静止土压力系数，$K_0=1-\sin\phi$；

K_a—— 主动土压力系数；$K_a=\tan^2(45°-\phi/2)$。

(2) 加筋体上路堤填土对第 i 层筋带产生的拉力(T_{Fi})

$$T_{Fi}=\gamma_2 h_F K_i S_x S_y \qquad (8-97)$$

式中：γ_2—— 路堤填土单位体积的重力(kN/m^3)；

h_F—— 加筋体上路堤换算成作用于加筋体顶面的连续均布土层的厚度(图 8-64)，按下式计算

$$h_F=\frac{1}{m}(\frac{H}{2}-b_b) \qquad (8-98)$$

或 $h_F>a$，则取 $h_F=a$；

a—— 加筋体上路堤填土高度(m)；

m—— 加筋体上路堤填土坡率；

其余符号同前。

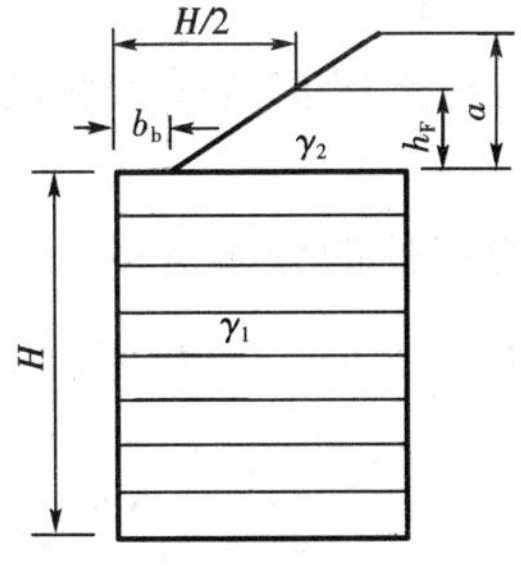

图 8-64　路堤式挡土墙填土等代土层厚度计算

(3) 车辆荷载对第 i 层筋带产生的拉力(T_{ci})

① 车辆荷载对筋带产生的拉力可近似地以换算为等代均布土层厚度进行计算，等代均布土层厚度 h_0 按下式计算

$$h_0=\frac{\sum G}{B_0L_0\gamma} \tag{8-99}$$

式中：B_0—— 车辆荷载布置宽度，按以下规定取值：

在内部稳定性分析中，当活动区进入路基宽度时，分别取路基全宽和活动区宽度计算等代土层厚度 h_0，取 h_0 较大者对应的 B_0；当活动区未进入路基宽度时，取路基全宽；在路基稳定性验算中采用路基宽度。

② 等代土层布置在路基宽度范围内的具体规定：

a. 内部稳定性分析时为路基全宽；

b. 外部稳定性验算时，路堤式挡土墙为路基全宽；路肩式挡土墙按验算项目分别确定：验算抗滑和抗倾覆稳定性时，为加筋体后破裂楔体顶部；验算整体滑动稳定性时，为加筋体后至圆弧滑动面之间土体顶部；计算地基应力时，为加筋体顶部至其后破裂楔体顶部。

③ 车辆荷载换算成等代均布上层后，考虑到这种荷载影响将会随深度的增加而减小，因此路堤式挡土墙采用 1∶0.5 向下扩散来传递荷载。在深度 h_i 处，筋带承受的拉力 T_{ci} 按下式计算：

当 $l_{0i}>l_{ci}$（图 8-65）时

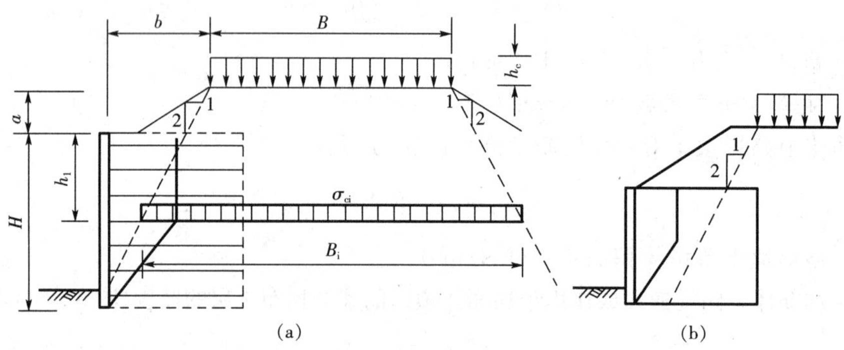

图 8-65 荷载传递及影响范围

$$T_{ci}=\sigma_{ci}S_xS_y=h_c\gamma_1\frac{B}{B_i}K_iS_xS_y \tag{8-100}$$

当 $l_{0i}\leqslant l_{ci}$（图 8-65(b)）时，不考虑车辆荷载引起的附加拉力 T_{cis}。

式中：h_c—— 均布土层厚度（m）；

l_{0i}—— 第 i 层筋带活动区长度（m）；

l_{ci}—— 第 i 层筋带面板背面至均布土层扩散线外侧的距离（m）；

B—— 路基宽度（m）；

B_i—— 均布土层扩散至第 i 层筋带处的分布宽度（m），其中

$$B_i=B+a+h_i \quad (h_i+a\geqslant 2b)$$

$$B_i=B+a+\frac{(a+h_i)}{2} \quad (h_i+a\geqslant 2b)$$

对路肩式加筋土挡土墙，按下式计算 T_{ci}

$$T_{ci}=\sigma_{ci}S_xS_y=h_c\gamma_1K_iS_xS_y \tag{8-101}$$

(4) 第 i 层筋带所受拉力（T_i）的计算

路堤式挡土墙

$$T_i = T_{hi} + T_{Fi} + T_{ci} = (h_i\gamma_1 + h_F\gamma_2 + h_c\gamma_1 \frac{B}{B_i})K_iS_xS_y \tag{8-102}$$

路肩式挡土墙

$$T_i = T_{hi} + T_{Fi} = \gamma_1(h_i + h_F)K_iS_xS_y \tag{8-103}$$

3. 筋带设计断面计算

第 i 层筋带断面面积根据筋带拉力和筋带强度确定，即

$$A_i = \frac{T_i \times 10^3}{\mu[\sigma_t]} \tag{8-104}$$

式中：A_i—— 第 i 层筋带的断面面积（mm^2）；

μ—— 筋带容许应力提高系数，见表 8－20；

$[\sigma_t]$—— 筋带容许拉应力（MPa）。

表 8－20　容许拉应力提高系数

拉筋类别 / 荷载组合	钢带、钢筋混凝土带	聚丙烯土工带
组合 Ⅰ	1.00	1.00
组合 Ⅱ	1.25	1.30
组合 Ⅲ	1.50	2.00

4. 筋带抗拔稳定性验算

每个单元结点的抗拔能力用该结点所具有的抗拔力（不计车辆荷载）S_i 与它所受到的拔出力 T_i 之比值来表示。这个比值称为抗拔安全系数 K_f，要求 $K_f \geqslant [K_f]$，即

$$K_f = \frac{S_i}{T_i} \geqslant [K_f] \tag{8-105}$$

各层筋带的抗拔力 S_i 按下式计算

$$S_i = 2b_i(\gamma_1 h_i + \gamma_2 h_F)f^* l_{ei} \tag{8-106}$$

式中：f^*—— 筋带与土的视摩擦系数；

l_{ei}—— 第 i 深度结点处稳定取筋带长度，其值为

$$l_{ei} = l_i - (H - h_i)\tan(45^\circ - \phi/2) \quad (H_1 < h_1 \leqslant H)$$

其中：

$$H_1 = [1 - 0.3\tan(45^\circ + \frac{\phi}{2})]H$$

若 $K_f < [K_f]$，表明抗拔稳定性不够。此时应根据地形、地质、材料来源等情况，采取增加筋带长度，或增加筋带数量，或改用内摩阻角较大的材料等措施来提高安全系数，使达到 $K_f \geqslant [K_f]$ 的要求。

如果已知容许抗拔安全系数$[K_f]$，则可计算出第 i 节点处稳定区筋带长度 l_{ei}

$$l_{ei} = \frac{[K_f]T_i}{2b_i(\gamma_1 h_i + \gamma_2 h_F)f^*} \tag{8-107}$$

深度 h_i 处的筋带总长度为

$$l_i = l_{0i} + l_{ei} \tag{8-108}$$

式中：l_{0i}—— 第节点处活动区筋带长度，其值为

$$l_{0i} = 0.3H \quad (0 < h_i \leqslant H_1)$$

或

$$l_{0i} = (H - h_i)\tan(45° - \phi/2) \quad (H_1 < h_i \leqslant H)$$

8.5.4.3 加筋土挡土墙的外部稳定性验算

加筋土挡土墙的外部稳定性验算视加筋体为刚体。验算项目包括基底滑移与倾覆稳定性验算、基础底面地基承载力验算，必要时还应对整体滑动和地基沉降进行验算。

1. 土压力计算

根据加筋土挡土墙后填土的不同边界条件，采用库仑理论计算作用于加筋体的主动土压力。但是，应注意此时墙背为AB(图8-66)，墙高则为H'，墙背摩擦角δ取加筋体填土的内摩阻角与墙后填土内摩阻角两者中的较小值。

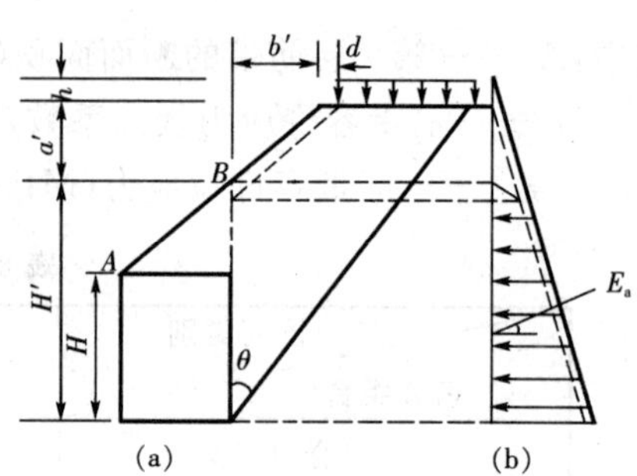

图 8-66　加筋体土压力计算图示
(破裂面交于路基顶面荷载中部)

2. 抗滑稳定性验算

如图8-67所示，加筋体在总水平力作用下，加筋体与地基间产生摩阻力低抗其滑移的能力，用抗滑稳定系数K_c表示

$$K_c = \frac{f\sum N}{\sum T} \geqslant [K_c] \tag{8-109}$$

式中：$\sum N$—— 竖向力总和(kN)，包括加筋体自重G_1、加筋体上路堤填土重G_2和作用于加筋体上的土压力的竖向分力E_y；

$\sum T$—— 水平力总和(kN)；

f—— 加筋体底面与地基土之间的摩阻系数，当缺乏资料时，可参考表8-21。

表 8-21　基底摩擦系数

地基土分类	f	地基土分类	f
软塑黏土	0.25	砂性土、软质岩石	0.4～0.6
硬塑黏土	0.30	碎(砾)石土	0.5
亚砂土、亚黏土、半干硬的黏土	0.30～0.40	硬质岩石	0.5～0.6

[注]　填料的强度弱于地基土时，$f = 0.30 \sim 0.40$。

3. 抗倾覆稳定性验算

如图8-67所示，为保证加筋土挡土墙抗倾覆稳定性，须验算它抵抗墙身绕墙趾向外转动倾覆的能力，用抗倾覆稳定系数K_0表示

$$K_0 = \frac{\sum M_y}{\sum M_0} \geqslant [K_0] \tag{8-110}$$

式中：$\sum M_y$—— 稳定力系对加筋体墙趾的力矩(kN·m)；

$\sum M_0$—— 倾覆力系对加筋体墙趾的力矩(kN・m)。

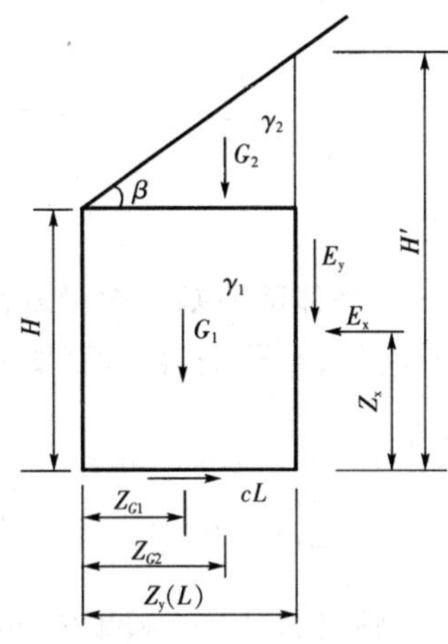

图 8-67　抗滑、抗倾覆稳定性验算图示

4. 地基承载力验算

地基承载力验算就是要验证加筋体在总竖向力作用下,基底应力是否小于地基承载力。由于加筋体承受偏心荷载,因此,基底压应力呈梯形分布(图 8-68)。基底应力为

$$\left.\begin{aligned}\sigma_{\max}&=\frac{\sum N}{L}(1+\frac{6e}{L})\leqslant[\sigma]\\\sigma_{\min}&=\frac{\sum N}{L}(1-\frac{6e}{L})\leqslant[\sigma]\end{aligned}\right\}\tag{8-111}$$

式中:$\sigma_{\max}$、$\sigma_{\min}$—— 基底最大、最小压应力(kPa);

e——$\sum N$ 的偏心距(m);

$\sum N$—— 作用于基底的总垂直合力(kPa);

$[\sigma]$—— 地基容许承载力(kPa);

L—— 加筋土挡土墙底面的计算宽度(m)。

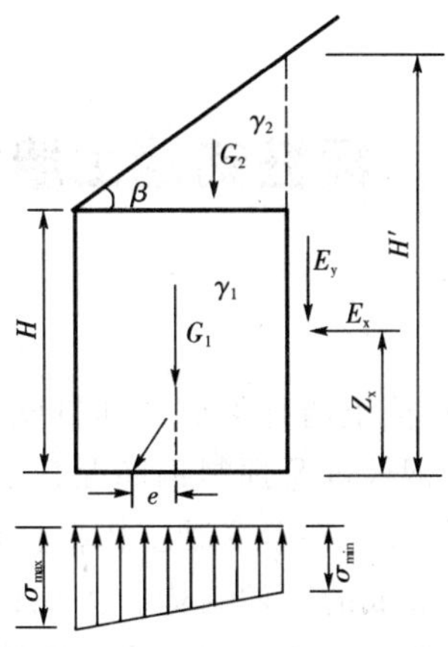

图 8-68　地基承载力验算图示

当 $L > \frac{e}{6}$ 时，应按基底应力重分布计算基底最大压应力

$$\sigma_{\max} = \frac{2}{3}\frac{\sum N}{(L/2 - e)} \leqslant [\sigma] \tag{8-112}$$

5. 整体稳定性验算

整体稳定性验算的目的在于确定加筋体随地基一起沿着潜在的破裂面滑动的安全系数，可采用圆弧法进行验算，并设筋带长度不超过可能的滑动面(图 8-69)。其验算公式为

$$K_s = \frac{\sum (c_i l_i + G_i \cos\alpha_i \tan\phi_i)}{\sum G_i \sin\alpha_i} \geqslant [K_s] \tag{8-113}$$

式中：c_i、l_i—— 第 i 条土块滑动面上的粘聚力(kPa) 和弧长(m)；

G_i—— 第 i 条土块重量(包括荷载重)(kN)；

ϕ_i—— 第 i 条土块滑动面上土的内摩阻角；

α_i—— 第 i 条土块滑动弧长的法线与竖直线的夹角；

$[K_s]$—— 容许稳定系数。

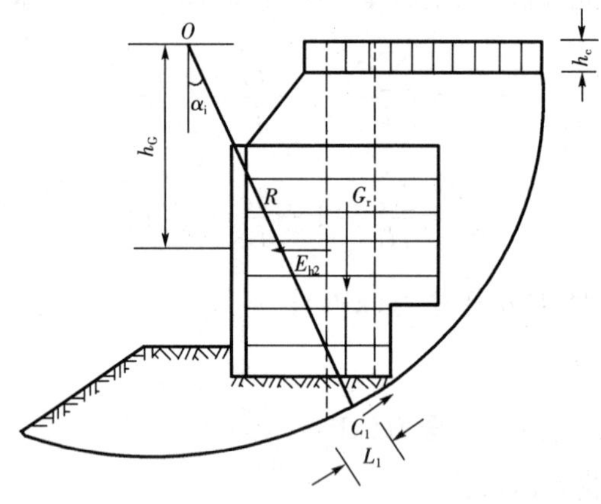

图 8-69 整体抗滑稳定性计算示意图

8.6 板桩式挡土墙设计

8.6.1 概述

铁路、公路工程中常用的板桩式挡土墙是由板桩和桩间的墙面板共同组成的。板桩式挡土墙主要用钻孔灌注桩、人工挖孔桩、钢板桩及预制钢筋混凝土板桩为主要受力构件。可以是桩与桩连接起来，也可以在钻孔灌注桩间加一根素混凝土树根桩把钻孔灌注桩连接起来，或用挡土板置于钢板桩及钢筋混凝土板桩之间形成的围护结构。为保证结构的稳定和具有一定的刚度，可设置内支撑或拉杆。利用并列的钻孔灌注桩组成的围护墙体由于施工简单，墙体刚度较大，造价比较低，因此在公路、铁路工程中应用广泛。

8.6.2　板桩挡土墙构造

1. 钢筋混凝土板桩构造

板桩式挡土墙墙体一般由预制钢筋混凝土板桩组成。桩身截面通常为矩形，也可以用 *T* 形或工字形截面。墙面板可采用槽形板，也可用空心板。

板桩两侧一般做成凹凸榫，如图 8－70。也有做成 Z 形缝或其他形式的企口缝。阳榫各面尺寸应比阴榫小 5mm。板桩的桩尖沿厚度方向做成楔形。为使邻桩靠接紧密，减小接缝和倾斜，在阴榫一侧的桩尖削成 45° ～ 60° 的斜角，阳榫一侧不削。角桩及定位桩的桩尖做成对称形。矩形截面板桩宽度通常为 500 ～ 800mm，厚度 250 ～ 500mm。T 形截面板桩的肋厚一般为 200 ～ 300mm，肋高 500 ～ 750mm，混凝土强度等级不宜小于 C25，预应力板桩不宜低于 C40。考虑沉桩时锤击的冲击应力作用，桩顶都应配 4 ～ 6 层钢筋网，桩顶以下和桩尖以上各 1.0 ～ 1.5m 范围内箍筋间距不宜大于 100mm，中间部位箍筋间距 250 ～ 300mm。当板桩打入硬土层时，桩尖宜采用钢桩靴加强，在榫壁内应配构造筋。

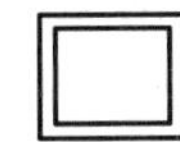
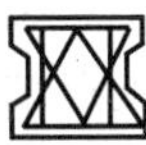

图 8－70　钢筋混凝土板桩截面图

在基坑转角处应根据转角的平面形状做成相应的异形转角桩，转角桩或定位桩的长度应比一般部位的桩长 1 ～ 2m。

当钢筋混凝土板桩墙形成后，桩的头部应找平并用钢筋混凝土冠梁嵌固。

2. 钻孔灌注桩构造

钻孔灌注桩一般直径不宜小于 400 ～ 500mm，悬臂式桩直径不宜小于 600mm，人工挖孔桩的直径不应小于 800mm。桩间距应根据排桩受力及桩间土稳定条件确定，一般不大于桩径的 1.5 倍。在地下水位较低地区，当墙体没有隔水要求时，中心距还可大些，但不宜超过桩径的 2 倍。为防止桩间土塌落，可采用在桩间土表面抹水泥砂浆钢丝网混凝土护面，或对桩间土注浆加固等措施予以保护。

在地下水位较高地区采用钻孔灌注桩围护墙时，必须在墙后设置隔水帷幕。图 8-70 为采用不同隔水方法的钻孔灌注桩墙体构造。图 8－71(a) 由于施工偏差，桩间树根桩或注浆体往往难以封堵钻孔桩的间隙而导致地下水流入基坑。因此开挖深度超过 5m 时，必须慎重使用。其余几种形式隔水帷幕效果相对比较可靠。隔水帷幕下端深度应满足地基力抗渗流稳定的要求。

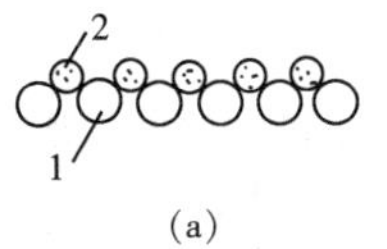

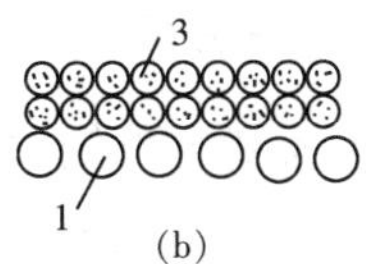

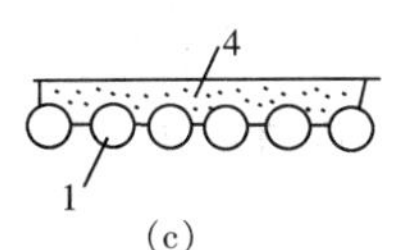

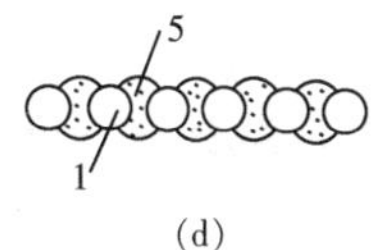

图 8－71　隔水帷幕

1－灌注桩；2－注浆或树根桩；3－搅拌桩；4－高压喷射(180° 喷射)；5－旋喷桩

墙体顶部必设圈梁(冠梁) 与桩相连，冠梁为钢筋混凝土矩形梁，宽度不宜小于桩径，梁高不宜小于 400mm。桩与冠梁的混凝土等级宜大于 C20；当冠梁作为连系梁时可按构造配筋(图 8－72)。

3. 钢板桩构造

钢板桩围护墙一般采用U形或Z形截面形状，当基坑较浅时也可采用正反扣的槽钢；当基坑较深时也可采用钢管、H钢及其他组合截面钢桩。

钢板桩围护墙可用于圆形、矩形，多边形等各种平面形状的基坑。对于矩形，多边形基坑在转角处应根据转角平面形状做相应的异形转角桩。无成品角桩时，可将普通钢板桩裁开后，加焊型钢或钢板后拼制成角桩。角桩长度应适当加长。

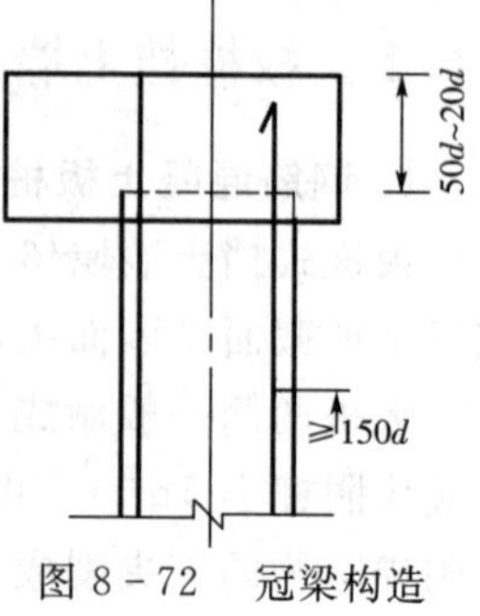

图 8-72 冠梁构造

8.6.3 板桩挡土墙的设计

8.6.3.1 结构内力计算

板桩挡土墙的排桩可根据受力条件分段按平面问题计算。结构的内力与变形的计算值、支点力的计算值应根据基坑开挖、地下结构施工过程由不同工况计算。

一般情况下应按弹性支点法计算，支点刚度系数 K_T 及地基土水平抗力系数 m 应按地区经验取值。对于悬臂及单层支点结构的支点力 T_{c1}，截面弯矩计算值 M_c，剪力计算值 V_c，可按静力平衡条件确定。

1. 弹性支点法

如图 8-73 所示，将排桩墙视为弹性地基梁。

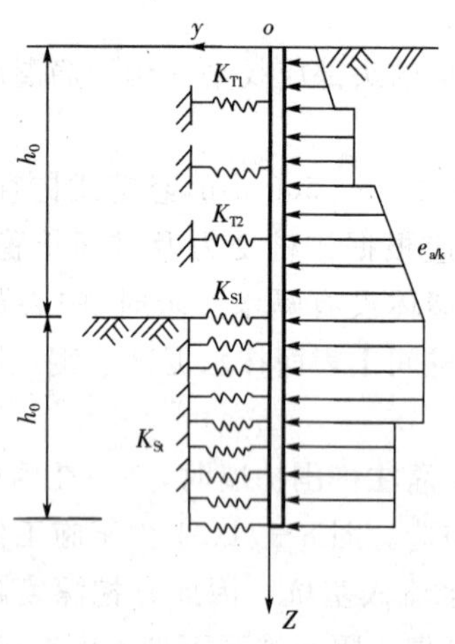

图 8-73 弹性支点法示意图

排桩水平荷载计算宽度可取排桩的中心距，大小为基坑外侧水平荷载标准值，则排桩的基本挠曲方程为

$$EI\frac{\mathrm{d}^4y}{\mathrm{d}x^4}-e_{aik}b_s=0\quad(0\leqslant z\leqslant h_n)\tag{8-114}$$

$$EI\frac{\mathrm{d}^4y}{\mathrm{d}x^4}+mb_0(z-h_n)y-e_{aik}b_s=0\quad(z=h_n)\tag{8-115}$$

式中：EI—— 排桩墙计算宽度抗弯刚度；

m—— 地基土水平抗力系数的比例系数；

b_0—— 抗力计算宽度；

z—— 排桩顶点至计算点的距离；

h_n—— 第 n 工况基坑开挖深度；

y—— 计算点水平变形；

b_s—— 荷载计算宽度，排桩可取桩中心距。

求解之后，可按下列规定计算结构的内力(图 8-74)：

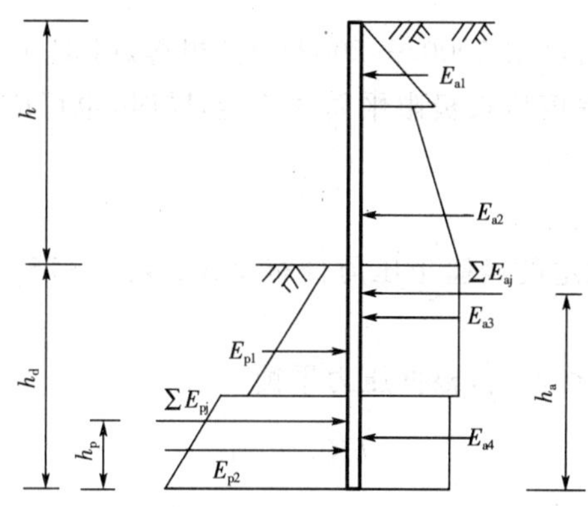

图 8-74　内力计算示意图

(1) 悬臂式排桩计算

弯矩

$$M_c = h_{mz}\sum E_{mz} - h_{az}\sum E_{az} \tag{8-116}$$

剪力

$$V_c = \sum E_{mz} - \sum E_{az} \tag{8-117}$$

式中：$\sum E_{mz}$—— 计算截面以上按弹性支点法计算得出的基坑内侧各土层弹性抗力值 $mb_0(z-h_n)y$ 的合力之和；

h_{mz}—— 合力 $\sum E_{mz}$ 作用点到计算截面的距离；

$\sum E_{az}$—— 计算截面以上按弹性支点法计算得出的基坑外侧土层水平荷载标准值 e_{aikb_s} 的合力；

h_{az}—— 合力 $\sum E_{az}$ 作用点到计算截面的距离。

(2) 单支点排桩计算

弯矩

$$M_c = \sum T_j(h_j + h_c) + h_c + h_m z\sum E_{mz} - h_{az}\sum E_{az} \tag{8-118}$$

剪力

$$V_c = \sum T_j + \sum E_{mz} - \sum E_a z \tag{8-119}$$

式中：h_j—— 支点力 T_j 至基坑底的距离；

h_c—— 基坑底面至计算截面的距离，当计算截面在基坑底面以上时取负值。

(3) 多支点排桩计算

对于多支点排桩墙的内力和变形求解，采用弹性支点法能够较好的反映基坑开挖和回填过程中各种基本因素和复杂情况对排桩墙受力的影响。

弹性支点法的计算精度主要取决于一些基本计算参数的取值是否符合实际，如基床系数、墙背和墙前土压力分布、支撑的松弛系数等，可通过地区经验加以完善。

2. 极限平衡法

《建筑地基基础设计规范》(GB 50007—2002) 及《规程》(JGJ 120—99) 中明确指出：对于悬臂式及单支点支挡结构嵌固深度应按极限平衡法确定，同时，也可应用于悬臂式及单支点支挡结构的内力计算。

(1) 悬臂式排桩计算

《规程》(JGJ 120—99) 规定的经验土压力分布模式如图 8-75 所示，可推得各项计算结果参数如下：

① 土压力零点位置深度系数 n_1，根据压力平衡可得：

$$\gamma n_1 h K_p = \gamma h K_a$$

得

$$n_1 = \frac{K_a}{K_p} = \frac{1}{\xi} \tag{8-120}$$

② 最大弯矩(剪力为零) 点位置深度系数 n_2

$$\frac{1}{2}\gamma (n_2 h)^2 K_p = \frac{1}{2}\gamma h^2 K_a + n_2 h \cdot \gamma h K_a$$

得

$$n_2 = \frac{1 \pm \sqrt{1+\xi}}{\xi} \tag{8-121}$$

由于 $\xi > 0$，故上式取正号

$$n_2 = \frac{1 + \sqrt{1+\xi}}{\xi} = \frac{1}{\sqrt{1+\xi} - 1} \tag{8-122}$$

③ 最小嵌入深度系数 n_l

根据 O 点力矩平衡条件

$$\frac{1}{6}\gamma (n_l h)^3 K_p = \frac{1}{2}\gamma h^2 \left(\frac{h}{3} + n_l h\right) K_a + n_l h \cdot \gamma h K_a \cdot \frac{1}{2} n_l h \tag{8-123}$$

整理后解得：

$$n_l = \frac{1}{\sqrt[3]{1+\xi} - 1} \tag{8-124}$$

此值与式确定的嵌固深度有差异。

④ 最大弯矩系数 a

在最大弯矩作用位置处取矩得

$$M_{\max}=\frac{1}{2}\gamma h^2\left(\frac{h}{3}+n_2h\right)K_a+n_2h\cdot\gamma hK_a\cdot\frac{1}{2}n_2h-\frac{1}{6}\gamma(n_2h)^3K_p$$
$$=\frac{1}{6}\gamma h^3K_a\cdot a \quad (8-125)$$

式中：

$$a=1+3n_2+3n_2^2-\xi n_2^3$$

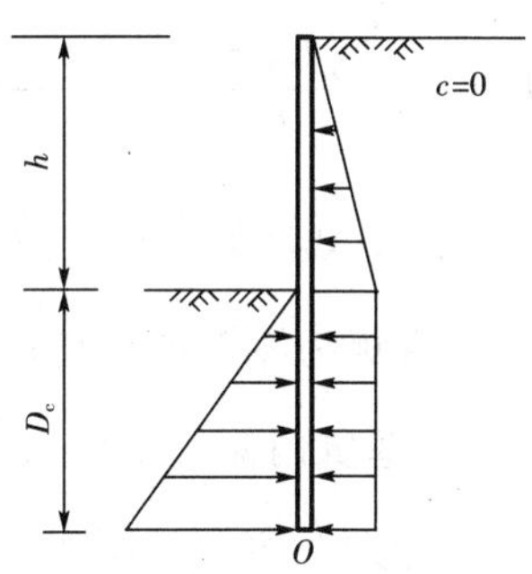

图 8-75　土压力分布悬臂桩计算图

按《规程》土压力分布，计算得出各系数如表 8-22。

表 8-22　土压力悬臂式支护结构计算参数表

ϕ(°)	5	10	15	20	25	30	35	40	45	50
n_1	0.705	0.331	0.257	0.194	0.141	0.100	0.068	0.045	0.029	0.017
n_2	1.801	1.357	1.030	0.786	0.603	0.432	0.354	0.270	0.204	0.151
n_l	2.922	2.247	1.748	1.374	1.088	0.886	0.692	0.553	0.441	0.348
α	7.848	5.555	4.121	3.191	2.569	2.139	1.834	1.612	1.448	1.325

(2) 单支点排桩计算

按静力平衡条件可计算出支点力和结构内力。如图 8-76 所示，主动土压分布为开挖以上为三角形，开挖面以下为矩形。

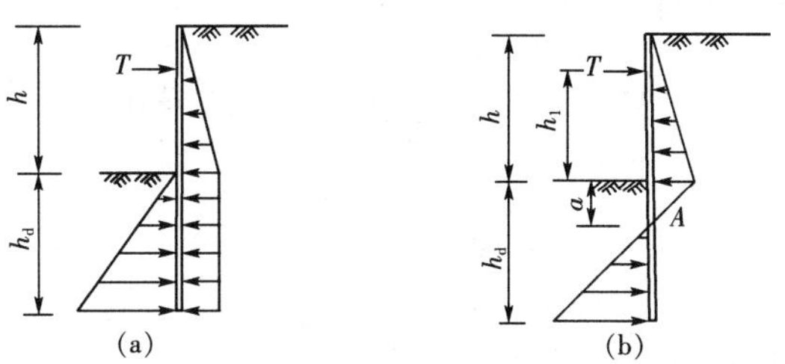

图 8-76　单支点排桩受力与内力计算简图

① 弯矩为零点距基坑底面的距离

由主动土压力与被动土压力相等而确定假设弯矩为零的点位置：

$$p'=0$$

$$\gamma h K_a = \gamma_a K_p$$

$$a = \frac{K_a}{K_p} h \tag{8-126}$$

② 支点力

取土压力为零点以上桩体为分离体，对点 A 取矩：

$$T(h_t + a) - h_{a1} \sum E_{ac} + h_{p1} \sum E_{pc} = 0$$

$$T = \frac{h_{a1} \sum E_{ac} - h_{p1} \sum E_{pc}}{h_t + a} \tag{8-127}$$

式中：$\sum E_{ac}$—— 设定弯矩零点 A 位置以上基坑外侧各土层水平荷载标准值的合力之和；

h_{a1}—— 合力 $\sum E_{ac}$ 作用点至设定弯矩为零点的距离；

$\sum E_{pc}$—— 设定弯矩零点位置以上基坑内侧各土层水平抗力标准值合力之和；

h_{p1}—— 合力 $\sum E_{pc}$ 作用点至设定弯矩为零点的距离。

如图 8－76 所示的支点力

$$T = \frac{\frac{1}{2}\gamma h K_a h(\frac{h}{3} + a) + \gamma h K_a a \cdot \frac{a}{2} - \frac{1}{2}\gamma a K_p a \cdot \frac{a}{3}}{h_t + a}$$

$$= \frac{1}{6}\gamma h^3 \left[\frac{K_a(1 + \frac{3a}{h} + \frac{3a^2}{h^2}) - K_p \frac{a^3}{h^3}}{h_t + a}\right] \tag{8-128}$$

③ 支点下方剪力

$$V = T - \frac{1}{2}\gamma(h - h_t)^2 K_a \tag{8-129}$$

④ 设定弯矩零点以上弯矩极值作用截面位置

弯矩极值作用点位置应为剪力为零的截面。

当剪力为零点位于基坑底面以上时

$$V_{(Z_1)} = T - \frac{1}{2}\gamma Z_1 K_a \cdot Z_1 = 0$$

$$Z_1 = \sqrt{\frac{2T}{\gamma K_a}} \tag{8-130}$$

式中：Z_1—— 剪力为零点的深度。

当剪力为零点位于基坑底面以下时

$$V_{(Z_1)} = T - \frac{1}{2}\gamma h K_a h - \gamma h(Z_1 - h)K_a + \gamma(Z_1 - h)K_p \cdot (Z_1 - h) = 0 \tag{8-131}$$

解此方程求得 Z_1。

⑤ 弯矩极限值

当极值点位于基坑底面以上时

$$M_{\max}=-T(h_t+Z_1-h)+\frac{\gamma Z_1^3}{6}K_a \tag{8-132}$$

当极值点位于基坑底面以下时

$$M_{\max}=\frac{1}{6}\gamma h^3K_a+\frac{1}{2}\gamma h(Z_1-h)^2-\frac{1}{6}\gamma(Z_1-h)^3K_p-T(h_t+Z_1-h) \tag{8-133}$$

8.6.3.2　排桩墙稳定性计算

排桩墙稳定性计算应包括抗倾覆，抗滑移，整体稳定，抗隆起及防渗漏等。根据理论分析及实践验证，满足抗倾覆要求，则其他各种稳定性基本能得到保证。本节将采用抗倾覆稳定来确定桩的嵌固深度。

1. 悬臂式排桩的嵌固深度

悬臂式排桩的嵌固深度 h_d 按抗倾覆稳定来计算(图 8－77)

$$h_p\sum E_{pj}-1.2\gamma_0 h_a\sum E_{ai}\geqslant 0 \tag{8-134}$$

式中：$\sum E_{pi}$—— 桩底以上基坑内侧各土层水平抗力标准值 e_{pjk} 合力之和；

h_p—— 合力 $\sum E_{pj}$ 作用点至桩底的距离；

$\sum E_{ai}$—— 桩底以上基坑外侧水平荷载标准值 e_{aik} 的合力之和；

h_a—— 合力 $\sum E_{ai}$ 作用点至桩底距离。

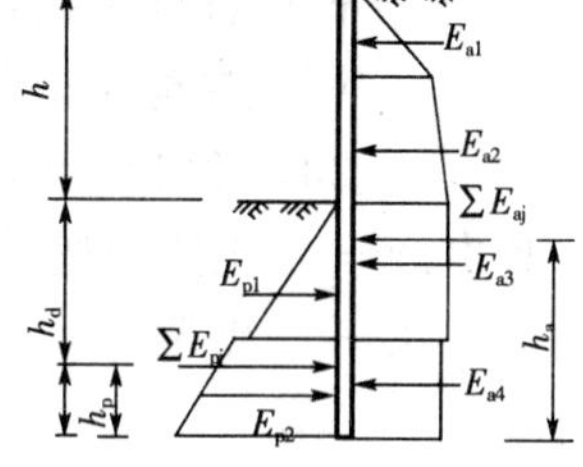

图 8－77　悬臂式排桩嵌固深度计算简图

2. 单支点排桩的嵌固深度 h_d(图 8－78)

单支点排桩的嵌固深度 h_d 按下式计算：

$$h_p\sum E_{pj}+T_{c1}(h_t+h_d)-1.2\gamma_0 h_a\sum E_{ai}\geqslant 0 \tag{8-135}$$

工程实践表明按上式确定的嵌固深度值也大于整体稳定及抗隆起的要求。

对于悬臂或单支点排桩按式(8－134)及式(8－135)求得嵌固深度设计值小于 0.3h 时，宜取 $h_d=0.3h$。

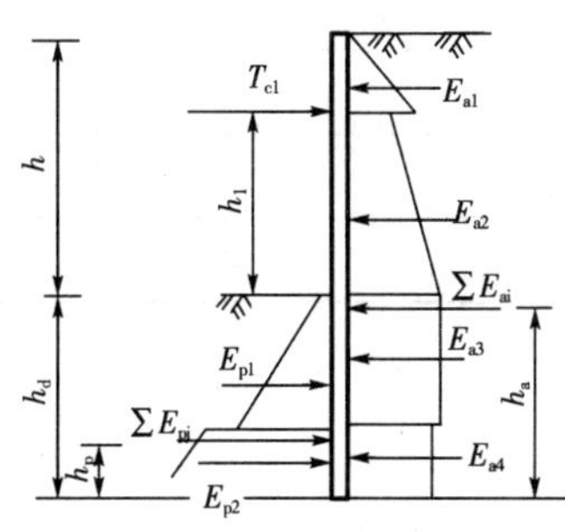

图 8－78　单支点桩嵌固深度计算简图

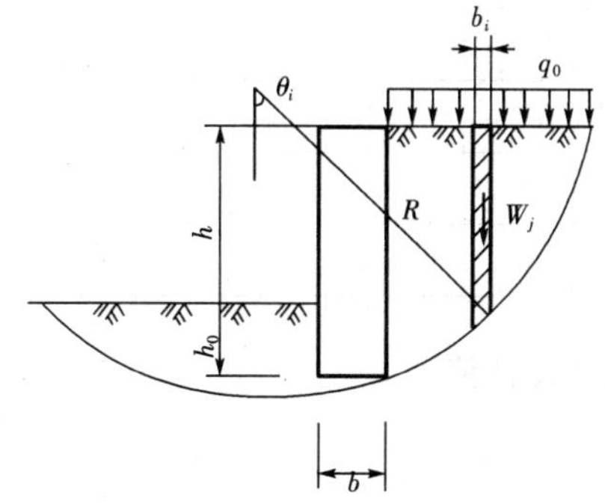

图 8－79　嵌固深度计算简图

3. 多支点排桩的嵌固深度 h_d 宜按整体稳定计算，采用圆弧滑动简单条分法确定（图 8－79）

$$\sum c_i l_i + \sum (q_0 b_i + W_i)\cos\theta_i \tan\phi_i - \gamma_k \sum (q_0 b_i + W_i)\sin\theta_i \geqslant 0 \qquad (8-136)$$

式中：c_i、φ_i—— 最危险滑动面上第 i 条滑动面上的粘聚力，内摩擦角；

l_i—— 第 i 土条的弧长；

b_i—— 第 i 土条的宽度；

γ_k—— 整体稳定分项系数，应根据经验确定，当无经验时可取 1.3；

W_i—— 作用于滑裂面上第 i 土条的重量，按上覆土层的饱和土重计算；

θ_i—— 第 i 土条弧线中点切线与水平线夹角。

当嵌固深度下部存在软弱土层时，尚应验算软弱下卧层整体稳定性。

对于均质粘土、有地下水的粉土或砂类土，嵌固深度 h_0 按下式确定：

$$h_0 = n_0 h \qquad (8-137)$$

式中：n_0—— 嵌固深度系数，当 γ_k 取 1.3 且无地面超载，可根据三轴试验（当有可靠经验时，可采用直接剪切试验）确定的土层固结不排水（快）剪摩擦角 φ 及粘聚力系数 δ 查表 8－23，δ 值为 $\delta = c/\gamma h$

其中：γ—— 土的天然重度；

C—— 粘聚力。

表 8－23 嵌固深度系数 n_0 表

δ \ φ	7.5	10.0	12.5	15.0	17.5	20.0	22.5	25.0	27.5	30.0	32.5	35	37.5	40
0.00	3.18	2.24	1.69	1.28	1.05	0.80	0.69	0.55	0.40	0.31	0.26	0.25	0.15	<0.1
0.02	2.87	2.03	1.51	1.15	0.90	0.72	0.58	0.44	0.36	0.26	0.19	0.14	<0.1	
0.04	2.54	1.74	1.29	1.01	0.74	0.60	0.47	0.36	0.24	0.19	0.13	<0.1		
0.06	2.19	1.54	1.11	0.81	0.63	0.48	0.36	0.27	0.17	0.12	<0.1			
0.08	1.89	1.28	0.94	0.69	0.51	0.36	0.26	0.15	<0.1	<0.1				
0.10	1.57	1.05	0.74	0.52	0.35	0.25	0.13	<0.1						
0.12	1.22	0.81	0.54	0.36	0.22	<0.1	<0.1							
0.14	0.95	0.55	0.35	0.24	<0.1									
0.16	0.68	0.35	0.24	<0.1										
0.18	0.34	0.24	<0.1											
0.20	0.24	<0.1												
0.22	<0.1													

嵌固深度设计值

$$h_d = 1.1h_0 \qquad (8-138)$$

当所求嵌固深度设计值小于 $0.2h$ 时，宜取 $h_d = 0.2h$。

当基坑底为碎石土及砂土，基坑内排水且作用有渗透水压力时，侧向截水的排桩除应满足上

述规定外，嵌固深度设计值还应满足抗渗透稳定条件，按下式计算

$$h_d \geqslant 1.2\gamma_0(h - h_{wa}) \tag{8-139}$$

式中：h—— 基坑开挖深度；

h_{wa}—— 墙外侧水位高，即由地面到水面的距离（图 8－80）。

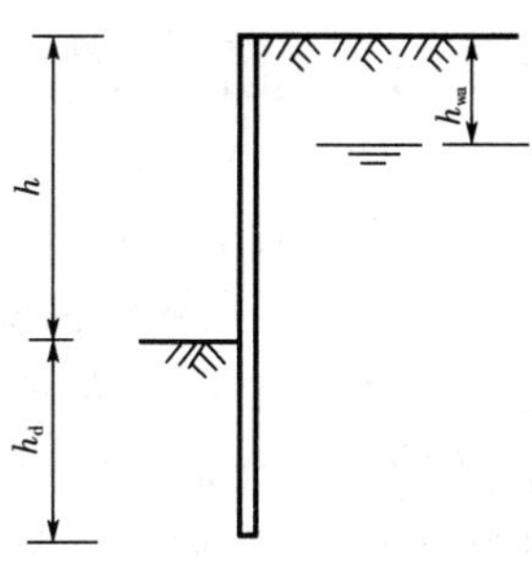

图 8－80　抗渗透嵌固深度计算图

第9章 面层类型与施工工艺

9.1 概　述

面层因为要直接抵御自然因素及行车荷载的不利影响并要满足公路的使用要求，对材料的要求比其他结构层都要来的高。面层不仅应具有足够的强度和刚度，而且应具有足够的稳定性，包括高温稳定性、低温抗裂性、水稳性和大气稳定性，以及足够的抗滑性能和足够的平整度等基本性能。面层是否具备以上基本性能，不仅取决于面层所用的材料，也与施工工艺及施工质量密不可分。路面材料按其性状归纳起来有：沥青混合料类材料（包括：沥青混凝土、沥青碎石、沥青贯入、沥青表面处治等）；水泥混凝土类材料（包括：普通混凝土、钢筋混凝土、连续配筋混凝土、钢纤维混凝土、预应力混凝土、碾压混凝土等）以及散粒料类材料等几种。按面层所用材料的不同，可将路面分为沥青路面、水泥混凝土路面、粒料路面、块料路面等。

一般将沥青混凝土和水泥混凝土称为有铺装路面；沥青表面处治、沥青碎石及沥青贯入等称为简易铺装路面；砂石路面等被视为未铺装路面。不同的材料其工程性能、价格、工艺等均有很大差异，工作中应根据具体的工程情况选择恰当的路面材料类型。通常，路面面层类型的选用和公路等级存在着如下相关关系。

沥青混凝土：适于高速公路、一级公路、二级公路、三级公路及四级公路。

水泥混凝土：适于高速公路、一级公路、二级公路、三级公路及四级公路。

沥青贯入、沥青碎石、沥青表面处治：适于二级、三级公路及四级公路。

砂石路面：适于四级公路。

本章主要介绍沥青混合料路面及水泥混凝土路面，散粒类材料虽可做面层，但在实践中更多的时候是作为底基层，为避免重叠，它将在第10章有关基层章节中予以介绍。

9.2 沥青混合料面层

9.2.1 沥青混合料路面概述

沥青路面就是由沥青混合料面层和基层（间或有垫层）所组成的路面结构。其中，沥青混合料是由沥青与适当比例的集料和填料（矿粉）经拌制而成的混合料总称。

沥青路面具有很多优点，概括起来有：(1)较好的力学强度，能承受车辆等施加到路面上的各种荷载；(2)良好的弹性和塑性变形能力，能承受相当的应变而不易破坏；(3)路面整体性较好，平整、无接缝；(4)与汽车轮胎的附着力较好，可保证行车安全；(5)有高度的减振性，可使汽车快速行驶，平稳而低噪声；(6)施工期短，维修工作比较简单；(7)不扬尘，且容易清扫和冲洗。且沥青路面可再生利用，因而获得广泛的应用，成为我国高等级公路的重要路面形式。

但沥青路面也有不尽如人意之处：主要是易疲劳且存在高温稳定性、低温缩裂性及施工污染等问题，这些还有待改进、改进沥青路面工程特性的研究工作也在不断探索中。需要指出的是，虽然沥青路面因使用沥青而使混合料的强度和稳定性都有显著提高，但其抗弯强度较低，因而对路面的基础要求较高，其应具有足够的强度及稳定性，路面的稳定性在很大程度上是取决于土基和基层的特性，尤其是在低温或高温环境下以及湿度较大的路段。

9.2.1.1　沥青混合料的组成成分

1. 沥青

沥青在混合料中起胶结作用，它的性质决定着沥青混合料的粘结强度。沥青有道路石油沥青、煤沥青、乳化沥青和液体石油沥青等几种，道路沥青按针入度来分，有7个标号，每一种标号又分为A、B、C三个等级。采用何种标号的沥青要根据公路等级、气候条件、交通条件、路面类型及结构层中的层位和受力特点，结合当地的使用经验来确定。通常的经验是，稠度大的沥青适合：(1)高等级公路，(2)夏季高温、高温持续长的地区，(3)重交通路段、山区及丘陵区的上坡段、停车场等行车速度慢的路段，(4)热拌沥青混合料路面；稠度小的沥青适合：(1)冬天寒冷地区(2)交通量小的公路，(3)冷拌沥青混合料路面，(4)低等级公路。

2. 集料

集料是构成沥青混合料的骨架也是强度的基本组成部分。其有粗集料与细集料两种，粗集料包括碎石、筛选砾石和矿渣等。高等级公路必须采用碎石或破碎砾石。集料应洁净、干燥、无风化、无杂质并具有足够的强度，见表9-1。

表9-1(a)　沥青混合料用粗集料规格

规格	公称粒径(mm)	通过下列筛孔的质量百分率(%)												
		106	75	63	53	37.5	31.5	26.5	19.0	13.2	9.5	4.75	2.36	0.6
S1	40～75	100	90～100	—	—	0～15	—	0～5						
S2	40～60		100	90～100	—	0～15	—	0～5						
S3	30～60		100	90～100	—	—	0～15	—	0～5					
S4	25～50			100	90～100	—	—	0～15	—	0～5				
S5	20～40				100	90～100	—	—	0～15	—	0～5			
S6	15～30					100	90～100	—	—	0～15	—			
S7	10～30					100	90～100	—	—	—	0～15	0～5		
S8	10～25							100	90～100	—	0～15	0～5		
S9	10～20								100	90～100	0～15	0～5		
S10	10～15								100	90～100	0～15	0～5		
S11	5～15								100	90～100	41～70	0～15	0～5	
S12	5～10									100	90～100	0～15	0～5	
S13	3～10									100	90～100	40～70	0～20	0～5
S14	3～5										100	90～100	0～15	0～3

表 9-1(b)　沥青混合料粗集料质量技术要求

指标	高速公路及一级公路		其他等级公路
	表面层	其他层次	
石料压碎值，不大于(%)	26	28	30
洛杉矶磨耗损失，不大于(%)	28	30	35
表观相对密度，不小于	2.60	2.50	2.45
吸水率，不大于(%)	2.0	3.0	3.0
坚固性，不大于(%)	12	12	—
针片状颗粒含量(混合料)，不大于(%)	15	18	20
其中粒径大于 9.5mm，不大于(%)	12	15	—
其中粒径小于 9.5mm，不大于(%)	18	20	—
水洗法<0.075mm 颗粒含量，不大于(%)	1	1	1
软石含量，不大于(%)	3	5	5

［注］(1)坚固性试验可根据需要进行。(2)用于高速公路、一级公路时，多孔玄武岩的视密度可放宽至 2.45t/m^3，吸水率可放宽至 3%，但必须得到建设单位的批准，且不得用于 SMA 路面。(3)对 S14 即 3～5 规格的粗集料，针片状颗粒含量可不予要求，集料小于 0.075mm 含量可放宽到 3%。

细集料包括天然砂，机制砂和石屑。细集料也应洁净、干燥、无风化、无杂质。

3. 填料

填料是指粒径小于 0.075mm 的细颗粒材料。由沥青与填料混合而成的胶结浆是沥青混合料形成强度的重要因素，所以填料必须是与沥青有良好的交融性，它是由石灰岩或岩浆岩等强基性岩石经研磨出的矿粉。

9.2.1.2　沥青混合料应具备的性能

由于沥青混合料面层直接承受行车荷载及不利自然环境因素的影响，工作环境复杂，要满足公路的使用要求需具有下列特性：

1. 高温稳定性

为了保证沥青路面于高温季节在行车荷载的反复作用下不致产生诸如波浪、推移、车辙、泛油、粘轮等病害，沥青路面应具有良好的高温稳定性，确保高温时期仍具有足够的强度与刚度。

2. 低温抗裂性

裂缝是沥青路面的主要破坏形式。由于沥青路面在高温时变形能力较强，而低温时变形能力差，故不论何种裂缝，以在低温时发生的居多。从低温抗裂性的要求出发，沥青路面在低温时，应具有较低的劲度和较大的抗变形能力，并在行车荷载和其他因素的反复作用下不致产生疲劳开裂。

3. 耐久性

沥青路面应具有抵抗温度、阳光、空气、水等各种气候因素作用的能力，即在这些因素的作用下，沥青路面的性质不致很快恶化——失去粘性、弹性，性质变脆，以致在行车荷载和其他因素的作用下发生碎裂，乃至沥青与矿料脱离，导致路面松散破坏。

4. 抗滑能力

现代交通车速不断提高，对路面的抗滑能力也提出更高的要求。沥青路面应具有足够的抗滑能力，以保证在最不利的情况下（如路面潮湿等）车辆能够高速安全行驶，而且在外界因素作用下其抗滑能力不致很快降低。

5. 防渗能力

当沥青路面防渗能力较差时，不仅影响路面本身的稳定性，而且还会影响到基层的稳定性。因此，沥青路面必须具有较好的抗渗能力，在潮湿多雨地区尤为重要。沥青路面的抗渗能力主要取决于沥青路面的孔隙率。孔隙率越大，其抗渗能力越差。

9.2.1.3　沥青混合料类型的适用原则

选择沥青混合料类型应在综合考虑道路所在地区的自然条件、道路等级、所处结构层位、路面性能要求、施工条件及工程投资等因素的基础上，从表 9－1 中选择适当的沥青混合料类型，也可参照表 9－1 根据道路等级、路面结构层位及最小压实厚度选择适当的混合料类型。

（1）沥青面层集料的最大粒径宜从上至下逐渐增大，并应与压实层厚度相匹配。原因在于随矿料最大粒径的增加，沥青路面车辙形成的程度降低，但耐久性也随之降低。特别是当矿料最大粒径（D）超过结构层厚度（h）的一半时，路面的疲劳耐久性急剧下降，加速路面的损坏。所以结构层厚度应是矿料最大粒径的二倍以上（$h/D \geqslant 2$）。一般来说，对热拌热铺密级配沥青混合料，沥青层一层的压实厚度不宜小于集料公称最大粒径的 2.5～3 倍，对 SMA 和 OGFC 等嵌挤型混合料不宜小于公称最大粒径的 2～2.5 倍，以减少离析，便于压实。

表 9－2　沥青路面混合料类型选择及最小压实厚度(mm)

路面结构层类型	道路等级		高速公路、一级公路和城市快速路、主干路			其他等级公路和城市道路		行人道路	
表面层磨耗层	沥青混合料类型		AC	SMA	OGFC	AC	SMA	AC	
	集料公称最大粒径(mm)	4.75	×	×	×	×	×	10	
		9.5	×	25	25	25	25	20	
		13.2	40	35	35	35	35	25	
		16	45	45	45	45	40	×	
中面层	沥青混合料类型		AC	SMA	AC	AC	SMA	AC	
	集料公称最大粒径(mm)	16	45	40	×		×	×	
		19	60	50	×		×	×	
下面层或基层	沥青混合料类型		AC	ATB	AC	AM	ATB	AC	AM
	集料公称最大粒径(mm)	13.2	×	×	35	35	×	35	35
		16	×	×	45	40	×	40	40
		19	60	×	60	50	×	55	×
		26.5	80	80	×	60	80	×	×
		31.5	×	90	×	×	90	×	×
		37.5	×	100	×	×	100	×	×

［注］×表示不适用。

（2）沥青面层一般应采用双层或三层式结构，各层之间应联结成为整体，为此在沥青层下必须浇洒透层油，沥青层与沥青层之间必须喷洒粘层油。

(3)沥青路面应满足耐久性、抗车辙、抗裂、密水、抗滑等多方面性能要求，便于施工，并应根据施工机械、工程造价等实际情况选择沥青混合料的种类。

(4)对高速公路、一级公路和城市快速路、主干路，为提高沥青混合料的使用性能和延长沥青路面的使用寿命，或采用普通的道路沥青不能满足使用要求时，可对上面层或中面层沥青结合料采取改性措施，或采用SMA(即沥青玛蹄脂碎石混合料)等特殊的矿料级配。如果需要，二级公路也可采用改性沥青或SMA结构。

(5)对沥青层较厚的高速公路、一级公路和城市快速路、主干路，在选择级配类型，确定矿料级配和最佳沥青用量时，应首先保证各层的组合不致发生早期破坏，并在此基础上优先或侧重考虑各层的服务功能：①表面层应具有良好的表面功能、密水、耐久、抗车辙、抗裂，潮湿区和湿润区的路面上面层应符合潮湿条件下的抗滑要求，抗滑性能不符合要求时，可铺筑抗滑磨耗层。在寒冷地区，表面层应考虑低温抗裂性能的要求。②三层式路面的中面层或双层式路面的下面层应重点满足混合料的高温抗车辙性能。③下面层应在满足高温抗车辙性能的基础上，重点考虑抗疲劳性能及抗裂性能的要求。④除排水式沥青混合料外，每一层都应该考虑密水性。当上层属渗水性结构层时，层间或下层应采取防渗水或排水措施。

(6)高速公路的紧急停车带(硬路肩)沥青面层应采用与行车道相同的结构，但表面层一般应采用密级配沥青混凝土混合料铺筑。

(7)各层沥青混合料应满足所在层位的功能性要求，便于施工，不易离析。各层应连续施工并联结成为一个整体。当发现混合料结构组合及级配类型的设计不合理时，应进行修改、调整，以确保沥青路面的使用性能。

9.2.1.4　沥青面层分类

1. 按强度构成原理分类

沥青路面可分为密实型和嵌挤型两大类：

密实型沥青路面要求矿料的级配按最大密实原则设计，其强度和稳定性主要取决于混合料的粘聚力和内摩阻力。密实型沥青路面按其孔隙率的大小可分为闭式和开式两种：闭式混合料中含有较多的小于0.5mm和0.074mm的矿料颗粒，孔隙率小于6%，混合料致密而耐久，但热稳定性较差；开式混合料中小于0.5mm的矿料颗粒含量较少；孔隙率大于6%，其热稳定性较好。

嵌挤型沥青路面要求采用颗粒尺寸较为均一的矿料，路面的强度和稳定性主要依靠集料颗粒之间相互嵌挤所产生的内摩阻力，而粘聚力则起着次要的作用。按嵌挤原则修筑的沥青路面，其热稳定性较好，但因孔隙率较大、易渗水，因而耐久性较差。

2. 按施工工艺分类

按施工工艺的不同，沥青路面可分为层铺法、路拌法和厂拌法等三类：

层铺法是用分层洒布沥青，分层铺撒矿料和碾压的方法修筑，其主要优点是工艺和设备简便、功效较高、施工进度快、造价较低，其缺点是路面成型期较长，需要经过炎热季节行车碾压之后路面方能成型。用这种方法修筑的沥青路面有沥青表面处治和沥青贯入式两种。

路拌法是在路上用机械将矿料和沥青材料就地拌和摊铺和碾压密实而成型的沥青面层。此类面层所用的矿料为碎(砾)石者称为路拌沥青碎(砾)石；所用的矿料为土者则称为路拌沥青稳定土。路拌沥青面层，通过就地拌和，沥青材料在矿料中分布比层铺法均匀，可以缩短路面的成型期。但因所用的矿料为冷料，需使用粘稠度较低的沥青材料，故混合料的强度较低。

厂拌法是将规定级配的矿料和沥青材料在工厂用专用设备加热拌和，然后送到工地摊铺碾压而成型的沥青路面。矿料中细颗粒含量少，不含或含少量矿粉，混合料为开级配的(孔隙率达10%～15%)，称为厂拌沥青碎石；若矿料中含有矿粉，混合料是按最佳密实级配配制的(孔隙率10%以下)，称为沥青混凝土。厂拌法按混合料铺筑温度的不同，又可分为热拌热铺和热拌冷铺两种：热拌热铺是混合料在专用设备加热拌和后立即趁热运到路上摊铺压实，如果混合料加热拌和后储存一段时间再在常温下运到路上摊铺压实，即为热拌冷铺。厂拌法使用较粘稠的沥青材料，且矿料经过精选，因而混合料质量高，使用寿命长，但修建费用也较高。

3. 根据沥青路面技术特性分类

根据沥青路面的技术特性，沥青面层可分为沥青混凝土、热拌沥青碎石、乳化沥青碎石、沥青贯入式、沥青表面处治五种类型。此外，沥青玛蹄脂碎石近年在我国也得到广泛应用。

沥青表面处治路面是指用沥青和集料按层铺法或拌和法铺筑而成的沥青路面。沥青表面处治的厚度一般为1.5～3.0cm。层铺法可分为单层、双层、三层。单层表处厚度为1.0～1.5cm，双层表处厚度为1.5～2.5cm，三层表处厚度为2.5～3.0cm。沥青表面处治适用于三级、四级公路的面层、旧沥青面层上加铺罩面或抗滑层、磨耗层等。

沥青贯入式路面是指用沥青贯入碎(砾)石作面层的路面。沥青贯入式路面的厚度一般为4～8cm。当沥青贯入式的上部加铺拌和的沥青混合料时，也称为上拌下贯，此时拌和层的厚度宜为3～4cm，其总厚度为7～10cm。沥青贯入式碎石路面适用于作二级及二级以下公路的沥青面层。

沥青碎石路面是指用沥青碎石作面层的路面，沥青碎石的配合比设计应根据实践经验和室内试验的结果，并通过施工前的试拌和试铺确定。沥青碎石有时也用作联结层。

沥青混凝土路面是指用沥青混凝土作面层的路面，其面层可由单层、双层或三层沥青混合料组成，各层混合料的组成设计应根据其层厚和层位、气温和降雨量等气候条件、交通量和交通组成等因素确定，以满足对沥青面层使用功能的要求。沥青混凝土常用作高等级公路的面层。

乳化沥青碎石适用于作三级、四级公路的沥青面层、二级公路养护罩面以及各级公路的调平层，也可用作柔性基层。

沥青玛蹄脂碎石路面是指用沥青玛蹄脂碎石混合料作面层或抗滑层的路面。沥青玛蹄脂碎石混合料(简称SMA)是以间断级配的集料为骨架，用改性沥青、矿粉及纤维素组成的沥青玛蹄脂为结合料，经拌和、摊铺、压实而形成的一种构造深度较大的抗滑面层。它具有抗滑耐磨、孔隙率小、抗疲劳、高温抗车辙、低温抗开裂的优点，是一种全面提高密级配沥青混凝土使用质量的新材料，适用于高速公路、一级公路和其他重要公路的表面层。

9.2.2 沥青路面施工

9.2.2.1 洒铺法沥青路面面层的施工

洒铺法沥青路面面层主要包括沥青表面处治、封层和沥青贯入式路面。

1. 沥青表面处治与封层

根据洒布沥青和撒布集料的次数，沥青表面处治可分为单层、双层、三层式表面处治路面。沥青表面处治主要适用于三级、三级以下公路、各级公路施工便道、旧沥青面层上加铺罩面层或磨耗层。宜选择在干燥和较热的季节施工，并应在雨季前和日最高温度低于15℃到来前半个月结束，这样便于通过开放交通压实、成型稳定。

沥青表面处治所采用的集料最大粒径应与处治层的厚度相等，当采用乳化沥青时，为减少乳液流失，可在主层集料中掺加20%以上的较小粒径的集料。沥青表面处治所使用的材料规格和用量应符合表 9－3 的要求。

沥青表面处治层的施工一般采用“先油后料”原则，现以三层式沥青表面处治为例，介绍其施工程序及要求。

(1)施工准备

主要包括机械准备和基层准备。

施工前，先检查沥青洒布车的油泵系统、输油管道、油量表、保温设备等，并将一定数量的沥青装入油罐，进行试洒，确定施工所需的喷洒速度和油量。每次喷洒前要保持喷油嘴干净，管道畅通，喷油嘴的角度一致，并与洒油管成 15℃～25℃的夹角，洒油管的高度应保证同一地点接收两个或三个喷油嘴喷洒的沥青，不得出现花白条。集料撒布机在使用前先检查传动和液压调整系统，并进行试撒布，来确定撒布各种规格集料时应控制的下料间隙和行驶速度。

表 9－3　沥青表面处治材料规格和用量

沥青种类	类型	厚度(cm)	集料($m^3/1000m^2$)						沥青或乳液用量(kg/m^2)			
			第一层		第二层		第三层		第一次	第二次	第三次	合计用量
			粒径规格	用量	粒径规格	用量	粒径规格	用量				
石油沥青	单层	1.0	S12	7～9					1.0～1.2			1.0～1.2
		1.5	S10	12～14					1.4～1.6			1.4～1.6
	双层	1.5	S10	12～14	S12	7～8			1.4～1.6	1.0～1.2		2.4～2.8
		2.0	S9	16～18	S12	7～8			1.6～1.8	1.0～1.2		2.6～3.0
		2.5	S8	18～20	S12	7～8			1.8～2.0	1.0～1.2		4.0～4.6
	三层	2.5	S8	18～20	S10	12～14	S12	7～8	1.6～1.8	1.2～1.4	1.0～1.2	3.8～4.4
		3.0	S6	20～22	S10	12～14	S12	7～8	1.8～2.0	1.2～1.4	1.0～1.2	4.0～4.6
乳化沥青	单层	0.5	S14	7～9					0.9～1.0			0.9～1.0
	双层	1.0	S12	9～11	S14	4～6			1.8～2.0	1.0～1.2		2.8～3.2
	三层	3.0	S6	20～22	S10	9～11	S12 S14	4～6 3.5～4.5	2.0～2.2	1.8～2.0	1.0～1.2	4.8～5.4

［注］ (1)煤沥青表面处治的沥青用量可比石油沥青用量增加 15%～20%。(2)表中的乳液用量按乳化沥青的蒸发残留物含量 60%计算，如沥青含量不同应予折算；(3)在高寒地区及干旱风沙大的地区，可超出高限 5%～10%。

沥青表面处治应在安装路缘石后进行，基层表面预先清理干净，不得含有泥土等杂质污染基层。除阳离子乳化沥青外，不得在潮湿的集料或基层和旧路上浇洒沥青。

(2)洒布沥青

当透层沥青充分渗透，或清扫干净已作透层或封层的基层后，就可按试洒沥青速度浇洒第一层沥青。

石油沥青的洒布温度需控制在 130～170℃，使用煤沥青时控制在 80～120℃间，乳化沥青需在适宜的温度下施工，但乳液的加热温度最高不得超过 60℃。沥青的浇洒速度应与石料撒布机的能力相匹配。当洒布沥青后发现空白、缺边时，要立即进行人工补洒，沥青积聚时应予刮除。

对于前后两车喷洒的接茬搭接处要处理好。在每段接茬处，可用铁板或建筑纸等横铺在本段起洒点前及终点后，长度为 1～1.5m。如需分数幅浇洒时，纵向搭接宽度宜为 10～15cm，浇洒第二、三层沥青的搭接缝应错开。

(3)撒布集料

洒布沥青后要尽快趁热及时撒布集料。集料的撒布要均匀、不重叠、不得使沥青露出，当局部集料过多或过少时，应采用人工方法，清扫多余集料或适当找补。使用乳化沥青时，集料的撒布应在乳液破乳前完成。

在两幅搭接处，第一幅浇洒沥青后需暂留 10～15cm 宽度不撒石料，待第二幅浇洒沥青后一起撒布集料。

(4)碾压

撒布第一层集料后应立即用 6～8t 钢筒双轮压路机碾压，碾压时轮迹重叠约 30cm，从路边逐渐移至路中心，然后再从另一边开始移向路中心，完成即为一遍，宜碾压 3～4 遍，碾压刚开始时速度应稍慢，一般不超过 2km/h，以后可适当增加。铺完第二、三层时，可以采用 8－l0t 压路机进行碾压。

(5)初期养护

除乳化沥青表面处治要等破乳水分蒸发并基本成型后方可通车外，沥青表面处治在碾压结束后即可开放交通。但应限制行车速度不超过 20km/h，需设专人指挥交通，使路面全宽均匀碾压。如发现局部有泛油现象时，可在泛油处补撒与最后撒布集料相同的缝料并打扫均匀。

沥青表面处治施工后，需在路侧另备 S12(5～10mm)碎石或 S14(3～5mm)石屑、粗砂或小砾石 2～3m^3/1000m^2 作为初期养护用料。

单层或双层沥青表面处治的施工方法与三层施工方法类似，只是次数减少。

封层是指为封闭表面空隙、防止水分浸入面层或基层而铺筑的沥青混合料薄层，称为封层。其中铺筑在面层表面的为上封层，铺筑在面层下面的为下封层。微表处是指采用适当级配的石屑或砂、填料(水泥、石灰、粉煤灰、石粉等)与聚合物改性乳化沥青、外掺剂和水按一定比例拌和而成的流动状态的沥青混合料，将其均匀地摊铺在路面上形成的沥青封层。稀浆封层是指用适当级配的石屑或砂、填料(水泥、石灰、粉煤灰、石粉等)与乳化沥青、外掺剂和水，按一定比例拌和而成的流动状态的沥青混合料，将其均匀地摊铺在路面上形成的沥青封层。上封层根据情况可以选择乳化沥青稀浆封层、微表处、改性沥青集料封层、薄层磨耗层或其他适宜的材料，主要根据使用目的和路面的破损程度选用。下封层可以采用层铺法表面处治或乳化沥青、改性乳化沥青作结合料的稀浆封层法，使用沥青表面处治时通常为单层式。

稀浆封层和微表处必须使用专用的摊铺机进行摊铺。根据铺筑厚度、处治目的、公路等级等条件，符合表 9－4 和表 9－5 所列级配和混合料的技术要求：

表 9－4　稀浆封层和微表处的矿料级配

筛孔尺寸(mm)	不同类型通过各筛孔的百分率(%)				
	微表处		稀浆封层		
	MS－2 型	MS－3 型	ES－1 型	ES－2 型	ES－3 型
9.5	100	100	—	100	100
4.75	95～100	70～90	100	95～100	70～90
2.36	65～90	45～70	90～100	65～90	45～70

（续表）

筛孔尺寸(mm)	不同类型通过各筛孔的百分率(%)				
	微表处		稀浆封层		
	MS—2 型	MS—3 型	ES—1 型	ES—2 型	ES—3 型
1.18	45～70	28～50	60～90	45～70	28～50
0.6	30～50	19～34	40～65	30～50	19～34
0.3	18～30	12～25	25～42	18～30	12～25
0.15	10～21	7～18	15～30	10～21	17～18
0.075	5～15	5～15	10～20	5～15	5～15
(mm)	4～7	8～10	2.5～3	4～7	8～10

表 9-5 稀浆封层和微表处混合料技术要求

项目	微表处	稀浆封层
可拌和时间(s)	>120	
稠度(cm)	—	2～3
粘聚力试验 30min(初凝时间)(N·m) 60min(开放交通时间)(N·m)	 ≥1.2 ≥2.0	(仅适用于快开放交通的稀浆封层) ≥1.2 ≥2.0
负荷轮碾压试验(LWT) 粘附砂量(g/m^2) 轮迹宽度变化率(%)	 <450 <5	(仅适用于重交通道路表层时) <450 —
湿轮磨耗试验的磨耗值(WTAT) 浸水 1h(g/m^2) 浸水 6h(g/m^2)	 <540 <800	 <800 —

［注］ 负荷轮碾压试验(LWT)的宽度变化率适用于需要修补车辙的情况。

除新建的高速公路、一级公路的沥青路面上不宜采用稀浆封层铺筑上封层外，其他情况的上、下封层均可采用单层式沥青表面处治或乳化沥青稀浆封层。

稀浆封层和微表处的最低施工温度需大于 10℃，严禁在雨天施工。在施工前，应清除干净原路表面，修补其中的坑槽、裂缝等病害，在水泥路面上铺筑微表处时还应洒布粘层油，过于光滑的表面要做拉毛处理，以增加新旧路面间的结合力。

稀浆封层和微表处两幅纵缝搭接的宽度要小于 8cm，横向宜做成对接缝。分两层摊铺时，第一层摊铺后至少需在开放交通 24h 后方可进行第二层的摊铺。铺后的表面不得有超粒径颗粒的严重拖痕。

2. 沥青贯入式路面

沥青贯入式路面是在初步压实的碎石上，分层浇洒沥青、撒布缝料，或再在上部铺筑热拌沥青混合料封层，经压实而成的沥青面层。它主要适用于二级及二级以下的公路，也可作为沥青混凝土路面的连接层。沥青贯入式路面的厚度宜为4～8cm，对于乳化沥青贯入式路面的厚度不宜超过5cm，当其上部铺筑拌和的沥青混合料面层时，总厚度为6～10cm，其中拌和层的厚度宜为2～4cm。沥青贯入式路面的最上层应撒布封层料或加铺拌和层，乳化沥青贯入式路面铺筑在半刚性基层上时，应铺筑下封层，沥青贯入层作为连接层使用时，可不撒表面封层料。其比较适宜的施工季节与沥青表面处治相同。

沥青贯入式路面的施工一般采用"先料后油"原则，现以三层沥青贯入式路面为例，介绍其施工程序及要求。

(1)施工准备

施工机械和基层准备与表面处治基本相同。对于主层集料的施工可采用碎石摊铺机，使用钢筒式压路机碾压。乳化沥青贯入式路面必须浇洒透层或粘层沥青。当沥青贯入式路面厚度小于或等于5cm时，也应浇洒透层或粘层沥青。

(2)主层集料撒布和碾压

先撒布主层集料，撒布后严禁车辆在铺好的层上通行。

使用与沥青表面处治相同的机械和方法碾压，碾压一遍后，检验路拱和纵向坡度，如不符合要求，先调整找平再压，至集料无显著推移为止。然后再用重型的钢筒压路机(如10～12t压路机)进行碾压，每次轮迹重叠1/2左右，需4～6遍，直至主层集料稳定并无显著轮迹为止。

(3)洒布沥青并撒缝料

主层集料完成后即洒第一层沥青，施工方法与沥青表面处治基本相同。当主层沥青浇洒后，应立即均匀撒布第一层缝料，不足处应找补；然后立即用8～12t钢筒式压路机进行碾压，轮迹重叠1/2左右，碾压4～6遍，直至稳定为止。如因气温过高使碾压过程中发生较大推移现象时，要立即停止碾压，待气温稍低时再继续碾压。

(4)第二、三层施工

第二、三层沥青与缝料的施工基本与第一层类似。当撒布完封层材料后，最后碾压，宜采用6～8，压路机碾压2－4遍，然后开放交通。

其他施工程序和要求基本与表面处治相同，要协调和处理好各道工序，当天已开工的路段当天完成，并应注意保持施工现场的整洁和干净。

9.2.2.2　热拌沥青混合料路面的施工

热拌沥青混合料路面是指沥青与矿料在热拌状态下施工的沥青路面，它适用于各种等级公路的沥青面层。对于高速公路、一级公路沥青面层的上、中、下面层和其他等级公路的沥青面层的上面层宜采用沥青混凝土混合料铺筑，沥青碎石混合料仅适用于过渡层和整平层。

根据集料公称最大粒径、矿料级配、孔隙率等，热拌沥青混合料(HMA)的种类如表9-6所示。

沥青面层的集料最大粒径宜从上至下逐渐增大，并与压实层厚度相匹配。对于热拌热铺密级配沥青混合料，沥青层的压实厚度要大于集料公称最大粒径的2.5～3倍，对于SMA和OGFC等应大于公称最大粒径的2～2.5倍，以减少离析，便于压实。

热拌沥青混合料的施工主要包括施工准备、拌制和运输、铺筑等几道工序。

表 9-6 热拌沥青混合料种类

混合料类型	密级配			开级配		半开级配	公称最大粒径(mm)	最大粒径(mm)
	连续级配		间断级配	间断级配		沥青碎石		
	沥青混凝土	沥青稳定碎石	沥青玛蹄脂碎石	排水式沥青磨耗层	排水式沥青碎石基层			
特粗式	—	ATB—40	—	—	ATPB—40	—	37.5	53.0
粗粒式	—	ATB—30	—	—	ATPB—30	—	31.5	37.5
	AC—25	ATB—25	—	—	ATPB—25	—	26.5	31.5
中粒式	AC—20	—	SMA—20	—	—	AM—20	19.0	26.5
	AC—16	—	SMA—16	OGFC—16	—	AM—16	16.0	19.0
细粒式	AC—13	—	SMA—13	OGFC—13	—	AM—13	13.2	16.0
	AC—10	—	SMA—10	OGFC—10	—	AM—10	9.5	13.2
砂粒式	AC—5	—	—	—	—		4.75	9.5
设计空隙率(%)	3～5	3～6	3～4	>18	>18	6～12	—	—

［注］ 设计孔隙率可按配合比设计要求适当调整。

1. 施工准备

对于施工机械的性能及数量等要有规划，并符合上节机械施工的要求。

路基和基层的平整度与沥青面层的紧密相关，因此，对于基层的准备工作要严格，并符合有关规定。正式摊铺前，要清扫干净基层，泥块等杂质和松散的路面材料不得留在基层表面，不得进行薄层找平。此外，应保持基层的干燥和清洁。

热拌沥青混合料的施工过程中，要根据沥青品种、标号、粘度、气候条件及铺筑层的厚度选择沥青加热温度和沥青混合料施工温度。并应符合表表 9-7 和表 9-8 的要求。

表 9-7 热拌沥青混合料的施工温度(℃)

施工工序		石油沥青的标号			
		50 号	70 号	90 号	110 号
沥青加热温度		160～170	155～165	150～160	145～155
矿料加热温度	间隙式拌和机	集料加热温度比沥青温度高 10～30			
	连续式拌和机	矿料加热温度比沥青温度高 5～10			
沥青混合料出料温度		150～170	145～165	140～160	135～155
混合料贮料仓贮存温度		贮料过程中温度降低不超过 10			
混合料废弃温度，高于		200	195	190	185
运输到现场温度，不低于		150	145	140	135
混合料摊铺温度，不低于	正常施工	140	135	130	125
	低温施工	160	150	140	135
开始碾压的混合料内部温度，不低于	正常施工	135	130	125	120
	低温施工	150	145	135	130
碾压终了的表面温度，不低于	钢轮压路机	80	70	65	60
	轮胎压路机	85	80	75	70
	振动压路机	75	70	60	55
开放交通的路表温度，不高于		50	50	50	45

［注］ (1)沥青混合料的施工温度采用具有金属探测针的插入式数显温度计测量。表面温度可采用表面接触式温度计测定。当采用红外线温度计测量表面温度时，应进行标定。(2)表中未列入的 130 号、160 号及 30 号沥青的施工温度由试验确定。

2. 沥青混合料的拌制与运输

从国家有关环境保护、消防、安全、施工质量等要求出发，沥青混合料必须在沥青拌和厂采用拌和机械拌制。拌和可以采用间歇式或连续式拌和机拌制，按照环保法和公路施工法的要求，各类拌和机均应有防止矿粉飞扬散失的密封性能及除尘设备。为了保证施工质量与施工和易性，拌和机械还需有检测拌和温度的装置。对于连续式拌和机也应具备根据材料含水量变化调整矿料上料比例、上料速度、沥青用量的装置。从我国公路工程施工的现状来看，对于高速公路和一级公路的沥青混凝土宜采用间歇式拌和机拌制。对于材料来源、质量等不稳定的工程，不得使用连续式拌和机。

在正式拌制沥青混合料之前，还需根据确定的配合比进行试拌，也就是确定施工配合比，由于我国材料供应的不均匀性较大，因此试拌工序十分重要，而且每隔一定的时间需重新试拌来确定由于材料规格等变化而需改变的新配合比。试拌时，对所有的冷料(包括粗、细集料等)和沥青应严格计量，通过试拌及实验确定每盘热拌的配合比及其总质量(间歇时拌和机)、或各种矿料进料口开启的大小及沥青和矿料进料的速度(连续式拌和机)、适宜的沥青用量、平均拌和时间、矿料和沥青加热温度、沥青混合料的出场温度等各项施工指标。混合料的拌和时间直接影响到路面的施工效率，对于混合料的拌制要求，以其拌和均匀，所有矿料颗粒全部裹覆沥青结合料为度。一般而言，在正常的拌和情况下，间歇式拌和机每锅拌和时间宜为 30～50s(其中干拌时间不得少于 5s)，连续式拌和机的拌和时间需根据上料速度及拌和温度试拌确定。改性沥青和 SMA 混合料的拌和时间应适当延长。

表 9-8　聚合物改性沥青混合料的正常施工温度范围(℃)

工序	聚合物改性沥青品种		
	SBS 类	SBR 胶乳类	EVA、PE 类
沥青加热温度	160～165		
改性沥青现场制作温度	165～170	—	165～170
成品改性沥青加热温度，不大于	175	—	175
集料加热温度	190～220	200～210	185～195
改性沥青 SMA 混合料出厂温度	170～185	160～180	165～180
混合料最高强度(废弃温度)	195		
混合料贮存温度	拌和出料后降低不超过 10		
摊铺温度，不低于	160		
初压开始温度，不低于	150		
碾压终了的表面温度，不低于	90		
开放交通时的路表温度，不高于	50		

［注］　当采用表列以外的聚合物或天然沥青改性沥青时，施工温度由试验确定。

拌和好的沥青混合料需符合出厂温度要求，混合料应均匀一致、无花白料、无结团成块或严重的粗细料分离现象。当混合料出厂温度过高，已影响沥青与集料的粘结力时，混合料不得使用，已铺筑的沥青路面应予铲除，并及时调整。如施工等原因，不能立即使用的沥青混合料，可采取保温措施或放人成品储料仓储存，但储存时间应以符合摊铺温度或不超过 72h 为准。

热拌沥青混合料的运输一般采用自卸汽车。在装料前，车厢应打扫干净，为了防止沥青与车厢板的粘结，需在车厢侧拌和底板涂一薄层油水(柴油与水的比例可为 1∶3)混合液，但不得有余液积聚在车厢底部。

为了减少在装料过程中的粗细集料离析，自卸车每装一斗混合料宜挪动一下位置。运料车应有篷布准备，如遇可能引起降温、污染、水淋，以及运输时间超过 0.5h 时，应用篷布覆盖。

沥青混合料运输车的运量应和拌和能力、摊铺速度相协调，并有所富余。一般情况下，对于高速公路、一级公路，开始摊铺时，施工现场等候卸料的运料车不宜少于 5 辆。连续摊铺过程中，运料车应在摊铺机前 10～30cm 处停住；卸料过程中应挂空挡，靠摊铺机推动前进，卸料过程中，严禁撞击摊铺机。

SMA 混合料的拌制和运输与上面所介绍的常规方式有所不同。这是由于 SMA 为间断级配，粗集料较多，矿粉多，而细集料较少，还需掺加纤维，故在拌和过程中，特别要注意冷料仓的搭配和纤维投入的均匀性，防止粗集料、矿粉供应不足，而细集料又过剩的现象发生。从原则上说，SMA 是不能使用回收粉尘的，而且 SMA 拌和后不能贮存太长时间，当天拌和的需当天使用完。

由于 SMA 混合料中的沥青玛蹄脂粘性较大，故运料车需涂刷较多的油水混合物。同时为了防止 SMA 混合料表面结成硬壳，在运输过程中，车辆顶面需加盖篷布，而且同等情况下，使用 SMA 的还需增加车辆。其施工温度通过试验路铺筑确定。

表 9－9 为 SMA 路面的施工温度范围建议值，可供参考。

表 9－9 SMA 路面施工温度控制表(℃)

施工阶段	不使用改性沥青	使用改性沥青			测温部位
		SBS 类	SBR 类	EVA、PE 类	
沥青加热温度	150～160	160～165	160～165	150～160	沥青加热罐
集料加热温度	185～195	190～200	200～210	180～190	热料提升斗
SMA 出厂温度	160～170	175～185	175～185	170～180	运料车
混合料最高温度	195	不高于 195			运料车
混合料贮存温度	降低不超过 10				贮料仓及运料车
摊铺温度	不低于 150	不低于 160			摊铺机
初压温度	不低于 140	不低于 150			碾压层内部
复压温度	不低于 120	不低于 130			碾压层内部
终压温度	不低于 110	不低于 120			碾压层内部
开放交通温度	不高于 50	不高于 60			路面内部或表面

3. 铺筑

(1)摊铺

在按有关要求检查基层、透层、粘层、封层合格后，才可进行沥青混合料的铺筑。

摊铺机在开始受料前需在料斗内涂刷少量防止粘料用的柴油。对于高速公路和一级公路，根据摊铺宽度，宜采用两台以上的摊铺机成梯队作业进行联合摊铺，相邻两幅的重叠摊铺宽度为 3～6cm 左右，并躲开车道轮迹带，上、下层的搭接位置需错开 20cm 左右。为了减小温度差等原因造成的材料离析和碾压质量等问题，摊铺机间距应以不造成前面摊铺的混合料冷却为准，如条件允许，也可使用全宽度摊铺机一幅摊铺。沥青混合料摊铺操作如图 9－1 所示。

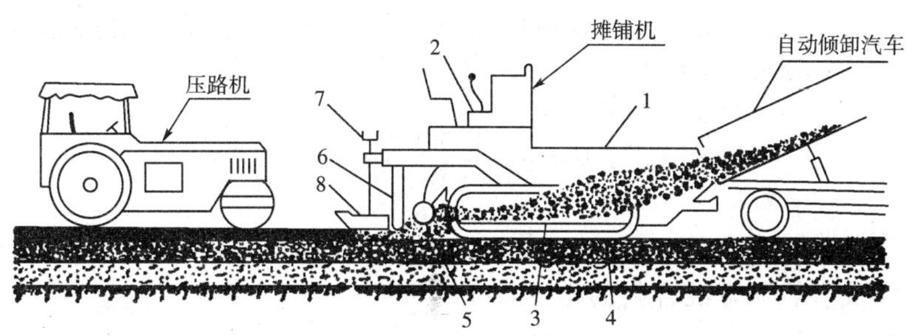

图 9－1　沥青混合料摊铺机操作示意图

1—料斗；2—驾驶台；3—送料器；4—履带；5—螺旋摊铺器；6—振捣器；7—厚度调节螺杆；8—摊平板

摊铺机开工前应使熨平板的预热温度不低于 100℃，摊铺过程中需选择好熨平板的振捣或夯锤压实装置，以提高路面的初始压实度，并仔细调节熨平板加宽连接致使摊铺后混合料没有明显的离析现象。

为了提高沥青路面的施工质量，摊铺机应具有自动找平的装置，中、下面层需采用一侧钢丝绳引导的高程控制方式，表面层宜采用摊铺层前后保持相同高差的雪橇式或平衡梁摊铺厚度控制方式，以保证摊铺机初步压实的摊铺层符合平整度、横坡的规定要求。

摊铺机必须缓慢、均匀、连续不间断地摊铺，摊铺速度需控制在 2～6m/min 的范围内，对于改性沥青混合料及 SMA 混合料需放慢至 1～3m/min。并按计算结果综合确定。

热拌沥青混合料应在较高气温时施工。高速公路和一级公路施工气温低于 10℃、其他等级公路施工气温低于 5℃时，不宜摊铺热拌沥青混合料，如因其他原因必须摊铺时，应采取相应的保温和压实措施，确保施工质量。

沥青混合料的松铺系数应根据试验路的情况综合确定，表 9－10 可供参考。在摊铺过程中，应随时检查摊铺层厚及路拱、横坡，并按式(9－1)由使用的混合料总量与面积校验平均厚度，不符合要求时，应根据铺筑情况及时调整。

表 9－10　沥青混合料的松铺系数参考值

种类	机械摊铺	人工摊铺
沥青混凝土混合料	1.15～1.35	1.25～1.50
沥青碎石混合料	1.15～1.30	1.20～1.45

摊铺层压实成型的平均厚度如式所示：

$$T=\frac{100M}{D\cdot L\cdot W} \tag{9-1}$$

式中：T——摊铺层压实成型后的平均厚度，cm；

D——压实成型后沥青混合料的密度，t/m^3；

L——摊铺段长度，m；

M——摊铺的沥青混合料总质量，t；

W——摊铺宽度，m。

摊铺机的摊铺速度影响着沥青路面的施工质量和效率。因此，沥青混合料必须缓慢、均匀、连续不间断地进行摊铺，如无特殊原因，施工过程中不得随意变换摊铺速度或中途停顿。摊铺机的螺旋送料器应不停顿地转动，两侧要保持有不少于送料器高度2/3的混合料，并保证在摊铺机全宽度断面上不发生离析。摊铺速度要根据拌和机能力、运输车运量、压路机配套情况及摊铺层厚度、宽度按式(9－2)确定：

$$V=\frac{100Q}{60D\cdot W\cdot T}\cdot C \tag{9-2}$$

式中：V——摊铺机摊铺速度，m/min；

D——压实成型后沥青混合料的密度，t/m^3；

Q——拌和机产量，t/h；

W——摊铺宽度，m；

T——摊铺层压实成型后的平均厚度，cm；

C——效率系数。根据材料供应、运输能力等配套情况确定，宜为0.6～0.8。

机械摊铺时，尽量少用人工反复修整。当遇下列情况时，可人工局部找补或更换混合料：

①如发现摊铺后的路面横断面不符合要求、表面明显不平整、局部混合料明显离析、摊铺机后有明显的拖痕、构造物接头部位或摊铺带边缘局部缺料等情况，可采用人工作局部找补或更换混合料，缺陷较严重时，应予铲除，并调整摊铺机或改进摊铺工艺。

②路面狭窄部分、平曲线半径过小的匝道或加宽部分、小规模工程等可用人工摊铺。半幅施工时，路中一侧宜事先设置挡板，沥青混合料卸在铁板上，撒料用的铁锹等工具可加热使用，也可沾轻柴油或油水混合液，以防粘结混合料，摊铺时扣锹摊铺，不能扬锹远甩。摊铺要连续进行，摊铺好的混合料应紧跟碾压，对于混合料温度低于施工要求或受雨淋湿的，要坚决铲除，以保证施工质量。

(2)碾压

根据试验路的情况，确定钢筒式静态压路机与轮胎压路机或振动压路机的合理组合方式及碾压步骤，压路机的数量要根据摊铺的速度而定，沥青混凝土的分层压实厚度不得大于10cm，沥青稳定碎石层的压实厚度不得大于12cm。压路机应以慢而均匀的速度碾压，沥青混合料的压实分为初压、复压、终压三个阶段，各个阶段的碾压速度需符合表9－11的要求。

摊铺好的沥青混合料要及时碾压。初压一般在混合料处于较高温度下进行，应选用轻型钢筒式压路机或关闭振动装置的振动压路机碾压2遍。压路机应从外侧向中心碾压，相邻碾压带需重叠1/3～1/2轮宽，最后碾压路中心部分。当边缘有挡板、路缘石、路肩等支挡时，压路机应紧靠支挡碾压；当边缘无支挡时，可把边缘混合料稍稍耙高，然后将压路机的外侧轮伸出边缘10cm以上碾压，也可在边缘先空出宽30～40cm，待压完第一遍后，将压路机大部分重量位于已压实过的混合料面上再压边缘，以减少沥青混合料向外推移或发裂。压路机在起动、停止时必须减速缓慢进行，碾压时应将驱动轮面向摊铺机碾压，碾压路线和方向不得突然改变。初压结束时，应检查平整度和路拱，必要时予以适当修整。

表9－11 压路机碾压速度(km/h)

压路机类型	初压		复压		终压	
	适宜	最大	适宜	最大	适宜	最大
钢筒式压路机	2～3	4	3～5	6	3～6	6
轮胎压路机	2～3	4	3～5	6	4～6	8
振动压路机	2～3 (静压或振动)	3 (静压或振动)	3～4.5 (振动)	5 (振动)	3～6 (静压)	6 (静压)

复压紧跟在初压后进行，要组合好压路机并使每台都能全幅碾压，以保证压实的均匀性。对于密级配沥青混凝土，优先选择重型的轮胎压路机进行搓揉碾压，以增加密水性，其总质量要大于 25t，每个轮胎的压力不小于 15kN，冷态时轮胎充气压力不小于 0.55MPa，轮胎发热后不小于 0.6MPa。对于粗集料为主的较大粒径混合料，尤其是大粒径沥青稳定碎石基层，优先选用振动压路机复压，振动频率宜为 35～50Hz，振幅宜为 0.3～0.8mm，相邻碾压带重叠宽度为 10～20cm。当采用三轮钢筒式压路机时，总重量不小于 12t，重叠宽度为 1/2，并不少于 20cm。OGFC 需采用小于 12t 的钢筒式压路碾压，以防压碎粗集料。

复压结束后要立即进行终压。终压时可选用双轮钢筒式压路机或关闭振动的振动压路机碾压。一般需两遍以上，并无轮迹。路面混合料的摊铺温度及路面压实成型的终了表面温度应符合规定。

在碾压过程中，压路机每次应由两端折回的位置阶梯形的随摊铺机向前推进，使折回处不在同一横断面上。在摊铺机连续摊铺的过程中，压路机不得随意停顿。当沥青混合料沾轮时，可向碾压轮洒少量水或加洗衣粉的水，严禁洒柴油。压路机不得在未碾压成型并冷却的路段上转向、调头或停车等候。振动压路机在已成型的路面上行驶时需关闭振动。

对于压路机无法压实的拐弯、死角或各种检查井的边缘等，可采用振动夯板或人工夯锤压实。在尚未冷却的沥青混合料路面上，不得行驶或停放任何机械或车辆。

由于 SMA 混合料拌和效率较低，因此摊铺机供料不足的问题比较突出，所以摊铺机的速度需放慢。同时，对于 SMA 混合料可压实余地也不大，松铺系数要比传统的沥青混合料小得多，例如，对于德国的 ABG 摊铺机摊铺，松铺系数有时竟不超过 1.05，因此需试验路总结确定。

由于轮胎式压路机的搓揉使沥青玛蹄脂产生上浮，极易使路面抗滑能力下降，有时甚至造成泛油，故 SMA 路面的碾压必须采用钢轮碾压，不得使用轮胎式压路机。实践经验证明，SMA 路面的碾压可以使用振动压路机，但要避免粗集料的碾碎和泛油现象发生。一些试验路情况表明，使用高频率低振幅方式碾压尤其重要，一般初压用 10t 钢轮紧跟摊铺机后碾压 1～2 遍，复压再静碾 3～4 遍或振动碾压 2～3 遍，最后用较宽的钢轮终压一遍即可，切忌过碾。

(3)接缝处理

沥青路面的各种施工缝(包括纵缝、横缝、与结构物或新旧路面的接缝等)处，往往压实不足，容易产生台阶、裂缝、松散等病害，影响路面的平整度和耐久性，也常常是沥青路面产生早期破坏的一个主要因素。接缝处理的总原则是使相邻沥青混合料均匀、无离析、密实和平顺。它可分为纵向接缝和横向接缝两种。

①纵缝处理：当使用两台或两台以上摊铺机成梯队作业时，可采用热接缝形式。施工时，需将已摊好的混合料部分预留 10～20cm 宽暂不碾压，作为后摊铺部分的高程基准面，最后做跨缝碾压以消除缝迹。对于半幅施工的路面，不能采用热接缝时，可加设挡板或采用切刀切齐，在铺另半幅时，须仔细地清扫接缝处，并涂洒少量粘层沥青，摊铺时应重叠在已铺层上 5～10cm，铺后人工将铺在前半幅上的混合料铲走，碾压时，先在已压实路面上行走，碾压新铺层 10～15cm，然后压实新铺部分，再伸过已压实路面 10～15cm，充分将接缝压实紧密。对于上下层的纵缝需错开 15cm 以上，表层的纵缝应顺直，且宜留在车道区画线位置上，减少由于接缝处强度不足而被车辆荷载造成损害。

②横缝处理：在相邻两幅和上下层之间设置的横向接缝均应错位 1m 以上。对于高速公路和一级公路中下层的横向接缝可采用斜接缝形式，面层应采用垂直的平接缝形式。其他等级公路各层均可采用斜接缝。铺筑接缝时，为了加强新旧混合料的粘结，可在已压实好的上面铺设一

些热混合料，在碾压开始时，再将预热料铲除。斜接缝的搭接长度与层厚有关，一般为 0.4～0.8m，搭接处需清扫干净，并洒粘层油。平接缝施工起来比斜接缝麻烦一些，它要求在已压实好并符合路面平整度要求的断面垂直切下，在摊铺时，断面端部洒粘层沥青后再接着铺筑。成形垂直缝的方法很多，有趁沥青混合料未冷却时沿不符合平整度的断面接头垂直刨除；也有在预定的摊铺段末段先撒一薄层砂带或铺上一层麻袋或牛皮纸，以利于端部刨除。切除后，应对接头处清扫干净，保持干燥状态。

横向接缝的碾压非常重要，接头处理得当，可使沥青路面平整、密实、平顺，如处理不妥，可能引起接头处松散、剥落、跳车等现象，极易产生路面的早期破坏。横向接缝的碾压应先使用双轮或三轮钢筒式压路机进行横向碾压，碾压带的外侧需放置供压路机行驶的垫木，碾压时压路机应位于已压实的混合料层上，伸入新铺层的宽度为 15cm。然后每压一遍向新铺混合料移动 15～20cm，直至全部在新铺层上为止，再改为纵向碾压。当相邻摊铺层已经成型，同时又有纵缝时，可先用钢筒式压路机沿纵缝碾压一遍，其碾压宽度为 15～20cm，然后再沿横缝做横向碾压，最后进行正常的纵向碾压。

热拌沥青混合料摊铺后待摊铺层完全自然冷却，混合料表面温度低于 50℃后，可以开放交通。

9.2.2.3 冷拌沥青混合料路面的施工

冷拌沥青混合料可采用乳化沥青或液体沥青拌制，适用于三级及三级以下的公路沥青面层、二级公路的罩面层以及各级公路的基层、连接层或整平层。其中在施工中常用的是乳化沥青冷拌混合料。

乳化沥青碎石混合料是采用乳化沥青与矿料在常温状态下拌和而成，压实后剩余孔隙率在10%以上的常温沥青混合料，适用于三级和三级以下公路的沥青面层、二级公路的罩面层施工以及各级公路沥青路面的连接层或整平层。乳化沥青碎石混合料路面的沥青面层需采用双层式：上层使用中粒式或细粒式沥青碎石混合料，下层使用粗粒式沥青碎石混合料。在少雨干燥地区或半刚性基层上也可使用单层式，为了减少雨水对于路面结构层的浸蚀，在多雨潮湿地区必须做上封层或下封层。

使用阳离子乳化沥青时，混合料可在下层潮湿的情况下施工，但应防止雨水的冲刷。在与乳液拌和前需用水湿润集料，使集料总含水量达到 5%左右。混合料的拌和时间应保证乳液与集料的拌和均匀，一般情况下，机械拌和不宜超过 30s（自矿料中加进乳液的时间算起）；人工拌和不宜超过 60s。混合料应具有充分的施工和易性，其拌和、运输、摊铺都应在乳液破乳前结束，在施工过程中如遇破乳的沥青混合料，应予废弃。如条件允许，拌制好的沥青混合料应尽量使用摊铺机摊铺，乳化沥青碎石混合料的碾压可以按照热拌沥青混合料的要求执行，混合料摊铺后，可采用 6t 左右的轻型压路机初压，碾压 1～2 遍，再用轮胎压路机或轻型钢筒式压路机碾压 1～2 遍。当乳化沥青开始破乳，混合料由褐色转为黑色时，可用较重的 12～15t 轮胎压路机或 10～12t 钢筒式压路机复压，一般 2～3 遍后立即停止，待晾晒一段时间，水分蒸发后，再补充复压至密实为止。对于局部松散或开裂的混合料，应予挖除并补换新料，整平压至密实。

压实成型好的路面需做好早期养护，封闭交通 2～6h。初期开放交通时，车速不得超过20km/h。

9.2.2.4 透层、粘层

透层、粘层与封层一样虽不参与路面结构厚度的计算，但亦起着重要的功能性作用。设计合理且正确施工的透层、粘层对沥青路面的使用质量非常重要。

1. 透层

为使沥青面层与非沥青材料基层结合良好，宜在基层上浇洒慢凝的洒布型乳化沥青、煤沥青或中慢凝液体石油沥青，形成透入基层表面的薄层，该薄层称为透层。用以形成良好的层间接触，以减少沥青面层在外荷载作用下产生剪切等破坏。

沥青路面的级配砂砾、级配碎石基层及水泥、石灰、粉煤灰等无机结合料稳定土或粒料的半刚性基层上必须浇洒透层沥青。待基层完工后即可浇洒透层沥青，沥青的洒布尽可能使用沥青洒布车喷洒，浇洒透层沥青时，应均匀、不遗漏、不多余，并应防止周围的路缘石及人工构造物被污染。在无机结合料稳定半刚性基层上浇洒透层沥青后，需立即撒布用量为 $2\sim3m^3/1000m^2$ 的石屑或粗砂。在无结合料粒料基层上洒布沥青后，如不能及时铺筑面层而且需通车时，也应撒铺适量的石屑或粗砂，此时透层沥青的用量可增加10%。待撒布完后，可使用6～8t的钢筒式压路机稳压一遍，通行车辆时，需控制车速。

透层沥青洒布后应尽早铺筑沥青面层。使用乳化沥青时，应待其充分渗透、水分蒸发后方可铺筑沥青面层，一般不小于24h。

2. 粘层

为加强路面的沥青层与沥青层之间、沥青层与水泥混凝土路面之间的粘结而洒布的沥青材料薄层，称之为粘层，它是加强层间结合的一种措施。粘层的沥青材料可使用快凝的洒布型乳化沥青、快中凝液体石油沥青或煤沥青。其施工程序和要求与透层基本相同，但可不撒布石屑或粗砂等集料。其材料的规格与用量见表9-12。

表9-12　沥青路面透层及粘层材料的规格与用量

用途		乳化沥青		液体石油沥青		煤沥青	
		规格	用量(L/m^2)	规格	用量(L/m^2)	规格	用量(L/m^2)
透层	无结合料粒料基层	PC—2 PA—2	1.0～2.0	AL(M)—1或2 AL(S)—1或2	1.0～2.3	T—1T—2	1.0～1.5
	半刚性基层	PC—2 PA—2	0.7～1.5	AL(M)—1或2 AL(S)—1或2	0.6～1.5	T—1T—2	0.7～1.0
粘层	下卧层为沥青层	PC—3 PA—3	0.3～0.6	AL(R)—3～6 AL(M)—3或6	0.3～0.5		
	下卧层为水泥混凝土	PC—3 PA—3	0.3～0.5	AL(M)—3或6 AL(S)—3或6	0.2～0.4		

［注］表中用量是指包括稀释剂和水分等在内的液体沥青、乳化沥青的总量。乳化沥青中的残留物含量以50%为基准。

9.3　水泥混凝土面层

9.3.1　水泥混凝土路面概述

9.3.1.1　水泥混凝土面层的特点

水泥混凝土路面就是由水泥混凝土面层和其他材料基层所组成的路面结构，亦称刚性路面。

是一种得到广泛使用的路面类型，与其他路面材料相比，水泥混凝土路面具有如下特点。

(1)强度高、刚性大。水泥混凝土路面面板具有很高的力学强度，在车辆荷载的作用下产生的变形微小，板内所产生的最大应力低于水泥混凝土的极限应力，所以车辆荷载理论上对混凝土面板的伤害很少。另一方面，由于板的刚性大，汽车荷载产生的应力传到基层上时强度已经变得很小，路基内部所受到的单位应力则是更小。水泥路面对基层和路基的要求比沥青路面低很多。

(2)稳定性好。水泥是水硬性材料，在与集料加水后化合，凝结成刚性很大的整体性材料，具有非常好的力学稳定性、水稳性及热稳性。能通行包括履带式车辆在内的各种运输工具，且不易产生沥青路面的那种老化现象，不利自然环境因素对其力学性能的影响相对较弱。

(3)耐久性好。由于路面材料的强度高、整体性和稳定性良好，因而经久耐用。理论上使用年限很长，一般为 20～40 年。

此外，水泥混凝土路面理论上对路面基础的要求较沥青路面宽松；路面能见度良好，有利夜间行车以及养护费用较少等优点。

混凝土路面也存在一些鲜明的缺点：

(1)水泥和水的用量大。这对水泥供应紧张和缺水地区的施工会带来一定的困难。

(2)行车舒适性差。路面有接缝，容易跳车且处理不当容易导致路面破坏；路面刚度大加剧了行车的振动以及行车噪声大等影响行车的舒适性。

(3)施工期长，开放交通晚。由于水泥混凝土强度增长慢，在混凝土路面完工后，客观上需要对其进行较长时间养生，因而交通开放较晚。

(4)路面修复困难等。路面破坏后，其裂缝或破坏区域都比较大，修补范围也较大，工作面开凿不易，修补后也存在混凝土养生时间长等问题。

经过长时间的工程实践，人们对面层材料的认识不断加深，水泥混凝土路面尽管具有独特的优点，但其同样分明的缺点影响了它的使用范围，有逐渐淡出高等级公路建设的趋势。

9.3.1.2 水泥混凝土材料的组成

1. 水泥和水

水泥一般采用不低于 425 号的硅酸盐水泥，水泥混凝土的水泥用量约为 300～350kg/m^3。对高速公路和机场跑道等特重交通，需用不低于 525 的硅酸盐水泥。对双层式混凝土路面结构，下层可用 325 号水泥，用量可降至 270 kg/m^3。

水泥拌制和养生混凝土用水，以饮用水为宜。对工业废水、污水、沼泽水、海水酸性水(PH 值小于 4)和硫酸盐含量较多的水，均不允许使用。

2. 集料

混凝土中的粗集料宜选用岩浆岩或未风化的沉积岩碎石。最好不用石灰岩碎石，因为它易被磨光导致表面过滑。合乎要求的砾石也可以采用，砾石混凝土的和易性较好，但强度特别是弯拉强度低，使用时宜掺加占总量 1/2～1/3 的轧制砾石。集料粒径需符合规定，最大粒径不应超过 40mm，粒径太大虽然抗压强度较高，但抗折强度反而降低，水泥混凝土路面通常抗折强度是控制因素。

3. 添加剂

为改善混凝土某些技术品质，混凝土中常掺入相应的添加剂，常用的添加剂有：

早强剂：使混凝土早期强度增长加快，早日开放交通。

缓凝剂：使混凝土初凝时间延长，一般在夏季高温时使用。

减水剂：改善混凝土的和易性。降低水灰比，增加混凝土强度。

引气剂：使混凝土中产生一定量的气泡，可增加混凝土的抗冻、抗渗性。

9.3.1.3　水泥混凝土面层的类型

工程中，实际采用的水泥混凝土面层的类型主要有如下几种：

(1)普通混凝土路面；

(2)钢筋混凝土路面；

(3)连续配筋混凝土路面；

(4)装配式混凝土路面；

(5)组合式(双层式)混凝土路面；

(6)纤维混凝土路面；

(7)混凝土小块铺砌路面；

(8)碾压混凝土路面。

9.3.2　水泥混凝土路面的施工

9.3.2.1　施工准备

1. 选择施工机械

目前，我国在水泥混凝土路面工程建设中，高速公路、一级公路基本上使用滑模摊铺装备和工艺，二级及其以下公路水泥混凝土路面的施工，大多采用三辊轴机组施工设备与工艺，小型机具施工工艺多用于三、四级公路。

2. 施工组织

施工单位应根据设计图纸、合同文件、摊铺方式、施工条件等，确定混凝土路面施工工艺流程、施工方案，编制详细的切实可行的施工组织设计；对平面和高程进行复测和恢复性测量；建立具备资质要求的现场实验室；铺设必要的施工便道及对相关的技术人员进行培训。

3. 选择混凝土拌和场地

根据施工路线的长短和所采用的运输工具，混凝土可集中在一个场地拌制，也可以在沿线选择几个场地，随工程进展情况迁移。拌和场地的选择首先要考虑使运送混合料的运距最短；同时拌和场还要接近水源和电源。此外，拌和场应有足够的面积，以供堆放砂石材料和搭建水泥库房。

4. 进行材料试验和混凝土配合比设计

根据技术设计要求与当地材料供应情况，做好混凝土各组成材料的试验，进行混凝土各组成材料的配合比设计。

5. 基层的检查与整修

基层的宽度、路拱与标高、表面平整度和压实度，均应检查其是否符合要求。如有不符之处，应予整修，否则，将使面层的厚度变化过大，而增加其造价或减少其使用寿命。半刚性基层的整修时机很重要，过迟难以修整且很费工。当在旧砂石路面上铺筑混凝土路面时，所有旧路面的坑洞、松散等损坏，以及路拱横坡或宽度不符合要求之处，均应事先翻修调整压实。混凝土摊铺前，基层表面应洒水润湿，以免混凝土底部的水分被干燥的基层吸去，变得疏松以致产生细裂缝。有时也可在基层和混凝土之间铺设薄层沥青混合料或塑料薄膜。

9.3.2.2 混凝土搅拌与运输

1. 拌和

(1)组成材料计量与进料顺序

进行拌和时,掌握好混凝土施工配合比,严格控制加水量,应根据砂、石料的实测含水量,调整拌和时的实际用水量。混合料组成材料的计量允许误差为:水泥 11%;粗细集料为±5%;水为±1%;外加剂为±2%。

(2)拌和时间

拌和时间依赖于叶片总行程。从控制拌和物的粘聚性、匀质性及强度稳定性的角度出发,规定不同搅拌楼的总拌和时间及纯拌和时间。搅拌均匀的核心问题并非取决于时间,而依赖于叶片总行程。由于负载大小不同,叶片行程也不同,因此,时间控制只有在额定容量时才正确,所以也可控制叶片总行程即叶片搅拌总周长。

拌和时间确定应同时考虑质量和产量。拌和时间确定是要在提高拌和物质量要求延长时间与提高拌和物产量和拌和效率这对矛盾中取得最佳的平衡。我国高速公路水泥混凝土路面滑模摊铺时的拌和时间在铺筑初期,一般以质量控制为主,总拌和时间与纯拌和时间均比规范规定的时间要长。纯拌和时间一般不小于 45s,施工正常时,在确保质量的前提下提高产量,再调整到 35~40s。不得小于规范给出的总拌和时间 60s 与纯拌和时间 35s。

2. 运输

混合料宜采用翻斗车或自卸车运输,当运距较远时,宜采用水泥混凝土搅拌运输车运输。运送混凝土的车辆装料前,应清净厢罐,洒水润壁,排干积水。装料时,自卸车应挪动车位,防止离析。搅拌楼卸料落差不应大于 2m。混凝土运输过程中应防止漏浆、漏料和污染路面,途中不得随意耽搁。自卸车运输应减小颠簸,防止拌和物离析。车辆起步和停车应平稳。

运输到现场的拌和物必须具有适宜摊铺的工作性。不同摊铺工艺的混凝土拌和物从搅拌机出料到运输、铺筑完毕的允许最长时间可根据水泥初凝时间及施工气温确定,且应符合表 9-13 的规定。不满足时应通过试验、加大缓凝剂或保塑剂的剂量。超过表 9-13 规定摊铺允许最长时间的混凝土不得用于路面摊铺。混凝土一旦在车内停留超过初凝时间,应采取紧急措施处置,严禁混凝土硬化在车厢(罐)内。使用自卸车运输混凝土最远运输距离不宜超过 20km。

表 9-13 混凝土拌和物出料到运输、铺筑完毕允许最长时间

施工温度(℃)	到运输完毕允许最长时间(h)		到铺筑完毕允许最长时间(h)	
	滑模、轨道	三轴、小机具	滑模、轨道	三轴、小机具
5~9	2.0	1.5	2.5	2.0
10~19	1.5	1.0	2.0	1.5
20~29	1.0	0.75	1.5	1.25
30~35	0.75	0.50	1.25	1.0

烈日、大风、雨天和低温天远距离运输时,自卸车应遮盖混凝土,罐车宜加保温隔热套。

运输车辆在模板或导线区调头或错车时,严禁碰撞模板或基准线,一旦碰撞,应告知测量工重新测量纠偏。

车辆倒车及卸料时，应有专人指挥。卸料应到位，严禁碰撞摊铺机和前场施工设备及测量仪器，卸料完毕，车辆应迅速离开。

9.3.2.3　面层铺筑

1. 安装模板

(1)边侧模板

定模摊铺，使用量最大、最多的是边缘侧向模板。公路混凝土路面板、桥面板和加铺层的施工模板应采用刚度足够的槽钢、轨模或钢制边侧模板，不应使用木模板、塑料模板等其他易变形的模板。原因是木模的刚度偏小，其平整度的表面基准(3m 直尺 5mm)不能满足高速公路、一级公路平整度要求(3m 直尺不大于 3mm)。另外，木模吸水易于变形，周转率低。

模板的高度为面板设计厚度。模板顶面用水准仪检查标高，不符合要求时予以调整。施工时，要经常检查模板平面和高程，并严加控制。模板长度以人工便于架设为准，一般为 3～5m，且不宜短于 3m。在小半径弯道为了渐变弯道，可使用较短的模板。横向连接摊铺需设置拉杆时应按设计要求的拉杆距离，在模板上预留拉杆插入孔。为了提高模板的架设稳固性，要求每米模板应设置 1 处支撑固定装置进行水平固定，见图 9－2。固定的作用主要是防止振捣机、三辊轴、振捣梁、滚杠振动和重力作用下向外水平位移。模板垂直度用垫木楔方法调整。模板底部的空隙，宜使用砂浆垫实或铺垫塑料薄膜，以防止振捣漏浆。立好的模板在浇筑混凝土之前，其表面应涂刷肥皂液、废机油等防粘剂，以便拆模。

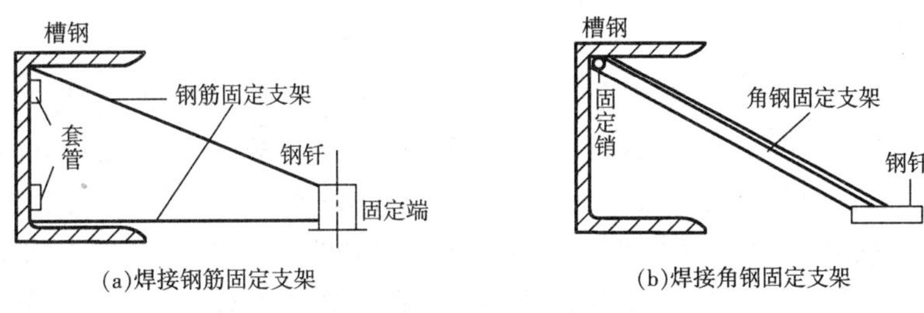

图 9－2　(槽)钢模板焊接钢筋或角隅固定示意图

(2)端头模板

横向施工缝端模板应为焊接钢制或槽钢模板，并按设计规定的传力杆直径和间距设置传力杆插入孔和定位套管。横向施工缝端头模板上的传力杆设置精确度要求较高，施工定位精确度不足时，传力杆将顶坏水泥路面。两边缘传力杆到自由边距离不宜小于 150mm。每米设置 1 个垂直固定孔套。工作缝端模侧立面见图 9－3。

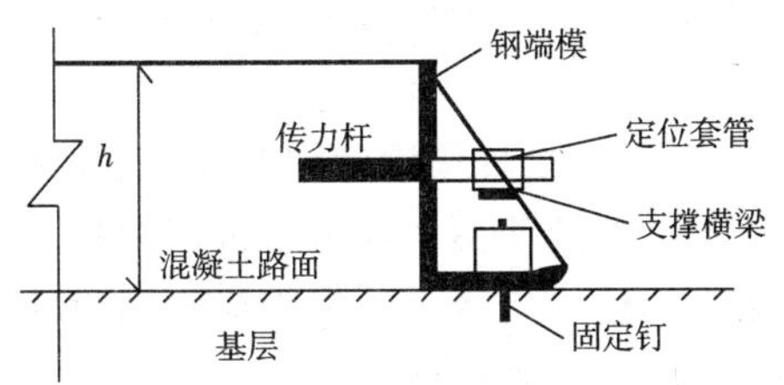

图 9－3　工作缝端模侧立面

(3)模板的数量

模板或轨模数量应根据施工进度和施工气温确定，并应满足拆模周期内周转需要。一般情况下，模板或轨模总量不宜少于 3～5d 摊铺的需要。

(4)模板架设与安装

支模前在基层上应进行模板安装及摊铺位置的测量放样，每 20m 应设中心桩；每 100m 宜布设临时水准点；核对路面标高、面板分块、胀缝和构造物位置。测量放样的质量要求和允许偏差应符合相应测量规范的规定。纵横曲线路段应采用短模板。每块模板中点应安装在曲线切点上，以便较圆滑顺畅过渡曲线，并使混凝土用量最省。轨道摊铺应采用长度为 3m 的专用钢制轨模，轨模底面宽度宜为高度的 80%，轨道用螺栓、垫片固定在模板支座上，模板应使用钢钎与基层固定。轨道顶面应高于模板 20～40mm，轨道中心至模板内侧边缘距离宜为 125mm，见图9－4。

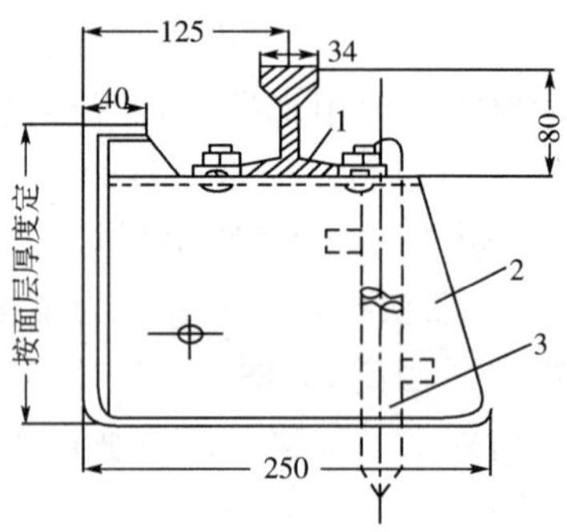

图 9－4 轨道模板(尺寸单位：mm)

1—轨道；2—模板；3—钢钎

轨道摊铺机使用的是轨道与模板合一的专用轨模。其尺寸一般由厂家提供。

模板应安装稳固、顺直、平整，无扭曲，相邻模板连接应紧密平顺，底部不得有漏浆、前后错茬、高低错台等现象。模板应能承受摊铺、振实、整平设备的负载行进、冲击和振动时不发生位移。严禁在基层上挖槽，嵌入安装模板。模板架设最主要的要求是稳固，在上部机械和机具的摊铺、振捣、整平及饰面作业下不位移且不妨碍各项作业。规定每米一个固定栓杆，小型机具作业时，稳固要求低一些，而轨道与三辊轴机组支模稳固性要求高些。

模板安装检验合格后，与混凝土拌和物接触的表面应涂脱模剂、隔离剂或粘贴塑料薄膜；接头应粘贴胶带或塑料薄膜等密封。目的是便于拆模，且防止漏浆、跑料。

(5)模板拆除及矫正

当混凝土抗压强度不小于 8.0MPa 时方可拆模。适宜的拆模时间与施工时当地的昼夜平均气温和所用的水泥品种有关。气温高，水泥中掺加的混合材料少者，则拆模时间短；反之拆模时间长。要注意的是路面混凝土中掺加粉煤灰时，正常气温下，一般应延长 1～2d 拆模，低温条件下应延长 3～5d 拆模。

拆模不得损坏板边、板角和传力杆、拉杆周围的混凝土，也不得造成传力杆和拉杆松动或变形。模板拆卸宜使用专用拔楔工具，严禁使用大锤强击拆卸模板。主要目的是在拆模时，不得损伤或撬坏路面，同时不得敲打和损坏模板。拆下的模板应将粘附的砂浆清除干净，并矫正变形或局部损坏。不符合要求的模板应废弃，不得再使用。

2. 摊铺、振实与整平

(1)摊铺

混凝土拌和物摊铺前，应对模板的位置及支撑稳固情况，传力杆、拉杆的安设等进行全面检查。修复破损基层，并洒水润湿。用厚度标尺板全面检测板厚与设计值相符，方可开始摊铺。卸料时需专人指挥自卸车，尽量准确卸料。人工布料应用铁锹反扣，严禁抛掷和耧耙。人工摊铺混凝土拌和物的坍落度应控制在 5～20mm 之间，拌和物松铺系数宜控制在 k＝1.10～～1.25 之间。料偏干，取较高值；反之，取较低值。松铺系数控制的实际目的是估计布料高度超出边缘模板多少是合适的，小型机具施工与其他定模摊铺的方式一样，均要求布料高度应高出边模一定高度，以便振捣梁和辊杠能够起到挤压、振动及密实饰面的作用。

(2)振实

①插入式振捣棒振实

在待振横断面上，每车道路面应使用 2 根振捣棒，组成横向振捣棒组，沿横断面连续振捣密实，并应注意路面板底、内部和边角处不得欠振或漏振。振捣棒应轻插慢提，不得猛插快拔，严禁在拌和物中推行和拖拉振捣棒振捣。振捣时，应辅以人工补料，应随时检查振实效果、模板、拉杆、传力杆和钢筋网的移位、变形、松动、漏浆等情况，并及时纠正。

②振动板振实

在振捣棒已完成振实的部位，可开始振动板纵横交错两遍全面提浆振实，每车道路面应配备 1 块振动板。振动板须由两人提拉振捣和移位，不得自由放置或长时间持续振动。移位控制以振动板底部和边缘泛浆厚度 3(±1)mm 为限。缺料的部位，应辅以人工补料找平。

③振动梁振实

每车道路面宜使用 1 根振动梁。振动梁应具有足够刚度和质量，底部应焊接或安装深度 4mm 左右的粗集料压实齿，保证 4(±1)mm 的表面砂浆厚度。振动梁应垂直路面中线沿纵向拖行，往返 2～3 遍，使表面泛浆均匀平整。在振动梁拖振整平过程中，缺料处应使用混凝土拌和物填补，不得用纯砂浆填补；料多的部位应铲除。

(3)整平饰面

整平包括滚杠提浆整平、抹面机压浆整平、精整饰面三道工序，此三道整平工序缺一不可。

①滚杠提浆整平

每车道路面应配备 1 根滚杠。振动梁振实后，应拖动滚杠往返 2～3 遍提浆整平。第一遍应短距离缓慢推滚或拖滚，以后应较长距离均速拖滚，并将水泥浆始终赶在滚杠前方。多余水泥浆就铲除。

②压实整平

拖滚后的表面宜采用 3m 刮尺，纵横各 1 遍整平饰面，或采用叶片式或圆盘式抹面机往返 2～3遍压实整平饰面。抹面机配备每车道路面不宜少于 1 台。

③精平饰面

在抹面机完成作业后，应进行清边整缝，清除粘浆，修补缺边、掉角。应使用抹刀将抹面机留下的痕迹抹平，当烈日曝晒或风大时，应加快表面的修整速度，或在防雨篷遮阴下进行。精平饰面后的面板表面应无抹面印痕，致密均匀，无露骨，平整度应达到规定要求。

第10章　路面基层与施工

10.1　概　述

路面基层是直接位于面层下的结构层次，它是路面结构中的主要承重层，直接承受由面层传递下来的车轮垂直压力，并将其扩散到下面的层次中。因此，对基层材料的要求应具有足够的抗压强度，较好的应力扩散能力，同时还应具有足够的水稳定性，以防基层湿软后产生变形，从而导致面层损坏。

常用的基层材料主要有碎(砾)石和无机结合稳定集料或稳定土两大类。

碎(砾)石类基层属于柔性基层，按强度构成可分为级配型与嵌锁型。级配型粒料基层的强度和稳定性，取决于内摩擦力和粘结力的大小。它的强度与稳定性在很大程度上取决于集料的类型(碎石、砾石或碎砾石)，集料的最大粒径和级配以及混合料中0.5mm以下细料的含量及塑性指数，同时，还与密实度有很大关系。嵌锁型基层强度主要依靠碎石颗粒间的嵌锁和摩擦作用所形成的内摩擦力，而颗粒之间的粘结力是次要的，这种结构层的抗剪强度主要取决于剪切面上的法向应力和材料的内摩擦角。

无机结合料稳定类基层属于半刚性基层，系指以石灰、水泥掺入土(集料)中或与工业废渣等共同或分别掺入土(集料)中，通过加水拌和，碾压成型的基层。常用的有石灰土、水泥土、石灰粉煤灰土、石灰水淬渣土，以及以此类材料分别或共同掺入砾(碎)石、工业废渣中，成为各种无机结合类材料。当环境适宜时，强度与刚度会随着时间的增长而不断增大，其最终抗弯拉强度和弹性模量，比一般的基层要大，但还是远较刚性路面为低，因此称为半刚性基层。尽管半刚性基层品种繁多，但其作用机理是石灰与水泥中的活性物质与细粒土发生化学反应或此类活性物质对工业废渣中的材料起激化作用而胶结、凝固，成为高强度的整体材料，以抵抗外力的作用。而结合料的剂量、性质、集料的级配等都会影响此类基层材料的强度。

10.2　碎(砾)石基层

10.2.1　强度形成机理

1. 级配型碎(砾)石类材料

级配碎(砾)石类材料是各种粗细碎石(砾石)集料和石屑(砂)各占一定比例，且其颗粒组成符合密实级配要求的混合料，经铺压成型后可用作路面的基层。

最佳级配组成的理论基础是C. A. G魏矛斯(Weymooth)提出的干涉理论，认为颗粒间的空隙应由次一级颗粒填充，但填隙的颗粒不得大于其间隙的距离，否则大小颗粒间势必发生干涉现象。为避免干涉起见，大小粒子间应按一定数量分配，常见的粒料级配有连续级配、间断级配两类。

连续级配的级配曲线平顺圆滑，相邻粒径间有一定的重要比例，混合料不易离析。在连续级配中剔除其中一个或几个分级形成一种不连续的级配称为间断级配。间断级配的粗料可以互相靠拢而不受干涉，从而提高混合料的摩擦角；细料部分仍按连续级配原则以保持其粘聚力，且粗料的空隙以更小的粒径而不是次级骨料填充会得到更大的密实度。因此间断级配兼有嵌挤原则与级配原则的优点，是摩擦力、粘结力、密实度都是最好的混合料。

2. 嵌锁型碎(砾)石类材料

嵌锁型原则的理论基础是填充理论，即大颗粒填料间孔隙如何填充才能使孔隙率最小，同时大小颗料间又不会产生干涉(挤开)现象。因此，它的抗剪强度主要取决于剪切面上的法向应力和材料内摩擦角。它由三项因素构成：粒料表面的相互滑动摩擦；剪切时体积膨胀而需克服的阻力；粒料重新排列受到的阻力。

研究表明：单一粒料在另一粗糙但平整的粒料上滑动，其摩擦角大都小于30°；许多粒料相互紧密接触，沿某一剪切面相互变位时因体积膨胀和粒料重新排列而多耗的功，可使摩阻角增至45°～50°。

嵌锁型结构强度主要取决于石料的强度、形状、尺寸、均匀性、表面粗糙度以及施工时的压实程度。当石料强度高，形状接近正立方体、有棱角、尺寸均匀、表面粗糙、压实度高时，内摩擦力就大。

3. 嵌挤型碎(砾)石类混合料

嵌挤型碎(砾)石类混合料是以尺寸较均匀的轧制碎石作为骨料，并以石碴和石屑及粘土或石灰土灌缝，来增加其密实度和稳定性。

土一碎(砾)石混合料的强度和稳定性取决于内摩擦力和粘结力的大小。当混合料中含土较少时，按嵌挤原则形成强度；反之，则按级配密实原则形成强度。其中，以集料大小分配，特别是主骨料与细料(0.074mm以下颗粒)的比例最为重要，土一碎(砾)石混合料的3种物理状态如图10-1表示。

(a)

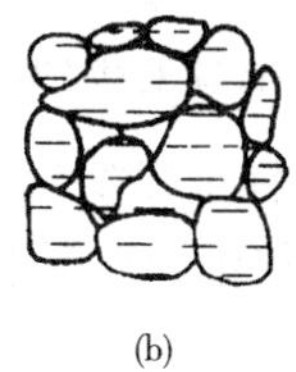

(b)

(c)

图10-1　土一碎(砾)石混合料3种物理状态

第1种(图10-1(a))，不含或很少含细料(指0.074mm以下颗粒)的混合料，它的强度和稳定性依靠颗粒之间摩擦力获得。其密度较低，但透水性好，不易冰冻。由于这种材料没有粘结性，施工时压实困难。

第2种(图10-1(b))，含有足够的细料来填充颗粒间空隙的混合料，仍能够从颗粒接触而获得强度，其抗剪强度、密实度有所提高，透水性低，施工时易压实。

第3种(图10-1(c))，含有大量细料，粗颗粒间没有直接接触，集料是“浮”在细料之中，这种混合料施工时易压实，但其密实度较低，易冰冻，难透水，强度和稳定性受含水量影响很大。

图10-2表示不同细料含量时土一砾石混合料的密实度和CBR的试验结果，其中CBR值为试件浸湿后的测定结果。由图可知，随压实功能增加，密实度和CBR值均增加，而最大密实度和CBR值都对应一个最佳细料含量。最大密实度时的最佳细料含量为8%～10%，而最大CBR值时的最佳细料含量为6%～8%。前者的细料含量的状况可代表图10-1(b)的状态，而最大值

左右两侧的曲线部分则分别代表图 10－1(a)和(c)的两种状态。

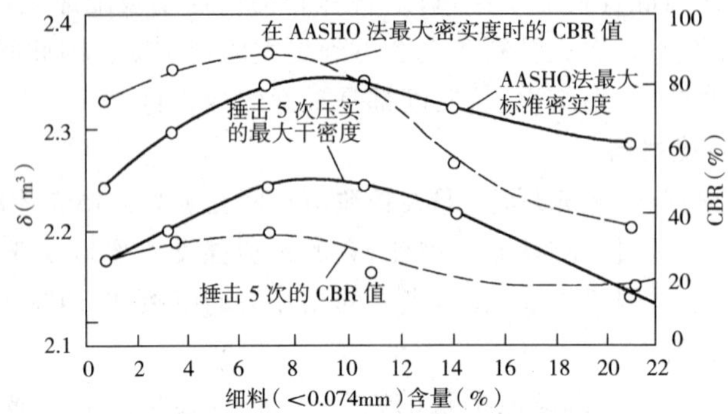

图 10－2 土一砾石混合料密实度和 CBR 随细料含量的变化情况

图 10－3 表示土一碎石混合料的试验结果。可见，细料成分对碎石集料 CBR 的影响一般比对砾石的影响小。密实度曲线与砾石区别不大；对同一粒径分配，土一碎石混合料的 CBR 值通常比土一砾石混合料稍大一些。

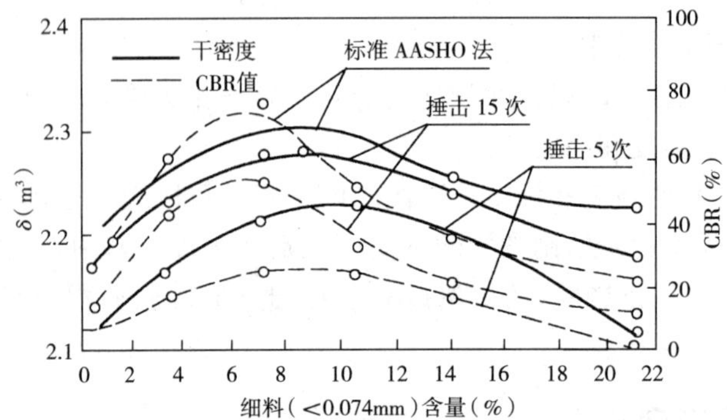

图 10－3 土一碎石混合料密实度和 CBR 随细料含量的变化情况

图 10－4 是几种粒状材料用 AASHO 标准压实法的 CBR 值和干密度的试验结果。密实度和 CBR 值都随集料尺寸增大而增大，但最佳细料含量降低。当细料含量稍小于最大密实度时的含量，其 CBR 最大，其强度和稳定性也最大。

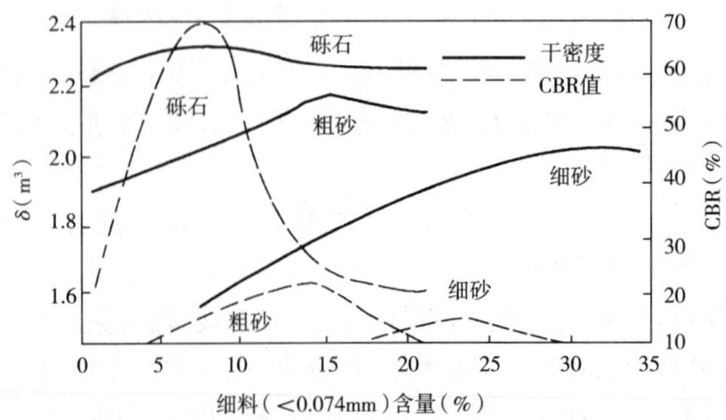

图 10－4 混合料密实度和 CBR 随细料和最大粒径的变化情况

通过以上分析可知，只有在已知粒径分配的情况下，密实度才能作为衡量强度和稳定性的依据。细料含量偏多的混合料强度和稳定性大大低于细料含量偏低的混合料的原因，是由于如图

10－1(c)的情况下，强度和稳定性受结合料的影响很小，主要取决于大颗粒间的接触。

室内试验和工程实践均表明，集料为碎石时，由于颗粒间嵌挤作用的增强，其强度和稳定性都比圆滑砾石集料为好，更易排水。此外，细粒土的物理性质对混合料的强度和稳定性也会有影响，特别是图 10－1(c)的情况时。图 10－5 表示细料(<0.42mm)的塑性指数对砾石混合料三轴强度的影响。可见，当细粒土含量很低时，其塑性指数对强度的影响很小；随着细粒土的含量增加时，塑性指数的影响越来越大。因此，对于细料含量多的混合料，必须限制细料的塑性指数。

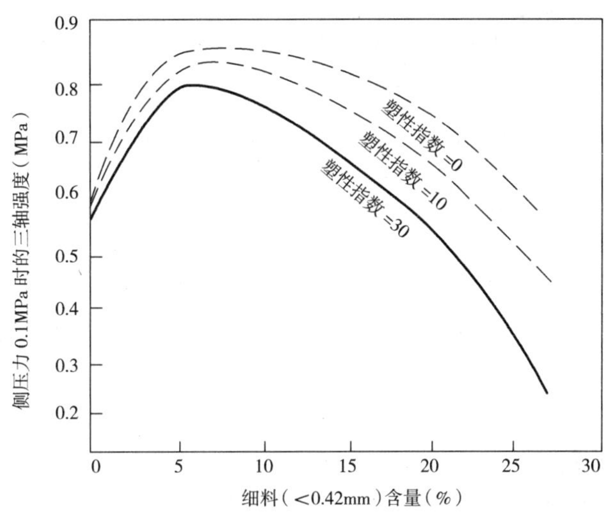

图 10－5　塑性指数对砾石(最大粒径为 2.54mm)三轴强度的影响

10.2.2　级配碎(砾)石基层施工

1. 材料要求

粗、细碎石集料和石屑各占一定比例的混合料，当其颗粒组成符合密实级配要求时，称级配碎石。级配碎石可用未筛分碎石和石屑组成，缺乏石屑时，也可以添加细砂砾或粗砂，但其强度和稳定性不如添加石屑的级配碎石。也可以用颗粒组成合适的含细集料较多的砂砾与未筛分碎石配合成级配碎砾石，但其强度和稳定性不如级配碎石。

级配碎石用作基层时，在高速公路、城市快速路和一级公路上，碎石的最大粒径不应超过 30mm(其他公路不应超过 40mm)；用作底基层时，碎石的最大粒径不应超过 50mm。粒径过大，石料易离析，也不利于机械摊铺、拌和及整平。级配碎石所用石料的集料压碎值应不大于 25%～35%，级配碎石基层的颗粒组成和塑性指数应满足表 10－1 的规定。

表 10－1　级配碎石基层的集料级配范围

序号	通过下列筛孔(mm)的质量百分率								液限(%)	塑性指数
	40	30	20	10	5	2.0	0.5	0.075		
1		100	85～100	60～80	30～50	15～30	10～20	2～8	<28	<6 或 9
2	100	90～100	75～90	50～70	30～55	15～35	10～20	4～10	<28	<6 或 9

［注］　(1)潮湿多雨地区的基层塑性指数不大于 6，其他地区的基层塑性指数不大于 9。(2)对于无塑性的混合料，小于 0.075mm 的颗粒含量应接近高限，使压实后的基层透水性小

未筛分碎石指控制最大粒径后，由碎石机轧制的未经筛分的碎石料。它的理论颗料组成为

0～I(I)为最大粒径，并具有较好的级配，可直接用作底基层，其轧制碎石的材料可以是各种类型的坚硬岩石、圆石或矿渣，但圆石的粒径应是碎石最大粒径的 3 倍以上，矿渣应是已崩解稳定的，其干松密度和质量应比较均匀，干松密度不小于 960g/m^3。碎石中的扁平、长条颗粒的总量应不超过 20%，且碎石中不应有黏土块、植物等有害物质。未筛分碎石用作底基层时其颗粒组成和塑性指数应符合表 10－2 的规定。

表 10－2　未筛分碎石底基层级配范围

序号	通过下列筛孔(mm)的质量百分率									液限(%)	塑性指数
	50	40	30	20	10	5	2.0	0.5	0.075		
1	100	85～100	35～65	42～67	20～40	10～27	8～20	5～18	0～15	<28	<6 或 9
2		100	80～100	56～87	30～60	18～46	10～33	5～18	0～15	<28	<6 或 9

［注］ 在潮湿多雨地区，塑性指数不大于 6，其他地区不大于 9。

2. 级配碎石基层施工

级配碎石可采用路拌法施工，当用于刚性路面的中间层时，应采用厂拌法，并宜用摊铺机摊铺混合料。

(1)路拌法施工

路拌法施工工序如下：

①准备下承层　使下承层的平整度和压实度符合要求。

②施工放样　在下承层上恢复中线并进行水平测量。

③准备集料和运输　根据计算确定未筛分碎石或不同粒级的单一尺寸碎石与石屑的配合比，将碎石和石屑洒水，使混合料的含水量超过最佳含水量约 1%，以减少运输过程中的离析现象。计算每车料的堆放距离，由远到近将料卸置于下承层上。

④摊铺　按照事先通过试验确实集料的松铺系数(或压实系数，混合料的松铺干密度与压实干密度的比值，人工摊铺时为 1.40～1.50，平地机摊铺时为 1.25～1.35)，用平地机或其他合适机具将料均匀地摊铺在预定的宽度上，表面要力求平整，并具有规定的路拱。

⑤拌和及整型　应采用稳定土拌和机拌和 2 遍以上，拌和深度应直到级配碎石层底。没有稳定土拌和机时，可用平地机将铺好石屑的碎石翻拌，使石屑均匀分布到碎石料中。平地机拌和的作业长度为 300～500m。平地机一般需拌和 5～6 遍。拌和过程中，用洒水车洒足所需的水分，使集料不会出现粗细颗粒离析现象。然后用平地机将拌和均匀的混合料按规定的路拱进行整平和整型。

⑥碾压　整型后，用 12t 以上三轮压路机、振动压路机或轮胎压路机进行碾压。直线段，由路肩向中心碾压；超高路段，由内侧路肩向外侧路肩碾压。一般需碾压 6～8 遍，使表面无明显轮迹。压路机后轮应重叠 1/2 轮宽，头两遍速度采用 1.5～1.7km/h，以后用 2.0～2.5km/h，且压路机不得在已完成或正在碾压的路段上“调头”和急刹车。

凡含土的级配碎石层，都应进行滚浆碾压，一直压到碎石层中无多余细土泛到表面为止。滚到表面的浆(或事后变干的薄层土)应予清除干净。

⑦接缝处理　应避免纵向接缝，如必须分幅铺筑时，纵缝应搭接拌和。两作业段衔接的横缝处，应搭接拌和。第一段拌和后，留 5～8m 不碾压，第二段施工时，前段留下未压部分与第二段一起拌和整平后进行碾压。

(2)中心站集中拌和(厂拌)法施工

级配碎石混合料除上面介绍的路拌法外,还可以在中心站用多种机械集中拌和,如用强制式拌和机、卧式双转轴桨叶式拌和机、普通水泥混凝土拌和机等。厂拌法施工宜采用不同粒级的单一尺寸碎石和石屑,按预定配合比在拌和机内拌制级配碎石混合料。碾压、整型同路拌法施工。

①材料 宜采用不同预先筛分制备的各粒级碎石和石屑,按预定配合比拌和机内拌制级配碎石混合料。

②拌制 在正式拌制级配碎石混合料之前,必须先调试所用的厂拌设备,使混合料的颗粒组成和含水量都达到规定的要求。

在采用未筛分碎石和石屑时,如未筛分碎石或石屑的颗粒组成发生明显变化,应重新调试设备。

③摊铺:分为两种。

a. 摊铺机摊铺:可用沥青混凝土摊铺机、水泥混凝土摊铺机或稳定土摊铺机摊铺碎石混合料。摊铺时,在摊铺机后面应设专人消除粗细集料离析现象。

b. 自动平地机摊铺:在没有摊铺机时,可采用自动平地机摊铺碎石混合料。

④碾压:用振动压路机、三轮压路机进行碾压,碾压方法与要求和路拌法相同。

⑤接缝处理:分为横向、纵向两种。

a. 横向接缝:用摊铺机铺混合料时,靠近摊铺机当天未压实的混合料,可与第二天摊铺的混合料一起碾压,但应注意此部分混合料的含水量。必要时,应人工补洒水,使其含水量达到规定的要求。用平地机摊铺混合料时,每天的工作缝处理与路拌法相同。

b. 纵向接缝:应避免产生纵向接缝。如摊铺机的摊铺宽度不够,必须分两幅摊铺时,宜采用两台摊铺机一前一后相隔约 5~8m 同步向前摊铺混合料。在仅有一台摊铺机的情况下,可先在一条摊铺带上摊铺一定长度后,再开到另一条摊铺带上摊铺,然后一起进行碾压。在不能避免纵向接缝的情况下,纵缝必须垂直相接,不应斜接。

3. 级配砾石基层施工

粗细砾石集料和砂各占一定比例的混合料,当其颗粒组成符合密实级配要求时,称为级配砾石。由于砾石的内摩阻角小于碎石,因此级配砾石的强度和稳定性均低于级配碎石,在天然砂砾中掺加部分未筛分碎石组成的混合料称为级配碎砾石,其强度和稳定性也介于级配碎石与级配砾石之间。

级配砾石可适用于二级和二级以下公路的基层以及各级公路的底基层。它要求在最佳含水量时进行碾压,并且要达到以下重型击实标准所要求的压实度:

基层:98%

底基层:96%

级配砾石颗粒中细长及扁平颗粒含量不应超过 20%。形状不合格的颗粒含量超过 20%时,应掺入部分合乎规格的石料。级配砾石施工工序与级配碎石路拌法施工工序基本相同。

10.2.3 嵌挤式碎石类基层施工

1. 碎石大小与分类

嵌挤式碎石基层是用尺寸均匀的碎石作为基本材料,以石屑、粘土或石灰土作为填充结合料,经压实而成的结构层。碎石层的结构强度,主要靠碎石颗粒间的嵌挤作用以及填充结合粒的粘结作用。嵌挤作用的大小,主要取决于石料的尺寸、强度、形状以及压实度;粘结作用则取决于填充结合料本身的内聚力及其与矿料之间粘附力的大小。碎石颗粒尺寸为0～75mm，通常按其尺寸大小划分为6类，如表10-3表示。颗粒最大尺寸，按层厚和石料强度选定，一般不宜超过压实层厚的0.8倍，石料较软时，可采用较大尺寸。

表10-3 各种碎石尺寸与分类

编号	碎石名称	粒径范围(mm)	用途
1	粗碎石	75～50	骨料
2	中碎石	50～35	骨料
3	细碎石	35～25	骨料
4	石碴	25～15	嵌缝料
5	石屑	15～5	嵌缝料
6	米 石	0～5	封面料

2. 施工方法

嵌挤式碎石类基层按施工方法和灌缝材料的不同，这类碎石可分为填隙碎石、泥结碎石和泥灰结碎石。

(1)填隙碎石

用单一尺寸的粗碎石做主骨料，形成嵌锁作用，并用石屑填满碎石间的孔隙，增加密实度和稳定性，称为填隙碎石。填隙碎石可适用于各等级公路的底基层和二级以下公路的基层。填隙碎石的一层压实厚度为10～20cm，若设计层厚超过该值，应分层压实。

填隙碎石用作基层时，碎石最大粒径不应超过60mm，压碎值不大于26%；用作底基层时，碎石的最大粒径不应超过80mm(均指圆孔筛)，压碎值不大于30%。粗碎石的颗粒组成应符合表10-4的规定，轧制碎石得到的5mm以下石屑是最好的填隙料，填隙料的颗粒组成见表10-5。

表10-4 填隙碎石粗碎石的颗粒组成

编号	标称尺寸(mm)	通过下列筛孔(mm)的颗粒组成							
		80	**60**	**50**	**40**	**30**	**25**	**20**	**10**
1	40～80	100	25～60		0～15		0～5		
2	30～60		100		25～50	0～15		0～5	
3	25～25			100	35～70		0～15		0～5

表10-5 填隙料的颗粒组成

筛孔尺寸	10	5	2.0	0.5	0.075	塑性指数
通过百分率(%)	100	85～100	60～80	30～50	0～10	<6

填隙碎石施工，一般按下列工序进行：①准备下承层；②运输和摊铺粗骨料；③初压；④撒布石屑；⑤振动压实；⑥第二次撒布石屑；⑦振动压实；⑧局部补撒石屑及扫匀；⑨填满孔隙，振动压实；⑩洒水饱和并碾压滚浆(湿法施工)或洒水后终压成型(干法施工)。

干法施工即以前述“干压碎石”，湿法施工即称“水结碎石”。干法施工填隙碎石几乎不用水，在缺水地区有其独特的优越性。

填隙碎石的施工成型阶段主要在于撒铺填隙料和碾压。初压用 8t 两轮压路机碾压 3～4 遍，使粗碎石稳定就位。在直线段上，碾压从两侧路肩开始，逐渐错轮向路中心进行。在有超高路段上，碾压从内侧路肩开始，逐渐错轮向外侧路肩进行。错轮，即每次重复轮迹重叠 1/3 轮宽。初压结束时，表面应平整，并具有要求的路拱和纵坡。撒铺填隙料及碾压：用石屑撒布机或类似的设备按松铺厚度 2.5～3.0cm 将干填隙料均匀地撒铺在已压稳的粗碎石上，用人工或机械扫匀，用振动压路机慢速碾压，将全部填料振入粗碎石间的孔隙中。如没有振动压路机，可用重型振动板代替。反复该过程 2～3 次，直到全部孔隙被填满为止。同时，应将局部多余的填隙料铲除或扫除，填隙料不应在粗碎石表面局部地自成一层，表面必须能见到粗碎石。若设计厚度超过一层压实厚度，需分层施工时，应将已压成的填隙碎石层表面的填隙料扫除一些，使表面粗碎石外露 5～10mm，然后再摊铺第二层粗碎石。若为干法施工，终压时只需用 12～15t 三轮压路机再碾压 1～2 遍即可。在碾压过程中，不应有任何蠕动现象。在碾压之前，宜在表面先洒水量水，洒水量 $3kg/m^2$ 以上。若为湿法施工，终压前要用洒水车洒水，直到饱和，同时用 12～15t 三轮压路机跟在洒水车后进行碾压，碾压过程中，将湿填隙料继续扫入所出现的孔隙中，必要时添加新的填隙料。洒水和碾压应一直进行到细集料和水形成粉砂浆为止。碾压完成的路段要留待一段时间，让水分蒸发，结构层变干后，表面多余的细料，以及任何自成一层的细料覆盖层，都应扫除干净。

(2)泥结碎石基层

泥结碎石基层是以碎石作为骨料，粘土作为填充料和粘结料，经压实修筑成的一种结构。泥结碎石层虽用同一尺寸石料修筑，但在使用过程中由于行车荷载的反复作用，石料会被压碎而向密实级配转化。它的力学强度和稳定性不仅取决于碎石的相互嵌挤作用，同时也受到土的粘结作用的影响。

泥结碎石水稳定性较差，当被用作沥青类不透气面层的基层时，只适用于干燥路段。泥结碎石基层的主层矿料粒径不宜小于 40mm，并大于层厚的 0.7 倍，石料等级不低于Ⅳ级，长条、扁平状颗粒含量不宜超过 20%。泥结碎石层所用粘土，应具有较高的粘性，塑性指数以 12～15 为宜。粘土内不得含腐殖质或其他杂物。粘土用量一般不超过混合料总重的 15%～18%。

泥结碎石除用作基层外，还能用于低等级道路的路面。

泥结碎石层施工方法有灌浆法、拌和法和层铺法 3 种。实践证明，灌浆法具有较高的强度和稳定性，目前采用较多。

泥结碎石基层的灌浆法施工，一般按下列工序进行：

①准备工作：包括放样、布置料堆、整理路槽、拌制泥浆等。泥浆一般按水与土的体积比为 0.8∶1 至 1∶1 进行拌和配制。如过稠，灌不下去，泥浆要积在碎石层表面；如过稀，则易流淌于碎石层底部，干后体积缩小，粘结力降低，均会影响基层的强度和稳定性。

②摊铺碎石：按压实厚度的 1.2～1.3 倍(松铺厚度)在筑好的路槽上摊铺碎石，要求大小颗料均匀分布，纵横断面符合要求，厚度一致。主层矿料底层粒径一般采用 1～2 号或 2～3 号碎石，面层一般采用 3～4 号。

③初压：碎石铺好后，用轻型压路机碾压。碾速宜慢，每分钟 25～30m，轮迹重叠 25～30cm。一般碾压 6～8 遍，至石料无松动为止。不要过多、过重碾压，防止堵塞碎石缝隙，妨碍灌浆。

④灌浆：在预压的碎石层上，灌注泥浆，浆要浇得均匀、浇得透，以灌满孔隙、表面与碎石齐平为度，但碎石棱角仍应露出泥浆之上。

⑤撒嵌缝料:灌浆1～2h后,待泥浆下注,空隙中空气溢出,表面未干前撒铺5～15mm的嵌缝实(1～1.5m^3/100m^2)。

⑥碾压:撒过嵌缝料后,即用中型压路机进行碾压,并随时注意用扫帚将石屑扫匀。最终碾压阶段,需使碎石缝隙内泥浆能翻到路面上与所撒石屑粘成一个坚实的整体,若太湿则须待晾后再压。因此,碾压过程要注意表面的湿度情况,太干时要略微洒水后再碾压。

(3)泥灰结碎石基层

泥灰结碎石层是以碎石为骨料,用一定数量的石灰和土做粘结填缝料的结构层。由于掺入了石灰,泥灰结碎石的水稳性优于泥结碎石,因此,泥灰结碎石多用在潮湿与中湿路段作为沥青路面的基层,亦可作为中级路面的面层。

泥灰结碎石对粘土质量的规格要求与泥结碎石相同,石灰质量不低于3级。石灰与土的用量不应大于混合料总重的20%,其中石灰剂量为土重的8%～12%。

泥灰结碎石层的施工工序与泥结碎石相同,但泥浆改为灰土浆。若采用拌和法时,应先将石灰与粘土拌和均匀,再与石料拌和,摊铺均匀,边压边洒水,使石灰与土在碾压中成浆并充满空隙。

10.3 石灰稳定土基层

10.3.1 强度形成机理

在粉碎的或原来松散的土(包括各种粗、中、细粒土)中,掺入足量的石灰和水,经拌和、压实及养生后得到的混合料,当其抗压强度符合规定的要求时,称为石灰稳定土。用石灰稳定细粒土时,简称石灰土;用石灰稳定天然砂土或用石灰土稳定级配砂砾时,简称石灰砂砾土;用石灰稳定天然碎石或用石灰土稳定级配碎石时,简称为石灰碎石土。

在土中掺入适当的石灰,并在最佳含水量下压实后,即发生了一系列的物理力学作用,也发生了一系列的化学及物理化学作用,从而使土的性质发生根本改变。初期,主要表现在土的结团、塑性降低、最佳含水量的增大或最大密实度的减小等。后期变化主要表现在结晶结构的形成,从而提高其整体性、强度和稳定性。

综合国内外对石灰土强度和稳定性的研究成果,可以认为石灰加入土中后,主要发生了以下4个方面作用。

(1)离子交换作用

熟石灰溶于水后易离解成Ca^{2+}和$(OH)^-$离子,使其溶液呈现出碱性。随着Ca^{2+}浓度增大,二价Ca^{2+}就能当量替换土粒表面所吸附的一价金属离子Na^+、H^+、K^+,土颗粒表面所吸附的离子由一价变成了二价,减少了土颗粒表面吸水膜的厚度,使土粒相互之间更为接近,分子引力随之增加。许多单个土粒聚成小团粒,结果导致土的分散性、湿滑性、粘附性和膨胀性降低。这个反应过程是随着Ca^{2+}在土中的扩散逐渐进行的,但初期进展迅速,一般数小时内即可见效。

(2)结晶作用

在石灰土中只有一部分熟石灰$Ca(OH)_2$进行离子交换作用,绝大部分饱和的$Ca(OH)_2$自行结晶。熟石灰与水作用生成熟石灰结晶网络,其化学反应式为:

$$Ca(OH)_2+nH_2O \rightarrow Ca(OH)_2 \cdot nH_2O$$

这种晶体能够相互结合,并与土粒结合起来形成共晶体,把土粒胶结成整体,并且晶体$Ca(OH)_2$与非晶体$Ca(OH)_2$相比,溶解度几乎小一半,因而石灰土的水稳性得到提高。

(3)火山灰作用

熟石灰的游离 Ca^{2+} 与土中活性 SiO_2 和 Al_2O_3 作用生成含水的硅酸钙和铝酸钙的化学反应就是火山灰作用,其反应式为:

$$xCa(OH)_2 + SiO_2 + nH_2O \longrightarrow xCaO \cdot SiO_2 \cdot (n+1)H_2O$$

$$xCa(OH)_2 + Al_2O_3 + nH_2O \rightarrow xCaO \cdot Al_2O_3 \cdot (n+1)H_2O$$

火山灰反应是在不断吸收水分的情况下逐渐发生的,具有水硬性质。火山灰作用是构成石灰土早期强度的主要原因。火山灰作用生成的胶凝物质($xCaO \cdot SiO_2 \cdot nH_2O$、$xCaO + Al_2O_3 \cdot nH_2O$、)和氢氧化钙晶体在土的团粒外围形成一层稳定的保护膜,填充颗粒空隙,减少了颗粒间的空隙与透水性,提高了密实度,是石灰土获得强度和水稳性的基本原因。但这种作用较为缓慢。

(4)碳酸化作用

土中的 $Ca(OH)_2$ 与空气中的二氧化碳作用,其化学反应式为:

$$Ca(OH)_2 + CO_2 \rightarrow CaCO_3 + H_2O$$

$CaCO_3$ 是坚硬的结晶体,具有较高的强度和水稳性,它对土的胶结作用使土得到了加固。当石灰土的表层碳酸化后则形成一层硬壳,阻碍 CO_2 进一步渗入,因而碳酸化作用是个相当长的反应过程,也是形成石灰土后期强度的主要原因之一。

10.3.2 影响石灰土强度的因素

影响石灰土强度的因素主要有以下几个方面:

(1)土质:除有机质含量大的土和无塑性并缺少细料的粒料和砂性土外,只要土中的最大颗粒的粒径不超过规定的路面基层材料的最大粒径(40mm)或不超过规定的底基层材料的最大粒径(50mm),其他各种类型的土都可以用石灰稳定。但土的塑性指数太高时,难以粉碎;太低则难以碾压成型,因此,适宜用石灰稳定的粘性土的塑料指数为15～20间。用石灰稳定不含粘性土或无塑性的砂砾、级配碎石和未筛分碎石时,应添加15%左右粘性土,并且该砂砾或碎石应具有较好的级配。

(2)灰质:石灰应为消石灰粉或生石灰粉,对于高速公路和一级公路,宜采用磨细生石灰粉。石灰质量应符合表10-6中Ⅲ级以上的技术标准,等外石灰、贝壳石灰、珊瑚石灰等,应通过试验。只要石灰土混合料的强度符合表10-7的标准,即可以使用。

表10-6 石灰的技术标准

项目 \ 类别与指标		钙质生石灰			镁质生石灰			钙质消石灰			镁质消石灰		
		Ⅰ	Ⅱ	Ⅲ	Ⅰ	Ⅱ	Ⅲ	Ⅰ	Ⅱ	Ⅲ	Ⅰ	Ⅱ	Ⅲ
有效钙加氧化镁≥/%		85	80	70	80	75	65	65	60	55	60	55	50
未消解残渣≤(5mm圆孔筛筛余)/%		7	11	17	10	14	20						
含水量≤/%								4	4	4	4	4	4
细度	0.71mm(方孔筛)筛余≤/%							0	1	1	0	1	1
	0.125mm累计筛余≤/%							13	20		13	20	
钙镁石灰的分界线 MgO/%		≤5			>5			≤4			>4		

表 10-7 石灰稳定土的强度标准(MPa)

公路等级 所用层位	二级和二级以下公路	高速和一级公路
基层	≥0.8	—
底基层	0.5～0.7	≥0.8

[注] (1)在低塑性土(塑性指数<7)地区,石灰稳定砂砾土和碎石土的7天浸水抗压强度应大于0.5MPa。(2)低限用于塑性指数小于7的粘性土,高限用于塑性指数大于7的粘性土

为了保证石灰的质量,要尽量缩短石灰的存放时间,石灰在野外堆放时间较长时,应妥善保管,不能遭日晒雨淋。

(3)石灰剂量:石灰剂量对石灰土强度影响显著。石灰剂量较低(<3%～4%)时,石灰主要起稳定作用,土的塑性、膨胀、吸水量减小,使土的密实度、强度得到改善。随着剂量的增加,强度和稳定性提高,但剂量超过一定范围时,强度反而降低。生产中常用的最佳剂量范围,对于粘性土及粉性土为8%～14%;对砂性土则为9%～16%。剂量的确定应根据结构层技术要求进行混合料组成设计。

(4)拌和及压实:土的粉碎程度和拌和的均匀性对石灰稳定土的强度有很大影响。应尽可能采用粉碎与拌和效率高的机械,提高粉碎程度与拌和的均匀性。

压实对石灰土强度的影响也很大,交通部分路科研所统计分析121组用无机结合料稳定细粒土的室内试验资料表明:压实度每增加2%,抗压强度增加的最大值为29.7%,最小值为2.5%,平均增加14.1%。

(5)养生条件与龄期:高温和一定的湿度对石灰土强度的形成很重要。温度高可使反应过程加快,一定的湿度为$Ca(OH)_2$结晶和火山灰反应提供了必要的结晶水。因此,要求石灰稳定土层施工期的最低温度应在5℃以上。并在第一次重冰冻(-3℃～-5℃)到来之前1个月～1个半月完成,并且应该经历半月以上温暖和热的气候养生。

石灰稳定土强度随龄期而缓慢增长,到28d龄期时,只能达到30%左右的强度。强度增长期很长,可达8～10年以上。

10.3.3 石灰稳定土混合料设计

石灰稳定土是由土、石灰和水组成的,石灰剂量以石灰质量占全部粗细土颗粒(即砾石、砂粒、粉粒和粘粒)的干质量的百分率表示,即石灰剂量=石灰质量/干土质量。混合料的组成设计包括:根据强度标准,通过试验选取合适的土,确定必需的或最佳的石灰剂量和混合料的最佳含水量。

混合料的具体设计步骤如下:

(1)制备同一种土样,不同石灰剂量的石灰土混合料,根据不同的层位,可参照下列石灰剂量进行配制:

①作基层时:

砂砾土和碎石土:5%、6%、7%、8%、9%。

塑性指数小于12的粘性土:10%、12%、13%、14%、16%。

塑性指数大于12的粘性土:5%、7%、9%、11%、13%。

②作底基层时:

塑性指数小于12的粘性土：8％、10％、11％、12％、14％。

塑性指数大于12的粘性土：5％、7％、8％、9％、11％。

(2)确定混合料的最佳含水量和最大干密度，至少应做3个不同石灰剂量混合料的击实试验，即最小剂量、中间剂量和最大剂量，其余两个混合料的最佳含水量和最大干密度用内插法确定。

(3)按最佳含水量与工地预期达到的压实密度制备试件，进行强度试验。做平行试验的试件数量要满足《规范》要求。

(4)试件在规定温度(冰冻地区20±2℃，非冰冻地区25±2℃)下保湿养生6d，浸水1d，进行无侧限抗压强度试验，根据表10-7的强度标准，选定合适的石灰剂量，室内试验的平均抗压强度$\bar{R}$应符合下式的要求。

$$\bar{R} \geqslant \frac{R_d}{1-Z_a C_v} \tag{10-1}$$

式中：R_d——设计抗压强度，MPa；

C_V——试验结果的偏差系数(以小数计)；

Z_a——标准正态分布表中随保证率而变的系数，重交通道路应取保证率95％，此时$Z_a=1.645$；其他道路可取保证率为90％，即$Z_a=1.282$。

工地实际采用的石灰剂量应比室内试验确定的剂量稍多一些，集中厂拌法施工时，可只增加0.5％；路拌法施工时，宜增加1％。

10.3.4　石灰稳定土基层施工

石灰稳定土不但具有较高的抗压强度，而且也具有一定的抗弯拉强度。因此，石灰稳定土一般可用于各类路面的基层和底基层。但石灰稳定土因其水稳性较差不宜做高速公路或一级公路的基层，必要时可用作底基层。在冰冻地区的潮湿路段以及其他地区的过湿路段，也不宜采用石灰土做基层。对于二级和二级以下的公路，石灰稳定土基层和底基层可以采用路拌法施工，但二级公路应采用专用的稳定土拌和机；一级公路和高速公路，除直接铺筑在土基上的底基层下层可以用专用稳定土拌和机进行路拌法施工外，其上的各个稳定土层都应用集中厂拌法拌制混合料并用摊铺机摊铺混合料。

1. 路拌法施工

(1)准备下承层：底基层和老路面上的低洼和坑洞，应仔细填补和压实；土基必须用12～15t三轮压路机或等效的碾压机械进行碾压检验，达到要求的压实度。下承层标高误差应符合规范的规定。

(2)施工放样：在下承层上恢复中线，每12～20m设一桩，并测出石灰稳定土层边缘的设计高。

(3)摊铺：摊铺土料前，应先在土基上洒水湿润，但不应过分潮湿而造成泥泞；用平地机或其他合适的机具按规定的路拱平整地摊铺在预定的宽度上，并检验松铺土料层的厚度＝压实厚度×松铺系数；将充分消解的石灰摊铺均匀，并校核石灰用量。

(4)拌和与洒水：用喷管式洒水车洒水，使混合料含水量比最佳含水量大1％左右，用拌和机拌和，使混合料颜色一致，没有灰条、灰团和花白为止。如为石灰稳定加粘性土的碎石或砂砾，则应先将石灰和粘性土拌和均匀，然后均匀地摊铺在碎石或砂砾层上，再一起进行拌和。

(5)整型和碾压:混合料拌匀后,应先用平地机整型。快速碾压1～2遍,用齿耙将表层5cm以上耙松,并用新拌的石灰混合料找补平整,再用平地机整型。

碾压应在混合料处于最佳含水量(±1%)范围内进行。在人工摊铺和整型的情况下,要先用拖拉机6～8t两轮压路机或轮胎压路机碾压1～2遍,然后再用重型轮胎压路机、振动压路机或12t以上的三轮压路机进行碾压。土层不能有"弹簧"、松散、起皮等现象。碾压结束之前,用平地机再终平一次,使其纵向顺适,高程、路拱和超高符合设计要求。

(6)养生及减少反射裂缝的措施:石灰稳定土在养生期间应采取保湿措施,不让其变干,石灰稳定土的含水量减少,很容易产生干缩裂缝。养生期一般为7d左右。养生期间未采取覆盖措施时,应封闭交通(洒水车除外)。不能封闭交通的路段,应采取覆盖措施(覆盖砂养生或喷洒沥青膜养生),并限制车速不得超过30km/h。

养生期结束后,应根据沥青面层厚度情况,或立即铺筑沥青面层,以保护石灰稳定土基层,不让其产生收缩裂缝(对于较厚的沥青面层);或先铺一封层,通车一段时间,让石灰稳定土基层充分开裂后再铺筑沥青面层,以减少反射裂缝。

2. 厂拌法施工

石灰稳定土可以在中心站用多种机械进行集中拌和,如强制式拌和机、双转轴桨叶式拌和机等;也可以用路拌机械或人工在场地上进行分批集中拌和。在集中拌和时,应注意掌握以下各个要求:

(1)土块要粉碎,土块的最大尺寸不超过15mm;

(2)配料要准确;

(3)含水量要略大于最佳含水量(+1%左右),使混合料运到现场摊铺后碾压时的含水量能接近最佳值;

(4)拌和要均匀。

将拌和后的混合料运送到现场,用摊铺机、平地机或人工按松铺厚度摊铺均匀。如有粗细颗粒离析现象,应该用机械或人工补充拌和。

整型(需要时)和碾压均与前述路拌法相同。

10.4 水泥稳定土基层

10.4.1 强度形成机理

在粉碎的或原来松散的土(包括各种粗、中细粒土)中,掺入足量的水泥和水,经拌和得到的混合料经压实及养生后,当其抗压强度符合规定的要求时,称为水泥稳定土。用水泥稳定砂性土、粉性土得到的混合料,简称水泥土;稳定砂得到的混合料,简称水泥砂;用水泥稳定粗粒土和中粒土得到的混合料,视所用原材料,可简称水泥碎石(级配碎石和未筛分碎石)、水泥砂砾等。

在利用水泥来稳定土的过程中,水泥、土和水之间发生了多种复杂的作用,使土的性能发生了明显的变化。但由于水的用量很少,水泥的水化完全是在土中进行的,故作用速度比在水泥混凝土中进行得缓慢。水泥在稳定土中的作用,从工程观点来看,一是改变了土的塑性,二是增加了土的强度和稳定性。作用的形式归纳起来有如下几种:

(1)水泥的水化作用

水泥的水化作用反应简式如下:

硅酸三钙：$2C_3S+6H_2O \rightarrow C_3S_2H_3+3CH$

硅酸二钙：$2C_2S+4H_2O \rightarrow C_3S_2H_3+CH$

铝酸三钙：$C_3A+6H_2O \rightarrow C_3AH_6$

铁铝酸四钙：$C_4AF+7H_2O \rightarrow C_4AFH_7$

水化反应产生出具有胶结能力的水化产物，是水泥稳定土强度的主要来源。水化产物在土的孔隙中相互交织搭接，将土颗粒包覆连续连接起来，使土逐渐丧失了原有的塑性。但此水化反应与水泥混凝土中的水化反应有所不同：①土具有非常高的比表面积和亲水性；②水泥含量少；③土对水化产物有强烈的吸附性；④土中存在酸性介质环境。特别是由于粘土矿物对水化产物中的 $Ca(OH)_2$ 极强的吸附和吸收作用，使溶液中的碱度降低，影响了水化产物的稳定性；水化硅酸钙中的 C/S 会逐渐降低析出 $Ca(OH)_2$，使水化产物的结构和性能发生变化，从而影响到混合料的性能。因此，在选用水泥时，应优先选用硅酸盐水泥，必要时还应对水泥稳定土进行“补钙”，以提高混合料中的碱度。

(2)离子交换作用

粘土颗粒表面通常带有一定量的负电荷，进而吸引周围溶液中正离子，如 K^+、N^+ 等，而在颗粒表面形成了一个双电层结构，这些与电位离子电荷相反的离子就称为反离子。粘土颗粒表面带上负电荷，即电位离子形成的电位称为热力学电位(δ)。由于反离子的存在，离开颗粒表面越远电位越低，经过一定的距离电位将降为零，此距离称为双电层厚度。由于各个粘土颗粒表面都具有相同的双电层结构，因此粘土颗粒之间往往间隔着一定的距离。

硅酸盐水泥中，硅酸三钙和硅酸二钙占主要部分，其水化产物中 $Ca(OH)_2$ 占 25%。大量的氢氧化钙溶于水后，在土中形成一个富含 Ca^{2+} 的碱性溶液环境，Ca^{2+} 取代了 K^+，Na^+，成为反离子。同时，Ca^{2+} 双电层电位的降低速度加快，双电层厚度降低，粘土颗粒间距离减小，相互靠拢，导致土的凝聚，从而改变土的塑性，使土具有一定的强度和稳定性。

(3)化学激发作用

随着水泥水化反应的深入，Ca^{2+} 数量超过上述离子交换的需要量后，使混合料呈现出一种碱性环境，从而激发出 SiO_2 和 Al_2O_3 的活性，与溶液中的 Ca^{2+} 进行反应，生成新的矿物。这些矿物主要是硅酸钙和铝酸钙系列，如 $4CaO \cdot 5SiO_2 \cdot 5H_2O$、$4CaO \cdot Al_2O_3 \cdot 19H_2O$、$3CaO \cdot Al_2O_3 \cdot 16H_2O$、$CaO \cdot Al_2CO_3 \cdot 10H_2O$ 等。这些生成物同样也具有胶凝能力，并包裹着粘土颗粒表面，与水泥的水化产物一起，将粘土颗粒凝结成一个整体。因此，氢氧化钙对粘土矿物的激发作用，进一步提高了水泥稳定土的强度和水稳定性。

(4)碳酸化作用

水泥水化生成的 $Ca(OH)_2$，除了可与粘土矿物发生化学反应外，还可以进一步与空气中的 CO_2 反应生成碳酸钙晶体：

$$Ca(OH)_2+CO_2 \rightarrow CaCO_3+H_2O$$

碳酸钙生成过程中产生体积膨胀，可以对土体起到填充和加固作用，提高土的强度，但这种作用相对来讲比较弱，并且反应过程缓慢。

10.4.2　影响强度因素

土的类别和性质是影响水泥稳定土强度的重要因素。凡是能被经济地粉碎的土，都可用水泥稳定，但稳定效果不同。工程实践证明，用水泥稳定级配良好的碎(砾)石和砂砾，效果最好，不但强度高，而且水泥用量少；其次是砂性土；再次是粉性土和粘性土。一般土的塑性指数不应超过17，实际工程中往往选用塑性指数小于12的土。重粘土由于难以粉碎和拌和，不宜单独用水泥稳定；有机质含量超过2%或硫酸盐含量超过0.25%的土，不应用水泥稳定。

(1)水泥类型及剂量的影响

普通硅酸盐水泥、矿渣硅酸盐水泥和火山灰质硅酸盐水泥都可用于稳定土。通常情况下，硅酸盐水泥的稳定效果较好，铝酸盐水泥虽可用于稳定但效果较差。终凝时间较长(6h以上)的低标号水泥应优先选用。

水泥稳定土的强度随水泥剂量的增加而增长，不存在最佳剂量。但是过多的水泥用量，虽然强度增加了，而经济上却不一定合理，且容易开裂。试验和研究表明，水泥剂量为4%～8%较为合理。

(2)施工及养生的影响

首先要保证稳定土一定的含水量，既要达到最佳密实度的含水量，又能满足水泥完全水化和水解作用的需要。其次是混合料须拌和均匀并充分压实。水泥土从开始加水拌和到完成压实的延迟时间要尽可能的短，一般要控制在6h以内。若时间过长，水泥开始凝结，碾压时不但达不到压实度要求，而且会破坏已结硬水泥的胶凝作用，反而使水泥稳定土强度下降。

一定的水分是水泥稳定土形成强度的必要条件，湿法养生可满足水泥水化形成强度的需要。而养生时温度愈高，强度增长得愈快。

10.4.3 混合料组成设计

1. 设计要求

水泥稳定土中水泥剂量是以水泥质量占全部粗细土颗粒(即砾石、砂粒、粉粒和粘粒)的干质量的百分率表示的。当水泥稳定土层用作底基层时，集料的最大粒径不应超出40mm；用作基层时，不应超过30mm，并且都要有较好的级配。二级以下公路，集料压碎值不大于35%(底基层可到40%)；一级公路和高速公路，压碎值不大于30%，混合料的组成设计与石灰稳定土基本相同。

水泥稳定土7d无侧限抗压强度和压实度应根据公路等级和所在路面结构中的层位确定，如表10-8所示。

表10-8 水泥稳定土的强度及压实度标准

层位	高速公路一级公路		二级和二级以下公路	
	强度(MPa)	压实度(%)	强度(MPa)	压实度(%)
基层	3～4	98	2～3	中、粗粒土97 细粒土93
底基层	≥1.5	中、粗粒土96 细粒土95	≥1.5	中、粗粒土95 细粒土93

2. 混合料设计步骤

(1)制备同一种土样，不同水泥剂量的水泥稳定土混合料，一般按下列水泥剂量配制：

①作基层用时

中粒土和粗粒土:3%、4%、5%、6%、7%

塑性指数小于12的土:5%、7%、8%、9%、11%

其他细粒土:8%、10%、12%、14%、16%

②作底基层用时

中粒土和粗粒土:3%、4%、5%、6%、7%

塑性指数小于 12 的土：4%、5%、6%、7%、9%

其他细粒土：6%、8%、9%、10%、12%

(2)确定最佳含水量和最大干(压实)密度

至少应作 3 个剂量混合料的击实试验，即最小剂量、中间剂量和最大剂量。根据表 10－8 强度标准选定合适的水泥剂量，室内试验结果的平均抗压强度 $\bar{R}$ 应符合式(10－1)的要求。按工地预定达到的压实度，分别计算不同水泥剂量试件应有的干密度。

工地实际采用的水泥剂量应比室内试验确定的剂量稍大，采用集中厂拌法施工时，可增加 0.5%；采用路拌法施工时，宜增加 1%。

10.4.4　水泥稳定土基层施工

1. 施工要求

水泥稳定土层可适用于各级道路的基层和底基层，但水泥土不宜用作高级沥青路面的基层，只能用作底基层。在高速公路和一级公路的水泥混凝土面板下，水泥土也不应用作基层。水泥稳定土基层和底基层不适宜用人工拌和法施工。对于一级公路和高速公路，除直接铺筑在土基上的底基层下层可以用稳定土拌和机械施工外，其他的都应用集中厂拌法拌制混合料，并用摊铺机摊铺基层混合料。

一般要求水泥稳定土要在气温较高季节组织施工，施工期的最低气温应在 5℃以上，冰冻地区应在第一次重冰冻(－3～－5℃)到来之前半个月到一个月完成。

降雨时应停止施工，但已经摊铺的混合料应尽快碾压密实。还要考虑排除下承层表面水的措施，勿使运到路上的集料过分潮湿。混合料每一作业段的合理长度，要综合考虑以下因素：

(1)水泥的终凝时间；

(2)延迟时间对混合料密实度和抗压强度的影响；

(3)施工机械和运输车辆的效率和数量；

(4)操作的熟练程度；

(5)尽量减少接缝；

(6)施工季节和气候条件。

一般情况下，每一作业段以 200m 为宜。

2. 施工工序及过程

(1)下承层准备

下承层表面应平整、坚实，具有规定的路拱，没有任何松散和软弱地点。凡不合格的路段应进行整修，使其达到规范要求。

(2)拌和和摊铺

混合料拌和要均匀，含水量要略大于最佳值，使混合料运到现场碾压时的含水量不小于最佳值。摊铺要按松铺厚度进行，并应用摊铺机或平地机摊铺。

(3)整型和碾压

摊铺后用平地机进行整平。局部低洼处，应用齿耙将其表面 5cm 以上耙松，并用新拌的混合料进行找补整平，然后进行碾压。碾压过程中，混合料要保持潮湿。水泥稳定土应用 12t 以上的压路机碾压，每层压实厚度不应超过 15cm；用 18～20t 三轮压路机碾压时，不应超过 20cm。稳定集料为中粒土和粗粒土时，需采用能量大的振动压路机碾压，而细粒土要采用振动羊足碾与三轮压路机配合碾压。厚度超过上述规定时，应分层铺筑。

其他整型和碾压要求也与石灰稳定土相同。

(4)接缝处理

当天两工作段的衔接处,应搭接拌和。即前工作段尾部留 5～8m 不进行碾压,待第二段施工时,对前段留下未压部分加部分水泥重新拌和,并与第二段一起碾压。

每天工作段的末端工作缝应成直线,且上下垂直。经过摊铺整型的混合料当天应全部压实。第二天铺筑时为使已压成型的稳定土边缘不致遭到破坏,应用厚度与其压实厚度相同的方木保护,碾压前将方木提出,用混合料回填并整平。

(5)养生及交通管制

每一工作段压实完成并经压实度检查合格后应立即开始养生,不应延误。水泥稳定土宜用不透水薄膜或湿沙养生,也可采用沥青乳液进行养生。无上述条件时,也可用法本水车洒水养生。整个养生期不宜少于 7d,并且要保持稳定土层表面潮湿,不能时干时湿。如为分层施工时,下层碾压完好,过一天就可铺筑上层,不需经 7d 养生期。

在养生期间未采用覆盖措施的水泥稳定土层上,除洒水车外,应封闭交通。在采用覆盖措施的水泥稳定土层上,不能封闭交通时,应限制重车通行,其他车辆的车速不应超过 30km/h。

10.5 工业废渣稳定土基层

将一定数量的石灰和粉煤灰,或石灰和煤渣与其他集料相配合,加入适量的水(通常为最佳含水量),经拌和、压实及养生后得到的混合料,当其抗压强度符合一定要求时,统称为石灰工业废渣稳定土,简称石灰工业废渣。

随着工业的发展,工业废渣逐渐增多,甚至到了污染环境的程度。利用工业废渣铺筑道路,不但提高道路的使用品质,降低了工程造价,且变废为宝,具有很大的意义。常用的工业废渣包括:粉煤灰、煤渣、高炉矿渣、崩解过的达到稳定的钢渣,及其他冶金矿渣、煤矸石等。粉煤灰中含有较多的二氧化硅、氧化钙或氧化铝等活性物质,应用最为广泛。因此,石灰工业废渣往往分为石灰粉煤灰类及石灰其他废渣类。用石灰稳定工业废渣时,石灰在水的作用下形成饱和的 $Ca(OH)_2$ 溶液,废渣的活性氧化硅和氧化铝在 $Ca(OH)_2$ 溶液中产生火山灰反应,生成水化硅酸钙和铝酸钙凝胶,使颗粒胶凝在一起。随水化物不断产生而结晶硬化,在温度较高时,混合料强度不断增长。因此,石灰工业废渣基层具有:水硬性、缓凝性、强度高、稳定性好,成板体,且强度随龄期不断增加,抗水、抗冻、抗裂且收缩性小,能适用各种气候环境和水文地质条件,可用于各级公路的基层和底基层。但二灰土(石灰粉煤灰稳定土)不应用作高级沥青路面的基层,而只能用作底基层。在高速公路和一级公路上的水泥混凝土面板下,二灰土也不应作基层使用。

10.5.1 基层材料要求

1. 石灰(结合料)

石灰的质量应符合《石灰的技术指标》(GB1594)规定的Ⅲ级以上的技术指标,并且要尽量缩短石灰的存放时间。有效钙含量在 20%以上的等外石灰、贝壳石灰、珊瑚石灰、电石渣等,应通过试验,只要混合料的强度符合要求即可应用。

2. 工业废渣(活性材料)

工业废渣作为活性材料当有水分存在时,能在常温下和石灰起化学作用,使混合料强度逐渐增高。在道路中用得较广泛的粉煤灰、煤渣、水淬渣、硫铁矿渣(红粉)、钢渣(主要指平炉、转炉钢渣)等,这些材料的化学成分各地、各厂都不相同,一般这类材料都具有一定的活性,在饱和的氢氧化钙溶液中会发生火山灰反应,能产生氢氧化钙结晶和硅酸钙、铝酸钙结晶,形成有一定强度的整体性水硬材料。

粉煤灰是火力发电厂燃烧煤粉产生的粉状灰渣。粉煤灰中 SiO_2、Al_2O_3 和 Fe_2O_3 的总含量应大于70%,烧失量不超过20%,比表面积宜大于 $2500cm^2/g$。干、湿粉煤灰都可使用,干粉煤灰如堆在地上,应加水防止灰尘飞扬污染环境。湿粉煤灰含水量不宜超过35%,使用时,湿凝成团的粉煤灰应打碎或过筛,同时清除有害物质。

煤渣是煤经锅炉燃烧后的残渣,主要成分是二氧化硅和二氧化二铝,它的干松密度在700～ $100kg/m^3$。煤渣的颗粒组成宜以粗细搭配,略有级配,不含杂质为佳。煤渣的最大粒径不应大于30mm,煤渣中的含煤量最好不超过20%。

钢渣是炼钢副产品,主要有平炉和转炉钢渣两种。平炉、转炉钢渣存放一年以上,呈灰褐色,有微孔,密实时较重。严禁使用新渣、冶炼前期渣,水渣呈蜂窝状,较轻,强度低的不能单独使用。钢渣粒径不大于50mm,钢渣中游离氧化钙粒径不大于5mm。

表10-9　二灰级配集混合料中集料的颗粒组成范围

编号		1	2(砂砾)	3(碎石)
粒料通过各筛孔所占百分率(%)	40mm	100		
	30mm	90～100	100	100
	20mm	60～85	90～100	85～100
	10mm	50～70	55～80	60～80
	5mm	40～60	40～65	30～50
	2mm	27～47	28～50	15～30
	1mm	20～40	20～40	
	0.5mm	10～30	10～20	10～20
	0.075mm	0～15	0～10	0～10

3. 粒料(集料)

干石灰稳定工业废渣中还可掺入一些集料,包括细粒土、中粒土和粗粒土,高炉重矿渣、钢渣及性质坚韧、稳定、不再分解的其他废渣等。用作二灰混合料的粒料应少含或不含有塑性的土。一级公路和高速公路集料的压碎值应不大于30%,二级和二级以下公路压碎值应不大于35%。

用于高速公路和一级公路的二灰级配集料,用作底基层时,其最大粒径不超过40mm,级配要符合表10-9中的1号级配;用作基层时,混合料中集料的重量应占80～85%,最大粒径不超过30mm,采用表中2、3号级配,小于0.075mm颗粒含量宜接近0。对于二级及二级以下公路,二灰集料混合料用作底基层时,最大粒径不应超过50mm;用作基层时,集料重量要占80%以上,并符合表中的级配要求。

10.5.2　混合料组成设计

石灰工业废渣混合料的组成设计包括:根据二灰混合料的强度标准,通过试验选取最适宜于稳定的土，确定石灰与粉煤灰、石灰与煤渣及石灰与其他废渣的比例，确定石灰粉煤灰、石灰煤渣或其他废渣与土（包括碎石等各种粒料）的比例（质量比），确定混合料的最佳含水量。各地废渣的来源不同，其成分也不同，因此，混合料的组成比例无法统一规定，需通过试验确定。试验的内容和方法与石灰混合料相类似。

石灰工业废渣混合料组成设计与石灰稳定土相仿，即根据表 10 - 10 强度标准，通过试验选取最适宜于稳定的土，确定石灰与粉煤灰或石灰与煤渣的比例，确定石灰粉煤灰或石灰煤渣与土（包括各种集料）的比例（质量比），确定混合料的最佳含水量。

表 10 - 10　二灰混合料的强度和压实度标准

使用层次	高速公路一级公路		二级和二级以下公路	
	强度(MPa)	压实度(%)	强度(Mpa)	压实度(%)
基 层	≥0.8	≥98	≥0.6	中、粗粒土 97 细粒土 95
底基层	≥1.5	中、粗粒土 96 细粒土 95	≥0.5	中、粗粒土 95 细粒土 93

采用石灰粉煤灰混合料做基层时，石灰与粉煤灰的比例常用 1∶2～1∶4，稳定细粒土时，石灰粉煤灰与细粒土的比例为 30∶70～90∶10，与集料的比应是 20∶80～50∶50；采用石灰煤渣混合料作基层或底基层时，石灰与煤渣的比可以是 1∶1～1∶4，石灰煤渣与细粒土可以是 1∶1～1∶4；石灰煤渣集料做基层或底基层时，石灰∶煤渣∶粒料可以是(7～9)∶(26～33)∶(67～58)。

10.5.3　施工方法

对于高速公路和一级公路，除直接铺筑在土基上的底基层下层可用专用的稳定土拌和机进行路拌法施工外，其上的各个稳定土层都应用集中厂拌法拌制混合料并用摊铺机摊铺；对于二级和二级以下的公路，用石灰工业废渣做基层和底基层时，可用路拌法施工。但对于二级公路，宜采用专用的稳定土拌和机；对于二级以下公路不适宜采用机械施工的小工程，可以用人工沿路拌和法施工。施工过程中对各工序的要求基本与石灰稳定土相同。

路拌法施工工序一般为：准备下承层→施工放样→备料→运输和摊铺集料→运输和摊铺粉煤灰、石灰→拌和及洒水→整型→碾压→养生。

10.5.4　养生及交通管制

石灰工业废渣碾压完成后第二天或第三天开始养生。通常采用洒水养生法，每天洒水的次数视气候条件而定，应始终保持表面潮湿或湿润，养生期一般为 7d，养生期间，除洒水车外应封闭交通。分层施工时，下层碾压完毕后，可以立即在上铺筑另一层，不需专门养生期，也可养生 7d 后再铺筑另一层。

养生结束后，宜先让施工车辆通行 7～10d，磨去表面的二灰薄层，或用带钢丝刷的机械扫刷去表面的二灰薄层。清扫和冲洗干净后再喷洒透层沥青或作下封层，并在 15～30d 内铺筑沥青面层。喷洒透层沥青后，宜撒布 3～8mm 或 5～10mm 的小碎(砾)石，保护沥青膜不被破坏，撒布碎石约占 60%的面积，不完全覆盖全沥青层，露黑。

第 11 章　沥青路面设计

沥青路面是在柔性基层、半刚性基层上，铺筑一定厚度的沥青混合料作面层的路面结构。沥青路面设计的内容包括路面结构层次的选择和组合、各结构层厚度的确定，以及各结构层的材料组成设计等。几十年来，各国先后提出了众多的柔性路面设计方法，他们可归纳为两大类：一类是以已有经验或试验为依据的经验法；另一类是以力学分析为基础，并考虑环境、交通条件及材料特性等因素的解析法。在多年研究和实践的基础上，我国现行柔性路面设计规范采用以双圆均布荷载作用下的弹性层状体系理论为基础进行路面的结构分析和设计。

11.1　破坏形态与设计控制标准

11.1.1　破坏形态

沥青路面在行车荷载的反复作用和自然因素的不断影响下会逐渐出现损坏，使其使用性能逐步恶化。由于荷载、环境、材料组成、结构层组合、施工和养护等条件的变异，损坏的形态是多种多样的。从表象上看，有各式各样的裂缝，如横向或纵向裂缝、块状裂缝和网状裂缝（龟裂）等，也有各种类型的变形，如沉陷、车辙、搓板、推移和拥起等；表层有时可能还有各种露骨、松散、剥落、坑槽和泛油等现象出现。这些损坏现象有时单独出现，有时则几种形态同时出现，显得错综复杂。然而，如果透过表象进一步分析造成这些损坏的原因，便可发现其中存在着一定的规律性。各种损坏现象的产生，都是行车和自然因素同路面相互作用的结果，随着路面工作特性和外界因素影响程度的不同而变化。

根据这些损坏现象的形成原因、危害性和其对使用性能的影响，可以把沥青路面的损坏划分为：

(1)裂缝类：路面结构的整体性受到破坏；

(2)变形类：路面表面的形状改变；

(3)表层损坏类。

破坏形态最常见的有下述几种：

1. 沉陷

路基由于水文条件很差或翻浆而过于湿软，通过路面传给路基的轮载应力超过了土的抗剪强度，车轮轮带处的路面便出现较大的沉陷变形，并在轮带两侧伴随出现隆起现象。路面结构的变形能力不能适应这样大的弯曲变形，便会产生裂缝，并逐渐发展成网裂。

2. 车辙

路面并未出现很大的凹陷和隆起变形，但轮迹处出现相对其两侧来说较大的变形（10～20mm 以内），从而在横向形成车辙。车辙的出现，是行车荷载多次重复作用下路基和路面塑性变形（包括压密和剪切变形）逐步积累的结果。即便路基和路面具有足够的刚度，每一次行车荷载作用下产生的塑性变形量极小，但多次重复作用后累计而达到的量还是相当可观的。特别在高温和轮压大时，沥青层因蠕变而积累的塑性变形量较大。

3. 疲劳开裂

裂缝是沥青路面最普遍的一种损坏现象。疲劳开裂是指路面无显著永久变形情况下沿轮迹带出现的裂缝。行驶在路上的轮载使沥青面层受到反复的弯曲变形。当荷载作用下面层底面产生的弯拉应变(或应力)超过材料的疲劳限度,便在底面处发生开裂,并逐期扩展到表面。初期是一串细微的纵向平行裂缝,随着行车的反复作用,裂缝连片而发展成网状或龟背状裂缝。

4. 反射裂缝和低温开裂

采用水泥(或石灰等)稳定类基层时,由于湿度变化而产生的横向收缩裂缝会反映到面层上来,使面层也相隔一定距离出现横向反射裂缝。在寒冷地区,面层材料本身在低温时的收缩受到阻碍会产生较大的拉应力,当拉应力超过材料的抗拉强度时,面层便会出现横向断裂,这些横向裂缝虽然在初现时不会影响行车,但在水分不断侵蚀下,其边缘会出现碎裂而使缝隙扩大,并在其周围逐步发展成网状裂缝。

5. 松散和坑槽

由于面层材料组合不当或施工质量差,结合料含量太少或粘结力不足,面层混合料的集料间失去粘结而成片散开,称为松散。松散的材料被车轮后的真空吸力以及风和雨水等带离路面,便形成大小不等的坑槽。网裂的后期,碎块被行车荷载继续碾碎,并被带离路面,也会形成坑槽。

6. 泛油和推移(拥包)

面层混合料中沥青含量偏多孔隙率太小(低于 3%)时,沥青会在夏天受行车的作用而溢出路表面,形成一层有光泽的沥青膜,称为泛油。这种沥青混合料的抗剪强度往往过低,在承受较大水平力作用的车辆经常启动和制动的路段上,面层材料会沿行车方向发生剪切或拉裂破坏而出现推移和拥起。

11.1.2 设计控制标准

沥青路面由于环境因素的不断影响和行车荷载的反复作用,经过一段时期的使用,便会产生破坏而失去原有的使用能力。路面设计的主要任务就是确保其寿命期间不发生影响其正常使用的损坏。

鉴于损坏模式的多样化,各种损坏对面层使用性能有不同性质和程度的影响,沥青路面设计不能像其他结构物的设计那样,仅选用一种损坏模式作为临界状态和选用单一的指标作为设计标准,而必须是多种临界状态和多项设计标准。

在上述各项损坏模式中,有些损坏是由于面层材料的组合不当或者施工和养护质量欠佳所引起的(如松散和泛油等),不属于结构设计考虑的范围,有些损坏(如沉陷)在通常情况下,通过采用改善路基水温状况和加设垫层以减小路基应力等结构组合措施,完全可以避免出现;还有些损坏(如反射裂缝)则通过采取荷载、温度或材料特性相适应的材料组成设计和结构措施,可以使之避免出现或减轻其危害程度。通常认为,疲劳开裂、车辙(永久变形)和低温开裂是导致路面结构破坏的三项最主要的损坏模式,在设计中应予着重考虑。

1. 疲劳开裂

路面材料在出现疲劳开裂前所能承受的荷载重复作用次数,称为疲劳寿命。疲劳寿命的大小,同组成材料的特性、环境条件〔温度〕以及路面所受到的重复应变(或应力)级位的大小有关。路面设计年限内不同荷载和温度条件的疲劳损耗可采用 Miner(线性累加)假设予以总和。因而,根据预定设计年限内的荷载和温度条件以及材料的疲劳方程,可以分析设计年限内路面结构的累计疲劳损耗,以此判断路面是否会出现疲劳开裂。或者,可以利用等效疲劳损耗的概念,将不同轴载和不同温度条件下的疲劳损耗换算成标准轴载和当量疲劳温度的等效损耗。

由此,以疲劳开裂作为临界状态的设计,可以选用沥青层底面的拉应变(或拉应力)作为设计指标,以标准轴载在当量疲劳温度时产生的沥青层底面拉应变（或拉应力)不大于该材料在该温度条件下的容许疲劳拉应变（或拉应力)作为设计标准,即

$$\sigma_r \leqslant \sigma_R \tag{11-1}$$

或

$$\varepsilon_r \leqslant \varepsilon_R \tag{11-2}$$

式中:ε_r,σ_r—— 按弹性层状体系理论计算的结构层底面最大拉应变和最大拉应力。

ε_R,σ_R—— 按疲劳方程确定的结构层容许拉应变和容许拉应力。

水泥(或石灰) 稳定类基层,由于相对刚度较大(相对于垫层或土基) 而易出现较大的径向拉应变(或拉应力),应控制其底面的最大拉应变（或拉应力）也应不大于基层材料的容许疲劳拉应变(或拉应力),以免产生疲劳开裂而诱发面层的断裂。

2. 车辙

车辙是路基和路面各结构层在荷载反复作用下产生的塑性变形的累积。辙深同重复应力的大小、作用次数、路基和路面各结构层材料的劲度以及湿度状况有关。车辙的出现,一方面使路面平整度变坏从而影响行驶质量,另一方面使高速行驶的车辆在雨天易出现漂滑而造成交通事故。以车辙作为临界状态的设计方法,选用车辙深或永久变形量作为指标,限定设计年限内的累积车辙深或永久变形量不超出行驶质量和行车安全所容许的车辙深或永久变形量,即

$$l_{re} \leqslant [l_{re}] \tag{11-3}$$

式中:l_{re}—— 路面的计算总残余变形,可由各结构层残余变形经验公式确定;

$[l_{re}]$—— 容许总残余变形,由使用要求确定。

3. 低温开裂

这是一项同荷载因素无关,适用于寒冷地区的设计标准。温度下降时,面层材料受阻而产生的温度应力 σ_{rt} 不大于该温度下沥青材料的抗拉强度 σ_{Rt},即

$$\sigma_{rt} \leqslant \sigma_{Rt} \tag{11-4}$$

4. 路表回弹弯沉

路表面在荷载作用下的回弹弯沉量,反映了路基路面结构的整体刚度,带有影响整个结构设计的全局性特征,是路面设计综合标准。许多试验观测资料表明,它同路面的使用状态(疲劳开裂和塑性变形量) 之间存在着一定的内在关系:回弹弯沉量越大,相应的塑性变形量也越大,而出现疲劳开裂的几率越高(也即,能承受的轴载作用次数越小)。

根据路面使用状态和使用年限的要求,可以确定荷载(标准轴载) 作用下路面的容许回弹弯沉量。路面以回弹弯沉作为设计指标时,便以轴载作用下的路表面回弹弯沉量小于容许回弹弯沉量作为设计标准,即

$$l_e \leqslant [l_e] \tag{11-5}$$

上述设计标准反映了对路面结构性能方面的要求。路面的结构性能同路面的功能性能(如抗滑和平整度等) 有一定的联系,但没有确定的关系。因而,除了上述设计标准外,还在抗滑性和平整度方面另外提出了设计标准。然而,这些设计标准主要同面层的材料和施工等因素有关,并不涉及路面结构设计,所以在本章不予阐述。

11.2 结构层组合设计

柔性路面是多层次结构物。作为路面结构设计的第一步,需要结合当地的具体条件和使用要求,选择各结构层次及其组成材料,组合成既能经受住行车荷载和自然因素的作用,又能充分发挥各结构层材料最大效能的经济合理的路基路面结构体系。

11.2.1 结构组合的原则

不同的路面结构组合会产生经济上和使用性能上都不相同的效果。层次多和厚度大的路面结构,其使用效果不一定就好,有时恰恰相反,这种路面反而早出现损坏。根据实践经验和理论分析,结构层次的组合宜遵循下述几方面原则。

1. 按交通要求选择面层等级和类型

面层直接经受行车和自然因素的作用,要求高强、耐磨和温度稳定性好,粘结力强的结合料和高强耐磨的集料作为面层材料。交通量越大,轴载越重,面层的等级越高。

2. 按各结构层的功能特点选择结构层次

沥青混凝土路面用于高级公路,宜采用双层或三层结构。上层为磨耗层,采用中粒式或细粒式沥青混凝土。中、下层为联结层,以抵抗水平力在层间产生的剪应力,可采用粗粒式或中粒式沥青混凝土,或者热拌沥青碎石。后者也可用于上层,但由于空隙较多,需考虑路面排水。沥青贯入碎石路面适用于二、三级公路,需在其上加设沥青表面处治或沥青砂作为封层,以减少水分的渗入。沥青表面处治仅用于三级公路。

基层是主要承受竖向应力的承重层。它要有足够的强度、刚度和水稳定性。常用的基层类型有沥青类、水泥稳定类、石灰稳定类和各种碎(砾)石混合料。交通繁重时,应选用强度和刚度较高的前两类基层,并采用双层式(下层称作底基层)。底基层可充分利用地方材料选用强度和刚度较低的碎石或砾石混合料。

要使路面有足够的整体强度和良好的使用性能,还应保证路基具有一定的抗变形能力和水稳定性。否则,单纯依靠加强或增厚面层或基层,并不能收到良好的效果,同时也很不经济。稳定路基的一般措施,最主要的是加强排水和达到要求的压实度。在路基水文条件较差的潮湿路段,抗变形能力过低,应采用低剂量石灰稳定路基上层土,或者加设垫层以疏干或隔离路基上层的水系,扩散由路面传下的应力,并便于基层的修筑。在季节性冰冻地区,依据防冻的要求,路面结构应达到一定的厚度,为此,需设置垫层。垫层一般采用天然砂或砂砾料或者其他隔温材料。

3. 适应各结构层的荷载应力分布特性

轮载作用于路面,其应力和应变随深度的增大而递减。因此对各层材料的强度和刚度的要求也可随深度的增大而相应降低。路面各结构层如按强度刚度自上而下递减的方式组合,则既能充分发挥各结构层材料的能力,又能充分利用当地材料充当底基层或基层,从而降低造价。

采用上述递减规律组合路面结构层次时,还须注意相邻结构层之间的刚度不能相差过大。上下两层的相对刚度比过大时,上层底面将出现较大的弯拉应力(或弯拉应变)。此值一旦超过上层材料的抗拉强度(或抗拉应变)时,上层将产生开裂。根据应力分析和设计经验,面层同相邻基层的回弹模量比保持在 3 ~ 5 以内,基层同垫层的回弹模量比保持在 5 以内,垫层同路基的回弹模量保持在 2 ~ 4 以内,则所组合的路面结构层在一般情况下不会出现过大的弯拉应力(或应变)。当然,上述比例只是一个大致的参考值,它随各结构层材料的抗拉强度而变。例如,采用水泥稳定类材料做基层时，由于它刚度很大，抗拉强度较高，就可不受上述比例的约束。

4. 顾及各结构层本身的结构特性

各结构层材料具有各自的特性，在组合时应注意相邻层次的相互影响，采取措施限制或消除所产生的不利影响。例如在水泥（或石灰）稳定类基层上修建面层时，由于基层材料的干缩开裂，会导致面层相应地出现反射裂缝。这时，宜适当加厚面层，或者选用开级配沥青混合料作为面层下层，或者在其间加设一层由延性较好的材料（如橡胶沥青层）组成的应力吸收层。又如，在潮湿的粉土或粘性土路基上，不宜直接铺筑碎石等粗颗粒材料基层，以防止细粒土掺杂而污染基层，或导致过大的变形而使面层加快损坏。

5. 考虑当地水文状况的不利影响

有许多原先使用情况尚好的泥结碎石或级配砾石面层，在加铺沥青表面处治层后反而迅速出现损坏。这种现象大都出现在潮湿路段上。分析其原因，主要是由于沥青面层不透气，路基和基层中因温度和湿度坡差作用自下而上移动的水分（或水汽）不能通过面层蒸发出去，而凝结在粒料层中，使该处的湿度增长。如果粒料层的水稳定性不好（含泥量多，塑性指数大），便会发软而导致损坏。因此，沥青面层下的基层要慎重选择，严格控制基层内的细料含量。在潮湿路段，应采用水稳定性好并透水的基层，如沥青贯入碎石或砾石等。

表 11-1　沥青路面最小防冻厚度(cm)

路基干湿类型	基垫层类型	土质	道路冻深			
			50～100	**100～150**	**150～200**	**>200**
中湿	砂石类	粘性土、细亚粘土	40～45	45～50	50～60	60～70
		粉粘土	45～50	50～60	60～70	70～75
	稳定土类	粘性土、细亚粘土	35～40	40～45	45～55	55～65
		粉粘土	40～45	45～50	50～60	60～70
	工业废渣类	粘性土、细亚粘土	30～35	35～40	40～50	50～55
		粉粘土	30～40	40～45	45～50	50～65
干燥	砂石类	粘性土、细亚粘土	45～55	55～60	60～70	70～80
		粉粘土	50～60	60～70	70～80	80～100
	稳定土类	粘性土、细亚粘土	40～50	50～55	55～65	65～75
		粉粘土	45～55	55～65	65～70	70～90
	工业废渣类	粘性土、细亚粘土	35～45	45～50	50～55	55～70
		粉粘土	40～50	50～60	60～65	65～80

在冰冻深度较大的季节性冰冻地区，如冻深大于 1.8m 的中湿路段或大于 1.2m 的潮湿路段，还要考虑冻胀和翻浆的危害。路面结构除了要满足其他设计标准的要求外，其总厚度还要满足防冻层厚度的要求，以避免路基内出现较厚的聚冰带，从而产生导致路面开裂和过量的不均匀冻胀。根据经验及试验观测，柔性路面设计规范给出路面最小防冻厚度推荐值，见表 11-1。路面设计厚度小于表中所列数值时，应增加路面的总厚度。通常为加设垫层，以垫层厚度补足其差值。垫层可用水稳定性好的地方材料（如砂烁）或隔温性好的材料（如炉渣）。

6. 选择适当的结构层数和层厚以方便施工

各类结构层，按所用材料的规格（最大颗粒的粒径）和施工工艺（摊铺、压实和整修）的要求，有一最小厚度的规定，低于此厚度就不能形成稳定而平整的结构层次。常用结构层的最小厚度列于表 11 - 2。

表 11 - 2 各类结构层的最小厚度和适宜厚度

结构层类型		施工最小厚度(mm)	结构层的适宜厚度(mm)
沥青混凝土 热拌沥青碎石	粗粒式	50	60 ～ 80
	中粒式	40	40 ～ 60
	细粒式	25	25 ～ 40
沥青石屑		15	15 ～ 25
沥青砂		10	10 ～ 15
沥青贯入式		40	40 ～ 80
沥青上拌下贯式		60	60 ～ 100
沥青表面处治		10	15 ～ 30
水泥稳定类		15	160 ～ 200
石灰稳定类		15	160 ～ 20
石灰工业废渣类		15	160 ～ 20
级配碎、砾石		80	100 ～ 150
泥结碎石		80	100 ～ 150
填隙碎石		80	100 ～ 120

为便于施工，路面结构层的层数不宜过多。同时，各结构层的适宜厚度应按压实机具所能达到的效果选定。

沥青路面相邻结构层材料的模量比对路面结构的应力分布有显著影响，是合理确定结构层层数、选定适宜结构层材料的重要考虑因素。根据分析和经验，基层与面层的模量比应不小于 0.3，土基与基层或底基层的模量比宜为 0.08 ～ 0.40。

为保证沥青路面的使用性能和足够的使用寿命（使用年限），柔性路面设计规范还对沥青层的最小总厚度作出了规定，高速公路为 15cm，一级公路为 10cm，二级公路为 5cm。

11.2.2 路面结合层次

路面结构层的组合设计，要按行车和环境因素对不同层位的要求，结合各类结构层本身的性能，进行合理的安排。显然，不同的结构组合会产生不同的结果。图 11 - 1 例示了几种路面结构的组合。

路面结构层按其功能可分为磨耗层、面层、基层（联结层、过渡层）、底基层、垫层等。

1. 磨耗层

磨耗层是为了车辆行驶安全、舒适而设置的具有表面服务功能的结构层，它应具有平整、抗

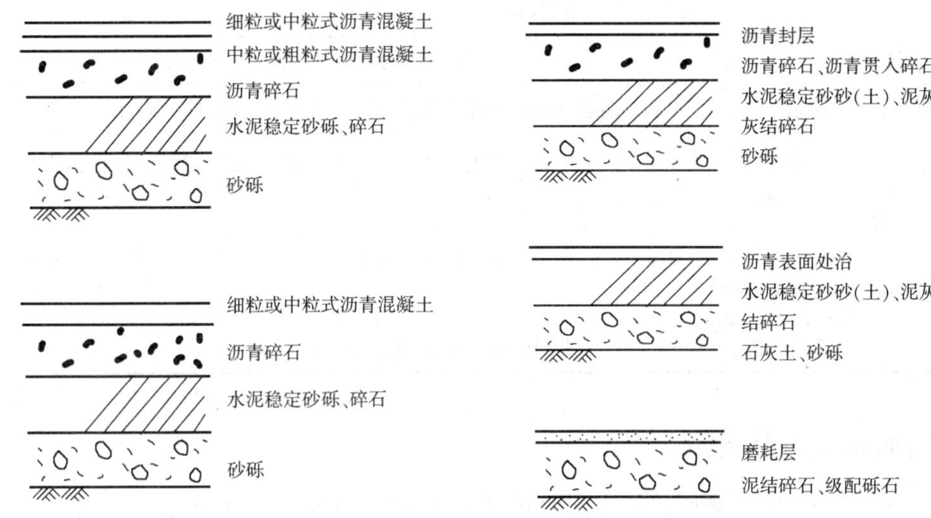

图 11-1　路面结构的组合示例

滑、耐磨功能。因该层直接承受车轮荷载的反复作用和各种气候条件影响，因此，对该层原材料组成有较高的技术要求。为改善旧沥青面层的平整、抗滑等服务功能时，可加铺厚度为 15 ～ 30mm 磨耗层。该层可以用开级配或密级配混合料，也可以用层铺法表面处治，也可以用摊铺法。为了防止雨水下渗，可在开级配或半开级配的沥青混合料结构层下设防水层。

2. 面层

面层是主要承受垂直荷载和水平荷载反复作用的结构层，可为一层、二层或三层。它应具有足够的抗变形、抗水损害、抗疲劳的性能。在高温季节或重车、超重车较多地区，面层应具有足够的抗剪切强度，以抵抗沥青层产生的剪切变形、车辙等永久变形。

当无磨耗层时，表面层应具有磨耗层的功能，厚度宜为 30 ～ 50mm。中面层、下面层应具有较好的密水性、高温稳定性、耐疲劳、抗剥离等性能；中面层厚度宜为 50 ～ 70mm，下面层厚度宜为 60 ～ 80mm。

3. 基层

基层是设置在面层之下，并与面层一起将车轮荷载的反复作用传递到底基层、垫层、土基，它是主要承重层。基层可分为上、下基层，无论是沥青混合料基层，还是半刚性基层、刚性基层，均要求有较高的物理、力学性能指标。

为减少反射裂缝，利于路面结构内部排水，可在沥青面层与半刚性基层、底基层之间设大粒径沥青碎石混合料，或开级配沥青碎石或级配碎石。该层如为大粒径沥青碎石混合料称为基层或联结层，如为级配碎石则称为碎石过渡层。

4. 底基层

底基层是设置在基层之下，并与面层、基层一起承受车轮荷载反复作用，起次要承重作用，对底基层材料强度指标的要求一般比基层材料略低。

5. 垫层

垫层是设置在底基层与土基之间的结构层，起排水、隔水、防冻、防污等作用。

以上是路面结构层的基本组成，各级公路应根据具体情况设置必要的结构层，但是，最少不得低于两层，即面层和基层。面层、基层和垫层常用的材料见表 11-3。

表 11－3 面层、基层和垫层常用材料

路面结构层	常用的材料
面层	沥青混凝土、SMA、沥青贯入式、沥青表面处置、泥结碎石、级配碎(砾)石
基层	二灰碎石、水泥稳定砂砾、水泥稳定碎(砾)石、大粒径沥青碎石、贫混凝土、水泥石灰综合稳定土、二灰土、石灰土、级配碎石
底基层	水泥稳定砂砾、水泥稳定碎(砾)石、水泥石灰综合稳定土、二灰土、石灰土、填隙碎石、级配碎石
垫层	天然砂砾、风化砂、填隙碎石、级配碎石、二灰土、石灰土

11.2.3 路面结构组合实例

美国 AASHTO 在 2002 年版设计指南的建议中推荐了四种路面结构组合。

1. 传统的无结合料粒料基层路面

在对路基进行处理或不处理的情况下都可使用，适合任何交通量道路条件。该类结构组合根据路基土承载能力及粒料层所用材料情况，又可分为以下两种：① 沥青层＋级配碎石基层＋级配碎石底基层；② 沥青层＋级配碎石基层＋未筛分砾石材料底基层。

2. 全厚式沥青路面

适合于路基土等效回弹模量 $Mr > 62$MPa 的任何交通量的道路。

3. 沥青稳定碎石基层(ATB)

在对路基进行处理或不处理的情况下都可使用，适合任何交通量的道路。该类结构组合根据路基土承载能力及粒料层所用材料情况，又可分为以下四种：① 沥青层＋厂拌沥青碎石＋未筛分砾石材料底基层；② 沥青层＋厂拌沥青碎石＋级配碎石底基层＋未筛分砾石材料底基层；③ 沥青层＋路拌沥青碎石＋未筛分砾石材料底基层；④ 沥青层＋路拌沥青碎石＋级配碎石底基层＋未筛分砾石材料底基层。

4. 水泥稳定碎石基层

根据水稳基层下卧粒料底基层或是否处置路基土又分为以下 3 种情况：① 沥青层＋水稳基层＋未筛分砾石材料底基层，无需处置路基土；② 沥青层＋水稳基层＋级配碎石底基层，无需处置路基土；③ 沥青层＋水稳基层＋处置路基土。

我国目前习惯采用半刚性基层(水泥稳定粒料或石灰－粉煤灰稳定粒料)和底基层(水泥稳定土、石灰稳定土等)。根据公路沥青路面设计规范，常用的公路路面结构层组合如表 11－4 所示。

表 11－4 我国公路半刚性基层沥青路面常用结构层组合

结构层次	设计车道的累计标准轴次(×106)					
	＞12	12～8	8～4	4～2	2～1	＜1
面层(cm)	AC 16～18	AC 15	AC 12	AC 8～10	AC 5～8	AC 2～4
基层(cm)	SM 20～38	SM 20～34	SM 20～30	SM 20～30	SM 20	SM 15～20
底基层	ST(按土基和垫层情况计算确定)					

[注] AC－沥青混合料；SM－水泥稳定粒料或水泥粉煤灰稳定粒料；ST－水泥或石灰稳定土。

英国在总结 30 余年使用经验并进行结构分析后提出的承受繁重交通的半刚性基层沥青路面的结构层组合如表 11-5 所示，此建议结构断面可以承受$(2\sim8)\times10^7$标准轴载作用。

表 11-5　英国半刚性基层沥青路面结构层组合

沥青面层厚度(cm)		20					
基层	材料	CBM 10－G	CBM 10－R CBM 15－G	CBM 15－R CBM 20－G	CBM 20－R	CBM 10－G	CBM 10－R CBM 10－G
	厚度(cm)	25	20	18	15	20	15
垫层	材料	粒料或 CBM 4.5 或 CBM 7.0				CBM 10	
	厚度(cm)	0(路基 CBR＞30%)或 15(路基 CBR＝30%～15%)或 35(路基 CBR＝15%～2.5%)					

［注］ CMB—水泥稳定粒料；后随数字为 7 天立方体抗压强度(MPa)；后随符号 R、G 相应代表为碎石集料和砾石集料。

11.3　路面层状弹性体系解

路面设计最基本的任务之一，是防止路面结构在使用年限内由于轮载和环境(温度)作用而出现各种结构损坏。为此，首先要分析轮载和温度作用下路面各结构层内所生产的应力、应变和位移量，以便同各结构层材料抵抗应力、应变和位移的能力相对比，判断损坏是否会出现。

进行力学分析时，路面结构通常简化为理想的力学模型，如：(1) 弹性半空间体；(2) 弹性层状体系；(3) 粘弹性层状体系；(4) 弹性地基上的板；(5) 弹性层状体系上的板。

路基和路面材料的应力、应变关系，大都呈现出非线性特性，其应变量随应力作用时间而变化，并且在应力卸除后残余一部分不可恢复(塑性) 变形。但是，考虑到动轮载的特性(较高的加荷速率和较低的应力级位)，轮载每次作用后产生的永久变形量仅占总变形量的很小一部分，可以把路面结构近似地当作线性弹性体，应用线性弹性理论来分析轮载作用下的应力、应变和位移量。虽然，随着计算技术的迅速发展，非线性和粘弹性的理论研究取得了相当的进展，但目前尚未达到实用阶段。因此，本章便从线性弹性体出发，介绍弹性层状体系的理论解，并应用它们分析路面内的应力、应变和位移状况。

11.3.1　基本假设

把土基当做弹性半无限体，它上面的路面结构当做其材料的弹性参数同土基不同的均质弹性层，这便构成一弹性双层体系。如果把路面结构划分为面层、基层和土基三个弹性参数各不相同的基本结构层次，便可组成一弹性三层体系。当然，路面结构也可以细分成多层次的弹性层状体系。作用在路面结构顶面的车轮荷载，可简化为均布在半径为 δ 的圆形面积内的均布荷载 p(图 11-2)。

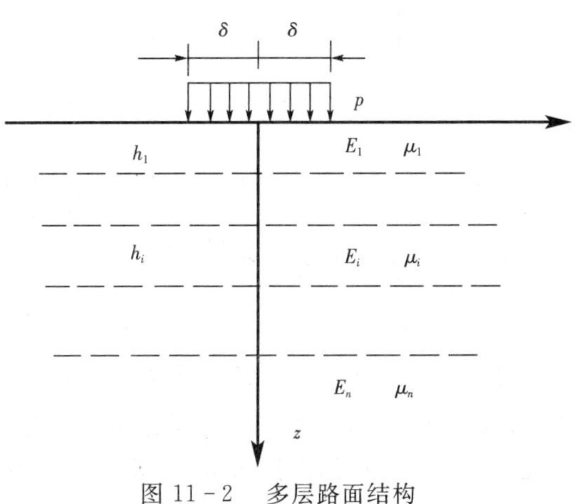

图 11-2　多层路面结构

应用弹性理论求解弹性层状体系内各特征点的应力、应变和位移时，采用下列基本假设：

(1) 每一层均由均质、各向同性、无重量的线性弹性材料组成，其弹性参数以弹性模量 E_i 和泊松比 μ_i 表征；

(2) 在结构物表面作用着有限尺寸的荷载，荷载作用范围以外没有其他荷载作用；

(3) 不考虑路面自重对应力的影响，结构物在受车轮荷载作用以前，初应力为零；

(4) 最下层为水平方向无限延伸的半无限体，其上各层在水平方向无限延伸但竖向具有一定厚度 h_i；

(5) 各层分界面上的应力和位移完全连续(称连续体系)，或者仅竖向的应力和位移连续而层间的摩阻力为零(滑动体系)；

(6) 路面和土基水平方向无限远处应力和位移均为零，最下层无限深处的应力和位移均为零。

11.3.2 层状体系理论解

作用于层状体系表面的荷载，假设为圆形均布的竖向力或水平力，采用圆柱坐标系(r,θ,z)，应用弹性理论和积分变换方法可求出弹性层状体系中各特征点的应力－应变和位移分量：

$$\left.\begin{aligned}\sigma_{ri} &= p\bar{\sigma}_{ri}\\ \sigma_{\theta i} &= p\bar{\sigma}_{\theta i}\\ \sigma_{zi} &= p\bar{\sigma}_{zi}\\ \tau_{rzi} &= p\bar{\tau}_{rzi}\\ \varepsilon_{ri} &= \frac{p}{E_i}\bar{\varepsilon}_{ri}\\ \omega_{ri} &= \frac{2p\delta}{E_i}\bar{\omega}_{ri}\end{aligned}\right\}\tag{11-6}$$

式中：σ_{ri}，$\sigma_{\theta i}$，σ_{zi} 和 σ_{rzi}—— 径向应力、切相应力、竖向应力和剪应力

$\bar{\sigma}_{ri}$，$\bar{\sigma}_{\theta i}$，$\bar{\sigma}_{zi}$ 和 $\bar{\tau}_{rzi}$—— 径向应力系数、切相应力系数、竖向应力系数和剪应力系数

ε_{ri} 和 ω_{ri}—— 径向应变和竖向应变(又称弯沉)

$\bar{\varepsilon}_{ri}$ 和 $\bar{\omega}_{ri}$—— 径向应变系数和竖向应变系数

各项应力、应变和位移系数均是各层模量和厚度的函数(例如，对于双层体系，他们是 $\left(\frac{E_0}{E_1},\frac{h}{2\delta}\right)$ 的函数)。

双层体系是弹性层状体系中最简单的情况。D. M. Burmister 于 1943 年首先得到了双层体系的解，并提供了 μ_0，$r=0$ 处的弯沉系数 $\bar{\omega}_{ri}$ 诺谟图。同济大学公路研究所采用 $\mu_0=0.35$ 和 $\mu_1=0.25$，解算了 $r=0$ 处的弯沉系数，并绘制成诺谟图，见图 11－3。

一般载重汽车后轴一侧为双轮组，所以荷载作用图式简化为双圆图式更符合实际。通常近

似假设两个荷载圆面积中心轴之间的距离为 3δ(见图 11 - 4)。

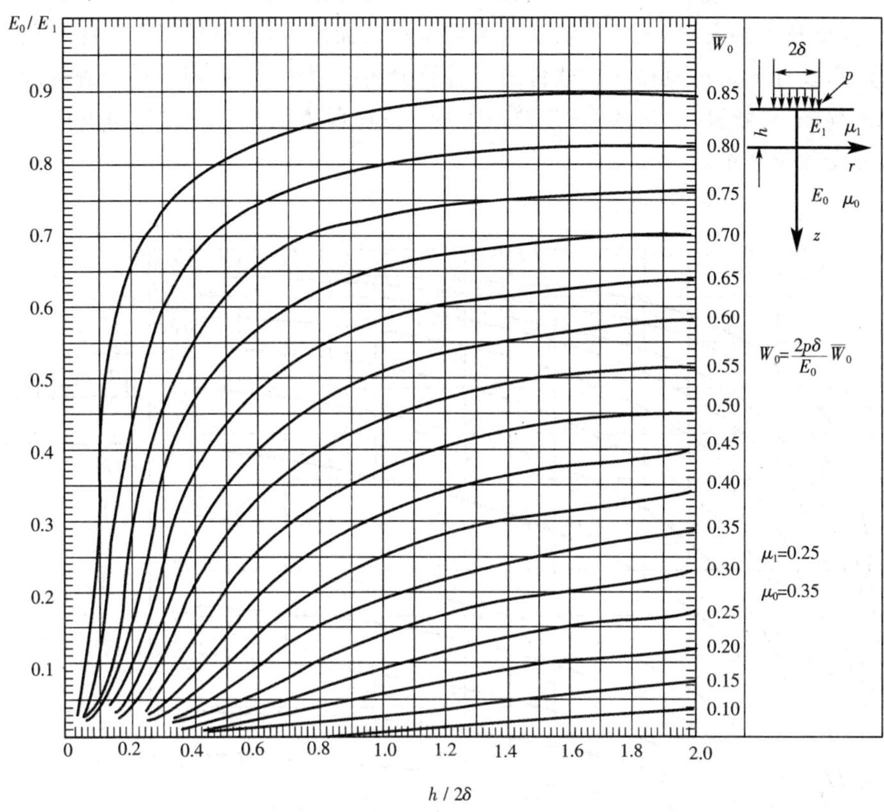

图 11 - 3　双层连续体系荷载面中轴处表面弯沉系数 $\overline{\omega}_0$ 诺谟图

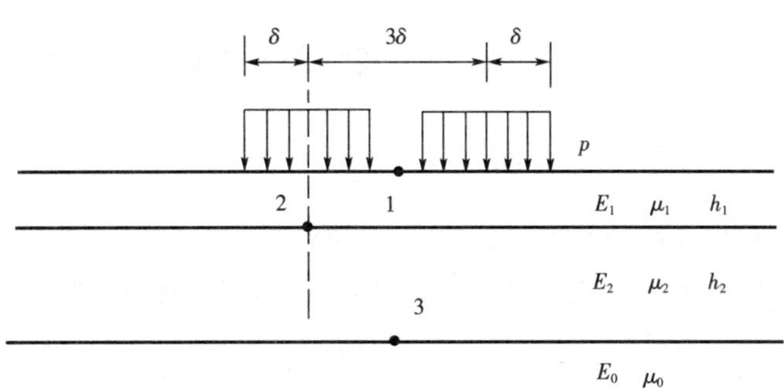

图 11 - 4　两个均布荷载的计算图式

可利用叠加原理求出两个圆形均布竖直荷载在双层体系中引起的弯沉 W_e,并绘制成诺谟图(见图 11 - 5)。

一般路面体系划分为面层、基层(垫层) 和路基三个基本结构层次,这时需采用弹性三层体系的力学图式来分析它的应力、应变和位移。三层体系的各项应力、应变和位移函数是 $\left(\frac{h_1}{\delta},\frac{h_2}{\delta},\frac{E_2}{E_1},\frac{E_0}{E_2}\right)$ 的函数。D. M. Burmister 于 1945 年先得到了三层体系的解,同济大学公路研究所也于 1975 年发表了 $\mu_1=\mu_2=0.25$，$\mu_0=0.35$ 的三层体系各项应力、应变和位移函数的数值解。由于其自变量的个数多于两个，诺谟图的绘制较为复杂，应用也不太方便。

随着计算机技术的发展，任意层层状体系的求解已无困难，解算结果也无必要制表或绘制诺谟图以供查用，设计人员可直接应用软件进行计算分析。目前，较通用的是壳牌国际石油有限公司的 BISAR 程序，可解算 10 层体系（连续或滑动）在垂直荷载水平荷载作用下任意特征点的各项应力 — 应变和位移量。

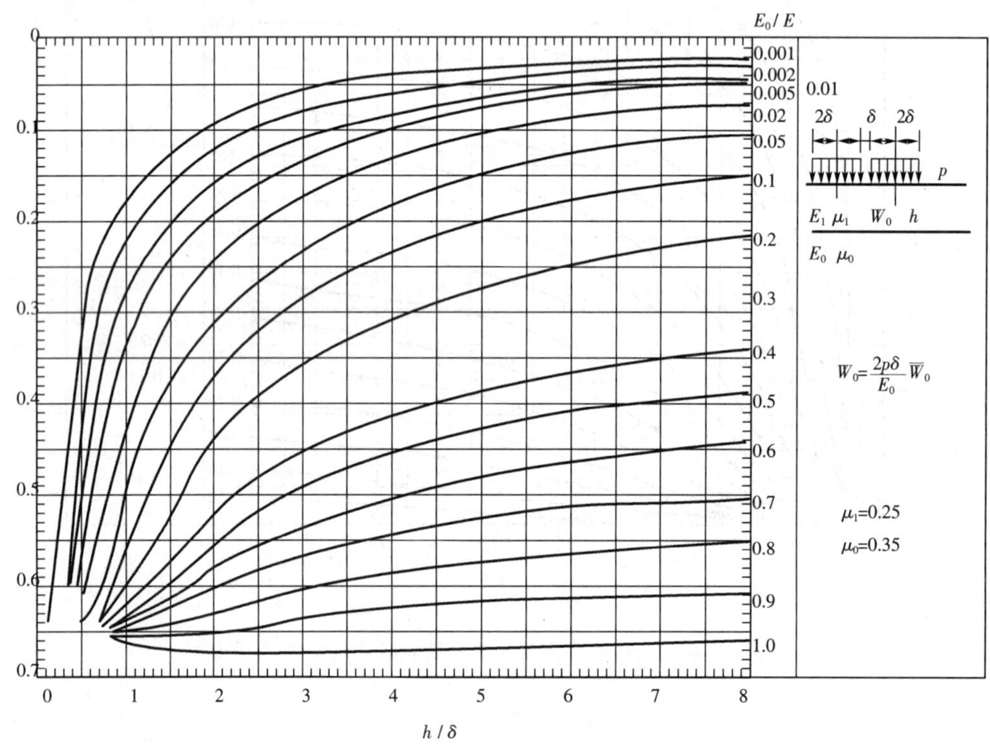

图 11－5　双层体系以圆荷载作用下的弯沉计算诺谟图

11.3.3　层状体系应力和位移分析

应用弹性层状体系理论解的结果，可以确定多层结构内各特征点的应力和位移值。下面根据这些结果对垂直荷载或水平荷载作用下路面结构内的应力和位移状况作简要的分析，从而为路面结构设计提供一些基本概念。

1. 路基应力

铺设路面结构层的主要作用是扩散车轮荷载，以减小传给路基的应力值，因为过大的应力值会使路基出现剪切破坏或过量的塑性变形，从而促使路面结构破坏。在路面厚度不变的情况下，随路面材料刚度的增长（E_1/E_0 增大），路基的应力急剧减小，特别是路基顶面处的应力值下降得更快。例如，在两层分界面处，按均质半无限体（$E_1/E_0=1$）计算所得的 σ_z 约为竖向压力的 68%，而设置模量增大 9 倍的面层后，σ_z 便下降为竖向压力的 32%。

利用三层体系数值解，可以分析基层或面层的厚度和刚度对路基顶面竖向应力的影响。面层和路基的刚度不变时，竖向应力系数 $\bar{\sigma}_z$ 随基层厚度和刚度的增加而减少；基层刚度很大时，其厚度只是在较薄的范围内(如 $h_2/\delta \leqslant 1.5$ 时)，才对路基应力有较显著的影响，路基应力也随面层刚度增加而减小；面层刚度很大时，基层厚度对路基应力的影响很微小。

由此可见，为把路基应力降到某一容许值，可以采用增加面层或基层的厚度或刚度的办法，其中增加刚度比增加厚度收效大。这个规律，对于设计柔性路面的基层有重要意义。采用粒料基层时，由于本身的模量值较低，只能通过增加厚度来减小路基应力；而采用刚度较大的稳定类基层，则可显著降低路基应力，并且在相同的路基类型和容许应力(或弯沉) 条件下，其厚度可比粒料基层减少很多。

2. 路面弯沉

路面弯沉是路基和路面结构不同深度处竖向应变的总和。对于等级不太高的路面来说，其中约 70% ～ 95% 系由路基所提供。各点的应变是三向应力状态的函数。因此，影响路基应力的诸因素也会影响到路面的弯沉量。

增加面层或基层的厚度都可促使路面弯沉量下降；但在面层或基层厚度薄时，增加厚度对降低弯沉量的影响比层厚大时显著得多。也可通过增加路基、基层或面层的刚度，使路面弯沉量降低。在路基刚度低时，路基刚度对弯沉量的影响，要比基层和面层的影响明显得多。

3. 基层底面拉应力

上述分析表明，采用刚度较大的基层，将提高荷载扩散能力，使路基的应力和弯沉量减小。但是，随着基层相对刚度的增大，基层底面的拉应力(或拉应变) 也增大。此拉应力如果超过材料的抗拉强度，基层便会断裂，并导致面层破坏。

在面层相对刚度和厚度不变时，增加基层的相对刚度，将导致基层底面拉应力系数 $\bar{\sigma}_{r2}$ 增大，而在基层较薄时，刚度对 $\bar{\sigma}_{r2}$ 的影响要比厚基层严重很多。因此，为降低路基的应力或路面弯沉值而选用相对刚度较大的基层时，应验算基层底面的拉应力，使材料的抗拉强度与之相适应。

基层底面最大拉应力出现的位置，一般均在荷载作用面中轴处；双圆荷载作用下，则出现在其中一个荷载作用面的中轴处。

4. 面层的径向应力

垂直荷载作用下，面层底面的径向应力，并非都是拉应力。

面层较薄而相对刚度又较低时，可能出现压应力。面层变厚和刚度变大时，面层底面便出现拉应力。它随面层相对刚度的增大而增大，特别在面层的相对刚度很大时，拉应力随刚度的增大而急剧增长。底面最大拉应力的位置，一般在荷载面中轴处；双圆荷载时，最大拉应力一般出现在某一荷载面中轴处，但在面层很厚时，随层厚增大而移向双圆荷载面的对称轴处。

在圆形均布的单向水平荷载作用下，面层内会出现较大的径向拉应力，特别在路面荷载作用面边缘处，其数值很大。面层较薄时，其底面也会出现较大的径向拉应力。

5. 剪应力

增加上层的刚度，还将导致层内剪应力的增长。垂直荷载作用下，面层内任一水平面上的最大径向剪应力 τ_{zr} 一般出现在通过荷载作用面边缘的垂线上。面层相对刚度增大时，最大 τ_{zr} 随深度而变化的情况：最大值出现在面层的中部，并随面层刚度的增大而增大，但在面 — 基层分界面上，τ_{zr} 则随面层刚度的增大而减小。面层的厚度对剪应力也有较大影响。在面层和基层的相对刚度固定不变的情况下，随着面层厚度的减小，剪应力增大，其最大值出现的位置逐渐上移，由二分点上升到三分点附近。因此，在面层相对刚度很大而又较薄时，垂直荷载将产生较大的剪应力。此时，应采取措施以防面层材料剪切破坏。

路面受到圆形均布的单向水平荷载作用时，面层内各水平面上所受到的最大径向剪应力 τ_{zr} 随深度的增加而衰减得很快。在面一基层分界处，最大值已下降到不及水平力的10%；而在基层底面，τ_{zr} 已小到可忽略不计的程度(水平力的1%以内)。

在垂直荷载和水平荷载共同作用下，面层内最大径向剪应力 τ_{zr} 也随深度的增加而减小，并随面层相对刚度增大和厚度减薄而增加。

路面的最大剪应力，出现在荷载面边缘处，其值主要受水平力大小的影响，同时也受面层和基层的刚度和厚度的影响，当面层相对刚度较小时(例如高温下的沥青面层)，面层刚度和厚度对最大剪应力的影响甚微。

通过上述分析可以看到，路面结构内的应力状况是极为复杂的，它随许多因素而变，如结构层次的组合，各结构层的厚度和刚度，作用荷载的类型等。不同厚度和刚度的路面结构，采用不同的组合，可以得到应力和应变状况差异很大的路面体系。因而，根据荷载及材料的强度和刚度特性，组成经济而适宜的路面结构，使体系内所产生的各个应力和位移分量均恰当地限制在容许的范围内，并不是一项简单的设计工作。

11.4 我国现行沥青路面结构厚度设计方法

路面结构设计是在结构组合设计的基础上，通过结构分析确定各结构层所需的厚度，同时，利用结构分析也可以了解路面结构的应力和位移状况，从而判断结构层组合的合理性，并进行相应的调整。

沥青路面结构层所需厚度的设计，可参照下述步骤进行：

(1) 根据交通调查和预测数据，计算设计年限内设计车道的标准轴载累计作用次数；

(2) 根据道路等级和交通繁重程度，确定铺面等级和面层类型；

(3) 按路基土质和干湿类型，将路基划分为若干路段，分别确定各路段的土基回弹模量；

(4) 参考设计和使用经验，拟定几种铺面结构层组合和厚度方案；

(5) 对所选的各结构层材料类型，进行混合料配合比设计和试验，并测定其抗压强度、劈裂强度和回弹模量，以确定相应的设计值；

(6) 由设计轴次数 N_e 和劈裂强度 f_{sp} 值，计算确定容许弯沉值和容许拉应力值；

(7) 应用层状体系结构分析软件及各结构层材料的设计参数，对各铺面结构层组合和厚度方案进行标准轴载作用下各计算点的表面弯沉和层底面拉应力计算；

(8) 对比计算值和相应的容许值，由此确定结构层组合和厚度方案的合理性，并进行相应的调整和方案选择。

11.4.1 理论及力学模型

我国现行沥青路面设计规范采用以下三项设计标准确定路面结构所需的厚度：

(1) 路面结构表面在双轮荷载作用下轮隙中心处的弯沉值不大于设计(容许)弯沉值；

(2) 沥青面层底面的最大拉应力不大于该层混合料的容许拉应力；

(3) 半刚性基层或底基层底面的最大拉应力不大于该层材料的容许拉应力。

由于汽车在沥青面层上启动、制动常常引起面层表面产生推挤和拥起等剪切破坏，我国《城市道路设计规范》规定在弯沉和拉应力两项指标外，对沥青混合料面层宜进行剪切应力验算，以制约重载车或超重载车对沥青面层产生推移变形或车辙。要求面层在车轮垂直荷载和水平荷载共同重复作用下，产生的剪应力不超过材料的容许剪应力。

弯沉和应力计算分析时，将路面结构看成为多层弹性体系，体系顶面作用有相当于双轮组($P=30kN$)的双圆均布荷载，各层面间的接触条件按完全连续处理。弯沉计算点的位置选在轮隙中心处(见图 11－6)。

层底面拉应力计算点的位置选在单圆中心点 B、单圆半径的 1/2 点 D、单圆内侧边缘点 E 和双圆轮隙中心点 C，取其中的最大值为层底最大拉应力(见图 11－7)。

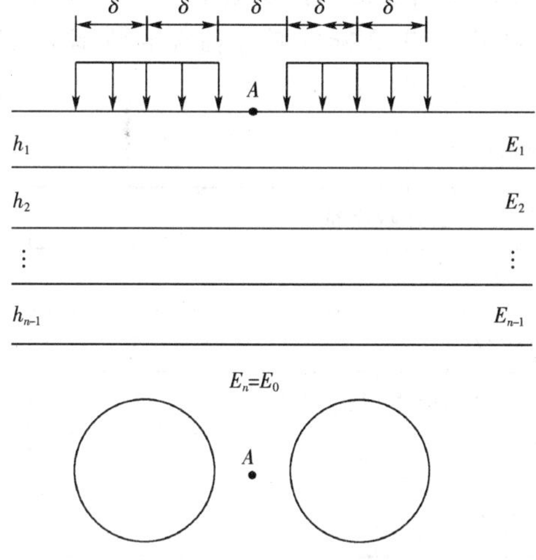

图 11－6　路面表面弯沉计算图

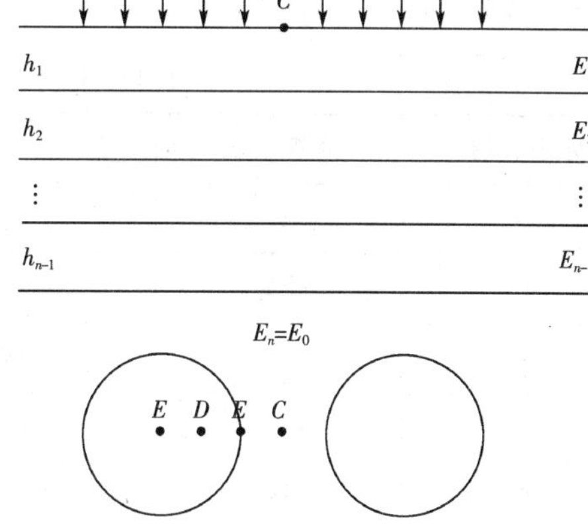

图 11－7　沥青混凝土层和半刚性材料层的层底拉应力计算图

11.4.2　路面的容许弯沉值和设计弯沉值

1. 路面容许弯沉值 l_R

轮载作用下双轮轮隙中心处的路表回弹弯沉值大小，反映了路基路面结构的整体承载能力。回弹弯沉值小的结构整体承载能力大，能经受轮载的很多次重复作用才出现损坏；而回弹弯沉值大的结构，在经受轮载不太多次的重复作用后，路面即呈现某种形态的损坏。因而，在达到相同损坏程度时，回弹弯沉值的大小同该路面结构的累计荷载重复作用次数(即使用寿命)成反比。若能求得回弹弯沉值与使用寿命间的关系，则可依据该路面结构所要求的使用寿命，来确定路面结构设计应控制的路表回弹弯沉值，这个弯沉值被称作容许弯沉值。

路面结构设计时，应控制在使用期末、不利季节的路表弯沉不超过 l_R，否则，使用寿命将缩短。据此，将路面于使用期末的不利季节，在设计标准轴载作用下出现的最大回弹弯沉值定义为容许弯沉值 l_R。

容许弯沉值与路面使用寿命的关系可通过调查测定确定。选择使用多年并出现某种破坏状况的路面，测定弯沉值，调查累计交通量，进行分析整理。其中对于路面破坏状况的判定十分重要，又要顾及能够达到这种要求的经济力量。因此世界各国确定容许弯沉值采用的标准不尽统一。我国对公路沥青路面按外观特征分为 5 个等级，如表 11－6 所列。路面状况在第四级时，路面已产生疲劳开裂，并伴有明显的永久变形，若不及时采取养护(改建)措施，路况将急剧下降，导致路面完全破坏，即路面已临使用期末，所以，我国把第四外观等级作为路面临界破坏状态，以第四级路面的弯沉值的低限作为临界状态的划界标准。从表中所列的外观特征可知，这样的临界状态相当于路面已疲劳开裂并伴有少量永久变形的情况。对相同路面结构不同外观特征的路段进行测定后发现，外观等级数愈高，弯沉值越大，并且外观等级同弯沉值大小有着明显的联系。这样，便可确定路面处于不同极限状态时的容许弯沉值，并将此弯沉值同该路面的累计交通量建立关系。

为了建立累计交通量和容许弯沉值 l_R 之间的关系，有关部门进行了广泛的调查，选择了 54 个路段，其中高速公路一条，一级公路 10 条，二级公路 41 条，三级公路 2 条，面层类型有沥青混凝土面层 20 段，沥青碎石面层 12 段，上拌下贯沥青面层 14 段，表面处治 8 段。基层类型主要为半刚性基层，也有少量级配碎石等柔性基层。交通量换算为 BZZ－100 标准累计轴次的范围为 $27\times10^4 \sim 1470\times10^4$。

表 11－6　沥青路面外观等级划分

外观等级	外观状况	路面表面外观特征
一	好	坚实、平整、无裂纹、无变形
二	较好	平整、无变形、少量裂纹
三	中	平整、轻微变形、少量纵向或不规则裂缝
四	较坏	有明显变形，有较多的纵横向裂缝或局部网裂
五	坏	连片严重龟裂或伴有车辙、沉陷

将不同路面外观状态的实测路面弯沉值，分别按二倍标准差原则舍弃 4 个异常点后，计算其代表弯沉值，并考虑测点数的影响，进行加权平均求得各路段的容许弯沉值 l_R。对 50 组试验数据统计回归，得到容许弯沉值 l_R 与累计标准当量轴次 N_e 的关系式，相关系数 $r=0.77$。

$$l_R = 650N_e^{-0.2} \tag{11-7}$$

2. 路面设计弯沉值 l_d

由于路面在使用期内弯沉是变化的，使用期末的弯沉值与竣工时的弯沉值并不相同，不能直接用容许弯沉值 l_R 作为竣工时验收的标准。路面设计弯沉值 l_d 是指在路面竣工后第一年不利季节、路面在标准轴载 100kN 作用下，测得的最大回弹弯沉值。路面设计弯沉和容许弯沉的关系实际上反映了路表弯沉在使用期间的变化，如果将路面竣工后第一年不利季节的路面结构状态取作为路面设计状态，则路表弯沉的设计控制指标与路面竣工的弯沉验收指标相一致。由此得到下面关系式：

$$l_d = l_0 = l_R/A_T \tag{11-8}$$

式中：l_0—— 竣工验收弯沉；

l_d—— 路面设计弯沉值；

l_R—— 路面容许弯沉值；

A_T—— 弯沉增长系数，约为 1.2。

路面设计弯沉值 l_d 是根据设计年限内每个车道通过的累计当量轴次、公路等级、面层和基层类型确定的。根据多年观测调查资料的分析综合，可由容许弯沉值与标准当量轴次 N_e 的关系式，进一步推得不同公路等级、不同面层和基层类型时设计弯沉 l_d 的计算公式：

$$l_d = 600 N_e^{-0.2} A_c A_s A_h \tag{11-9}$$

式中：N_e—— 设计年限内一个车道上累计当量轴次；

A_c—— 公路等级系数，高速公路、一级公路为 1.0，二级公路为 1.1，三、四级公路为 1.2；

A_s—— 面层类型系数，沥青混凝土面层为 1.0，热拌沥青碎石、上拌下贯或贯入式路面为 1.1，沥青表面处治为 l.2，中低级路面为 1.3；

A_h—— 基层类型系数，对半刚性基层、底基层总厚度等于或大于 20cm 时为 1.0，若为面层与半刚性基层间设置等于或小于 15cm 级配碎石层、沥青贯入碎石或沥青碎石的半刚性基层时，可取 1.0，柔性基层、底基层或当柔性基层厚度大于 15cm、底基层为半刚性下卧层时，可取 1.6。

11.4.3　轴载换算

1. 标准轴载

路上行驶的车辆类型不尽相同，它们的轴载也不相同，因此，进行轴载累计所用次数计算时，须选定一种标准轴型，把各级轴载换算为这种标准轴载。考虑到我国汽车运输车辆的现状及发展趋势，我国路面设计以双轮组单轴 100kN 为标准轴载，以 BZZ－100 表示。

2. 轴载换算

轴载换算应遵循两项原则：① 以达到相同的损坏状态为标准；② 对于同一个交通组成，无论以其中哪一种轴载作为标准进行等效换算后所得到的铺面厚度计算结果应当是相同的。

根据上述原则，可以利用不同损坏状态的疲劳方程和轴载与设计指标间的关系，建立相应的轴载换算公式。

(1) 以容许弯沉作为临界损坏状态时

凡轴载大于 25kN 的各级轴载（包括车辆的前、后轴）P_i 的作用次数 n_i，均按公式(11-10) 换算成标准轴载 P 的当量作用次数 N 为：

$$N = \sum_{i=1}^{k} C_1 C_2 n_i \left(\frac{P_i}{P}\right)^{4.35} \tag{11-10}$$

式中：N—— 标准轴载的当量轴次（次 /d）；

n_i—— 被换算车辆的各级轴载作用次数（次 /d）；

P_i—— 标准轴载（kN）；

P—— 被换算车型的各级轴载（kN）；

C_1—— 轴数系数，当轴间距大于 3m 时，按单独的一个轴计算，轴数系数即为轴数 m。当轴间距小于 3m 时，应考虑轴数系数，计算公式为 $C_1 = 1 + 1.2(m - 1)$，m 是轴数。

C_2—— 轮组系数，单轮组为 6.4，双轮组为 1.0，四轮组为 0.38。

(2) 当进行半刚性基层层底拉应力验算时

凡轴载大于 50kN 的各级轴载（包括车辆的前、后轴）P_i 的作用次数 n_i 均按式(11-11) 换算成标准轴载 P 的当量作用次数 N'：

$$N' = \sum_{i=1}^{k} C'_1 C'_2 n_i \left(\frac{P_i}{P}\right)^8 \quad (11-11)$$

式中：C'_1—— 轴数系数，当轴间距大于 3m 时，按单独的一个轴计算，轴数系数即为轴数 m。当轴间距小于 3m 时，应考虑轴数系数，计算公式为 $C_1 = 1 + 2(m-1)$，m 是轴数。

C'_2—— 轮组系数，单轮组为 1.85，双轮组为 1.0，四轮组为 0.09。

3. 累计当量轴次 N_e

设计交通量是以设计年限内（t 年）一个方向上一个车道的标准轴载 BZZ－100 累计当量轴次 N_e 表示，在通过调查得到整个车道的第一年标准轴载日平均作用次数 N_1 和交通量年平均增长率 γ 后，按下式计算：

$$N_e = \frac{365 N_1 [(1+\gamma)^t - 1]}{\gamma} \eta \quad (11-12)$$

式中：η—— 车道系数，表征路面横向各点实际所受轴载重复作用次数随着车道数和车道宽度的增加而减少的规律，具体取值可参照表 11－7。

表 11－7 车道系数

车道特征		车道系数	车道特征	车道系数
单车道		1.0	四车道	0.4 ～ 0.5
双车道	有分隔带	0.5	六车道	0.3 ～ 0.4
	无分隔带	0.6 ～ 0.7		

11.4.4 路面材料设计参数值

按层状体系理论求解路表弯沉值时，必须知道路基土和路面材料的弹性模量值。无论是路基土还是路面材料，其应力—应变关系都或多或少呈现出非线性性质，因而表征其关系的弹性模量值是应力状态的函数，不同的测试方法会得出不同的数值。目前我国常用的路面材料参数测试方法有压缩试验、劈裂试验、弯拉试验。设计时采用何种试验及其取值，应考虑下列三个因素：① 测试方法简便，结果稳定；② 测得的模量值和强度应较好地反映各种路面材料的力学特性；③ 模量值和强度用于厚度计算时，应较好地与设计方法匹配，设计厚度与实际经验相吻合。

我国现行的公路沥青路面设计规范规定，以设计弯沉值计算路面厚度，对高速公路、一级公路、二级公路沥青混凝土面层和半刚性材料的基层、底基层应验算拉应力是否满足容许拉应力的要求，各层材料的计算模量采用抗压回弹模量，沥青混凝土和半刚性材料的抗拉强度采用劈裂试验测得的劈裂强度。

高速公路、一级公路在初步设计阶段应选用沿线筑路材料或外购材料进行混合料配合比设计。在选定配合比的基础上按有关规程的规定实测材料的设计参数，并确定各材料计算模量和抗拉强度。在工程可行性研究阶段或二级、三级公路的初步设计阶段，也可参照表 11－8 和表 11－9 进行选用。表中列出了 20℃、15℃ 时的抗压模量。由于弯沉值是以 20℃ 为标准温度，因此，以路面设计弯沉值计算路面结构厚度时，采用 20℃ 的抗压模量。验算层底拉应力是以 15℃ 为标准温度，故用 15℃ 的抗压模量。

表 11－8　沥青混合料设计参数参考值

材料名称	沥青针入度	抗压模量（MPa）		劈裂强度（MPa）
		20℃	15℃	
细粒式密级配沥青混凝土	≤90	1200～1600	1800～2200	1.2～1.6
中粒式密级配沥青混凝土	≤90	1000～1400	1600～2000	0.8～1.2
中粒式开级配沥青混凝土	≤90	800～1200	1200～1600	0.6～1.0
粗粒式密级配沥青混凝土	≤90	800～1200	1200～1600	0.6～1.0
沥青碎石混合料	—	600～800	—	—
沥青贯入式	—	400～600	400～600	—

［注］（1）沥青碎石混合料不验算层底拉应力；（2）细粒式和粗粒式开级配沥青混凝土，选用同类密级配的低值；（3）符合重交通沥青技术要求时，可用较高值，沥青针入度大于 100℃，或符合轻交通沥青技术要求时，采用低值。

表 11－9　基层底基层材料设计参数

材料名称	配合比或规格要求	抗压模量（MPa）	劈裂强度（MPa）	备注
二灰砂砾	7：13：80	1100～1500	0.6～0.8	
水泥砂砾	8：17：80	1300～1700	0.5～0.8	
水泥碎石	5%～6%	1100～1500	0.4～0.6	
石灰水泥粉煤灰砂砾	5%～6%	1300～1700	0.4～0.6	
石灰水泥碎石	6：3：16：75	1200～1600	0.4～0.6	
石灰水泥碎石	5：3：92	1000～1400	0.35～0.5	
石灰土碎石	粒料占 60% 以上	700～1100	0.3～0.4	
碎石灰土	粒料占 50%～60% 以上	600～900	0.25～0.35	
水泥石灰砂砾土	4：3：25：68	800～1200	0.3～0.4	
二灰土	10：30：60	600～900	0.2～0.3	
石灰土	8%～12%	400～700	0.2～0.25	处理路基用
	4%～7%	200～350	—	
级配碎石	符合级配要求	300～350		作上基层用
		300～800		作基层用
		200～250		作底基层用
填隙碎石	填隙密实	200～280	—	作底基层用
未筛分碎石	具有一定级配符合规范要求	180～220	—	作底基层用
级配砂砾、天然砂砾		150～200		
中粗砂		80～100	—	作垫层用

11.4.5 路面结构厚度设计

路面厚度是以双圆均布荷载作用下，在轮隙中心实际路表弯沉值 l_s 等于设计弯沉值 l_d 的原则进行计算，即 $l_s=l_d$。对计算结果进行试验验证后发现，按前述层状体系理论弯沉公式算得的弯沉值同实测弯沉值之间存在一定的偏差，此偏差呈现出一定的规律性。当路基刚度较低时，由理论公式算得的面层厚度偏大，而当路基刚度较高时，则由理论算得的面层厚度偏薄。出现这种现象，主要是因为路基路面材料并非线性弹性体，而所采用的评定材料刚度（回弹模量）的测定方法并不能反映它们在结构层内的真实工作状态。为使理论计算和实测结果相符，目前在规范中引入了一个综合修正系数 F，即实际弯沉值 $l_s=l\times F$。通过对大量的实测资料进行分析，得到路表实际弯沉计算公式如下：

弹性双层体系实际弯沉

$$l_s=1000\frac{2p\delta}{E_0}\alpha_L F \tag{11-13}$$

弹性三层体系实际弯沉

$$l_s=1000\frac{2p\delta}{E_1}\alpha_L F \tag{11-14}$$

式中：l_s—— 路面实际弯沉值，0.01mm；

p—— 标准轴的轮胎接地压强，MPa；

δ—— 当量圆半径，cm；

α_L—— 理论弯沉系数，$\alpha_L=f\left(\frac{h_1}{\delta},\frac{h_2}{\delta},\cdots,\frac{h_{n-1}}{\delta},\frac{E_2}{E_1},\frac{E_3}{E_2},\cdots,\frac{E_0}{E_{n-1}}\right)$（由计算程序或查弯沉诺谟图求得），其中 E_0 为土基回弹模量（MPa），$E_1,E_2,\cdots,E_{n-1}$ 为各层材料回弹模量（MPa），$h_1,h_2,\cdots,h_{n-1}$ 为各结构层厚度（cm）；

F—— 弯沉综合修正系数，按下式计算：

（1）半刚性基层沥青路面

$$F=1.63\left(\frac{l_s}{2000\delta}\right)^{0.38}\left(\frac{E_0}{p}\right)^{0.36} \tag{11-15}$$

（2）柔性路面

$$F=1.45\left(\frac{l_s}{2000\delta}\right)^{0.61}\left(\frac{E_0}{p}\right)^{0.61} \tag{11-16}$$

（3）混合式沥青路面

$$F=1.47\left(\frac{l_s}{2000\delta}\right)^{0.49}\left(\frac{E_0}{p}\right)^{0.53} \tag{11-17}$$

设计时，应先拟定某一层作为设计（待定）层，拟定面层和其他各层的厚度。当采用半刚性基层及底基层结构时，可选用任一层为设计层；当采用半刚性基层、粒料类材料为底基层时，应拟定面层、底基层厚度，以半刚性基层为设计层；当采用柔性路面结构时，应拟定面层、底基层厚度，求算基层厚度，当求得基层厚度太厚时，可以考虑选用半刚性底基层，其上选用沥青稳定碎石作基层，以减薄路面总厚度，增加结构的强度和稳定性。

如果已知某车道累计轴次或设计弯沉值、各结构层的回弹模量、土基回弹模量以及结构层的厚度，就可以求得某一结构层的厚度。我国现行的公路沥青路面设计规范规定，为保证精度，沥青路面的结构计算应采用弹性层状体系理论的计算机程序进行路面结构的计算。

在不具备电算条件时，可以通过查弯沉诺谟图方法进行路表弯沉计算，求得某一结构层的厚度。二层体系弯沉诺谟图在本章第三节已经介绍，对三层体系双圆荷载表面弯沉系数诺谟图，如图 11-8 所示。

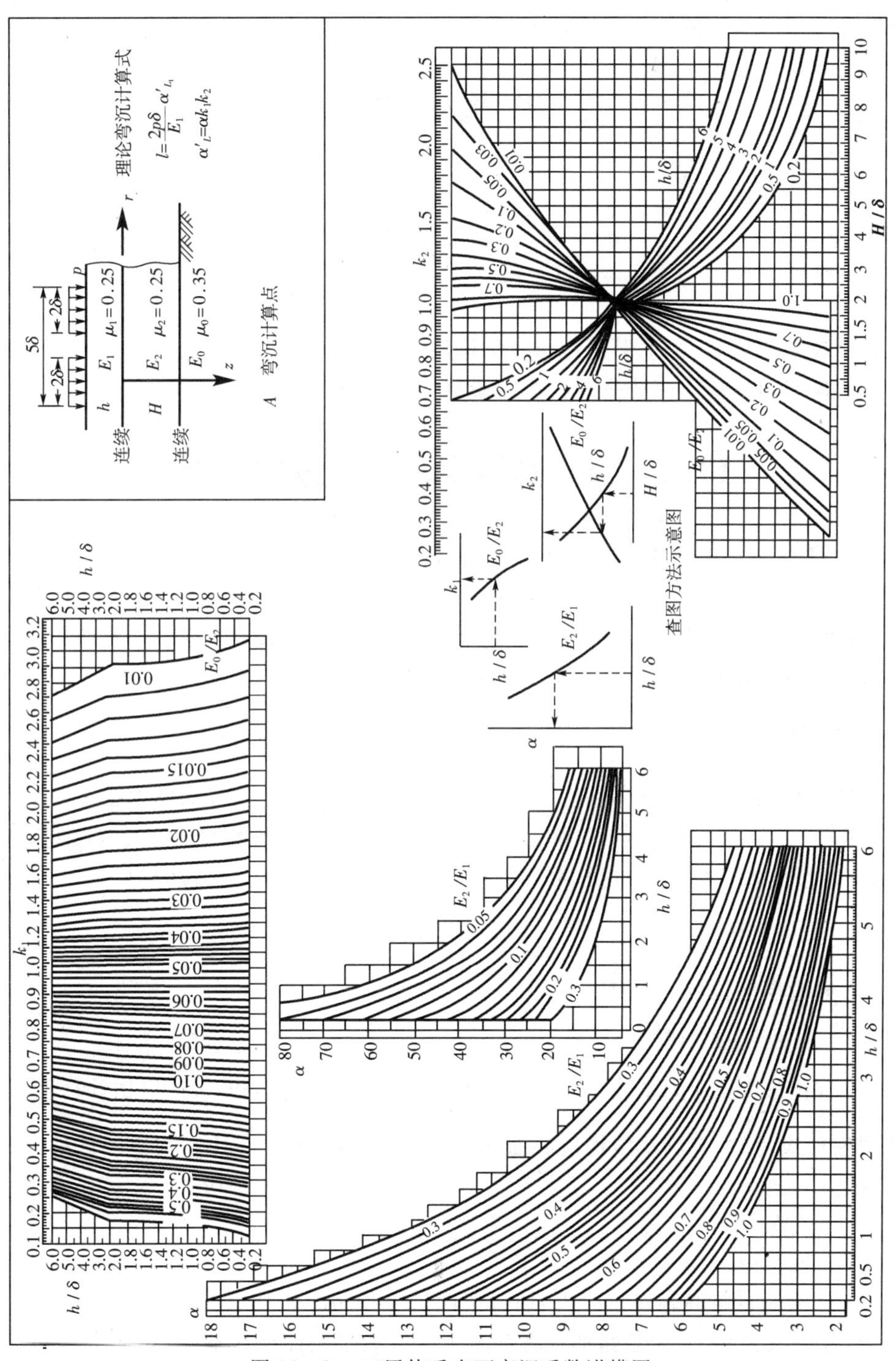

图 11-8　三层体系表面弯沉系数诺模图

对于四层及四层以上的多层体系可利用电算程序直接求解，当条件不具备时，也可按照下面的方法近似地将其等效地换算成三层（或双层）体系，查用相应的诺模图求解。将多层体系按照弯沉相等的原则换算为三（双）层体系的方法称作等弯沉换算法。

对等效路表回弹弯沉的结构层换算时，保持面层的模量 E_1 和厚度 h_1 不变，路基模量 E_0 也保持不变，将第二层至 $n-1$ 层作为中层并把他们换算为第二层模量的等效厚度，其间各层利用下式换算为模量与第二层相同的等效层：

$$H=\sum_{i=2}^{n-1} h_i \sqrt[2.4]{\frac{E_i}{E_2}} \tag{11-18}$$

亦可表达成：

$$H=h_2+\sum_{i=3}^{n-1} h_i \sqrt[2.4]{\frac{E_i}{E_2}} \tag{11-19}$$

计算完设计层厚度后，为了保证路面各结构层均有个良好的工作状态，应检验结构受力是否合理。对整体性材料结构层还要进行拉应力验算，必要时对面层还需要进行剪应力验算。

11.5 沥青路面结构层应力验算

路面弯沉值的大小反映路基路面体系的总体承载能力，但不能反映各结构层次的受力情况。为了控制沥青类面层和其他整体性结构层的疲劳开裂以及控制沥青面层在高温下出现拥包、推挤和剪裂等损坏，尚须验算各有关层次的抗弯拉和抗剪的能力。由于沥青面层的低温缩裂与荷载无关，主要在材料设计中考虑，不在结构设计中验算。

11.5.1 层底拉应力验算

验算层底拉应力时，应根据弹性层状理论计算，多层体系力学计算简图如图 11－7 所示。在双圆荷载作用下，以单圆的中心点 B，单元半径的 1/2 点 D，单圆内侧边缘处及双圆间隙中心点 C 为计算点，分别按式求算层底拉应力，取四处中的最大值作为层底最大拉应力。

$$\sigma_m = p\bar{\sigma}_m \tag{11-20}$$

式中：σ_m—— 最大层底拉应力，MPa；

p—— 轮胎接地压力，MPa；

$\bar{\sigma}_m$—— 理论最大拉应力系数，$\bar{\sigma}_m = F\left(\frac{h_1}{\delta},\frac{h_2}{\delta},\cdots,\frac{h_{n-1}}{\delta},\frac{E_2}{E_1},\frac{E_3}{E_2},\cdots,\frac{E_0}{E_{n-1}}\right)$（由计算程序求得）。

验算层底拉应力时，应满足结构层底面计算点的最大拉应力 σ_m 小于或等于该材料的容许拉应力要求，即

$$\sigma_m \leqslant \sigma_R \tag{11-21}$$

式中：σ_R—— 结构层材料的容许拉应力，通过室内试验和路况调查求得。

高速公路、一级公路、二级公路的沥青混凝土面层或半刚性材料基层、底基层，在进行层底拉应力验算时，容许拉应力 σ_R 应按式(11－22) 计算：

$$\sigma_R = \frac{\sigma_{sp}}{K_s} \tag{11-22}$$

式中：σ_{sp}—— 沥青混凝土或半刚性材料的疲劳强度，MPa；

K_s—— 抗拉强度结构系数，根据材料种类按以下各式计算。

对沥青混凝土面层材料：

$$K_s = 0.09A_a N_e^{-0.22}/A_c \tag{11-23}$$

对无机结合料稳定集料类：

$$K_s = 0.35N_e^{-0.11}/A_c \tag{11-24}$$

对无机结合料稳定细粒土类：

$$K_s = 0.45N_e^{-0.11}/A_c \tag{11-25}$$

对贫混凝土基层：

$$K_s = 0.25N_e^{-0.07}/A_c \tag{11-26}$$

式中：N_e—— 设计年限内累计标准轴次；

A_a—— 沥青混凝土级配系数。（对该性沥青混凝土与 *SMA* 为 0.85，细、中粒式沥青混凝土为 1.0，粗粒式沥青混凝土为 1.1）；

A_c—— 公路等级系数。（高速公路、一级公路为 1.0，二级公路为 1.1，三、四级公路为 1.2）。

理论最大拉应力系数$\bar{\sigma}_m$ 由计算程序求得，在不具备电算条件时，可以通过查弯沉诺谟图得理论最大拉应力系数。

对三层体系双圆荷载计算图 11－9，在常用路面材料和厚度范围内，上层底面的最大拉应力产生在($r=0$，$z=0$)处，或靠近 z 轴，而中层底面的最大拉应力一般产生在($r=1.5\delta$，$z=0$)处，二者理论最大拉应力系数电算结果分别绘成诺谟图，如图 11－10 和图 11－13 所示。

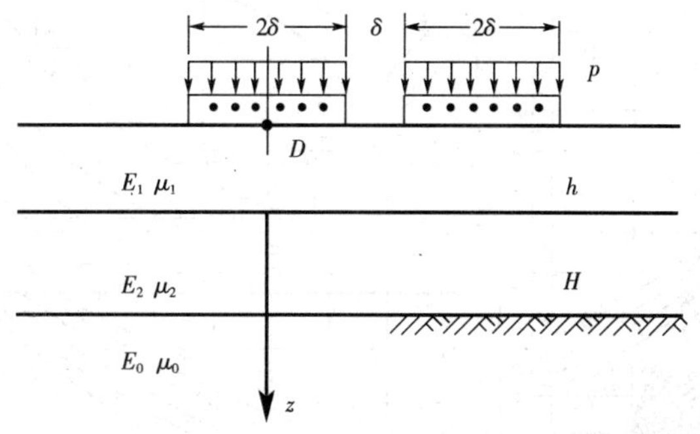

图 11－9　三层体系双圆荷载拉应力计算图示

当采用三层体系计算多层路面的结构层底部拉应力时，需将多层路面按照拉应力相等的原则换算为含有上层、中层和下层半空间体的弹性三层体系。换算后使用三层体系相应层的拉应力计算诺谟图求算拉应力。根据电算结果的分析归纳出计算上层和中层弯拉应力的多层路面换算方法。

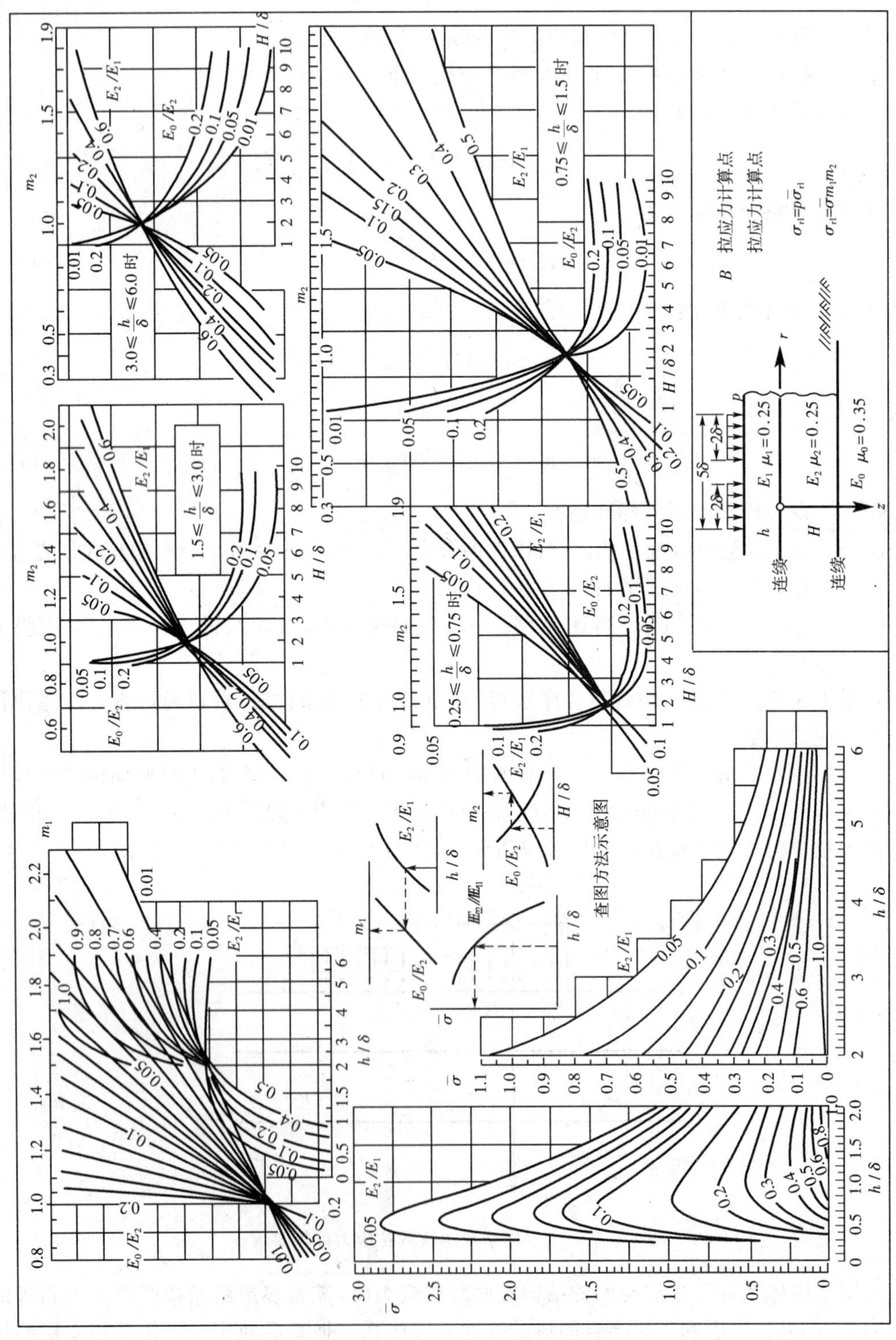

图 11－10　三层体系上层底面最大拉应力系数计算诺模图(上层与中层层间连续)

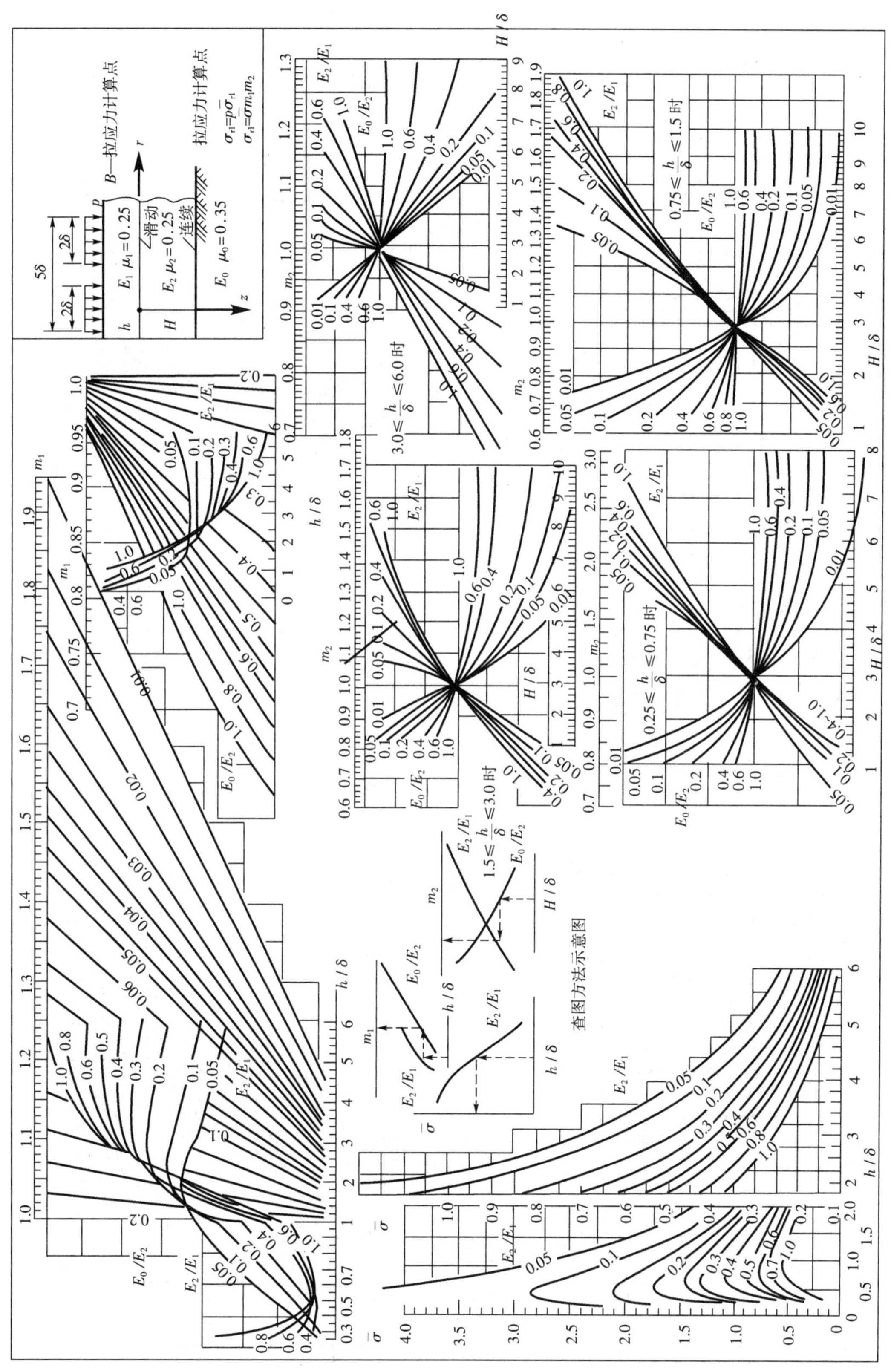

图 11－11　三层体系上层底面最大拉应力系数 $\bar{\sigma}_{r1}$ 计算诺模图(上层中层层间滑动)

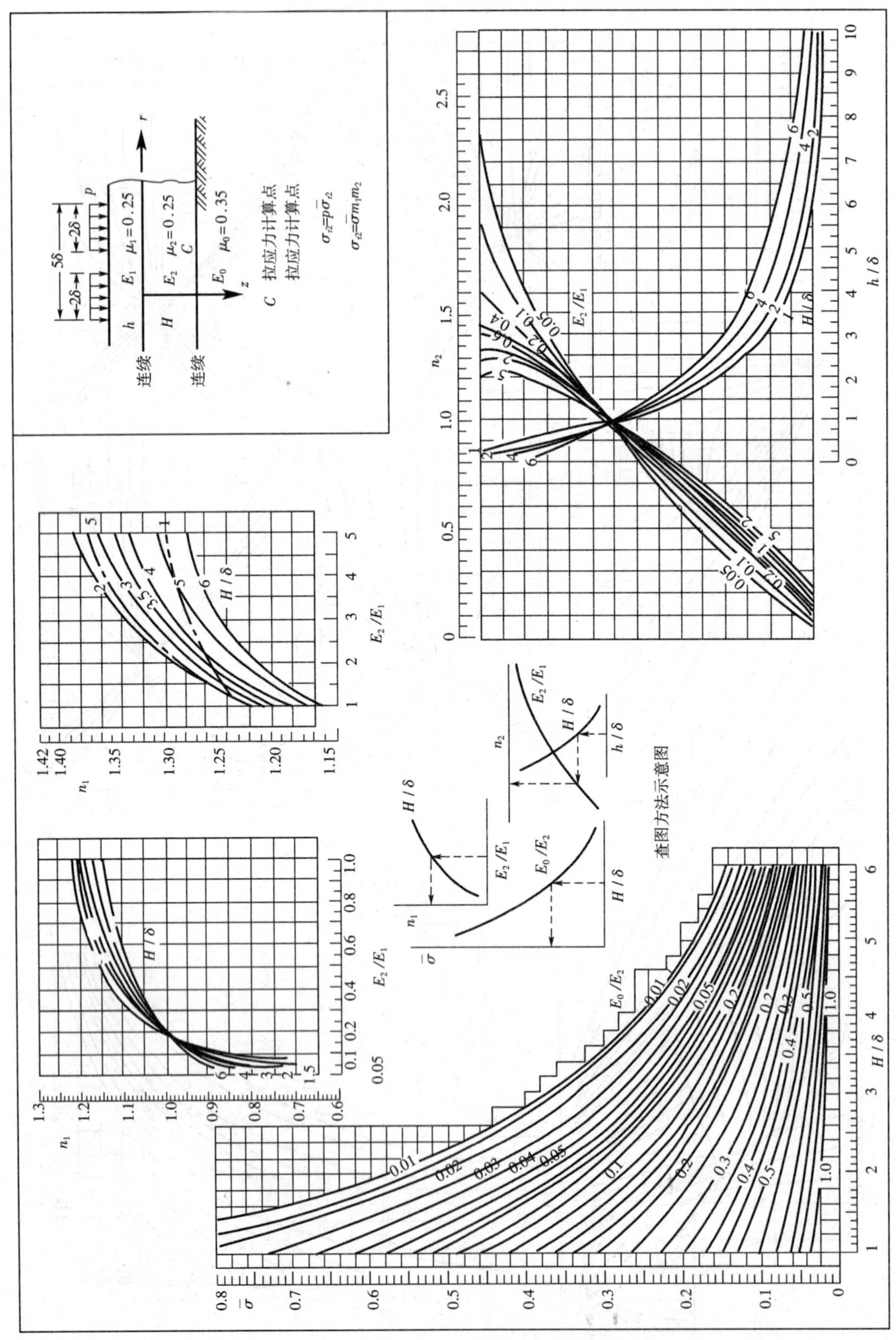

图 11-12 三层体系中层底面最大拉应力系数计算诺模图(上层与中层层间连续)

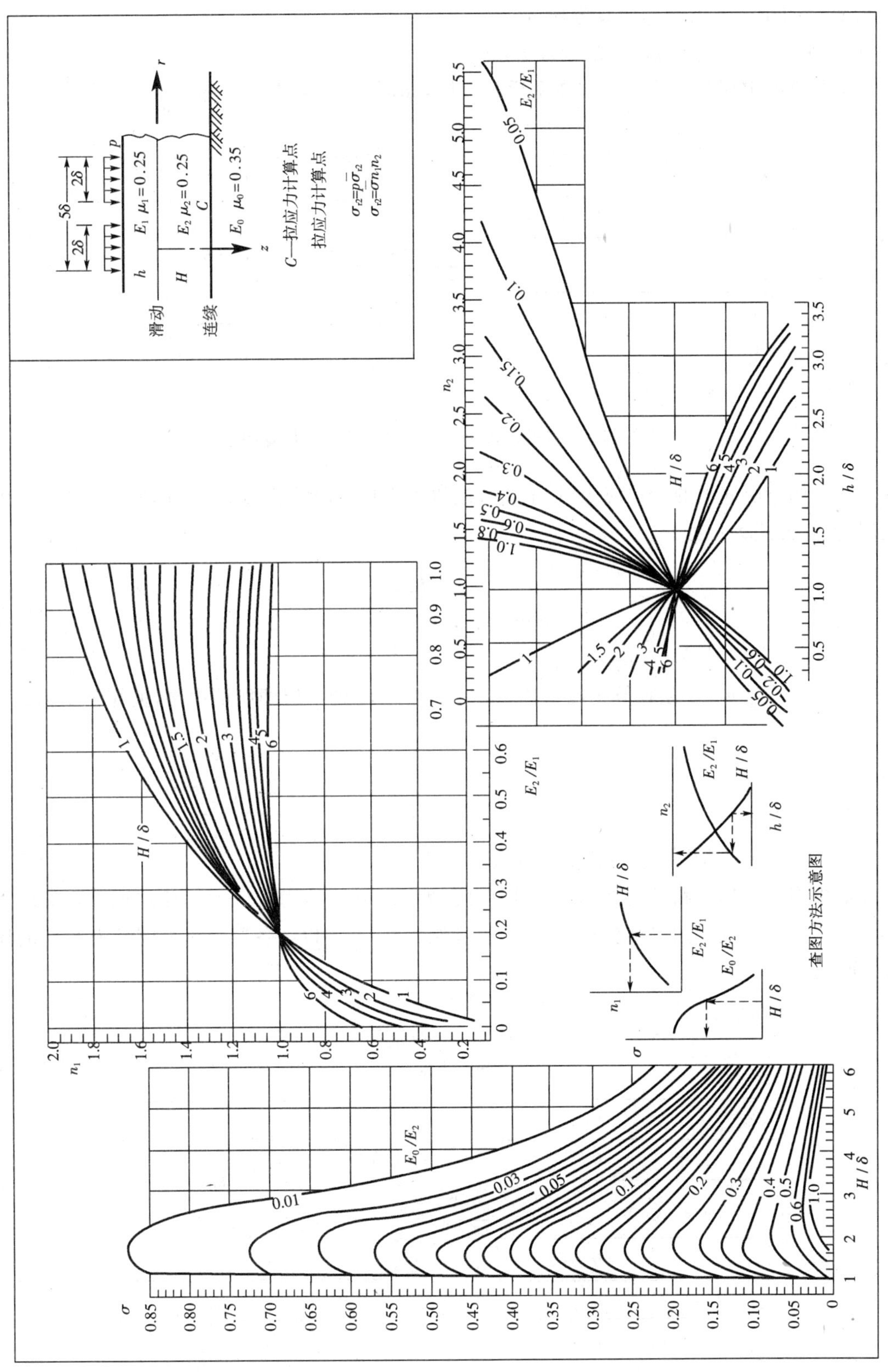

图 11-13　三层体系中层底面最大拉应力系数 $\bar{\sigma}_{r2}$ 计算诺模图(上层中层层间滑动)

验算底面拉应力结构层的等效换算。

(1) 计算上层底面弯拉应力的换算方法

这里所说的上层是换算为三层体系后的上层，如图 11 - 14 所示。

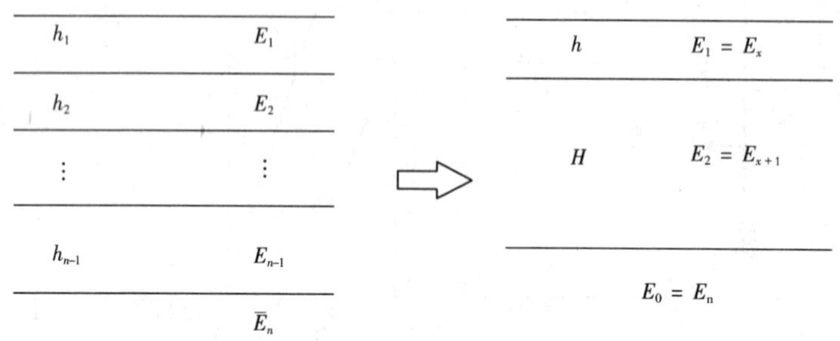

图 11 - 14　多层体系计算上层底面拉应力换算图示

当计算第 x 层底面的弯拉应力时，需将 x 层以上各层换算为模量为 E_x、厚度为 h 的一层即所谓上层，换算公式为：

$$h = \sum_{k=1}^{x} h_k \sqrt[4]{\frac{E_k}{E_x}} \tag{11-27}$$

将 $x+1$ 层至 $n-1$ 层换算为模量为 E_{x+1}、厚度为 H 的一层即所谓中层，换算公式为：

$$H = \sum_{k=x+1}^{n-1} h_k \sqrt[0.9]{\frac{E_k}{E_{x+1}}} \tag{11-28}$$

(2) 计算中层底面弯拉应力的换算方法

此时中层厚度即为路基之上的 $n-1$ 层厚度，即 $H=h_{n-1}$（见图 11-15），中层底面弯拉应力即为路基之上的 $n-1$ 层的弯拉应力。而上层厚度则为 $n-2$ 层以上各层换算为模量为 E_{n-2} 的换算厚度，换算公式为：

$$h = \sum_{k=1}^{n-2} h_k \sqrt[4]{\frac{E_k}{E_{n-2}}} \tag{11-29}$$

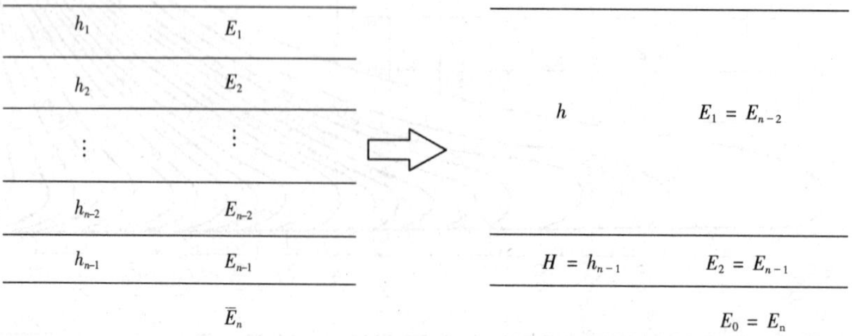

图 11 - 15　多层体系计算中层底面拉应力换算图示

11.5.2　面层剪应力验算

路面结构层经受的剪应力过大，将导致沥青面层拥包、推挤、滑移、车辙及剪裂等损坏。路面结构体系的最大剪应力一般出现在荷载边缘处，通常以下式来判别沥青面层抗剪能力是否满足要求：

$$\tau_a \leqslant \tau_R \tag{11-30}$$

式中：τ_a—— 在车轮垂直和水平荷载共同作用下，破坏面上的剪应力；

τ_R—— 路面材料的容许剪应力。

容许剪应力 τ_R 为沥青混合料对抗剪强度 τ 除以相应对抗剪切结构强度系数 K_T，即

$$\tau_R = \frac{\tau}{K_T} \tag{11-31}$$

抗剪强度 τ 按库仑理论计算。沥青混合料对抗剪强度参数、粘聚力和内摩擦角通常由三轴剪切试验测定，并以当地高温月份路表实际温度对平均值为试验标准温度。计算面层剪应力时，各结构层计算模量采用抗压回弹模量。

抗剪结构强度系数 K_T 与行车荷载作用状况有关，可由路况调查求得。经调查整理，在停车站、交叉路口等缓慢制动处（$f=0.2$），按下式计算：

$$K_T = \frac{0.35}{A_c} N_t^{-0.15} \tag{11-32}$$

式中：N_t—— 停车站或交叉口在设计年限内同一位置停车的标准轴载累计数；

A_c—— 道路分类（或公路等级）系数，数值参见有关规范。

在紧急制动时（$f=0.5$），则可用下式计算：

$$K_T = \frac{1.2}{A_c} \tag{11-33}$$

11.6　旧柔性路面改建设计方法

随着使用时间的延续，柔性路面的使用性能和承载能力不断降低，当通过的轴次超过设计当量轴次，或路表破损严重时，便不能满足正常行车交通的要求而需补强或改建。路面补强设计工作包括现有路面结构状况调查、承载能力评定以及补强结构选择、补强层厚度计算和拉应力验算等。

旧柔性路面改建设计步骤如下：

(1) 对原有道路进行技术调查，掌握设计资料。

(2) 按设计任务书要求，确定路面等级、面层和基层类型，计算设计弯沉值或容许弯沉值及各补强层容许拉应力和沥青混凝土面层容许剪应力。

(3) 按土基干湿类型和土质，以及路段弯沉值比较接近等因素，将全线分段，确定各路段的计算弯沉值及原路面当量回弹模量。

(4) 根据筑路材料来源及当地经验，拟定几种可能的补强结构组合方案，并确定各补强层材料参数。

(5) 按理论法，用专用电算程序或诺模图求算路面厚度，需要时，再验算补强层拉应力及沥

青混凝土面层剪应力。对季节性冰冻地区中湿、潮湿路段还应验算防冻厚度。

(6) 根据各方案计算结果,进行经济技术比较,确定采用的补强方案。

11.6.1 路面结构状况调查和评定

对使用中的路面结构状况的调查和评定,其目的主要是了解路面现有结构状况和承载能力,据以预估剩余使用寿命、判断是否需要加强、分析路面损坏的原因及提出处理措施,并为补强设计提供可靠的设计参数。

1. 路面概况调查

现有路面概况调查工作包括如下内容:

(1) 交通调查

对于当前的交通量和车型组成进行实地观测。通过调查分析预估交通量增长趋势,确定年平均增长率。

(2) 路基状况调查

调查沿线土质、填挖高度、地面排水情况、地下水位,以确定路基土质类型及干湿状态。

(3) 路面状况调查

调查路面结构类型、组合和各层厚度,为此需开挖试坑进行量测和取样试验。量测路基和路面宽度。详细记载路表状况,对路面的病害和破坏程度应详加记述,分析损坏产生原因,并判断其结构层或材料是否可以利用。

(4) 路面修建和养护历史调查

2. 路面承载能力评定

路表弯沉量反映了路基和路面体系的抗变形能力,现有路面结构强度和承载能力评定通过弯沉调查进行,在确定路面的计算弯沉时,应将基线分段,分段时应考虑下列因素:

同一路段路基的干湿类型与土质基本相同。

同一路段内各测点的弯沉值比较接近,若局部路段弯沉值很大,应先进行修补处理,再进行补强。

各路段的最小长度应与施工方法相适应。

在对原有路面进行弯沉检测时,每一车道、每路段的测定数不少于 20 点,且应以标准轴载车辆测定为准,如用非标准轴载则按式将非标准轴载的检测结果换算为标准轴载下的弯沉值。

$$\frac{l_{100}}{l_i}=\left(\frac{P_{100}}{P_i}\right)^{0.87} \tag{11-34}$$

式中:P_{100}、l_{100}—— 分别为标准轴载 100kN 的轴重和弯沉值;

P_i、l_i—— 分别为非标准轴载的轴重和弯沉值。

各路段的计算弯沉值按式计算:

$$l_0=(\bar{l}_0+Z_aS)K_1K_2K_3 \tag{11-35}$$

式中:l_0—— 路段的计算弯沉值(0.01mm);

$\bar{l}_0$—— 路段内原路面上实测弯沉的平均值(0.01mm);

S—— 路段内原路面上实测弯沉的标准差(0.01mm);

Z_a—— 保证率系数。其取值与道路等级有关,二级公路及二级以上公路 Z_a 取 1.5;三级和四级公路取 1.3;城市快速路、主干路取 2.0;城市次干路取 1.5;城市支路取 1.3。

不同的保证率系数相应有不同的保证率，如 $2l$ 为 1.5 和 2.0 的保证率分别为 93.3% 和 97.7%；

K_1—— 季节影响系数。由于路面在一年内的不同时期具有不同的承载能力，而经补强设计的路面必须保证在最不利季节具有良好的使用状况，因而弯沉测定应在一年的最不利季节进行。但是由于种种原因常不能在不利季节测定，使得实测弯沉值偏小，所以要乘以根据多年累积测定资料统计分析得到的季节影响系数 K_1。K_1 因地区、土质、路基干湿类型以及路面结构类型而异，应根据多年连续弯沉测定对比分析的结果和本地区的经验确定；

K_2—— 湿度影响系数。在原有砂石路面上加铺沥青层以后，路基和基层中的水分蒸发较前困难，致使路基和基层中湿度增加，承载能力降低，弯沉增大。尤其是季节性冰冻区路基为潮湿或过湿的路段，更易产生沥青面层下的湿度累积，降低承载力。因此，在原砂石路面测得的弯沉值上应乘以反映这种湿度变化导致弯沉增大的湿度影响系数 K_2，其数值应根据对比测定或本地区的使用经验确定；

K_3—— 温度修正系数。当原路面为沥青面层时，弯沉测定位还随路面温度的变化而变化。为了使不同温度时测定的弯沉结果可资比较，以及便于进行补强设计，需把不同温度时测定的结果换算入标准温度 20℃ 时的弯沉值 l_{20}，其换算系数或弯沉温度修正系数为 $K_3=\frac{l_{20}}{l_T}$。式中 l_T 为测定时沥青面层平均温度 T 时的弯沉值，T 可根据各地经验公式确定。

经过标准温度 20℃ 与测定温度 T 时两种弯沉测定值之比的统计加工得到如下弯沉温度修正系数经验公式：

当 $T \geqslant 20$℃ 时

$$K_3=\exp\left[h\left(\frac{1}{T}-\frac{1}{20}\right)\right] \tag{11-36}$$

当 $T<20$℃ 时

$$K_3=\exp[0.002h(20-T)] \tag{11-37}$$

11.6.2　原路面当量回弹模量的计算

采用理论法计算补强层厚度的关键问题是如何确定原有路基路面体系的计算回弹模量，若大量进行现场承载板试验，显然不太现实。若能利用便于大量测定的路表弯沉值进行求解，则比较可行。将原路基路面结构体系视作计算弯沉相等的弹性均质体，利用弹性半空间体表面在圆形刚性承载板下的荷载 — 弯沉关系式，并考虑计入承载板测定的弯沉与汽车测定的弯沉间的差异及补强层材料的影响，各路段的当量回弹模量值 E_t 可据各路段的计算弯沉值按式(11-38) 计算：

$$E_z=\frac{1000pD}{l_0}m_1m_2 \tag{11-38}$$

式中：E_z—— 原路面的当量回弹模量(MPa)；

p—— 标准轴载车型轮胎接地压强(MPa)；

D—— 标准轴载单轮传压面当量圆半径(cm)；

l_0—— 原路面的计算弯沉(0.01mm)；

m_1—— 用标准轴载的汽车在原路面上测得的弯沉值与用承载板在相同压强条件下所测得的回弹变形值之比，即轮板对比值，$m_1=L_{轮}/L_{板}$。一般情况下，应通过在旧路面上进行对比试验确定。若当地无对比试验资料，可取 $m_1=1.1$ 进行计算；

m_2—— 原路面当量回弹模量扩大系数。当计算与原路面接触的补强层层底拉应力时，m_2 按式(11 - 39) 计算；计算弯沉值及其他补强层层底拉应力时，$m_2=1.0$。

引入修正系数 m_2 的原因是因为按照拉应力验算的原则，在进行与旧路面接触的补强层层底弯拉应力验算时，计算层的结构层(即旧路面面层) 的材料参数应维持不变。但旧路面当量回弹模量相当于在弯沉等效的基础上将由数层不同材料组成的旧路面等效视作一均质弹性半空间体时所对应的等效模量。显然，该模量值不同于和计算层相邻的原路面面层的回弹模量，因此，在进行与旧路面接触的补强层层底拉应力验算时，应对旧路面当量回弹模量进行修正，根据研究，规范给出如下公式：

$$m_2=e^{0.037\frac{h'}{\delta}\left(\frac{E_{n-1}}{p}\right)^{0.25}} \tag{11-39}$$

式中：E_{n-1}—— 与原路面接触材料的抗压回弹模量(MPa)；

h'—— 各补强层等效为与原路面接触层 E_{n-1} 相当的等效总厚度(cm)。h' 按式(11 - 40) 计算。

$$h'=\sum h_i(E_i\sqrt{E_{n-1}})^{0.25} \tag{11-40}$$

式中：h_i—— 第 i 层补强的厚度(cm)；

E_i—— 第 i 层补强层材料的抗压回弹模量(MPa)；

$n-1$—— 补强层层数。

11.6.3 补强层厚度的计算

旧路补强设计不同于新建，设计目的是恢复原路面功能，或为满足一定时间内的交通需要，因此，旧路补强设计应根据公路等级、交通量、改扩建规划和已有经验确定设计年限。一般高速公路、一级公路为 8～12 年，二、三级公路宜为 6～8 年。当沥青路面的整体强度符合要求，但路面的使用性能不满足路面服务性能指标要求时，一般应采用薄层罩面措施，恢复和改善路面的使用性能。

选用薄层罩面时，应保证加铺沥青混凝土厚度与其最大公称粒径相匹配，且施工厚度不得小于最小施工厚度。薄层罩面施工时，应严格控制摊铺碾压温度，保证罩面层压实度及与下层的层间结合。当薄层罩面厚度为 20～30mm 时，属超薄面层；当薄层罩面厚度为 30～40mm 时，属普通罩面面层。

拟定补强层结构组合后，尚需进一步确定补强层的厚度。在计算补强层厚度时，仍以设计弯沉值作为路面整体刚度的控制指标，对于二级和二级以上公路还应验算补强层层底拉应力。在季节性冰冻地区干湿、中湿路段还应验算防冻厚度。

设计弯沉值、各补强层材料的容许拉应力及层底拉应力的计算方法、弯沉综合修正系数及补强层材料参数的确定，均与新建路面时的方法相同。

当补强层为单层时，以双层弹性体系为计算力学模型；当补强层为 n—1 层时，以 n 层弹性体系为力学模型。可用专用计算机程序求解，也可用诺模图求解。

第 12 章 混凝土路面设计

水泥混凝土路面，包括素混凝土（普通混凝土）、钢筋混凝土、连续配筋混凝土、预应力混凝土、钢纤维混凝土和混凝土块料等类型。除了混凝土块料路面外，其余各种混凝土路面的结构设计方法基本相同。

同沥青路面一样，水泥混凝土路面结构设计方法有解析法和经验法两大类。目前应用较广泛的是解析法，本章着重介绍这类方法。

12.1 损坏模式和设计标准

12.1.1 损伤模式

水泥混凝土路面在行车荷载和环境因素的作用下出现的损坏可以分为：断裂、变形、接缝损坏及表层损坏四类。其中，最常见的主要损坏模式有下述几种。

1. 断裂

面层板由于板内应力超过混凝土强度而出现纵向、横向、斜向或板角隅断裂裂缝。严重时，裂缝交叉而使面层板破碎成碎块。过量应力产生的原因是多方面的：板太薄或轮载过重，板的平面尺寸过大，地基不均匀沉降或过量塑性变形使板底失去支承，施工养生期间收缩应力过大等。断裂的出现，破坏了板的结构整体性，使板丧失大部分以至全部承载能力。因而，断裂可看做是混凝土路面结构破坏的临界状态。

2. 唧泥

唧泥是车辆行经接缝时，由缝内喷溅出稀泥浆的现象。在重轮载的频繁作用下，板边缘和角隅下的基层由于塑性变形累积而同面层底面脱离接触；沿接缝或外侧边缘下渗的水分积聚在上述脱空区的空隙内，板在轮载作用下的弯沉变形使空隙内的水分成为有压水，其高速流动冲刷基层表面而形成泥浆，并沿接缝缝隙喷溅出来。唧泥的产生，扩大了脱空区，使板边缘和角隅更大范围地失去支承。

3. 错台

错台系指接缝或裂缝两侧面层板端部出现的高程差（竖向相对位移）。唧泥发生和发展过程中，带有基层被冲蚀材料的高压水把这些材料冲积在后方板的板底脱空区内，从而使该板抬高；而前方板由于板下基层材料被冲蚀而下沉。由此形成了错台。错台的出现，降低了行车的平稳性和舒适性。

4. 接缝碎裂

接缝碎裂系指邻近横向和纵向接缝数十厘米（约 60cm）范围内，板边缘混凝土的开裂、断裂或成碎块（碎屑）。碎裂通常并不扩展到整个板厚。胀缝内滑动传力杆排列不正或不能正常滑动，缝隙内落入坚硬杂屑而阻碍板的膨胀变形等，可使混凝土在膨胀时受到较高的挤压应力而裂成碎块。

5. 拱起

在春季和炎热夏季，混凝土面层板在热膨胀受到约束时，横缝两侧的数块板块突然出现向上拱起的屈曲失稳现象，并伴随出现板块的横向断裂。接缝缝隙增大，坚硬碎屑落入缝隙内，阻碍板的膨胀变形，从而产生较大的热压应力。这是板出现纵向失稳的一个主要原因。

除上述损坏模式外，还有沉陷、纹裂和起皮等表面损坏模式。

12.1.2 设计标准

水泥混凝土为脆性材料。面层板的结构性损坏大都表现为断裂。从保证路面结构承载能力的角度，混凝土路面结构设计应以防止面层板出现断裂作为主要的设计标准。然而，形成断裂的原因是多方面的。有的断裂是在施工期间形成的，这种断裂可以通过控制施工质量（水灰比、水泥品质、缩缝锯切时间等）予以防止。有的断裂则是由于地基不均匀沉降或基层受冲蚀而使面层板底面出现脱空后，板内应力增大而引起的。对于脱空现象，主要通过对路基、垫层和基层采取适当的结构措施以提供足够的刚度、耐冲刷和排水条件，而予以减轻或避免。有的断裂是由于板块尺寸过大，所产生的温度翘曲应力超过混凝土的抗弯拉强度而导致横向裂缝。通过设置纵向和横向接缝，缩小板块的尺寸，可以降低温度翘曲应力。车辆荷载的重复疲劳作用，积累到一定程度后，可引起面层板出现横向或纵向疲劳裂缝。这类疲劳断裂被选作确定混凝土面层厚度时所需考虑的主要损坏模式。

混凝土路面在经受行车荷载重复作用的同时，还经受周围气温周期性变化的影响。也即，混凝土面层的疲劳损坏不仅是荷载重复作用的结果，还是周期性变化的温度翘曲应力重复作用的结果。因而，为考虑疲劳断裂这种损坏模式而制订的设计标准可以选为：荷载应力和温度翘曲应力之和不超过混凝土的疲劳强度，也即

$$\sigma_p + \sigma_t \leqslant f_{rr} \tag{12-1}$$

或者，荷载疲劳应力和温度疲劳应力之和不超过混凝土的抗弯拉强度，也即

$$\sigma_{pr} + \sigma_{tr} \leqslant f_r \tag{12-2}$$

式中：σ_p—— 标准轴载所产生的荷载应力；

σ_t—— 等效疲劳温度梯度所产生的温度翘曲应力；

f_{rr}—— 在荷载和温度应力共同作用下的混凝土疲劳强度；

σ_{pr}—— 考虑轴载累计疲劳作用的荷载应力；

σ_{tr}—— 考虑温度翘曲应力累计疲劳作用的温度应力；

f_r—— 混凝土的抗弯拉强度。

有些设计方法通过限制板块尺寸（也即限制缝距）控制温度翘曲应力，而在设计标准中略去温度翘曲应力的疲劳影响，仅限制荷载应力不超过混凝土的疲劳强度，也即

$$\sigma_p \leqslant f_{rr} \tag{12-3}$$

通过限制荷载和温度应力以控制疲劳断裂，并不能防止唧泥和错台这类损坏的出现。唧泥和错台是行车荷载（特别是重车）多次反复作用，水沿接缝和裂缝下掺和基层及路肩材料不耐冲刷等多种因素综合作用的结果。除了从结构上采取措施，如采用排水基层、耐冲刷基层和增强接缝传荷能力等，减轻唧泥和错台的出现外，可以通过增加板厚和基层刚度以减小板边缘和角隅处

的挠度量，从而降低该处的塑性变形量和相应的板底脱空量，达到减轻唧泥和错台损坏的目的。为此，有的设计方法除了应力控制标准外，对于高等级和重交通道路还补充提出了挠度控制标准：轴载在板边和板角隅处产生的挠度量不大于容许挠度量。

12.2　结构层组合设计

混凝土路面结构设计主要包括下述内容：

1. 路面结构层组合设计

水泥混凝土路面的结构层次较沥青路面简单，总的结构层厚度也较薄。水泥混凝土路面的结构层组合，主要应考虑交通等级、气候因素、路基条件和材料情况等，它具有同柔性路面不同的特点。

根据该路的交通繁重程度，结合当地环境条件和材料供应情况，选择安排混凝土路面的结构层次。路面结构层包括路基、垫层、基层和面层，设计时要正确选择路面结构类型、材料和结构层厚度，路基和基层应能为基层或面层提供均匀的支承，减轻或防止板底脱空、唧泥和错台等损坏的出现。

2. 板厚确定

按照设计标准的要求，使轮载所产生的最大弯拉应力保持在混凝土强度所容许的范围内。

3. 板平面尺寸确定与接缝设计

根据混凝土面层板内产生的荷载应力和温度应力作出面层板块的平面尺寸设计，确定接缝的构造，合理选择接缝类型和布置接缝位置，并采取有效措施提高接缝的传荷能力。

4. 普通混凝土的路面钢筋配筋率设计

当混凝土路面板较长或交通量较大时，以及地基有不均匀沉降或板的形状不规则时，可沿板的自由边缘加设补强钢筋，在角隅处加设发针形钢筋或钢筋网，以阻止裂缝产生。

5. 路肩和排水设计

路肩的基(垫)层结构应满足行车道路面结构和排水要求。

12.2.1　面层

理论分析表明，不同荷载位置所产生的板内最大应力值并不一样，作用于板中时最大应力值仅为板边时的 2/3。因此，路面板横断面采用中间薄两边厚的形式似乎是较经济的。但是，厚边式路面板将给施工带来不便；而且使用经验也表明，在厚度变化转折处，易引起板的折裂。因此，目前国内外常采用等厚式断面，或在等厚式断面板的最外两侧板边部配置钢筋予以加固。

混凝土板所需的厚度，按路上交通的繁重程度，由应力计算确定；作为初步估算，普通混凝土面板可参考 12.4 所列的经验厚度，其最小厚度为 18cm。

为了减小温度应力，常把混凝土面板划分成有限尺寸的矩形板。普通混凝土路面的板宽(即纵缝间距)，可按路面宽度和每个车道宽度而定，最大为 4.5m；板长(即横缝间距)应根据当地气候条件、板厚和已有经验确定，一般采用 4 ～ 5m，最长不得超过 6m。

混凝土板应具有较高的强度，表面平整、耐磨和抗滑。混凝土面板的平整度以 3m 直尺量测为准。3m 直尺与路面表面的最大间隙对于高速公路和一级公路不应大于 3mm，其他各级公路不应大于 5mm。混凝土面板等抗滑标准以构造深度为指标，高速公路和一级公路不应低于 0.8mm，其他各级公路不应低于 0.6mm。

水泥混凝土面层有多种类型，简述如下。

(1) 普通混凝土面层

普通混凝土面层又称素混凝土面层，是指除接缝处和一些局部范围(如角隅和边缘)外，板内不配置钢筋的水泥混凝土面层。这是目前应用最为广泛的一种面层。通常采用整体(整层)式浇筑，但也有采用分层(双层)浇筑方式，上层采用较小粒径的混合料。普通混凝土通常采用常规的振捣方法进行铺筑。近年来出现采用新的碾压工艺铺筑混凝土的方法(类似于铺筑水泥稳定粒料的方法)，这种混凝土称作碾压混凝土。

(2) 钢筋混凝土面层

为防止混凝土板产生的裂缝缝隙张开，在板内配置纵向和横向钢筋的混凝土面层称为钢筋混凝土面层。它仅在下述情况下采用：(1) 板的长度较大，如10～20m；(2) 板下埋有地下设施和路基有可能产生不均匀沉降；(3) 板的平面形状不规则或有孔等等。

(3) 连续配筋混凝土面层

除了在与其他路面交接处或邻近结构物处设置胀缝以及视施工需要设置施工缝外，路段长度内不设置横缝的一种纵向连续配置钢筋的混凝土面层，称为连续配筋混凝土面层。纵向钢筋的配筋率通常为0.6%～0.7%。连续配筋混凝土面层的厚度约为普通混凝土面层厚度的80%～90%。

(4) 预应力混凝土

对混凝土或钢筋施加预应力的无筋或钢筋混凝土面层，这种面层目前尚未推广应用。

(5) 钢纤维混凝土

在混凝土内掺入低碳钢或不锈钢纤维，形成均匀而多向配筋的混凝土面层。

(6) 混凝土块料路面

由混凝土预制块铺砌而成的面层，依靠块料间的嵌锁作用承受荷载。其结构设计方法接近于柔性路面。

12.2.2 路基

水泥混凝土的弹性模量为$(25 \sim 40) \times 10^3$MPa，因此，混凝土面层板具有很高的刚度和扩散荷载的能力，通过面层板传到路基顶面的荷载应力值很小，一般情况下小于0.05MPa，所以，水泥混凝土路面不要求有强度大或承载力高的路基。然而，如果路基的稳定性较差，在周围水温变化的影响下出现较大的变形，特别是不均匀变形，会使板底局部脱空，路基产生不均匀支承，从而增加板的应力，导致路面提早破坏。

路基产生不均匀支承，可能出于以下三方面原因：

(1) 不均匀沉陷

湿软地基未达到充分固结，填料土质不均匀，压实不均匀，新老路基交接等都可能产生不均匀沉降。

(2) 不均匀冻胀

季节性冰冻地区土质不均匀(对冰冻敏感性不同的土类)和路基潮湿条件变化；

(3) 膨胀土

在过干或过湿(相对于最佳含水量)时压实或排水设施不良等，会促使膨胀土产生不均匀变形。

为了保证路基支承的均匀性，遇有上述情况时，宜分别采取相应的处理措施。这些措施包括：

(1) 选择低膨胀性土(塑性指数在 10 以下)或对冰冻不敏感的土做填料;将膨胀性高或对冰冻敏感的土放在路堤的下层,而在上层用好填料填筑;对不同来源和性质的填料进行适当的拌和等。

(2) 控制压实度和压实时的含水量。在气候潮湿地区压实塑性土时,含水量宜略高于最佳含水量值。这时的压实土,其渗透性、浸水后的膨胀量和冰冻都可减小,从而可提供体积变化小而支承均匀的路基。

(3) 尽可能提高路基设计标高或加深边沟底部深度,以增加路面同地下水位之间的距离。

(4) 对路基上层土采用低剂量石灰或水泥等结合料作稳定处理。

(5) 设置路基排水设施,以拦截透水层流向路基的渗透水或降低地下水位。

在可能有不均匀支承的路基上,除了采用上述有关措施外,应加设垫层以缓和可能产生的不均匀变形对面层的不利影响。

12.2.3　基层和垫层

水泥混凝土面层具有较大的刚性和承载能力,因而往往不需要设置具有承重层性质的基层。混凝土面层下设置基层和垫层的作用有下述三方面:

(1) 防止或减轻唧泥和错台现象的出现。由前面的分析已知,唧泥的产生是荷载、水、地基刚度和侵蚀多方面因素综合作用的结果。设置基层或垫层,可以减少唧泥的产生。而要达到这一点,必须对基层或垫层在刚度、细粒土含量、耐冲刷和排水等方面有一定的要求。并且,交通越繁重,降水量越大,对基层或垫层的上述要求便越高。

(2) 有利于控制或减少路基不均匀冻胀或体积变形对混凝土面层的不利影响。

(3) 为面层施工提供稳定而坚实的工作面。面层施工时,需在基层或垫层顶面设立侧模,供混凝土摊铺和振捣机械在上面行驶。基层或垫层的刚度不足,会使侧模跟随变形而影响浇筑后混凝土面层的平整度。同时,运送混凝土的车辆或其他车辆需在基层或垫层顶面行驶。因而,基层或垫层必须有承受施工车辆作用的能力。

基层和垫层有粒料类(碎石、砂砾等)、稳定类(水泥、石灰、沥青稳定粒料或土)和贫混凝土(或经济混凝土)三大类,分别具有不同的刚度、耐冲刷能力和透水性。按交通等级和基层对抗冲刷能力,提出了各交通等级对基层类型。(见表 12－1)

表 12－1　适宜各交通等级的基层类型

交通等级	基 层 类 型
特重交通	贫混凝土、碾压混凝土或沥青混凝土基层
重交通	水泥稳定粒料或沥青稳定碎石基层
中等或轻交通	水泥稳定粒料、石灰粉煤灰稳定粒料或级配粒料基层

一般情况,混凝土面层下仅设置基层。在交通特别繁重、路基湿软或季节性冰冻地区,除基层外还需设置垫层。垫层通常采用砂砾,也可采用隔温性能良好的材料(如炉渣等)。

为防止唧泥,所需的基层或垫层厚度一般为 10 ～ 15cm。基层和垫层的宽度应大于面层的宽度,以便有足够的位置供立侧模用和满足混凝土摊铺的要求。同时,较宽的基层和垫层也有利于改善面层板边缘的受荷条件和给路肩以额外的加强。通常,垫层可修筑成与路床顶同宽的全宽式,基层宽度每侧要比面层宽出 30cm 以上。采用开级配的混合料作透水性基层或垫层时,其宽度可修筑成全宽式，或者结合排水系统的设计要求确定。稳定类基层和密级配粒料基层也可修筑成全宽式，以支承路肩、保护路基(膨胀性土时)和为施工期间的车辆提供行驶条件。

12.2.4 排水和路肩

通过混凝土面层接缝、裂缝和外侧边缘下渗的水量比人们预料的要多，特别在降水量大而接缝填封料失效的情况下，路面修建往往采用槽式结构，因而下渗到基层或垫层内的水常积滞在路槽内，从而侵蚀基层、垫层和路基，造成唧泥和错台的出现。

混凝土路面的排水应根据公路等级、地形、地质、气候、年降水量、地下水等条件，结合路基排水进行设计，使之形成良好的排水系统，确保排水畅通、路基路面稳定和行车安全。

高速公路和一级公路对路面排水一般由路肩排水、中央分隔带排水和路面表面渗入水的排除等组成，现代水泥混凝土路面的使用经验表明，路肩必须设置边坡与板底连通的排水盲沟，以利于将路面板接缝处的渗水排出路肩。

12.2.5 接缝的构造与布置

混凝土路面板由于温度或湿度变化、硬化时的收缩等原因，会出现胀缩和翘曲。设置接缝，可减小混凝土板因变形受到约束而产生的内应力，并满足施工的需要。但接缝是路面结构的薄弱部位，又会影响行车平稳，而且不免要渗水，容易产生唧泥、错台等损坏现象。因此，接缝要合理布置，并具有足够的传荷能力和有效的防水设施。

1. 纵缝的构造与布置

纵缝是指平行于道路中线(行车方向)而设置的接缝。纵缝主要有纵向施工缝和纵向缩缝两种。

当一次铺筑宽度小于路面宽度时，应沿着施工纵向设置施工缝。纵向施工缝采用平缝形式(见图 12-1(a))，并应设置与缝壁垂直的拉杆，以防止板块出现位移而使接缝张开和板块上下错动。为利用板间传递荷载，也可做成企口缝(见图 12-1(b))。缝壁应涂沥青，上部留有的缝槽内应填塞填缝料，以免渗水和落入硬屑。

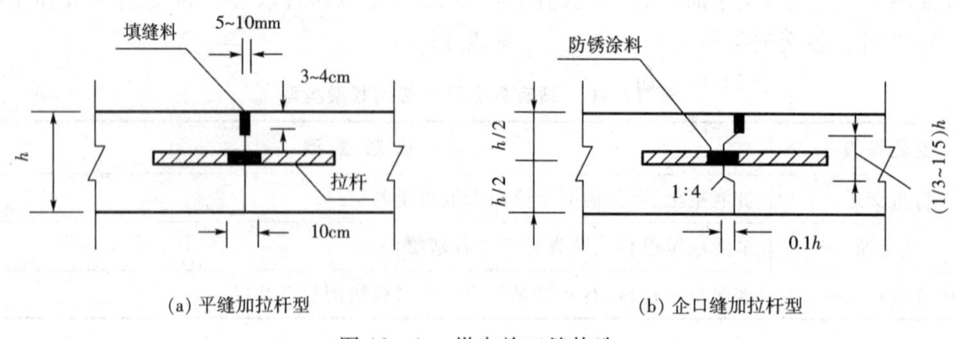

图 12-1 纵向施工缝构造

当一次铺筑宽度大于 4.5m 时，应增设纵向缩缝。缩缝做成假缝形式(见图 12-2)，即铺筑时仅在板的上部设缝槽，而板的收缩和翘曲会使缝槽下的混凝土自行断裂。由于断裂表面凹凸不平、互相嵌锁，使这类接缝具有一定的传荷能力。缝槽深度要适中，过浅，混凝土截面的强度削弱得不够，从而不能保证以后的断裂发生在接缝位置上；过深，不规则断裂面积过少，接缝的传荷能力就降低。根据经验，采用粒料基层时，槽口深度为板厚的 1/3；采用半刚性基层时，槽口深度为板厚的 2/5。

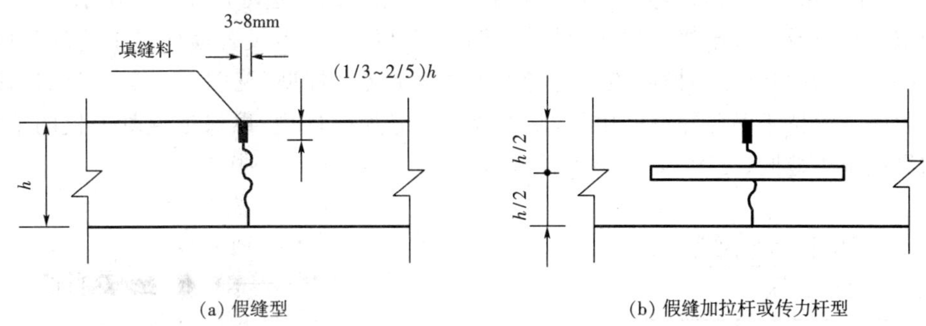

(a) 假缝型　　(b) 假缝加拉杆或传力杆型

图 12-2　纵向缩缝构造

纵缝设置的横向拉杆，一般采用螺纹钢筋，中部 10cm 范围内应刷防锈涂料。拉杆主要起拉紧相邻板块不让它们分离的作用，因而它要能提供足够的拉力以克服混凝土板收缩时地基(基层)顶面所给予的摩擦力。每延米纵缝所需的拉杆钢筋截面积 A_s(cm^2) 按下式计算：

$$A_s=\frac{Bh\gamma f}{10f_s}(\text{cm}^2) \tag{12-4}$$

式中：B,h—— 混凝土板的宽度(cm) 和厚度(cm)；

f—— 板底和基层顶面间的摩阻系数，一般取 1.5；

γ—— 混凝土的容重(kN/m^3)，普通混凝土可取为 23.5kN/m^3。

f_s—— 钢筋的容许拉应力(MPa)，通常取钢筋屈服强度的 2/3。

另外，拉杆还应有足够的长度，使锚固在混凝土内的拉杆能发挥其抗拉能力。

2. 横缝的构造与布置

横缝是垂直于行车方向的接缝，通常垂直于纵缝。共有缩缝、胀缝和施工缝三种类型。

为减小混凝土的收缩应力和温度翘曲应力而设置缩缝。横向缩缝一般采用假缝形式，横向缩缝顶部应锯切槽口，深度为面层厚度的 1/5 ～ 1/4，其构造如图 12-3 所示。在交通繁重的路上，为提高接缝的传荷能力，减少错台现象，横向缩缝应在板厚中央设置传力杆。特重和重交通公路、收费广场以及邻近胀缝或自由端部的缩缝，均宜加设传力杆。传力杆采用光圆钢筋，一半以上长度涂以沥青或套上塑料膜套等，使之在混凝土收缩时能够滑动。

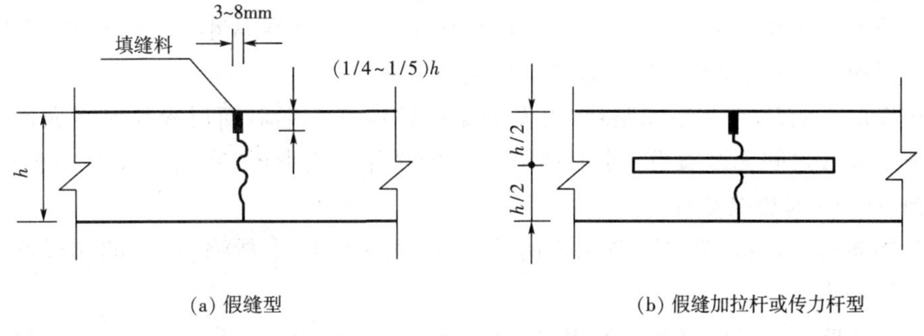

(a) 假缝型　　(b) 假缝加拉杆或传力杆型

图 12-3　横向缩缝构造

设置胀缝的目的是使混凝土板有膨胀的余地，从而避免产生过大的热压应力。胀缝采用平缝形式，下部设接缝板，上部为填缝料，并设置传力杆。但传力杆在滑动端头应套以金属或塑料套筒，内留空隙并用弹性材料填充，使板能自由胀缩。胀缝的构造如图 12-4 所示。

每天施工结束或混凝土浇筑作业因故中断半小时以上时，需设置横向施工缝。其位置宜设在胀、缩缝处。设在缩缝处的横向施工缝应采用平缝加传力杆型（见图 12-5），以保证接缝的传荷能力。若施工缝位于两条缩缝的中间，则做成企口缝加拉杆型，以保证混凝土板的整体性，构造要求与纵向施工缝同（见图 12-1(b) 所示）。

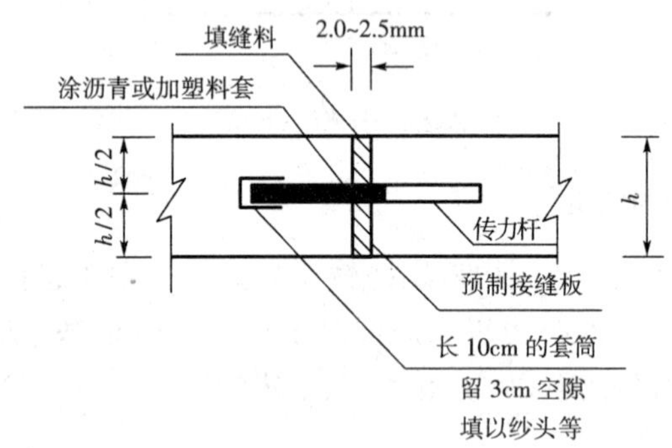

图 12-4 横向胀缝构造

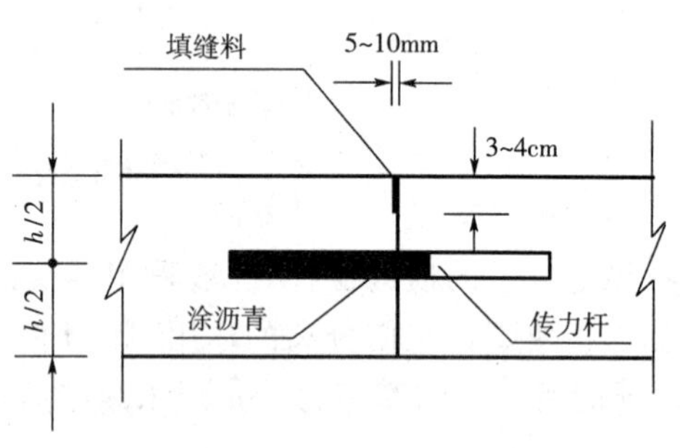

图 12-5 横向施工缝构造

12.3 弹性地基板应力分析

混凝土路面板所承受的应力有车辆轮载作用下的荷载应力、温度变化而板的伸缩和翘曲受阻所产生的温度应力、混凝土硬化和湿度变化造成的收缩应力、路基和基层的体积变化而引起的应力等。路面板设计时，主要考虑荷载应力和温度应力。

因水泥混凝土面层的刚度远大于基（垫）层和路基的刚度，在轮载作用下产生的变形（称作挠度）很小，远小于其厚度；混凝土面层、基（垫）层和路基间的摩阻力一般也不大，水泥混凝土面层具有良好的板体性和扩散荷载的能力。对混凝土路面进行受力分析，也可以采用弹性层状体系理论，但鉴于混凝土面层的上述特性，一般采用弹性地基板理论分析其应力状况。

12.3.1 小挠度弹性薄板的基本假设

水泥混凝土面层假设为各向同性的等厚弹性板。其厚度范围约为 10 ～ 50cm，而板的平面尺寸在一般情况下要比厚度大十几倍以上；荷载作用下的挠度通常小于 1mm，也即比厚度小两个数量级。因而，可把混凝土面层看做是小挠度弹性薄板。

混凝土面层下的基（垫）层和路基，可看做是弹性地基。它对面层板仅有竖向的支承反力，也即假设地基和板之间无摩擦力；同时，地基和板始终保持变形的连续性（完全接触），即便地基反力为负向（向下）时也是如此。

在研究侧向荷载（板顶为局部范围内的轮载，板底为地基反力）作用下的薄板弯曲时，通常采用下述三项基本假设：

(1) 竖向应变 ε_z 同其他应变分量相比很小，可以忽略不计。由此，竖向位移（即挠度）ω 仅是平面坐标 (x,y) 的函数，也即沿板厚各点具有相同的位移 ω。

(2) 垂直板中面的法线，在弯曲变形前后均保持为直线并垂直中面，因而无横向剪应变；

(3) 中面上各点无平行于中面(x 和 y 方向) 的位移。

板内对应力状态原是三维的,但在作了上述三项假设后便简化成平面问题。依据这些假设,可建立薄板在局部荷载 $p(x,y)$ 和地基反力 $q(x,y)$ 作用下弯曲对挠曲面微分方程:

$$D\left(\frac{\partial^4 \omega}{\partial x^4}+\frac{\partial^4 \omega}{\partial x^2 \partial y^2}+\frac{\partial^4 \omega}{\partial y^4}\right)=p(x,y)-q(x,y) \tag{12-5}$$

式中:D—— 板的弯曲刚度。

$$D=\frac{Eh^3}{12(1-\mu^2)} \tag{12-6}$$

式中:h—— 厚度;

E,μ—— 弹性模量和泊松比。

以荷载和应力函数代入上式,求解此微分方程,可得板中面对挠度曲线 $\omega(x,y)$,即可进一步求得内力(弯矩) 和应力分量。

12.3.2　弹性地基板荷载应力分析

为了建立接触面处地基顶面挠度同地基反力之间的关系,通常采用以下两种不同的地基模型:

(1) 文克勒(Winkler) 地基模型

假设地基由许多紧密排列而互不关联的线形弹簧组成,地基顶面任一点的挠度仅同作用于该点的压力成正比,而与其他点上作用的压力无关。此压力同挠度的比例系数 k 即为地基反应模量。

(2) 弹性半空间地基模型

假设地基是均质的半无限连续介质,采用弹性模量和泊松比表征其弹性性质时,地基顶面任一点对挠度不仅同作用于该点的压力有关,也同顶面其他点上的压力有关。

1. 文克勒(*Winkler*) 地基板荷载应力分析

H. M. Westergaard 采用 Winkler 地基假设,分析了三种轮载位置(图 12-6) 下板的挠度和弯矩公式:

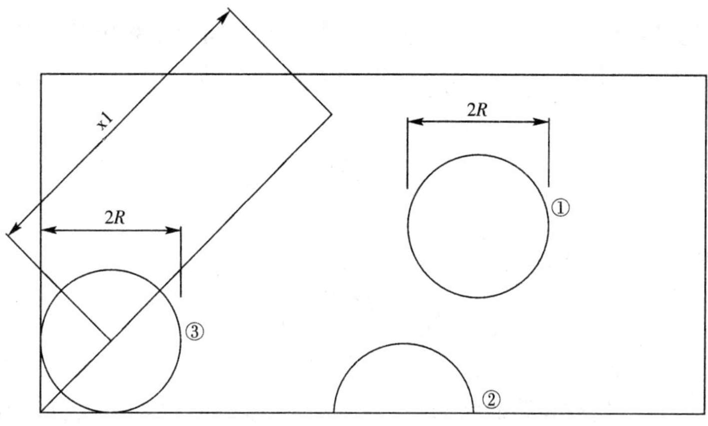

图 12-6　三种荷载位置

(1) 轮载作用于无限大板的中央，压力均布于半径为 R 的圆面积内。

荷载中心处板底最大弯拉应力 σ_i

$$\sigma_i = 1.1(1+\mu)(\lg\frac{l}{R}+0.2673)\frac{P}{h^2} \tag{12-7}$$

当荷载作用面积较小时，压强 p 可能很大。这时，如果仍采用薄板理论假设 $\sigma_z=0$ 计算应力，会得出偏大的结果。Westergaard 分析了薄板与厚板理论计算结果的差异，提出了一种把小半径实际荷载面积放大成当量计算半径 b 的近似方法。b 和 R 的关系按下式确定：

当 $R<1.724\mathrm{h}$ 时　$b=\sqrt{1.6R^2+h^2}-0.675h$

当 $R>1.724\mathrm{h}$ 时　$b=R$

因此，式(12-7) 改写为

$$\sigma_i = 1.1(1+\mu)(\lg\frac{l}{b}+0.2673)\frac{P}{h^2} \tag{12-8}$$

(2) 轮载作用于受一直线边限制的半无限大板的边缘，压力均布于半径为 R 的半圆内。

荷位下板底最大弯拉应力

$$\sigma_e = 2.116(1+0.54\mu)(\lg\frac{l}{R}+0.08975)\frac{P}{h^2} \tag{12-9}$$

在试验验证上述公式时发现，当板处于同地基保持完全接触对状态时，计算结果同实测值相符。但在板边缘由于板温度翘曲变形或地基塑性变形而同地基脱空时，实测值比式(12-9) 的计算结果偏高 10% 左右。为此，E. F. Kelley 根据试验结果，提出了经验修正公式：

$$\sigma_e = 2.116(1+0.54\mu)(\lg\frac{l}{R}+\frac{1}{4}\lg\frac{R}{2.54})\frac{P}{h^2} \tag{12-10}$$

(3) 轮载作用于受两条相互垂直的直线边限制的大板的角隅处，压力均布于半径为 R 的圆面积内，其圆心距角隅点为$\sqrt{R}$。

最大拉应力 σ_c 产生在板的表面离荷载中心为 x_1($x_1=2\sqrt{\delta_1}\,l$，$\delta_1=\sqrt{2}R$) 的分角线上。

$$\sigma_c = 3\left[1-\left(\frac{\sqrt{2}R}{l}\right)^{0.6}\right]\frac{P}{h^2} \tag{12-11}$$

在温度梯度和地基塑性变形的影响下，板角隅也会发生同地基相脱开的现象。试验表明，板角隅上翘时，实测应力位要比按式(12-11) 算得的大 30% ~ 50% 左右。对此，E. F. Kelley 也提出了经验修正公式：

$$\sigma_c = 3\left[1-\left(\frac{R}{l}\right)^{1.2}\right]\frac{P}{h^2} \tag{12-12}$$

以上诸式中，P 为车轮荷载，l 为板的相对刚性半径

$$l=\sqrt[4]{\frac{D}{k}}=\sqrt[4]{\frac{Eh^2}{12(1-\mu^2)k}} \tag{12-13}$$

对比以上各式，在同一轮载和路面结构情况下，板中受荷时产生的最大应力值低于板边和板角隅受荷时产生的应力最大值，约为未翘曲的板边最大应力的 2/3。角隅受荷时产生的最大应力，在板角未翘起时低于板边受荷时产生的应力，而在板角翘起时超过未翘曲板边受荷时产生的应力。

2. 弹性半空间体地基板荷载应力分析

半空间地基上无限大板对板中作用圆形均布荷载时，可由式(12-5)推演出相应的挠度和应力解。板中最大挠度和应力可由下式确定：

$$\omega_0 = \frac{(1-\mu_0^2)P}{E_0 l_0}\overline{\omega_0} \tag{12-14}$$

$$\sigma_0 = \frac{6P}{h^2}\overline{M_0} \tag{12-15}$$

式中：l_0—— 板和地基的相对刚度半径，$l_0 = \sqrt[3]{\frac{2D(1-\mu_0^2)}{E_0}} = \sqrt[3]{\frac{Eh^3(1-\mu_0^2)}{6E_0(1-\mu^2)}}$

E_0 和 μ_0—— 地基的弹性模量和泊松比；

$\overline{\omega_0}$ 和$\overline{M_0}$—— 板中挠度系数和弯矩系数，随 R/l_0 而变，见表 12-2。

表 12-2　半空间地基上无限大板的板中挠度系数$\overline{\omega_0}$ 和弯矩系数$\overline{M_0}$($\mu=0.15$)

系数 \ R/l	0.10	0.12	0.14	0.16	0.18	0.20	0.22	0.24	0.26	0.28	0.30
$\overline{\omega_0}$	0.383	0.383	0.382	0.382	0.381	0.380	0.379	0.379	0.378	0.377	0.376
$\overline{M_0}$	0.267	0.251	0.237	0.224	0.214	0.205	0.196	0.187	0.181	0.174	0.168

半无限地基板的荷载应力计算理论，对于荷载作用于板边或板角隅处，目前尚无解析解。而把无限大板的解算结果应用于板边或板角受荷情况，会产生较大的误差。通常，限定荷载作用中心距板边缘的距离大于 $1.5l_0$ 时，才能应用无限大板的公式计算应力。

水泥混凝土面层是有限尺寸的矩形板，不同组合的轮载可在板上任意位置驶过，板边缘按接缝类型的不同而具有不同程度的相邻板之间的荷载传递能力，由于板温度翘曲变形和地基塑性变形的影响，在板边和角隅处板底同地基有可能脱空。凡此种种，无论是 *Winkler* 地基或是半无限地基上板的解析解，都还不能给予解算。目前，只有采用近似的数值计算方法，如有限单元法和差分法等，才能考虑混凝土面层的上述真实工作条件。

12.3.3　弹性地基板温度应力分析

水泥混凝土面层内不同深度处的温度，随气温而发生周期性变化。这种变化使混凝土面层出现伸缩变形和翘曲变形。当伸缩和翘曲变形受阻，面层内便会产生伸缩应力和翘曲应力。

1. 伸缩应力

考察一长度和宽度均很大的板，在温差的影响下板内任一点的应变为

$$\varepsilon_x = \frac{1}{E}(\sigma_x - \mu\sigma_y) + \alpha_t \Delta t \tag{12-16}$$

$$\varepsilon_y = \frac{1}{E}(\sigma_y - \mu\sigma_x) + \alpha_t \Delta t \tag{12-17}$$

式中：α_t—— 混凝土的线膨胀系数，约为 1×10^{-5}/℃；

Δ_t—— 平均板温差(℃)。

板中部，如果受到板和基层之间的摩阻力的完全约束，则温度变化时板不能移动，即 $\varepsilon_x=0$，

$\varepsilon_y=0$。以此代入上式，可解得伸缩完全受阻时所产生的应力为

$$\sigma_x=\sigma_y=-\frac{E\alpha_t\Delta_t}{1-\mu} \tag{12-18}$$

对于板边缘中部或窄长板(长边平行 x 轴)，即 $\varepsilon_x=0$ 和 $\varepsilon_y=0$，则有

$$\sigma_x=-E\alpha_t\Delta_t \tag{12-19}$$

上述两式中，E 为混凝土的弹性模量(MPa)。E 的取值大小，应考虑应力作用的持续时间。温度变化持续很久(例如数天以至数月)时，由于混凝土的蠕变效应，其持久弹性模量值仅及标准试验所得模量的 1/3 ～ 2/3。

对未设接缝的混凝土面板，当温度下降15℃时，其最大收缩应力可按式(12-18)计算。取 $E=3\times10^4$ MPa，$\mu=0.15$，$\Delta t=-15$℃，则

$$\sigma_x=-\frac{3\times10^4\times10^{-5}\times(-15)}{1-0.15}=5.29(\text{MPa})$$

在混凝土浇筑后的初期，混凝土尚未完全硬化，其抗拉强度不足以抵抗收缩应力，板将出现开裂。当混凝土板温度升高时，如果未设置涨缝，板的膨胀受阻，板内将出现膨胀应力。如果板温升高15℃时，同样按式(12-18)可计算压应力为5.29MPa。这一数值虽然小于混凝土对抗压强度，但要注意在此压力作用下是否出现屈曲现象。

为了减少收缩应力，在混凝土板内设置各种接缝，板被划分为有限尺寸的板块。这时，板的自由收缩受到与基础的摩阻力所约束，此摩阻力随板的自重而变。因变形受阻而产生的板内最大应力出现于板长的中央，其值可以近似按式(12-20)计算：

$$\sigma_t=\gamma fL/2 \tag{12-20}$$

式中：γ—— 混凝土容重，约为 0.024MN/m³；

L—— 板长，m；

f—— 板与基础之间的摩擦系数，一般为 1.0 ～ 2.0。

板划分为有限尺寸板块后，因收缩而产生的应力很小，可不予考虑。

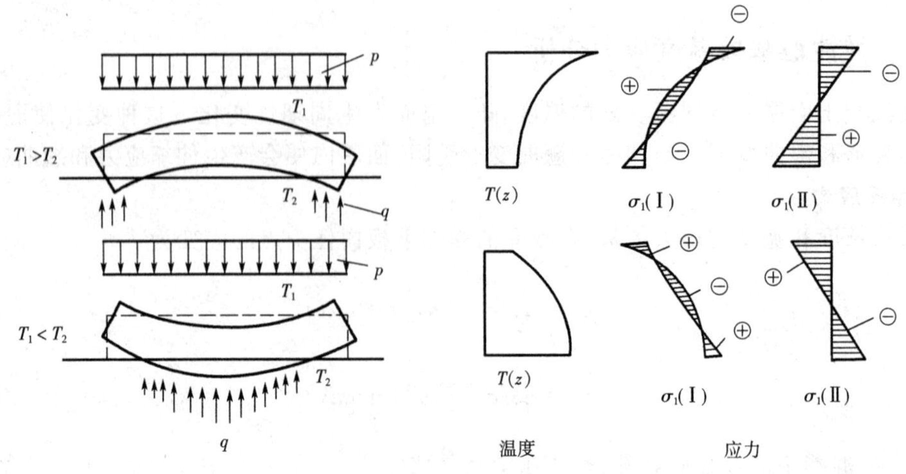

图 12-7　板内不同温度分布时产生的应力分布

p— 自重；q— 地基反力；⊕— 拉应力；⊖— 压应力

2. 翘曲应力

板顶和板底出现温度差时,板产生翘曲变形,温度沿板截面呈曲线分布。板的翘曲变形受到两方面的约束。一方面是板的横截面在变形后仍保持为平面的假设,它约束了由于温度呈曲线分布而产生的那部分超出平面状态的应变,由此而产生的应力称作内应力;另一方面是板的自重、地基的反力和相邻板的钳制作用,使部分翘曲变形受阻,从而产生翘曲应力。由于薄板在温度梯度最大时的温度分布接近于直线,由第一方面的约束所产生的内应力值不太大,有时仅考虑第二方面的约束,而假定温度沿截面呈直线分布。

当板顶温度大于板底时,板的中部力图拱起,而在受约束后板底面将出现拉应力;反之,当板顶温度低于板底,则板的四周会翘起,受到约束后板顶面将出现拉应力。H. M. westergaard 首先采用 Winkelr 地基假设,导出了仅受地基反力约束的翘曲应力计算公式。在推导过程中,还假设了温度沿板截面的变化为直线,板的自重忽略不计,板和地基始终保持接触。R. D. Bradbury 在此基础上提出了长和宽均为有限的矩形板的板中翘曲应力计算公式:

$$\sigma_x = \frac{E\alpha_t \Delta t}{2}\left(\frac{C_x + \mu C_y}{1-\mu^2}\right) \tag{12-21}$$

$$\sigma_y = \frac{E\alpha_t \Delta t}{2}\left(\frac{C_y + \mu C_x}{1-\mu^2}\right) \tag{12-22}$$

而在板边缘中点的翘曲应力为:

$$\sigma_x = \frac{E\alpha_t \Delta t}{2} C_x \tag{12-23}$$

式中:Δt—— 板顶面与底面温差(℃)。通常表示为板的温度梯度 T_g 乘以板厚,即 $\Delta t = T_g h$,温度梯度 T_g 按所在地公路自然区划查阅相关资料取值。

C_x 和 C_y—— 温度翘曲系数,其数值可以从图 12-8 中的曲线 3 查取,随相对板长(L/l)和相对板宽(B/l)而变,其中 l 为刚性半径,见式(12-13)。

比较不同板长的翘曲应力值可看出,应力随板的增长而增加,但板长达一定程度后,应力值差别不大。对于较厚的板,采用温度沿截面呈线性分布的假设,按板顶和板底温度差确定的温度梯度计算翘曲应力,会得到偏大的翘曲应力值。为此,应考虑由于温度非线性分布而引起的内应力的影响。按板底受约束的应变量,可以推演出内应力的计算式。将它同翘曲应力相叠加后,便可得到考虑内应力影响的翘曲应力计算式:

板中部

$$\sigma_x = \frac{E\alpha_t \Delta t}{2(1-\mu^2)} D_x \tag{12-24}$$

$$\sigma_y = \frac{E\alpha_t \Delta t}{2(1-\mu^2)} D_y \tag{12-25}$$

板边缘中点

$$\sigma_x = \frac{E\alpha_t \Delta t}{2} D_x \tag{12-26}$$

式中:D_x—— 考虑内应力的温度翘曲应力系数,它随 C_x 和厚度 h 而变,其关系直接绘于图 12-8 中,可供查用。

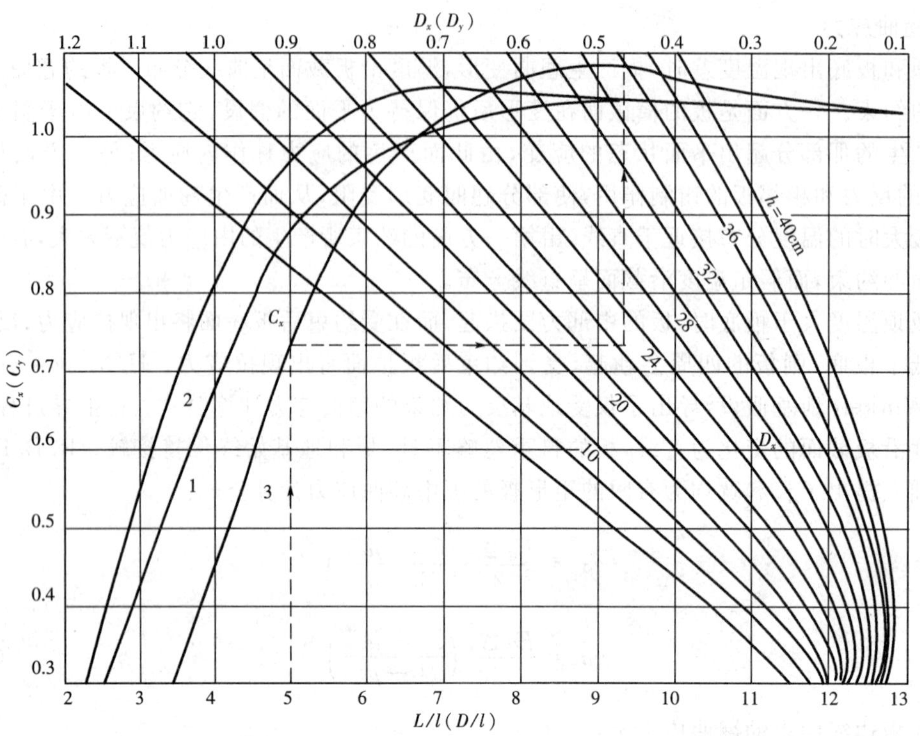

图 12-8 弹性地基板温度翘曲应力系数和温度应力系数值

1—半无限地基板板中点；2—半无限地基板板边缘中点；3—Winkler 地基板

板的翘曲变形，除了受到地基反力的约束作用外，还受到板自重和邻板钳制的约束。翘曲变形产生后，一部分板有可能同地基脱离接触，例如，板中部拱起时（顶温高于底温），中部底面可能同地基脱开；周边翘起时（顶温低于底温），边角部分可能同地基脱离接触。出现脱空的区域内，地基不可能提供反力约束作用。Westergaard 计算理论中，对这些都未予考虑。特别是脱空现象，在温度梯度较大和短板的情况下，由于多计入了脱空区的地基反力，使计算结果偏大很多。对于自重约束和脱空的影响，可以采用有限元法进行分析。

弹性半空间体地基上板的翘曲应力，目前尚无解析解，可以采用有限元法计算板内翘曲应力。按照文克勒地基板计算翘曲应力的假设，采用有限元法计算弹性半空间地基上板的翘曲应力，所得结果绘于图 12-8 中（线 1 和 2）。此时板的刚性半径计算公式为：

$$l = h\sqrt[3]{\frac{E_c(1-\mu_s^2)}{6E_{tc}(1-\mu_c^2)}} \tag{12-27}$$

式中：E_{tc}—— 弹性半空间地基的计算回弹模量，MPa。

12.4 水泥混凝土路面板厚设计

混凝土面层板的厚度，主要决定于预定使用年限内标准轴载的累计作用次数和混凝土的疲劳强度。确定板厚的方法有很多种，所依据的设计标准也不尽相同。目前，应用较广泛的有两种，一是以使用年限末混凝土板出现疲劳开裂为临界状态，另一种是以混凝土面层的使用性能（以现时服务能力指数 PSI 表征）在使用期末下降到最低可接受的程度为标准。我国的水泥混凝土路面设计规范采用前一种标准。

为减小收缩应力和翘曲应力，混凝土面层由纵横向接缝划分为有限尺寸的矩形板。板宽通常按车道宽(一般为 3.5 ～ 3.75m，最大为 4.5m) 设置。板长(即缩缝间距) 应短些，使翘曲应力减小；但过短，接缝数量增多，会影响行车平稳，也增加施工的不便。根据使用经验，通常取板长为板厚的 25 倍左右较合适(一般为 5m 左右)，这时所产生的翘曲应力不至于使板开裂。为判断所选的板块尺寸是否合适，可进行温度翘曲应力及其疲劳损耗分析，并同荷载应力的疲劳损耗相叠加，验算其综合疲劳应力是否低于混凝土的抗弯拉强度。

考虑荷载应力和温度翘曲应力综合疲劳作用的混凝土面层厚度和板平面尺寸确定方法可遵循下述设计步骤：

(1) 收集并分析交通参数

收集日交通量和轴载组成数据，确定方向系数和车道系数，计算设计车道标准轴载日作用次数；由此确定道路的交通等级，并进而选定设计年限、选定交通量年平均增长率和轮迹横向分布系数，计算使用年限内标准轴载的累计作用次数。

(2) 初拟路面结构

初选路面结构层次、类型和材料组成；拟定各层的厚度、面层板平面尺寸和接缝构造。混凝土面层的初估厚度，可按交通等级选择。

(3) 确定材料参数

试验确定混凝土的设计弯拉强度和弹性模量，基层、垫层和路基的回弹模量，基层顶面的当量回弹模量。

(4) 计算荷载疲劳应力

由应力计算图或公式得到标准轴载作用下板边缘中部的最大荷载应力；按接缝类型选定接缝传荷系数；按标准轴载累计作用次数计算得到疲劳应力系数；按交通等级选定综合系数；综合上述计算结果可得到荷载疲劳应力 σ_{pr}。

(5) 计算温度应力

由所在地公路自然区划选择最大温度梯度；按路面结构和板平面尺寸计算最大温度梯度时的温度翘曲应力；按自然区划和 σ_m / f_r 确定温度应力累计疲劳作用系数；由此计算确定温度疲劳应力 σ_{tr}。

(6) 检验初拟路面结构

按下述条件检验：

$$\gamma_r(\sigma_{pr} + \sigma_{tr}) \leqslant f_r \tag{12-28}$$

式中：γ_r—— 可靠度系数，依据所选目标可靠度及变异水平等级按表 12－3 确定。

f_r—— 混凝土的设计抗弯拉强度(MPa)。上述检验条件如不符合，则重新拟定路面结构或板平面尺寸，按第 2 ～ 第 5 步重新计算，直到满足为止。

表 12－3　可靠度系数 γ_r 取值

变异水平等级	目标可靠度(%)			
	95	90	85	80
低	1.20 ～ 1.33	1.09 ～ 1.16	1.04 ～ 1.08	—
中	1.33 ～ 1.50	1.16 ～ 1.23	1.18 ～ 1.13	1.04 ～ 1.07
高	—	1.23 ～ 1.33	1.13 ～ 1.18	1.07 ～ 1.11

12.4.1 交通分析与轴载换算

1. 标准轴载与轴载换算

我国公路水泥混凝土路面结构设计以100kN的单轴 — 双轮组荷载作为标准轴载。对于各种不同汽车轴载的作用次数，可按等效疲劳断裂原则换算成标准轴载的作用次数，并根据标准轴载的作用次数判断道路的交通繁重程度。轴载换算公式为

$$N_s=\sum_{i=1}^{n}\alpha_i N_i\left(\frac{P_i}{100}\right)^{16} \tag{12-29}$$

式中：N_s—— 标准轴载的作用次数(次 /d)；

N_i—— 各级轴载的作用次数(次 /d)；

n—— 轴载的分类数目；

P_i—— 各级轴载单轴和双轴总重(kN)；

α_i—— 轴数系数，单轴时，$\alpha_i=1$；双轴时，$\alpha_i=1.46\times10^{-5}P_i^{-0.3767}$。小于40kN的单轴和80kN的双轴可略去不计。

2. 交通分级与累计作用次数

水泥混凝土路面承受的交通，按使用初期设计车道每日通过的标准轴载作用次数 N_s 划分为四个等级。具体分级如表12-4所示。

表12-4 交通分级、设计使用年限及初估板厚

交通等级	使用初期设计车道日标准轴载作用次数	设计使用年限	初估板厚(cm)	
			普通混凝土	碾压混凝土
特重	> 1500	30	> 25	> 26
重	200 ~ 1500	30	23 ~ 25	24 ~ 26
中等	5 ~ 200	20	21 ~ 23	22 ~ 24
轻	⩽ 5	20	< 21	< 22

水泥混凝土路面的设计使用年限为路面达到预定损坏标准时所能使用的年限。水泥混凝土路面的使用年限要比沥青混凝土路面长得多，可根据国内外使用经验，并参照交通等级确定一般使用年限为20 ~ 40年。若确定很长的使用年限，则远景交通量很难估计准确，而且会使初期建设投资过高。因此，从建设长远利益出发，为了节省投资应采用合理的设计使用年限。我国的规范规定水泥混凝土路面的设计使用年限如表12.4所示。

设计使用年限内标准轴载的累计作用次数与第一年的交通量、交通轴载组成和交通量的预测增长情况等因素有关。上述交通参数应进行详细调查、观测与预测。然后根据所得到的交通资料，按下式计算确定设计使用年限内设计车道的标准轴载累计作用次数 N_e：

$$N_e=\frac{N_s[(1+\gamma)^t-1]\times365}{\gamma}\eta \tag{12-30}$$

式中：N_s—— 使用初期设计车道的日标准轴载作用次数；

γ—— 由调查确定的交通量年平均增长度(%)；

t—— 设计使用年限，按表12.4选用；

η—— 车轮轮迹分布系数。

车辆轮迹仅具有一定的宽度，车辆通过设计车道时只能覆盖一小部分的宽度，因此，车道横

断面上各点所受到的轴载作用次数仅为通过该断面的总作用次数的一部分。车轮轮迹分布系数 η 表示路面横断面上某一宽度范围内实际受到的轴载作用次数占通过该车道断面的总轴数的比例。η 的取值根据公路等级见表 12-5。

表 12-5　车辆轮迹横向分布系数 η

公路等级		纵缝边缘处
高速、一级		0.17 ～ 0.22
二级、三级、四级	行车道宽 ＞ 7m	0.34 ～ 0.39
	行车道宽 ≤ 7m	0.54 ～ 0.62

12.4.2　材料参数的确定

1. 混凝土的模量和强度

水泥混凝土的弹性模量值，是在小梁试件（15cm × 15cm × 55cm）上通过三分点加载测试后确定，模量值变化范围一般在（2 ～ 5）× 10^4 MPa 范围内。无试验条件时，可利用弹性模量与抗弯拉强度之间的经验关系式估算：

$$E_c = 1.44 f_{cm}^{0.458} \times 10^4 \tag{12-31}$$

式中：E_c—— 混凝土弹性模量

f_{cm}—— 混凝土设计抗弯拉强度

水泥混凝土路面的设计抗弯拉强度，一般取 28 天龄期 15cm×15cm×55cm 的水泥混凝土小梁试件，通过三分点加载测试后确定。如果混凝土路面浇筑后不立即开放交通，可采用 90 天龄期强度，其值一般可按其 28 天龄期强度的 1.1 倍计。

2. 地基回弹模量

混凝土面板下的地基包括路基和根据需要设置的垫层和基层，分析板内荷载应力时，直接采用层状弹性体系进行计算，并对路床上的基层和底基层或垫层结构，依据等弯曲刚度的原则换算为回弹模量和厚度当量的单层结构后，按双层体系进行计算。其计算分为新建公路和旧柔性路面两种情况。

（1）新建公路的顶面当量回弹模量值

在设计新建公路时，基层顶面的当量回弹模量 E_t，可以根据土基状态拟定的基层、垫层结构类型和厚度，用规范建议的土基、垫层及基层材料回弹模量值，确定如下：

$$E_t = a h_x^b E_0 \left(\frac{E_x}{E_0}\right)^{1/3} \tag{12-32}$$

式中：E_t—— 基层顶面的当量回弹模量，MPa；

E_0—— 路床顶面的回弹模量，MPa；

E_x—— 基层和底基层或垫层的当量回弹模量（MPa），$E_x = \dfrac{h_1^2 E_1 + h_2^2 E_2}{h_1^2 + h_2^2}$，$E_1$、$E_2$ 为基层和底基层或垫层的当量回弹模量（MPa），h_1、h_2 为基层和底基层或垫层的厚度（m）；

h_x—— 基层和底基层或垫层的当量厚度（m），$h_x = \left(\dfrac{12D_x}{E_x}\right)^{1/3}$，$D_x$ 为基层和底基层或垫层的当量弯曲刚度（MN・m）。

底基层和垫层同时存在时，可先将底基层和垫层换算成具有当量回弹模量和当量厚度的单层，然后再与基层一起按上式计算基层顶面当量回弹模量。

(2) 旧柔性路面的顶面当量回弹模量值

在旧柔性路面上加铺混凝土路面时，应通过承载板试验或弯沉测定法确定原有路面顶面的当量回弹模量 E_t，即

$$E_t = 13739\omega_0^{-1.04} \tag{12-33}$$

式中：ω_0—— 以后轴重 100kN 的车辆进行弯沉测定，经统计整理得到的原路面计算回弹弯沉值(0.01mm)。

由于地基回弹模量值是荷载级位的函数，上述方法得到的只是一种代表该种加载条件的平均模量值。而混凝土面层下基层顶面的挠度和压力值要比柔性面层下小很多，并且压力分布图形及范围也存在很大的不同。因此，采用上述方法得到的模量值并不能代表混凝土面层下地基的真实数值，而模拟混凝土板下压力分布图形的加载方法又难以实现。目前的权宜办法是在混凝土板表面实测荷载 — 挠度关系，利用弹性地基板的理论挠度公式反算地基的模量值，并以此同基层顶面用承载板法实测得到的数值相对比，由此而得到两者间的统计相关关系。按此关系便可把由承载板法得到的模量值转换为混凝土板下基层顶面的回弹模量值。下式即是由大量加荷试验资料汇总而成的结果：

$$E_{tc} = nE_t \tag{12-34}$$

式中：E_t—— 基层顶面的当量回弹模量，MPa；

E_{tc}—— 基层顶面的计算回弹模量，MPa；

n—— 模量修正系数。计算荷载应力时，$n = 1.718 \times 10^{-3}\left(\frac{hE_c}{E_t}\right)$，$h$ 为混凝土板厚(cm)，E_c 为混凝土的弹性模量(MPa)；计算温度应力时，$n = 0.35$。

12.4.3 混凝土板荷载疲劳应力

轴载在混凝土面层内产生的应力，采用弹性半无限地基上弹性薄板的力学模型和有限元法进行分析。

1. 临界荷位

为了简化计算工作，通常选取使面层板内产生最大应力或最大疲劳损坏的一个荷载位置，作为应力计算时的临界荷位。由于现行设计方法采用疲劳断裂作为设计标准，选择临界荷位时应以产生最大疲劳损耗的荷载位置作为标准，也即，不仅要考虑应力大小，还要考虑所承受的荷载作用次数。

利用可考虑荷载应力和温度应力综合疲劳作用的疲劳方程，分析具有不同接缝传荷能力的混凝土路面的疲劳损耗，可得出不同接缝情况下的临界荷位。分析时，考虑了轮迹横向分布的影响。

经过几种典型路面结构的荷载和强度梯度的损耗分析，在考虑荷载应力和温度应力综合疲劳损耗的情况下，除了纵缝为企口设拉杆和横缝为自由边的混凝土路面，其临界荷位应选在横缝边缘中部外，其他情况均应选取纵缝边缘中部作为临界荷位。

依据上述分析，采用纵缝边缘中部作为应力计算时的临界荷位(见图 12－9)。

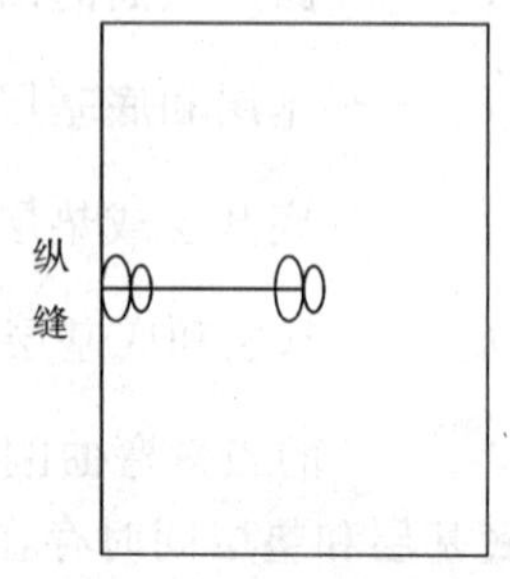

图 12－9　临界荷位

2. 荷载疲劳应力计算

半无限地基上有限尺寸矩形板在板边缘中部受到轴载作用的应力分析，目前尚无解析解，为此，应用有限元方法，按上述临界荷位，对不同轴载、板和地基参数进行大量计算分析，利用计算结果编绘成应力计算图（图 12－10）。通过查图得出标准轴载 P 在临界荷位处产生的荷载应力 σ_{ps}。

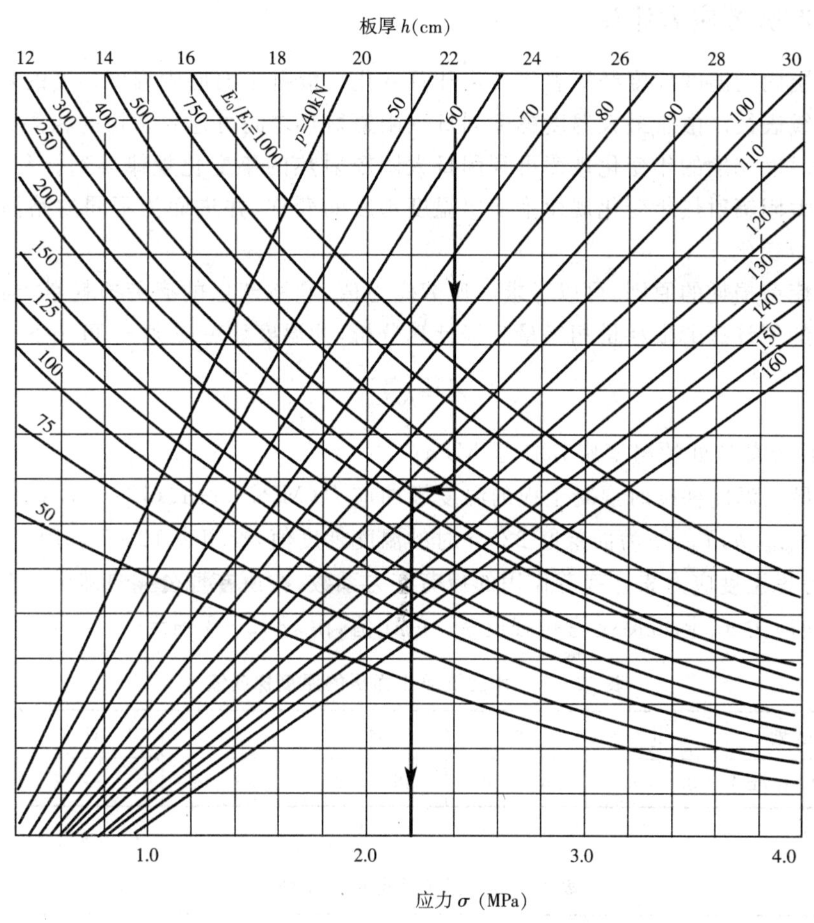

图 12－10 单轴轴载作用于纵缝边缘中部时的应力计算图

由于混凝土路面纵向和横向接缝通常具有一定的传荷能力，而荷载应力 σ_{ps} 是四边为自由板时的结果，必须进行修正。修正后的荷载疲劳应力 σ_{pr} 定义为

$$\sigma_{pr} = k_j k_f k_c \sigma_{ps} \tag{12-35}$$

式中：k_j—— 考虑接缝传荷能力的应力折减系数，即应力传荷系数。纵缝为设拉杆的平缝时，$k_j = 0.87 \sim 0.92$；纵缝为不设拉杆的平缝或自由边时，$k_j = 1.0$；纵缝为设拉杆的企口缝时，$k_j = 0.76 \sim 0.84$。

k_f—— 考虑设计基准期内轴载累计作用次数的疲劳应力系数，$k_f = N_e^v$，v 为与混合料性质有关的指数，普通混凝土、钢筋混凝土、连续配筋混凝土 $v = 0.057$；碾压混凝土和贫混凝土，$v = 0.065$。

k_c—— 考虑超载和动载等因素对路面疲劳损坏影响的综合系数，按公路等级查表 12－6 确定。

表 12－6 综合系数 k_c

公路等级	高速公路	一级公路	二级公路	三、四级公路
k_c	1.30	1.25	1.20	1.10

12.4.4 温度疲劳应力计算

混凝土面层内的温度梯度经历着年变化和日变化。混凝土面层内温度梯度的日变化可近似地用半正弦曲线表征。由于最大温度梯度同日太阳辐射热之间可建立密切的相关关系，因而，各地区的日最大温度梯度的年变化规律可利用日太阳辐射热的年变化规律得到。利用上述规律，可以按各地的太阳辐射热年变化规律推演出温度梯度的变化，并进而为不同的路面结构分析出相应的温度应力变化。

依据等效疲劳损耗的原则，可以寻求一疲劳应力值，它所产生的疲劳损耗量，与年变化的温度应力所产生的累计疲劳损耗量相等量。经计算分析，此温度疲劳应力 σ_{tr} 可用下式表示：

$$\sigma_{tr} = k_t \sigma_{tm} \tag{12-36}$$

式中：σ_{tr}—— 临界荷位处的温度疲劳应力，MPa；

σ_{tm}—— 最大温度梯度时混凝土板的温度翘曲应力(MPa)，按式(12－23)确定，其中 $\Delta t = T_{g\cdot\max}h$，$T_{g\cdot\max}$ 为面层厚 22cm 时的温度梯度值，参照表 12－7 选用；

k_t—— 考虑温度应力累计疲劳作用的疲劳应力系数，按所在地公路自然区划和最大温度翘曲应力 σ_{tm} 同混凝土弯拉强度 f_{cm} 的比值，由表 12－8 确定。

表 12－7 水泥混凝土面板的温度梯度值

公路自然区划	Ⅱ	Ⅲ	Ⅳ	Ⅴ	Ⅵ	Ⅶ
最大温度梯度(℃/m)	83～88	90～95	86～92	83～88	86～92	93～98

表 12－8 温度疲劳应力系数 k_t

σ_m/f_r	公路自然区划					
	Ⅱ	Ⅲ	Ⅳ	Ⅴ	Ⅵ	Ⅶ
0.20	0.350	0.358	0.287	0.273	0.388	0.354
0.25	0.427	0.439	0.378	0.374	0.415	0.436
0.30	0.485	0.502	0.447	0.449	0.476	0.497
0.35	0.533	0.554	0.502	0508	0.527	0.546
0.40	0.574	0.598	0.548	0.556	0.570	0.587
0.45	0.609	0.637	0.588	0.598	0.608	0.621
0.50	0.641	0.672	0.622	0.634	0.643	0.652
0.55	0.669	0.703	0.654	0.665	0.674	0.679
0.60	0.695	0.732	0.682	0.694	0.704	0.703

12.4.5　水泥混凝土板综合疲劳效应验算

水泥混凝土板在使用过程中，板的应力来自汽车荷载疲劳作用和温度反复变化作用。为保证混凝土板在设计使用年限内板不过早破坏，必须综合考虑这些作用的影响，不导致板的应力过大。

混凝土板的综合疲劳作用是汽车荷载和温度对板产生的应力总和，根据公式分别求出板的荷载疲劳应力和温度应力，然后按现行《水泥混凝土路面设计规范》中采用路面结构可靠度设计方法，即以行车荷载和温度梯度综合作用产生的疲劳断裂作为极限设计状态，其表达式为

$$\gamma_r(\sigma_{pr} + \sigma_{tr}) \leqslant f_r \tag{12-37}$$

式中：γ_r—— 可靠度系数，按表 12.3 确定；

σ_{pr}—— 行车荷载疲劳应力(MPa)；

σ_{tr}—— 温度荷载疲劳应力(MPa)；

f_r—— 混凝土的设计抗弯拉强度(MPa)。

12.5　水泥混凝土路面加铺层设计

水泥混凝土路面使用一段时间后，由于行车轴载和(或)轴次大大增加出现损坏，而不能满足使用要求时，就需要加强和改建。混凝土路面加铺层系指为提高原有混凝土路面的承载能力和改善表面功能，在其上加铺的混凝土面层。新旧两层混凝土面板形成一种双层混凝土路面结构。

12.5.1　加铺层结构形式

混凝土加铺层可采用普通混凝土或钢纤维混凝土等。而钢纤维混凝土一般适用于路面标高受限制的地段。加铺层按设置方式(与原面层之间结合状况)不同，有结合式、直接式和分离式。

1. 结合式

在经过凿毛并彻底清理的原路面上喷刷高标号水泥浆、水泥砂浆或环氧树脂等粘结剂，随即浇筑混凝土加铺层。由于新旧混凝土面层牢固结合成整体，下层板的裂缝和接缝会反射到上层板来。这就要求加铺层的接缝必须与原面板取得一致，但可不设拉杆或传力杆。

这种结构形式仅适用于原面板完整无裂缝或者虽有一些裂缝但不再发展并已修复的情况。

2. 直接式

对原有混凝土板表面进行清理后，直接浇筑加铺层。由于上下层板之间存在部分结合，下层板的裂缝和接缝通常仍会反射上来。新旧混凝土板的接缝位置要求对齐，但接缝形式或缝隙宽度可不一定完全相同。

旧路面的结构损坏不太严重并已经修复时，可采用这种结构形式。

3. 分离式

在原路面与加铺层之间设置沥青类材料(常用沥青砂、细粒式沥青混凝土或油毛毡等)隔离层，以防下层板的裂缝相接缝反射到上层板，并使上下两层混凝土板分别发挥其强度作用。因此，分离式加铺层接缝可与原面板不一致，按通常规定设置。

当旧路面板严重损坏，或者道路标高和路面坡度需作调整时，常采用这种形式。

12.5.2 原有混凝土路面的技术调查

为了确定旧水泥混凝土路面对预期交通荷载的承载能力，并分析确定其剩余使用寿命，必须对旧混凝土路面进行技术调查和测定，才能为旧混凝土路面的改建或加铺层设计提供依据。

混凝土路面概况调查时，要记录原有路面结构、宽度、厚度及路拱坡度情况，详细记载每块断裂板上裂缝的条数和位置；了解断裂的原因，是温度应力过大，还是整体强度不足；分析裂缝是否属于进展性的损坏；计算路段内断裂板和其他损坏板的百分率，以此作为路面状况评定的依据。

同时，还要调查路面板建成年度、使用年限、交通量、交通组成及其增长率，并分析路面结构对目前交通的适应能力，以及路面结构的完整性与表面功能的适应性。根据上述调查情况，以影响路面强度最大的结构损坏板所占的比例为依据，按表 12-9 确定路面状况的分级。

表 12-9 路面状况分级标准

路面状况分级	优	良	中	可	差
较大损坏坏板的百分数(%)	0～2	2～5	5～15	15～20	>20

12.5.3 原有混凝土路面结构强度评定

路面结构强度评定是通过路面面板的承载板测试，钻孔取样和声波测试等手段，取得基础的综合回弹模量、混凝土面板的弯拉强度、弯拉模量以及板厚等有关设计参数，提供给加铺层厚度使用。

1. 旧混凝土弯拉强度与弯拉弹性模量

旧混凝土弯拉强度可采用钻孔取出的圆柱形试件进行劈裂试验，通过劈裂强度与抗弯拉强度的关系式，来计算旧混凝土的弯拉强度

$$E_c=\frac{10^4}{0.00915+\dfrac{0.9634}{f_{em}}} \tag{12-38}$$

式中：E_c—— 旧混凝土的弯拉弹性模量(MPa)；

f_{em}—— 旧混凝土的弯拉强度(MPa)，$f_{em}=0.621f_{sp}+2.64$，式中 f_{sp} 为旧混凝土圆柱试件的劈裂强度(MPa)。

2. 基层顶面的当量回弹模量和计算回弹模量

旧混凝土路面加铺层结构的力学图式为弹性地基上的双层板。研究表明，其应力可采用等刚度原则，按层间接触(结合)条件将双层混凝土板转换为等效的单层混凝土板进行计算。基层顶面的计算回弹模量值不仅同基层顶面的当量回弹模量和新、旧路面的厚度有关，而且还受到加铺层类型的影响。

一般采用在不利季节对旧混凝土路面进行承载板测定，计算基层顶面的当量回弹模量。若在非不利季节测定时，应根据当地的季节影响系数进行修正。

旧混凝土路面板下基层顶面的计算回弹模量 E'_{tc} 由式(12-39)计算：

$$E'_{tc}=\frac{P\alpha(1-\mu_0^2)}{l(d)}\bar{l}(d) \tag{12-39}$$

式中：P—— 承载板上荷载总重(N)；

α—— 混凝土路面的弹性特征系数(1/cm)，按式 $\alpha=\frac{1}{h_e}\sqrt[3]{\frac{6E'_{tc}(1-\mu_c^2)}{E_c(1-\mu_0^2)}}$ 计算确定。式中 h_e 为旧混凝土路面厚度(cm)；μ_c 为混凝土的泊松比，取 0.15；μ_0 为基层与土基的综合泊松比，取 0.30；E_c 为旧混凝土路面的弯拉弹性模量(MPa)；

$l(d)$—— 实测回弹弯沉值(cm)；

$\bar{l}(d)$—— 弯沉系数，可查图得到。

旧混凝土路面板下基层顶面的当量回弹模量 E_t 由式(12－40)计算：

$$E_t=\left(\frac{E'_{tc}}{0.001718h^{0.8}eE_e^{0.8}}\right)^5 \tag{12-40}$$

加铺后，基层顶面的计算回弹模量，对结合式加铺层，可按其等效单层普通混凝土路面的厚度及相应的弯拉弹性模量由式计算确定；用沥青混凝土、沥青砂及油毡作为隔离层的分离式加铺层，由式(12－34)确定后，乘以表 12－10 中相应的折减系数。

表 12－10　折减系数

加铺层厚度	折减系数
18	0.45 ～ 0.55
20	0.55 ～ 0.65
22	0.65 ～ 0.75

对于直接式加铺层，在路面结构条件相同时，其基础顶面的计算回弹模量，应介于结合式和分离式之间。由式(12－34)确定后，乘以 0.8 的折减系数，即

$$E_{tf}=0.8E_{tc} \tag{12-41}$$

式中：E_{tf}—— 加铺后直接式加铺层基层顶面的计算回弹模量(MPa)。

3. 旧混凝土路面面板厚度

旧混凝土路面面板厚度 h_e 的确定，应根据钻孔取样得到的圆柱形试件的高度、在板边量取的厚度和破裂板断面上量取的厚度，按式(12－42)计算

$$h_e=\bar{h}-s \tag{12-42}$$

式中：$\bar{h}$—— 量测的旧混凝土路面面板厚度的平均值(cm)；

s—— 旧混凝土路面面板厚度量测值的标准差。

4. 加铺层设计

加铺层材料可采用普通混凝土或钢纤维混凝土。应根据原有路面的结构损坏状况、接缝布置和路拱坡度以及加铺层设计标高等条件，选用加铺层的种类和结构形式。

普通混凝土加铺层所需的厚度，要通过试算来确定。先初估加铺层的厚度，按上述双层板应力分析的方法和公式计算旧混凝土板和加铺层底面的应力，再分别与各自的混凝土弯拉强度进行比较。当旧混凝土板的应力 σ_1 不大于其弯拉强度 f_{em} 的 103％ 和不低于 95％，且加铺层的应力 σ_2 不大于其弯拉强度的 103％时，则初估的加铺层厚度可作为设计厚度 c，否则，应改变加铺层厚度，重新计算，直到满足上述要求为止。考虑到混凝土板的结构完整性，结合式加铺层厚度不

宜小于 10cm，直接式不应小于 12cm；分离式不应小于 16cm。

钢纤维混凝土加铺层的厚度计算，先按普通混凝土加铺层的规定进行，然后根据钢纤维的体积率（一般采用 0.75% ～ 1.2%），取普通混凝土加铺层厚度的 55% ～ 65%，但结合式不宜小于 5cm，直接式不应小于 6cm，分离式不应小于 8cm。分离式钢纤维混凝土加铺层的接缝设置，与钢纤维混凝土路面一样。全幅摊铺时，可不设纵缝，横向缩缝根据施工条件、板厚和钢纤维体积确定一般为 15 ～ 20m，最大不宜超过 30m。结合式和直接式加铺层的接缝宜与旧混凝土板的接缝对齐，可不设拉杆和传力杆。

第 13 章　路基施工

13.1　概　述

路基不仅是道路的重要组成部分，同时，又是路面的基础。路基的施工质量直接关系到整个道路工程的质量，没有坚固稳定的路基，就没有稳固的路面。路基的强度和稳定性，是保证路面强度和稳定性的先决条件。具有良好强度和稳定性的路基，可以减薄路面的厚度，提高路面的使用品质，延长其使用寿命，降低工程费用。反之，低劣施工质量的路基，必然导致路面破坏或加速路面的破坏。路基的各种病害还关系到养护费用增加，以致影响交通运输的畅通与安全，实践证明，没有坚固稳定的路基，就没有稳定的路面，因此，路基施工质量及其施工组织管理，对整个道路工程的施工及质量具有十分重要的意义。

路基的强度和稳定性，不仅要通过设计予以保证，而且要通过施工得以实现。路基工程具有施工较简单、工程数量大、耗费劳力多、涉及范围广等特点。一般来说，路基土石方工程约占总工程的 60%～70%，对施工期限的影响较大，往往控制着整个工程的施工工期。

公路施工是野外作业，山区自然条件差、运输不方便，物资设备与施工队伍的供应与调度难，路基工地分散，工作面狭窄，遇有特殊地质不良现象等，易使一般的技术问题复杂化，甚至难以用一般常规的方法与经验进行解决。路基施工还会改变沿线原有的自然状态，挖填及借弃土石方涉及当地生态平衡、水土保持和农田水利。城市道路路基的施工条件，比公路往往优越，突出表现在物资供应、生活条件及通讯运输等方面，比较容易安排，但亦有不利的方面，如拆迁物多、地下管线多、配套工程多、施工干扰多。此外，施工中还存在：场地布置难、临时排水难、用土处置难、土基压实难等不利的因素。路基的隐蔽工程较多，易留有隐患，导致妨碍交通及经济损失。

暴露在自然环境中的路基，常常会受到自然因素和人为因素的影响，导致路基的各种病害产生，影响交通运输的畅通与安全，因此，合理组织路基施工，提高路基工程质量，有着重要的经济技术意义。

路基土石方工程量大，分布不均匀，不仅自身的其他工程设施（如路基排水、防护与加固等）相互制约，而且同公路工程的其他项目（如桥涵、路面等）相互交错且关系密切。因此，路基建筑往往成为整个公路施工进展的关键。为确保工程质量，实现快速、高效、安全施工，必须重视施工技术与管理，合理选择施工方法，周密制定施工组织计划，应用并推广先进的技术，切实做好安全生产等，这是高速发展公路事业的需要，亦是实现“精心施工”的必由之路。

13.2　路基施工的基本知识

13.2.1　基本要求

道路路基位于路面结构的最下部，路基应满足下列基本要求：

(1)路基横断面形式及尺寸应符合交通部部标准《公路工程技术标准》(JTGB01—2003)有关

的规定要求。

(2)具有足够的整体稳定性

路基是直接在地面上填筑或挖去一部分地面建成的。路面修建后,改变了原地面的天然平衡状态。在工程地质不良的地区,修建路基可能加剧原地面的不平衡状态,从而导致路基发生各种破坏现象。因此,为防止路基结构在行车荷载及自然因素作用下,不致发生不允许的变形或破坏,必须因地制宜地采取一定的措施来保证路基整体结构的稳定性。

(3)具有足够的强度

路基的强度是指在行车荷载作用下,路基抵抗变形与破坏的能力。因为行车荷载及路基路面的自重使路基下层和地基产生一定的压力,这些压力可使路基产生一定的变形,直接损坏路面的使用品质。为保证路基在外力作用下,不致产生超过容许范围的变形,要求路基应具有足够的强度。

(4)具有足够的水温稳定性

路基的水温稳定性在这里主要是指路基在水和温度的作用下保持其强度的能力。路基在地面水和地下水的作用下,其强度将会显著地降低。特别是季节性冰冻地区,由于水温状况的变化,路基将发生周期性冻融作用,形成冻胀和翻浆,使路基强度急剧下降。因此,对于路基,不仅要求有足够的强度,而且还应保证在最不利的水温状况下,强度不致显著降低,这就要求路基应具有足够的水温稳定性。

13.2.2 施工方法概述

1. 基本方法

常见的路基典型横断面形式主要有路堤、路堑和半路堤半路堑三种形式。路基施工的基本方法,按其技术特点大致可分为如下几种:

(1)人工施工

人工施工是传统方法,使用手工工具,劳动强度大,工效低,进度慢,工程质量难以保证,但短期内还必然存在并适用某些辅助性工作。

(2)简易机械化施工

这是以人力为主,配以机械或简易机械的一种施工方法,可减轻劳动强度,加快施工进度,提高劳动生产率,在我国目前条件下,仍不失为值得提倡的一种施工方法。

(3)机械化施工和综合机械化施工

使用配套机械,对主机配以辅机,相互协调,共同形式主要工序的综合机械化作业。综合机械化施工极大地减轻劳动强度和提高劳动生产率,显著地加快施工进度,提高工程质量,降低工程造价,保证施工安全。是加快公路建设,实现公路施工现代化的根本途径。

(4)爆破法施工

是石质路基和冻土路基开挖的基本方法。如果采用钻岩机钻孔与机械清理,亦是岩石路基机械化施工的必要条件。

(5)水力机械化施工

它是使用水泵、水枪等水力机械,喷射强力水流,冲散土层并流运至指定地点沉积。水力机械化施工适用于电源和水源充足,挖掘比较松散的土质及地下钻孔等。对天然砂砾填筑路题或基坑回填,还可以用来起密实作用(称为水夯法)。施工方法的选择,应根据工程性质,工程数量,施工期限及可能获得的人力和机械设备等条件来考虑。

2. 城市道路路基施工特点

(1)土石方工作量较少。

(2)取土弃土较困难,运输费用增加。

(3)地下管网等公用设施多,有雨水管网、供水、供电、供热、供气、通讯线。

(4)测设工作复杂。

(5)施工中排水不易。

(6)动拆迁范围大。

13.2.3　施工前准备工作

1. 组织准备

为了使工程全面开展后能顺利地按计划进行。主要是建立和健全施工组织管理机构,制定施工管理制度,明确施工任务,确立施工应达到的目标等。还要与有关单位及个人签订协议,在动工前将各种拆迁及征用土地等处理完毕。

2. 物质准备

物质准备包括各种材料与机具设备购置、采集、调配、运输和储存,临时道路及工程房屋的修建,供水、供电、通讯及必需的生活福利设施等的安装及建设等。

3. 技术准备

划定施工范围,必要的动迁,进行设计技术交底和交桩,定额交底,任务交底。包括施工现场勘察,核对与必要时修改设计文件,编制施工组织设计(由施工进度计划、动力安排计划、材料机具供应计划、施工场地平面布置图等内容组成),施工测量,施工放样和清理施工现场等。

4. 外部协作准备

签订工程合同,填报开工报告,施工许可证,申请接水接电,召开水、电、煤气、交通等管干线配合协调会议。

5. 其他准备工作

其他准备工作包括:房屋或构筑物的拆迁、树木的清除或移植、场地临时排水等方面。

(1)划界及拆迁建筑物

新建公路路堤两侧排水沟外边缘(无排水沟时为路堤或护坡道坡脚)以外,路堑坡顶截水沟外边缘(无截水沟为坡顶)以外不少于 1m 的土地为公路用地范围;在有条件的地段,高速公路、一级公路不少于 3m,二级公路不少于 2m 的土地为公路用地范围,高填深挖路段,为保证路基的稳定,应根据计算确定用地范围。种植多行林带的路段,应根据实际情况确定用地范围。

施工前,应进行公路用地测量,并绘制用地平面图及用地划界表,送交有关单位办理拆迁及占用土地手续。

施工前对路基范围内的既有垃圾堆、有机杂质、淤泥、泥炭、软土、盐渍土、草丛、各类溶穴、水井、池塘均应妥善处理。路基施工范围内的既有房屋、道路、河沟、通讯电力设施、上下水道、坟墓及其他建筑物,均应会同有关部门事先拆迁或改造。因路基施工影响沿线附近建筑物的定时,应予适当加固。

在路界范围内,妨碍施工的房屋,各种给排水管道,电缆及架空电力、电信线杆,应予及时处置及拆迁。

拆迁工作需办好审批手续,妥善安排动迁户后进行。

(2)树木的移植与砍伐

原则上予以移植保护。

在路基施工范围内,对妨碍视线、影响行车的树木、灌木丛,均应在施工前进行砍伐或移植清理。砍伐后的树木,应堆放在不妨碍施工和不影响农业生产的地方。

高速公路、一级公路及填土高度小于1m的其他公路,应将路基范围内的树根全部挖除;填土高度在1m以上的其他公路,允许保留树根。采用机械施工的路堑及取土坑等,均应将树根全部挖除。

(3)场地排水

场地排水是指疏干、排除场地上所积地面水,保持场地干燥,为施工提供正常条件。通常是根据现场情况,设置纵横排水沟,形成排水系统,将水引入附近河渠、低洼处排除。为节省工程量,避免返工浪费,所开挖的排水沟,应按所设计的路基排水系统布置。

在受地面积水或地下水影响的土质不良地段施工时,为了保证工程质量,减少土方挖掘、运送和夯实的困难,施工前也应切实做好场地排水工作。

防止积水,注意文明施工。

(4)临时工程

为了维护施工期间的场内外交通,保证机具、材料、人员和给养的运送,必须在开工前修筑临时道路,并应保持行驶安全。在施工过程中,如需阻断原有道路的交通时,应事先设置便道、便桥和必要的行车标志及灯光,以保证交通不受阻碍。需要设置临时道路,要求路宽不小于4.3m,R不小于80m,纵坡小于10%。完工时,应恢复受施工干扰的旧路与其他场地,并做好新旧路的连接工程。

此外,为保证筑路员工的生活、物资器材的存放以及木工、钢筋工在室内作业,要修建临时的房屋和工棚。为了保证工程用水和生活用水的需要,还要修建临时的给水设施。

13.2.4 路基施工程序

13.2.4.1 测量放样

1. 路线施工测量

一般情况下,从道路路线勘察到正式动工要隔一段时期,标桩难以保存完整,所以在开工前要进行施工测量。施工测量内容:路基开工前,应在现场恢复和固定路线,导线、中线及其高程复测,水准点复查与增设,横断面检查与补测,把设计路线上的主要特征点从设计文件上移到地面上,并将其位置固定,并提出改进设计的具体意见。

(1)中线的复测和固定

恢复路线中线的依据是“直线、曲线及转角一览表”、“护桩记录”及“路线平面图”等设计资料。高速公路、一级公路主要以“主桩坐标表”、“导线成果表(或叫五秒点成果表)”为依据。当路线的主要控制桩(如交点、转点、圆曲线和缓和曲线的起讫点等)在施工中有被挖掉、损坏或遗失的可能时,应视当地的地形条件和地物情况,采用有效的固定桩方法,予以保护或移桩。

开工前根据设计图纸将道路边线、转点、曲线和缓和曲线的起终点、中间点、直线上的整桩和分桩、水准点等在地面用桩定下来。

在长直线上,每0.5～1.0km设一大木桩,其余小木桩对转角桩或重要方向桩应设护桩。

路线交点(JD)桩的固定方法有延长切线法和交点法(交汇法),如图13-1所示。交点法适用于所需固定的一切桩点。施工中应尽量保护所有标志,当无法保留时,应另用标志移钉于路基范围之外。当地形许可时，移钉各点的方向，直线上为垂直于路中线，曲线中为垂直于该点的切线方向。当地形条件受限制时，也可用其他方法将主要控制点移钉于路基范围以外，但在移钉的桩上和记录簿中，均应注明桩号及移钉距离。

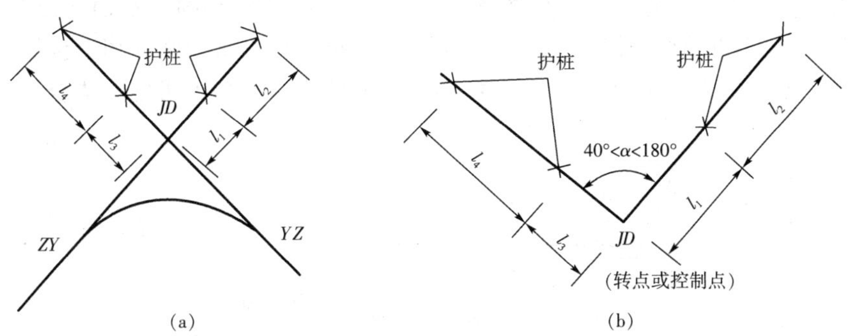

图 13－1　桩点固定法

① 延长切线法设置保护桩

护桩一般为带钉木桩，l_1、l_2、l_3、l_4 不一定等长，但以 15～20m 为宜。

② 交点法设置保护桩

护桩为带钉木桩或牢固岩石上的点，l_1、l_2、l_3、l_4 可不受长度限制，一般不宜小于 10m。

(2)路线高程复测与水准点的增设

中线复测后，应进行标平(基平)和中平测量，以复核原水准点标高和中桩地面标高，并测定增设的临时水准基点标高和加桩的地面标高。为便于施工期间引用，在下列情况应增设临时水准基点：

① 桥位附近及填土高度超过 5m 地段；

② 隧道进出口、山岭垭口及其他较大的人工构造物附近(如涵洞、挡土墙等)；

③ 重丘、山岭地区工程集中、地形复杂地段。

临时水准基点的标高应符合精度要求方准使用。如发现个别水准基点有受施工影响(如爆破、行车等)可能时，应将其移出影响范围之外，其标高应与原水准基点相闭合。

(3)横断面的检查与补测

路基施工前，应详细检查、核对横断面，发现错误或有怀疑时，应进行复测。加桩处应补测横断面。横断面检查与补测时，应正确掌握其方向，否则将会产生较大误差。

(4)竣工测量

路基土石方基本完成后，应进行全线的竣工测量，包括中线测量、横断面测量及中平测量。以便整修路基，并作为竣工验收的依据。当竣工测量误差符合规定时，应对曲线的交点桩、长直线的转点桩等路线主控制桩，埋设永久基桩。否则，应采取相应可靠的技术措施和工程措施，例如局部调整路基中线等。

2. 路基放样

路基开工前，应根据路线中桩、路基横断面图或路基设计表进行放样工作。路基放样的目的就是在原地面上标定出路基边缘、路堤坡脚及路堑堑顶、边沟、取土坑、护坡道、弃土堆等的具体位置，根据横断面设计的具体尺寸，标定中线桩的填挖高度，并将横断面上的各主要特征点的位置在实地上定出来，以构成路基轮廓作为填挖的依据，方便于施工。本节仅介绍路基边桩和边坡的放样方法。

(1)路基边桩的放样

① 图解法

路基横断面图是路基施工的主要图纸,可根据已戴好"帽子"的横断面图放样路基边桩。如图 13-2 所示,坡脚点 A(或坡顶点 B)与中桩的水平距离可以从横断面图上按比例量出,然后在地面上用皮尺沿横断方向量出 A 点(或 B 点)距中桩的水平距离即可定出边桩。

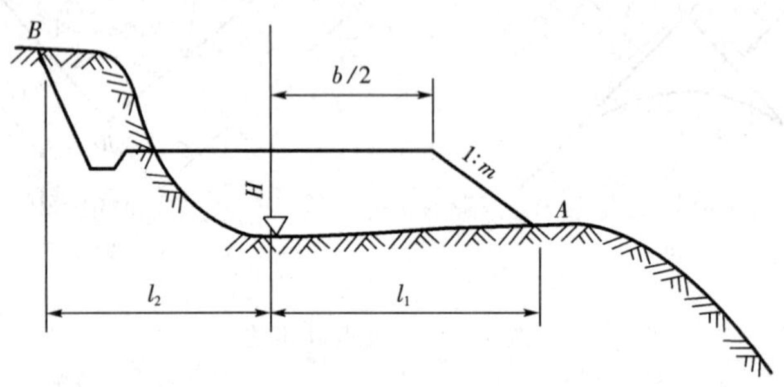

图 13-2 图解法边坡放样图

在量距离时尺子一定要拉平,如横坡较大时,须分段丈量,在量得的点处钉上坡脚桩(或坡顶桩)。每个横断面都放出边桩后,再分别将中线两侧的路基坡脚或路堑的坡顶用灰线连接起来,即为路基填挖边界。

此法一般用于较低等级的公路路基边桩放样。

② 计算法

现场没有横断面设计图,只有施工填挖高度时,可用计算法放样路基边桩。计算法放样路基边桩的精度比图解法高,主要用于一般公路平坦地形或地面横坡均匀一致地段的路基边桩放样。确定横断面方向时,直线段与路中心线应垂直,曲线段则与该点切线应垂直。如图 13-3 所示。

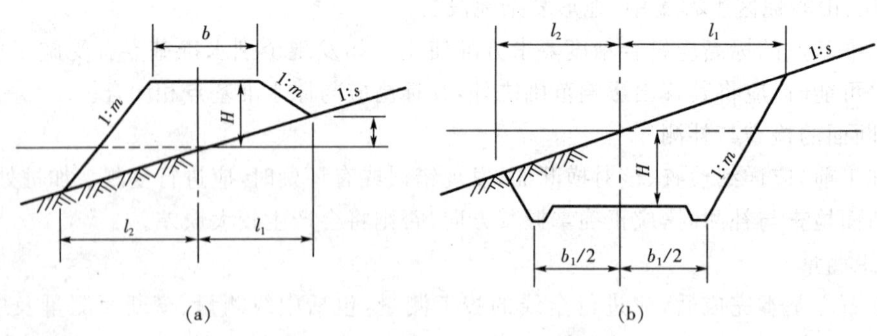

图 13-3 计算法边坡放样图

a. 路堤放样

当在平坦地面上进行边桩放样时,路堤坡脚至中桩的距离:

$$l=\frac{b}{2}+mH \tag{13-1}$$

当在倾斜地面上进行边桩放样时,当地势坡度为 $1:s$,中线桩至坡脚桩的距离为:

$$l_1=\left(\frac{b}{2}+mH\right)\frac{s}{s+m} \tag{13-2}$$

$$l_2=\left(\frac{b}{2}+mH\right)\frac{s}{s+m} \tag{13-3}$$

b. 路堑放样

当在平坦地面上进行边桩放样时，路堑坡顶至中桩的距离为：

$$l=\left(\frac{b_1}{2}+mH\right) \tag{13-4}$$

当在倾斜地面上进行边桩放样时，当地势坡度为 1∶s，中线桩至坡脚桩的距离为：

$$l_1=\left(\frac{b_1}{2}+mH\right)\frac{s}{s-m} \tag{13-5}$$

$$l_2=\left(\frac{b_1}{2}+mH\right)\frac{s}{s+m} \tag{13-6}$$

式中：b——路基设计宽度，m；

b_1——路基与两侧边沟宽度之和，m；

m——边坡设计坡率；

H——路基中心设计填挖高度，m；

s——地面横坡率。

③ 渐近法

渐近法的原理是，在分段丈量水平距离的同时，用水准仪、全站仪（高等级公路使用）、经纬仪或其他方法（如抬杆法、钓鱼法）测量该段地面两点的高程差，最后累计得出边桩点与中桩点的高程差，然后用相关公式验证其水平距离是否正确，如有不符，就逐渐移动边桩，直到正确位置为止。该法精度高，既可用于高等级公路，又适用于中、低等级公路。

(2)路基边坡放样

有了边桩还不足以指导施工，为了使填、挖的边坡达到设计的坡率，还应把边坡坡度在实地定出来，以便比照施工。路基放样时，按计算所得边桩与中心的距离，用十字架或圆盘，先定出路中心线的垂直方向，再用皮尺量出水平距离 L，钉出坡脚桩和坡顶桩即可。

① 挂线法：利用麻线和木桩拉出路基轮廓。

当路堤高度较高时，可分层线。在每层挂线前，应当标定中线并用水准仪、手水准抄平，如图 13-4 所示。

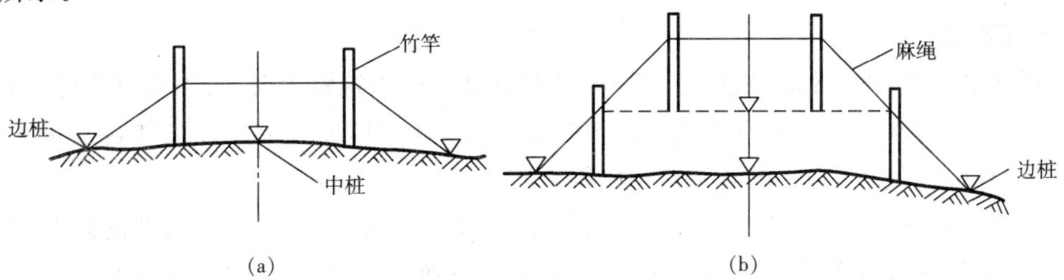

图 13-4　挂线法边坡放样图

② 样板法：事先用薄板材做出路基样板。

首先按照边坡坡度做好边坡样板，施工时可比照样进行放样。样板的式样有活动边坡样板（坡度尺），如图 13－5(a)所示；固定边坡样板，如图 13－5(b)所示。开挖路堑时，在坡顶外侧立固定样板，施工时可瞄准样板进行开挖。

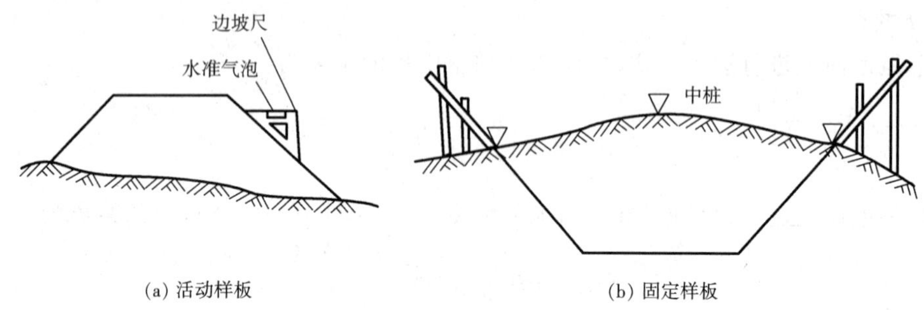

图 13－5 坡度样板法放边坡

13.2.4.2 修建相关构筑物

小型人工构造物包括小桥、涵洞，挡土墙、盲沟等，这项工程通常与路基施工同时进行，但要求人工构造物先行完工，以利于路基工程不受干扰地全线展开。

13.2.4.3 路基建筑施工

该项工程是整个路基工程的主体工程，包括填筑路堤、开挖路堑、路基压实、整平路基表面、整平边坡、修建排水沟渠及防护加固工程等。

13.2.4.4 路基工程质量的检查与竣工验收

路基工程竣工检查与验收应按竣工验收规范要求进行，其检查与验收的项目主要包括：路基及有关工程的位置、标高、断面尺寸、压实度或砌筑质量等，要求其应满足容许误差的范围，凡不符合要求的工程应分析原因，接受教训，并采取相应的措施予以纠正，必要时返工重建。

13.3 土质路基施工

13.3.1 填筑路堤施工

为了保证路堤的强度和稳定性，在填筑路堤时，要处理好基底，保证必需的压实度及正确选择填筑方案。

1. 施工要求

(1)用透水性良好的材料(如碎石、卵石、砾石、粗砂等)填筑路堤时，可不受含水量限制，但分层填筑压实。用透水性不良及不透水的土填筑路堤时，需使其含水量接近最佳含水量时方可进行压实。路基填料最小 CBR 和最大粒径应符合有关规定。

(2)捣碎后的植物土、重黏土、白垩土、硅藻土、腐烂的泥炭类土在一定条件的限制下可以采用。具体的限制条件可参见交通部部颁标准《公路路基施工技术规范》(JTG F10－2006)。

(3)加宽旧路堤时应遵守下列要求：

① 所用土宜与旧路堤相同，否则宜选用透水性较佳的土或选用接近于路堤的土。

② 清除地基上的杂草，并沿旧路边坡挖成向内倾斜的台阶（台阶宽度应不小于1m），砂性土可不挖台阶。

③ 分层填筑夯实到要求的密实度。

④ 修建山坡路堤前，应对山坡的稳定性进行调查，必要时应采取适当措施，以保证路堤的稳定性。路堤应由最低一层台阶填起，并分层夯实，然后逐台向上填筑分层夯实。所有台阶填完后，即可按照一般填土程序进行。

2. 路堤基底的处理

路堤基底是指土石填料与原地面的接触部分。为使两者结合紧密，防止路堤沿基底发生滑动，或路堤填筑后产生过大的沉陷变形，则可根据基底的土质、水文、坡度和植被情况及填土高度采取相应的处理措施。

(1)密实稳定的土质基底

当地面横坡度不陡于1∶10，且路堤高度超高0.5m时，基底可不作处理；路堤高度低于0.5m的地段，应将原地面草皮等杂物清除。地面横坡为1∶10～1∶5时，需铲除地面草皮、杂物、积水和淤泥。当地面横坡度陡于1∶5时，在清除草皮杂物后，还应将原地面挖成台阶，台阶宽度不小于1m，高度为0.2～0.3m。台阶顶面做成向内倾斜2%～4%的斜坡。如图13-6所示。

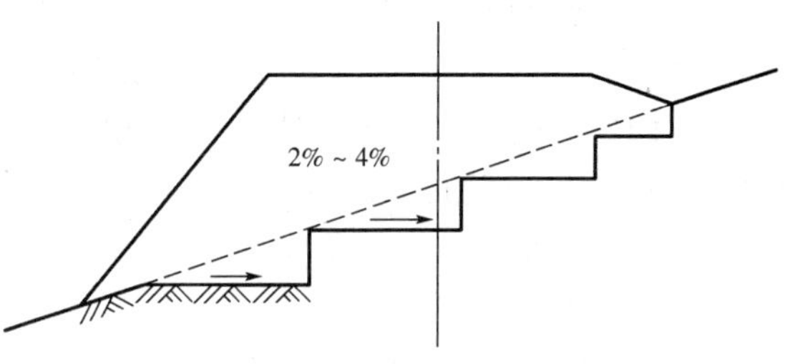

图13-6　斜坡地基处理示意图

(2)覆盖层不厚的倾斜岩石基底

当地面横坡为1∶5～1∶2.5时，需要挖除覆盖层，并将基岩挖成台阶。当地面横坡度陡于1∶2.5时，应进行个别设计，特殊处理，如设置护脚或护墙。

(3)耕地或松土基底

路堤基底为耕地或松土时，应先清除有机土、种植土，平整压实后再进行填筑。在深耕地段，必要时应将松土翻挖，土块打碎，然后回填、找平、压实。经过水田、池塘或洼地时，应根据具体情况采取排水疏干、挖除淤泥、打砂桩、抛填片石或砂砾石等处理措施，以保持基底的稳固。

当路基稳定受到地下水影响时，应予拦截或排除，引地下水至路堤基底范围以外。如处理有困难时，则应在路堤底部填以渗水土或不易风化的岩块。

3. 填料压实

填石路基管线及结构物是路基处理的关键部位，路基用地范围的各种管线工程及附属结构物，应按“先地下，后地上”，“先深后浅”的原则，避免路基反复开挖，并重视回填土质量，使其达到与路基相同的设计强度。

填料压实是保证路堤填筑质量的关键，必须充分重视，有关压实理论与要求，将在后面叙述。

4. 填筑方案

(1)分层填筑法

路堤填筑必须考虑不同的土质，从原地面逐层填起并分层压实，每层填土的厚度可按压实机具的有效压实深度和压实度确定。分层填筑法又可分为水平分层填筑和纵坡分层填筑两种。

a. 水平分层填筑：填筑时按照横断面全宽分成水平层次，逐层向上填筑。如原地面不平，应由最低处分层填起，每填一层经过压实后再填下一层。如图13-7所示。

b. 纵向分层填筑：原地面纵坡大于12%的地段，可采用纵向分层法施工，沿纵坡分层，逐层填压密实。

(2)挖台阶填筑法

地面横坡陡于1∶5时，原地面应挖成台阶(台阶宽度小于1m)，并用小型夯实机加以夯实。填筑应由最低一层台阶填起，并分层夯实，然后逐台向上填筑，分层夯实，所有台阶填完之后，即可按一般填土进行。

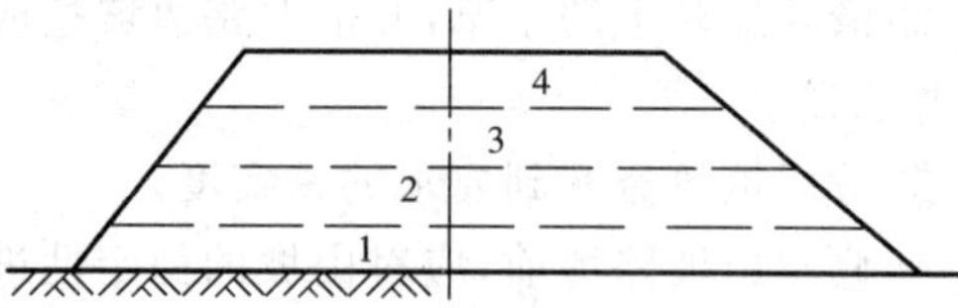

图13－7 水平分层填筑法示意图

5. 不同土质路堤填筑规则

在施工中，沿线的土质经常发生变化，为不致将不同性质的土任意混填，以致造成路基病害，必须在施工前进行现场调查，作出正确的规划，拟定合理的调配方案。

(1)不同土质混合填筑时，须遵守下列规定：

① 不同性质的土填筑路堤时，应分层填筑，层数应尽量减少，每层总厚度最好不小于0.5m。不得混杂乱填，以免形成水囊或滑动面。

② 透水性较小的土填筑路堤下层时，其顶面应做成4%的双向横坡，以保证来自上层透水性填土的水分及时排出。

③ 透水性较小的土填筑上层时，不应覆盖在透水性较大的土所填筑的下层边坡上，以保证水分的蒸发和排除。

④ 凡不因潮湿及冻融而变更其体积的优良土应填在上层，强度(形变模量)较小的土应填在下层。

用不同土质填筑路堤的正确与错误方案如图13－8所示。

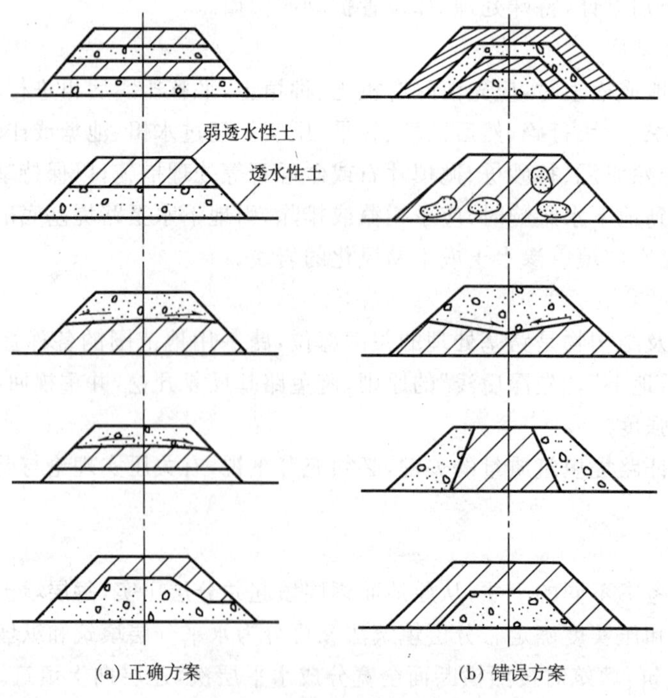

(a) 正确方案　　(b) 错误方案

图13－8 路堤分层填筑法

(2)填石路堤主要考虑石料性质、石块大小、填筑高度和边坡坡度，应逐层水平填筑，不必夯压。

① 用风化石填筑路堤时，石块应摆平放稳，空隙用小石块或石屑填满铺平，边坡坡度同土质路堤。

② 用不易风化的25cm以下的石块填筑路堤时，应分层铺填。当路堤高度不超过6m时，边坡要码砌1～2m厚，大面向下，小面向上，摆平靠紧，用小碎石填缝找平。

③ 用25cm以上的大石块填筑路堤时，可大致分层填铺，不必严格找平，尽量做到靠紧密实，边坡要码砌1～2m厚，如边坡码砌成台阶形时，上下层石块应错缝互相压住。

(3)土石混合填筑路堤时，如土石易于分清时，易分开分段填筑；如不易分清时，应尽量按下述情况施工，不得乱抛乱填。

① 当石块多于70%时，将石块大面向下，小面向上分开摆平放稳，缝隙内填以土或石屑，每层厚不超过40cm，大致整平后仍需夯实。

② 当石块含量在50%～70%之间时，石块除应按上述办法摆平放稳外，石间空隙应放大致能容纳夯底面积，以便于夯实，每层厚度不得超过30cm。

③ 当石块含量少于50%时，可在卸土后随摆石块随匀土，平整成厚30cm，再夯实，如石块过大，可挖一洞穴埋入，以免妨碍夯实。

6. 桥涵填土

为保证桥头路堤稳定，台背填土除设计文件另有规定外，一般应用砂性土或其他渗水性土填筑。

(1)填土长度：一般在上部为距翼墙尾端不小于台背2m，下部为距基础内缘不小于2m。

(2)填土高度：从路堤顶面起向下计算，在冰冻地区一般不小于2.5m；无冰冻地区到高水位，均应填以渗水性土，其余部分可用与路堤相同的土填筑，并在其上设横向排水盲沟或铺向外倾斜的黏土或胶泥层。

填土应分层夯实到要求的压实度，每层的松铺厚度不得超过20cm。桥台背后填土应与锥坡填土同时进行。

13.3.2 开挖路堑

开挖路堑前应首先处理好排水，并根据断面的土层分布、地形条件、施工方法以及土方的利用和废弃情况综合考虑，力求做到运距短、占地少。

路堑土方开挖方式，根据具体情况可采用横挖法、纵挖法和混合式开挖法三种。

1. 横挖法

横挖法是指路堑整个横断面从其两端或一端进行挖掘的方法，适用于短而深的路堑。如图13-9所示。掘进时逐段成型向前推进，出土由相反方向送出。

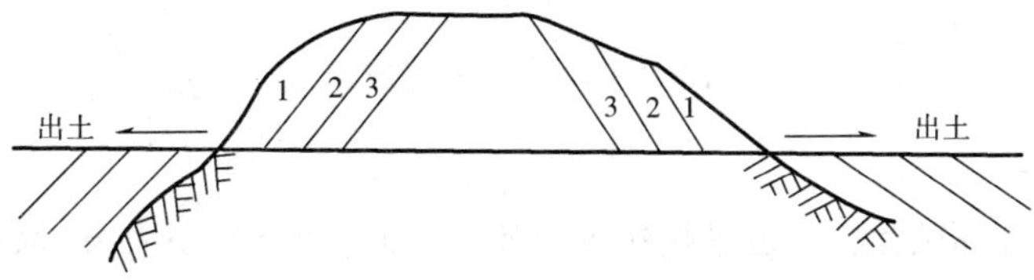

图13-9　横挖法

为了增加工作面，所加台阶高度应视工作便利与安全而定，一般为 1.5～2.0m。挖掘时上层在前，下层随后，下层施工面上应留有上层操作的出土和排水通道。如图 13－10 所示。

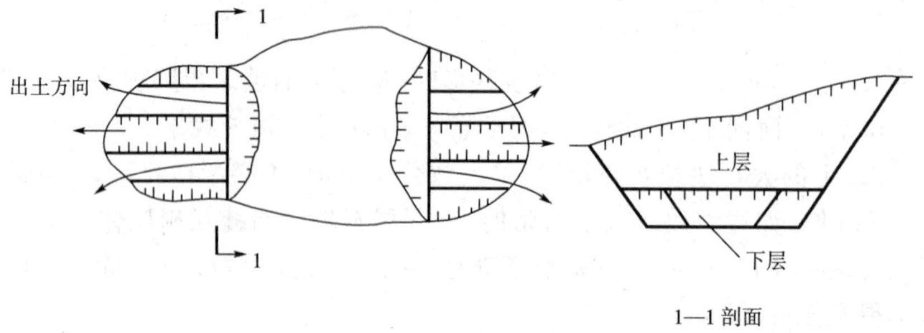

图 13－10 横挖法工作面

2. 纵挖法

纵挖法可分为分层纵挖法和通道纵挖法。

分层纵挖法沿路堑分为宽度及深度都不大的纵向层次挖掘，如图 13－11 所示。挖掘工作可用各式铲运机。在短距离及大坡度时，可用推土机；在较长较宽的路堑，可用铲运机，并配备运土机具进行工作。

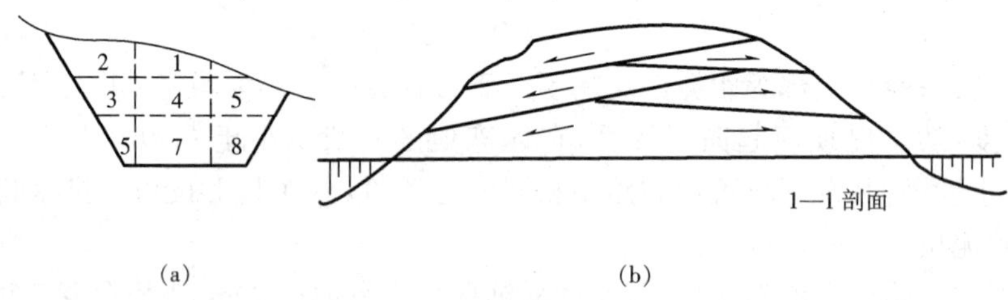

图 13－11 分层纵挖法

通道纵挖法是先沿路堑纵向挖一通道，然后开挖两旁，如路堑较深可分几次进行，用此法挖路堑，可采用人力或机械挖掘，如图 13－12 所示。

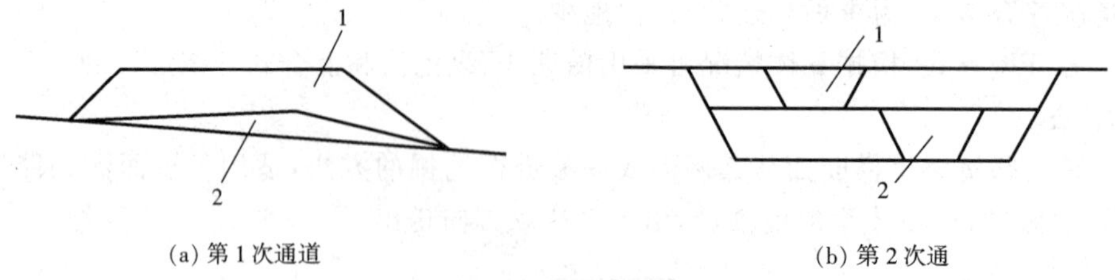

图 13－12 通道纵挖法

3. 混合式开挖法

混合式开挖法系将横挖法、通道纵挖法混合使用，即先顺路堑挖通道，然后沿横向坡面挖掘，以增加开挖坡面。每一开挖坡面应容纳一个施工组或一台机械。在较大的挖土地段，还可沿横向再挖沟，以装置传动设备或布置运土车辆。

挖方地段有含水层时，在挖掘该层土前，应设置好排水系统。若挖方路基位于含水较多以致翻浆的土上时，则应换以透水性良好的土，其厚度应小于 0.8～1.0m，为换土所挖的凹槽底面应适当整平，并设纵向盲沟以利排水。

13.3.3　路基压实

1. 路基压实的意义

路基压实就是用某种工具或机械增加土体单位体积内固体颗粒的数量，减少孔隙率，从而提高路基的强度和稳定性。

实践证明，在没有经过人工压实的路基上是不能直接铺筑路面的，这是由于未经压实的路基，在自然因素和行车荷载的作用下，必然会产生较大的变形或破坏。为使路基具有足够的强度和稳定性，必须予以人工压实，因此，路基的压实是路基施工中极其重要的环节，亦是提高路基强度与稳定性的根本措施之一。大量的室内试验和工程实践表明：

(1)压实使土的强度大大增加；

(2)压实使土基的塑性变形明显减少；

(3)压实使土的透水性降低，毛细上升高度减小。

2. 影响压实的因素

在室内对细粒土进行击实试验时，影响土的密度的主要因素有含水量、土的颗粒组成以及击实功。在施工现场碾压细粒土路基时，影响路基压实效果的主要因素有土的含水量、碾压层厚度、压实机械的类型和功能，碾压遍数和地基的强度。

(1)含水量对压实的影响

在压实过程中，土的含水量对所能达到的密实度起着十分重要的作用。锤击或碾压的功需要克服土颗粒间的内摩阻力和凝聚力，才能使土颗粒产生位移并互相靠近。土的内摩阻力和凝聚力随密实度而增加。土的含水量小时，土颗粒间的内摩阻力大，压实到一定程度后某一压实功不再能克服土的抗力，压实所得的干密度小。当土的含水量逐渐增加时，水在土颗粒间起着润滑作用，使土的内摩阻力减小，因此同样的压实功可以得到较大的干密度。当土的含水量继续增加到超过某一限度后，虽然土的内阻力还在减少，但单位土体中的空气体积已减到最小限度，而水的体积却在不断增加，由于水是不可压缩的，因此在同样的压实功下，土的干密度反而逐渐减少。

在干密度与含水量关系曲线上与最大干密度对应的含水量称为最佳含水量。通过室内击实试验绘制的密实度(干密度)与含水量之间的关系曲线如图 13－13 所示。某种土在一定的压实功作用下，只有在最佳含水量时，才能压实到最大干密度。

(2)土质对压实的影响

通常情况下：①土中粉粒和黏粒含量愈多，土的塑性指数愈大，土的最佳含水量就愈大，同时其最大干密度愈小。因此，一般砂性土的最佳含水量小于粘性土的最佳含水量，而最大干密度则大于黏性土的最大干密度。②各种不同土的最佳含水量和最大干密度虽然不同，它们的击实曲线的性质是基本相同的。③亚砂土和亚黏土的压实性能较好，而黏性土的压实性能较差。试验表明，各种不同土的最佳含水量和最大干密

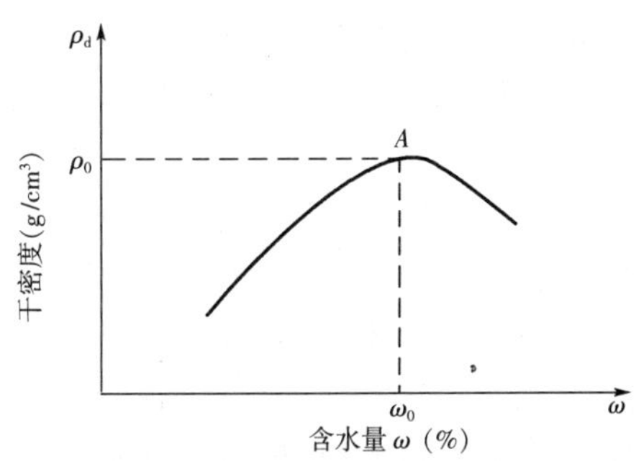

图 13－13　干密度与含水量之间关系曲线

度是不相同的，如图 13－14 所示。

(3)压实功能对压实的影响

对于同一类土，其最佳含水量和最大干密度随压实功能而变化。试验得到的不同压实功能下土的 $\rho_d-\omega$ 关系曲线如图 13－15 所示。

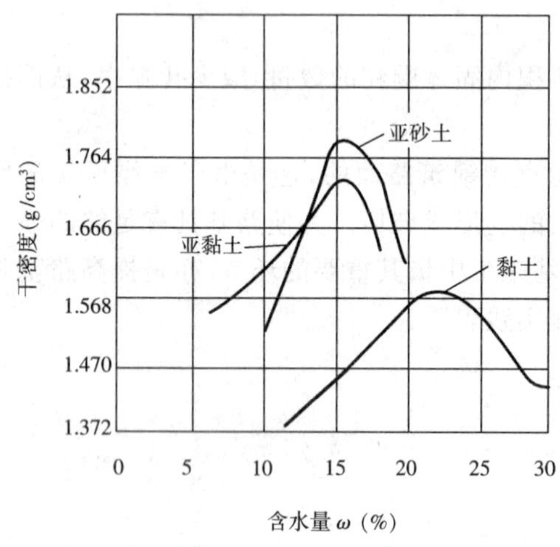

图 13－14　最佳含水量和最大干密度之间关系

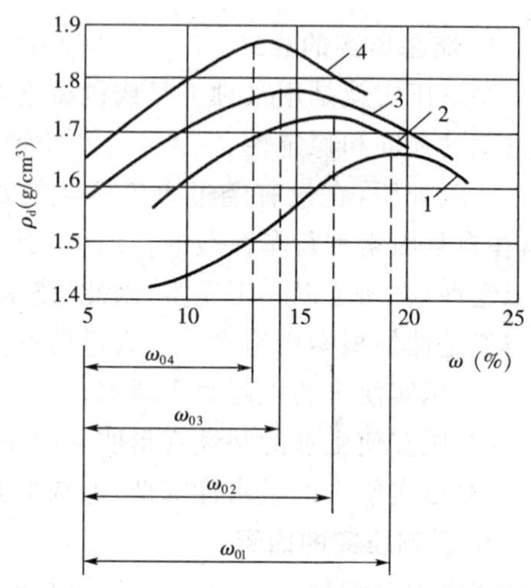

图 13－15　土的 $\rho_d-\omega$ 关系曲线

图中曲线表明，同一种土的最佳含水量随压实功的增加而减少；最大干密度则随压实功能的增加而提高。此外，在相同含水量条件下，压实功能愈高，土的干密度愈大。根据这一特性，在施工中如果土的含水量低于最佳含水量，加水又有困难时，可采用增加压实功能的办法来提高其压实度，即采用重碾或增加碾压次数。然而，用增加压实功能的办法来提高土的密实度是有限度的，当压实功能增加到一定程度后，土的密实度增加较缓慢，在经济效益和施工组织上不够合理。相比之下，严格控制最佳含水量，要比增加压实功能收效大得多。

根据压实的原理，正确运用压实的特性，按照不同的要求，选择适应不同土质的压实机具确定最佳压实厚度、碾压遍数和碾压速度，准确地控制最佳含水量，以指导压实的实施工作。

3. 含水量与强度、水稳定性的关系

(1)含水量与强度的关系

试验表明，当土的含水量等于或小于最佳含水量时，土的强度随密度的增加而增加，但是，当含水量大于最佳含水量时，强度只随密度增长到一定程度，超过某一限度时，强度反而下降。土中含水量小于最佳含水量时，虽然密实度增加强度也会随着提高，但是这种强度的提高需要增加压实功才能获得，而且在受到水侵入时，强度会大大降低，既不经济又不稳定。

(2)含水量与水稳性的关系

将不同湿度的土样放在湿锯末中吸湿 7 天，使其受水浸湿而达到饱和，通过实验可以发现：①每个土样的密实度都降低了，只有在最佳含水量时压实的土样具有最大的密实度；②每个土样的强度都降低了，含水量小于最佳含水量的试样强度急剧下降，最佳含水量的试样强度下降幅度最小。

根据上面的试验分析可以得出如下结论：①含水量是影响压实效果的决定性因素；②在最佳含水量时，最容易获得最佳压实效果；③压实到最大密实度的土体水稳定性最好。

4. 路基压实施工

(1)路基压实标准

为了便于检查和控制压实质量，土基的压实标准常用压实度来表示。所谓压实度是指土压实后的干密度与该土的标准最大干密度之比，用百分率表示。按照标准击实试验法，土在最佳含水量时得到的干密度就是它的标准最大干密度。压实度用式(13－7)计算：

$$k=\frac{\rho_d}{\rho_0}\times 100\% \tag{13-7}$$

式中：k——压实度，%；

ρ_d——压实土的干密度，g/cm^3；

ρ_0——压实土的标准最大干密度，g/cm^3。

压实施工应首先确定压实度。正确选定压实度k值，关系到土基受力状态，路基路面设计要求、施工条件，必须兼顾需要与可能，讲究实效与经济。

路基压实度依填挖类型及土层深度规定见表13－1。路基施工时，应按此表规定的不同深度取土样试验，并记录其结果作为交工验收文件内容之一。

表13－1 路基压实度表

填挖类别	路面底面以下深度(cm)	压实度k(%)		
		高速公路、一级公路	其他公路	
			二级公路	三、四级公路
零填及挖方	0～30	—	—	94
	0～80	≥96	≥95	—
填方	0～80	≥96	≥95	≥94
	80～150	≥94	≥94	≥93
	>150	≥93	≥92	≥90

[注] (1)表列压实度系按交通部现行《公路工程质量检验评定标准》(JTG F80/l—2004)以重型击实试验法为准；(2)特殊干旱或特殊潮湿地区或过湿土路基，可按交通部颁发的路基设计、施工规范所规定的压实度标准进行评定；(3)三、四级公路铺筑沥青混凝土或水泥混凝土路面时，其路基压实度应采用二级公路标准。

(2)压实机具选择

土基压实机具的类型较多，常用的压实机具可分为静力碾压式、夯实式和振动式三大类。静力碾压机机械包括光面碾(普通两轮或三轮压路机)、羊足碾和气胎碾等几种。夯击机具中有夯锤、夯板、风动夯及蛙式夯机等。振动机械有振动器、振动压路机等。此外，运土工具中的汽车、拖拉机等亦可用于路基压实。

不同的压实机具，对不同土质的压实效果不同，这是选择压实机具的主要依据，表13－2所列是几种常用机具的一般技术特性。各种压实机具，对不同土在不同含水量情况下所需碾压(夯击)次数可参考此表，但确切的碾压次数，应按要求的压实度根据试压结果确定。

一般情况下，对于砂性土，以振动式机具压实效果最好，夯击式次之，碾压式较差；对于黏性土，则以碾压式和夯击式较好，而振动式较差甚至无效。此外，压实机具的单位压力不应超过土的强度极限，否则会立即引起路基破坏。

表 13-2　几种常用机具的一般技术特性

机具名称	最大有效压实厚度(实厚)	碾压行程次数				适宜的土类
		黏性土	亚黏土	粉黏土	砂性土	
人工夯石	0.10	3～4	3～4	2～3	2～3	黏性土与砂性土
牵引式光面碾	0.15	—	—	7	5	黏性土与砂性土
羊足碾(2 个)	0.20	10	8	6	—	黏性土
自动式光面碾 5t	0.15	12	10	7	—	黏性土与砂性土
自动式光面膜 10t	0.25	10	8	6	—	黏性土与砂性土
气胎路碾 25t	0.45	5～6	4～5	3～4	2～3	黏性土与砂性土
气胎路碾 50t	0.70	5～6	4～5	3～4	2～3	黏性土与砂性土
夯击机 0.5t	0.40	4	3	2	1	砂性土
夯击机 1.0t	0.60	5	4	3	2	砂性土
夯板 1.5t 落高 2m	0.65	6	5	2	1	砂性土
履带式	0.25	6～8		6～8		黏性土与砂性土
振动式	0.4			2～3		砂性土

(3)压实工作组织

压实工作的组织以压实原理为依据，以尽可能小的压实功能获得良好的压实效果为目的，压实工作必须很好地组织，并注意以下要点：

① 填土层在压实前应先整平，可自路中线向路堤两边作 2%～4%的横坡。

② 压实机具应先轻后重，以适应逐渐增长的土基强度。

③ 碾压速度应先慢后快，以免松土被机械推走。

④ 压实机具的工作路线，应先两侧后中间，以便形成路拱，再从中间向两边顺次碾压。在弯道部分设有超高时，由低的一侧边缘向高的一侧边缘碾压，以便形成单向超高横坡。前后两次轮迹(或夯击)须重叠 15～20cm。压实时应特别注意均匀，否则可能引起不均匀沉陷。

⑤ 经常检查土的含水量，并视需要采取相应措施。

13.4　石质路基施工

13.4.1　概述

石质路基是山区公路常见的路基形式，石质路基施工难度要比土质路基大得多。

爆破是石质路基施工最有效的施工方法，亦可用以开采石料等。山区公路路基石方工程量大，而且集中，据统计一般约占土石方总量的 45%～75%，采用爆破法施工，不但大大提高工效、缩短工期、节约劳动力，而且可以改善线形，提高公路使用质量。

13.4.2　爆破作用原理

为了爆破某一岩体，在其中或表面放置一定数量的炸药，称为药包。按药包的形状或集结程度不同，可以分为集中药包、延长药包和分集药包三种。凡药包的形状接近球形或立方体，以及高度不超过直径四倍的圆柱体和最长边不超过最短边四倍的直角六面体，均属于集中药包；相反，药包的长度或高度超过上述情况者，属于延长药包。分集药包是提高炸药有效能量利用率的新型装药方式，它是将一个集中药包分为两包保持一定距离集中的子药包。

药包在无限介质内爆炸时，炸药在瞬间内通过化学反应转化为气体状态的爆炸产物。由于膨胀作用，体积增加百倍乃至数千倍，而产生 15000MPa 的静压力，同时产生温度高达 1500～4500℃、速度高达每秒上千米的冲击波，自药包中心按球面等量向外扩散，传递给周围介质，使介质产生各种不同程度的破坏和振动现象。

药包在有限介质内爆炸时，在具有临空的表面上都会出现一个爆破坑，一部分炸碎的土石被抛至坑外，一部分仍落在坑底。由于爆破坑形状如同漏斗，称为爆破漏斗。

13.4.3　炸药、起爆器材及起爆方法

1. 炸药的性质

炸药的成分中大都含有碳、氢、氧、氮等四种元素。它是一种化学性质不稳定的物质，在冲击、摩擦等外力作用下，易发生爆炸。为了更好地掌握爆破技术，对炸药性能的了解是十分必要的。炸药性能一般分五个方面：(1)爆力；(2)猛度；(3)敏感度；(4)湿度；(5)安定性。

2. 炸药的分类

炸药的种类繁多，爆破工程中一般可分为下列两大类：

(1)起爆炸药

起爆炸药是一种爆炸速度极高的烈性炸药，爆炸速度可达 2000～8000m/s，用以制造雷管。

(2)主要炸药

用于对岩石或其他介质进行爆破的炸药称为主要炸药。主要炸药的敏感性较低，要在起爆炸药强力的冲击下才能爆炸。道路工程中常用的主要炸药的成分和性能如下：

① 黑色炸药

它是由硝酸钾(或硝酸钠)、硫黄及木炭所组成的混合物，其配合比以 75∶10∶15 为最佳。好的黑色炸药为深灰色均匀的颗粒，不沾污手。对火星和碰击极敏感，易燃烧爆炸，怕潮湿，威力低，适用于开采石料。

② 黄色炸药(三硝基苯，TNT)

它是淡黄色针状结晶体，熔铸块呈褐色，敏感度低，安定性好，耐水性强，爆炸威力大，适用于爆破坚硬的岩石或水下爆破。但本身含氧不足，爆炸时产生有毒的一氧化碳，不宜用于地下作业。

③ 胶质炸药

它是由硝化甘油和硝酸铵(有时用硝酸外或硝酸钠)的混合物，另加入一些木屑和稳定剂制成的。呈淡黄色或琥珀色的半透明体。胶质炸药威力大，不吸湿，有较大密度和可塑性，适合于水下和坚石中使用。

④ 硝铵炸药品

它是硝酸铵、黄色炸药(TNT)和少量木粉的混合物。道路工程中常用的 2 号岩石硝铵炸药，其配合比例为 85∶11∶4，具有中等威力和一定的敏感性，在 8 号雷管作用下可以充分起爆，是安全的炸药。但它有吸湿性和结块性，受潮后敏感性和威力显著降低，同时产生毒气。

⑤ 铵油炸药

它是由硝酸铵(NH_4NO_3)和柴油(或再加木粉)的混合物，通常两者的比例为 94.5∶5.5，当

加木粉时，其比例为92：4：4。这是一种廉价、安全、制造简单、威力比硝铵炸药略低、敏感性低的炸药。其具有结块性和吸湿性，使用时不能直接以8号雷管起爆，须同时用10%的硝铵炸药起爆体，才能充分起爆。目前在爆破中应用较多。

⑥ 浆状炸药

它是经硝酸铵、黄色炸药(TNT)(或铝、镁粉)为主混合而成的一种浆糊状炸药，它的威力大，抗水性强，适用于深孔爆破，但需烈性炸药起爆。

第2次通 3. 起爆器与起爆方法

(1)雷管

雷管是常用的起爆器材，黄色炸药(TNT)和硝铵炸药一般对直接火花不会引起爆炸，而用雷管来引爆。按照引爆方式可分为火雷管和电雷管两种。

(2)起爆方法

① 导火索及火花起爆法

导火索是点燃火雷管的配置材料，外形为圆形索线，索芯内装有黑火药，中间有纱导线，芯外紧缠着数层纱包线与防潮纸(或防潮剂)，以防潮变质。对导火索的要求是燃烧完全，燃速恒定。根据使用要求导火索的正常燃烧速度为100～120m/s，缓燃导火索的燃速为180～210m/s。

② 电力起爆法

电雷管是用点火器，通过电爆导线起爆的。点火器即为产生电流的电源，如干电池组、蓄电池、手摇起爆机(小型发电机)等。

③ 传爆线及传爆线起爆法

传爆线又称导爆线，其索芯用高级烈性炸药制成，内有双层棉织物，一层为防潮层，一层为缠绕着的纱线。为与导火索区别，表面涂成红色或红黄相间色。我国制造的传爆线是用黑索金或泰安为索芯的，爆速为6800～7200m/s。传爆线着火较困难，使用时须在药室外的一段传爆线上捆扎一个8号雷管来起爆，传爆网路与药包的联接方式有并联、串联、并串联等。

由于传爆线的爆速快，故在大量爆破的药室中，使用传爆线起爆可以提高爆破效果。但必须严格遵守安全规程。

13.4.4 常用的爆破方法

1. 一般规定

开挖岩石路基所采用的爆破方法，要根据石方的集中程度、地质、地形条件及路基断面形状等具体情况而定，一般可分为中小型爆破和大型爆破两大类。

2. 中小型爆破

中小型爆破主要包括裸露药包法、炮眼法、药壶法和猫洞炮等。

(1)裸露药包法

裸露药包法是将药包置于被炸物体表面，或经清理的岩缝中，药包表面用草皮或稀泥覆盖，然后进行的爆破。

主要用于破碎大孤石或进行大块岩的二次爆破。

(2)炮眼法(钢钎炮)

在路基工程中，炮眼法(钢钎炮)是指炮眼直径和深度分别小于7cm和5m的爆破方法。一般情况下，单独使用钢钎炮爆破石方是不大经济的，这是因为：

①炮眼直径小，炮眼浅，装药量受限制，一般量多装药眼深的1/3～1/2，每次爆破的石方量

不大(通常不超过10m),所以工效低。

②不利于爆破能量的利用。由于眼浅,爆破时爆炸气体很容易冲出,变成不做功的声波,以致响声大而炸下的石方不多,个别石块飞得很远。

因此,在路基石方集中时,应尽可能少用这种炮型。但是,由于此法操作简便,对设计边坡的岩体震动损害小,平均耗药量也少,机动灵活,因此它又是一种不可缺少的炮型。常用于土石方量分散而小的工程以及整修边坡、开挖边沟、炸孤石等,也常用此法改造地形,为其他炮型服务。

(3)药壶法(葫芦炮)

药壶法是指在深2.5m以上的炮眼底部用少量炸药经一次多次烘膛,使炮眼底部扩大成葫芦形集中埋置炸药,以提高爆破效果的一种炮型。它适用于结构均匀致密的硬土、次坚石、坚石。当炮眼深度小于2.5m,或在节理发达的软石、岩层很薄,渗水或雨期施工时,不宜采用。

选择炮位应与阶梯高度相适应,遇高阶梯时,宜用分层分排的群炮。炮眼深度一般以5～7m为宜。为避免超爆,药壶距边坡应预留一定间隙。扩大药壶时应不致将附近岩层震垮。

(4)猫洞炮

猫洞炮是将集中药包直接放入直径为0.2～0.5m,眼深2～6m的水平或略有倾斜的炮洞中的一种炮型。它适用于硬土、胶结良好的古河床、冰渍层、软石和节理比较发育的次坚石,坚石中可利用裂缝整修成洞。这种炮型对独岩包和特大孤石的爆破效果更佳。

3. 大爆破

大爆破施工,是采用导洞和药室装药,用药量在1000kg以上的爆破,采用大爆破施工要慎重,必须在施工前作好技术设计,爆破后应作出技术总结。

大爆破主要用于石方大量集中,地势险要或工期紧迫的路段。

4. 爆炸药品的管理

爆破施工中为确保安全,除遵守有关规定外,对于工地的爆炸物品管理要妥善保管,管理要点如下:

(1)所有爆破器材、雷管、炸药要在指定地点分开存放,相距不得小于1km,距施工现场不小于3km,并不得露天存放,绝不允许个人保存。

(2)存放地点应有牢靠的固定仓库,库内通风良好,仓址四角应有正式的避雷设备;库址周围应有围墙和牢靠的固定仓库,库内通风良好,仓址四角应有正式的避雷设备;库址周围还应有围墙和牢靠的门扉,并有排水沟道保证仓库干燥。

(3)仓库需有警卫人员日夜负责看守,并有良好的防火设备。

(4)存放炸药、雷管的仓库四周500m半径内,不得安置有发电机、变压器、高压线有和电焊机、瓦斯机等各类发电、导电、明火操作。

(5)爆破器材应有专人负责入库、发出,炸药、雷管的领用手续要严格、健全,库房内只准使用绝缘手电。

(6)在雷雨、浓雾及黑夜天气不办理爆炸物品的收领工作。

5. 瞎炮处理及清渣撬石

点火后未爆炸的炮为瞎炮。瞎炮不但浪费炸药和材料,影响施工进度,而且严重地影响安全生产。因此,必须采取一切有效的措施防止产生瞎炮。一旦出现瞎炮,应停止瞎炮附近的所有其他工作,由原施工人员参加处理,采取措施安全排除,其方法为:

对大爆破,应找出线头接上电源重起爆;或沿导洞小心掏取堵塞物取出起爆体;或用水灌浸药室使炸药失效后清除。

对中小炮，可在距瞎炮的最近距离不小于0.6m处，另行打眼爆破；当炮眼或装药不深时，也可用裸露药包爆破。

清碴撬石工作，应严格按照操作规程进行。首先将松动、碎裂的岩石自上而下地撬落。不准掏“神仙碴”（即在下面往里掏成悬岩状，石碴在自重的作用下坍落），以免坍塌伤人砸物。

清碴工作可用人工或机械进行。若炸落的岩石体积过大，可进行二次爆破改小，二次爆破可用钢钎炮或裸露炮进行。

13.5 施工机械设备

13.5.1 机械化施工的组织

机械化施工不仅要有足够数量的土方机械，关键还要有先进的组织管理，使各种机械都能得到合理的利用，最大限度地提高生产率。为此，组织机械化施工需要注意以下几点：

(1)建立健全管理体制和组织机械，对施工和机械实行统一管理、统一计划、统一调度，使各个工序、各个环节联系紧密、保证施工的连续性。

(2)实行科学管理，制定完善的施工技术与机械技术管理制度。

(3)深入调查研究正确选择施工机械及其作业方案，认真编制施工组织计划。

(4)贯彻“抓住重点、兼顾一般”的原则，把主要力量集中在重点工程上，突破一点，推动全局。切勿平均使用力量，延误工期，造成浪费。

(5)加强技术、经济责任制，严格质量检查，不断提高管理水平与技术水平。

(6)路堑开挖后还应注意的几个问题：

① 开挖后应作好排水和防渗措施，使临时排水设施(截水沟、排水沟、渗沟等)与永久性排水设施相结合，并不得引起淤积和冲刷；

② 弃土应合理，少占或不占农田，保证路基的稳定，不污染环境，不堵塞交通和河流，方便施工，并且经济、安全；

③ 为便于施工机械操作，应根据施工机械，场地现状和土质情况等，留有适当的工作面；

④ 挖方路基施工标高，应考虑因压实而产生的下沉量，其值由现场试验确定，过大，使路基基层加厚，易造成浪费，挖深不够，则需要返工重挖。

13.5.2 常用的土方机械

1. 常用的土方机械及其作业程序

常用的路基土方工程机械有：推土机、挖掘机、铲运机、平地机、松土机及各种压实机械和水力机械。

(1)推土机

推土机是包括修筑道路在内的土石方施工中的主要机械之一。其机动性能大，动作灵活，生产效率高，能在较小的作业面上独立工作，接地比压较低，适应于各类土质及松软场土作业，不易陷机，因此，在工程中得到广泛应用。

推土机可以纵向运土或横向推土，对半填半挖路段施工尤为合适，主要用于开挖路堑、填筑路堤、平整场地、填埋沟槽以及其他辅助作业。

(2)挖掘机

挖掘机属于挖掘装运机的一种类型,其挖土效率高,产量大,但机动性差。主要适用于路堑的开挖,高填土和大中型桥梁的基础工程,一般要与其他运输工具配合施工,尤其适合于工期较长、工程量较大的土方集中工程。

(3)装载机

装载机是一种工作效率较高的铲土运输机械,它兼有推土机和挖掘机两者的工作性能,可进和铲掘、装运、整平、装载和牵引等多种作业。其优点是适应性强,作业效率高,操纵简便。装载机与运输车辆配合,可达到比较理想的铲土运输工作效率。

(4)铲运机

铲运机是土方工程使用最广泛的一种机械,有拖式与自动式两种。它可以进行自挖、自装、自运、自卸各个工序,并兼有铺平压实的作用。它在路基施工中,可以填筑路堤,开挖路堑、填挖和整平场地。

铲运机铲土运土操作方法一般有:按薄层切土,梳齿形断面切土与楔形断面切土等。

铲运机的运行路线,根据地形与工作性质的不同,主要有直线回转运行环,螺旋运行路线,之字形运行路线和连环“8”字形运行路线等。

2. 土方机械的选择

选择土石机械时应考虑工程性质(工程数量、填挖高度、施工期限、横断面形式、修建意义等),施工条件(土的类别、水文地质、现场道路状况、施工区的水电供应及施工季节等)、机械性能与设备现状等因素以施工机械和操作方案的不同程度的影响,分清主次、综合分析考虑。一方面从具体条件出发,需满足工程的实际要求和现实意义,另一方面必须进行技术经济比较,充分发挥机械效率。

综合机械化施工是机械施工中最有效的形式。在综合机械化施工中,担负主导工序的机械作为主要机械。选择机械时应首先确定主要机械类型,以主要机械能发挥最高效为原则。则选配相应的辅助机械,使主辅机械类型组合正确,各种机械配合得当,协同工作,数量适中,以此正确地选择机械,组织机械化程度不同的施工。

根据以往工程实践经验,几种常用的土方机械适用范围,见表13-3所列。

表13-3　常用土方机械的适用范围表

机械名称	适用的作业项目		
	施工准备工作	基本土方作业	施工辅助作业
推土机	① 修筑临时道路 ② 推倒树木,拔除树根 ③ 铲除草皮 ④ 清除积雪 ⑤ 清理建筑碎屑 ⑥ 推缓陡坡地形 ⑦ 翻挖回填井、陷穴	① 高度3m以内路堤和路堑土方工程 ② 运距10～80m以内的土方挖运与铺填及压实 ③ 傍山坡的半填半挖路基土方	① 路基缺口土方的回填 ② 路基面粗平 ③ 取土坑及弃土堆平整工作 ④ 配合挖掘机与铲运机松土、运土 ⑤ 斜坡上推挖台阶
拖式铲运机	铲除草皮	运距60～700m以内的土方挖运、铺填及碾压作业(填挖高度不限)	① 路基面及场地粗平 ② 取土坑及弃土堆整理工作

（续表）

机械名称	适用的作业项目		
	施工准备工作	基本土方作业	施工辅助作业
自动平地机	① 铲除草皮 ② 清理积雪 ③ 疏松土壤	① 修筑0.75m以下的路堤及0.6m以下的路堑土方 ② 傍山坡半填半挖路基土方	① 开挖排水沟及山坡截水沟 ② 平整场地及路基 ③ 修刮边坡
拖式松土机	① 翻松旧路的路面 ② 清除树根、小树墩及灌木丛		① 在含有砾石及坚硬的Ⅲ～Ⅳ类土中作疏松工作 ② 破碎及揭开0.5m以内的冻土层
挖掘机		① 半径为7m以内的土挖掘及卸弃 ② 用倾卸车配合作500～1000m以上的土方远运	① 开挖沟槽及基坑 ② 水下捞土

13.6 施工要求与施工资料

13.6.1 施工质量检查方法

13.6.1.1 压实密度检查方法

压实密度的检测方法有环刀法、灌砂法、电动取土器法、蜡封法和核子密度仪法等。本节介绍常用的环刀法和灌砂法。

1. 环刀法

(1)适用范围

本试验方法适用于现场测定细粒土的密度。由于取样深度较浅，故测得的密实度偏大。

(2)仪器设备

① 环刀：内径6～8cm，高2～3cm，壁厚1.5～2mm。

② 天平：感量0.1g。

③ 其他：环刀金属盖、铁锤、凿子、铝盒、修土刀、钢丝锯、凡士林等。

(2)试验步骤

① 在试验地点，选一块约10cm×10cm的平坦表面，并将其清扫干净。

② 将环刀刀口向下放在此平坦表面上，盖上环刀金属盖，用锤子将环刀垂直打入试样中，至土样伸出环刀上部为止。

③ 将试样连同环刀一起挖出，注意使土样伸出环刀下部，削去两端余土，使与环刀口面齐平，并将剩余土样适量装入铝盒中，测定其含水量 ω(烘干法或酒精燃烧法)。

④ 擦净环刀外壁，称环刀与土合质量 m_t，准确到0.1g。

(4)结果整理

计算湿密度公式：

$$\rho=\frac{m_t-m_g}{V} \tag{13-8}$$

计算干密度公式：

$$\rho_d=\frac{\rho}{1+0.01\omega} \tag{13-9}$$

式中：m_t——环刀与土合质量，g；

m_g——环刀质量，g；

V——环刀体积，cm^3；

ω——含水量，%。

试验记录格式见表13-4。

表13-4 密度试验记录(环刀法)

土样编号				1		2		3	
环刀法				1	2	3	4	5	6
环刀容积	(cm^3)	①		100	100	100	100	100	100
环刀质量	(g)	②							
土+环刀质量	(g)	③							
土样质量	(g)	④	③-②	178.6	181.4	193.6	194.8	205.8	207.2
湿密度		⑤	④/①	1.79	1.81	1.94	1.95	2.06	2.07
含水量	(%)	⑥		13.5	14.2	18.2	19.4	20.5	21.2
干密度		⑦	⑤/①+0.06⑥	1.58	1.58	1.64	1.63	1.71	1.71
干均干密度	(g/cm^3)	⑧		1.58		1.64		1.71	

2. 灌砂法

(1)适用范围

本试验适用于现场测定细粒土、砂类土和砾类土的密实度。试样的最大粒径不得超过15～20cm。测定细料土的密度时，可以采用Φ100的小型灌砂筒；如最大粒径超过15mm，Φ150的大灌砂筒。

(2)仪器设备

① 灌砂筒

② 金属标定罐

③ 基板

④ 打洞及洞中取料的合适工具，如凿子、铁锤、长把勺、长把小簸箕、毛刷等

⑤ 玻璃板

⑥ 铝饭盒或金属方盘

⑦ 台秤：称量10～15kg，感量5g

⑧ 其他：铝盒、天平、烘箱等

(3)量砂

粒径0.25～0.5mm，清洁干燥的均匀砂，约20～40kg，应先烘干，并放置足够时间(通常

7d)，使其与空气的湿度达到平衡。

(4)试验步骤

① 在试验地点，选一块约 40cm×40cm 的平坦表面，并将其清扫干净，将基板放在此平坦表面上。如此表面的粗糙度较大，则将盛有量砂 m_5(g)的灌砂筒放在基板中间的圆孔上。打开灌砂开关，让砂流入基板的中孔内，直到储砂筒内的砂不再下流时关闭开关。取下灌砂筒，并称筒内砂的质量 m_6，准确至 1g。

② 取走基板，将流在试验地点的量砂收回，重新将表面清扫干净。将基板放在清扫干净的表面上，沿基板中孔凿松的材料取出，放在已知质量的塑料袋内密封。试洞的深度等于碾压层厚度。凿洞毕，称此塑料袋中全部试样质量，准确至 1g，减去已知塑料袋的质量后，即为试样的总质量 m_t。

③ 从挖出的全部试样中取出有代表性的样品，放入铝盒中，测定其含水量 ω，样品数量：对于细粒土，不少于 100g；对于粗粒土，不少于 500g。

④ 将基板安放在试洞上，将灌砂筒安放在工板中间(储砂筒内放满砂至恒量 m_1)，使用灌砂筒的下口对准基板的中孔及试洞。打开灌砂筒的开关，让砂流入试洞内。在此期间，应注意勿碰动灌砂筒。直到储砂筒内的砂不再下流时关闭开关。仔细取走灌砂筒，称量筒内剩余砂的质量 m_4，准确到 1g。

⑤ 如清扫干净的平坦的表面上粗糙度不大，则不需要放基板，将灌砂筒直接放在已挖好的试洞上，打开筒的开关，让砂流入试洞内。在此期间，应注意勿碰动灌砂筒。直至储砂筒内的砂不再下流时关闭开关。仔细取走灌砂筒，称量筒内剩余砂的质量 m_4，准确到 1g。

⑥ 取出试洞内的量砂，以备下次试验时再用。若量砂的湿度已发生变化或量砂中混有杂质，则应重新烘干，过筛，并放置一段时间，使其与空气的湿度达到平衡后再用。

⑦ 如试洞内有较大的孔隙，量砂可能进入孔隙时，则应按试洞外形，松弛地放入一层柔软的纱布。然后再进行灌砂工作。

(5)结果整理

填满试洞所需砂的质量 m_b 按下式计算：

① 灌砂时试洞上放有基板的情况

$$m_b = m_1 - m_4 - (m_5 - m_6) \tag{13-10}$$

② 灌砂时试洞上不放基板的情况

$$m_b = m_1 - m_4 - m_2 \tag{13-11}$$

式中：m_1——灌砂入试洞前筒内砂的质量，g；

m_2——灌砂筒下部圆锥体内砂的平均质量，g；

m_3——灌砂入试洞后，筒内剩余砂的质量，g；

$(m_5 - m_6)$——灌砂筒下部圆锥体内及基板和粗糙表面间砂的总质量，g。

试验地点土的湿密度 ρ 可按下式计算：

$$\rho = \frac{m_t}{m_b}\rho \tag{13-12}$$

式中：m_t——试洞中取出的全部土样的质量，g；

m_b——填满试洞所需砂的质量，g；

ρ_s——量砂的密度，g/cm^3。

试样的干密度 ρ_d 的计算公式同环刀法。密度试验记录见表 13－5。

表 13－5　密度试验记录(灌砂法)表

工程名称：　　　　土样说明砾类土：　　　　试验日期：

试验者：　　　　计算者：　　　　校核者：

砂的密度：1.28g/cm^3

取样桩号	取样位置	试洞中湿土样质量 m_t(g)	灌满试洞后剩余砂质量 m_4(g)	试洞内砂质量 m_b (g)	湿密度 ρ (g/cm^3)	含水量测定							干密度 ρ_d g/cm^3
						盒号	盒＋湿土质量(g)	盒＋干土质量(g)	盒质量(g)	干土质量(g)	水质量(g)	含水量(g)	
		4031		2223.6	2.31	B5	1211	1108.4	195.4	913	102.6	11.2	2.08
		2900		1613.9	2.30	3#	1125	1040	195.9	844.1	85	10.1	2.09

13.6.2　施工质量检查标准

1. 检验评定方法和等级标准

道路工程质量的检验及评定按工序、部位及单位工程三级进行，当该工程不划分部位时，可按工序，单位工程二级进行。其评定标准的主要依据为合格率。

$$合格率=\frac{同一检查项目中的合格点(组)数}{同一检查项目中的应检点(组)数}\times 100\%$$

市政工程的质量评定，一般分为“合格”与“优良”两个等级，其判定标准如下：

(1)工序

合格：主要检查项目的合格率应达到 100%；非主要检查项目的合格率均应达到 20%；

优良：符合以上合格标准的条件，全部检查项目合格率的平均值应达到 85%。

(2)部位

合格：所有工序合格，则该部位应评为“合格”。

优良：在评定为合格的基础上，全部工序检查项目合格率的平均值达到 85%，则该部位应评为“优良”(在评定部位时，模板工序不参加评定)。

(3)单位工程

合格：所有部位的工序均为合格，则该单位应被评为“合格”。

优良：在评定合格的基础上，全部部位(工序)检验项目合格率的平均值达到 85%，则该单位工程应评为“优良”。

工序的质量如不符合规定的标准，应及时进行返工重做处理，并重新评定其质量等级。

对加固、补强后改变结构外形或造成永久缺陷(但不影响使用效果)的工程，一般不得评为优良。

检验评定必须经外观检查合格后，才能进行允许偏差项目的检验。进行抽样检验的点位，应能反映工程的实际情况。一般而言，凡检验范围为长度者，应按规定间距抽样选取较大偏差点；其他则可在规定范围内选取较大偏差点。

2. 路基工程质量验收标准

(1)路床

土、石路床必须用12～15t压路机碾压检验，其轮迹不得大于5mm；石质路床必须嵌缝紧密，不得有坑槽和松石；土质路床不得有翻浆、软弹、起皮、波浪、积水等现象。

压实度不得小于表13-6中规定。每1 000m^2，至少测3点。

表13-6 路床允许偏差表

<table>
<tr><th rowspan="2">序号</th><th rowspan="2">项目</th><th colspan="2">允许偏差</th><th colspan="4">检验频率</th><th rowspan="2">检验方法</th></tr>
<tr><th>石路床(mm)</th><th>土路床(mm)</th><th>范围(m)</th><th colspan="3">点数</th></tr>
<tr><td>1</td><td>路中线标高</td><td>±20</td><td>±20</td><td>20</td><td colspan="3">1</td><td>用水准仪测量</td></tr>
<tr><td rowspan="3">2</td><td rowspan="3">平整度</td><td rowspan="3">30</td><td rowspan="3">20</td><td rowspan="3">20</td><td rowspan="3">路宽(m)</td><td><9</td><td>1</td><td rowspan="3">3m直尺法，量取最大间隙值</td></tr>
<tr><td>9～15</td><td>2</td></tr>
<tr><td>>15</td><td>3</td></tr>
<tr><td>3</td><td>宽度</td><td>+100
0</td><td>+200
0</td><td>40</td><td colspan="3">1</td><td>用尺量</td></tr>
<tr><td rowspan="2">4</td><td rowspan="2">横坡</td><td rowspan="2">+0.5%</td><td rowspan="2">±20且不大于±0.3%</td><td rowspan="2">20</td><td rowspan="2">路宽(m)</td><td><9</td><td>2</td><td rowspan="2">用水准仪测量</td></tr>
<tr><td>9～15</td><td>4</td></tr>
</table>

(2)边坡和边沟

土质边坡必须平整、坚实、稳定、严禁贴坡；边沟上口线应整齐直顺，沟底平整，排水畅通。

边沟、边坡允许偏差应符合表13-7的规定。

表13-7 边沟、边坡允许偏差表

序号	项　目	允许偏差(mm)	检验频率		检验方法
			范围(m)	点 数	
1	边坡坡度	不陡于设计规定	20	2	用坡度尺量每侧边坡各1点
2	沟底标高	+0 −30	0	2	用水准仪量每侧边沟各1点
3	沟底宽	±10	20	2	用尺量每侧边沟各1点

为了提高工程质量，必须按照质量第一的方针和全面质量管理要求，建立健全"政府监督、施工管理、企业自检"的质量保证体系，对施工全过程进行切实有效的质量控制和管理。从中获得完整、准确、可靠的质量特征数据，起到质量把关、预防和报告的职能。因此，重视质量检验工作，掌握正确的检验方法，是很有必要的，是施工过程中不可缺少的一个重要环节。

13.6.3 施工安全要求

1. 安全管理的重要性

安全生产是施工项目重要的控制目标之一，也是衡量施工项目管理水平的重要标志，施工项目安全管理，就是在施工过程中，组织安全生产的全部管理活动。通过对生产因素（人和物）具体的状态控制，使施工生产全过程中潜伏的危险处于受控状态，消除事故隐患，不引发人为事故，尤其是不引发使人受到伤害的事故，确保施工生产安全。

施工项目要实现以经济效益为中心的工期、成本、质量、安全等的综合目标管理，搞好施工的安全管理，保护职工在施工生产中的安全和健康，保护设备、物资不受损坏，不仅是管理的首要职责，也是调动职工积极性的必要条件。没有安全的施工生产条件，也就没有施工生产的高效率和高质量。

安全管理的特点：(1)统一性；(2)预防性；(3)长期性；(4)“四全”动态管理性；(5)科学性。

2. 安全管理的基本原则

(1)安全与危险并存原则

安全与危险在同一事物的运动中是相互对立的，相互依赖而存在的。因为有危险，才要进行安全管理，以防止危险。安全与危险并非是等量并存、平静相处。随着事物的运动变化，安全与危险每时每刻都在变化着，进行着此消彼长的斗争。事物的状态将向斗争的胜方倾斜。可见，在事物的运动中，不会存在绝对的安全或危险。

保持生产的安全状态，必须采取多种措施，以预防为主，危险因素是完全可以控制的。

危险因素是客观的存在于事物运动之中的，自然是可知的，也是可控的。

(2)安全与生产的统一原则

生产是人类社会存在和发展的基础。如果生产中人、物、环境都处于危险状态，则生产无法顺利进行。因此，安全是生产的客观要求，自然，当生产完全停止，安全也就失去意义。就生产的目的性来说，组织好安全生产就是对国家、人民和社会最大的负责。

生产有了安全保障，才能持续、稳定发展。当生产与安全发生矛盾、危及职工生命或国家财产时，在生产活动停下来整治、消除危险因素以后，生产形势会变得更好。“安全第一”的提法，决非把安全摆到生产之上。忽视安全自然是一种错误。

(3)安全与质量的包涵原则

从广义上看，质量包涵安全工作质量，安全概念也内涵着质量，交互作用，互为因果。安全第一，质量第一，两个第一并不矛盾。安全第一是从保护生产因素的角度提出，而质量第一则是从关心产品成果的角度而强调的。安全为质量服务，质量需要安全保证。生产过程丢掉哪一头，都要陷于失控状态。

(4)安全与速度互保原则

生产的蛮干、乱干，在侥幸中求快，缺乏真实与可靠，一旦酿成不幸，非但无速度可言，反而会延误时间。速度应以安全做保障，安全就是速度。我们应追求安全加速度，竭力避免安全减速度。

安全与速度成正比例关系。一味强调速度，置安全于不顾的做法是极其有害的。当速度与安全发生矛盾时，暂时减缓速度，保证安全才是正确的做法。

(5)安全与效益兼顾原则

安全技术措施的实施，定会改善劳动条件，调动职工的积极性，焕发劳动热情，带来经济效益，足以使原来的投入得以补偿。从这个意义上说，安全与效益是一致的，安全促进效益的增长。

在安全管理中，投入要适度、适当，精打细算，统筹安排。既要保证安全生产，又要经济合理，还要考虑力所能及。单纯为了省钱而忽视安全生产，或单纯追求不惜资金的盲目高标准，都不可取。

3. 安全管理的措施

安全管理措施是安全管理的方法与手段，管理的重点是对生产各因素状态的约束与控制，以消除一切事故，避免事故伤害，减少事故损失。

(1)落实安全生产责任制。

(2)加强安全教育和培训，严守安全纪律。

(3)安全检查。

4. 路基土方工程安全技术措施

安全技术是改善生产工艺、改进生产设备、控制生产因素不安全状态，预防与消除危险因素对人产生伤害的技术方法和措施，以及避免损失扩大的技术手段。

预防是消除事故的最佳途径。针对生产过程中预知或已出现的危险因素，采取的一切消除或控制的技术性措施，统称为消除事故危害。发生事故后，安全技术措施应迅速将重点转移到防止事故扩大，尽量减少事故损失，避免引发其他事故方面。起到预防事故和减少损失两方面的作用。

(1)安全技术措施的优选顺序

在采取安全技术措施时，应遵循预防性措施优先选择，根治性措施优先选择，紧急性措施优先选择的原则，依次排列，以保证采取措施与落实的速度，即要分出轻、重、缓、急。优选顺序如下：

根除危险因素——限制或减少危险因素——隔离、屏蔽——故障——安全设计——减少故障或失误——校正行动。

在采取安全技术措施时，时刻牢记生产技术与安全技术的统一性，体现管理生产同时管安全的管理思想。

(2)路基土方工程人工挖土方必须遵守的规定

① 开挖土方的操作人员之间，必须保持足够的安全距离，横向间距不小于 2m，纵向间距不小于 3m。

② 土方开挖必须自上而下顺序放坡时行，严禁采用挖空脚的操作方法。

(3)路基土方工程挖掘机作业必须遵守的规定

① 发动机启动后，铲斗内、壁杆、履带和机棚上严禁站人；

② 工作位置必须平坦稳固。工作前履带应制动，轮胎式挖掘机应顶好支腿，车身方向应与挖掘工作面延伸方向一致，操作时铲不应过深，提斗不得过猛；

③ 严禁铲斗从运土车的驾驶室顶上越过。向运土车辆卸土时应降低铲斗的高度，防止偏载或砸坏车厢，铲斗运车范围内严禁站人。

13.6.4 施工资料的管理

1. 管理内容

施工资料的管理是施工全过程中的一项重要工作，也是项目管理的一项重要工作，施工资料的管理内容有：

(1)检验并保存施工过程中的自检原始记录。

(2)检验并保存施工过程的技术档案资料。

(3)对竣工项目的外观检验资料。

(4)使用功能的检验资料。

2. 路基土方工程竣工的施工技术资料规定

(1)施工组织设计(或施工方案)。

(2)图纸会审、技术交底记录。

(3)原材料、半成品、成品出厂质量证明和试(检)验报告。

(4)施工试验报告。

(5)施工记录。

(6)测量复核及预检记录。

(7)隐蔽工程验收记录。

(8)工程质量检验评定资料。

(9)使用功能试验记录。

(10)设计变更试验记录。

(11)设计变更洽商记录。

(12)竣工图。

(13)竣工验收单。

(14)工程竣工质量核验证书。

第 14 章　路面状况评定

14.1　概　述

路面结构在汽车和自然因素的反复作用下，其使用性能会不断改变，路面结构逐渐出现破坏，并最终导致不能满足使用性能的要求。因此，在路面使用过程中，必须采取相应的养护、补强和改建措施，使路面的使用性能得到部分恢复甚至提高。如图 14－1 所示。

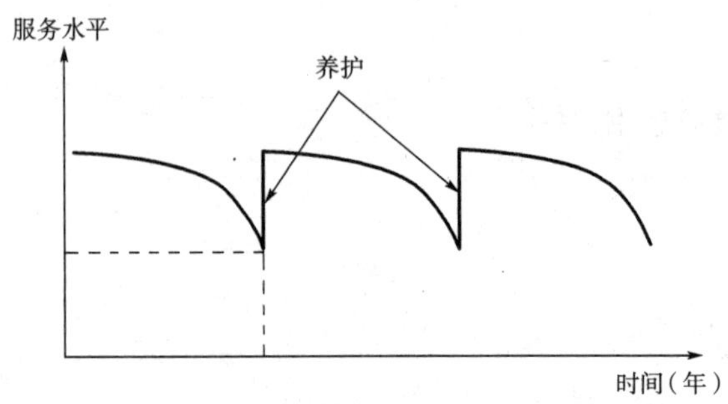

图 14－1　路况随时间变化曲线

为了掌握路面使用性能的变化情况，以便及时采取各种养护和改建措施，延缓其衰变和恢复路面性能，必须定期对现有路面状况实行调查，以评定路面的使用性能及其剩余寿命。路面使用性能包括功能、结构和安全三方面。

(1)功能方面的使用性能是路面为道路使用者提供方便和舒适的程度，主要指行驶舒适性或行驶质量。

(2)结构方面的使用性能指路面的物理状况，包括路面损坏状况和结构承载能力。

(3)安全方面的使用性能主要指路面表面的抗滑能力。

路面使用性能的三个方面既有区别又有一定的内在联系。目前仍采用不同的定义和评价方法分别对以上三方面使用性能进行评价。

14.2　路面行驶质量评定

路面的基本功能是为车辆提供快速、安全、舒适和经济的行驶表面。路面行驶质量反映路面满足这一基本功能的能力。

路面平整度可定义为路面表面诱使行驶车辆出现振动的高程变化。路面不平整所引起的车辆振动，会对车辆磨损、燃油消耗、行驶舒适、行车速度、路面损坏和交通安全等产生直接影响。因此，平整度是度量路面行驶质量的一项性能指标。

14.2.1　平整度测定方法

路面平整度测定方法可划分为两大类型：一类是断面类平整度测定；二类是反应类平整度测定。

1. 断面类平整度测定

断面类平整度测定是直接沿行驶车辆的轮迹量测路面表面的高程，得到路表纵断面，通过数据分析后采用综合统计量作为其平整度指标。属于这一类的方法主要有：

(1)水准测量

采用水准仪和水准尺沿轮迹量测路面表面的高程，得到精确的路表纵断面。这是一种测定结果较稳定的简便方法，但测量速度很慢和费工。

(2)梁式断面仪

用 3m 直尺连续量测轮迹处路表同直尺间的高程差，由此得到路表纵向起伏情况。这种方法较水准测量速度要快些。

(3)惯性断面仪

在测试车车身上安置竖向加速度计，以测定行驶车辆的竖向位置变化。车身同路表面之间的距离，利用激光、超声等传感器进行测定。两方面测定结果叠加后，便可得到路表面纵断面。

断面类平整度测定方法的主要优点是可直接得到轮迹带路表面的实际断面，从而对路面平整度的特性进行分析。主要缺点是，对于前两种方法来说，测定速度太慢，不宜用于大范围的平整度数据采集；对于惯性断面仪来说，仪器精密度高，操作和维修技术要求高，因而其广泛应用受到了限制。

2. 反应类平整度测定

反应类平整度测定系统是在主车或拖车上安装由传感器和显示器组成的仪器。可以传感和累积车辆以一定速度行驶在不平路表面时悬挂系统的竖向位移量。反应类平整度测定系统的优点是价格低廉，操作简便，可用于大范围内的路面平整度快速测定。由于这类测定系统是对路面平整度的间接度量，测定结果同测试车辆的动态反应状况有关，并随测量车辆机械系统的振动特性和车辆行驶的速度而变化。因此，反应类平整度测定系统存在三项主要缺点：①时间稳定性差，同一台仪器在不同时期测定的结果，会因车辆振动特性随时间的变化而不一致；②转换性差，不同部门测定的结果，由于所用测试车辆振动特性的差异而难以进行对比；③不能给出路表的纵断面。

为克服时间稳定性差的缺点，需经常对测定仪器进行标定。标定路段的平整度采用断面类平整度测定方法测定。测定仪器在标定路段上的测定结果与标准结果建立回归关系，即为标定曲线。利用此曲线，可将不同时期的测定结果进行转换。为克服转换性差的缺点，需寻找一个通用的平整度指标，把不同仪器或不同部门测定的结果，统一转换成以通用指标表示的平整度值。这样，它们就能够进行相互比较。

14.2.2　国际平整度指数

反应类平整度仪器测定的结果，通常以车辆行驶一段距离后的累积计数值，$\sum$ 计数/km 表示。若把每一种反应类平整度仪的计数以悬挂系竖向位移量表示，则测定结果可表示为 m/km，它反映了单位行驶距离内悬挂系的累积竖向行程。

国际平整度指数(IRI)是一项标准化的平整度指标。它同反应类平整度测定系数类似，但是采用数学模型模拟 1/4 车(即单轮,类似于拖车)以规定速度(80km/h)行驶在路面上,分析悬挂系在行驶距离内由于动态反应而产生的累积竖向位移量。

对标定路段的平整度,采用国际平整度指数表征,然后与反应类平整度仪的测定结果建立标定曲线,则使用此类标定曲线便可克服反应类平整度仪转换性差的缺点。此外,不同测定方法的测定结果,采用 IRI 表示后,具有良好的可比性和相关性。因而,国际平整度指数是表征路面平整度的通用指标。

14.2.3 行驶质量评价

路面行驶质量同路表面的不平整度、车辆的动态响应和人的感受能力三方面因素有关。因而,不同的乘客乘坐同一辆车行驶在同一路段上,由于各人对行驶舒适性的要求和颠簸的接受能力不同,对该路段的行驶质量会作出不同的评价。

由于评价带有个人主观性,为了避免随意性,故而提出了主客观相结合的评价方法。一方面邀请具有不同代表性的乘客,分别按各个的主观意见进行评分,而后汇总以平均分值代表众人的评价。另一方面对各评价路段进行平整度量测。通过回归分析建立主观评分同客观量测结果的相关关系。由此建立的评价模型,便可用来对路面行驶质量进行较统一的评价。

对行驶质量的评价可以采用 5 分或 10 分评分制。评分小组的成员应能覆盖对行驶舒适性有不同反应的各类人员(不同职业、年龄、社会经济和文化背景等)。所选择的评分路段,其平整度和路面类型应能覆盖可能遇到的范围和情况。评分时所乘坐的车辆,应选择其振动特性具有代表性的试验车。整个评分过程中,采用相同的试验车和行驶速度。

整理各评分路段的主观评分和客观量测结果后,通过回归分析可建立线性或非线性的评价模型

$$RQI = 11.5 - 0.75IRI \tag{14-1}$$

式中:RQI——行驶质量指数,数值范围为 0～10,如出现负值,则 RQI 取 0;如计算结果大于 10,RQI 值取 10;

IRI——国际平整度指数,m/km。

路面行驶质量评定标准见表 14-1 所列。

表 14-1 路面行驶质量评定标准

评价指标	优	良	中	次	差
行驶质量指数RQI	≥8.5	≥7.0～<8.5	≥5.5～<7.0	≥4.0～<5.5	<4.0

14.3 路面结构承载能力评定

通过对路面结构承载能力的评定,可以确定路面的剩余寿命,预估何时需进行改建,并为加铺层设计提供有用的参数。

1. 评定方法

路面结构承载能力的评定方法可分为破坏和无破坏两类。

(1)破坏类评定法

路面结构承载能力的破坏类评定,是从路面各结构层内钻取试样,通过室内试验,确定各项

计算参数，估算出结构承载能力。由于不可能在路面上大量取样，所得参数反映的路面情况有一定的局限性。

(2)无破坏类评定法

无破坏类评定，一般通过路表弯沉测定来估算路面结构承载能力。常用弯沉仪有如下几种：

①静态弯沉仪

测定缓慢移动车轮下路表的回弹沉值(车轮驶离测头)或总弯沉值(车轮驶向测头)。常用的仪器是贝克曼梁。国外应用较普遍的是自动化的贝克曼梁。如英国 TRRL、法国 LCPC 和美国加州的自动弯沉仪，可连续进行，每隔一定间距量测一次路表弯沉量。

②稳态弯沉仪

利用震动力发生器在路上作用一固定频率的正弦动荷载，通过沿荷载轴线相隔一定间距布置的速度传感器，量测路表的动弯沉曲线。目前应用广泛的有轻型动弯沉仪(如 Dynaflect 和 Road Rater)，所作用的动荷载(达到峰值)约 5 000kN；重型动弯沉仪，作用的动荷载约达 150 000kN。为了保证施加震动荷载时仪器不跳离路面，仪器的自重必须大于动荷载。因此在施加动荷载前，路面实际上已受到一较大的静载的作用，这将影响测定结果的精度。

③脉冲或落锤式弯沉仪

以 500～3 000kN 重量从 2～40cm 高度落下，作用于橡胶缓冲系统，通过 30cm 直径承载板，传给路面半正弦脉冲力，利用沿荷载轴线布置的速度传感器是测路表的动弯沉曲线如图 14－2 所示。通过改变重量或落高，可以施加不同级位的动荷载(15 000～1250 000kN)。仪器本身的重量轻，因而路面受到的预加荷载较小。

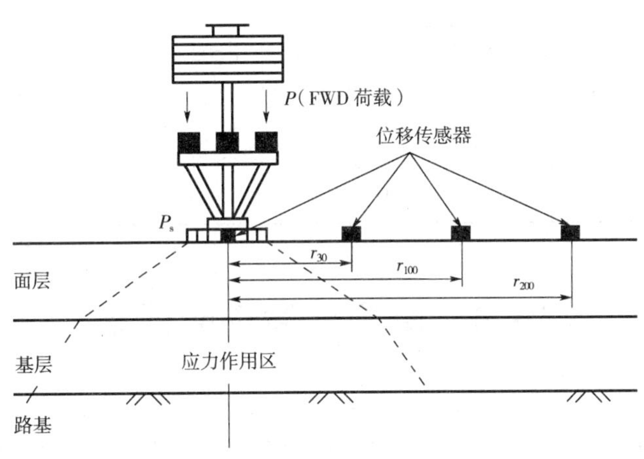

图 14－2　落锤式弯沉仪示意图

2. 路面结构承载力的评价

将调查路段分为若干均匀路段，整理各均匀路段的实测弯沉资料，求得代表弯沉或计算弯沉。

利用设计(或容许)弯沉同标准轴载累计作用次数的关系曲线，可大致估算相应于代表弯沉值(或计算弯沉值)的容许标准轴载作用次数 N。同弯沉测定前路面实际承受的轴载作用次数 n 相比，可以判断路面的剩余寿命(以标准载数表示)。根据剩余寿命的长短，可鉴别路面结构强度的潜在能力。设计弯沉同标准轴载累计作用次数的关系曲线，如图 14－3 所示。

在图 14－3 中，A 点代表弯沉为 25×10^{-2}mm，已承受标准累计轴载 3.0×10^{6}次，则由弯沉

曲线可推断出当可靠度为90%时，其剩余寿命为12×10^6次。

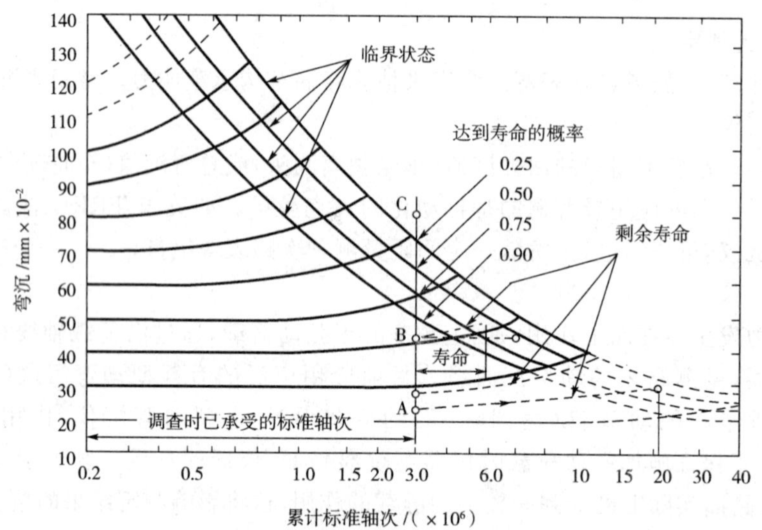

图 14-3　设计弯沉同标准轴载累计作用次数的关系曲线

沥青路面通常采用强度系数SSI作为结构承载力评定标准，SSI＝路面允许弯沉/路面代表弯沉值，表14-2为沥青路面结构承载能力评定标准。

表 14-2　路面结构强度评价标准

评价指标	优		良		中		次		差	
公路等级	高速一级	其他等级	高速一级	其他等级	高速一级	其他等级	高速一级	其他等级	高速一级	其他等级
强度系数SSI	≥1.2	≥1.0	≥1.0～<1.2	≥0.8～<1.0	≥0.8～<1.0	≥0.6～<0.8	≥0.6～<0.8	≥0.4～<0.6	<0.6	<0.4

14.4　路面抗滑性能评定

1. 定义

路面抗滑性能是指车辆轮胎受到制动时沿路表面滑移所产生的抗滑力。通常，抗滑性能被看做是路面的表面特性，并定义为：

$$f=\frac{F}{W} \tag{14-2}$$

式中：f——摩阻系数；

F——作用于路表面的摩阻力；

W——垂直于路表面的荷载。

然而，笼统地说路面具有某一摩阻系数值是不确切的。应该对轮胎在路面上的滑移条件给予规定。不同的条件和测定方法，可以得到不相同的摩阻系数值。因此，需规定标准的测定方法和条件。

2. 测定方法

抗滑性能一般可采用四种方法进行测定：①制动距离法；②锁轮拖车法；③偏转轮拖车法；④摆式仪法。

(1)制动距离法

以一定速度在潮湿路面上行驶的 4 轮小客车，当 4 个车轮被制动时，车辆减速滑移到停止的距离，可用以表征非稳态的抗滑性能，以制动距离数 SDN 表示：

$$SND=\frac{v^2}{225L_s} \tag{14-3}$$

式中：v——刹车开始作用时车辆的速度，km/h；

L_s——滑移动停车的距离，m。

测试路段应为材料组成均匀、磨耗均匀和龄期相同的平直路段。测试前和每次测定之间，先洒水润湿路表面到完全饱和。制动速度以 64.4km/h 为标准速度。也可采用其他速度，但不宜低于 32km/h。

(2)锁轮拖车法

装有标准试验轮胎的单轮拖车，由汽车拖拉，以要求的测定速度在洒水润湿的路面上行驶。抱锁测试轮，通过测定牵引力确定在载重和速度不变的状态下拖拉测试轮时，作用在轮胎和路面间的摩阻力。以滑移指数 SN 表征路面的抗滑性能：

$$SN=FW\times 100 \tag{14-4}$$

式中：F——作用在试验轮胎上的摩阻力，N；

W——作用在轮上的垂直荷载，N。

轮上的载重为 4826N，标准测试速度为 64.4km/h。牵引力由力传感器量测，速度由第五轮仪量测。

(3)偏转轮拖车法

拖车上安装有两只标准试验轮胎，它们对车辆行驶方向偏转一定的角度(7.5°～20°)。汽车拖拉以一定速度在潮湿路面上行驶时，试验轮胎受到侧向摩阻力的作用。记下此侧向摩阻力，除以作用在试验轮上的载重，可得到以侧向力系数 SFC 表征的路面抗滑性能：

$$SFC=\frac{F_s}{W} \tag{14-5}$$

式中：F_s——作用在试验轮胎上的侧向摩阻力，N；

W——作用在轮胎上的垂直荷载，N。

锁轮拖车法和偏转拖车法都具有测定时不影响路上交通，可连续并快速进行的优点。

(4)摆式仪法

这是一种主要在室内量测路面材料表面摩阻特性的仪器，也可用于野外量测局部路面范围的抗滑性能。

摆式仪的摆锤底面装一橡胶滑块，当摆锤从一定高度自由下摆时，滑动面同试验表面接触。由于两者间的摩擦而损耗部分能量，使摆锤只能回到一定高度。表面摩阻力越大，回摆高度越小。通过量测回摆高度，可以评定表面的摩阻力。回摆高度直接从仪器上读得，即摆值 BPN。

3. 抗滑性能评价

影响路面抗滑性能的因素有路面表面特性(细构造和粗构造)、路面潮湿状况和行车速度。

路表面的细构造是指集料表面的粗糙度，它随车轮的反复磨耗作用而逐渐被磨光。通常采用石料磨光值（*PSV*）表征其抗磨光的性能。细构造在低速（30～50km/h 以下）时对路表抗滑性能起决定作用。而高速时起主要作用的是粗构造。它是由路表外露集料间形成的构造，其功能是使车轮下的路表水迅速排除，以避免形成水膜。粗构造由构造深度表征其性能。

路表面应具有的最低抗滑性能，视道路状况、测定方法和行车速度等条件而定。各国根据对交通事故率的调查和分析，以及同路面实测抗滑性能间建立的对应关系，制定有关抗滑指标的规定。有的国家除了规定抗滑性能的最低标准外，还对石料磨光值和构造深度的最低标准作出了规定。抗滑性能评定以摆值（*BPN*）或横向力系数（*SFC*）表示。

表 14－3 为我国沥青路面设计规范的沥青路面抗滑性能标准；表 14－4 为沥青路面抗滑性能评价标准。

表 14－3　沥青路面抗滑性能标准

公路等级	横向力系数 SFC	构造深度 TC/mm	摆值 F_b(BPN)
高速、一级公路	≥54	≥0.55	≥45

表 14－4　路面抗滑性能评价标准

评价指标	优	良	中	次	差
横向力系数SFC	≥0.5	≥0.4～<0.5	≥0.3～<0.4	≥0.2～<0.3	<0.2
摆值BPN	≥42	≥37～<42	≥32～<37	≥27～<32	<27

14.5　路面结构损坏状况评定

14.5.1　概述

路面损坏是对路面结构完好程度最直接的表观反映。路面损坏状况的评价不仅可提供路面结构完好程度等信息，还可以为确定所需的养护和改建措施提供依据，并可为设计、施工、养护提供反馈信息。

路面结构的损坏状况，须从三方面进行描述：①损坏类型；②损坏严重程度；③出现损坏的范围或密度。综合这三方面，才能对路面结构的损坏状况作出全面的估计。

14.5.2　损坏类型

促使路面出现损坏的原因是多方面的，主要有荷载、环境、施工、养护等，因而结构损坏所表现出的形态和特征也是多种多样的。各种损坏对路面结构完好程度和路面使用性能有不同程度的影响，需相应采取不同的养护或改建对策。因此，进行路面结构损坏状况调查前，要依据损坏的形态、特征和肇因，对损坏进行分类，并对每一类损坏规定明确的定义。

路面常见的主要损坏类型，可按损坏模式和影响程度的不同分为五大类，见表 14－5。

(1)裂缝或断裂——结构的整体性因裂缝或断裂而受到破坏。

(2)永久变形——路面保持整体性，但形状产生较大的变化。

(3)松散——表层部分出现局部范围材料的散失或分离等。

(4)接缝损坏——水泥混凝土接缝及其邻近范围出现的局部损坏。

(5)其他——如泛油、修补等。

表 14－5　路面损坏分类

分　类	沥青路面	水泥混凝土路面	砂石路面
裂缝类	龟裂、不规则裂、纵裂、横裂	纵向、横向、斜向裂缝、断角、交叉裂缝	
变形类	沉陷、车辙、波浪、拥包	唧泥、错台、拱起、沉陷	车辙、沉陷、波浪、翻浆
松散类	坑槽(含啃边)、松散(含脱皮、麻面)	露骨、剥落、坑洞	露骨、松散、坑槽
接缝类		接缝材料破损、接缝破碎	
其　他	泛油、修补损坏	修补损坏	

14.5.3　损坏分级

各种路面损坏都有其产生和发展的过程。在此过程中,处于不同阶段的损坏,对于路面使用性能有不同程度的影响。因而,为了区别同一种损坏对路面使用性能的不同影响程度,对各种损坏须按其影响的严重程度划分为几个等级(一般 2～3 个等级)。

损坏严重程度分级的调查,往往通过目测进行。为了使不同调查人员得到大致相同的判别,对分级的标准要有明确的定义和规定。

各种损坏出现的范围,对于沥青路面和砂石路面,通常按面积、长度或条数量测,除以被调路段的面积或长度后,以损坏密度(以%或∑条数/子路段长)表示。而对于水泥混凝土路面,则调查出现该种损坏的板块,以损坏板块数占该子路段总板块数的百分率计,见表 14－6 所示。损坏调查通常由 2 人调查小组沿线通过目测进行。调查人员鉴别调查路段上出现的损坏类型和严重程度并丈量损坏范围后,记录在调查表格上。同一个调查表路段上如出现多种损坏或多种严重程度,应分别计量和记录。

表 14－6　路面损坏分级依据

损坏类型	严重程度分级依据	损坏密度评定	
		计量单位	密度计算
单条裂缝	裂缝宽度、裂缝边缘碎落程度、裂缝填封情况	延米	延米×0.3m 宽/A
龟　裂	裂隙宽度、缝边碎落程度、裂块尺寸及松动程度	m^2	m^2/A
块　裂	裂隙宽度、缝边碎落程度、裂块尺寸及松动程度	m^2	m^2/A
角隅断裂	同单条裂缝、或不分级	块数	块数/总块数
破碎板	碎裂成的板块数	块数	块数/总块数
沉陷、搓板、车辙	深度、波峰与波谷的平均高差	m^2	m^2/A
错　台	相邻板的高差	块数	块数/总块数
唧　泥	泥浆或水出现的程度,或不分级	块数	块数/总块数
磨光、松散、泛油	不分级	m^2	m^2/A
修　补	完好程度	m^2	m^2/A

[注]　A 为调查区段的路面面积。

目测调查很费时。如果调查的目的不是为了确定养护对策和编制养护计划，则可采用抽样调查的方法，不必对整个路网每一延米的各种损坏都进行调查。通常可采取每 km 抽取其中 100m 作为代表路段，但每次调查都要在同一路段上进行，以减少调查结果的变异性和保证各次调查结果的可比性。

14.5.4 损坏状况评价

1. 综合评价指标

每个路段的路面可能出现各种不同类型、严重程度和范围的损坏。为了使各路段的损坏状况或程度可以进行定量比较，需采用一项综合评价指标，把这三方面的状况和影响综合起来。通常采用的是扣分法。对于不同的损坏类型、严重程度和范围规定不同的扣分值，按路段的损坏状况累计其扣分值后，以剩余的数值表示或评价路面结构的完好程度。

$$PCI=C-\sum_{i=1}^{n}\sum_{j=1}^{m}DP_{ijk}W_{ij} \tag{14-6}$$

式中：PCI——路面状况指数，以百分制计量；

C——初始（无损坏时）评分值，百分制时一般取 C=100；

i,j——相应为损坏类型数（共 n 种）和严重程度等级数（共 m 级）；

DP_{ijk}——i 种损坏、j 级严重和度和 k 范围的扣分值；

W_{ij}——多种损坏类型和严重程度时的权函数。

各种损坏类型和严重程度对路面完好程度及其衰变速率有不同程度的影响，对路面使用要求的满足程度有不同影响，对养护和改建措施有不同的需要。其间很难建立明确的定量关系。因而，只以采用主客观相结合的方法（类似于行驶质量评价中采用的方法）确定不同损坏类型、严重程度和范围的扣分值 DP_{ijk}。

2. 评价标准

首先制定一个统一的分级和评分标准表。例如，将路面状况划分为特优、优、良、中、差和很差 6 个等级，采用百分制，为每一等级规定相应的级差范围和相应的养护对策类型，见表 14-7。

表 14-7 路面损坏状况评价标准

损坏状况评级	特优	优	良	中	差	很差
路面状况指数PCI	91～100	81～90	71～80	51～70	31～50	≤30
养护对策	不需	日常维护	小修	小修、中修	中修、大修	大修、重建

选择一些仅具有单一损坏类型的路段，组织由道路管理部门人员组成的评分小组，按上述评价标准对路段进行评分。整理这些评分结果，可以为每种损坏类型确定扣分曲线或扣分表，见表 14-8。

路段上有时常出现几种损坏类型或严重程度等级。如果分别按单项扣分值累加得到多种损坏（或严重程度）路段的扣分值，有时会出现超过初始评分值 100，或超过对多种损坏路段进行评分的结果。因此需对多种损坏的情况进行修正，通过评分小组对各种损坏路段的评分结果和各项单项扣分值，进行多次反复试算和调整，可得到多种损坏时的修正权函数 W_{ij}。

表 14-8　沥青路面损坏单项扣分值表

类型	严重程度	损坏密度(%)					
		0.1	1	5	10	50	100
龟裂	轻	8	12	18	30	50	60
	中	10	14	22	35	55	75
	重	12	17	28	45	70	90
块裂	轻	5	8	16	25	32	40
	重	8	12	20	35	62	68
车辙	轻	1	5	10	20	45	60
	重	3	10	20	30	60	80
沉陷	轻	2	10	20	33	65	75
	重	4	12	27	40	75	100
坑槽	轻	1	12	25	42	66	80
	重	10	17	30	52	77	100
泛油	不分	1	5	10	12	20	30

14.6　路面管理系统

14.6.1　概述

路面在使用过程中,其使用性能会因行车荷载和环境因素的不断作用而逐渐变坏。路面使用性能的恶化,将增加车辆的运行费用,包括燃油、轮胎和保修材料的消耗以及行程时间等费用。因而,在路面使用期内,还需继续投入大量资金以维护(包括养护和改建)路面,使之保持一定的使用性能。这就需要考虑怎样把有限的资金分配到最需要采取措施并能取得最佳效果的路段上,使现有路网保持合理的服务水平。因而,无论是新建路面或是维护现有路面,都需要进行有效的管理。

路面管理工作,包括规划、设计、施工、养护、路况监测和评价、研究等方面。其主要内容和相互关系,如图 14-4 所示。这些活动分属不同的管理层次。如规划活动主要关心的是网内投资决策和计划安排,而设计或施工活动主要涉及各个工程项目的技术管理。

每个道路管理部门都必须考虑如何向上级申请投资和决定如何使用好分配到的资金。这就需要对路网内路面的使用性能进行监测,对其现状作出评价,由此确定哪些项目需要投资,在预算容许的范围内按优先次序资助尽可能多的急需项目。

项目优先次序的安排,需依据该项目的使用性能或服务水平现状决定。而路面的现状显然同其结构、荷载、环境和其他因素等历史状况有关,它是以前所作出的某些管理决策的结果,同样,目前所作出的管理决策也将对未来的路面状况产生影响。因此,作出管理决策时既要考虑它们的直接影响,也要预期它们对未来的影响,即不仅需考虑目前的需要和所需的费用,也要考虑对将来的需要和费用所带来的后果。

因此，路面管理是协调和控制同路面有关的各项活动，其目的是使管理部门通过这一过程能有效地使用资源（资金、劳力、机具设备、材料、能源等），以最低的资源消耗，在预定使用期内提供并维持具有足够服务水平的路面。

路面管理系统则是通过应用系统分析的方法，综合考虑技术、经济、社会和政治等方面因素，协调各项路面管理活动，促使路面管理过程系统化。它是为管理部门的决策人提供分析的工具和方法，帮助他们考虑和分析比较各项可能的对策，定量地预估各项对策的后效，在预定的标准和约束条件下，选用费用—效益最佳的方案。因而，路面管理系统的建立和实施，可以帮助管理部门改善所作出决策的效果，扩大决策的范围，为决策的效果提供反馈信息，以积累管理经验，并保证部门内各级单位决策的协调一致性。

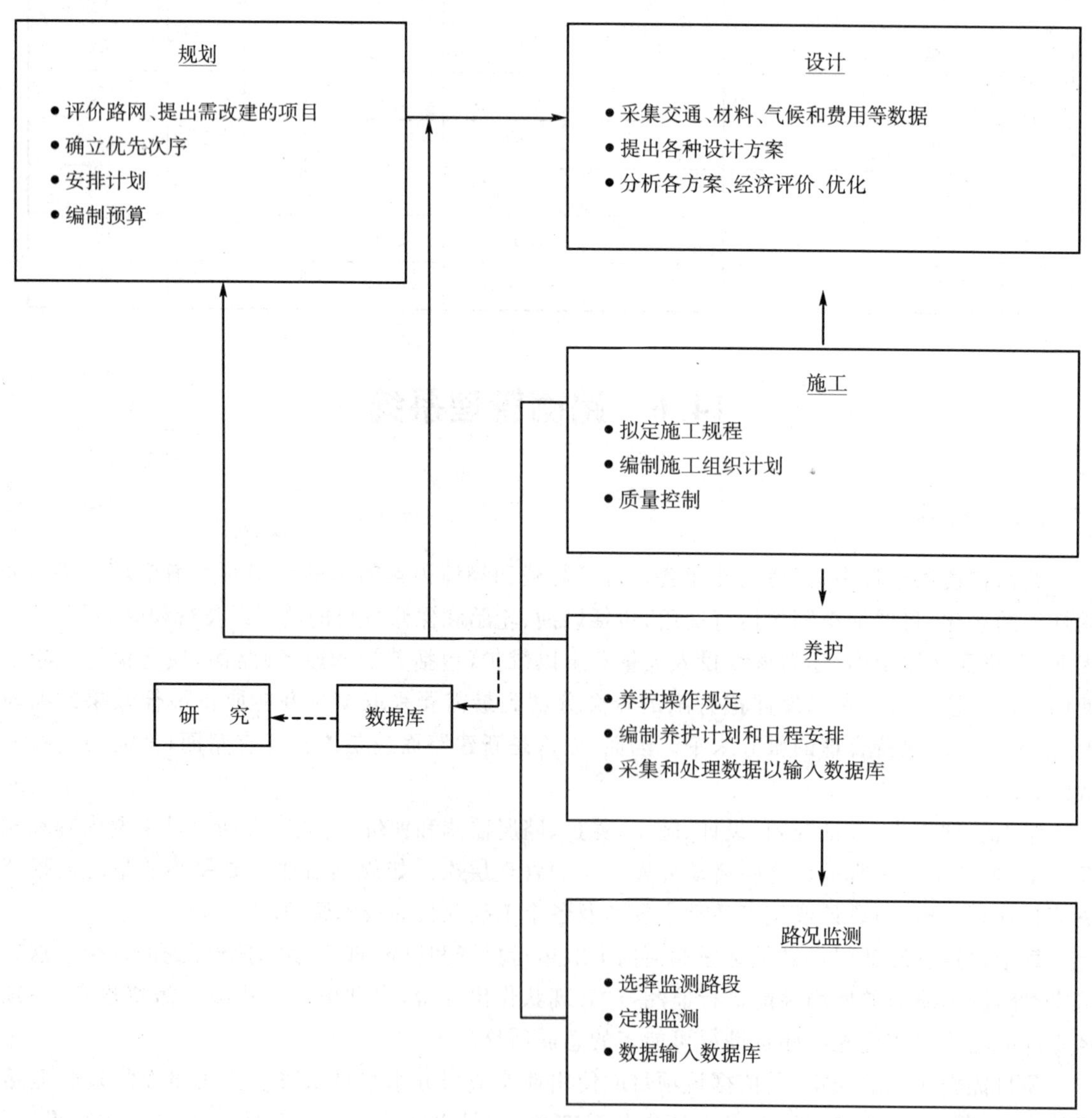

图 14－4　路面管理的组成

14.6.2　路面管理系统的分级

路面管理系统，一般划分为网级管理系统和项目级管理系统两个层次。

1. 网级路面管理系统

网级管理系统通常包括一个地区，如省、市的公路网或一大批工程项目。其主要任务是为管理部门在进行关键性的行政决策时提供对策，包括：

(1)路况分析：路网内路面现有状况的分析及路面状况变化预估；

(2)路网规划：确定路网内需要新建、改建和养护的项目；

(3)安排计划：确定进行上述项目的合适时间和各项目的优先次序；

(4)预算安排：确定各年度的投资额；

(5)资源分配：各行政区域或不同等级道路或养护改建和新建之间的资源分配；

为实施上述任务，网级管理系统包含图 14－5 所示各项基本要素。

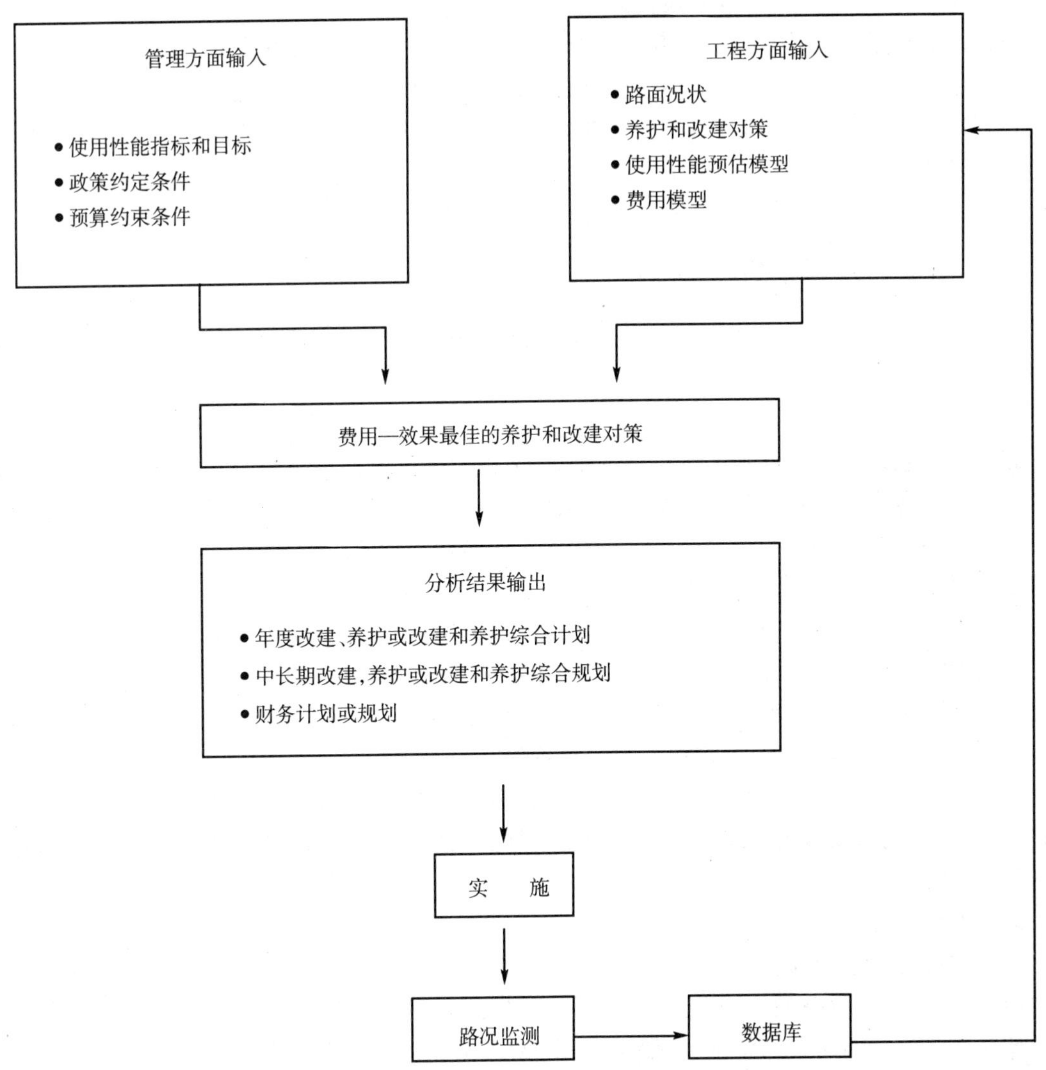

图 14－5　网级路面管理系统的基本要素

其中，管理方面的输入包括：

(1)使用性能目标：为路网规定的在使用性能方面应达到的总水平；

(2)政策约束条件：事先规定投资的地区分配比例或新新、改建和养护的投资分配比例等；

(3)预算约束条件：可以用于路面工程的资金。

工程方面的输入包括：

(1)路面现状：调查、评定现有路面在结构和功能方面的使用性能状况；

(2)养护和改建对策：对不同类型和不同路况的路面拟定若干典型的养护和改建对策；

(3)使用性能预估模型：预测路面在结构和功能方面的使用性能随时间或交通量变化而变化的情况；

(4)费用模型：不同养护、改建对策的养护费用、建筑费用和用户费用等。

(5)项目级路面管理系统

项目级管理系统仅针对一个工程项目。它的主要任务是为管理部门对某一工程进行技术决策时提供对策，以选择费用—效果最佳的方案。

项目级管理系统的基本要素及其同网级管理系统的关系。由网级管理系统的输出，可以得到某一工程项目的三方面目标：行动目标(采取哪一种新建、改建或养护行动)；费用目标(可分配到的投资额)和使用性能目标(在预定期限内应具有的使用性能指标)。项目级管理系统则是通过进一步采集特定的现场资料，拟定备选路面方案，并结合具体条件进行详细的结构计算和经济分析，以确定采用费用—效果最佳或者更合理的行动方案。

14.6.3 路面管理系统的结构与组成

完整的路面管理系统通常由三个子系统所组成：数据管理系统、网级管理系统和项目级管理系统。

1. 数据管理系统

路面管理系统必须建立在大量信息的基础上，即必须以数据系统作为支撑，才能保证系统提出的对策具有客观性。数据管理系统通常包含下述4类信息：

(1)设计和施工数据：交通参数、道路等级、几何参数、路面厚度、所用材料性质及试验结果、路基土性质及试验结果等；

(2)养护和改建数据：曾进行过的养护和改建的类型、实施的日期和费用等；

(3)使用性能数据：主要包括4方面：行驶质量、路面损坏状况、结构承载能力和抗滑能力，通过路况监测系统定期采集得到；

(4)其他：环境(降水、温度、冻胀)、材料单价等。

数据管理系统由两部分组成：数据库和路况监测(数据采集)系统。数据采集是一项既费时又费钱的工作，而数据库的容量又有一定限制，因此，在采集数据前，必须先仔细分析哪些数据是必需的，避免把非必需的数据纳入系统。

2. 网级管理系统

网级路面管理系统通常由下述几部分组成。

(1)使用性能评价模型：对于通过监测系统采集到的路况资料，进行评级或评分。要由多方面的属性来表征路面所处的状态，例如损坏、平整度、结构承载能力或抗滑能力等。

(2)使用性能预估模型：仅靠路况数据和评价，难以比较各种对策方案，或保证得到最佳对策，因为尚不知道采取某项对策后的效果(路况的变化)。因此，需建立使用性能预估模型，即建立处于某种状态的路面在采取某项养护或改建措施后路况的有关属性(使用性能参数)随时间或交通的变化关系。

(3)使用性能标准和养护改建对策模型:根据使用要求、经济分析和经济条件,为公路网规定路面的使用性能标准。当路面的使用性能达不到这一要求时,须采取养护或改建措施,以恢复路况到可接受的状态。同时,要为不同等级和不同路况的路面,按当地的经验、条件和政策,制订出若干典型的养护和改建对策,以供提出各种对策方案时参考。

(4)费用模型:包括建筑费用、养护费用和用户费用三部分。建筑费用是指新建或改建时的一次投资。养护费用则是路面在使用期间的日常养护费。用户费用是指使用道路的车辆所担负的运行费、行程时间费和延误费等。它反映了公路部门提供的投资和服务水平所产生的直接社会效益。

(5)优先次序或优化:建立管理系统的主要目的是提供最佳的路网养护和改建对策。这些对策能使整个路网在预算受约束的条件下维持最高的路况(服务)水平,或者使整个路网在满足最低使用性能标准的条件下所需的投资最少。为实现这一目标,可以采用不同的优先规划或优化方法。

目前,各国和各地区所建立的网级管理系统各具不同的形式。有的包含使用性能预估模型,有的并未包含;有的简单地按路面服务水平和高低规划先后次序;有的则采用线性规划或整数规划法以达到优化的目的。

3. 项目级管理系统

项目级管理系统的组成基本上与网级系统相同。由于项目级系统的主要任务是,为网级系统所确定的工程项目提供在预定分析期内的费用一效果最佳的改建方案,因此必须采集更为详细的结合当地情况的资料,并进行具体的结构和功能分析。项目级和网级所采用的使用性能参数基本相同,但在数据采集和路况评估方面有重要差别。

项目级管理系统的组成如图 14 - 6 所示。

4. 路面管理系统的功能

路面管理系统的功能主要表现在以下几方面:

(1)通过监测系统采集到的客观数据评价道路的现状;

(2)利用具有一定可靠度的使用性能预估模型,预测各种养护和改建对策的后果;

(3)以客观的数据作为申请投资的依据,并可以论证不同投资(预算)水平对路网服务水平和路况的改善和影响;

(4)为合理和有效地分配投资和资源提供费用～效果最佳的对策;

(5)合理地评价各种设计方案;

(6)利用监测系统采集到的数据,考察和评价设计、施工和养护方法,并为修改或制定规范提供依据。

为了保持和改善现有路网的服务水平和路面状况,如何使用好有限的资金,提供尽可能高服务水平的路面,是各级管理部门需优先解决的任务。因此,建立和完善依赖于管理科学、系统工程和计算机技术的路面管理系统是解决这一问题强有力的工具。

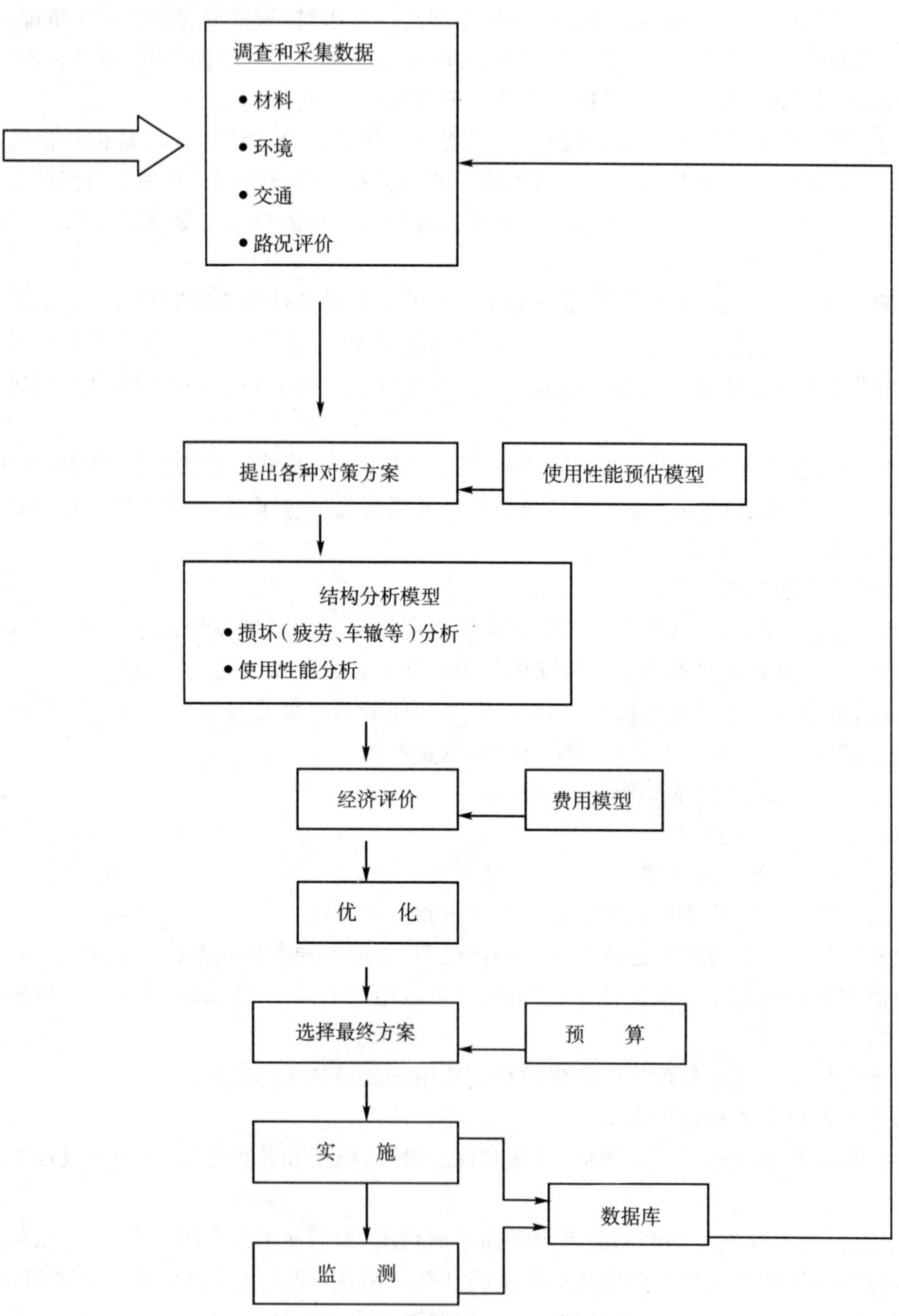

图 14－6　项目级管理系统

参考文献

1. 中华人民共和国行业标准．公路工程技术标准(JTG B01－2003)．北京:人民交通出版社,2004
2. 中华人民共和国行业标准．公路路基设计规范(JTG D30－2004)．北京:人民交通出版社,2005
3. 中华人民共和国行业标准．公路沥青路面设计规范(JTG D50－2006)．北京:人民交通出版社,2006
4. 中华人民共和国行业标准．公路水泥混凝土路面设计规范(JTG D40－2002)．北京:人民交通出版社,2003
5. 中华人民共和国交通部标准．公路自然区划标准(JTJ003－86)．北京:人民交通出版社,1987
6. 中华人民共和国行业标准．公路排水设计规范(JTJ018－97)．北京:人民交通出版社,1998
7. 中华人民共和国行业标准．沥青路面施工及验收规范(GB50092－96)．北京:中国计划出版社,1996
8. 中华人民共和国行业标准．水泥混凝土路面施工及验收规范(GBJ97－87)．北京:中国计划出版社,1988
9. 中华人民共和国行业标准．公路路面基层施工技术规范(JTJ034－2000)．北京:人民交通出版社,2000
10. 中华人民共和国行业标准．公路路基施工技术规范(JTG F10－2006)．北京:人民交通出版社,2006
11. 中华人民共和国行业标准．公路工程质量检验评定标准(JTG F80/1－2004)．北京:人民交通出版社,2005
12. 中华人民共和国行业标准．城市道路设计规范(CJJ37－90)．北京:中国计划出版社,1988
13. 姚祖康．公路设计手册(路面)．北京:人民交通出版社,1993
14. 交通部第二公路设计院．公路设计手册(路基)．北京:人民交通出版社,1996
15. 方左英．路基工程．北京:人民交通出版社,1999
16. 邓学均．路基路面工程．北京:人民交通出版社,2005
17. 钱家欢．土力学．南京:河海大学出版社,1995
18. 赵振兴．水力学．北京:清华大学出版社,2005
19. 梁富权．道路工程．北京:人民交通出版社,2001
20. 楼丽凤．道路工程施工.北京:中国建筑工业出版社,2006

参考文献

[illegible]